대각선 논법과 조선역

대각선 논법과 조선역
Cantor's Diagonal Argument and Korean I-ching

———

초판 제1쇄 인쇄 2013. 5. 15.
초판 제1쇄 발행 2013. 5. 20.

———

지은이 김상일
펴낸이 김경희
펴낸곳 본사 • 경기도 파주시 교하읍 문발리 520-12

　　　　전화 (031)955-4226 • 4227 팩스 (031)955-4228
　　　서울사무소 • 서울시 종로구 통의동 35-18
　　　　전화 (02)734-1978 팩스 (02)720-7900
　　　인터넷한글문패 지식산업사
　　　인터넷영문문패 www.jisik.co.kr
　　　전자우편 jsp@jisik.co.kr
　　　등록번호 1-363
　　　등록날짜 1969. 5. 8.

———

책값은 뒤표지에 있습니다.

———

ⓒ 김상일, 2013
ISBN 978-89-423-6315-5　　93150

———

이 책을 읽고 지은이에게 문의하고자 하는 이는
지식산업사 전자우편으로 연락 바랍니다.

———

대각선 논법과 조선역

성이심, 이황, 윤선거, 한원진, 정약용 역과 칸토어 대각선 논법

김 상 일

지식산업사

머리말

《대각선 논법과 역》(지식산업사, 2012)을 내면서 필자는 3부작으로 《대각선 논법과 조선역(한국역)》과 《대각선 논법과 정역》을 이어서 내겠다고 하였다. '대각선 논법diagonal argument'은 19세기 말 독일의 수학자 칸토어Georg Cantor가 창안한 것으로, 그 폭발력은 핵폭탄급이라 할 수 있다. 그러나 칸토어 자신은 그 위력을 실감하지 못하고 1918년에 죽었다. 칸토어 사후 대각선 논법이 남긴 연속체 가설의 문제는 20세기 내내 꾸준히 서양 지성계를 뒤흔들어 놓았으며, 탈현대가 이로부터 시작되었다 해도 지나치지 않다.

대각선 논법은 배열, 가로, 세로, 대각선화, 반대각선화, 반가치화란 6대 요소로 구성된다. 가장 중요한 세로와 가로에 무엇을 대입하느냐에 따라서, 대각선 논법은 이에 관련된 대가족을 만든다. 이를 '대각선 가족'이라고 한다. 여기서 대가족이란 말은 이들 6대 요소로 보았을 때 구조적으로 연관된 사안을 다루는 것 전체를 말한다. 여기에 동북아 문명

권에서 전개되고 발전된 역은 대각선 가족 안에서도 조종의 위치에 있다고 해도 지나친 말이 아니다.

필자가 역과 대각선 논법의 관계에 집착하는 이유는, 서양 사상사에서 대각선 논법이 갖는 비중을 감안할 때 역이 대각선 가족의 원조임을 밝힘으로써, 의리역과 상수역이란 테두리에서 벗어나 역의 진면목을 보이고, 나아가 역이 갖는 본래 의의를 살리기 위해서이다.

물론 우리는 칸토어의 대각선 논법을 넘어서야 역을 바로 이해할 수 있다. '조선역'을 통해서 그렇게 할 수 있다는 것이다. 지금 한국을 비롯한 동양권에서는 의리역과 상수역으로 갈라져, 의리역은 학계에서 주로 다루어지고, 상수역은 점술가의 전유물이 되었다. 필자는 이 둘을 종합하고 넘어서는 길은, 대각선 논법을 위상학적으로 고찰하여 새로운 역을 창안하는 것이라고 판단하여, 이를 '위상역位相易'이라고 하였다.

이 책은 조선시대의 성이심, 퇴계, 윤선거, 한원진, 다산 등 다섯 사람의 역을 다루었다. 그러나 책의 반 이상이 다산역이다. 그것은 다산역의 역4법이 위상역의 경지를 개척하고 있다고 판단했기 때문이다. 소개된 다섯 분을 비롯하여 조선시대의 학자들은 대부분 귀양이나 유배된 상태에서 역을 연구하였다. 공자도 가죽끈을 세 번이나 고쳐 묶을 만큼 읽고 읽은 역은, 고독과 씨름하고 많은 시간을 집중해 쓰지 않으면 이해 안 되는 분야임에 틀림없다. 필자는 다행히 미국 CalUMS 이사장이신 박준환 박사님의 배려로 지난 3년 동안 역학 연구에만 몰두할 수 있었다. 감사한 일이라 아니할 수 없다.

이 책에서 가장 많이 나오는 말이 '자기언급' '반대각선화' '반가치화' 같은 논리적 단어들이다. 그래서 이 책은 자료의 고증에 많은 시간을 쓰지 않았다. 의리역에 관련된 자료들은 거의 고려되지 않았다. 한마디로 말해서 이 책은 역을 어렵게 쌓아올린, 외뢰魁礧한 논리학 책이라 보면 된다. 그래서 이전 연구서와 이 책을 비교하여 읽는 독자들은 역설을 해의하는 방법에서 중국적 사유와 한국적 사유가 어떻게 다른가를 한눈에 파악할 수 있을 것이다.

이 책을 쓰는 동안 필자는 로스앤젤레스에서 같은 내용의 강좌를 토요일마다 가졌다. 검증과정을 거치고 독자들이 얼마나 이해하는가를 살피기 위해서였다. 회원 가운데에는 원고를 읽거나 도움말을 주신 고마운 분들도 있었다. 무엇보다 연작으로 책을 출판해 주신 김경희 사장님과, 편집과 교정에 애써 주신 지식산업사 여러 분들께 깊은 감사의 말씀을 드린다.

단기 4346년(2013년) 4월 초순에
미국 서부 모하비 사막 도시 빅터빌에서

차 례

모둠글

    동서 철학이 공통으로 지닌 난제는 역설이다. 이 책에서는 이런 역설의 진원지를 '대각선'이라 보고, 조선역(한국역)의 전통 속에서 역설 해의 문제에 접근한다. 역易은, 그 가운데도 중국역은, '역逆'이라고 할 만큼 역설과 그것의 해의에 큰 비중을 둔다. 이는 이미 《대각선 논법과 역》(2012)에서 유목劉牧의 〈역수구은도〉 51개 도상들을 통해 확인하였다. 역에서는 역설이, 크게 시간과 공간의 두 차원에서 발생한다고 본다. 그래서 역학에서 역설 연구는 역설을 시간적으로 다루는 계열과, 공간적으로 다루는 계열로 나누어진다. 시간적으로 다루는 것은 역曆의 수, 즉, 역수曆數 중심으로 다루는 것을 가리킨다. 상·수·사 트로이카 가운데 수가 먼저라는 것은 《대각선 논법과 역》에서 지적한 바이다. 그러나 대각선에 연관된 수 개념은 사실상 하도와 낙서가 등장하면서 나타난, 그 속에 들어 있는 이른바 '역수逆數'를 가리킨다. '하9서10'이냐, 아니면 '하10서9'냐의 논쟁이 대각선 논증과 관계있음도 앞의 책에서 확인하였다. 이들 역수 속에서 러셀 역설과 같은 종류의 역설이 나타나는 것을 보았다. 공간적으로 역설을 다루는 것은 괘의 상, 괘상卦象을 중심으로 다루는 계열을 가리키는데, '하락상수'와 '괘효단상'으로 요약할 수 있다. 전자는 은나라 말기 기자箕子까지 다루어진 역이라면, 후자는 주자朱子 이후 주로 다루어진 역이다.

이 두 계열을 중국역과 한국역에 연관시켜 구별하면, 중국역은 공간 중심적 발상을, 한국역은 시간 중심적 사고를 했다고 볼 수 있다. 이미 삼경三經 안에서도 "역易은 역曆이라" 할 만큼 시간의 중요성이 강조되어 왔음에도, 중국역은 괘와 효 중심적 공간의 중요성을 강조하는 연구에 치우쳤다. 그 결과 역은 역逆으로 귀결될 수밖에 없었다. 이 책은 《대각선 논법과 역》에 이어, 중국역과 한국역의 이러한 뚜렷한 차이를 바탕으로 역설 해의의 방법론적 차이점을 살피기로 한다.

조선역은 19세기 말 조선의 김일부金一夫에 와서 역에 대한 시간적 조명이 본격화되면서 제 궤도에 올랐다. 시간 중심의 역이란 1년의 주기를 의미하는 '기수朞數'를 설정하는 데 주로 관심을 쏟는 역을 이른다. 김일부는 역을 크게 원역原易, 윤역閏易, 정역正易 셋으로 나누었다. 1년을 원역은 375, 윤역은 365(요역堯易)와 365¼(순역舜易), 정역은 360일로 한다. 원역은 일부一夫의 역이지만, 그는 375에서 15를 뺀 360이 공자의 역인 동시에 자신의 창안한 정역正易이라고 한다. 〈계사전〉에서 이미 윤역이 잘못된 줄 알았지만 그 원인을 몰랐고, 그것을 고칠 생각도 하지 않고 4천여 년을 지내왔다는 것이 일부의 생각이다.

여기서 문제가 되는 최대 관건은 수 '15'에 있다. 15를 일명 '윤수閏數', 즉, '나머지 수'라 부른다. '윤'이란 '남는다'는 뜻이다. '초과한다'는 뜻도 된다. 왜 1년에 이런 윤일과 윤시가 생기는가? 이 책은 그 원인이 완전히 논리적인 데 있다고 본다. 즉, 대각선 논증의 일환으로 생기는 문제라는 것이다. 그리고 이 '윤수'는 논리학에서 집합과 원소, 즉 이 책에서 말하는 명패수와 물건수가 대각선화와 반대각선화 하는 과정에서 생기는 수라는 것이다. '10'은 대각선화, '15'는 반대각선화이다. 대각선화란 사각형의 가로와 세로가 서로 사상하는 것이고, 반대각선화란 10이 다시 5로 역逆사상되는 것이다. 역의 모든 논리적인 문제는 이 '15' 윤수에서 발생한다. 어떤 때는 이 윤수를 빼야 하고, 어떤 때는 더해야 한다. 이때마다 대각선화가 이루어졌다가 다시 반대각선화가 이루어지기도 한다. 그래서 대각선 논증의 6대 요소들이 모두 이 '15'라는 수의 가감에 따라 생긴다고 해도 좋다.

역이 아무리 어렵고 복잡하다 해도 결국은 15 윤수에 관심을 가지면 쉽게 파악이 되는 동시에, 문제의 본질로 바로 접근하게 된다. 결국 지금까지, 그리고 앞으로 전개되는 조선역의 긴 여정은 모두 이 15 윤수의 처리 문제에 달려 있다고 하겠다. 역설이 공간에서 발생할 때는 역이 역逆이 되고, 시간에서 발생할 때는 역曆이 된다. 그리고 역설은 서로 병이 되기도 하고 치유가 되기도 하는 관계이다. 만약에 우리가 이 역설을 하나로 묶으면, 하도와 낙서를 하나로 통일시킬 수 있다. 이 두 역설을 위상기하학에서 보면 위상공간 속에서 대칭점들 사이의 관계이고, 시간상에서 보면 육면체 안에 있는 선들의 운동 방향이다. 결국 기하학이나 역이 지금까지 선의 운동 방향을 다루지 않았기 때문에 역설을 해의하는 데 한계를 드러내었다. 이것은 곧 중국역의 한계이다. 조선역과 함께 위상역을 언급해야 할 까닭은, 다름 아닌 역에 시간이란 변수를 도입하여 역학 연구의 코페르니쿠스적인 전환이 가능해졌기 때문이다. 이는 마치 비유클리드 기하학이 도형의 방향과 위상位相 문제를 다루면서 시간적 차원을 생각할 수 있게 되어, 유클리드 기하학에서 대전환이 이루어진 것과도 같다.

이 책에서 역은, 정역과 그 이전의 역으로 나누어진다. 성이심, 이황, 윤선거, 한원진, 정약용의 역에 칸토어의 대각선 논법을 적용해 보았다. 이들 부분적인 조선역의 전통 속에서, 중국역과 그 취향이나 연구 방법에서 무엇이 다른가를 쉽게 알게 되고, 나아가 한국적 사유의 특징을 파악하게 될 것이다. 원래는 김일부의 정역도 이 책에 포함시키려 했으나 양이 너무 많아져, 권을 따로 하기로 하였다. 퇴계로부터 다루는 한국역의 역사가 김일부역으로 귀결되는 것을 보여주는 이 책이, 정역으로 가는 길라잡이 역할을 하게 될 것이다.

1부

다산역 이전의 조선역

1장 성이심의 '인역'과 대각선 논법

1.1. 대각선화 이전의 단계

성이심成以心, 1682~1739의 '인역人易'이 갖는 특징을 집합론과 다면체론으로 요약할 수 있다. 서양의 현대 수학 이론은 칸토어의 집합론과 오일러 정리에서 시작되었다. 집합론은 0에 대한 새로운 인식을 가능하게 했으며, 멱집합의 원리는 무한에 대한 이해를 새롭게 했다. 오일러 정리는 다면체 또는 다양체의 연구에서 비롯된다고 할 수 있다. '하9서10' 논쟁이란 다름 아닌 다양체의 문제라는 것을 알 때, 한국역은 한 단계 그 위상을 높이 할 수 있을 것이다. 그런 면에서 성이심 역의 중요성을 여기서 아무리 강조해도 모자란다 할 것이다.

성이심[1]은 한국 사상사에서 거의 알려지지 않은 인물이다. 한국 역학사는 조선 초기의 양촌 권근權近, 1352~1409으로부터 시작하는 것이

---

[1] 성이심은 나주에서 태어나 18세 때 양친을 모두 잃고, 1722년 고부로 이사 와 선비 일곱 명과 이웃하여 살았다. 그가 살던 마을을 처사촌(處士村)이라 하였다. 58세로 생을 마쳤다.(금장태, 2007, 109)

통설이다. 그런데 필자가 퇴계 이황보다도 나중 인물인 성이심을 첫 번째로 드는 이유는, 역을 대각선 논증이라는 관점에서 본다면 그것이 타당하다고 판단했기 때문이다.

성이심은 역을 현대 수학의 집합론과 다면체 이론적 시각에서 바라본 학자였다. 그의 역을 '인역'이라고 하는 이유는,《주역》에 토대를 두면서도 역을 인간의 심성론적으로 해석하여 역학 연구의 신기원을 만들었기 때문이다. 그러나 필자의 관심은 그의 심성론적 역학 해석에 있는 것이 아니라, 그가 현대 집합론의 구성체계와 공집합, 그리고 멱집합의 원리를 알고 있었다는 데 있다. 성이심의 인역은 모두 열한 개의 도상으로 되어 있다. 이 열한 개의 도상들은 대각선 논증의 6대 구성 요소를 차례대로 다 갖추고 있다. 특히 마지막 〈현륭도〉는 삼각형과 사각형을 통해 '기하학적 소멸'과 멱집합의 원리를 간명하게 그려 내고 있다. 삼각형의 세 꼭짓점에 세 삼각형을, 세 변에는 사각형을 그리면, 삼각형은 네 개, 사각형은 세 개, 모두 일곱 개가 된다. 왜 삼각형은 네 개이고 사각형은 세 개인가? 하나가 n개이면, 다른 것은 $n-1$개인가? 이를 이 책에서는 '짝짝이' 현상이라고 한다. 이런 문제가 하·락의 수 9와 10의 문제와도 연관이 된다. 이들 일곱 개를 전면이라고 할 때, 전·후면의 합은 6+8=14가 된다. 이 '14'란 수에 복서卜筮적 의미를 부여하여, 성이심은 당대 의리역과는 다른 모습을 보여준다. 이런 문제들이 인역을 통해 거론될 것이다.

성이심은 그의 역 사상이 원과 방에 있다고 보고, 원방도에서 그의 역 사상의 독창성을 내세우면서 자긍심을 가졌다. 아마도 역학 연구에서 이런 시도는 처음이라고 자부했기 때문일 것이다. 그가 원과 방에 몰두한 이유는, 어릴 적에 엽전을 보고 엽전의 둥근 원주와 그 가운데 뚫린 사각형에 특별한 관심을 가졌기 때문이라고 한다. 즉, 그는 원과 방으로 된 엽진 모양에서 양괴 음의 원리를 발견하고, 노년이 되어서도 원과 방에 특별한 관심을 갓게 되었다고 한다.(금장태, 2007, 130)

가운데 빈 공간인 사각형이 변해 원이 되는 과정을 상상한다는 것은, 다각형이 곧 원이라는 정의에도 접근하는 것이다. 방의 대각선diagonal이 원의 지름diameter이고 보면, 대각선 정리라는 시각에서 볼 때 인역은 필자가 말하는 위상역의 그것이라 할 수 있을 정도이다. 성이심이 그린 열한 개의 도상들을 대각선의 6대 요소라는 관점에서 분류한 다음, 이에 대한 대각선 논증의 6대 요소에 따라 설명하면 다음과 같다.

〈성명설도〉와 〈이것은 파이프가 아니다〉

〈성명설도性命說圖〉란 그림이 없는 그림이라 하여, 일명 '부도위도不圖爲圖'라는 부제가 달려 있다. '그리지 않은 것을 그린 그림'이란 말 자체가 역설적이다. 그 이유에 대해 성이심은, "형상은 이것을 본뜨는 것이고, 그림은 이것을 말하는 것이니, 말할 수 있는 것은 그림으로 그리고, 말할 수 없는 것은 그리지 않는다"[象也者 像此者也 夫圖也者 道此者也 可道者 圖之 而不可道者 不圖]고 했다. 그런데 문제는 성이심이 사각형을 그리고, 그 안에 〈성명설도〉라는 큰 제목과 함께 '그리지 않은 그림'[不圖爲圖]이라는 작은 글씨의 부제를 달아 놓았다는 데 있다. 다시 말해서, '그림을 안 그린다' 하고는, 이를 그림이라 하여 백지 위에 그림 제목마저 달아 놓았다는 것이다. 이는 역에서 역설을 조장하기 위한 성이심의 의도적인 기법이고, 역학사에서 보기 드문 하나의 기법이라 할 수 있다. 이는

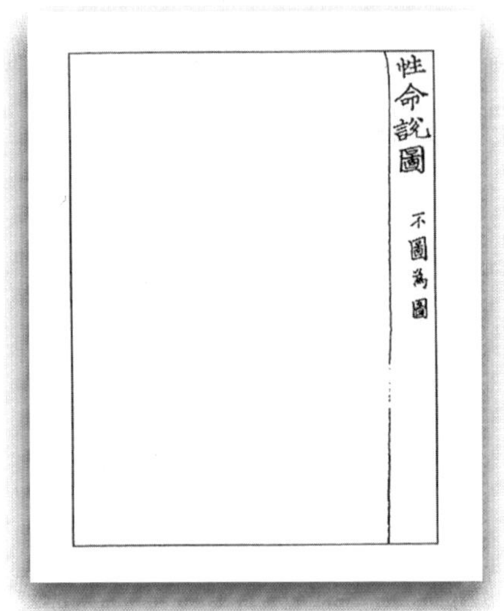

도표 1-1. 성명설도-부도위도

수학사에서 볼 때 큰 의미를 갖는다.

이것은 20세기 작가 마그리트의 〈이것은 파이프가 아니다〉라는 작품과 비슷하다. 마그리트의 작품은 이중적으로 역설적이다. 푸코는 마그리트의 작품 그대로를 그의 책 제목으로 하고, "작품에 명칭을 부여하는 순간 그것은 그것이라는 것을 부인하면서 이름이 부여된다."(푸코, 1995, 39)고 했다. 이는 명칭과 물건의 관계를 간결하게 표현한 것이다. 마그리트의 작품은 화폭에 파이프라는 도상이 그려져 있지만, 그것을 두고 "이것은 파이프가 아니다"라고 한다. 다른 한편, 성이심은 〈성명설도〉에서 빈 공간을 두고 "그림이 아닌 것이 그림이다" 또는 '그리지 않은 것이 그리는 것'이라고 한다. 푸코와 성이심이 역설적인 표현을 구사하였다는 점에서는 같다. 둘은 역설이라는 공통의 문제점

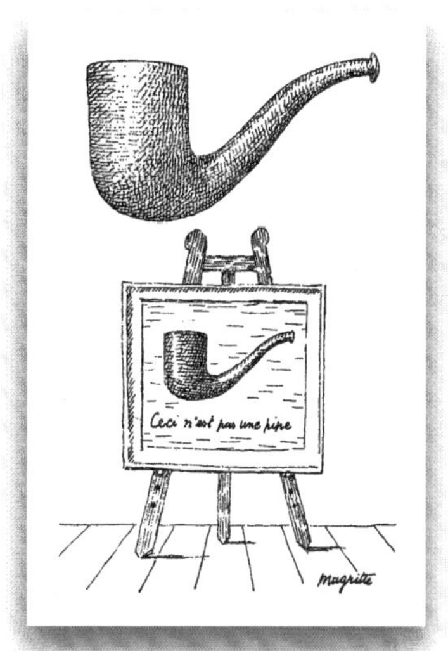

도표 1-2. 마그리트의 〈이것은 파이프가 아니다〉

을 가지고 있으며, 그 문제점이 바로 집합론적 역설과 의미론적 역설
에 해당한다.

성이심의 〈성명설도〉와 마그리트의 〈이것은 파이프가 아니다〉를
교실에 걸어놓고 학생과 교사가 함께 본다고 할 때, 학생들은 "이것은
파이프다" 하고 외쳐대고, 교사는 그래도 "이것은 파이프가 아니다"라
고 할 것이다. 마찬가지로 학생들은 〈성명설도〉을 보고 "이것은 그림
이 아니다"라고 한다면, 교사는 "그래도 이것은 그림이다"라고 할 것이
다. 아무리 서로 목청을 높여도 양쪽 주장은 다 옳고, 다 옳지 않은
'비결정'이라는 결론밖에 날 게 없다. 학생들은 시각적으로 부재한 현
상 그대로를 보고 "그림이 없다"고 할 것이고, 교사는 "그림이 없다는
것도 그림이다"고 할 것이다. 이런 경우, 교사가 학생보다 한 차원 높

다고 한다. 물론 그 반대일 수도 있다. 학생들은 대상만 보고, 교사는 메타를 보고 있기 때문이다. 메타는 명패의 다른 말이고, 대상은 물건의 다른 말이다.

성이심은 〈성명설도〉에서 그림과 글을 세로선으로 분리시켜 놓았다. '성명설도'라고 할 때 '성性'이란 하늘로부터 받은 변하지 않는 것이고, '명命'이란 각자의 상황에 따라 변하는 것이다. 즉, 전자는 명패, 후자는 물건에 해당한다. 명패와 물건의 관계를 설명하는 것이 '성명설도'라는 뜻이다. 그래서 '부도위도'란 부제는 성과 명 사이의 역설적 관계를 논리적으로 언급해 놓은 것이다. 여기서는 성과 명의 논리적 해석 방법론으로 현대수학의 집합론을 도입해야 할 필요성이 제기된다. 부제만 없었더라도 그렇게 할 필요까지는 없을지도 모른다. 그리고 집합론을 도입하는 순간 역설이란 뇌관을 건드리지 않을 수 없게 된다.

공집합을 최초로 도입한 사람은 영국의 수학자이자 논리학자인 조지 불George Boole이다. 그는 1815년 이스트 잉글랜드에서 태어났다. 성이심보다 거의 한 세기 뒤의 인물이다. 이렇게 서양에서 공집합이 늦게 등장한 이유는 종교적인 데서 찾아야 할 것이다. 즉, 기독교 신앙관이 이를 용납할 수 없었기 때문이다. 유클리드 수학에서 0이 없었던 것을 보면 그 역사가 오래이다. 그렇다고 처음부터 없었던 것은 아니다. 고대 수메르인들이 이미 0의 존재를 알고 있었기 때문이다. 이를 유클리드가 의도적으로 제거했다고 할 수 있고, 기독교는 0을 위험시하기까지 했다. 그리스철학의 전제가 0의 부재에 있었기 때문이다. 파르메니데스의 '있음은 있음'이란 유명한 명제를 상기해 보면 이해가 될 것이다.

성이심의 〈성명설도〉를 이해하기 위해서는 먼저 0과 ∅ 을 구별하는 것이 필요하다. '기혼 총각' '토끼 뿔' '둥근 사각형'과 같은 것의 집합은 '공집합', 즉 {∅}이지만, '수'는 1이다. '부도위도'란 이와 같은 공집합을 말한다. 이렇게 수와 집합은 다르다. 그러나 '0'이라는 원소 하나로 이루어진 집합은 공집합이 아니라 {0}이라는 집합이다. 공집합은 비록 원소는 갖지 않지만 최소한 집합이라는 개념으로서 존재성을 갖는다. 그런데 공집합은 원소를 하나도 갖지 않지만, '0'이란 수를 한 개 갖는다. 그래서 '1'이라는 수는 0을 포함하는 집합이라고 정의하고, 그 집합은 {0}으로 표시되며, 원소는 단 한 개, 즉 '1'뿐이다. 그런데 0을 공집합으로 정의했기 때문에, 1이라는 수를 다시 쓰면 {∅}이다. 그런데 {∅}은 결코 공집합이 아니라는 사실이다. 그 이유는 공집합은 원래 원소가 없는 것인데, {∅}는 '공집합이라는 원소'가 한 개 있기 때문이다. 요약하면, 0은 ∅, 1은 {∅}와 같다. 바로 이것이 주렴계가 '무극이태극'이라고 한 말의 배경이고, 성이심이 말한 '부도위도'의 의미이다. 이를 역에서는 위位와 수數로 구별한다. 0은 수이고, ∅ 는 위이다. 유클리드는 이를 구별하지 않았다. 그러나 둘의 구별은 필수이고, 성이심은 이것을 말하고 있다.

적어도 유클리드 수학에서는 상상도 할 수 없었던 이러한 추리를 하는 것이 현대 수학의 특징이고, 이런 수학을 '수학론'이라고 하여 '수학'과는 구별한다. 성이심의 〈성명설도〉를 이해하자면 적어도 현대 수학론에 대한 이 정도의 기초지식을 갖는 것이 필수이다. 〈성명설도〉는 한 마디로 말해서 원소를 하나도 가지지 않은 공집합 {0}을 나타낸 것이다. 공집합은 원소가 하나도 없다는 의미이다. 그런데 문제는, 이러한 공집합을 원소로 하는 '집합'은 공집합이 아닌 원소가 하나인 집합이다. 공집합의 메타 집합 자체는 공집합이 아니라는 뜻이다. 이를 {∅}으로 표시한다. {∅}은 한 개의 공집합이란 원소를 갖는, 즉 1이다. 0이 차지하는 위치는 있다는 뜻이다.

공집합에서 수가 발전하는 과정은 다음과 같다. 집합 {∅}의 멱집합은 {∅, {∅}}이다. 어느 집합의 멱집합은 공집합과 자기 자신을 포함해야 하는데, {∅}의 멱집합은 ∅이고, 자기 자신은 {∅}이다. 이들을 포함해야 하기 때문에 {∅, {∅}}이 된다. 그런데 이 새로 생긴 멱집합의 경우, 자기 자신 안에 두 개의 같은 원소를 가지고 있다. 한 집합에서 같은 원소는 1로 본다. $2^0=1$이 되는 배경이다. 같은 논리로 $2^1=2$이다. {1}은 공집합과 자기 자신 1을 포함하기 때문에 개수는 2가 된다는 뜻이다. 즉, 2={1, {∅}}이다. 이것은 자연수를 창출해 내는 방법이다. 그러나 유클리드는 이런 사고 과정 없이 '자연스럽게' 수를 사용해 '1, 2, 3, 4, …'를 산출했다. 그래서 이들 수들을 통상적으로 '자연수natural number'라 한다.

〈이기설도〉와 수의 발생 기원

집합론은 다름 아닌 이러한 유클리드 자연수 개념에 대한 비판적 성찰에서부터 시작한다. 집합론은 수가 성립하는 배경에 관한 수학에 대한 '수학론'이다. 그런 의미에서 성이심의 〈성명설도〉는 일종의 역학에 대한 '역학론'이라 할 수 있다. 〈계사전〉은 '태극'이란 1로부터 괘가 발생한다고 말한다. 이는 바로 유클리드적인 발상과 같아 보인다. 그러나 성이심은 그러한 1이 발생하는 배경을 말하고 있다. 태극 1은

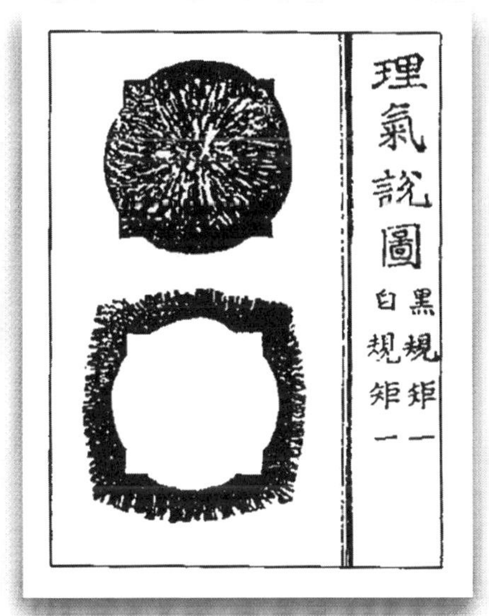

도표 1-3. 이기설도

0 없이는 불가능하다는 것을 말한다. 태극 1과 무극 0의 관계를 뒤에서 다룰 〈이기설도〉에서 더욱 분명하게 말하고 있다. 〈성명설도〉가 의미론적이라면, 〈이기설도〉는 논리적이라 할 수 있다.

의미론적이라 함은 '도 아닌 도' 같은 말의 의미로 역설을 말하는 것이고, 논리적이라 함은 집합 안의 집합과 원소의 개수로 역설을 말하는 것이다. 그리고 마지막 〈현륜도〉는 멱집합의 초과분 문제를 거론하는 열한 개의 도상들 모두가 대각선 논증의 6대 요소들과 관계 안 되는 것이 없다.

성이심의 이기설은 〈이기설도理氣說圖〉에 잘 나타나 있다. 위의 것은 원과 방이 겹쳐 있으며, 모두 검은색이다. 그러나 아래 것은 원과 방이 모두 흰색으로 겹쳐져, 검은색 속 테두리 안에 들어 있다. 아래 것 안쪽 흰색의 원과 방은 선이 뚜렷하지만, 밖의 검은색은 원과 방의 윤곽이 뚜렷하지 않다. 아래 것 안쪽 흰색은 '사람의 성품', 밖의 검은색은 '사물의 성품'이라고 했다. 다시 말해서, 인성과 물성의 구별을 분명하게 하기 위함이라는 뜻이다. 이는 명패와 물건의 구별이라고 해도 좋다. 〈이기설도〉는 위에서 소개한 집합론적 이론으로 설명하면 이해가 쉽다. 먼저 성이심의 설명을 들어보자.

> 흰 바탕 위에 검은 먹을 쓸 수 있는 것은 '이'가 있은 다음에 '기'가 있는 것과 같고, 먹을 쓴 다음에 흰 바탕이 드러나는 것은 '기'가 이루어진 다음에 '이'가 깃드는 것과 같다.(《인역》 권5-4)

'흰 바탕 위에 검은 먹을 씀'[後素而事黑]이라고 말할 때, '흰 바탕'[素]은 두 그림이 놓여 있는 사각형 자체이다. 흰 바탕이 바로 '이'라는 것이다. 이 흰 바탕에 윤곽이 분명하지 않은 검은색의 테두리를 친다. 그러면 그 속에 윤곽이 분명한 흰 바탕의 원방이 생긴다. 성이심의 이 두 도형은, 위에서 말한 집합론적 논리를 빌리면 이해가 쉬워진다. 여기서 백과 흑은 서로가 서로에 위位가 되고 수數가 된다. 이는 역학의 핵과 같이 중요하다. 이는 〈현륜도〉에서 잘 설명이 된다. 흑과 백은 서로가 n이면 (n-1)이 되는 짝짝이 관계이다. 이런 관계를 '석합보공析合補空'이라 한다. 이것이 하나의 구 안에서 삼각형과 사각형이 생기는 배경이다. 3과 4는 서로 나누어지나 합해 하나의 구를 만든다. 축구공이 5각과 6각으로 되는 원리도 이와 같다.

유클리드는 수 '5'를 그 자체로 이해한다. 그러나 집합론이 종래의 수학과 다른 점을 비유해서 말하자면, 어떤 수를 이해할 때, 빈 그릇이 있고 여기에 사과 다섯 개가 있다고 할 때, 빈 그릇 자체를 먼저 생각하는 것이 특징이다. 빈 그릇 자체와, 그 그릇 속에 다섯 개 사과가 다 담김과, 다섯 개 사과 가운데 일부만 담김이란 세 단계의 사고를 거쳐 셈하는 것이 현대 수학론이다. 이것이 역의 수론이다. 빈 그릇 자체가 바로 위이고 공집합이다. 빈 그릇이 제일 먼저임을 한눈에 보여주는 것이 성이심의 역학 사상이 지닌 특징이라 할 수 있다.[2]

빈 바탕 ground 자체는 '이', 거기에 담기는 검은 먹은 '기'라고 보았다. 이것이 성이심의 〈이기설도〉이다. 여기서는 마치 '이'가 먼저이고 '기'가 나중인 것 같다. 이는 성이심이 철저한 주자학파의 주리론자主理論者임을 한눈에 보여준다. 이와는 반대로, 장재의 주기철학은 빈 바탕을 '기' 또는 '태허'라 할 것이다. 즉, 바탕이 '기'라고 하면 그것은 주기철학의 입장이다. 결국 주리론과 주기론의 차이는 위가 먼저냐 수가 먼저냐와 같은 집합론이 판정할 문제이다. 성이심은 이미 '이'와 '기'의 선후 문제의 쟁점을 알고 있었고, 이를 극복하기 위해 〈이기설도〉를 작도했다고 볼 때, 〈도표 1-3〉의 아래 그림은 검은색(기) 안에 흰색(이)을 포함시키고 있다. 그렇다면 '이'와 '기'의 관계는 상호 포함包含하는 관계이지 어느 하나가 다른 것을 일방적으로 포함包涵하는 관계가 아니다. 포함包含은 상호 담는 관계이고, 포함包涵은 담는 주체와 담는 객체를 구별하는 관계이다.

---

2) 윷놀이에서 윷은 모를 전제해야 하는 것과도 같다.

성이심의 〈이기설도〉에서 흰 바탕 자체는 { }과 같고, 위의 검은 원방은 {0}과 같다. 그런데 이러한 {0}인 검은 먹이 아래 도상에서는 흰색으로 드러나지만, 그것은 바탕 자체인 0으로서의 흰색이 아니다. 그 흰색은 {0}의 집합인 {∅}임은 두말할 것 없다. {∅}은 그래서 '공집합의 원소'는 '1'이다. 다시 말해서, {∅}은 다름 아닌 검은색 속에 있는 흰색이다. 성이심은 바탕 흰색은 '이' { }, 검은색은 '기' {0}라고 했다. 그리고 아래 것은 {∅}=1이다. 그래서 '이'는 두 가지이다. 하나는 '기'를 포함包涵하는 것이고, 다른 것은 포함되는 것이다. 이를 두고 성이심은 "'이'와 '기'가 서로 앞서고 뒤따른다"고 했다.

> 원과 방이 겉으로 드러나는 것은 흰색, 가장자리의 검은색이요, 또한 검은색 속의 흰색이다. 원과 방이 속에 드러나는 것은 검은색 가장자리의 흰색이요 또한 흰색 속의 검은색이다.(若夫規矩之見於表者 固是白邊黑 而亦是黑中白 規矩之見於裏者 固是黑邊白 而亦是白中黑…此則黑白不能分 猶理氣之不相離也; 《인역》 권5-5)

여기서 '가장자리邊'를 두고 알랭 바디우는 '공백의 가장자리edge of viod'라고 하여 특별한 의미를 부여한다. 아니 그의 철학의 핵과 같이 중요하다. 흑과 백을 나누는 가장자리야말로 공백의 자리이다. 위 그림에서 흑백이, 아래 그림에서는 가장자리가 된다. 이 가장자리 때문에 흰색은 포함하기도 하고, 포함되기도 한다. 이러한 가장자리 역할을 하는 것을 집합론에서는 { }로 기호화한다. 이 가장자리가 없으면 0과 1이 성립될 수 없다. 이 가장자리를 '이而'라고 한다.

이를 역의 괘로 돌아와 비교 설명해 보자. 64괘 가운데 공집합에 해당하는 괘는 곤坤(䷁)이다. 여기에 처음으로 초효에 있음이 생긴다고 할 때, 그것은 일양이 될 것이다. 곤괘 초효에 일양이 생긴 것이 복復괘(䷗)이다. 이는 무와 유 사이이고, 바디우의 말을 빌리면 '공백의 가장자리'이다. 계절적으로는 춘분에 해당한다. 곤은 겨울 다음 땅 속에서 하나의 양이 생기는 것이다. 그러나 춘분은 겨울과 봄의 가장자리일 뿐이다. 그것을 가르는 자리이기 때문에 '분'이라고 한 것이다. 이를 두고 역에서는 '곤복지간坤復之間'이라고 한다. 우리 한글에서도 소리가 전혀 없는 ㅇ과 거기서 소리가 막 생겨나는 ㆁ를 구분한다. 물론 후자는 지금 사용하지 않는다. 한글 창제에서 곤복지간의 원리, 또는 공백의 가장자리를 응용한 것이다. 이만큼 성이심의 역은 응용 면에서도 지대한 의미를 갖는다.

이는 조선 사상사의 일관성을 여실히 보여준다. 성이심은 세종대의 사람은 아니지만, 세종의 한글 창제 원리는 성이심의 인역과 일관성을 갖는다는 말이다. 정인지가 훈민정음 제자해에서, "천지의 도는 하나의 음양과 5행일 따름"이라고 말하고는, "곤복의 사이에서 태극이 생기고, 동정한 후에는 음양이 생긴다. 사람의 음성도 모두 음양의 이치가 있다. 이에 곤복지간은 ㅇ과 ㆁ 사이이다. ㅇ은 소리가 없는 영이요 ㆁ는 소리가 있는 1이다. 이 ㅇ과 ㆁ 사이에서 '이영' 하고 소리가 생기니 이것이 태극이다" 하였다.(권영원, 2010, 12~13)

이는 마치 앞 푸코의 그림에서 두 개의 파이프 가운데 하나는 액자 안에 있고 다른 하나는 액자 밖 공중에 떠 있는 것과 같다. 액자가 하는 역할이 다름 아닌 { }이다. 액자 안에 있는 파이프는 {파이프}라고

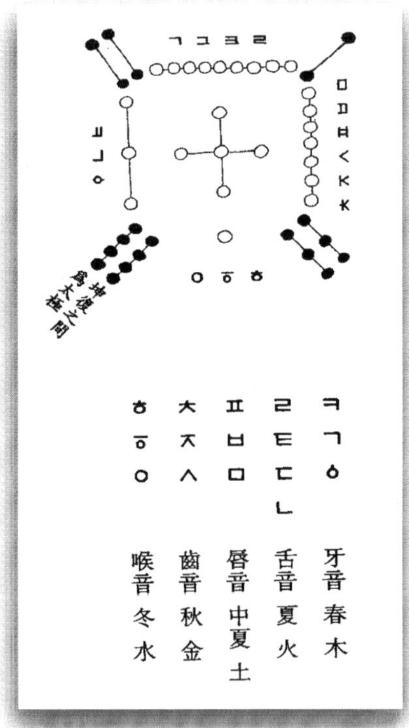

도표 1-4. 곤복지도

적어야 하는 것과 같다. 이럴 때 "{파이프}는 파이프가 아니다"라고 하는 것과 같다. 다시 말해서, 액자 밖에 있는 것과 안에 있는 것은 같은 파이프인가 다른 파이프인가? 같다고도 같지 않다고도 할 수 있는 것이 마그리트 그림이 가지는 진정한 의미이다. 다시 말해서, '비결정성'이란 괴델 정리와 같은 맥락의 작품이라 할 수 있다.

그러면 성이심은 왜 흑백을 원과 방에 상관없이 사용하였는가? 그 것은 원과 방은 같은 것이기 때문이다. "원은 다각형이다"는 것이 원에 대한 정의이고 보면, 원과 방은 서로 연속적이면서 비연속적이다. n과 n−1의 관계이다. 원에서 하나 모자라는 것이 다각형이다. 그래서 성이심은 원과 방을 모양으로는 구별하고, 색으로는 같게 한 것이다. 이는 음과 양이 연속적이면서 동시에 비연속적이라는 것과 같은 맥락이다. 역에서는 원은 양이라 하고, 방은 음이라 한다. 방과 원을 한자리에 그린 것은 음양의 대칭구조적 작용 없이는 흑백의 분리가 생길 수 없기 때문이다. '이'와 '기'를 백과 흑으로 구별하는 이유는, 그것이 구별되어 혼동을 일으키지 않으면서도, 서로 다르지도 않음을 나타내기 위해서이다. 이는 공집합이 멱집합을 통해 공집합과 자기 자신이 포함되는 과정에서, 이 둘은 서로 전체와 부분의 관계로 포함되기도 하고, 포함하기도 한다는 것과 같다. 이러한 포함包含 관계를 동양철학은 '이而'라는 말로 연결시켜 왔다. 다시 말해서, 멱집합에서는 공집합과 자기 자신이 부분집합으로 포함包含된다. 이러한 집합과 멱집합의 관계를 성이심은 '이'와 '기'의 관계로 설명한다. 지금까지는 대각선화 이전 단계로서, 가로와 세로의 개념이 어떻게 생겼는가 하는 과정을 설명하였다.

1.2. 대각선화 단계

〈도의설도〉

제3도인 〈도의설도道義說圖〉는 원과 방이 선으로 분명하게 나누어지는 그림이다. 이전 두 개의 도상에서 원과 방은 바탕과 그림의 관계로서 흑백으로 나누어졌다. 그러나 〈도의설도〉에서는 원과 방의 구별이 선으로 변했다. 무엇이 다른가? 이는 인간 의식구조의 차원적 변화라 할 수 있다. 선線의 탄생과 함께 가로와 세로의 구분이 생겼기 때문이다. 즉, 대각선은 가로와 세로 개념으로 된 선의 등장과 함께 가능해지기 때문이다. 그래서 엄격한 의미에서 〈도의설도〉부터 대각선화가 가능해졌다고 할 수 있다. 선으로 된 사각형 안에 원이 있고, 원 안에 사각형이 있다. 이것 역시 서로 포함包含하는 관계로서 가로와 세로가 분명하게 생겨났다. 6대 요소 가운데 가로와 세로가 생겼다.

원과 방이 상호 교차한다고 '규구상교規矩相交'라고 한다. 즉, 〈도의설도〉에는 '규구상교'라는 부제가 달려 있다. 흑과 백이 서로 바탕이 되고 그림이 된 다음, 흑백의 구별은 사라지고 원과 방이 선으로 변했다. 이런 측면에서 〈이기설도〉는 이차원 이전의 차원에서 드디어 이차원적이 되었음을 의미한다고 볼 수 있다. 성이심은 여기서 원은 '인仁'이고 방은 '의義'라고 하였다. 원과 방의 관계같이, 인과 의는 서로 같으면서 다르다. 인은 본체이고, 의는 그 작용이라고 한다. 명패와 물건의 관계를 원과 방으로, 인과 방의 관계로 나타낸 것이다. 그래서 이는 러셀의 유형론적 역설 해의법을 무색하게 하는 것이나 마찬가지이다. 유형 사이의 단계적 구별은 없다는 뜻이기 때문이다.

성이심의 이러한 구상은 현대 수학에서 페아노가 그의 공리를 통해 수가 발생하는 순서를 말해 놓은 것과 일치한다. 페아노의 공리에 따르면 유클리드가 그동안 하지 못한 '1'이란 수가 어떻게 가능한가에 대한 발상에서부터 시작하여, 자연수들의 개념이 형성되는 과정을 그의 공리체계를 통해 설명해 나간다. 페아노의 발상이 성이심의 그것과 유

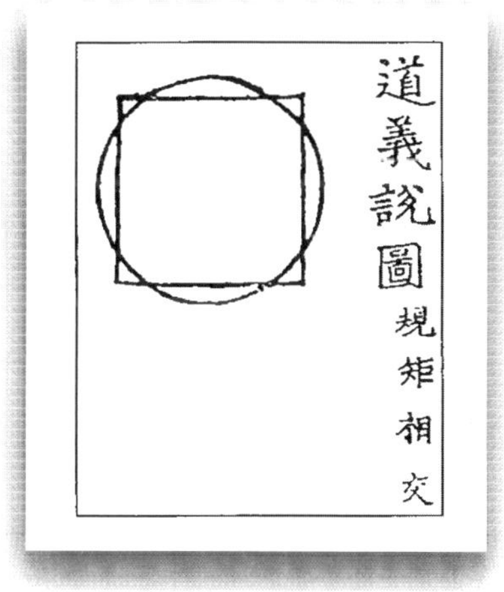

도표 1-5. 도의설도

사하다는 것이다. 이에 대한 성이심의 말을 계속 들어보자.

0과 1이 만들어진 이상, 이제부터는 1에서부터 시작하여 '다음의 것 successor'이라는 말만 적용해 나가면, 그 이상이나 그 이하의 수들이 생겨 나온다. 이것이 페아노가 정의한 수의 개념이다. 성이심의 제1도와 제2도, 다음의 제3도가 바로 이러한 페아노의 발상을 예고나 하는 듯하다.

〈이기도〉의 흑백은 사라지고 〈도의설도〉가 나타난다는 것은, 마치 1 '다음의 것'이라고 말하는 것과 같다. 흑백이 필요한 이유는 0에서 공집합 {∅}을, 그리고 공집합 {∅}에서 '1'을 만들어 내기 위해서인데, 이제 여기까지의 작업이 끝났기 때문에 〈이기도〉의 흑백은 사라진다. 다시 말해서, 흑백이 필요한 이유는 종이 바탕인 백 속에 있는 흑, 그리고 흑 속에 있는 백을 가려내기 위해서이다.

〈성명설도〉를 0차원, 〈이기도〉를 1차원이라면 〈도의설도〉는 2차원적이다. 그리고 0차원과 1차원은 모두 대각선 이전 단계의 의식구조를 반영한다. 그러나 대각선은 가로와 세로의 전제 없이는 불가능하기 때문에, 진정한 의미에서 대각선 논증의 6대 요소를 갖춘 대각선화는 〈도의설도〉부터라고 할 수 있다. 그러나 규구상교, 즉, 방과 원이 상교한다는 것은 대각선화와 반대각선화가 서로 교차한다는 의미이다. 이에 대한 논증은 다음 그림으로 이어진다.

〈간지도〉 _ 시간 개념의 도입과 역설 해의

6대 요소 가운데 '대각선화' 개념에 해당하는 것이 바로 〈간지도干支圖〉이다. 〈간지도〉에서는 원과 방을 상교시키지 않고 분리시켰다. 그리고 10천간을 '갑병무경임'(양간)과 '을정기신계'(음간)의 둘로 나누어, 전자는 원 안에, 후자는 방 안에 배열한다. 배열을 할 때 명패와 물건을 구별하여 '무戊'와 '기己'를 명패로, 나머지는 물건으로 삼고 있다. 그래서 〈도의설도〉에서 '규'(방)와 '구'(원)가 독자적으로 분리되면서 명패와 물건으로 구별된다. 이러한 이유로 〈간지도〉를 대각선화 단계에 속했다고 분류한다는 것이다.

12지지도 마찬가지 방법으로 '자인진오신술'과 '축묘사미유해'의 둘로 나눈다. 전자는 방에, 후자는 원 안에 배열을 한다. 그러나 천간과는 달리 명패와 물건의 구별이 없다. 다만 '축묘사미유해'의 중앙에 작은 방을 하나 그려 놓았다. 이는 마치 엽전 모양과 같다. 그 방 안은 비어 있을 뿐, 천간에서와 같이 문자가 들어 있지 않다. 공백 그 자체가 하나의 명패 노릇을 한다는 것을 보여준다. 성이심은 어릴 때 엽전 모양

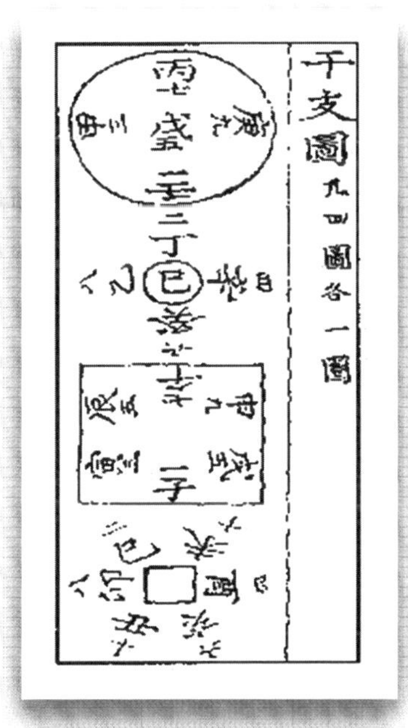

도표 1-6. 간지도

에 특별한 관심을 가졌으며, 이것이 나중에 인역을 펼치는 데 큰 보탬을 주었다고 한다.

천간 열 개와 지지 열두 개의 조합은 시간의 변화를 말할 때 사용된다. 괘가 간지와 연관되면서 시간이란 요소가 들어오게 된다. 역설이 공간 개념에서 해의되지 않을 때 도입되는 것이 시간 개념이다. 천간에서 무와 기가 명패, 나머지가 물건 역할을 한다. 그래서 명패와 물건의 구별이 뚜렷하다. 그러나 12지지에서는 명패와 물건을 구별하지 않았다. 다만 지지의 두 번째 그림에서는 글자 없이 비어 있는 작은 사각형으로 명패로 삼고 있다. 성이심이 왜 이런 구별을 하였을까? 천간과

지지의 관계에서, 전자는 명패이고 후자는 물건이다. 12지지에서 명패와 물건의 구별을 없앤 이유는, 궁극적으로 다음 〈기우도〉 등에서 반가치화와 반대각선화로 가기 위한 전초 작업을 마련하기 위해서이다. 명패와 물건의 구별이 사라짐으로써 역이 탈중심화로 가는 길이 열렸다고 할 수 있다.

1.3. 반가치화와 반대각선화

〈기우도〉

기는 홀수를, 우는 짝수를 뜻한다. 원과 방은 기와 우에 해당한다. 원은 천이고, 방은 지이기 때문이다. 기수와 우수는 양수와 음수이기 때문에 6대 요소들 가운데 가치에 해당한다. 방과 원은 대각선화와 반대각선화의 관계인 동시에, 가치와 반가치화의 관계이다. 원과 방을 기표記票인 형태로 보아서는 대각선화와 반대각선화의 관계이지만, 기의記儀인 형상으로 보아서는 가치화와 반가치화의 관계이다. 성이심의 〈기우도奇遇圖〉는 방과 원을 〈도의설도〉에서와 같이 교차시키지 않고, 포함包涵시키고 있다. 네 개의 그림이 있는데, 처음 '삼기三奇'는 원이 방 안에 포함되어 있는 경우이고, 다음 '일우이기一偶二奇'는 방이 방 안에 포함되어 있는 경우이고, 다음 '일기이우一奇二偶'는 원이 원 안에 포함되어 있는 경우이고, 다음 '삼우三偶'은 방이 원 안에 포함되어 있는 경우이다.

방을 대각선화라 하고, 원을 반대각선화라고 할 때, 둘의 관계를 기

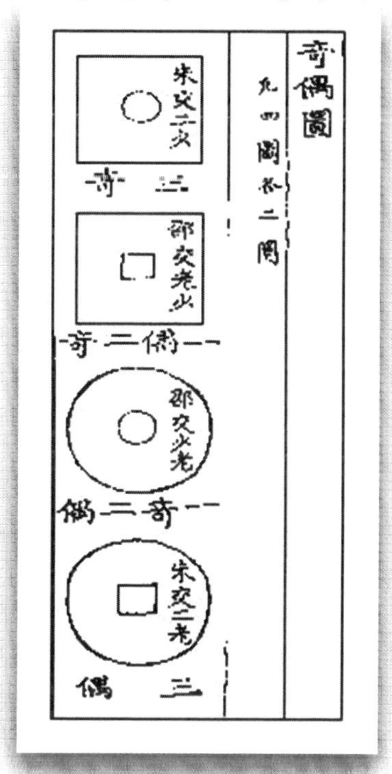

도표 1-7. 기우도

우의 석합보공 관계로 표현한 것이다. 석합보공 관계란 3기0우, 1우2기, 1기2우, 0기3우와 같이, 기와 우가 3을 상수로 곱하기 하는 것을 말한다. 방과 원을 기와 우에 비유하여, 이들의 석합보공 관계를 통해서 가치화와 반가치화가 석과 합의 관계임을 암시하고 있다. 동시에 기와 우의 기표를 통해서는 대각선화와 반대각선화의 관계를 나타내고 있다. 이러한 관계는 〈기우도〉에 대한 성이심의 다음 글에서 분명해진다.

마음과 일의 곧음과 뉘우침을 나타내면, 속마음을 간직하여서 바깥으로 드러내고 형체에 감촉되어서 속마음이 움직인다. 본체는 변하지 않으나 작용은 변화하는 것이니, 그림[圖]의 기수와 우수가 이것이다.(《인역》)

성이심은 원과 방의 관계를 마음[心]과 일[事]의 관계, '곧음'[貞]과 '뉘우침'[悔]의 관계로 보고 있다. '곧음'과 '뉘우침'은 고대 점을 치던 정인들이 점괘를 데이터베이스화하면서 세로에 전자를, 가로에 후자를 배열한 데서 유래한다. 그런 의미에서 둘은 대각선화와 밀접한 관계가 있다.(《대각선 논법과 역》 1장 참고) 마음과 일의 관계와 '곧음'과 '뉘우침'의 관계를 성이심은 기와 우의 관계로 보아, 전자를 변하지 않는 본체로, 후자를 변하는 작용으로 본다. 일종의 명패와 물건을 나누는 것이라 할 수 있다.

이 말은 기수와 우수가 안과 밖에서 포함包涵 관계를 유지한다는 것을 보여준다. 방 속에 원, 원 속에 방이 포함包涵된다. 〈기우도〉는 원과 방이 모두 선으로 표현되었다는 점에서는 이차원 공간 속에 있다. 이 점이 〈이기도〉와는 크게 다르다. 원과 방이 서로 포함하고 포함되는 선이 명확히 구분된다. 명확하게 구분되면서 서로 포함하고 포함되는 관계를 유지한다.

〈조화설도〉와 〈심모오사사단팔정도〉

제6도인 〈조화설도造化說圖〉는 큰 원과 사각형 속에 또 하나의 작은 원과 사각형을 포함包含시키는 그림이다. 일종의 자기상사형, 즉, 프랙털 구조이다. 이런 구조는 이어지는 제7도와 제8도에서 더 심화된다.

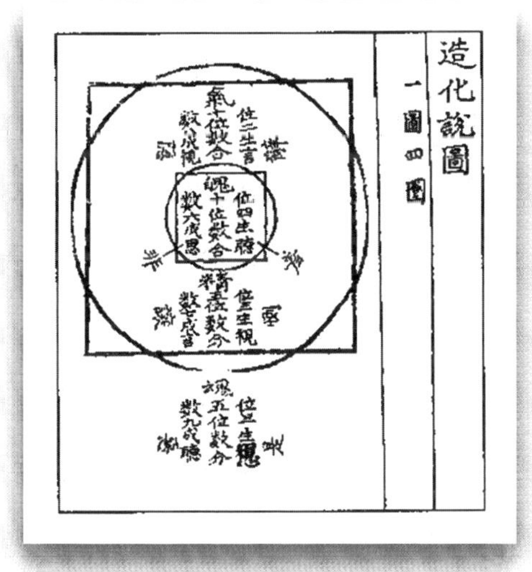

도표 1-8. 조화설도

이러한 자기상사는 궁극적으로 모든 중심의 탈중심화를 가능하게 한다. 모든 개별자들이 각자 자기중심으로 들어가게 한다. 자기대로, '제대로' 가게 한다는 것이다. 방과 원의 크고 작음, 또는 포함하고 포함됨을 통해서 음양의 젊음과 늙음이 서로 감아들고 있다.

선천에서는 노와 노, 소와 소가 감아들고, 후천에서는 노와 소, 소와 노가 감아든다고 했다. 특히 전자를 '선천의 대대先天之待對'라고 했다. 본체와 작용, 즉 명패와 물건은 서로 감아드는 관계로 보아서 "후천의 본체는 곧 선천의 작용이요, 선천의 본체는 반대로 후천의 작용이다"와 같다. 이렇게 명패와 물건은 선천과 후천에서 서로 교환되고 변역이 된다. 이는 러셀의 유형론을 다시 무색하게 만들어 버린다. 성이심은 상괘와 하괘를 서로 교환하는 것을 '교역交易'이라 하고, 6효의 음양

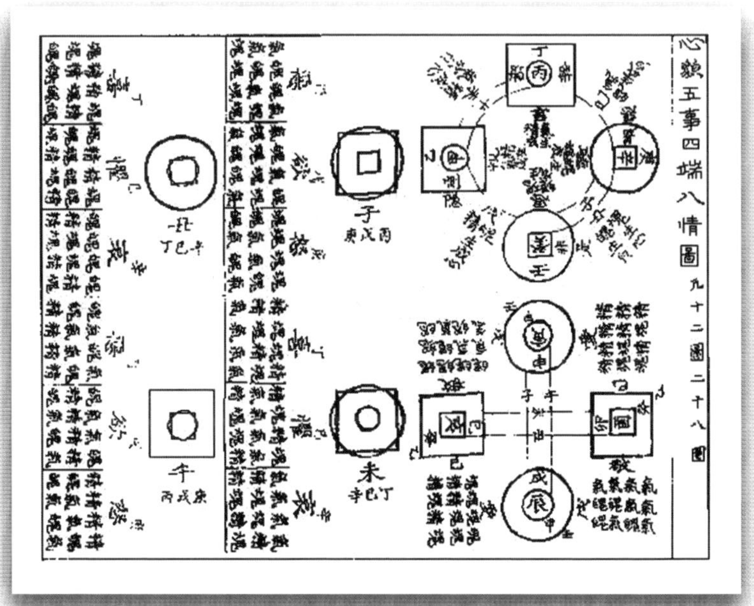

도표 1-9. 심모오사사단팔정도(心貌五事四端八情圖)

을 모두 바꾸는 것을 '변역變易'이라고 하였다. 이러한 "교역과 변역을 '조화설도'가 가진 테두리에서 볼 수 있다"[交易變易之妙 非但圖圈之可見]고 했다. 그림의 테두리 문제는 위에서 이미 〈성명설도〉와 〈이기설도〉에서 푸코의 그림과 비교한 바와 같이 매우 중요하다.

〈조화설도〉의 부제는 '한 그림 네 테두리'[一圖四圈]이다. '네 테두리'란 원과 방이 안과 밖에서 서로 감아들면서 만든 테두리를 가리킨다. "이 네 테두리를 두루 보면 후천의 본체를 볼 수 있고, 안과 밖을 서로 보는 것은 선천의 본체이다. 이렇게 선천과 후천을 그림의 안과 밖으로 보면, 안과 밖의 네 테두리는 교역과 변역을 나타낸다. 그러면서 선천과 후천은 서로 본체가 되고 작용이 된다.

성이심은 〈성명설도〉와 〈이기설도〉에서 도상의 바탕과 그림을 구별할 줄 알았고, 테두리 자체와 그 안팎을 구별할 줄도 알았다 이는 세 그림 〈도의설도〉, 〈간지도〉, 〈기우도〉에서 명패와 물건을 구별할 줄 안다는 말과도 같다. 바탕에는 원과 방의 테두리가 없었지만, 〈도의설도〉에는 테두리가 나타나면서 자기상사를 만들 수 있게 되었다. 결국 자기상사를 통해 명패와 물건은 서로 감아드는 관계임을 보여준다.

원과 방을 테두리와 안팎으로 나눈 결과는 탈중심화를 가능하게 한다. 모든 존재가 동일한 중심이 되고, 자기가 자신의 중심이 된다. 중심의 다원화가 가능해졌고, 이것이 성이심의 도상들이 지향하는 궁극 목표이다. 제7도에서부터 그것이 가능해졌다. 천간지지라는 시공간적 개념을 다시 가지고 오는 이유가 바로 여기에 있다. 10천간과 12지지 각각을 명패로 삼기도 하고 물건을 삼기도 한다. 네 종류로 나누어 원의 테두리 안에 원과 방, 방의 테두리 안에 원과 방, 원방 안에 방, 원방 안에 방이 서로를 포함包涵시켜 포함包含 관계가 되도록 한다.

그림 오른쪽 위 큰 원 둘레에 두 개의 방과 두 개의 원을 그린 다음, 두 개의 원에는 방을, 방에는 원을 넣었다. 그리고 오른쪽 아래에 십자형 테두리 없는 방을 만든 다음, 상하좌우에서 방 속에는 방을, 원 속에는 원을 그려 넣었다. 이는 대각선화와 반대각선화를 분리시키는 동시에 포함시키는 기법이라 할 수 있다. 가치화와 반가치화, 그리고 대각선화와 반대각선화는 궁극적으로 존재의 탈중심화를 향해 가게 한다. 성이심은 지금 정확하게 이러한 궤적을 따라 작도하고 있는 것이다. 이러한 탈중심화를 성리학의 여러 분야에 응용한 것이 다음에 이어지는 그림들이다.

1.4. 반가치화와 반대각선화의 응용

〈방체도〉

제8도인 〈방체도方體圖〉는 큰 원 속에 작은 원 다섯 개를 포함시키고, 다시 다섯 개의 작은 원 가운데 하나를 중심에 넣고, 다른 하나는 큰 방 속에 다섯 개의 방을 포함시키고, 다시 다섯 개의 작은 방 가운데 하나를 중심에 넣는 것이다. 이렇게 〈방체도〉에서는 방은 방, 원은 원으로 구분하고, 방 속에 방, 원 속에 원을 넣고 다시 원 하나로 중심화시키는 방법이다. 이는 반대각선화와 대각선화를 일단 분리시킨 것으로, 그렇게 작도한 이유는 역의 괘와 인간의 감정을 대응시키기 위해서이다. 인역 다운 모습이 나타나기 시작한다. 큰 원과 작은 원을, 그리고 큰 방과 작은 방을 괘와 효의 관계로 보아, "괘에는 일정한 형체가 있으나, 효에는 일정한 작용이 없는 것이 역이다"라고 하였다. 다시 말해서, 괘는 명패이고, 효는 물건이다. 이러한 둘의 관계는, 마치 인간의 마음과 그 속에 담긴 8정이란 감정을 대응시키는 것과 같다.

그런데 하나의 괘 안에는 6효가 있는데, 왜 큰 원과 방 안에 다섯 개의 작은 원과 방이 들어 있는가? 그 이유는 큰 원과 방 자체가 하나의 효이기 때문이다. 집합 자체가 부분의 하나로 포함되는 멱집합의 원리를 생각하면 된다. 이때 큰 원이 명패이고, 작은 원은 물건들이다. 이는 성이심이 멱집합의 원리를 응용한, 아니 그것을 알고 있는 작도

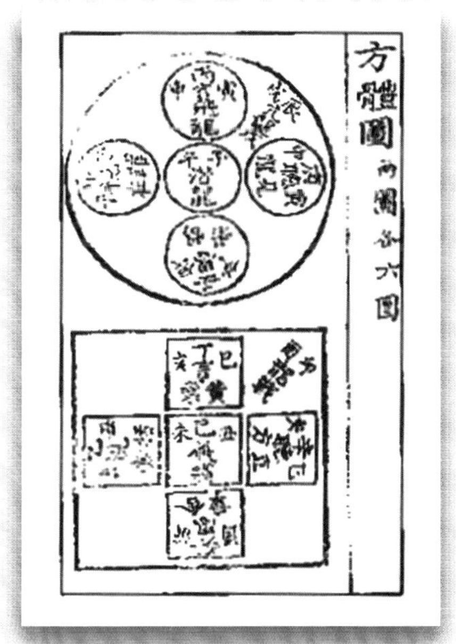

도표 1-10. 방체도

법이라 아니할 수 없다. 그래서 결국 5효가 아닌 6효이다. 여기서 성이심은 효의 시생 원리에 대해서 아주 독특한 이론을 펴고 있다. 이는 명괘와 물건이 형성되는 관계를 말하는 것과 같아서 매우 주목할 만하다. 명괘와 물건의 관계를 64대성괘에서 볼 때에는 8괘와 8괘의 관계이지만, 8소성괘에서 볼 때에는 괘와 효의 관계가 된다. 전자는 8의 자승법으로, 후자는 가일배법으로 괘가 만들어진다는 것을 의미한다.

하나의 대성괘 안에 6효가 들어가는 것은 고정적이지 않다. 6효 이전에 3효로 된 8괘에서 다시 4획으로 된 형체가 없는 단계로 발전한 다음, 5획의 단계를 거쳐 6효로 정착된다. 이것은 최근 발굴된 백서본

같은 자료에서 그대로 입증된다. 이를 두고 성이심은, 4효는 형체가 없는 역의 단계로서 여기서 길흉 개념이 생겼고, 그 다음 5효는 방위가 없는 것으로서 신의 단계로 발전하였다는 것이다. 6효가 되기까지 효는 마치 살아 움직이는 생물체와 같이 자라왔다. 역이라는 뼈대에 혼과 생명을 불어 넣는 작업같이 보인다.

그래서 살아있는 생명체로서 효와 괘의 관계는 〈방체도〉와 같이 표현될 수 있다. 다시 말해서, 다섯 개의 작은 원이 중심과 주변, 즉, 명패와 물건으로 나누어지고, 이 다섯 개의 작은 원이 다시 큰 원 속에 포함되는, 그리고 방에서도 같은 과정이 반복될 때 생명이 탄생하고 자란다는 것이다. 이는 명패와 물건이 되먹힘 하는 역설 해의의 한 방법이다.

〈괘효도〉와 〈입극도〉

제9도인 〈괘효도卦爻圖〉는 무려 열네 개의 그림으로 구성되어 있으나, 제8도의 연장 같이 보인다. 오른쪽에는 제8도가 재현되어 있는데, 그 안에 들어가는 글자는 '의義'와 '인仁'이다. 이들이 명패 역할을 한다. 왼쪽 열두 개의 도상은 원이 네 개, 방이 열 개이다. 방 속에는 방만 들어 있고, 원 속에는 원만 들어 있는 제8도와는 다르게, 원과 방이 3 대 2 또는 1 대 3, 그리고 1 대 4 또는 4 대 1의 비율로 배열되어 있다. 그리고 반드시 명패와 물건으로 나누어진다. 이는 대각선화와 반대각선화가 중첩반복 되는 것의 다양성을 보여주려는 것이라 볼 수 있다.

제10도인 〈입극도立極圖〉는 성이심이 멱집합의 원리로 고민하고 있

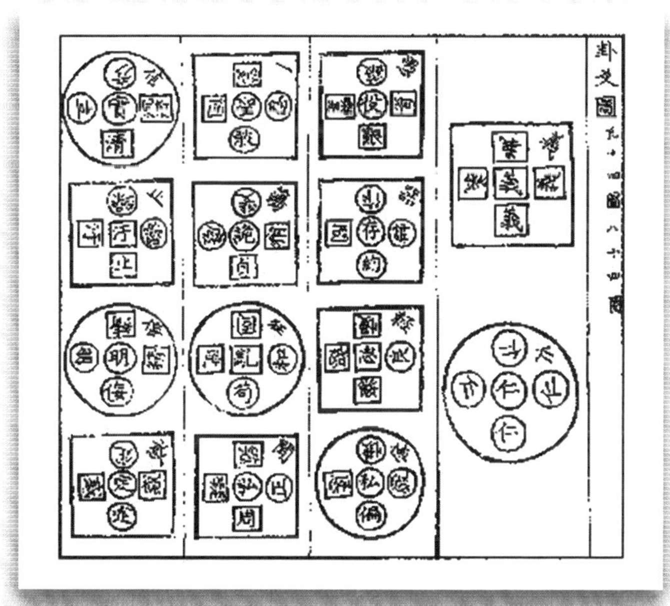

도표 1-11. 괘효도

는 중요한 그림이다. 제8도인 〈방체도〉에서 이미 본 바와 같이, 멱집합의 원리에 의해 큰 원 역시 6효 가운데 하나이다. 역에서 제1효는 '초효'라 하고, 제6효는 '상효'라고 한다. 〈입극도〉는 큰 방 테두리 안에 굵은 선으로 된 정방형의 방을 그린 다음, 그 안에 원과 방을 2 대 2의 비율로 배열한다. 즉, '2원, 3원, 4방, 5방'으로 둘레를 만든다. 이때 '6'은 원도 방도 없는 글자만이다. 그러면 초효는 어디에 있는가? 그것이 다름 아닌 2원, 3원, 4방, 5방의 중앙에 위치한 원이다. 거기에 있는 '초初'라는 말 자체가 바로 초효이다. 이렇게 '초효'와 '6효'는 원도 방도 표시함이 없이 글자로만 되어 있다.

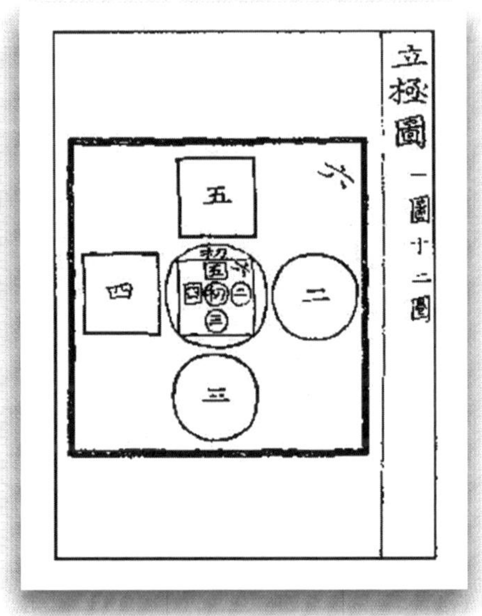

도표 1-12. 입극도

안으로 거듭 축소되어 들어갈 때, 거기에는 다시 2원, 3원, 4방, 5방이 있다. 그리고 '초初원'을 '2원, 3원, 4방, 5방의 중앙에 넣고, 6은 원방 구별 없이 글자로 넣었다. 이러한 복잡한 프랙털 구조는 멱집합의 원리와 역의 가장 중요한 시생 원리와 가족관계의 역설을 모두 파악하지 않고는 이해할 수 없다. 다시 말해서, 초효는 시생 원리에서 볼 때 어느 한 괘의 정체성과 관계가 된다. 초효가 양이면 시생 원리에 의해 초효가 속한 괘는 반드시 양군에 속해야 하고, 음이면 시생 원리에 따라 초효가 속한 괘는 반드시 음군에 속해야 한다. 그래서 시생 원리에 따라 효변을 할 때 초효는 효변을 해서는 안 된다. 만약 6효(상효)부터 시생을 하면 상효만은 효변을 해서는 안 된다. 그래서 초효와 상효는 그 괘의 전체인 동시에 여섯 개의 효 가운데 하나이다. 이것이 순서수의 역설이다.

우리는 성이심의 〈입극도〉에서 그가 얼마나 이러한 시생 원리와 멱집합의 원리를 의식하고 고민하고 있었는가를 알 수 있다. 물론 성이심이 이에 대한 논리적인 설명을 한 것은 아니다. 그의 관심사는 성리학에 있었다. 즉, 인과 의의 관계, 그리고 인간 마음 자체와 8정의 관계를 설명할 때, 이런 멱집합의 원리가 적용되는 것을 그가 알고 있었다는 뜻이다. 예를 들어, 마음 자체를 8정과 같은 마음의 한 부분으로 볼 것인가 아니면 전체로 볼 것이냐의 고민이 6효와 초효를 도상에서 처리하는 과정에서 여실히 나타난다는 것이다. 〈입극도〉에서도 정과 회를 들고 나오면서 "정貞(곧게 지킴)이 마음이면 회悔(뉘우침)는 일이다. 정이 일이면 회는 다스림이다"라고 하면서, 정과 회가 서로 감아 재귀하고 있음을 말한다. 정은 명패이고 회는 물건임을 우리는 이미 천명해 둔 바 있다. 길과 흉, 또는 선과 악이, 방과 원, 또는 원과 방이 되어 자기상사를 하고 있다는 것이다. 그래서 역이란 "의리를 정밀하게 하고 덕을 일관되게 하는, 지키는 법도에 지나지 않는다"라고 했다.

1.5. 인역과 멱집합의 원리

〈현륜도〉

마지막 제11도인 〈현륜도玄輪圖〉는 지금까지 나온 열 개 도상의 결정판이라 할 만하다. 다시 말해서, 〈현륜도〉는 기하학 내지 위상기하학의 본령을 언급하는 것이라 할 만큼 중요하다. 8괘를 정육면체의 여덟 개 모서리에 대응시키는 것은 쉬운 일이다. 그런데 성이심은 이 정육면체의 여덟 개 모서리를 잘라내어 십사면체를 만든다. 〈현륜도〉 안에는 네 개의 그림이 있는데, 첫 번째는 '윤지본질輪之本質', 두 번째는 '윤지시마輪之施磨', 세 번째는 '윤지기면輪之奇面', 네 번째는 '윤지우면輪之偶面'이라고 한다.

정육면체의 여덟 개 모서리를 잘라내면 십사면체가 되는 이유, 그리고 십사면체 가운데 삼각형(기면)이 여덟 개이고, 사각형(우면)이 여섯 개가 되는 이유에서, 〈현륜도〉의 정체와 성이심 인역의 진면목이 드러난다. 〈현륜도〉는 굵은 선과 가는 선으로 작도되는 것이 특징이고, 특히 이 점에 유의하여 관찰하여야 한다. 첫 번째 '윤지본질'은 굵은 선으로 된 사각형이다. 이것이 정육면체임은 이 사각형의 네 모서리를 잘라 버릴 때(두 번째 그림) 나타나는 세 번째의 '윤지기면'에서 분명해진다.

즉, 세 번째인 '윤지기면'을 보면, 중앙의 굵은 선 삼각형의 세 꼭짓점과 세 변에 각각 세 개의 삼각형과 세 개의 사각형이 달려 있다. 그리고 네 번째 '윤지우면'에는 굵은 선 사각형의 변에 세 개의 삼각형이 달려 있다. 우선 여기서 제기되는 질문은, '윤지기면'에서는 삼각형이 세 개인데 '윤지우면'에서는 왜 네 개냐이다. 이것이 〈현륜도〉에서 가장 두드러진 문제점이라 할 수 있으며, 멱집합의 원리와 관련되는 부분이다.

'윤지우면'에서 삼각형이 네 개인 이유는, 윤지기면에 있던 굵은 선 삼각형 자체가 윤지우면의 사각형의 한 변에 달려 버렸기 때문이다.

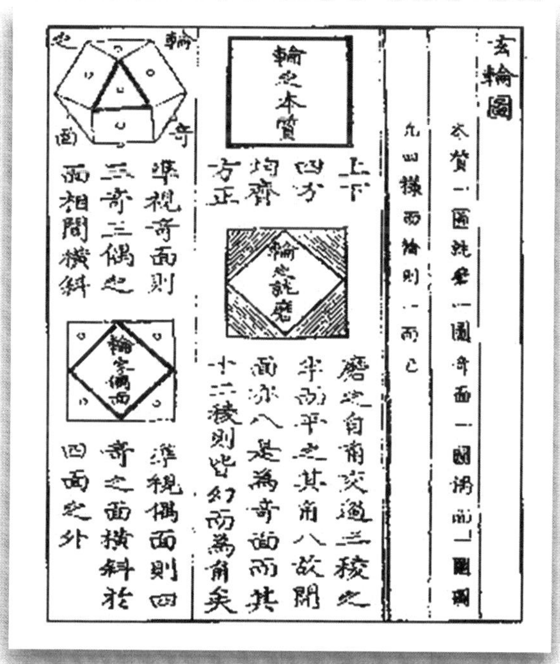

도표 1-13. 현륜도

전자에서는 굵은 선 삼각형이 기본 또는 명패 역할을 했는데, 후자에서는 지엽 또는 물건으로 변했기 때문이다. 전체였는데 부분이 되어버렸다는 말과 같다. 결국 '윤지기면'과 '윤지우면' 사이에서 소멸 현상이 생긴 것이다.(기하학적 소멸) 결국 네 개의 그림 가운데 성이심이 궁극적으로 말하려고 한 것은 '윤지기면'과 '윤지우면'의 이러한 소멸 관계이다. 삼각형이 네 개, 사각형이 세 개가 되어 앞뒤 모두 열네 개가 되는 이유가 바로 여기에 있다.

시초 점법이 처음 나타났을 때 홀수(삼각형)가 여덟 개, 짝수(사각형)

가 여섯 개인 이유가 이것이라고 하여, 성이심은 기하학적인 도형으로 이를 입증할 수 있다고 판단한다. 이러한 성이심의 주장 배경에는 당시 의리를 중요시 하던 역학 연구의 흐름에서 복서의 가치를 인정한 것이라고 할 수 있다. 이는 마치 8괘로 된 정육면체의 모서리를 자르는 기법을 사용하여 십사면체라는 다양체가 생겨나고, 이것이 바로 역이 출발하는 복서의 수 개념임을 성이심은 〈현륜도〉란 도상으로 웅변적으로 내보이고 있다.

서양에서는 성이심이 말하는 〈현륜도〉를 '다면체polyhedra'3)라는 이름으로 플라톤(427~347 B.C.), 또는 그 이전부터 언급하기 시작하였다. 플라톤은 그의 저작 《티마이우스*Timaeus*》에서 언급하였다 하여, 다면체를 다르게 '플라토닉 입체들 Platonic solids'이라 부르기도 한다. 그리고 '아르키메데스의 입체들'에 이어, 케플러는 그의 책 《조화의 세계 *Harmonices Mundi*》에서 열세 개의 다면체를 확정하였다. 케플러는 천체들이 정확하게 다면체를 그리면서 운행한다고 했고, 그의 이러한 주장은 거의 적중했다. 성이심이 말하는 〈현륜도〉는 '입방-8다면체cube-octahedron'란 이름으로 그 가운데 포함되어 있다. 그러면 왜 성이심이 여러 개의 다면체들 가운데서 하필이면 입방-8다면체를 채택했을까? 이에 대한 해답은 차라리 서양 전통 속에서 밝혀 놓은 다면체 연구에서 찾는 것이 지름길이다.

입방-8다면체는 '입방체cube'와 '8다면체octahedron'가 결합되었다는 뜻이다. 〈현륜도〉 속에는 열네 개의 면face, 스물네 개의 변edge, 열두 개의

---

3) 'polyhedra'의 사전적 의미는 '많은 자리들'(many seats)이다.

정점vertices이 들어 있다. 열네 개의 면은 사각형 여섯 개, 삼각형 여덟 개가 만든 것이다. 바로 이 점이 문제가 된다. 삼각형과 사각형이 복합되어 있는 이런 다면체를 준규칙적quasi-regular이라고 한다. 짝짝이 규칙이란 뜻이다. 〈현륜도〉가 이에 속한다. 삼각형은 사각형에, 사각형은 삼각형에 둘러싸여 있는 다변형polygons이다. 대칭 관계를 보면, 꼭짓점으로는 같은 것 끼리, 즉, 삼각형은 삼각형 끼리 사각형은 사각형 끼리 대칭을 이루고, 변으로는 사각형은 삼각형과 삼각형은 사각형 끼리 대칭을 이룬다.

다음 그림(도표 1-14)은 〈현륜도〉의 구조를 더 분석적으로 보여준다.(Lundy, 2010, 166~167) 세 개의 그림에서 가운데 것은 뒷면까지 볼 수 있다. 이 투시도를 보면, 〈현륜도〉 자체는 준규칙적이지만, 전체를 둘로 나누어 보면, 두 개 유형의 규칙성을 가진 다각형으로 되어 있다.

각 유형은 다른 유형의 다각형으로 둘러싸여 있다. 입방-8다면체인 〈현륜도〉의 중심선(적도)을 따라가다 보면, 이 중심선은 같은 변 여섯 개가 모여 육변형hexagon을 만들고, 이런 육변형이 네 개이다. 그런데 흥미로운 것은, 네 개 가운데 하나는 다른 세 개의 변을 연결하여 저절로 생긴 것이라는 점이다. 세 개의 육변형을 만들면, 다른 하나는 세 개 자체가 연결되어 만들어져 버린다. 그것은 위아래 중앙에 있는 입방-8다면체를 정면에서 바라보았을 때, 이 다면체의 윤곽 자체이다. 이는 세 개의 육각형이 자기와 같은 육각형을 하나 더 만드는 것과 같다. 다면체 안에 초과분이 생겨났다. 천체 운행 구조에서는 이런 초과분 때문에 윤달이 생기게 된다.

다음 그림에서, 아래 왼쪽은 입방-8다면체의 반지름을 투영시켜 하

도표 1-14. 다면체와 〈현륜도〉

나의 둥근 구가 만들어지는 것을 보여준다. 그리고 아래 오른쪽은 열두 개의 작은 구들이 채워지다가 열세 번째에서 똑같은 구 하나가 만들어지는데, 이것이 입방-8다면체 자체이다. 육각형 또는 육변형은 벌집 모양인 동시에 화학식 구조이다. 여기서 중요한 것은 열두 개의 구가 열세 번째에서는 똑같은 제3의 구를 만들어 낸다는 것이다. 이것 또한 하나의 프랙털 구조이다. 〈현륜도〉 안의 입방-8다면체는 한 개의 구를 만들기도 하고, 열두 개의 구가 열세 번째 구를 만들기도 하고, 세 개의 육변형이 네 개의 육변형을 만들어 내기도 하여, 프랙털 기법을 보여준다. 이것이 그의 인역이 말하려는 것의 전부임을 보여주기 위해 〈현륜도〉를 작도했다고 볼 수 있다. 그런 의미에서 〈현륜도〉는 지금까지 그가 보여준 다른 도상들의 종합판이라 할 수 있다.

현대수학과 다면체의 문제

다면체는 20세기 서양 수학계에도 쟁점으로 거론되었다. 1939년 영국의 23세 수학자 아서 스톤 Arther H. Stone 은 종이 접기를 하다가 '다면체 flexagon' 연구에 빠져들게 되었고, 드디어 두 친구 페이만 Richard P. Feynman과 터키 John W. Tukey와 함께 '다면체연구위원회 Flexagon Committee'라는 조직을 만들었다. 이들 세 수학자는 제2차세계대전 때 각각 전장에 나가는 바람에 위원회는 더 이상 존속하지 않았지만, 이들은 전후 대학교수가 되어 수학에 큰 공헌을 한다.

여기서 '터커만 가로지기 Tuckerman traverse' 기법은 성이심의 그것을 방불케 하여 소개하지 않을 수 없다. 성이심의 〈현륜도〉세 번째인 '윤지기면' 가운데서 삼각형(기면)에 해당하는 부분을 뽑아내 보면 다음과 같다. 이를 '터커만 가로지기'라고 한다.

'터커만 가로지기'에서 ③과 ⑤, ②와 ⑥, ①과 ④를 연결하면 세 개의 사각형이 생겨난다. 이 사각형이 다름 아닌 '윤지기면' 속에 있는 세 개의 사각형이다. 중앙의 '삼각형 ①②③'이 기본이고, 다른 세 개는 지엽이다. 그런데 이 기본을 지엽으로 취급하면 삼각형은 네 개가 된다. 사각형의 변에서 보면 기본 역시 하나의 지엽인 것이다. 그래서 '윤지기면'의 굵은 선 삼각형을 기본으로 하면 지엽 삼각형은 세 개이고, '윤지우면'의 굵은 선 사각형을 기본으로 하면 지엽 삼각형은 네

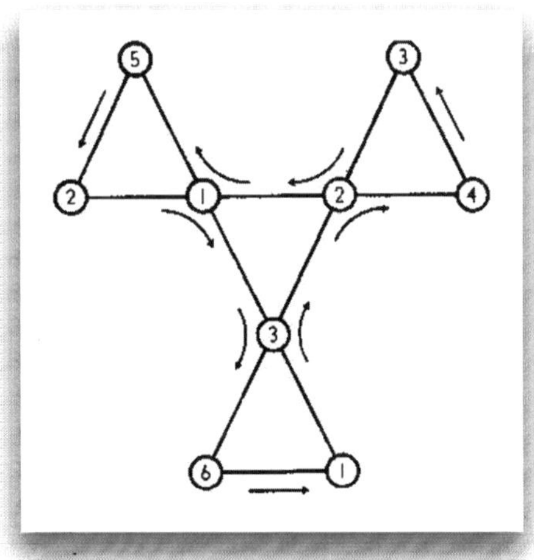

도표 1-15. 터커만 가로지기

개가 된다. 이는 성이심이 명패와 물건, 그리고 기본과 지엽의 관계로
서 멱집합의 원리를 말하려는 것 말고 다른 이유가 있는 것은 아니다.
기면과 우면의 두 그림은 실로 기하학적 소멸의 문제와 짝짝이 규칙
문제를 한눈에 드러내 보여준다.

　여기서 더 관찰해야 할 중요한 것은, '터커만 가로지기'의 화살표 방
향이다. 상하와 좌우에서 방향이 모두 반대로 되어 있다. 이는 화살표
방향대로 접으면 그것이 뫼비우스띠가 된다는 것을 의미한다.(Gardner,
2001, 389) 그런데 이와 같은 크기의 뫼비우스띠가 또 하나 후면에 있다
고 생각할 때, 두 개의 뫼비우스띠가 연접해 있는 것으로 바로 이 경우
가 사영평면이다. 그렇다면 성이심의 〈현륭도〉는 그 자체가 사영평면
인 것이다.

푸코와 성이심

성이심의 《인역》과 푸코의 〈이것은 파이프가 아니다〉와 연관하여 현대 철학적 해설을 해 두기로 한다 〈성명설도〉에는 '부도위도'라는 부제가 달려 있고, 〈이기도설〉이라는 제목 아래에는 '흑규일 백규일黑規一白規一'이란 부제가 달려 있다. 마그리트의 작품에는 허공에 있는 파이프와 그 아래 액자 속에 그려진 파이프와 '이것은 파이프가 아니다'라는 서체가 있다.(도표 1-2) 다시 말해서, 두 그림에는 모두 그림 '파이프'와 그것에 대한 서체적인 말들이 달려 있다.

서체는 '칼리그람'으로서, 그것은 삼중적 역할을 한다. 여기서 삼중적 역할이란 표음문자를 기준으로 한 것이다. 즉, 표음문자는 첫째. 알파벳을 보완하고, 둘째, 수사학의 도움 없이 되풀이하고, 셋째, 사물을 이중의 철자라는 덫으로 사로잡는다. 그런데 성이심이 사용한 문자는 한자인 상형문자이다. 그래서 이미 이러한 세 가지 역할을 다해 내고 있다. 상형문자인 한자에서 '부도위도'라는 말에서 '도圖'라는 글자 자체가 이미 도상을 그려내고 있기 때문이다. 그래서 '부도不圖'라는 글자 자체가 도가 있음을 웅변적으로 말해 주고 있다. 그러나 표음문자인 프랑스어로 된 '이것은 파이프가 아니다'의 'n'est pas une pipe'는 사정이 많이 다르다. '산山'이란 그림을 두고 '이것은 산이 아니다'고 할 때와 'This is not a mountain'이라고 할 때에는 서로 큰 차이가 있다. 전자는 상형문자이고 후자는 표음문자이기 때문이다. 즉, 한자 '산山'은 그 자체가 산 같지만 한글의 '산'이나 영어 'mountain'은 그렇지 않다. 그래서 같은 의도를 설명해 내는 데에서 프랑스어의 경우에는 다음과 같은 세 단계의 설명 과정이 가능하다. 푸코 자신의 글을 직접 인용해 보자.

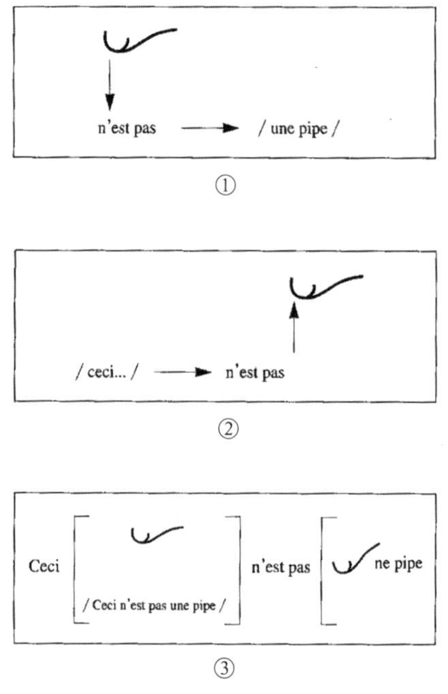

도표 1-16. 세 개의 파이프

(푸코, 1995, 134)

〈도표 1-16〉에서, 그림으로서의 파이프는 '파이프pipe'라는 말과는 다르다. 그런데 그림으로서의 산은 한자 '산山'과 유사하다고 할 때, 전자는 '파이프'란 말이 그림과 형상으로 연결이 되어 있지 않으나, 후자는 되어 있다. 그런데 위 그림에서 ②를 보자.

'이것은 파이프가 아니다'란 문장에서 '파이프'란 말은 없고 그림 자체를 문장 속에 대신 집어넣었다. 그런데 우리말의 토씨 '은'과 '가'는 둘을 잘 구별해 내고 있다. 이에 대한 상세한 설명은 다음과 같다. '이것'(서체 형식의 파이프, 그리고 그려진 텍스트로 구성된 이 총체)은 '파이프'

(담론과 이미지에 동시에 속해 있으며, 언어적이면서 동시에 시각적인 서체적 놀이를 통해서 그 모호한 존재가 드러날 뻔했던 것이 혼합적 요소)가 아니다.(푸코, 1995, 45)

그러나 한자라는 상형문자를 사용해 제목을 달아 놓은 성이심의 경우는 사정이 다르다. 그림과 글자가 같기 때문에(비슷하기 때문에) 그림이 없다고도 있다고도 말할 수 있어서, 그림과 글이 연결되기도 하고 안 되기도 하다. 이것이 '부도위도'의 의미이다. 그러나 표음문자인 'pipe'라는 말은 그림으로서의 그것과는 다르기 때문에 위와 같은 푸코의 담론, 즉, "파이프는 파이프가 아니다"의 담론이 가능해진다. 상형문자와 표음문자 사이의 이러한 담론은 사실 철학의 근거를 흔들 만한 주제이다. 이러한 의미에서 한국철학의 논리적 근거가 성이심의 도형 속에 잘 드러나 있다고 해도 지나친 말이 아니다.

그런데 그림 ②에서, 그림과 글자 사이에 닫혀 있던 막이 다시 열린다. 이번에는 사물 자체로서의 파이프가 아예 사라져버렸다. 그림 ③에서 글씨인 '이것은 파이프가 아니다'와 그림 사이의 빈 공간을 메우고 있는 것이 동양의 서예書藝인데, 서양 표음문자에서는 그것이 불가능하다. "이 몇 밀리미터의 흰 공간, 이 공적한 사막과 같은 페이지 위에서 말과 형태 사이의 지시, 명령, 묘사, 분류의 모든 관계가 맺어지고 있는 것이다. 서예(서양의 '칼리그람')가 이 틈을 삼켜버렸다."(푸코, 1995, 45) "그러나 이 틈이 다시 벌어지자 서예는 그 틈을 복구하지 못한다. 함정은 허공 위에서 부서져 버렸다."(같은 책) "차라리 그것은 공간 부재, 서체의 기호와 그림의 선 사이의 공존의 자리 lieu common의 말소리이다. 그것에 언표를 붙여주는 언표와 그것을 형상화해야 하는 그림의 공동 소유물이었던 '파이프'는 형태의 윤곽과 말들의 점유를 교차시키고 있던 그 유령 파이프는 완전히 날아가 버렸다."(같은 책, 45)

이를 두고 글로부터 그림이 배반당했다고 한다. 일반적으로 지시자는 자기가 지시하는 형태에다 자신을 가능한 한 일치시켜 보려 하지만, 이것은 헛된 일이다. 그들 사이에는 이혼 선서만 남았을 뿐이다. 이혼 선서문은 "어느 곳에도, 파이프는 없다"와 같다. 이혼 이후 재결합을 위해 두껍고 단단한 목재 삼각대 위에 그림을 올려놓았지만, 그것도 헛일이다. 서양의 표음문자권에 태어난 작가들의 비극이여!

다시 액자판 위에 그림을 올려놓고, 교사는 학생들을 향해 "이것은 파이프가 아니다"라고 외쳐본다. 그러나 학생들은 "이것은 파이프이다"라고 고함친다. 그러나 선생은 차마 하지 말아야 할 것을 하고 말았다. 바로 음성으로 발설한 것이다. '도가도비상도'란 금도를 깬 것이다. 음성을 발해 버리는 순간 노자의 금기어를 어기고 만다. 그러나 수양이 부족한 선생은 금기 선을 넘었다. 이것을 두고 루비콘 강을 건넜다고 한다. 아니 그 이상의 것이다.

선생이 손가락으로 탁자를 치며 "이것은 파이프가 아니다"라고 지시하던 차원을 넘어, 언성을 높여가며 소리 내는 것으로 변하였다. 선생의 주장이 음성으로 변하자 부정은 '부정의 부정'으로, 그 이상으로 변하기 시작했다. "이것은 파이프가 아니라 파이프의 그림이다", "이것은 파이프가 아니라 '이것은 파이프이다'라고 말하는 문장이다", "'이것은 파이프가 아니다'라고 말하는 문장은 파이프가 아니다", "''이것은 파이프가 아니다'라는 문장에서 '이것'은 파이프가 아니다. 이 화폭, 이 쓰인 문장, 이 파이프 그림, 이 모든 것은 파이프가 아니다"와 같이 둔

갑을 한다.(푸코, 1995, 48)

이를 푸코는 '부정의 배가'라고 한다. 사실상 이 부정의 배가는 집합론에서 본 자연수의 증가와 일치하는 논리적 배경을 가지고 있다. 그리고 역에서 말하는 가일배법과 다를 것이 없다. 공집합이 '공집합의 집합'으로 변하는 것과 같다. 성이심의 '부도위도'가 바로 이러한 부정의 배가이다. 부정의 배가가 초과분을 만들어 내고, 초과분 때문에 연속과 비연속의 문제가 발생한다. 초과분 역시 명패나 물건이 될 수 있는 항이기 때문이다. 어느 철학의 장사가 이 문제를 해결할 수 있단 말인가! 배가가 연쇄적이냐 단계적이냐, 이것이 문제이다.

앞서 나온 푸코의 마그리트 작품에 대한 해설을 빙자하여 다음과 같은 가상적 설명을 해 본다. 성이심이 살고 있던 처사촌에는 일곱 처사들이 있었다. 성이심이 〈성명설도〉의 부제로 '이것은 그림 아닌 그림이다'라고 하자. 다른 처사들이 "이것은 그림이 아니다"라고 했다. 이에 대하여 성이심은 자기의 그림이 마그리트의 그것과 다른 이유를 다음과 같이 말한다. 먼저 마그리트는 '파이프'라는 그림이나 글 자체가 없는 바탕 자체를 생각하지 않았다. 그러나 성이심은 〈이기도〉에서 보는 바와 같이 흑과 백으로 그것을 구별하였다. 다음으로 성이심은 "그림이면서 그림이 아니다"라고 역설적인 표현을 사용했지만, 마그리트는 "이것은 그림이 아니다"라고만 하였다. 그래서 학생과 선생 사이에 '부정의 배가'라는 현상이 생겼다. 성이심은 다시 바탕에서 해방된 공간의 상승을 위하여 원과 방을 사용해서 이를 구별하였다. 다음으로 여기서 소개하지 않은 도상들을 가지고 성이심은 원과 방의 교차와 교체에 대하여 말하고 있다. 이렇게 성이심과 처사들의 대화는 끝없이 이어졌다.

　결국 마그리트의 작품은 '거짓말쟁이 역설'과 같은 맥락이다. 즉, '거짓말의 거짓말은 참말이다'와 같은 역설 말이다. 이렇게 역설 해의의 한 예로 성이심의 도상을 새삼 평가할 수 있다. 사실 성이심의 역학은 역학의 기초를 놓는 '역학론'이라고 할 수 있다. 삼각형이 사각형과 공존해야 하는 이유는 다름 아닌 부정의 배가 현상 때문이다. 축구공과 골프공에서 오각형과 육각형이 공존하는 이유도 마찬가지다. 성이심은 〈성명설도〉를 필두로 다음 그림으로 이어 나감으로써 이러한 부정의 배가 문제를 집중 거론한다. 푸코의 다음 담론이 무엇인지 궁금하다. 〈이것은 파이프가 아니다〉는 그의 말기 작품이다. 그의 논리적 전개가 과연 성이심을 따라갈 수 있을지는 의문이다.

　사실 일제는 이러한 조선조의 담론을 공리공론이라 했고, 공리공론으로 사색당쟁이 생겼고, 사색당쟁 때문에 조선은 망할 수밖에 없다는 논리로 이어갔다. 그러나 우리는 이러한 일제의 논리를 수긍해서는 안 된다. 이러한 공리공담에서 수학의 기초가 만들어지고, 이러한 수학의 기초론에 의해 상대성 이론이 탄생했다. 유클리드 이후 기초 없는 수학이 지배해 오다, 19세기 중엽부터 수학의 기초론인 수학론이 만들어졌다. 마찬가지로 역학사의 긴 전통에서 볼 때 성이심은 역학의 기초를 두고 고민한 학자라 할 수 있다. 한국 역학사를 그로부터 시작하는 이유가 여기에 있다. 성이심이야말로 현대 수학의 다면체 문제와 논리학을 알고 있었던 학자가 아닌가 평가해 본다.

2장 퇴계의 역학 사상과 대각선 논법

퇴계(1501~1570)의 성리학은 말하면서도, 퇴계역을 말하는 사람은 드물다. 푸코 같은 철학자도 말년에는 논리학에 전념한다. 그 이유는 논리학만이 인간의 사유 자체를 대상으로 삼는 학문이기 때문이다. 학자가 자신의 사유에 대한 분석과 정리 없이 학문을 한다는 것은, 때 묻은 안경 렌즈 사이로 사물을 보는 것과 같다. 동양철학에서 논리학이란 바로 역학이다. 불교도 석가모니 사후 500여 년이 지난 다음에야 논리학의 중요성을 알게 되어, 진나에 의해 불교 논리학이 성립한다. 물리학도 결국 그 기초가 논리학이라고 스몰린은 주장한다.(Smolin, 2001, 28)

퇴계 성리학의 배경에는 그의 논리학이 있었다. 그는 역을 수와 위로 나누고, 그것이 서로 보합 내지 보공한다고 본다. 이런 시각에서 주자의 역학이 미비하다고 보고, 한국적 역학의 기초를 정립한다. 그의 사유방식은 역학을 떠나 한국적 고유한 사유구조를 반영하는 것임을 발견하게 된다. 주자의 시원적 사고방식에 대하여 한국의 비시원적인 것을 그의 역학 사상을 통하여 배우게 될 것이다.

아울러 퇴계의 역은 김일부의 정역에 영향을 미친다. 김일부의 정역에는 한국 토착의 무巫와 선禪적인 요소가 들어 있다. 이러한 정역이 퇴계역에서 영향을 받았다면 납득이 잘 되지 않는다. 그러나 정역의 도생역성과 역생도성 두 개념은 이미 퇴계역 속에 담겨 있었음이 입증될 것이다.

2.1. 《역학계몽》과 《계몽전의》

주자의 《역학계몽》과 퇴계의 《계몽전의》

퇴계의 역학 사상은 그의 《계몽전의啓蒙傳疑》[1])에 잘 나타나 있다. 책 이름 자체가 주자의 《역학계몽》을 연상시키면서, 그것에 대한 의문과 이의를 제기하는 내용임을 짐작하게 한다. 《역학계몽》은 이제까지의 역학에 관한 여러 명칭과 체계를 제대로 확립한 책으로서, 역학사에서 차지하는 위치와 가치는 독보적이라 할 수 있다. 한대 이후 도.서(하도와 낙서)에 대한 명칭도 없이 '10수설' 또는 '9수설'로만 알려진 것을 주자는 《역학계몽》에서 '하도'와 '낙서'로 이름 지어 도상화시켰다.

---

1) 《계몽전의》는 조선 중기 때의 학자 퇴계 이황이 쓴 주희(朱熹)의 《역학계몽》에 대한 글로서, 편찬연대를 알 수 없으나 조선총독부에서 간행한 《조선도서해제》(朝鮮圖書解題)에 따르면 1557년(명종 12)에 책이 완성되어 1600년(선조 33)에 간행한 것으로 되어 있다.

유목의 〈역수구은도〉가 '하9서10설' 논쟁의 불씨가 되었으나, 주자의 《역학계몽》에서 '하10서9'로 정착되어 그것이 정설이 되게 하였다. 그리고 하도와 낙서가 '선천'과 '후천'으로 명칭을 달리하게 된 것도 주자와 소강절의 공헌이다. 《역학계몽》 이후 '하도와 낙서에 의해서 괘가 성립된다'는 명제가 성립되었다. 이를 달리 '인도획괘因圖劃卦'와 '인서서주因書敍疇'라고도 부른다. 퇴계는 주자의 이러한 설을 그대로 따랐음은 두말할 필요가 없다. 이 두 주장은 하도와 낙서가 먼저 있은 다음에 괘가 거기에서 나온다는 것으로서, 주자와 퇴계 모두 다 같은 지론이다.

퇴계의 《계몽전의》도 《역학계몽》의 이러한 큰 틀을 그대로 따르고 받아들인다는 점에서는 이의가 없다. 다시 말해서, 퇴계는 이를 '칙도획괘則圖劃卦'라고 했다. 다만 상·수·사의 선후 문제에서 퇴계는 "괘상이 수에서 나왔다"[卦源於數]거나 "수로 인해 괘가 나누어진다"[因數分卦]는 원칙을 따른다. 이 점은 율곡이 수가 괘상에서 나왔다는 주장과 차이를 보이는 부분이다. 이러한 사소한 주장의 차이가 두 사람의 이기론의 차이를 만드는 원인이라고 볼 때, 퇴계 역학을 소홀히 여길 수 없다. 이는 퇴계의 역학 사상을 조명해 봄으로써 그의 사상 자체를 알게 된다는 말과 같다고 하겠다.

최근 발견된 백서본과 고고학적 발굴 근거에 따르면, 수가 상보다 먼저라는 것이 설득력을 얻고 있다. 그런 의미에서 퇴계의 주장이 더 타당성을 갖는 것처럼 보인다. 그러나 상·수·사 가운데 어느 것이 먼저이냐의 선후 문제는 푸코의 파이프 논쟁에서 보는 바와 같이(1장), 역설이란 난제를 그 안에 담고 있어서 쉽게 답을 내릴 수 없다. '칙도획괘'란 괘효의 성립 근거가 하도와 낙서의 도상에 근거한다는 것으로서, 선후 관계를 말한다면, 하도와 낙서가 먼저이고 괘효가 나중이라는 뜻이다. 그러나 율곡은 상이 먼저고 수가 나중이라는 입장을 견지하는데, 퇴계와 율곡의 성리학에도 이러한 견해가 그대로 반영된다는 점에서 이 문제가 사유의 본질을 거론하는 것과 같다고 하겠다.

문제의 중심에는 항상 한대 이후 거론되어 온 9와 10의 선후 문제가 있다. 9와 10이란 수가 하도와 낙서에 어떻게 연관되느냐 하는 문제로서 한갓 단순한 주장의 차이 같이 보이지만, 필자는 이 문제가 칸토어의 대각선 논증 문제와 직결되면서, 집합론에서 처음 거론한 무한의 문제와 함께 거론된 연속체 가설의 문제임을 확인할 것이다.

주자와 퇴계의 역 비교는 단순한 비교 차원을 떠나서, 두 학자를 통해서 그들이 속한 민족적 국가적 사유특성이 그대로 나타난다는 사실을 알려준다. 두 사람 모두 역의 여러 도상들 가운데 시생 원리가 가장 잘 나타나는 8괘를 일직선상에 배열한 횡도를 통해서 역의 근본구조를 파악하였다. 이차원 방도가 아닌 일차원 횡도에서도 역설의 문제가 거론된다는 것이다. 그러나 횡도 그 안에서 문제의 관건이 되는 명패수 5와 대각선수 10을 이해하는 두 사람의 차이는 실로 크고 다르다. 주자가 역설을 조장하는 이 두 수를 제거해 버리려 한 반면에, 퇴계는 이들이 바로 변화를 주도하는 수로 본 것이다. 이러한 퇴계의 생각은 19세기 말 김일부 정역에 그대로 이어진다. 정역의 토대가 퇴계역에서 만들어졌다는 말이다.

퇴계의 역 사상은 지금까지 다른 그의 사상에 비해 잘 알려져 있지 않은 것이 사실이다. 보통 퇴계의 성리학은 주자의 이기론을 거의 답습한 것으로 알려져 있지만, 그의 역학 사상만은 주자와 큰 차이를 드러낸다. 주자의 《역학계몽》과 퇴계의 《계몽전의》를 대각선 정리라는 관점에서 비교하면, 두 나라 백성들의 사고방식이 어떻게 다른지 알 수 있다. 중국적인 사고방식과 한국적인 그것의 차이가 무엇인지를 한 눈에 알 수 있다는 것이다. 그것도 역의 도상 가운데 가장 단순한 횡도橫圖를 통하여 나타나기 때문에, 보는 우리들로 하여금 이해를 쉽게 한다. 즉, 횡도가 일차원적인 것 같지만 횡도상의 수를 위와 수로 나누면 그것이 다차원의 문제로 변해 논쟁의 심도가 더해진다.

퇴계는 《계몽전의》 '명당편'에서 낙서수 아홉 개를 2/9/4, 3/5/7, 8/1/6과 같이 '3수 분화적'으로 나누어 읽어야 한다고 했다. 이는 낙서 마방진을 가로로 잘랐을 때 나누어지는 구분이다. 또한 맹자의 정전법과 같은 구분 방법으로서, 이를 '명당明堂' 또는 '구궁九宮'이라고도 했다. 이렇게 낙서를 3수 분화적으로 구태여 나누려 한 것도 한국적 사고방식의 발로라 볼 수 있으며, 가로와 세로라는 관점에서 마방진을 본 것도 대각선과 위상역에 접근하는 방법론이라 할 수 있다. 이런 3수 분화적 낙서 이해는 사소해 보이지만, 대각선 정리라는 관점에서 보았을 때는 매우 중요한 의미를 갖는다. 왜냐하면 낙서수를 3수 분화한다는 것은 정방형을 가로와 세로로 3등분하는 것이고, 이는 낙서의 구조를 새롭게 구성하는 것이나 마찬가지이기 때문이다. 9수를 원형으로 배열할 것인가 아니면 정방형으로 배열할 것인가는 중요한 의미를 갖는다고 할 수 있다. 마방진에서는 대각선, 가로, 세로선상의 세 수를 합한 것이 어느 경우든 15가 된다. 이런 의미에서 마방진의 낙서수를 3등분하여 이해한다는 것은, 퇴계가 대각선을 의식하고 있었음을 의미한다.

주자와 퇴계 두 사람의 사고방식이 어떻게 다른가를 이해하기 위해, 여기서는 측정언어로서 위상학적 용어인 '정향적orientable', '비정향적 nonorientable'이라는 말을 사용하려고 한다. 결론부터 말하면, 주자는 '정향적', 퇴계는 '비정향적' 사고방식을 가졌다고 할 수 있다. 횡도를 통해 두 사람이 어떻게 역을 정향과 비정향적으로 이해했는지 고찰해 본다.

행합 논리와 횡도

퇴계역은 지금까지 주역 연구에서 거의 거론이 없었던 횡도, 특히 주자의 횡도에 관심을 가지면서 시작된다. 주자의 횡도는 일명 '복희8 괘차서도'라고 한다. 횡도는 〈계사전〉의 시생 원리에 근거하여 태극-양의-4상-8괘로 하는 발생 원리를 일목요연하게 횡으로 배열한 도상이다. 정확한 일관성을 보이면서 그 속에 아무런 비일관성도 없이 정향적으로 그려진 도형이다. 그러나 역의 역설이 바로 횡도에서부터 시작한다고 해도 과언이 아닐 정도로 문제가 많다. 이 점을 퇴계역이 보여주고 있다.

일단 이러한 도형을 고대 그리스 철학자들이 그릴 수 있었겠는가이다. 불가능하다는 결론이다. 횡도의 양의-4상-8괘라는 시생 원리는 모두 음양의 점진 반복에 근거한다. 똑같은 형태가 점진 반복하는 것을 그리스 철학자들은 몰랐다. 즉, 양과 음이 되먹힘 하는 현상은 차라리 현대 과학이론 가운데 프랙털 이론에 해당한다. 이데아는 사물들과 양상이 달라야 한다는 그리스적인 사고방식에서는 이런 단순해 보이는 횡도 같은 것도 작도할 엄두를 낼 수 없다. 동일한 것이 점진적으로 자기반복 하는 것은 자기언급의 다른 표현이며, 역설은 자기언급의 결과라고 볼 때 횡도 속에는 이미 역설이 잠복해 있다. 그리고 서양 철학사는 이러한 역설 제거의 역사였다.

자기 동일성의 반복에 따라 시생된 8괘에 일련번호를 정향적으로 달아 놓은 것이 다름 아닌 '횡도'이다. 주자의 이런 시생 원리를 그대로 따라 도표로 나타내면 다음과 같다.(윤정빈, 2007, 75)

도표 2-1. 주자의 횡도(일명 복희8괘서차도)

마	8	7	6	5	4	3	2	1	도서수
라	坤	艮	坎	巽	震	離	兌	乾	8괘
다	太陰		少陽		少陰		太陽		4상
나	陰				陽				양의
가	太 極								

주자가 횡도에서 괘 배열을 한 방법은 소강절의 《황극경세》를 그대로 따른 것이다. 여기서 '정향적'이라 함은 위의 〈도표 2-1〉에서 가로의 '1, 2, 3, 4, 5, 6, 7, 8, 9'나 세로의 '가, 나, 다, 라, 마'와 같이 일정한 방향을 따라 움직이는 것을 말한다. 정방형에 괘를 배열했을 경우, 가로와 세로에서 정해진 방향으로 괘가 일정한 방향으로 발생하고 움직이는 것을 '정향적'이라 한다.

이렇게 정향적으로 괘를 이해하는 배경에는 "수에서 괘가 나왔다"[卦原於數]는 퇴계의 지론이 있다. 수의 특징은 방향성을 지시하는 데 있다. 그래서 괘수의 순서가 정해지면 이에 따라 괘상의 방향도 정해진다. 즉, 시생 원리 자체가 바로 이러한 수에 따라서 결정되나, 문제는 괘상이 가진 가치인 음과 양을 반가치화하였을 때 시생 원리는 가족관계와 서로 일관성과 비일관성이란 역설적 관계에 직면한다. 횡도상에 발생한 괘를 가족관계에 적용했을 때 비일관성 문제가 생긴다. 가족관계는 단계적 배열을 하기 때문이다. 이렇게 일정한 방향을 갖는 수라도 만약 명패수 5의 개입으로 5가 생수 1, 2, 3, 4, 5와 서로 사상을 하게 되면 대각선수가 생기고, 여기서부터 역설의 문제가 제기된다.

즉, 수 5가 자기언급을 하여 10이 되는 순간, 정향성을 잃어버린다. 여기서 수의 정향성과 비정향성 문제가 제기되고, 주자와 소강절은 이러한 5와 10을 시생 원리에서 제거하여 정향성을 유지하려 하였다. 그러나 퇴계는, 오히려 5와 10을 변화를 주도하는 수로 취급하여 이의 제거를 거부하였다. 여기서 주자역과 퇴계역의 차이가 생기고, 정역이 퇴계역을 계승하였다는 것을 확인할 수 있다. 이미 하도와 낙서 등에서 5와 10은 난제거리를 제공해 왔으며, 기피의 대상이 되었다. 그러나 한국역은 이를 수용하고 변화를 주도하는 데 필요불가결한 것으로 보았다.

퇴계는 소강절과 채원정의 말을 빌려서, 이렇게 생수와 5가 서로 사상하는 것을 두고 '행합行合'이라고 했다. '행합'은 대각선화의 다른 말이다. 퇴계는 명패수 5와 물건수 2의 작용 역할에 대하여 다음과 같이 말하였다. 아래 인용구는 그가 대각선 정리의 6대 요소를 행합에 의하여 인지하고 있었음을 의미한다.

기에는 두 가지가 있고 행에는 다섯 가지가 있다. 1, 3, 5, 7, 9는 양의 유행이고, 2, 4, 6, 8, 10은 음의 유행이다. 2는 5가 아니면 변화를 일으킬 수 없고, 5는 2가 아니면 스스로 행할 수 없다.(二非五 不能變化 五非二 不能自行) 5는 바로 5행을 가리키고, 천지음양대대의 정체를 1에서부터 10까지에 이른 것은 음양유행의 순서를 말하는 것이다. 이에 근거하여 유행과 배합이라고 하는 것은 단지 생수의 1, 2, 3, 4, 5로써 성수인 6, 7, 8, 9, 10과 합해진 것을 일컫는 것이요, 모두 수의 5행과 차례대로 합해 말했기 때문에 '행합'이라고 한다.(皆以數之流行次第而合故云行合;《계몽전의》)

2와 5는 서로가 서로에게 작용을 하지 않을 수 없다. 2는 5 없이 스스로 변할 수 없고, 5는 2 없이는 스스로 행할 수 없다. '스스로 행함', 즉 '자행自行'은 5에 의해 가능해진다. 5는 스스로 자기언급을 하는 자행수라는 것이다. 자행하는 5가 없이는 변화가 불가능하다. 그런데 5가 자행하는 데는 2가 없으면 불가능하다. 명패인 5가 자행을 하려면 명패 자신이 자행을 하여 물건수가 된다. 그런 자행을 하자면 생수인 2 없이는 불가능하다. 그래서 변화와 자행은 다르면서 같다. 변화와 행함을 합하면 '변행變行'이 된다. 변화는 타자언급이기 때문에, 타자언급과 자기언급을 동시에 하는 것을 '변행'이라고 한다. 명패와 물건은 변행을 통해 서로 자기언급과 타자언급을 해야 한다. 이것이 퇴계의 역설 해의의 한 방법이다.

거듭 말해서, 퇴계는 자기언급을 변화의 원리로 이해하고 있다. 그리고 5는 자기언급적이다. 그래서 5 없이는 변화가 불가능하다. 이 말은 역설의 원인이 되는 자기언급을 변화의 한 원리로 본 것이다. 제거

대상으로 보지 않았다는 의미이다. 즉, 퇴계는 5의 작용하는 측면에 주안점을 두고, 이의 자리매김에 지대한 관심을 갖는다. 5가 자기언급을 하여 10을 만드는 것도 제거의 대상이 아닌 작용의 한 측면으로 보았다. 이는 김일부의 정역에 그대로 이어지는 대목이다. 5가 10과 자기언급을 하여 자행을 하고, 2와는 변화를 하여 변행을 한다. 이는 일종의 대각선화와 반대각선화의 한 과정이다. 명패수 5와 물건수 2의 행합이 다름 아닌 대각선화이기 때문이다.

일관성을 유지하고 정향적으로 보이던 횡도에 대각선화와 반대각선화가 발생하는 순간, 비정향적이 되어 버린다. 그래서 주자의 횡도는 정향적으로 보이지만 그 속에 비정향적인 것을 안고 있다. 즉, 〈도표 2-1〉에서 가, 나, 다, 라, 마의 순서는 시생 원리(태극-음양-4상-8괘)를 그대로 반영하는 정향적이지만, 가로의 1, 2, 3, 4, 6, 7, 8 속에 5가 개입되는 순간 비정향적이 되어 버린다.

주자의 횡도 상上에 해당하는 세로줄 '마'를 보면, 우에서 좌로 1, 2, 3, 4, 5, 6, 7, 8이 배열되어 정향적이다. 그런데 퇴계는 이러한 소강절에서 주자에 이르는 중국역의 정향적인 발상에 문제가 있다고 지적한다. 퇴계가 지적한 문제점은 가장 단순해 보이지만, 정향성과 비정향성이라는 관점에서 보았을 때 사고방식에서 큰 차이를 그대로 나타낸다. 김일부에까지 이어지는 '상호교역'의 문제인 '금화상위용金火相爲用'의 문제가 여덟 개 수의 방향을 비정향적으로 돌리는 퇴계역에서 비롯한다는 것이다. 이는 역학 연구의 지뢰를 건드리는 것과 같다 할 수 있을 만큼 중요한 사안이다.

주자의 정향적인 사고방식의 주된 원인은, 그가 하도와 낙서를 동시에 고려하지 않고, 낙서만 고려 대상으로 삼았기 때문이다.(윤종빈, 2007, 76) 이러한 문제점에 대한 퇴계의 지적은 다름 아닌 시생 원리의 근본적인 문제점이라 할 수 있어서 대각선 논증과 무관하지 않다. 그러면 질문이 하나 제기된다. 즉, 하도 없이 낙서만으로 된 수 9만을 고려할 때에는 왜 정향적이 되는가? 그것은, 수를 비정향적이게 하는 것은 명패와 대각선수 5와 10인데, 낙서에는 10이 빠졌기 때문이다. 이는 역설을 조장하는 대각선수를 제거함으로써 결국 역설을 피해 보려는 전형적인 역설 해의 방법론과 무관하다고 할 수 없다. 그러나 퇴계와 일부로 이어지는 한국역의 전통에서는 5와 10의 유용성, 즉 변화를 주도하는 데서 이들 수가 절실하게 필요하다고 본다. 이러한 한국역의 전통에서 볼 때에는 주자를 비롯한 중국역이 문제점으로 지적될 수밖에 없다.

퇴계는 이를 주자의 큰 약점이라고 본다. 즉, 약점이란 '정향적'이라는 것을 이른다. '정향적'이란 일관성을 말하는 것인데, 퇴계는 이것이 오히려 주자의 약점이라고 보았다. 이에 대하여 주자의 경우는 비일관성이 약점이라고 본다. 그렇다면 퇴계의 입장은 역을 비일관성 내지 '비정향적'이라고 보는 것이라 할 수 있다. 퇴계의 비정향적인 괘 배열 방법을 두고 일명 '금화상위용金火相爲用'이라고도 한다. 바로 이 점이 대각선 정리라는 시각에서 보았을 때 중요한 의미를 갖는다. 금과 화가 서로 교환한다는 뜻의 '금화상위용'을 8괘상에서 보았을 때, 금인 진(☳)과 화인 손(☴)이 서로 교환한다는 뜻이고, 5행상으로 보았을 때는 화와 금이 서로 교환한다는 뜻이다. 진과 손은 사각형 안에 있는 대칭 관계로 보았을 때 이 둘은 대각선 대칭이다. 즉, 이 둘은 전후, 좌우,

상하의 삼차원 대칭 관계에 있는 괘들이다. 그래서 진과 손은 음양 가치가 모두 반대인 반가치화인 동시에, 위치에서도 사각형의 대각선상에서 삼차원 대칭을 하는 관계의 괘들이다. 이미 우리는 진-장남이 손-장녀가 가족관계의 문제점으로 제기되는 것을 보아 온 터이다.(《대각선 논법과 역》 2장 참고)

화와 금은 토를 매개로 하여 서로 연결된다. 그리고 토는 바로 숫자 5에 해당한다. 이런 점에서 '금화상위용'이란 다름 아닌 대각선 대칭 관계에서 서로 상호작용을 한다는 말과도 같다. 금과 화가 서로 작용을 하자면 5와 그것의 자기언급인 10 없이는 불가능하다. 그래서 5와 10은 불필요한 제거의 수가 아닌 작용함에 필수불가결인 수이다. 역설 없이는 작용이 불가능하다는 것이 퇴계역이 말하려는 진수이다. 그런데 중국역은 5와 10을 제거대상으로 보았기 때문에 5행의 금과 화가 서로 불통하도록 만들어 버렸다.[2] 그래서 공자가 〈계사전〉에서 우레[震]와 바람[巽]이 서로 부닥친다[雷風相搏]고 한 것이다. 여기서 퇴계의 금화상위는 일부의 금화정역과 일치되어, 퇴계가 일부에 미친 영향이 크다고 아니할 수 없다.

퇴계는 주자의 횡도상에 나타난 이런 문제점을 제기하는 동시에 적극 보완하고 있다. 퇴계가 보완한 내용은 '금화상위용'의 논리이다. 이 점이 바로 "퇴계 역학의 특징이며, 한국 역학의 대표적인 논리"(윤종빈, 2007, 76)라고 했다.

---

2) 토는 현대수학의 허수와 같다. 허수는 프랙털이나 카오스 이론을 설명하는 데 없어서는 안 될 수이다.

2.2. 퇴계역과 석합보공의 문제

주사의 석합보공론에 대한 퇴계의 견해

퇴계의 금화상위론을 뒷받침하는 것이 다름 아닌 그의 석합보공론이다. 퇴계는 송대 오인걸이 지은《역도설》에 근거하여 석합보공析合補空을 거론한다. 석합보공론은 역학의 기틀을 만들 만큼 중요하다. 이는 역이 수를 이해할 때 위位를 동시에 고려한 데서 기인한 이론이다. 역설이란 위와 수 사이에서 발생하기 때문에 역학 연구의 근본적인 문제점은 석합보공론에서 기원한다고 해도 과언이 아니다. 다시 말해서, 석합보공론의 특징은 역의 괘를 위로 수로 나누는 데에 있다. 위와 수를 서로 감하고 가하면 결국은 공으로 상보한다는 것이 석합보공론의 의미이다. 쉽게 말해서, 4상四象과 8괘八卦를 위와 수, 상대적으로 셈하는 방법이 석합보공이다. 그런데 석합보공을 대각선 정리의 6대 요소라는 관점에서 보았을 때, 이는 이들 요소를 모두 갖춘 것에 해당한다. 왜냐하면 물건수인 생수와 대각선수인 성수가 서로 위가 되고 수가 되면서 자리바꿈을 하기 때문이다. 여기서 가장 문제가 되는 것은 명패수인 5와 그것의 대각선수인 10이다. 그래서 10을 처리하는 과정에서 대각선화와 반대각선화, 그리고 반가치화가 모두 석합보공을 통해서 드러난다. 그리고 주자와 퇴계 역의 차이점도 이 과정에서 분명해진다. 그만큼 석합보공론은 역학 연구의 모든 것의 모든 것이라 할 정도이다. 그러면 먼저 퇴계가 이해한 주자의 석합보공론부터 알아보기로 한다.

도표 2-2. 주자의 횡도를 석합보공으로 나타냄

左											右
	上	四 艮	太陰 之位	三 巽	少陽 之位	八 離	少陰 之數	九 乾	太陽 之數	上	
	下	六 坤	太陰 之數	七 坎	少陽 之數	二 震	少陰 之位	一 兌	太陽 之位	下	

주자와 퇴계가 뚜렷한 견해 차이를 보이는 것으로 먼저 '일위소장론
佚爲消長論'을 꼽을 수 있다. '일위소장론'이란 4상인 노양과 노음을 각각
9와 6, 소양과 소음을 각각 7과 8이라고 할 때, 4상은 서로 대대하면서
소장변화한다는 이론이다. 이들은 모두 성수이다. 이 4상의 소장변화
에 5와 10이 어떤 역할을 하느냐고 할 때, 주자는 "5를 비우고 10을
나눈다고 한다. 여기서 명패수 5와 대각선수 10이 각각 부각되었다.
낙서에서 6, 7, 8, 9는 번갈아가면서 줄고 자라는데, 5를 비우고 10을
나누면 1에는 9가 포함되어 있고, 2에는 8이 포함되어 있고, 3에는 7이
포함되어 있고, 4에는 6이 포함되어 있다고 했다.

이렇게 서로 삼오착종하여 합이 이루어지는데, 가로와 세로가 가는
데마다 그 합이 서로 만나지 않는 곳이 없다. 삼오착종을 하는 데 '5'는
보이지 않고 서로 착종하는 수들끼리 합하면 10이 된 후, 다시 10을
둘로 나누면 생수와 성수로 갈라진다. 여기서 명패수 5와 대각선수 10
은 구태여 드러나 보일 필요가 없다는 것이 주자의 주장이다. 5와 10을
철저하게 배제하려는 주자의 의도는, 궁극적으로 5와 10이 역설을 조
장하는 자기언급적 수라는 데 있다. 그래서 이 수를 제거하면 일관성
과 수의 위계를 질서 있게 유지할 수 있다고 보았다. 다시 말해서, 5와

10만 제거하면 정향성을 유지하는 데 문제가 없다는 것이다.

4상과 8괘를 사각형에서 상하좌우 대칭을 만들어 배분할 때, 상하의 수들은 서로 상보하여 모두 10이 된다. 이는 낙서에서 마주보는 수의 합이 10이 되는 것과 같다. 〈도표 2-3〉은 〈도표 2-2〉의 이해를 데 돕고 있다. 백점과 흑점은 상보하여 10을 만들어 내기 때문이다.

9(태양의 수; 건) + 1(태양의 위; 태) = 10
8(소양의 수; 리) + 2(소양의 위; 진) = 10
3(소양의 위; 손) + 7(소양의 수; 감) = 10
4(태음의 위; 간) + 6(태음의 수; 곤) = 10

그런데 여기서 문제시 되는 것은 백점 10 자체에는 흑점이 0이라는 것이다. 그리고 정방형의 대각선은 백점 10이다. 이 대각선 10이 백점에 속하기 때문에 백점의 합은 모두 하도 수 55이고, 흑점의 합은 낙서 수 45이다. 여기서 대각선을 흑점으로 하면 흑점이 55이고, 백점이 45가 될 것이다. '하9서10'이냐 '하10서9'냐 하는 논쟁의 불씨가 생기는 출처이며, 이 문제가 결국 대각선수 10의 행방에 따라서 결정된다고 할 수 있다. 여기서 석합보공론은 대각선 논증과 결부된다는 사실을 쉽게 발견하게 된다.

이상은 퇴계가 주자의 횡도를 수정 보완하여 이해한 방식이다. 이러한 방식에 근거하여 퇴계는 주자의 횡도를 다음과 같이 다시 작도한다. 주자의 횡도 〈도표 2-1〉과 이를 퇴계가 수정 보완한 〈도표 2-3〉의 차이점을 윤종빈은 다음 두 가지로 요약하였다. 첫째로 가, 나, 다, 라,

마로 된 '마' 줄에 좌우左右라는 말을 명기했고, 둘째로 주자와 소강절이 규정한 8괘의 시생 원리를 다르게 했다.(윤종빈, 2007, 79)

도표 2-3. 주자의 횡도를 수정 보완한 퇴계의 횡도 재구성

마	左	6	4	7	3	2	8	1	9	右
라		坤	艮	坎	巽	震	離	兌	乾	8괘
다		太陰		少陽		少陰		太陽		4상
나		陰				陽				양의
가		太 極								

퇴계가 수정한 〈도표 2-2〉에 따르면, 5단계에 걸쳐 (가)태극-(나)양의-(다)4상-(라)8괘상-(마)8괘수 순서에 따라 위계적으로 일관성 있게 배열된다. 여기서 중요한 것은 마지막 (마)의 괘수에 있다. 생수 1, 2, 3, 4는 우에서 좌로, 성수 6, 7, 8, 9는 좌에서 우로 순서대로 움직이고 있다. 그러나 생수와 성수는 서로 방향이 반대로서 비정향적이다. 퇴계는 마열 전체를 두고는 좌에서 우로 향하는 방향 6-4-7-3-2-8-1-9은 '득수得數한다' 하고, 그 반대인 우에서 좌로 향하는 방향 9-1-8-2-3-7-4-6은 '득위得位한다' 했다. 이러한 괘 배열순서는 김일부의 정역도에 그대로 반영된다.3)

주자의 괘수는 하도와 낙서 가운데 낙서수 9만 반영하고 있다. 그의

---

3) 만약에 두 집합으로 괘를 나누어 {9-1-8-2}와 {3-7-4-6}으로 할 경우 {9-1-8-2}는 (1-2)와 (8-9)는 서로 반대 방향이다. {3-7-4-6}의 경우 역시 3-4와 9-8의 방향이 서로 반대이다. 김일부가 8괘를 배열하는 방향에서도 같은 경우를 발견한다. 〈복희8괘도〉에서는 1-2-3-4가 같은 순방향이고 6-7-8-9가 같은 역방향이다.

낙서수는 10을 배제한 1부터 9까지의 수이다. 즉, 주자는 1+8=9, 2+7=9, 3+6=9, … 등으로 그의 횡도를 작도한다. 그래서 주자의 횡도에는 수 10이 안 보인다. 이를 두고 주자는 '5를 비움'이라고 한다. 주자의 눈에는 흑점만 보이고 백점은 보이지 않은 것이다. 이는 마치 윷놀이에서 득점한 수를 셈할 때, 열린 윷가지만 계산하는 것과 같다. 그러면 다 닫힌 것은 셈하지 말아야 할 것이다. 그러나 다 닫힌 모에 5점을 준다. 이는 흑점과 백점을 동시에 보아야 한다는 것과 같은 논리이다. 주자의 눈에 모(5점)는 없다. 퇴계는 한국적 문화 전통에 따라 흑점과 백점을 동시에 보고 횡도를 다시 작도한 것이다.

퇴계는 10은 5가 자기언급을 한 수라는 데 착안하여, 주자 횡도의 문제점을 수정한다. 여기서 퇴계가 보완한 횡도가 다름 아닌 대각선 정리와 직결되는 문제여서 관심이 집중된다. 주자의 '5를 비움'과 '10을 나눔'에 대하여 퇴계는 심기 불편해 하면서, 부득이하게 비판하지 않을 수 없다고 한다. 성리학에서는 주자의 설을 거의 그대로 답습하면서도, 퇴계는 주자의 역에 대해서는 비판을 서슴지 않는다. 즉, "정한 규칙이 없고 전후가 맞지도 않아 막혀서 통하지 않는다. 참람할지라도 도를 바로잡아야 하겠다"(《계몽전의》)라고 한다. 그러면 주자 학설에 무엇이 잘못되어 퇴계가 그렇게 불편한 심기를 드러내는 것일까? 이미 위에서 어느 정도 소개되었지만, 대각선 논증이라는 시각에서 퇴계의 주자에 대한 비판을 고찰하면, 다음과 같다. 그리고 그의 불편함 속에 바로 한국적 사유방법의 특성이 여실히 드러나 보인다.

퇴계의 설을 명확하게 하기 위해서 주자의 설을 요약하면 다음과 같다. 명패수 5를 제외하면, 1+9=10, 2+8=10, 3+7=10, 4+6=10과 같다. 이는 반대각선화이다. 대각선수가 생수와 결합하고 있기 때문이다. 여기서 5+5=10이 빠져 있다는 점을 유의해야 한다. 이에 대하여 퇴계는 5를 채운 다음, 5를 명패수로 하여 5+1=6, 2+5=7, 3+5=8, 4+5=9라고 하여 물건수(생수)와 명패수(5)의 상호 교환이 필수적임을 지적한다. 그 결과 6, 7, 8, 9가 만들어지는데, 이는 다름 아닌 대각선화이다. 이들 수를 마방진 안에 배열하여 가로와 세로, 대각선상의 수를 합하면 15가 된다. 이에 반하여 주자는, 5를 비우고 1에는 9가, 2에는 8이, 3에는 7이, 4에는 6이 포함되어 있어서 5의 필요성을 절감하지 못하고 있다. 역설을 조장하는 5를 기피한다는 점에서 주자는 서구적이라 아니할 수 없다.

이러한 이유로 명패수 5가 존재하지 않기 때문에 7, 8, 9, 6 사이에 번갈아가며 소장消長하는 관계를 명백하게 설명하지 못한다. 이 말은, 집합이 형성되자면 명패와 물건, 세로와 가로가 분간되어야 하는데, 주자는 5를 비웠기 때문에 집합과 원소로 수를 분리해 생각하지 못했다. 그 결과 주자는 낙서의 진의를 제대로 파악하지 못했다는 것이 퇴계의 주자에 대한 비판이다.(김익수, 2006, 141) 그 결과 주자의 횡도 이해는 일차원적 직선상의 이해의 한계를 넘지 못한다. 수를 세로와 가로에 배열할 줄 몰랐다는 것이다. 퇴계의 주자 비판은 그런 점에서 차원상의 비판이다.

석합보공을 주자도 알고 있었지만, 주자는 명패수 5 없이 대각선수를 바로 만들어 버렸다. 5는 자기언급을 하여 역설을 만드는 장본인이기 때문에, 비워서 제거해 버리려 한 것이다. 그래서 '막혀 통하지 않게 된' 것이다. 막혀 통하지 않는 기를 통하게 만든 것이 퇴계 석합보공론의 특징이다. 그래서 대각선 정리라는 관점에서 보았을 때, 대각선의 6대 요소 가운데 주자는 대각선화 과정을 결여하고 있다. 명패와 물건을 나누지 않았기 때문이다. 그 결과, 자연히 반대각선화 과정도 없다. 이런 점에서 주자는 대각선 정리의 여러 요소들을 모두 의식하고 있었지만, 그 가운데 가장 중요한 요소를 제거해 버려, 사이먼스의 말을 빌리면 주자의 대각선 논증은 악성이라 할 수 있다.[4] 대각선 논증의 여러 요소들 가운데 중요한 요소를 빼버렸기 때문이다. 그러나 퇴계는 '대각선'은 역설을 조장하고 혼돈을 조장하지만, 이것 없이는 변화를 일으킬 수가 없다고 본다. 중국적 사유가 동적이지 못하고 정적인 데로 흘러버린 이유이다. 다시 말해서, 한국역의 역동성은 5와 10의 재생에 있다.

퇴계의 석합보공론에 대한 재평가

이러한 주자에 대한 비판과 함께 퇴계역을 재평가하고, 그 내용을 심화시킬 필요가 있다. 괘는 수와 위의 두 대칭을 가지고 있다는 것이 석합보공론의 출발이었다. 석합보공론에는 위와 수의 대칭 이외에, 〈도표 2-2〉에서 보는 바와 같이 위와 수는 상·하 대칭을, 4상四象의 태와 소의 대칭은 좌·우 대칭으로 나누어진다. 여기에 음·양 가치의 대칭을 첨가할 때 삼차원의 대칭이 그 속에 들어 있다. 이전 책《대각선 논법과 역》 1장)에서 다룬 4상의 비결정설을 생각하면서, 아래 전개되는 내용들을 결부시켜 생각할 필요가 있다. 4상의 비결정성이 왜 발생

---

4) 사이먼스는 대각선 논법의 6대 요소들 가운데 어느 하나가 모자라는 것을 '악성' 이라고 했다.(Simons, 1995 참고)

했고, 이를 해의하는 방법을 연결시켜 생각할 수 있다는 것이다.

즉, 정사각형 마방진에서 9와 1은 상하 대칭을, 8과 2는 대각선 대칭을, 7과 3은 우좌의 대칭을, 6과 4는 대각선 대칭을 각각 하고 있다. 이들 네 개 대칭괘들을 두고 '4상성괘四象成卦'라고 한다. '4상'은 음양을 대상으로 하여 '노소' 또는 '태소'라는 명패로 재분류한 것이다. 즉, 태·소라는 명패에 의하여 다시 음양 물건수를 재분류하면 태양, 소음, 소양, 태양의 4상으로 분류가 된다. 이를 두고 '인수성괘'라고 한다. 이는 주자가 횡도를 설명할 때 사용한 '인4상성괘因四象成卦'란 말의 다른 표현이다. 4상을 처음 자리에 전제하고 8괘를 작도한다는 의미가 인4상지괘이다. 4상의 수로 인하여 괘가 만들어진다는 것으로, 이는 〈계사전〉의 괘 발생 두 번째 단계에 대한 설명이다.(《계몽전의》, 본도서, 제1장) 4상인수도에 따라서 주자의 횡도 또는 〈복희8괘차서도〉를 그린 것이 바로 〈도표 2-2〉이다.

퇴계는 4상 가운데 특히 '태太와 소小'에 주목하여 이를 명패로 삼는다. 태·소를 음양과 조합하면 태양, 소음(A군), 소양, 태음(B군)이란 4상을 얻는다. 이 4상에 각각 위位를 주어 태양 1위, 소음 2위, 소양 3위, 태음 4위라고 한다. 다음, 다시 4상에 각각 수數를 주면 태양 9수, 소음 8수, 소음 7수, 태음 6수가 된다. 위는 더해가고, 수는 줄어든다. 이를 '석합보공'이라 한다. 그런데 주의할 점은, 여기서 말하는 1, 2, 3, 4는 음양5행의 생수인 동시에 괘의 일련번호라는 점이다. 6, 7, 8, 9 역시 마찬가지로 괘의 일련번호이다. 이들은 모두 5라는 명패수 없이 태·소·음·양이란 4상수에서 나온 것이다. 그래서 1, 2, 3, 4는 '생수 4상수', 6, 7, 8, 9는 '성수 4상수'로 부르기로 한다. 이 두 생수와 성수는 서로 역순을 하고 있다. 페어홀스트 방정식에서 x와 (1-x)의 관계로 보면 된다.

> 태양의 위는 1이고 수는 9이다. 그래서 건은 9수이고 대는 1위이다.
> 소음의 위는 2이고 수는 8이다. 그래서 리는 8수이고 진은 2위이다.
> 소양의 위는 3이고 수는 7이다. 그래서 감은 7수이고 손은 3위이다.
> 태음의 위는 4이고 수는 6이다. 그래서 곤은 6수이고 간은 4위이다.

수를 얻은 8괘들 가운데 건리감곤는 모두 정괘이고, 위를 얻은 태진손간은 모두 부정괘이다. 이를 두고 각 괘는 '수를 얻었다' 또는 '위를 얻었다'고 한다. 즉, 건리감곤은 수를 얻었고, 태진손간은 위를 얻었다고 한다. '얻었다'는 것은 방향의 위치를 잡았다거나 그 크기를 정했다고 말하는 것과 같다. 위를 얻은 것은 우에서 좌로 움직이고, 수를 얻은 것은 그 반대인 좌에서 우로 움직인다. 그런데 위는 커지지만 수는 작아지는데, 이러한 현상을 퇴계는 어떻게 보았을까?

퇴계는 8괘를 양과 음의 두 개의 군으로 나눈다. 양군(건태이진)과 음군(손감간곤)으로 나누고, 각각의 군에서 수와 위는 상하 대칭으로, 태와 소는 좌우 대칭으로 한다. 양군에서는 수를 상에, 위는 하에 배치하고, 음군에서는 반대로 위는 상에, 수는 하에 배치한다. 태소 대칭도 양군에서는 태를 우에, 소는 좌에 배치한다. 음군에서는 소를 우에 태는 좌에 배치한다.(윤종빈, 2006, 153)

태양괘(9건-1태)와 소음괘(8리-2진)를 하나로 하는 사각형을 A군이라 하고, 소양괘(3손-7감)와 태음괘(4간-6곤)를 하나로 하는 사각형을 B군이

라고 한다. 수의 크기에 따라서 화살표를 만들면, A군(B군) 사각형의
경우 가로인 1-2(6-7)와 9-8(4-3)은 서로 반대 방향이고, 세로인 1-9(3-7)
와 2-8(4-6)은 같은 방향이다.

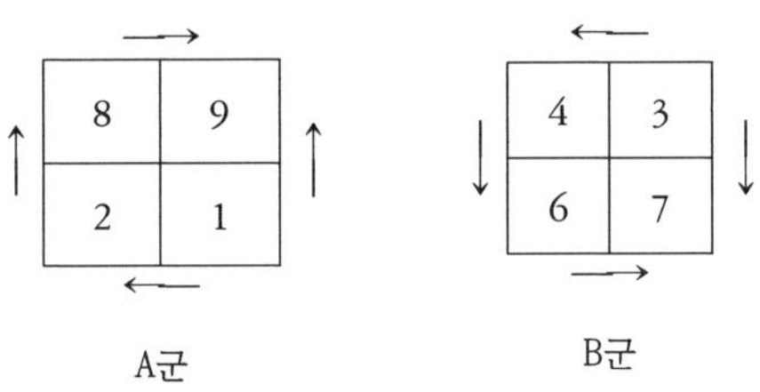

이는 뫼비우스띠×원기둥으로 전형적인 클라인병 구조이다. B군 사
각형의 경우도 같은 방법을 적용해 보면 클라인병 구조임을 확인할
수 있다.

다음은 두 개의 사각형 A와 B를 결접시켜 본다. 결접 되는 곳인 2-8
과 7-3은 서로 반대 방향이다. 1-9와 6-4를 결접해도 서로 반대 방향이
다. A와 B를 각각 전면과 후면이라고 본다면, 가로와 세로가 모두 반대
방향인 사영평면을 그대로 반영하고 있다. 이는 횡도의 구조를 수정했
을 때, 거기서 사영평면적 구조가 위상학적으로 확인된다고 할 수 있
다. 이는 전형적인 비정향적 구조임을 그대로 말해준다. 이렇게 수를
얻었다 하는 '득수得數'와 위를 얻었다 하는 '득위得位'는 서로 반대 방향
을 향하고 있다. 이런 석합보공의 구조가 바로 사영평면적임을 나타내
준다. 이렇게 '가나다라마' 줄을 위상학적으로 고찰할 때, 거기서 가로
와 세로가 모두 반대 방향인 사영평면을 확인된다.

9, 7, 6, 5,…와 같이 뺄셈을 하는 것은 하도의 방법이고, 1, 2, 3, 4,…

와 같이 덧셈하는 것은 낙서의 방법이다. 전자를 '도생역성到生逆成'이라 하고, 후자를 '역생도성逆生到成'이라고 한다. 정역은 이 두 운동 방향에 대한 주석이라 해도 괴언이 아니다. 이 두 가지 상반된 방향의 움직임이 횡도 안에서 위와 수, 음과 양, 그리고 태와 소라는 삼차원 대칭구조를 만들 때 동시적이게 할 수 있었다. 그럴 때 사영평면 구조가 확인된다. A와 B의 두 개의 사각형을 큰 하나의 사각형 전과 후라고 하면, 가로와 세로의 방향이 모두 반대가 되는 사영평면적 구조가 만들어진다. 그리고 사영평면은 비정향적 구조이다. 퇴계는 가장 단순해 보이는 횡도를 통해 이러한 비정향적 구조를 확인하고 있다.

9-1은 태양수, 8-2는 소음수, 7-3은 소양수, 6-4는 태음수이다. 그런데 여기서 중요한 것은, 이렇게 생수와 성수가 상반된 방향에서 작용을 하는 이유가 무엇이냐이다. 다시 말해서, 하나는 하도수의 방향이고 다른 하나는 낙서수의 방향이라고 할 때, 어떻게 두 다른 도상이 퇴계의 횡도에서 만나 합치할 수 있느냐이다. 대각선 논증의 여러 요소들로 볼 때 하도는 대각선화이고 낙서는 반대각선화라 했다. 이러한 대각선화와 반대각선화를 동시적이게 하는 방법을 퇴계는 '금화상위용金火相爲用'이라고 했다. 이 말은 하도의 2.7(화-진)과 4.9(금-손)가 자리바꿈을 하여 낙서가 된다는 뜻이다. 그러면 왜 금·화, 또는 진·손이 서로 상위하는가? 그 이유는 이렇다.

5행에서 화와 금 사이에는 그것을 매개해 주는 토가 있다. 토를 매개로 화와 금이 서로 교역을 한다는 것이다. 그런데 토는 천5로서 명패이다. 화는 토5를 통해 금과 상호 교역을 할 수 있다. 5행 가운데 '수목상위용水木相爲用'이라 하지 않는 이유는, 중앙 토가 화와 금 사이에 있기 때문이다. 다시 말해서, 대각선이 만들어지기에 화와 금이 가장 쉽다는 것이다. 사각형 속에서 1, 2, 3, 4 - 6, 7, 8, 9가 정향적으로 움직일 때, 그 작용방향이 오른쪽 아래에서 왼쪽 위로, 다시 왼쪽 위에서 왼쪽 아래로, 왼쪽 아래에서 오른쪽 위로 움직여 비정향적이 된다. 이는 전형적인 뫼비우스띠에서 괘들이 움직이는 방향과 일치한다. 여기서 오른쪽 아래와 왼쪽 위는 대각선 관계이다. 마찬가지로 왼쪽 아래와 오른쪽 위도 대각선 관계이다. 이는 모두 '금화상위용'의 작용 때문이다. 그래서 금화상위용은 대각선상의 대칭작용을 두고 하는 말이다. 위상역의 필요성을 한눈에 보여준다.

퇴계는 주자가 버린 5를 활용하여, 서로 불통이던 우레(화)와 바람(손)을 상통하도록 만든다. 퇴계의 《계몽전의》는 한국적인 특징을 그대로 드러내면서 주자역과 차별화하는 본보기라 할 수 있다. 그런데도 퇴계의 역이 300여 년 동안 조명을 받지 못했다는 것은 이상할 정도이다. 그러나 300년이 지난 구한말 김일부에 와서 다시 금화정역으로 빛을 보게 된다. 김일부의 정역이 퇴계에 가 맥이 닿는다는 것은 한국의 역학사가 일관성 있게 전해 내려왔음을 의미하고, 그 일관성은 일부가 5와 10에 대하여 말한다는 '십오일언+五一言' 한 마디에 다 함축하고도 남음이 있다.

석합보공과 거짓말쟁이 역설

퇴계역은 앞으로 나올 정역의 전령사 같다. 퇴계의 《계몽전의》를 김일부의 정역과 연관시키기 위해서는, 수의 관계와 수의 흐름을 관찰해 보아야 한다. 그러기 위해서는 퇴계의 석합보공론을 막대자석 전기장의 흐름에 비교해 본 후 이를 거짓말쟁이 역설과 연관시켜 보는 것이 필요하다. 수의 양수와 음수를 막대자석의 N극과 S극이라고 하면, 석합보공론은 쉽게 자기징으로 번히고 만디. 지석을 통해 석합보공에서 5-5의 그것은 왜 없는지를 이울러 파악하는 것이 바로 퇴계역을 정역과 연관 짓는 배경이 된다.

석합보공론은 역 그 자체라 할 만큼, '모든 것의 이론'이 여기에 담겨 있다고 할 정도이다. 석합보공론으로 괘도 표현할 수 있고, 하도 낙서 같은 역의 도상들도 표시할 수 있다. 1-9, 2-8, 3-7, 4-6과 같이 서로 짝하는 수끼리 합하면 10이 된다는 석합보공론은 아래와 같이 알기 쉬운 흑백 점으로 표시할 수 있다.(서정기, 2009, 36)

도표 2-4. 흑백 석합보공도

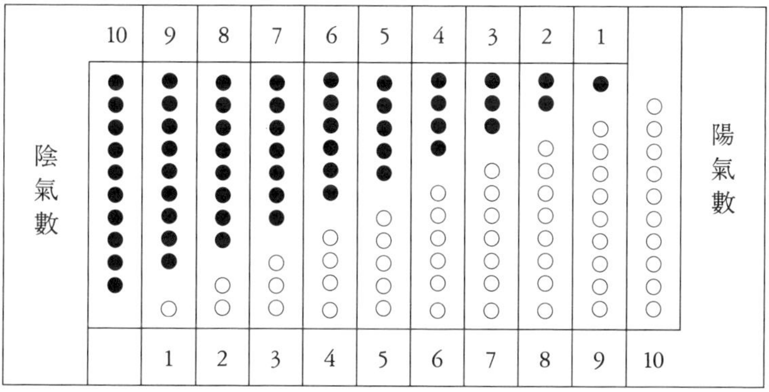

陰氣數	10	9	8	7	6	5	4	3	2	1		陽氣數
	●	●	●	●	●	●	●	●	●	●	○	
	●	●	●	●	●	●	●	●	●	○	○	
	●	●	●	●	●	●	●	●	○	○	○	
	●	●	●	●	●	●	●	○	○	○	○	
	●	●	●	●	●	●	○	○	○	○	○	
	●	●	●	●	●	○	○	○	○	○	○	
	●	●	●	●	○	○	○	○	○	○	○	
	●	●	●	○	○	○	○	○	○	○	○	
	●	●	○	○	○	○	○	○	○	○	○	
	●	○	○	○	○	○	○	○	○	○	○	
		1	2	3	4	5	6	7	8	9	10	

〈도표 2-4〉는 1에서 10 사이의 수를 한 번은 백으로, 한 번은 흑으로 하여 표시한 석합보공도이다. 물론 이것은 주자가 횡도를 시원적인 방법으로 표시한 것과 같다. 이를 퇴계는 〈도표 2-3〉과 같이 비시원적

방법으로 표시하였다. 시원적인 방법 관찰은, 수를 음수와 양수에 상관없이 크기 순서로 배열하고, 그 배열이 만드는 방향을 파악하면 된다. 이를 거짓말쟁이 역설 구조에 적용하면, 주자와 퇴계의 역설 해의법의 차이를 알 수 있다.

거짓말쟁이 역설을 먼저 위상학적으로 파악하기로 한다. 이러한 역설의 이해를 돕는 방법 가운데 하나가 막대자석의 원리를 석합보공론에 적용하는 것이라 할 수 있다. 막대자석에는 북극(N)과 남극(S)이 있다. 이를 북극(+)은 '참', 남극(-)은 '거짓'이란 언어로 바꾸어 놓고 보면 막대자석은 하나의 막대에 상반된 극이 마주 붙어 있기 때문에, 이는 역설이 성립하기 위한 필요충분조건인 '자기언급적'에 해당한다 할 수 있다. 자기언급은 상반된 가치를 자신 안에 가지고 있는 것이 특징이다. 하나의 막대자석 속에 두 개의 상반된 극을 지닌다는 것은 자기언급적이라는 말이다.

자기언급적인 경우, 자석의 3대 원칙은 다음과 같다. 첫째, 자기장은 폐쇄적인 회로를 갖는다. 이 말은 자기는 막대의 바깥쪽에서는 북극에서 남극으로 흐르고, 안쪽에서는 남극에서 북극으로 흐른다. 둘째, 같은 극끼리는 서로 배척한다. 셋째, 자기는 되도록 최단거리를 통해 흐른다. 그러나 서로 겹치거나 맞붙지도 않는다. 이러한 세 가지 자석의 성격에 의해 그림을 만들면 다음과 같다.

〈도표 2-5〉는 거짓말이 참말이 되고, 참말이 거짓말이 된다는 거짓말쟁이 역설의 기본 구조이다. 이는 뫼비우스띠의 구조이다. 남극이 북극이 되고 북극이 남극이 되는 순환구조는, 가로나 세로의 마주보는 짝이 서로 반대일치한다는 뜻이다.

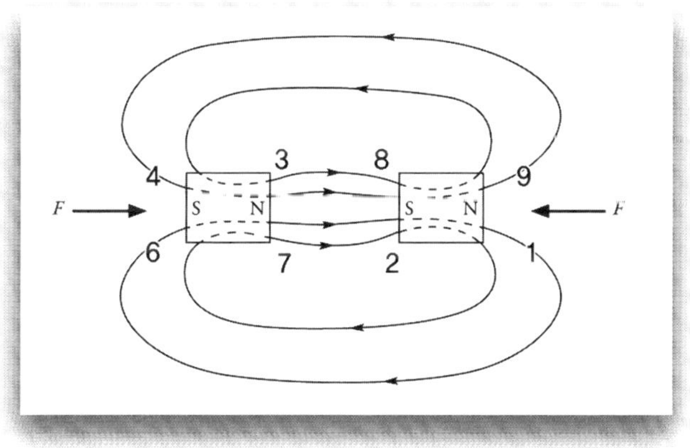

도표 2-5. 양극 막대자석의 대칭도

〈도표 2-5〉는 일단 자석의 제1원칙을 지키고 있다. 즉, 막대의 안쪽은 남극에서 북극으로, 바깥쪽은 그 반대로 흐른다. 이는 "거짓말(S)을 참말(N)이라고 하면(안쪽), '그 참말(N)'은 거짓말(S)이다(바깥쪽)"라고 하는 것과 같다. 그러면 여기서 '안쪽'이란 말과 '바깥쪽'이란 말이 갖는 논리적 의미는 무엇인가? 안쪽과 바깥쪽은 같은 유형에 속하지 않는다. 그것은 대상언어와 메타언어의 관계라 할 수 있다. 두 언어의 유형이 다르다는 것이다. 여기서 '그 참말'이라고 할 때, 그것은 안쪽에서 대상에 대하여 한 말 그 자체를 두고 말에 말을 다시 하는 메타언어이다. 그런 의미에서 우리는 막대자석의 구조에서 거짓말쟁이 역설이 지녀야 할 요소 모두를 발견하게 된다. 즉, 자기언급, 반대일치, 대상과 메타란 말이 바로 그것이다. 두 개의 작은 막대자석은 좌우로 나누어지고, 두 개의 작은 자석은 서로 분리되어 있으나 극이 다르기 때문에 서로 잡아당긴다.

여기서 자기磁氣가 '자기自己'가 되어야만 이런 거짓말쟁이 역설 구조가 나타난다는 자기언급을 발견한 것이 무엇보다 중요하다. 막대의 안쪽과 바깥쪽이 똑같이 북극에서 남극으로, 한 방향으로만 흐르면 자기장이 안 만들어진다. 이 점이 중요하다. 흐름의 방향에서 안쪽과 바깥쪽이 상반해야 자기장이 만들어진다. 만들어진 자기장의 위상학적 구조를 살펴보자. 〈도표 2-5〉에서 막대자석 하나의 위와 아래에 있는 자기장은 각각 가로나 세로의 마주 보는 짝들이 마주 붙어 있는 것이다. 남극과 북극이라는 상반된 것이 마주 붙어 있다는 것은 한 번 '비틈'을 의미하는 뫼비우스띠이다. 그렇다면 하나의 막대자석에는 위아래 두 개의 뫼비우스띠가 마주 붙어 연접하고 있다. 다시 말해서, 사영평면을 만들고 있다. 하나의 막대자석을 하나의 사각형으로 보았을 때, 두 개의 뫼비우스띠가 마주 붙어 있는 '비틈의 비틈'이란 구조는 바로 사영평면이다.

그런데 〈도표 2-5〉의 막대자석을 이등분하여 이것을 〈도표 2-6〉이라고 하고, 여기에 위 막대자석의 3대 원리를 적용해 보자. 두 개의 막대자석은 각각의 북극과 남극을 갖는다. 같은 극은 서로 배척하고, 다른 극은 서로 수용한다. 안쪽은 남극에서 북극으로, 바깥쪽은 그 반대이다. 그런데 두 개의 막대자석을 연결하는 관계는 북극에서 남극으로 흐른다. 막대자석의 안쪽은 언제나 남에서 북으로 흐르고, 바깥쪽은 언제나 북에서 남으로 흐른다.

다음은 본론으로 돌아가, 지금까지 나타난 막대자석의 성격을 퇴계의 석합보공론에 적용해 보기로 한다. 이때 양수는 북극을, 음수는 남극을 의미한다.

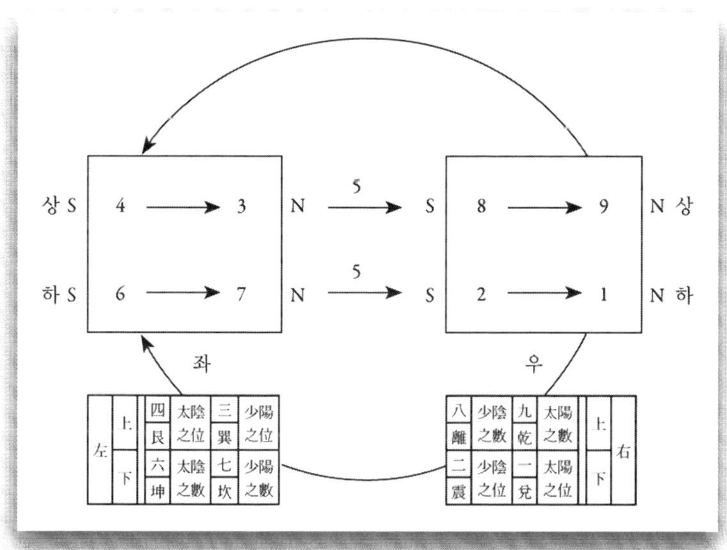

도표 2-6. 석합보공과 막대자석의 대칭구조

〈도표 2-6〉퇴계의 석합보공과 상생 4극 막대자석의 대칭 관계를 좌·우 두 군으로 나누고, 동시에 상·하 두 군으로 나눈다. 좌군과 우군 안의 좌우 수는 음양으로 다르고, 상과 하는 동일하게 음수와 양수이다. 그리고 두 개의 좌·우 군은 하나의 막대자석을 두 개로 나눈 것이라고 하자. 그러면 〈도표 2-6〉은 〈도표 2-2〉와 완전히 똑같은 구조를 갖는다.

상과 하를 두 개로 나누어진 자기장이라고 할 때, 바깥쪽의 흐름인 9→4와 1→6은 북극(양수)에서 남극(음수)으로의 흐름이고, 그리고 막대자석 안쪽의 4→3(또는 6→7)과 8→9(또는 2→1)는 그 반대인 남극에서 북극으로의 흐름이다. 이는 〈도표 2-2〉와 구조가 같다는 뜻이다. 그리고 두 개의 작은 막대자석 사이는 3→8이나 6→2는 북에서 남으로의 흐름이다. 이것 역시 〈도표 2-2〉의 구조와 같다. 그래서 우리는 퇴계의 석합보공론은 막대자석 하나를 둘로 나누어 마주 연결해 놓은 것과 같음을 확인할 수 있다. 이는 좌군과 우군이 각각 사영평면을 하나씩 만든다는 뜻이다. 음수와 양수의 짝들이 하나의 뫼비우스띠를 만들어 내는데, 예를 들어, 8-9와 2-1의 두 쌍은 연접하고 있다. 같은 막대자석 안에서, 그래서 사영평면이다. 4-3과 6-7의 쌍도 사정은 마찬가지이다.

그러면 우군과 좌군 가운데 어느 한 구조를 반대로 바꾸어 보자.

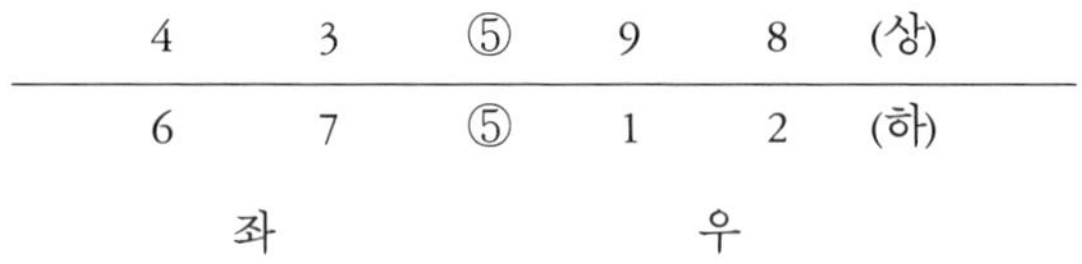

도표 2-7. 좌우대칭을 변경할 경우의 석합보공

우군에서 8-9와 2-1을 9-8과 1-2로 바꾸어 본 것이다. 좌우 두 개의 막대자석이 서로 배척하는 경우이다. 즉, 3과 9 그리고 7과 1은 양과 양끼리이므로 서로 배척한다. 우리는 여기서 석합보공의 구조가 이런 경우가 아님을 알 수 있다. 이를 상극관계라고 할 때, 석합보공에서 보공이라 할 때 이는 상생관계를 말한다. 그러나 우리가 건전지를 충전할 때는 같은 극끼리 연결시켜야 한다. 사용할 때에는 반대 극끼리 연결한다. 전자를 병렬, 후자를 직렬이라고 한다. 두 경우 가운데 어느 하나를 부정할 수는 없다. 〈도표 2-7〉은 충전할 경우이다.

2.3. 석합보공론과 자연계의 논리

석합보공과 태양계 흑점의 논리

우리는 여기서 똑같은 막대자석을 이등분 하거나 그 이상의 등분을 할 때, 막대 안에서 어떤 흐름의 변화가 생기는가를 알 수 있다. 사실 이러한 다극 막대자석의 구조는, 우주 천체의 운행과 주기 변화에 밀접한 관련을 갖는다. 예를 들어, 지구는 남북 양극이지만 태양은 다극이다. 이러한 태양의 다극체제가 태양의 흑점을 만드는 원인이 된다는 것이다. 먼저 이를 말하기 전에, 석합보공에서 왜 5-5의 그것은 없느냐이다. 여기서 막대자석의 경우, 5-5를 어디에 넣을 것이냐가 문제이다. 위 〈도표 2-5〉에서 5-5를 어딘가에 넣는 순간, 흐름은 막히게 된다. 다시 말해서, 상생은 이루어지지 못한다. 예를 들어서, A군의 8-9와 2-1 사이에 넣는 순간 흐름은 막히게 된다.

8   ⑤   9

2   ⑤   1

즉, '음양양'이 되어 같은 극끼리는 배척한다는 원리를 어기게 된다. 여기서 음수는 음극, 양수는 양극으로 생각하면, 5는 양수와 음수 어디에 넣을 것인가? 어느 사이에 5-5를 넣어도 사정은 마찬가지이다. 5-5는 분명히 석합보공을 하고 있으나, 다른 네 개의 수와는 사정이 다르다. 5-5의 석합보공은 자기언급을 한 10이다. 만약에 5가 자기장의 흐름을 만들어 주려면 자기 자신이 1이 더 큰 6이 되든지, 1이 더 작은 4가 되든지 해야 한다. 이를 김일부는 정역에서 '포包5함含6'이라 한 것이다.(도표 2-6) 퇴계의 석합보공에 나타난 이러한 5-5 문제를 연장해 말하기 위해서 정역이 나왔다고 해도 과언이 아니다.

이를 태양의 흑점과 연관하여 설명하면 다음과 같다. 태양의 흑점이 생기는 논리는 5-5와 밀접한 관계가 있다. 태양 안의 자석이 〈도표 2-6〉과 같이 다극이 될 때, 이를 하나의 막대자석으로 볼 수 있다. 이때 8-9, 2-1, 4-3, 6-7의 음수와 양수의 짝은 사각형에서 가로나 세로에서 마주 보는 짝들이다. 이때 8-9(4-3)가 상이며, 2-1(6-7)은 하가 된다. 그래서 8-9와 4-3은 상에서 마주보는 짝이고, 2-1과 6-7은 하에서 마주보는 짝이다. 그리고 가로와 세로의 대칭은 서로 짝과 짝이 대칭이 되어 하나의 '쌍대칭'을 만든다.

태양 안에 〈도표 2-6〉과 같은 거대한 막대자석이 들어 있다고 할 때, 그 안에는 좌우에 두 개의 작은 막대자석이 들어 있다. 그런데 막상 태양 안에는 여러 개의 남극과 북극 같은 자석의 극들이 있기 때문에, 우리는 〈도표 2-6〉과 같이 대칭의 구조를 확장시킬 수 있다. 그런데, 여기서 쌍과 쌍 사이에서 자기장이 형성되어 사각형 밖으로 빠져나와 서로 연결된 것이 있는데, 바로 그것이 태양의 흑점이다. 쌍과 쌍의 바깥쪽에서 형성된 자기장이 이에 해당한다. 같은 막대 안쪽에서 서로 연결되는 것은 연접이고, 서로 다른 막대가 바깥쪽에서 만나는 것은 결접이다. 바로 결접 부분에서 형성되는 자기장에서 나온 자기가 흑점을 만든다.

사영평면은 '비틈의 비틈'이란 연접으로 '비틈과 안비틈'이란 결접을 하는 구조이다. 여기서 말하는 결접 부분은 바깥쪽과 바깥쪽이 서로 만나는 부분으로서, 안비틈으로 방향이 같다. 그러나 좌우의 두 작은 막대에서는 바깥쪽과 안쪽이 서로 비틈의 관계로, 방향이 반대이다. 그렇다면 태양의 흑점은 사영평면이라는 위상학적 구조를 가지고 있으며, 사영평면의 '안비틈'이란 결접에서 흑점이 만들어진다고 할 수 있다.

그러면 문제는 바깥쪽과 바깥쪽의 서로 다른 작은 막대 사이인 결접 부분은 6-2(8-4)나 3-9(1-7)과 같이 음음 아니면 양양이다. 이들 사이를 연결시켜 주는 수가 반드시 필요하다. 바로 그러한 수가 5-5라는 것이다. 5가 과대해져 6이 되든지, 아니면 과소해져 4가 된다는 것이다. 예를 들어서, 3-9 사이는 양양인데 5가 과소해저 4가 되면 3-4-9로 양-음-양이 된다. 7과 1 사이도 양양인데 5가 과대해져 6이 되면 7-6-1이 된다. 5가 9-7 사이에서도 5가 과대해지면 9-6-7로 된다. 5는 연접과 결접을 시켜준다.

바로 이러한 역할을 하는 것이 5-5이다. 이를 두고 '포5함6'이라고 한다. 5는 양수로서도 음수로서도 작용을 하는 수라는 것이다. 이러한 석합보공의 묘미가 그대로 김일부에게 전수되어 '십오일언'의 논리로 발전한다. 5의 과소 또는 과대를 '귀공歸空', '존공尊空'이라 한다. 과학적으로는 이런 현상을 '이온화 ionization'라고 한다. 그리고 석합보공을 태양의 흑점과 연관시키는 문제는 마야역에서 중요하게 다루어지는 만큼, 권을 달리하여 상론하기로 한다.

석합보공론과 신경세포의 논리

자기언급적 5-5는 석합보공에서 가장 성가신 존재이다. 그러나 없어서는 안 될 필수불가결한 것이다. 성가신 존재라고 생각하는 사람들은 이를 제거해 버리려 하고, 필수불가결한 것으로 보는 사람들은 이를 높이 모셔야 한다. 주자를 비롯한 중국역의 전통은 전자의, 퇴계를 비롯한 한국역의 전통은 후자의 입장을 취한다. 석합보공론은 최근 뇌세포의 구조를 구명하는 데도 아주 중요시 된다. 뇌세포에서 가장 중요한 부분은 축삭돌기axon이다. 과학이나 경제학에서는 석합보공과 같은 현상을 두고 '트레이드 오프trade off'라고 한다. 한 쪽이 많아지면 다른 쪽은 작아지는 여러 현상을 이른다. 석합보공 모델을 뇌세포 연구에 적용한 것을, 호지킨-헉슬리 방정식 모델Hodgkin-Huxley equations Model이라고 한다.

축삭돌기가 정보를 처리하는 것을 '감수성excitability'이라고 하는데, 이를 그림으로 나타내면 〈도표 2-8〉과 같다.(Stewart, 2011, 164)

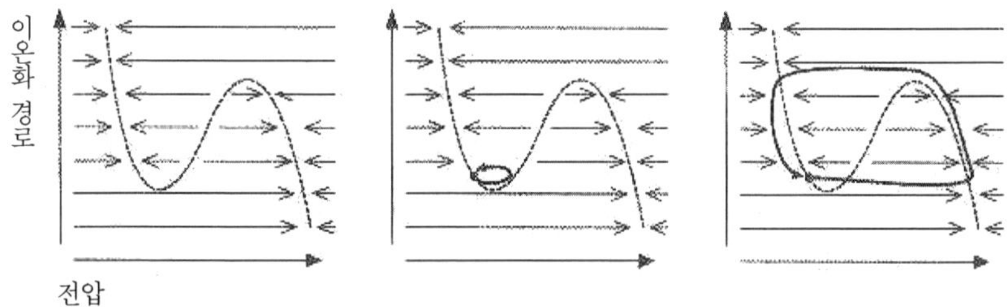

도표 2-8. 뇌세포의 석합보공 논리

뇌세포가 정보를 처리할 때 흥분을 야기하는 것은 전압(voltage)이다.

〈도표 2-8〉 각각의 왼쪽은 전압이 변하는 모습을 보여준다. 곡선을 따라서 좌우에서 화살표 방향으로 나누어지는데, 이것이 바로 석합보공이라 하고, 과학에서는 트레이드 오프 현상이라고 부른다. 좌우에 석합보공에 해당하는 수들을 적어 놓았다. 물론 뇌세포 안에서는 포물선을 그리면서 더 세분화한다. 왼쪽의 작은 화살표가 점점 커지고 오른쪽은 큰 화살표가 점점 작아지다가, 5-5에 와서는 전압이 정지해 휴식을 취한다. 검은 작은 원이 바로 그것이다. 오른쪽 그림에서는 큰 화살표가 점점 작아지면서 전압을 높여가다 제자리에 되돌아와 휴식을 취한다.

호지킨-헉슬리 방정식 모델을 가장 쉽고 정확하게 보여주는 것이 위 〈도표 2-8〉이다. 위 세 그림을 스튜어트의 도움을 받아 더 자세하게 설명하면 다음과 같다. 오른쪽 그림의 포물선은 두 가지 변수 상태를 갖는 전압을 나타낸다. 두 가지 변수란 9-1, 8-2 등과 같은 석합보공(트레이드 오프) 관계를 말한다. 여기서는 시간이 지나도 전압이 전혀 변화 조짐을 보이지 않는 상태이다. 이는 이온화 5-5가 고정되어 있는 상태를 의미한다. 그런데 화살표는 시간이 지남에 따라서 전압이 어떻게 변화하는가를 보여준다.

가운데 그림은 작은 요동침의 효과가 발생했음을 보여준다. 그러나 그 요동침이 미약하여 점으로 된 곡선의 경계를 넘지 못한다. 이 단계가 바로 5-5의 단계이다. 미동의 요동침이 있었으나 곡선의 경계를 넘지 못하고 제자리로 되돌아왔다. 바로 5가 과대를 하든지 과소를 심하게 하여 이온화 되어야 하는데, 그 힘이 미약하여 작은 요동 끝에 다시 제자리에 돌아와 휴식하는 상태이다.

오른쪽 그림은 드디어 전압이 커져 발길질을 강하게 하여 곡선 경계선을 넘어선 상태이다. 그러면 공차기와 같은 힘이 어디까지 미칠 것인가? 아무리 힘이 강한 선수라도 운동장 밖으로 공을 차면 안 된다. 드디어 경계선을 넘어서까지 찬 결과, 다시 공이 제자리에 되돌아오게 된다. 이제 공이 만든 선이 원을 만들어 포물선 두 개를 감을 정도가 되면 공은 다지 제자리로 돌아와 휴식을 갖는다.

뇌 속의 전압은 매우 중용적이다. 아무리 큰 발길질을 해도 경계선을 넘어 담 너머로 날아가지도 않고, 아무리 작은 발길질을 해도 처음 출발한 점 부근에 머문다. 이것을 두고 호지킨-헉슬리 방정식 모델이라고 하며, 뇌의 감수성 이론이라고도 한다. 우리 두뇌 속에 흐르는 전류가 이러한 석합보공의 논리를 지키지 않으면 정상적인 사고를 할 수 없다. '과대하지도 않고 not too large(NTL)' '너무 과소하지도 않음 not too small(NTS)'이 석합보공의 비밀이다. 퇴계가 역학의 중심을 이에 잡은 이유도 바로 중용을 중요시하는 성리학과 맥락을 같이 하기 위해서이다. 군이론과, 특히 19세기 수학의 페어홀스트 방정식을 통하여 석합보공론의 의의를 다시 찾아보기로 한다.

석합보공론과 페어홀스트 방정식

퇴계의 역을 지금까지 논하면서 남겨 놓은 중요 문제는, 수 5와 10이 어떻게 작용하느냐에 있다는 사실을 알았다. 그래서 5의 자기언급으로 생긴 대각선수 10의 처리 문제를 더 천착해 보는 작업이 필요하다. 주자가 5와 10을 배제하고 횡도의 일관성을 유지하려 한 반면, 퇴계는 이들 수 없이는 작용과 변화 자체가 불가능하다고 보았다. 이러한 퇴계의 견해는 일부에게 그대로 전해져 '포包5함含6'이라든지 '10체體1용用'과 같은 말로 5와 10의 중요성과 유용성을 말하고 있다.

석합보공론에서 중요시되는 두 말은 '위'와 '수'이다. 위와 수 가운데 어느 하나를 x라고 하면, 그 반대는 (10-x)로 표시할 수 있다. 이를 군이론의 시각에서 볼 때 x와 (10-x)는 h와 h-1의 관계와 같다. 군이론의 3대 원칙 가운데 I=h(h-1)=10을 생각해 보면, 석합보공은 군이론과 동일함을 발견하게 된다. 여기서는 페어홀스트 방정식을 통해 군이론을 간접적으로 이해하려 한다.

석합보공에서 수가 9면 위는 1이 되고, 위가 4면 수는 6이 된다. 물론 x가 수라면 (1-x)는 위가 된다. 이러한 위와 수의 서로 상보하는 관계를 1800년대 중반 독일의 수학자 페어홀스트는 하나의 방정식 x×(1-x)로 나타내었다. 단순해 보이는 이 방정식은 그 동안 수학자들의 관심을 끌지 못하였다. 그러다가 20세기 들어 프랙털 이론이 나오면서, 이를 페어홀스트 방정식으로 표시할 수 있다는 사실을 알게 되었다. 호수 안의 물고기와 먹잇감의 상관관계를 설명하는 데 이 방정식은 그대로 적중한다는 사실이 알려졌다. 그런데 이 방정식이 바로 역의 석합보공론을 말한 것이다. 그리고 이는 위에서 말한 호지킨-헉슬리 방정식에 해당하는 방정식이다.

페어홀스트는 x값을 0-1 사이의 값으로 하기 위해 1을 사용했지만, 이를 석합보공에 적용할 때는 1 대신 10을 사용해도 좋다. 그러면 0-10 사이의 값으로 x의 값을 대신하였을 때, 방정식의 값이 어떻게 변하는 가를 보자.

도표 2-9. 페어홀스트 방정식

x	x $\times$ (10-x)
0	0 $\times$ (10-0) = 0
1	1 $\times$ (10-1) = 9
2	2 $\times$ (10-2) = 16
3	3 $\times$ (10-3) = 21
4	4 $\times$ (10-4) = 24
5	5 $\times$ (10-5) = 25
6	6 $\times$ (10-6) = 24
7	7 $\times$ (10-7) = 21
8	8 $\times$ (10-8) = 16
9	9 $\times$ (10-9) = 9
10	10 $\times$ (10-10) = 0

페어홀스트 방정식은 석합보공론에서 5와 10의 역할을 한눈에 보여주는 데 공헌한다. 횡두에서와 같이 괘수는 1-9 또는 1-10 사이에서 일직선 운동을 하지만, 방정식은 완전히 순환곡선을 그려내고 있다.

도표 2-10. 페어홀스트 방정식과 순환구조

→		
0 - 1 - 2 - 3 - 4 - 5 - 6 - 7 - 8 - 9 - 10	… x의 값	A
0 - 9 - 16 - 21 - 24 - 25 - 24 - 21 - 16 - 9 - 0	… x$\times$(10-x)의 값	B
→ ←		
가 나		

x의 값은 정향적으로 직선운동을 하고 있지만, x$\times$(10-x)의 값은 비정향적 순환운동을 하고 있다. 여기서 화살표의 방향이 같을 때를 정향적이라 한다. 그런데 위에서 보는 바와 같이 화살표의 방향은 같은 방향이 아니다. 수는 x는 0에서 10까지 정향적으로 한 방향이지만, 방정

식은 비정향적이 되어 순환을 한다.

순환운동을 하는 데서 중요한 역할을 하는 수가 5와 10이다. 0-5까지 정향적으로 증가하던 수가 5에서 전환이 만들어져 감소하기 시작한다. 그리고 10에 이르러서는 처음 값인 0이 된다. 5와 10이 이러한 반환과 전환을 가능하게 만든다. 이는 〈도표 2-8〉에 있는 포물선이 그려내는 방식과 같다. 〈도표 2-8〉의 그림의 중앙에서 작은 원이 정지하는 곳이 바로 x값 5에 해당한다. NTL이 되는 곳이 10이고, NTS가 되는 곳이 0이다. 그 중간 지점이 5이다. A값은 정향적인데 B값은 비정향적이다. B값의 (가)를 역생逆生이라 하고, B값의 (나)를 도생到生이라고 한다. 생수 1, 2, 3, 4의 값과 성수 6, 7, 8, 9의 값은 정반대 방향으로 움직인다.

여기서 우리는 퇴계가 주자의 횡도를 석합보공의 시각에서 수정 보완한 것에 대한 의의를 새롭게 부여할 수 있으며, 대각선에 해당하는 5와 10의 역할을 통해 다시 한 번 대각선 논증이 갖는 효과와 비중이 크다는 사실을 알았다. 우리는 일부 정역에 이르러, 드디어 '역생도성'과 '도생역성'이라는 이름으로 석합보공론이 어떻게 중요시되는가를 다시 알게 될 것이다.

3장 윤선거의 서괘법과 대각선 논법

윤선거(1610~1669; 노서)의 역을 역설 해의라는 관점에서 본다면, 그만큼 진지하게 이 문제를 다룬 인물도 드물다는 사실을 알게 될 것이다. 김일부의 역이 역曆이라면 윤선거의 역은 역逆이다. 그는 그 누구보다도 괘들의 서괘 규칙에 대하여 많은 생각을 하였다. 명패와 물건을 배열하는 방법을 서괘 규칙이라고 할 때, 그가 그린 몇 가지 도상을 서양의 러셀 역설 해의라는 관점에서 본다거나 대각선 논법이라는 핵심을 겨냥했을 때 더욱 그러하다는 사실을 알게 된다.

러셀은 역설 해의의 한 방법으로 유형론을 제시한다. 유형론이란 메타와 대상 사이의 유형을 바로 구별하여, 그것을 위계적이고 일관적이게 하면 역설을 피할 수 있다는 역설 해의 방법이다. 그러나 문제는 어떻게 대상과 메타를 구별할 것이냐, 그 기준은 무엇이냐이다. 그리고 '메타의 메타'와 같은 위계적 계형을 어떻게 만들고, 무엇으로 기준을 삼을 것이냐이다. 그런데 유형론적 역설 해의법은 메타와 대상을 구별할 수 없이 서로 사상하는 데서 역설이 발생했는데, 그것을 해의하는 방법론으로 그러한 해법을 제시한다는 것은 앞뒤가 뒤바뀐 주장이라 할 수 있다.

하나의 대성괘 또는 중괘 안에서 하괘-내괘는 메타이고, 상괘-외괘는 대상이다. 하괘는 세로칸에서 가로줄 전체를 주관하기 때문이다. 그래서 둘 사이에는 역설이 필수불가결하게 담겨 있다.(《대각선 논법과 역》 1장 참고) 윤선거는 그 어느 역학자보다도 심각하게 하나의 괘 안에 들어 있는 내괘와 외괘의 역설적 관계, 그리고 역설 해의 방법의 하나로서 6효들의 효변에 대하여 많은 생각을 한다. 그래서 김일부의 역이 역曆이라면 윤선거의 역은 역逆이라 하는 것이다. 그가 역설을 해의하기 위하여 독창적으로 작도해 놓은 도상들은 모두 일관성 있게 러셀의 유형론이 가진 문제점을 다룬다고 단정해도 좋다. 이제 그의 도상들을 역설 해의와 대각선 논법이라는 데 맞추어 소개해 본다.

윤선거는 효변과 괘서를 균형 있게 이해하면서, 역의 역설 문제와 대각선 정리에 몰입한 인물이다. 정이천 이래 서괘 원리에 특별한 관심을 가진 학자로는 그가 처음이다. 서괘 원리는 역설 해의와 직결되는 중요 사안이다. 성이심과 퇴계의 관심사는 64괘를 어떻게 배열하느냐에 있지는 않았다. 그러나 윤선거는 서괘론을 통해 역의 역설 문제와 그것의 해의 방법론에 관한 담론 안으로 깊숙이 들어온 학자이다. 또 선천 〈복희8괘도〉와 후천 〈문왕8괘도〉의 관계를 하나로 묶지 못한 점이 역학 연구의 과제였는데, 윤선거는 이를 풀어내 선후천 문제의 해결사가 되었다.

역학 연구의 지속적인 문제점은 시생 원리와 가족관계의 불일치로 요약될 수 있다.(《대각선 논법과 역》의 주제) 이러한 불일치를 야기시키는 진원지는 괘가 성립하는 두 가지 원리인 가일배법과 8괘의 자승법이다. 가일배법은 귀매 원리라는 역설에, 8괘자승법(또는 8괘 착종)은 러셀 역설의 문제에 직면하게 한다. 윤선거는 그의 도상에서 이 둘을 다루고 있다. 즉, 〈건군도〉와 〈첩천도〉는 8괘 자승의 문제를, 〈삼색도〉와 〈팔궁도〉는 가일배법의 문제를 다루었다. 전자가 명패와 물건 사이에서 발생하는 기수 상의 집합과 멱집합의 역설 문제라면, 후자는 순서수 상에 생기는 역설의 문제이다. 전자는 칸토어의 역설에, 후자는 부랄리-포르테의 역설 문제이다. 그래서 윤선거의 역학에는 역학 연구의 문제점 자체가 총망라되어 있다고 해도 과언이 아니다. 거기다 〈납갑도〉 같은 것은 역설 해의의 방법으로 시간을 도입하는 것이어서, 역설 해의에 시간을 도입했다는 큰 의미를 갖는다 할 수 있다.

3.1. 〈건군도〉와 〈첩천도〉

〈건군도〉와 〈첩천도〉의 역설 해의

윤선거는 효변을 통한 역설 이해를 〈희문역상함도義文易相含圖〉(일명 〈건군도〉)에서, 그리고 괘서를 통한 역설 이해를 〈선후천8괘첩원도先後天八卦疊圓圖〉(일명 〈첩천도〉)에서 각각 하고 있다.

횡도에 '양의 증가'라는 말과 '음의 증가'라는 말을 적용하는 순간 모순에 직면한다. 건집합의 '건태리진'에서 양이 감소하자면 순방향이어야 하고, 곤집합의 '손감간곤'에서 음이 감소하자면 역방향이어야 한다. 괘의 서차 번호는 일관성 있게 증가하지만, 음양의 증감은 서로 방향이 다르다. 노서는 건집합과 곤집합을 직선 위에 가로로 배열하는 방법을 바꾸어 아래위로 배열한다. 그러면 가로와 세로가 생겨 나 이차원 상에 8괘가 배열된다. 이것이 노서의 〈건군도乾君圖〉이다. 그러면 이렇게 배열을 하였을 때 어떤 특별한 변화가 감지되는가? 대각선 논법의 6대 요소 가운데 배열과 가로, 세로가 확인되었다.

이는 사소한 변화 같지만, 노서가 누구보다도 역의 위상학적 이해를 바로 하고 있었음을 말해준다. 즉, 8괘를 양군과 음군으로 나누고, 두 개의 군을 사각형의 세로와 가로인 상하좌우로 나누어 배열할 때, 위상학적 변화는 크다. 노서는 이렇게 사각형 평면상에 8괘를 배열한 다음, 소강절이나 주자와는 다른 선천과 후천의 개념 정의를 시도한다. 다시 말해서, 사각형의 좌우로 움직여 '선천'이라 하고, 상하로 움직여 '후천'이라고 한다. 그런데 주자와 소강절의 경우, 복희도는 '선천도', 문왕도는 '후천도'라 했다. 필자는 나름대로 전자는 시생 원리, 후자는 가족관계의 구조를 따른다고 본다. 그런데 노서는 〈복희8괘도〉 하나만으로 그것들이 위상학적으로 움직이는 방향에 따라서 선·후천을 나눌 수 있다고 보았다. 다시 말해서, 복희 선천도 안에 선·후천이 들어 있었다는 것이다. 낙서를 말하지 않고 어떻게 선·후천을 복희도만으로 말할 수 있단 말인가? 그런데 노서는 그렇게 하고 있다.

즉, 위 오른쪽에서 위 왼쪽 방향으로 움직이는 괘는 '건태·리진'으로 하고, 아래 오른쪽에서 아래 왼쪽으로 움직이는 괘는 '손감·간곤'으로 한다. 이를 선천의 대강이라고 했다. 이와 같이 선천의 대강은 오른쪽에서 왼쪽으로 움직이는 것으로서, 종래의 8괘 운동 방향과 다

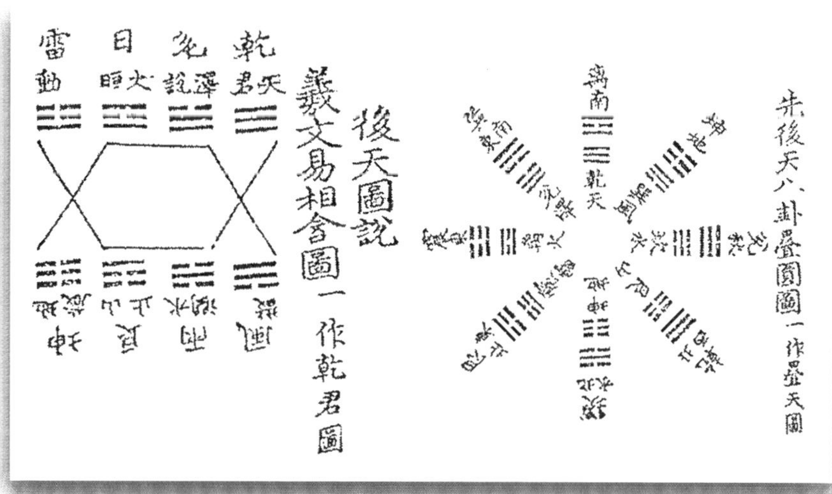

도표 3-1a. 건군도   도표 3-1b. 첩천도

를 바 없다. 그러나 사각형의 위 아래로 움직이는, 즉, 위 오른쪽에서 아래 오른쪽으로 움직이는 괘는 건손, 아래 오른쪽에서 위 오른쪽으로 움직이는 괘는 감태, 다시 위 왼쪽에서 아래 왼쪽으로 움직이는 괘는 리간이라 하면서 이는 후천의 대강이라고 했다. 반복해 말하면, 선천 괘는 사각형에서 좌우로 움직이고, 후천괘는 상하로 움직인다. 이렇게 윤선거 역은 괘의 위치를 옮기는 위상학적 개념으로 선·후천을 구별하는 특징이다. 이러한 그의 위상학적 이해는 역을 이해하는 새로운 차원의 세계를 열었다. 이를 이해하기 쉽게 나타내면 〈도표 3-1a〉와 같다.

그가 8괘를 음양, 상하, 좌우 군으로 나눈 것은, 그 자체가 이미 상하, 좌우, 음양의 삼차원적 공간 개념을 그 안에 담고 있음을 암시한다.

그가 선천에 대해서는 소강절의 이해와 차이를 보이지 않으나, 후천에
대해서는 분명히 차원의 변화에서 그 차이를 보고 있음이 분명하다.
이는 지금까지와는 다른 후천 이해방식이다. 즉, 그의 선천 개념은 통
념적인 것이어서 별 특이한 점이 없어 보이지만, 후천 개념은 효변의
원리를 동원한 이해를 한다. 그래서 낙서 없이 하도의 효변을 삼색三索
시키면 선·후천 개념을 설명할 수 있다고 노서는 생각한다. 그래서
노서 역학사상의 요체는 삼색론三索論이다.

〈건군도〉의 상하에서 마주 대칭하고 있는 괘들은 건-손, 태-감, 리-
간, 진-곤이다. 이들 대칭 관계는 양집합의 '건태리진'의 초효를 효변시
킨 음집합의 '손감간곤'을 대칭으로 한 관계이다. 그러나 음집합의 순
서가 '손감간곤'과 같이 반대로 된 것을 상기하자. 이를 사각형 대칭
안의 8괘로 들여다볼 때 초효는 전후 대칭이다. 전후 대칭은 초효, 좌
우 대칭은 중효, 상하 대칭은 상효가 결정하는 것은 상기하자.(《대각선
논법과 역》 그림 6-2) 그렇다면 건-손, 태-감, 리-간, 진-곤 네 대칭은 모두
사각형의 네 모서리에서 전후 대칭을 하고 있다. 노서는 이 전후 대칭
의 쌍을 하나로 한 것으로 새로운 명패를 만든다. 지금부터 그의 역설
해의법이 나오기 시작한다. 러셀 유형론의 가장 큰 약점이 다름 아닌
새로운 메타 언어를 어떻게 만들 것이냐에 있었다. 그런 의미에서 노
서의 새로운 명패 만드는 기법은 관심의 대상이 아닐 수 없다.

노서의 말을 들어보면, "곤괘와 진괘가 한 궁이 되고, 건괘와 손괘가
한 궁이 되며, 감괘와 태괘가 한 궁이 되고, 리괘와 간괘가 한 궁이
된다. 이것이 후천의 대강이다."[1](《노서유고》 권13) 〈건군도〉에서 마주
보는 괘를 하나의 대각선으로 연결하고, 다시 두 대각선을 서로 연결

하고 있다. 이는 8괘들이 어떻게 유기적으로 연결되는가를 보여주기 위한 것이다. 〈건군도〉는 횡도를 이차원 평면으로 바꾼 것이지만, 이는 그 안의 연결되는 선을 통해 앞으로 대칭점이 어떻게 위상학적으로 달라질 것인가를 한눈에 보여주기 위한 것이다.

위상범례상으로 보았을 때 〈건군도〉는 한 차원(초효)에서만 반가치화되어 대칭의 일치를 보여준다. 그래서 이는 원기둥이다. 그리고 정향적이다. 그러나 〈건군도〉 안의 연결선들은 더 높은 차원으로의 위상 변화를 예고한다. 비정향성을 예고한다는 것이다. 〈건군도〉 내부의 대각선을 따라 변화가 일어날 때 생기는 변화가 다음 〈도표 3-1b〉의 〈첩천도疊天圖〉(일명 〈선후천8괘첩원도〉)이다.

〈첩천도〉는 복희도와 문왕도를 겹쳐 놓은 것이다. 그런데 위상범례상으로 보아 복희도는 뫼비우스띠, 문왕도는 클라인병이라고 했다. 그리고 전자는 시생 원리를, 후자는 가족관계를 반영한다고 했다. 그래서 일관성 문제에서 서로 역설적이라고 했다.(《대각선 논법과 역》 1장과 8장 참고) 즉, 시생 원리에 효변이라는 삼색 원리를 적용시켜 일관성을 확인하면 시생 원리의 일관성은 곧 가족관계의 비일관성이라고 했다. 그런데 노서는 어떤 의도로 이런 '비일관성적 일관성'을 만든 것일까? 복희도는 양군과 음군 두 군의 괘들을 네 개씩 순방향과 역방향으로 배열한 것이라 했다. 그러나 가족관계를 고려한 문왕도에는 이런 일관성이 없다. 복희도는 시생 원리에 효변을 적용했기 때문이다. 즉, 양군(또는 건집합)의 태·리·진의 대각선을 반가치화하고 반대각선화하면

---

1) 여기서 '궁'이란 명패의 다른 말이다.

진이 손이 된다고 했다. 그리고 이 손은 절대로 건집합 속에 들지 않는다. 그리고 음군(또는 곤집합)의 손·감·간을 같은 방법으로 대각선을 반가치화하고 반대각선화하면 손은 진이 되고, 그러면 절대로 곤집합 속에 들지 않는다.

이렇게 서로 일관성과 비일관성이란 역설을 지닌 두 도형을 노서는 하나로 겹쳐 작도해 놓았다. 이를 위상학적으로 보았을 때 뫼비우스띠와 클라인병을 연결시켜 놓은 것이고, 이것은 '일관성적 비일관성'이라는 역설을 그대로 표현해 내자는 것이다. 이것은 노서가 역설을 해의하자는 것이 아니고, 역설을 그대로 표현해 놓은 것이다. 즉, '일관성적 비일관성'이나 '비일관성적 일관성'을 있는 그대로 표현해 내자는 것이다. 이는 그가 다음 도상에서 어떻게 역설을 해의하려고 하는가는 보여주기 위한 준비단계라 할 수 있다.

방도에서는 8괘가 8×8이라는 자승에 의하여 내괘와 외괘가 각각 메타괘와 대상괘로 변하면서, 역학에서 역설은 피할 수 없게 되었다. 8괘의 자승적 배열방법이 칸토어의 대각선 논법에서 배열하는 방법과 같았다. 그렇다면 가장 중요한 것은 내괘와 외괘의 구조와 상관관계를 밝히는 것이다. 물론 러셀은 이는 유형적으로 다르기 때문에 유형을 혼동하지 말라고 한다. 유형을 혼동하고 그 위계질서를 어기는 데서 역설이 발생한다고 본다.(《대각선 논법과 역》 1.3. 참조) 그러나 역에서는 방도에서 보는 바와 같이 동일한 8괘를 내괘와 외괘로 삼고 있다. 명패와 물건을 동일한 것으로 한다는 말이다. 그래서 둘 사이에 유형적 구별을 하지 않는 것이 역의 시작이다. 이를 군이론에서는 '바이젝션'이라 한다.

노서의 역설 해의로 들어가기 전에, 그가 명패와 물건 사이의 유형적 관계의 해체 작업을 어떻게 하였는가 보자. 노서는 명패괘와 물건괘 사이에는 벽이 없으며, 그 사이를 다 허물 수 있다고 보았다. 이것이 그의 삼색론이고 팔궁론이다. 이렇게 생각할 때 20세기 러셀의 최대 사상적 적수는 노서일 수 있다. 노서는 명패와 물건 사이의 관계를 석명하는 것 자체가 바로 역설 해의의 방법이라 보았다. 이는 서양 철학에서 지극히 어려운 문제인 이데아와 사물의 관계 그 자체를 말하는 것인 만큼,[2] 노서의 시도 자체에 관심을 기울이지 않을 수 없다.

노서는 명패괘와 물건괘의 관계를 석명하기 위하여 '순괘純卦'와 '반괘反卦'라는 말을 만들어 측정언어로 사용한다. 시생 원리를 그대로 반영하고 있는 복희 8괘를 순괘와 반괘로 나눈다는 것이다. 이 측정언어를 사용하여 복희 8괘를 석명하는 과정에서 우리는 명패괘와 물건괘 사이에 벽이 없다는 사실을 발견한다. 8괘는 모두 호환적이라는 것이다. 그래서 거기에 어떤 유형적 구별도 어렵다는 것을 노서는 말하려 하였다.

삼색과 귀매 원리

'색索'이란 '차원 변화'의 다른 표현이다. 효의 위치가 곧 차원을 반영하며, 효의 위치에 따라서 변하는 것을 '색'이라고 하기 때문이다. 그래서 '삼색'이란 삼효가 변한다는 뜻이다. 전후, 좌우, 상하의 삼차원에서 음양 가치가 변하는 것을 '삼색'이라 한다. 그래서 삼색은 처음부터 위

---

2) 이데아는 명패, 사물은 물건이라고 할 때, 둘 사이의 유형을 무시한다는 것은 서양철학사에서 볼 때 혁명적이라 할 수 있다.

상의 문제와 관련된다. 노서는 시남과 서신을 주고받으면서 "〈설괘전〉의 삼색 장은 음양삼변의 법칙을 설명한 것"(《노서유고》 '후천도설')이라 하였다. '삼색론'은 음양 삼변의 법칙이라고 할 수 있다. 효의 위치 하나하나는 전후, 좌우, 상하를 가리키는데, 초효는 전후, 중효는 좌우, 상효는 상하대칭을 그대로 반영한다. 그러나 이러한 대칭 관계는 상대적이다.

삼효의 초·중·상을 사각형의 삼차원 어디에 대응시키느냐는 상대적이란 뜻이다.(도표 6-2 참고) 후천에서는 8괘의 초효가 반가치화하는 효변이라는 과정을 거쳐 곤(☷)은 진(☳), 건(☰)은 손(☴), 감(☵)은 태(☱), 리(☲)는 간(☶)이 된다. 이렇게 반가치화 되어 변화된 괘가 하나의 새로운 궁의 주인공이 되어 나타나고, 이를 '후천 주인공'이라 한다. 이는 명패를 새롭게 만들어 내는 원리라고 할 수 있으며, 러셀의 유형론을 무색하게 만드는 논리이다. 메타와 대상은 유형적으로 고정된 것이 아니고 효변을 통해 바꿀 수 있다는 것이 노서의 생각이다.

이를 〈도표 3-2〉에서 보면, 초효가 반가치화 된 것이 상하 관계의 괘이다. 상·하괘가 쌍을 만들어서 하나의 궁을 만들며, 이를 두고 후천이라 한다. 반대로 좌우로 하나의 궁을 만들면 이는 선천이다. 이렇게 노서는 선·후천의 개념마저 바꾸어 놓았다. 8괘 안의 효를 색하는 과정에서 선·후천이 달라질 수 있다는 것이다.

노서의 〈건군도〉는, 〈삼색도〉와 〈팔궁도〉에서 귀매 원리를 설명하기 위한 준비과정이라고 할 수 있다. 귀매 원리란 순서수의 역설을 말한다. 순서수의 역설이란 어느 순서수의 마지막 것은 그 순서수 전체에 들어가지 않는다는 것이다. 노서는 순서수의 역설을 누구보다 절감하고 있었으며, 〈복희8괘도〉 속에서 이를 찾고 있다. 그의 견해를 들어보자. 노서는 복희 8괘를 순괘와 반괘로 나눌 때, 순괘(정괘)인 '건곤리감'괘들은 중효에서, 반괘(부정괘)인 '진손태간' 괘들은 초와 상효에서 변화를 한다. 거곤의 중효를 반가치화하면 리(☲)와 감(☵)이 되고, 거꾸로 리·감의 중효를 반가치화하면 건·곤이 된다.

그래서 반괘를 할 경우 중효가 아닌 처음과 마지막인 초와 상효에서 효변시켜야 한다. 초와 상효의 변화가 바로 귀매 원리에 해당한다. 반괘인 진·간괘 가운데 진(☳)의 초효인 양이 음으로 변하면 곤(☷)이 된다. 간(☶)의 상효인 양효가 음효로 변하면 역시 곤(☷)이 된다. 그리고 손(☴)의 초효인 음효가 양효로 변하면 건(☰)이 되고, 태(☱)의 상효가 변하면 다시 건(☰)이 된다. 곤☷의 초효를 변화시키면 진(☳)이 되고, 건(☰)의 상효를 변화시키면 태(☱)가 된다. 진(☳), 태(☱)의 반괘는 간(☶), 손(☴)이다. 반괘란 어느 괘의 위치를 180도 뒤집는 것이다. 간의 초효와 손의 상효가 변하면 리(☲), 감(☵)이 된다. 이런 순환 과정을 노서는 '자연의 상'이라고 하였다.

이러한 노서의 순괘와 반괘론은 러셀의 유형을 무색하게 만들기에 충분하다. 8괘 상호관계는 상호 탈중심적 관계이다. 〈복희8괘도〉에서는 건과 곤이 명패가 되었고, 〈문왕8괘도〉에서는 리와 감이 명패가 되었다. 그러나 노서는 8괘 모두가 순괘와 반괘 논리에 따라 효변시키면 서로 회통하고 있음을 알게 된다고 하였다. 이것은 모든 괘가 명패와 물건이 될 수 있다는 뜻이다. 이러한 노서의 입장이 다음의 삼색론과 팔궁론에서 더욱 분명해질 것이다. 《대각선 논법과 역》 8장에서 경방이 정대각선의 괘를 명패로 하여 효변시켜 귀매의 원리에 이른 것을 보았다.(《대각선 논법과 역》 8.5. 참조) 결국 이러한 8괘론은 귀매 원리라는 새로운 문제에 직면하게 될 것이다.

만약 칸토어가 대각선 정리를 말할 때 귀매 원리를 알았더라면, 연속체 가설 문제는 처음부터 제기되지도 않았을 것이다. 칸토어는 방도와 같이 사각형 안에 가치들을 격자 형식으로 매겼다. 세로는 명괘를 가로에는 물건에 해당하는 것을 배열하여야 한다. 명괘는 내괘, 물건은 외괘에 해당한다. 그러나 각각의 괘 안에는 '상·중·하'로 대칭되는 세 개의 효가 들어 있다. 그런데 지금 말하는 3효의 변화규칙이 칸토어의 대각선 정리에는 결여되어 있다. 러셀의 경우, 역시 메타와 대상을 말할 때 메타와 대상 안의 자기언급적 반복을 말하지 않았다. 그러나 바로 이러한 자기언급적 반복현상 때문에 유형론은 치명적인 타격을 받는다. 〈복희8괘도〉와 〈문왕8괘도〉의 경우는 명괘를 건곤감리라는 순괘에 제한한 것이 그의 한계였는데, 노서는 반괘논리를 들어서 8괘가 모두 상통관계임을 말하고 있다.

그리고 칸토어는 대각선상의 가치들을 차례로 반대로 바꾸는 반가치화를 할 때 귀매 원리를 몰랐다. 즉, 음양과 같은 효를 변화시킬 때 마지막이나 처음은 변화시켜서는 안 된다는 것을 몰랐다. 일직선으로 반가치화(효변)가 일관성 있게 나열되는 것이 아니고, 마지막 전 단계에서는 반환과 순환을 한다는 사실을 몰랐다. 반가치화(효변)를 진행시켜 나가면 모든 반대가 일치되어 순환한다는 것을 몰랐다. 자연의 상의 자연스러운 모습은 건곤으로 되돌아가고, 건곤이 감리가 되고, 진간과 손태가 모두 건곤과 감리의 효변으로 가능해진다는 사실을 몰랐다. 직선적인 수 개념만 가지고 있었기 때문이다.

가족관계에서 보는 바와 같이 건집합 속의 부분들인 태·리·진의 대각선은 진(☳)이고, 진을 반가치화와 반대각선화를 하면 그것이 손(☴)이다. 곤집합 속의 간·감·손의 대각선은 손이고, 손을 반가치화와 반대각선화를 하면 그것은 진이다.3)(《대각선 논법과 역》 8장 참조) 칸토어가 간과한 점은 여기에도 있다. 하나의 가치 안의 프랙털을 알았더라면 대각선의 반대각선화는 세로줄의 끝과 같다는 사실이고, 그것을 반가치화와 반대각선화를 하면 절대로 해당 집합 안에 포함 안 된다는 사실을 몰랐다. 이러한 원리가 귀매 원리이다. 귀매 원리는 어느 집합의 끝은 변화시키지 말아야 한다는 원리다. 그 끝마저 변화시키면 그것은 반드시 자기 집합 자체에서 탈출해 버린다는 원리이다.

‘하9서10’이냐 ‘하10서9’냐 하는 문제는 칸토어의 연속체 가설 문제와 직결되는 것으로서, 역 철학의 본령을 건드리는 것이나 마찬가지라 할 정도로 중요하다. 이런 의미에서 〈첩천도〉가 갖는 의미는 크다고 하겠다. 다시 말해서, 여덟 개의 괘는 같을지 몰라도, 거기에 딸리는 수가 갖는 의미는 크게 다르다. 궁극적으로 귀매 원리에 따라 처음과 마지막 수를 무엇이라고 볼 것이냐? ‘하9서10’이냐 ‘하10서9’냐이다. 그리고 이는 원과 방의 문제이기도 하다. 〈복희8괘도〉는 원, 〈문왕8괘도〉는 방이라고 보고, 원과 방을 어떻게 중첩시킬 것이냐 하는 문제이다. 하나의 일관성은 다른 하나의 비일관성이기 때문이다. 그래서 〈첩천도〉는 결국 이러한 역설적 관계에 있는 원와 방의 결합 문제이다. 원과 방은 연속이면서 동시에 비연속이라는 비결정의 문제성을 안고

---

3) 태·리·진 3괘를 사각형 안에 배열하면 대각선은 진이 된다. 즉, 대각선을 가로로 반대각선화하면 그렇게 된다. 손·감·곤 3괘의 경우에는 손이 된다.

있다는 것이 다름 아닌 〈첩천도〉가 갖는 의미이다. 이 문제는 결국 영구미제인 비결정성의 문제인 동시에 불확정성의 문제를 제기한다고 할 수 있다. 귀매 원리가 가지고 있는 의의는 원과 방의 이러한 문제라고 할 수 있다.

〈삼색도〉와 역설 해의법

〈군건도〉와 〈첩천도〉에 대한 구조적 설명에 이어지는 것은 〈삼색도〉와 〈팔궁도〉이다. '삼색도'란 말 자체가 윤선거가 만든 것으로서, 그의 독창성을 엿볼 수 있는 부분이다. 윤선거는 사각형이란 모형을 새롭게 구성한다. 복희 64괘 또는 방도는 '건태이진손감간곤'이란 8괘를 세로칸을 명패로 하고, 같은 8괘들로 물건으로 삼아 가로줄에 배열하는 격자 형식이 전부였다. 〈삼색도〉와 〈팔궁도〉는 큰 틀에서 보면 장방형 사각형이다. 그러나 64괘를 그 안에 배열하는 방법은 다르다. 먼저 〈삼색도〉를 통해 장방형 구조를 파악하면, 노서의 〈삼색도〉와 〈팔궁도〉는 명패와 물건의 상통과 회통 관계를 말하는 것으로 볼수 있어, 러셀을 놀라게 할 만한 구조를 그 안에 가지고 있다. 러셀의 유형론이 설 자리가 없도록 만들어 버리기 때문이다.

노서는 '삼색'을 '삼변'이라고 했다. 그는 삼변을 건곤에 국한시키지 않고 여섯 자녀에 확충 연장하여 적용한다. 여섯 자녀도 건곤이 삼변하듯이 그런 방식으로 변체한다고 보았다. 이는 명패와 물건 모두 변체 가능하다고 본 것이다. 이러한 쌍방 간에 변화가 가능하다고 보고 작도된 것이 〈삼색도〉이다. 건곤이 초·중·상효로 삼변하면 손리태와 진감간이 된다. 그런데 명패 부모인 건곤뿐만 아니라 물건 자식인 여섯 자녀도 마찬가지 방법으로 삼변할 수 있다고 한다.

태(☱)가 삼변해서 '감진건'이 되고, 태의 반괘인 간(☶)이 삼변하여 '리손곤'이 된다. 여기서 반괘란 삼효의 위치를 반대로 하는 것이다. 리(☲)가 삼변하면 '간건진'이 되고, 리의 반괘인 감(☵)이 삼변하여 '태곤손'이 된다. 진(☳)이 삼변하여 '곤태리'가 되고, 손(☴)이 삼변하여 '건간감'이 된다. 여기서 우리는 명패이던 건곤이 하나의 변괘 대상이 되는 것을 확인할 수 있다. 이는 명패와 물건의 관계를 상대적이게 한 것으로서 획기적인 발상이라 할 수 있다. 이제 노서의 삼색 원리에 기초하여 그의 〈삼색도〉를 알아보기 쉽게 나타낸 것이 다음 〈도표 3-2〉이다.

노서의 〈삼색도〉는 방도와 비슷해 보이지만, 구조는 아주 다르다. 장방형의 가로(열)와 세로(행)에 여덟 개의 괘를 배열하여 64개의 괘를 그 안에 포함시킨 것은 방도와 같아 보인다. 그러나 내부구조는 크게 다르다. 우선 〈삼색도〉에서는 명패를 가로줄에 오른쪽에서 왼쪽으로 '건태이진손감간 순서로 나열한다. 그리고 1행 건을 상·중·초 순서로 효변시켜 그것을 나·다·라 세로줄에 배열하여 2차, 3차, 4차 명패를 만든다. 그러면 가열의 자기 자신을 포함한 32개의 명패가 만들어진다. 그리고 32개가 명패가 되어 두 개씩 괘를 만들어 낸다. 그러면 모두 64개의 괘가 생성된다.

이제 여덟 개의 행과 여덟 개의 열이 만들어 내는 64괘 생성과정을 살펴보면 아래와 같다. 행은 1, 2, 3, 4, 5, 6, 7, 8의 여덟 개로 열을 가, 나, 다, 라로 우선 크게 나눈다. 가, 나, 다, 라의 각 열에는 상과 하가 있다. 이것은 상괘와 하괘가 아니다. 그래서 여기서는 상괘 대신에 '외

도표 3-2. 삼색도

否	咸	未	恒	益	旣	損	泰	素卦名	上	가
䷋	䷞	䷿	䷟	䷩	䷾	䷨	䷊	八卦		
坤	艮	坎	巽	震	離	兌	乾	八卦名	下	
遯	萃	鼎	解	家人	屯	大畜	臨	素卦名	上	나
䷠	䷬	䷱	䷧	䷤	䷂	䷙	䷒	八卦		
謙	剝	井	渙	豐	噬嗑	夬	履	上爻變,卦名	下	
訟	大過	晉	小過	孚	需	頤	明夷	素卦名	上	다
䷅	䷛	䷢	䷽	䷼	䷄	䷚	䷣	八卦		
師	蠱	比	漸	歸妹	大有	隨	同人	中爻變,卦名	下	
无妄	革	暌	大壯	觀	蹇	蒙	升	素卦名	上	라
䷘	䷰	䷥	䷡	䷓	䷦	䷃	䷭	八卦		
復	賁	節	小畜	豫	旅	困	姤	初爻變,卦名	下	

괘', 하괘 대신에 '내괘'를 일관되게 사용하려고 한다. 여기서 '8괘'란 반드시 각 열에서 명패 노릇을 하는 괘이다. 이 '8괘'는 각 행의 (가)가 상·중·초의 순서대로 효변하여 각 열 나·다·라의 명패가 된다는 것이다.

명패괘에 대하여 물건괘를 결정하는 과정은 다음과 같다. 즉, 각 열의 상의 물건괘들을 모두 '삼색괘명'이라 한다. 이는 각 행의 (가) 명패를 삼색해 그 행의 물건괘가 되게 한다는 뜻이다. 그리고 하의 물건괘들은 자신의 열 자체인 명패의 상효가 변한 것이면 '상효변괘'(나), 중효가 변한 것이면 '중효변괘'(다), 초효가 변한 것이면 '초효변괘'(라)라고 한다. 다시 요약하면, 각 열의 물건괘는 가 행의 가 명패가 삼효변한 것이다. 그리고 각 열의 물건괘는 각 행의 명패 자체가 상·중·초의 순서로 효가 변한 것이다.

여기서 우리는 노서의 〈삼색도〉에서 가열의 명패는 철저한 시생 원리 '건태리진손감간곤' 순에 따라 배열되었다는 것을 알게 된다. 그러나 각 행은 모두가 여기서부터 삼색 또는 상·중·초의 효가 효변하여 만들어진 것이다. 〈복희8괘도〉는 시생 원리에 따라 작도된 것이고, 〈문왕8괘도〉는 가족관계의 효변에 따른 것임을 밝힌 적이 있다.(《대각선 논법과 역》 8장) 노서의 〈삼색도〉 배열 방법 역시 〈복희도〉와 〈문왕도〉를 결합시켜 놓은 〈첩천도〉의 작도 방법을 그대로 적용한 것이다. 그렇다면 〈삼색도〉 역시 '비일관성적 일관성'이란 역설을 피할 수 없게 된다.

어느 한 행을 예로 들어, 그것의 명패와 물건의 관계, 그리고 효변에 나타나는 귀매 원리를 확인하면 다음과 같다. 1행의 경우, '가'의 명패인 건은 삼색되어 상의 물건이 되어 그 자체가 변하지 않고 하의 물건괘가 된다. '나'의 경우 명패는 '가'의 명패 상효가 변한 것이다. 상의 물건은 '가'의 명패가 삼색변한 것이고, 하의 명패는 '나'의 명패 자체의 상효가 변한 것이다. '다'의 명패는 '가'의 중효가 변한 것이다. 상의 물건은 '가'의 명패가 삼색변한 것이고, 하의 물건은 '다' 자체의 중효가 변한 것이다. '라'의 명패는 '가'의 명패 초효가 변한 것이고, 상의 물건은 '가'의 명패가 삼색변한 것이다. 하의 물건은 '라' 자체의 초효가 변한 것이다. 여기서 '자체'란 말에 각별히 주의해야 한다.

우선 우리는 여기서 명패와 물건을 유형에 따라 구별한다는 것이 무의미하다는 것을 알게 된다. 물건과 명패가 삼색작용을 하여 서로 교환되는 것을 알 수 있다. 이것이 다름 아닌 노서가 방도 안에 있는 역설을 해의하는 방법이다. 각 열의 명패는 모두 가열에서 효변한 것이다. 다음으로 물건괘 역시 '가열의 명패가 삼색한 것이고(상), '가열에 효변한 명패 자체가 다시 효변을 하여 물건이 된 것이다(하). 그렇다면 각 행 안에는 명패와 물건이 일관성을 갖지 못하고 상호 순환하는 것을 발견할 수 있다. 그렇다면 각 열의 시생 원리가 갖는 일관성과는 달리, 각 열은 비일관적이게 된다.

귀매 원리에 따르면 어느 한 괘 안에서 모든 효들을 다 변화시키지는 않는다. 마지막 것은 항상 남겨 두어야 한다. 마지막 것까지 변화시키면 그것은 순서수 자체에 속하지 않게 된다. 그래서 귀속할 곳이 없는 유혼이 된다. 그러나 노서의 〈삼색도〉에서 삼색 변화는 항상 '가의 명패에서 가져오고, 각 열의 명패는 그 '가의 명패에서 효변된 것이다. 이는 노서가 귀매 원리를 의식하고 있었음을 의미하고, 유혼과 귀혼의 문제를 함께 해결하려는 의지를 가지고 있었음을 보여준다.

지금까지의 내용을 요약한 다음, 이를 〈팔궁도〉에서는 어떻게 보는지 알아보기로 한다. 먼저 지금까지의 내용을 요약 정리하면 다음과 같다.

1. '가'항 8괘는 '가항 상·하괘의 명패-내괘가 된다. 상의 물건-외괘는 8괘 자신을 삼색한 것(태, 손, 기제, 익, 항, 미제, 함, 비)이고, 하의 물

건-외괘는 8괘 자신(즉, 건, 태, 리, 진, 손, 감, 간, 곤)이다. 이러한 '가'항의 명패를 '1차 명패', '8괘', 또는 '명패의 명패'라 하고 '나', '다', '라'의 명패는 순서대로 '2차 명패', '3차 명패', '4차 명패'라 부르기로 하자.

2. '나'항의 8괘(2차 명패-하괘)는 '가'항 8괘의 상효를 효변한 것으로서 상·하의 명패가 된다. 상의 물건은 '가'의 8괘를 삼색한 것(림, 대축, 준, 가인, 해, 정, 췌, 둔)이고, 하의 물건은 '나'의 8괘 상효를 효변한 것(리, 쾌, 서합, 풍, 환, 정, 박, 겸)이다.

3. '다'항의 8괘(3차 명패-하괘)는 '가'항 8괘의 중효를 효변한 것으로, 상·하의 명패가 된다. 상의 물건은 '가'항 8괘를 삼색한 것(명이, 이, 수, 중부, 소과, 진, 대과, 송)이고, 하의 물건은 '다'의 8괘 중효를 효변한 것(동인, 수, 대유, 귀매, 점, 비, 고, 사)이다.

4. '라'항의 8괘(4차 명패-하괘)는 '가'항 초효를 효변한 것으로, 상·하의 명패가 된다. 상의 물건은 '가'항 8괘를 삼색한 것(승, 몽, 천, 관, 대장, 규, 혁, 무망)이고, 하의 물건은 '라'의 8괘 초효를 효변한 것(구, 인, 려, 예, 소축, 절, 분, 복)이다.

여기서 문제는 '가'항이다. '가'항의 8괘는 자기 자신이 명패가 되고, 자기 자신을 삼색하여 상의 물건괘가 되고, 변하지 않은 자기 자신 자체는 하의 물건괘가 된다. 하괘의 괘명은 8괘명과 같다. 그래서 하는 건괘(☰)이고, 상은 태괘(☱)이다. 가항의 제1 명패는 자신이 변하지 않는 상태에서 상·하의 명패가 되어, 자기 자신을 삼색하여 상의 물건이 되고, 자기 자신 그대로가 하의 물건이 된다. 이러한 〈삼색도〉를 러셀 역설이라는 관점에서 보았을 때, '가'항만은 자기 자신을 삼색 변화시켜 물건을 만들기도 하고(상), 자기 자신을 변화시킴 없이 물건을 만들기도 한다(하). 특히 후자의 경우가 다름 아닌 대각선상에 있는 괘들이고, 자기귀속을 하는 괘들이다. 이를 '삼색 원리' 또는 〈삼색도〉의 역설이라고 한다. 이러한 〈삼색도〉의 자기귀속적 성격은 아래 '나', '다', '라' 항들이 성립할 수 있는 조건 가운데 하나이다. 다시 말해서, 제1 명패의 이러한 역설적 성격 없이는 그 다음 항들이 성립조차 할 수가 없다.

〈삼색도〉와 칸토어의 제2 대각선 논증

노서는 역학의 근본 문제를 선·후천의 문제로 본다. 그가 정의한 선·후천 개념의 특징은 위에서 본 바와 같은 가족관계 역설과 삼색 원리 등의 범위 안에서 거론된다. 역설의 문제는 결국 명패와 물건의 문제이다. 명패란 항상 전체적인 역할을, 물건은 항상 원소적 부분적인 역할을 한다. 역에서 원소란 효이고, 부분이란 괘이다. 집합론이 나타나기 전까지는 원소의 합이 부분이고, 부분의 합이 전체라고 보아왔다. 이것은 유클리드의 공리 가운데 하나일 정도이다. 거의 모든 서양적 사고는 여기서 출발한다. 지금까지 서양 전통 철학은 원소와 부분을 분간하지 못하는 오류를 범해 왔다. 3효로 된 집합이 한 개의 소성괘이다. 세 개의 원소가 한 개의 부분을 만든다는 뜻이다. 그런데 원소는 늘 전체 집합보다 작지만, 부분은 그렇지 않다는 데 문제가 있다. 부분의 합은 집합 그 자체보다 커져 버린다는 것이다. 여기서 초과 excess의 문제가 생긴다. 이런 초과분의 문제가 바로 삼색 원리를 통해 발견된다. 그래서 삼색 원리는 멱집합의 원리이기도 하다. 3효(원소)는 멱집합에 의해 8괘(부분)가 된다. 이를 두고 부분은 원소를 초과한다고 한다.

지금까지의 역학 연구는 효 아니면 괘, 어느 하나에 중점을 두었지만, 노서 역학의 특징은 원소와 부분의 문제인 삼색론과 팔궁괘론을 통일시켜 놓은 점이라고 할 수 있다. 그리고 지금까지 역학 연구는 문왕이 정해 놓은 64괘의 차서 원리가 무엇인지 정확하게 파악하지 못하였다. 그러나 노서는 차서의 원리가 삼색 원리에 따라 정해진다고 보았다. 그리고 노서는 지금까지 소홀히 해온 공자의 〈잡괘론〉에 특별한 관심을 갖고, 잡괘가 그의 삼색 원리에 따라 〈팔궁도〉 안에 배열된다고 보았다.(윤종빈, 2007, 115) 공자가 분류한 잡괘는 역설의 초과와 돌출의 문제에 연관되는 것으로서, 그 의미가 지대하다고 할 수 있다. 차라리 그 동안 별로 큰 관심을 쏟지 않았던 잡괘 속에 역 철학의 본질이 숨어 있었던 것이 아닌가 할 정도이다. 바로 이렇게 버려져 왔던 주제를 노서가 찾아낸 것이다.

노서는 가족관계 역설을 의식하면서 "주자가 말하기를 '어찌 건곤이 변하는데 여섯 자녀가 변하지 않을 리가 있겠는가?"라고 했다. 즉, 가족관계 역설의 문제는 삼색론의 전제가 된다고 할 수 있다. 괘 안에서 효가 변하는 모양을 두 가지로 분류할 수 있다. 하나는 연쇄적인 것이고, 다른 하나는 단계적인 것이다. 초·중·상 또는 상·중·하의 순서로 효가 변할 때 〈계사전〉의 시생 원리는 연쇄적이고, 가족관계는 단계적이다. 연쇄적이라 함은 먼저 변한 효를 이어 변하는 것이고, 단계적이라 함은 먼저 변한 효에 상관없이 변하는 것을 말한다. 그런 의미에서 〈삼색도〉는 단계적이다. 그러므로 가족관계와 〈삼색도〉는 효를 만드는 방법에서 단계적이라는 점에서 같다. 이 두 가지 효변의 방법적 차이는 매우 중요하다. 다산의 벽괘론辟卦論에서도 이 점에 치중하여 역을 다룰 것이다. 중요한 이유는 이 두 가지 방법이 바로 순서수의 역설과 연관되기 때문이다.

노서 역학사상 연구에서 측정언어는 '선천'과 '후천'이다. 그가 역의 모든 언어를 선천과 후천으로 분류하고 있기 때문이다. 그리고 그의 선·후천 개념은 삼색론에서 유래한다. 선천은 생生과 체體, 후천은 성成과 용用의 관계로 이해한다. 삼색은 선천, 팔궁은 후천이라고도 했다. 삼색은 춘하추동에 작용하는 음양대대의 대칭이고, 팔궁은 춘하추동이 유행하는 과정이다. 전자가 미시담론이라면, 후자는 거시담론이다. 삼색론은 원소인 효의 변화를 말하는 것이라면, 팔궁론은 부분인 괘들의 유행 변화하는 과정을 거론한다. 이렇게 그는 집합론의 원소와 부분의 차이점과 관계를 알고 있었다. 이러한 정비작업과 함께 노서는 문왕 64괘 사이의 차서원리는 삼색 원리로, 그리고 공자의 잡괘론은 팔궁 원리에 따른 것임을 밝힌다. 이런 그의 노작은 아직까지 주역 64괘 배열의 규칙성을 발견하지 못했던 역학 연구사에서 획기적인 공헌을 하게 된다.

노서 〈삼색도〉의 원리는, 가족관계에 관한 주자의 말과 함께 "선·후천이 다른 자리에 있게 된 것은 단지 진괘와 손괘가 서로 자리를 바꾸었을 뿐이다"고 말하는 데에 있다. 진(장남)과 손(장녀)의 자리바꿈은 가족관계의 역설 문제와 관련이 된다. 건과 곤을 명패로 할 때, 건에는 진·감·간이, 곤에는 손·리·태가 물건으로 거기에 포함된다. 즉, 건부＝{진(장남), 감(중남), 간(소남)}, 곤모＝{손(장녀), 리(중녀), 태(소녀)}와 같다. 이것이 가족관계의 일관성이다. 그런데 시생 원리에서는 양군={태, 리, 진}, 음군={손, 감, 간}과 같아서, 양군의 진과 음군의 손이 가족관계에서 서로 바뀌었다. 가족관계의 일관성을 유지하자면 시생 원리에서 양과 음은 '삼색변'을 해야 하고, 진과 손은 각각 '초효변'을 해야 한다. 이는 시생 원리와 초효의 원칙을 모두 어기는 것이다. 이는 노서가 〈삼색도〉에서 상上은 '삼색변'을 시키고, 하下는 상·중·초의 변을 시킨 것과 밀접한 연관이 있다.

노서는 말하기를, 선천에서는 시생 원리에 따라 태극-음양-4상-8괘가 정향적으로 발생하지만, 후천에서는 삼색 원리에 따라 진과 손이 서로 바뀌어 비정향적이 된다고 한다. 그러나 이러한 비정향적인 것이 오히려 가족관계의 일관성을 갖게 만든다. 그래서 가족관계의 일관성은 시생 원리의 일관성과는 어긋난다. 시생 원리는 '삼색변'과 '초중효변'을 통해서 가능해진다. 그렇다면 노서가 '나', '다', '라'의 상과 하에서 행한 '삼색변'과 '초중효변'은 시생 원리와 가족관계의 일관성과 비일관성 문제에 착안한 것이라 할 수 있다.

〈삼색도〉는 8의 자승에 따른 괘를 내괘(하괘)와 외괘(상괘)로 결합시킨 것이다. 이것은 방도를 비롯한 역의 기본 배열 방법이다. 다시 말해서, 〈문왕도〉에서도 이 원칙만큼은 변함이 없다. 그러나 〈복희64괘도〉(선천도) 또는 방도에서는 정대각선(순괘)의 괘명이 8괘와 64괘의 그것이 같아지는 역설이 드러났다. 그렇다면 노서의 〈삼색도〉는 이상에서 본 것과는 다른 방법으로 64괘를 8의 제곱 논리로 배열하였는데, 이런 경우에는 역설의 문제가 어떻게 제기되었는가를 살피는 것이 관심의 핵이다. 이를 살피면 다음과 같다.

'가'열에서 역설이 나타났다. 즉, '가'열의 물건은 '가'열의 명패 자체를 삼색한 것이고, 하의 물건은 명패 자체이다. 이것은 '가' 이외의 다른 열인 '나', '다', '라'와는 크게 다르다는 의미이다. 즉, '가'열인 1차 명패만은 자기 자신이 삼색을 하고, 자기 자신이 변하지 않으면서, 상과 하의 물건이 된다. 그러면 '가'열은 '나', '다', '라'열과 연속적일 수도 비연속적일 수 있다. 위에서 본 바와 같이 '나', '다', '라'열은 모두 '가'열의 명패를 삼색하거나 상·중·초효의 효변으로 상하의 물건이 되는 일관성을 가지고 있다. 그런 점에서 '가'와 '나', '다', '라'열은 연속적이어야 한다. 그러나 동시에 '가'열만은 자기 자신의 삼색 또는 그 자체가 상하의 물건이 되는 등, '나', '다', '라'열과는 비연속적이다. 이 점이 역학 연구의 근본이라 할 정도이다.

그래서 〈삼색도〉 안에는 〈삼색도〉의 내적인 일관성에 해당되지 않는 열(즉 '가'열)이 하나는 있다. 이것이 다름 아닌 칸토어의 대각선 증명에 해당하는 역설이라고 할 수 있다. 소강절의 방도에서는 이러한 예외가 정대각선에 있었다. 즉, 〈삼색도〉에서 방도의 정대각선에 해당하는 것이 바로 '가'열에 해당하는 괘들이다. 이들 괘는 내괘와 외괘가 동일하다. 그렇다면 〈삼색도〉는 방도의 명패와 물건을 호환적이게 하여 유형론을 무색하게 만들어 버렸으나, 역시 그 안에 역설은 도사리고 있었다.

다음은 대각선 논법의 6대 요소라는 관점에서 〈삼색도〉를 검토할 차례이다. 6대 요소 가운데 배열, 가로, 대각선화 등의 관점에서 볼 때 가로가 명패이고 세로가 물건인 점이 방도와는 다르지만, 명패와 물건이 서로 마주 결합하여 사상되는 대각선화는 발견된다. 효를 효변시키는 반가치화도 있다. 그리고 효변에는 두 가지 방법이 적용되었다. 하나는 '삼색변'이고 다른 하나는 '상·중·초변'이다. 중요한 요소는 반대각선화이다. '가'열의 상과 하는 각각 1차 대각선화이다. 그 속에는 정대각선이 포함된다(하). '나', '다', '라'열의 명패는 '가'열의 명패가 '상·중·초변'하여 된 것이다. 그리고 '나', '다'열 상하의 물건은 '가'열 명패를 삼색변한 것과, 각 열의 명패 자체를 상·중·초 순서로 변화시킨 것이다. 이것은 일종의 반대각선화라 할 수 있다. 무엇보다 정대각선을 가로열에 배열한다는 것 역시 반대각선화이다. 그리고 이렇게 반대각선화된 것에 다시 효변을 가한다는 것은 반가치화이다. 그런 의미에서 〈삼색도〉는 대각선 논법의 여러 요소들을 모두 갖춘 '양성 대각선 논증'에 해당한다고 평가할 수 있다.

위상학적으로 보았을 때 방도에는 가로와 세로, 음과 양이란 대칭만 문제가 되었다. 그러나 〈삼색도〉에서는 가로-열-줄과 세로-행-칸의 대칭은 물론, 행 안의 상하 대칭, 음양 대칭, 그리고 효의 상·중·초의 대칭이 있다. 방도에는 없던 두 개의 차원이 더 첨가되었다. 방도가 이차원적 변화를 한다면, 〈삼색도〉는 사차원적 변화를 하고 있다. 방도가 평면적 원기둥이라면, 〈삼색도〉는 그 이상의 차원을 반영한다.

〈팔궁도〉와 칸토어의 대각선 논법

〈삼색도〉가 8괘 자승법을 따랐다면, 〈팔궁도〉는 가일배법을 따른 것이다. 전자가 하나의 대성괘를 부분으로 보는 것이라면, 후자는 원소로 보는 것이다. 그러나 여기서 살펴야 할 것은 역설이 어떻게 발생하고, 그것을 노서가 어떻게 해의하고 있느냐이다. 노서의 〈팔궁도〉에 따르면 방도 안에 있는 64괘들 가운데서 정대각선 위에 있는 여덟 개의 괘 건·감·간·진·손·리·곤·태를 명패로 하여 오른쪽에서 왼쪽 방향으로 가로줄에 나열하였다(세로줄이 아님). 이는 경방의 〈팔궁도〉와 비슷하다. 여기서 대각선을 가로줄로 바꾼다는 것이 바로 '반대각선화'이다.

경방이 '세世'로서 6효의 효변을 표시한 데 대하여(《대각선 논법과 역》 8.2. 참고), 노서는 가족관계의 일관성에 표준을 두고 '건감감진손리곤태'의 순서대로 첫줄 명패로 삼는다. 이는 경방의 '상세上世'에 해당한다. 그리고 첫 행은 4월, 5월, 6월, 7월, 8월, 9월이라 하고, 7행에 와 10월, 11월, 12월, 1월, 2월, 3월이라는 12개월의 월명을 달아 놓았다. 불규칙적인 방법으로 월명을 달아 놓았다. 그 원인은 다름 아닌 〈팔궁도〉가 가지고 있는 역설이란 문제 때문이다. 이제 경방의 괘변설을 상기하면서 노서의 〈팔궁도〉를 살펴보기로 한다.(《대각선 논법과 역》 8.5. 참고)

방도의 정대각선 위 여덟 개의 괘들이 명패를 가로줄(행)의 첫 열에 배열한 다음, 각 행마다 아래로부터 물건들을 달아 나간다. 물건들을 다는 방법은 명패 자신의 6효를 초효−2효−3효−4효−5효−4효−삼색 순서로 효변시키는 방법이다. 초-5효 사이는 일정한 방향성을 갖는다. 그러나 5효 다음에 6효가 효변을 하여야 하는데, 4효가 효변을 한다. 그 이유는 6효는 마지막 효인데, 이것이 변하면 명패 자체가 변하기 때문이다. 즉, 순서수의 역설 또는 귀매 원리 때문이다. 각 명패 아래에 딸리는 일곱 괘의 상효만은 반드시 명패 자체의 상효와 같아야 한다. 이것을 '상효원칙'이라 하자. 시생 원리에서는 '초효원칙'이 적용된 것을 상기하자.

양군의 초효는 모두 양효이고, 음군의 초효는 모두 음효여야 한다는 것이 초효원칙이다. 상효원칙과 귀매 원리에 의해 6효를 초효부터 순서대로 음은 양, 양은 음으로 반가치화시켜 나가다 보면, 6효인 상효는 변회시킬 수 없고, 5효는 바로 직전에 변화를 시켰기 때문에 이것도 변화시킬 수 없어서 하나 더 밑으로 내려와 4효를 변화시켜야 한다. 그런데 4효는 외괘(상괘)의 초효임을 기억하자. 그러나 여기서는 8의 자승법이 아니고 가일배법이 적용되기 때문에 이는 '2차 4효변'이다. 1차에 이어 이를 2차라 하였다. 2차는 5효변 다음에 변한 것이고, 1차는 3효변 다음에 변한 것이다. 상효원칙을 지키기 위해서 이런 역진행이 생겼다.

역진행이란 3→4가 5→4가 된 것을 말한다. 그러나 전자와 후자에서 생긴 괘 모양이 같을 수는 없다. 전자는 전진, 후자는 배진이기 때문이다. 칸트가 이율배반론을 시작하면서 배진만 적용하였던 것을 상기하자. 전진을 할 경우에는 반드시 무한퇴행의 오류에 빠진다. 1, 2, 3, …과 같이. 그래서 분명히 5→4는 안전하다. 4 이전이 3이라고 하면 3 이전은 2, 그리고 2 이전은 1로 더 이상 갈 수 없어서 무한퇴행을 막는다. 배진의 경우 이러한 위험을 피할 수 있다. 만약 5에서 6효까지 전진해 버리면 명패 자체가 공중분해 되고 만다. 상효원칙 때문에. 이제 남은 문제는 '2차 4효변' 다음의 마지막 효변 문제이다. 그것은 '2차 4효변'의 내괘를 삼색변시켜 그것을 내괘로 삼는 것이다. 이것은 경방이 한 것과 같은 방법이다. 경방은 첫 명패를 시생 원리에 따라 '건태리진손감곤'으로 했지만, 노서는 가족관계의 일관성에 따라 이들 8괘를 명패로 삼았다.

도표 3-3. 행별로 본 팔궁도

	兌	坤(10월)	離	巽	震	艮	坎	乾(4월)	卦名	八宮圖
									卦圖	八宮圖
初爻	困	復(11월)	旅	小畜	豫	賁	節	姤(5월)	卦名	
									卦圖	如乾變爲巽艮坤, 坤變爲震兌乾之類
二爻	萃	臨(12월)	鼎	家人	解	大畜	屯	遯(6월)	卦名	
									卦圖	
三爻	咸	泰(1월)	未濟	益	恒	損	旣濟	否(7월)	卦名	
									卦圖	
四爻	蹇	大壯(2월)	蒙	无妄	升	睽	革	觀(8월)	卦名	
									卦圖	
五爻	謙	夬(3월)	渙	噬嗑	井	履	豐	剝(9월)	卦名	
									卦圖	
四爻	小過	需	訟	頤	大過	中孚	明夷	晉	卦名	
									卦圖	
三素	歸妹	比	同人	蠱	隨	漸	師	大有	卦名	
									卦圖	

이는 3효변 다음에 일어난 것이기 때문에 같은 4효변이지만, 모양이 같을 수는 없다. 5효에서 불연속이 발생하여 4효변은 이중적이 되는 것이 귀매 원리이다. '3색'이란 여섯 개의 괘가 다 변한 다음 내괘 전체의 3효를 모두 변화시키는 것이다. 이 마지막 '3색'이 바로 초과분이다.

이렇게 마지막 6효에는 귀매 원리가 적용되었다. 6효가 변하지 않고 4효가 거듭 변했다. 이것이 노서 〈팔궁도〉의 핵심구조이다. 실로 이렇게 〈팔궁도〉를 명패와 물건이라는 관점에서 볼 때, 서양의 역설 해의의 두 방법인 일관성적 위계론과 비일관성적 순환론을 동시에 볼 수 있다.(《대각선 논법과 역》 7장 참고) 그리고 이는 노서의 역설 해의를 한눈에 보여주는 효과도 있다. 러셀의 유형론이 통하지 않는다는 것도 한눈에 보여준다. 즉, 효들을 유형별로 일관성 있게 위계적으로 배열할 수 없다는 것이다.

노서 〈팔궁도〉 안의 일관성과 비일관성을 12개월에 비정하였을 때 노서역의 특징이 더욱 분명하게 나타난다. 즉, 노서는 1월부터 12월까지에 해당하는 벽괘(辟卦) 48개와 유귀괘(유혼과 귀매 원리에 해당하는 괘)에 해당하는 16개를 엄격히 구별한다. 위 〈팔궁도〉에서 초-5효 변에 해당하는 것은 모두 벽괘 48개이고, 끝줄 두 개인 '2차 4변'과 '삼색'에 해당하는 것은 유귀괘이다. 12개월이란 은유에 별다른 의미를 부여할 필요가 없다. 초과분을 어떻게 처리하느냐의 논리적인 데 관심을 두어야 하기 때문이다. 논리적인 역설을 해의하기 위한 수단으로 시간이란 은유적 개념이 도입되었다고 보아야 한다. 그런데 후대의 역학은 은유에 더 큰 관심과 비중을 둔다. 이는 주객전도 현상이고, 이런 은유법 역학 연구의 주류를 이룬다는 것은 역에 대한 곡해이다. 5장에서는 다산의 벽괘론이 이 문제를 어떻게 다루는지를 볼 것이다.

이 16개 괘는 12개월 계절 변화에 적용되지 않는다. 열두 개 벽괘가 효변한 초-5변에 해당하는 48개의 괘들만 계절의 유행에 넣는다. 그래서 이들을 '유행의 상'이라고 했다. 유행의 상이라 한 이유는 48개의

도표 3-4. 유귀괘 16개

四爻	小過	需	訟	頤	大過	中孚	明夷	晉	卦名
									卦圖
三索	歸妹	比	同人	蠱	隨	漸	師	大有	卦名
									卦圖

괘만이 변화를 규칙적이게 하기 때문이다. 그래서 열여섯 개 유귀괘들은 48개 괘와는 일관성을 가질 수 없다. 이들은 귀매 원리에 의하여 순서수의 역설을 조장하는 괘이다. 이들이 들어가는 순간 일관성의 역설을 범한다. 이 유귀괘에 대하여 노서는 다음과 같이 말한다. 이는 초과분과 역설에 대한 그의 견해라고 할 수 있다.

> 팔궁에는 '유귀'(遊歸)의 괘가 있지만, 벽괘 이하에는 모두 '유귀'의 이름이 없는 것은 어째서인가? '유귀'에 속한 것들은 유행하여 효변하는 가운데 참여하지 않는다. 그러므로 한 무리를 지어 별도로 처하는 바가 있다. 예를 들어 사, 비, 동인, 대유, 중부, 소과, 이, 대과가 한 무리가 되고(2차 4효변), 점, 귀매, 수, 고, 수, 송, 진, 명이가 한 무리가 되는(삼색변) 것 등이다. 만약에 팔궁에서 48개 괘를 취하여 벽괘의 법칙을 각각 가해서 6변하여 보면, 그러한 상이 이에 나타난다. 납갑(納甲)에서 감리를 별도로 나타낸 것 또한 '유귀'의 의미이다.(《노서유고》 후천도설, 252~253쪽)

위의 인용구로 노서가 역설을 어떻게 이해하였는지 알 수 있다. 귀매 원리에 해당하는 18괘는 돌출 초과 부분으로서, 이들 괘가 48괘에 들어가면 유행流行이 막히고 만다. 결국 〈삼색도〉와 〈팔궁도〉란 그가 이런 유귀괘를 속아내는 데 있다고 하겠다. 이는 곧 노서가 역설 해의에서 보이는 태도라고 할 수 있다. '유행'이라는 관점에서 보았을 때 유귀괘 열여덟 개는 유행을 막는 것이다. 이 문제는 다음 〈서괘윤간도〉에서 해결해야 할 문제이다. 그리고 정다산은 벽괘론에서 이 문제를 비중 있게 다룬다.

칸토어가 대각선 정리를 할 때 정대각선을 반대각선화하여 가로로 한 다음, 다시 정대각선상의 가치를 차례로 반가치화시켰을 때, 그것은 가로줄 어디에도 없는 수가 되는 데서 연속체 가설의 문제가 제기된다. 결국 노서의 〈팔궁도〉는 이러한 문제를 제기하기에 충분하다는 것이다. 그런데 왜 칸토어는 초효 원칙과 상효 원칙을 지키지 않았을까. 다시 말해서, 반가치화를 시키는 데서 상효는 반드시 명패 자체의 초효와 같아야 한다는 것, 그리고 시생 원리에서 초효는 반드시 명패 자체의 초효와 같아야 한다는 원칙을 칸토어는 지키지 않았는가 말이다. 칸토어가 이를 몰랐던 관계로 그는 수를 사각형 안에 격자 형식으로 규칙적으로 무한히 배열할 수 있다고 생각하였다. 그리고 그는 방도라는 격자bijection의 각 항이 다시 자기언급적으로 분화하는 것을 몰랐다. 다시 말해서, 괘 안의 효변을 몰랐던 것이다.

그래서 그는 실수의 무한이 자연수의 무한보다 큰가에 대한 의문을 풀 수 없었다. 이렇게 초과분이 생기는 이유는 다름 아닌 상효 원칙을 어길 때 명패 자체가 변해 자기 아닌 다른 명패가 자기 안에 들어와 부분 노릇을 하기 때문이다. 그래서 초과분이 생긴다. 이것이 멱집합 공리이다. 그래서 초과분 때문에 실수 무한과 자연수 무한은 1 대 1 대응이 불가능하다. 이러한 초과분 현상은 무한과 일자 개념에 대한 사망선고이다. 앞의 〈팔궁도〉에서 볼 때, 각 명패 아래에 있는 괘들은 모두 상효 원칙을 지키고 있어서, 그 명패라는 집합의 부분이 된다. 일관성을 유지하고 있다는 것이다. 이런 일관성을 유지하자면 〈팔궁도〉 안에서 생긴 그러한 연속과 비연속, 전진과 배진과 같은 작용이 함께 일어나야 한다.

〈삼색도〉는 명패와 물건의 유형을 무시해 버리는 것이고, 〈팔궁도〉는 연속과 비연속, 전진과 배진의 역설을 그대로 수용한다는 것이다. 명패와 물건이 상호 교환한다는 말은, 이를 효의 변화라는 관점에서 보았을 때 일관성과 비일관성의 문제에 연관된다. 서양에서 칸토어가 놓쳐 버린 이러한 문제점들이 1930년대에 와서 괴델에 의하여 불완전성 정리로 마무리된다. 1970년대에 폴 코헨이 연속과 불연속은 모두 증명이 되기도 하고 안 되기도 한다고 내린 결론은 역에 접근하는 태도라 할 수 있다. 이러한 결론은 비결정성에 관한 것이라 할 수 있다. 그래서 노서역에 나타난 이러한 비결정성의 문제를 찾는 것이 최대 과제라 할 수 있다.

3.2. 서괘 원리와 순서수 역설

〈서괘윤간도〉의 내부대칭과 역설 해의

윤선거의 〈서괘윤간도〉는 주역 64괘를 배열하는 규칙에 관한 것이다. 〈복희64괘도〉와는 달리 〈문왕64괘도〉의 배열규칙에 관해서는 아직 그 논리적 구조를 알 수 없다. 역을 대응과 대칭의 기교라고 할 때 그것이 서괘 원리에 어떻게 적용되는지도 모른다. 그런데 윤선거의 〈서괘윤간도〉는 서괘에 적용된 규칙이 무엇인지를 알 수 있게 하여 정이천 이래로 그 의의가 지대하다고 할 수 있다. 그리고 필자는 노서가 적용한 원리가 바로 이 책이 주장하는 대각선 논법에 해당한다는 사실을 밝힌다.

동시에 서괘 규칙을 밝힐 때 〈복희도〉와 〈문왕도〉의 관계도 알 수 있게 된다. 아울러 서괘 규칙은 순서수의 역설 문제와 직결이 되어 그 의의가 지대하다고 할 수 있다. 지금까지 윤선거가 해놓은 〈삼색도〉나 〈팔궁도〉가 모두 서괘 규칙을 규명하는 데 있었다고 해도 과언이 아니다. 서괘 규칙과 원리를 발견하기 위해 노서는 주자의 〈괘변도〉, 소강절의 선·후천관, 〈설괘전〉의 〈삼색도〉 등 여러 이론들을 종합한다. 아마도 중국역에서도 그 유래를 찾아볼 수 없는 서괘 규칙에 대한 집중적인 연구를 노서가 해 놓았다고 할 수 있다.

노서는 〈서괘윤간도〉에서 64괘를 두 개의 국局, '건곤진손국'과 '감리간태국'으로 나눈다. 우선 이 두 국으로 보면 건과 곤, 진과 손, 감과 리, 간와 태는 모두 삼차원 대각선상의 대칭 관계의 괘들이다. 이 말은 그가 두 개의 국으로 나누는 기준이 대각선에 두었다는 것을 의미한다. 8괘, 즉 소성괘의 서괘 규칙은 하도와 낙서에서 대강 밝혀졌다. 문제는 문왕 64괘의 서괘 규칙에 있다. 〈복희64괘도〉의 구조는 비교적 간단하다. 즉, 〈복희64괘도〉인 방도에서 이미 본 바와 같이, 8괘 자체가 명패가 되고 물건이 되어 격자 형식으로 괘들을 나열해 나간다. 노서가 삼색과 팔궁 유행에 따라 64괘를 만들어 내는 것을 위에서 보았다. 64괘 배열을 〈삼색도〉(도표 3-3)와 〈팔궁유행도〉(또는 〈팔궁도〉; 도표 3-4)에서 본 바와 같이, 이는 새로운 방법으로 배열된 것이다. 방도의 정대각선 괘들을 명패로 하여 귀매 원리와 삼색 원리라는 두 가지 원리를 적용해 새롭게 64괘를 배열한다. 즉, 그의 독창적인 방법을 통하여 역이 재배열되는 방법을 본 것이다. 다시 말해서, 〈삼색도〉와 〈팔궁도〉를 전제하고서야 비로소 서괘 원리가 무엇인지를 분명히 알 수 있다는 것이다. 그러나 〈문왕64괘도〉의 경우는 특단의 조치를 취하지 않으면 그 배열규칙을 파악하기 힘들다. 그 안에 들어 있는 나름대로의 규칙을 발견하기 위해서는 특별한 방법론이 있어야 한다.

공자가 〈서괘전〉에서 언급해 놓은 서괘 규칙은 거의 무시해도 좋을 정도로 논리성이 없다고 본다. 은유법으로 된 서술이기 때문이다. 〈서괘전〉 서술이 공자가 직접 쓴 것이라면, 이는 그의 학문적 가치를 추락시키는 결과밖에 되지 않는다. 이런 설명 방법은 역을 아류 학문으로 저하시키기 때문이다. 1.건, 2.곤괘 다음에 3.둔屯괘가 되는 이유에 대한 공자의 설명을 들어보자.

하늘과 땅 사이에 가득 찬 것이 만물(萬物)이다. 때문에 둔(屯)으로써 받는다. 둔이라는 것은 가득 찬 것이니, 둔은 만물을 처음 생겨나게 하는 것이다.(〈서괘전〉)

문왕은 복희 8괘의 명칭을 그대로 사용하면서도 그 배열을 완전히 달리하였다. 그러나 방도의 격자 형식을 완전히 무시하고 있지만, 배열 원칙은 〈복희64괘도〉의 근본 문제인 대각선에 나타난 역설 해의에 연관되어 있다고 본다. 방도 안에서 소성괘와 대성괘의 명칭이 정대각선에서는 같은 이유를 지금까지 역학 연구는 중심에 두고 고민하지를 않았기 때문에, 방도 안에 있는 대각선의 의의를 놓치고 말았다. 그리고 가로와 세로를 물건과 명패의 관계로 파악하지도 않았기 때문에 방도는 역설의 지뢰밭이라 할 정도라는 사실도 몰랐다. 특히 한대에 들어와서는 괘기설에 사로잡혀 괘를 삼라만상에 은유적으로 대응시키는 데 급급했기 때문에, 복희 64괘 속에 숨어 있는 대각선의 논리적인 문제를 지나친 면이 있다. 그래서 괘기설과 은유법을 모두 배제하고 순수 수의 논리적 관계로 역학 연구를 다시 시작해야 한다. 이러한 수에 의한 역을 '수역數易'이라 해 본다. 먼저 〈복희64괘도〉에 들어 있는 정대각선들이 만들어 내는 역설을 해결하기 위한 연장선에서 주역 64괘를 이해해 보자는 것이다. 그래서 역易은 궁극적으로 역설에 대한 도전과 그것에 대한 해의로서 이해해야 한다. 다행히 노서는 역을 해의하는 방법으로 대각선에 관심을 기울였고, 주역 64괘는 대각의 대각, 그리고 명패의 명패, 즉, '메타 대각선'과 '메타 명패'를 만드는 것에서 그의 서괘 원리를 만들기 시작한다. 노서는 대각선 논법에 따라 서괘 원리를 파악했기 때문이다.

　윤선거의 서괘론을 이해하기 전에, 이러한 근본적인 전제들을 거듭 말하는 이유는, 바로 그가 대각선 논증이 역의 관건이라는 사실을 안 학자라고 판단되기 때문이다. 주역 64괘는 홀수와 짝수를 하나의 단위로 쌍을 만들어 전체 32쌍을 사각형과 원주 둘레에 배열한다. 문왕은 〈복희64괘도〉에 나타난 대각선 문제를 해결하기 위해, 현대적 의학 용어를 빌리면 동종요법적homeopathy 방법을 취한다. 즉, 64괘 모두 홀짝으로 쌍을 만든다. 홀수 번호의 괘를 환위, 즉, 6효를 뒤집어 짝수 번호 괘를 만드는 방법을 취한다. 그래서 대성괘 64괘 하나하나의 쌍은 모두 네 개의 소성괘와 12효로 되어 있다. 한 개의 대성괘는 두 개의 소성괘(내괘와 외괘)로 되어 있기 때문이다. 그러면 홀수 번호의 대성괘 내·외괘와 짝수 번호의 대성괘 내·외괘 사이에는 어떤 관계 구조를 만들고 있느냐에 관심을 기울이지 않을 수 없다.

먼저, 주역 64괘에서 새로운 대칭 관계부터 파악해야 한다. 지금까지는 '사각형 8괘도'를 중심으로 하여 복희 64괘들의 대각선 구조를 파악하였지만, 이것으로 〈복희8괘도〉와 〈복희64괘도〉를 이해하는 데 부족함이 없었기 때문이다. 다시 말해서, 64괘를 이해하기 위해서는 다른 차원에서 대칭 이해가 불가피하다. 우선 주역의 경우, 64괘는 모두 홀·짝수로 된 쌍으로 하여 좌우에 '쌍대성괘'를 형성한다. 1-2, 3-4, ···, 63-64 등과 같다. 그리고 하나의 대성괘 속에는 내·외(하상)로 두 개의 소성괘가 배열된다. 그러면 한 개의 쌍에는 좌우, 상하의 대칭이 생긴다. 괘를 디지털 수로 바꾸어 이러한 대칭 관계를 도형으로 나타내면 다음 〈도표 3-5〉와 같다.

〈도표 3-5〉에서 보는 바와 같이, 주역의 쌍대성괘4)는 정방형의 좌-우와 상-하 대칭을 형성하여 모두 여덟 가지 '내부대칭'의 가능성을 만든다. 하나의 대성괘 안의 두 개의 소성괘인 내괘와 외괘의 대칭을 짝대칭이라 하고, 하나의 대성괘가 환위되어 만드는 대칭은 '쌍대칭'이라

---

4) '쌍대성괘'란 〈주역64괘도〉에서 보는 바와 같이 홀수 번호와 짝수 번호의 괘가 서로 환위를 하여 대칭을 이루는 것을 말한다.

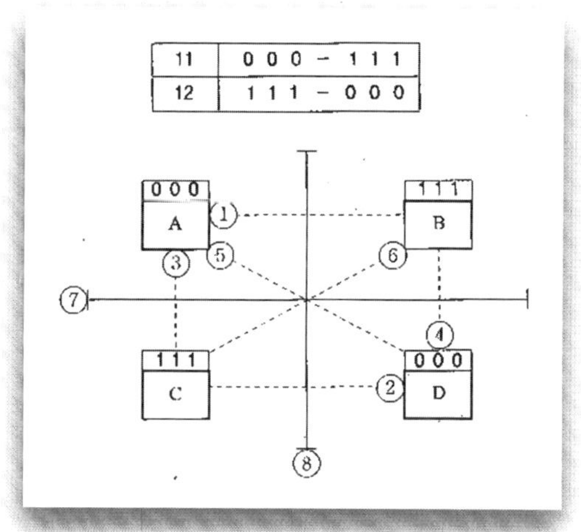

	대칭종류	대칭짝	대칭형태
소 성 괘	①	A : B	수평(左右) 대칭
	②	C : D	
	③	A : C	〈상하 대칭〉
	④	B : D	
	⑤	A : D	〈대각 대칭〉
	⑥	B : C	
대 성 괘	⑦	A+B / C+D	수직(上下) 대칭
	⑧	A+C │ B+D	수평(左右) 대칭

도표 3-5. 태·비 쌍대성괘의 내부대칭 관계표

하자. 그러면 64괘 안에는 서른두 개의 쌍대칭이 있다.

다음으로 64괘의 서괘 구조를 파악하는 데서 중요한 것은, 위 여덟 가지 대칭 형태에 대한 명칭을 부여하고 그것을 상징으로 표시하는 것이다. 태와 비 두 쌍대성괘를 예로 들어 대칭 관계를 알아보자.(도표 3-5) 그렇게 할 경우, 하나의 쌍대성괘 안에서 이루어지는 네 가지 가능한 대칭의 형태를 파악할 수 있다. 〈복희64괘도〉에서는 치대칭, 즉 음양대칭만 고려되었다. 다시 말해서, 환질換質에만 관심을 두었다. 그렇지만, 〈문왕64괘도〉에서는 효의 위치를 뒤집는 것과 같은 위대칭인 환위換位가 첨가된다. 그러면 음양이란 가치의 '치대칭'과 효의 위치의 '위대칭'이라는 두 가지 대칭을 중심으로 하여 하나의 소성괘가 만드는 대칭 관계를 분류하고 각각에 상징부호를 만들어 보면 다음과 같다. 1. 자기가 자기 자신과 대칭을 만드는 자기 대칭인 □, 2.. 자기와 위대칭인 ◇, 3. 자기와 치대칭인 ▣, 4. 자기와 치대칭이고 위대칭인 ◈, 네 경우로 나눌 수가 있다. 1과 2는 음양 가치인 환질 대칭이고, 1과 3은 위대칭인 환위 대칭이다.5) 1과 4는 위와 치 동시 대칭이다.

다시 말해서, 64괘 하나하나의 쌍대성괘는 이 네 가지 대칭 모두인 경우, 세 가지 대칭인 경우, 두 가지 대칭인 경우, 그리고 한 가지 대칭인 경우 등으로 분류할 수 있다. 이제 64괘 모두에 네 종류 대칭 관계의 상징부호를 달아 함께 표시하면 다음과 같다. 물론 여기서는 음양을 0과 1로 대신하였다.(김상봉, 2010, 125)

노서의 〈서괘윤간도〉의 구조를 파악하기 위해서 〈도표 3-5〉는 지대한 도움을 준다. 이 그림에 근거하여 중요한 몇 가지 대칭 형태를 분석해 보면 다음과 같다.

김상봉은 그의 책 《수역》에서 "위 표에서 우리는 처음으로 주역 64괘 속에 수천 년 동안 숨겨 온 상수역학적 다중多重 대칭구조를 한눈에 볼 수 있다"(김상봉, 2007, 126)고 하였다. 그가 분석한 구조에 따르면,

---

5) 여기서 사용된 상징기호들은 김상봉의 《수역》에 근거하였다.

괘순	디지털코드	AB	CD	AC	BD	(AD)	(BC)	AB/CD	A|B/C|D
1 2	111-111 000-000	□	□	⊡	⊡	⊡●	⊡●	□	□
3 4	010-001 100-010					□	◇		
5 6	010-111 111-010					□	□		
7 8	000-010 010-000					□	□		
9 10	110-111 111-011					◇	□		
11 12	000-111 111-000	⊡	⊡	⊡	⊡	□	□	⊡	⊡
13 14	111-101 101-000					□	□		
15 16	000-100 001-000					□	◇		
17 18	011-001 100-110	◈	◈	⊡	⊡	◇	◇	⊡	⊡
19 20	000-011 110-000					□	◇		
21 22	101-001 100-101					□	◇		
23 24	100-000 000-001					◇	□		
25 26	111-001 100-111					□	◇		
27 28	100-001 011-110	◇	◇	⊡	⊡	◈●	◈●	⊡	◇
29 30	010-010 101-101	□	□	⊡	⊡	⊡●	⊡●	⊡	□
31 32	011-100 001-110	⊡	⊡			◇	◇		⊡
33 34	111-101 001-000					□	◇		
35 36	101-000 000-101					□	□		
37 38	110-101 101-011					◇	□		
39 40	010-100 001-010					□	◇		
41 42	100-011 110-001	⊡	⊡			◇	◇		⊡
43 44	011-111 111-110					◇	□		
45 46	011-000 000-110					◇	□		
47 48	011-010 010-110					◇	□		
49 50	011-101 101-110					◇	□		
51 52	001-001 100-100	□	□			◇	◇		□
53 54	110-100 001-011	◈	◈	⊡	⊡	◇	◇	⊡	◈
55 56	001-101 101-100					◇	□		
57 58	110-110 011-011	□	□			◇	◇		□
59 60	110-010 010-011					◇	□		
61 62	110-011 001-100	◇	◇	⊡	⊡	◈●	◈●	⊡	◇
63 64	010-101 101-010	⊡	⊡	⊡	⊡	□	□	⊡	⊡

도표 3-6. 64괘 쌍대성괘의 내부대칭 구조

첫째, 64개의 대성괘 안에 있는 128개의 소성괘 모두는 치와 위 대각대칭(A-D, B-C)을 하고 있다. 둘째, 그 가운데 네 쌍 1-2, 27-28, 29-30, 61-62는 치대칭인 음양 대각대칭만 한다. 이들은 환위, 즉, 뒤집어도 그 모양이 변하지 않기 때문에 위대칭은 되지 않는다. 그래서 음양 치대칭만 하고 있다. 음양의 치만 반대로 한다는 뜻이다. 이들 네 쌍을 제외한 나머지 스물여덟 쌍은 위대칭을 한다. 셋째, 여덟 개의 대칭 형태를 그 속에 다 가지고 있는 괘는 〈도표 3-6〉으로 확인할 때, 1-2, 11-12, 17-18, 27-28, 29-30, 53-54, 62-62, 63-63 등 여덟 쌍이다. 31-32, 41-42, 51-52, 57-58의 네 쌍은 다섯 개 대칭을 그 속에 모두 지니고 있다. 나머지 쉰두 개 쌍은 두 개의 대칭만 유지하고 있다.

다시 요약하면, 64괘 서른두 쌍의 대성괘들은 모두 한 가지 이상의 대각대칭을 만들어 내고 있다. 8괘 사각형상의 대칭을 '1차 대각대칭', 주역 64괘 각개 쌍들이 만드는 대각대칭을 '2차 대각대칭'이라고 할 때, 2차 대각대칭이란 A-D와 B-C 사이의 대각대칭을 일컫는 말이다. 이때 2차 대각대칭은 그 속에 1차 대각대칭을 포함한다. 여기서 한 가지 중요한 지적은 앞의 〈쌍대성괘 내부대칭도〉(또는 〈내부대칭도〉)를 통해 볼 때, 64괘 모두가 A-D와 B-C의 쌍대각선 대칭을 하고 있다. 대각대칭 안에 자기 대칭 □, 위대칭 ◇, 자기와 치대칭 ▣, 치대칭과 위대칭이 동시인 ◇, 네 종류 대칭에 모두 들어 있다.

이를 통해서 우리는 주역 문왕도 속에 있는 대각대칭이라는 일관된 논리를 발견할 수 있다. 바로 이러한 다중 대각대칭이란 개념을 도입하지 않고는 주역 64괘의 서괘 원리를 제대로 파악할 수 없다. 그리고 이런 다중 대각대칭의 원리를 통해서만 노서의 서괘 원리를 제대로 파악할 수 있을 것이다. 〈도표 3-6〉은 이와 같이 그 동안 알려져 있지 않던 논리적 구조가 무엇인지를 선명하게, 그리고 분명하게 보여주는 장점이 있다. 여기서 우리는 복희도에 이어 문왕도에서도 대각선 논증이 문제의 중심에 있음을 다시 한 번 확인한다.

'건곤진손국'과 '감리간태국'

다음으로, 두 국으로 나눈 노서의 〈서괘윤간도〉를 소개하면 다음과 같다. 서괘 원리에 대한 노서의 견해를 들은 다음, 이를 다중 대각대칭도에 비추어 이해를 돕는 방법으로 설명하기로 한다. 그동안 《주역》의 내부구조, 즉, 서괘 원리를 알려고 노력해 왔지만 최근까지 연구가 없었던 이유는, 쌍-쌍 대각대칭이란 관점을 몰랐기 때문이라고 본다. 다시 말해서, AD와 BC의 대칭 관계 말이다. 〈도표 3-6〉에서 보는 바와 같이, 주역 64괘는 단 하나의 예외도 없이 AD와 BC의 대칭이 없는 곳은 없다. 우선 이렇게 대전제를 한 뒤 내부대칭도 자체를 하나의 모형 matrix으로 하여 윤선거의 '건곤진손국'과 '감리간태국'을 이 모형의 대칭구조에 맞추어 관찰해 보기로 한다.

두 국은 공통적으로 건곤과 감리를 기축으로 하는 대축이 45도 각도로 놓여 있고, 대기축 안의 건곤진손국 안에는 세 개의 소기축이 있고, 감리간태국 안에는 두 개의 소축이 있다. 전자의 경우는 좌우에 각각 다섯 개의 쌍이 대칭을 이루어 모두 20개의 괘가 들어 있고, 후자의 경우에는 각각 여섯 개의 쌍이 대칭을 이루어 24+2개의 괘가 들어 있다. 이것은 일괄적으로 두 국을 보이는 형태에 따라 가시적으로 관찰한 것이다. 이제 건곤진손국을 〈쌍대성괘 내부대칭도〉로 가지고 온다.

그리고 그 모형 속에서 대칭구조를 관찰한다. 먼저 대기축 안에 있는 1.건-2.곤과 31.함-32.항의 대칭 관계를 살핀다. 앞 〈내부대칭도〉에서 볼 때, 여덟 개 대칭 관계 가운데 1-2는 여덟 개 모두를, 그리고 31-32는 다섯 개를 갖는다. 그리고 소축 3-4와 33-34의 대칭, 3-4와 19-20의 대칭 관계를 보면 AD와 BC의 두 대칭만 가진다. 그 형태(자기와 위대칭) 역시 완전히 일치한다.

다음으로 세 번째 소기축의 경우, 37-38과 39-40의 대칭 관계를 보자. 이 소기축 역시 AD와 BC에서만 대칭 관계를 만든다. 그 형태의 경우, 37-38은 ‘위와 자기 대칭인 ◇□’이고 39-40은 반대로 ‘자기와 위대칭 □◇’이다. 우리는 여기서 건곤진손국의 대기축 안에 있는 세 개의 소기축들 사이의 대칭구조를 파악하였다. 다음으로 대기축 좌우에 있는 괘의 대칭 관계를 알아보자. 오른쪽은 상경의 괘이고, 왼쪽은 하경의 괘이다. 오른쪽 다섯 개 쌍괘(7-16)와 왼쪽 다섯 개 쌍괘(53-62)가 만드는 〈내부대칭도〉를 보자. 이것이 건곤진손국의 기축들이 가지고 있는 구조이다. 다음으로 감리간태국을 보면, 대기축은 두 개의 소기축으로 되어 있다. 5-6쌍이 35-36쌍과 대각대칭을 만들고, 29-30쌍이 63-64쌍과 대각대칭을 만든다. 〈내부대칭도〉에서 볼 때 정확한 동일구조를 갖는다. 다음으로 대기축 좌우대칭을 본다. 오른쪽(상경) 17-28(+3-4)쌍과 왼쪽(하경) 41-52쌍을 비교할 수 있다.

이상에서 김상봉의 《수역》에 근거하여 노서의 두 도상을 분석하였다. 다음은 ‘감리간태국’에 대한 노서의 말을 들어보자.

감리간태국에 소속된 괘를 나누면 둘로 구분되고, 좌우에 일렬로 나열

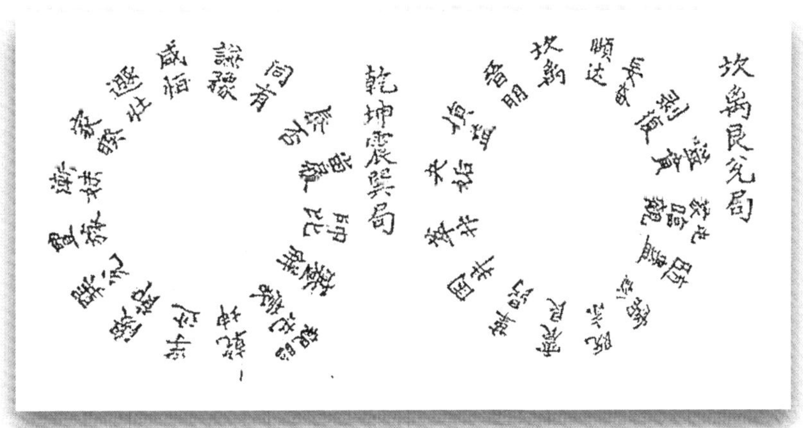

도표 3-7. 서괘윤간도(왼쪽은 건곤진손국, 오른쪽은 감리간태국)

이 된다. 그 까닭은 무엇인가? 일종일횡에 빈과 주가 있고, 서괘에서 건곤괘를 주로 삼아 배정된 까닭에 이렇게 배정할 수밖에 없다. 이와 같이 하여 감리를 위주로 한다면 감리는 마땅히 건곤의 위치에 거해야 한다. 그리고 기·미제괘는 태비괘의 위치에 와야 하고 소속된 괘는 각각 그 유에 따른다.(같은 책)

먼저 노서가 '건곤진손국'과 '리감간태국'으로 나눌 때 건곤과 리감을 〈쌍대성괘 내부대칭도〉 안에서 그 구조를 확인한다. 즉, 건-곤은 1-2이고, 리감은 29-30이다. 이 두 쌍은 위 도표로 볼 때 여덟 개의 대칭을 모두 가진 괘들이다. 이 말은 이 두 쌍 속에 64괘가 다 들어 있다는 뜻이다. 즉, 이 두 쌍을 효변시키면 64괘가 다 거기서 나온다는 것이다. 다음으로 진-간은 51-52이고, 손-태는 57-58이다. 이 두 쌍은 두 국인 '건곤진손국'과 '감리간태국'에서 대칭구조가 완전히 같다. 다시 말해서, AB=자기 대칭, CD=자기 대칭, AD=위대칭, BC=위대칭으로서 같다. 치대칭과 위대칭은 두 가지 소성괘-위대칭과 대성괘-위대칭이 있다. 소성괘-위대칭은 8괘 3효의 상하를 환위시킨 것이고, 대성괘 위대칭은 대성괘 6효의 상하를 환위시킨 것이다. 복희 64괘는 반원의 대각 위치에 있는 괘의 치를 도치시키는 것이고, 주역 64괘는 기수와 우수의 번호끼리 대성괘인 6효의 상하를 환위시키는 것이다. 건곤진손국과 리감간태국은 건-곤과 진-손, 그리고 리-감과 간-태가 삼차원 1차 대각대칭 관계 속에 있는 음양대칭을 하고 있다. 이들 대각대칭 쌍들은 모두 음양의 치가 반대이기 때문이다.

이에 대한 노서의 주석을 하나하나 풀이하여 보자. 1. "건곤과 함항괘를 상·하경의 머리 괘에 배정한 까닭은 무엇인가? 답하기를, 건곤괘의 변함이 항익괘의 반4에 해당되기 때문에, 건곤괘가 상경의 머리에 배정이 되고 함항괘는 가운데 거하게 된다." 여기서 '가운데 거한다'는 말은 하경의 머리에 거한다는 말과 같다. 원의 '가운데'란 곧 다른 반의 시작하는 곳이기 때문이다. 주역 64괘 가운데 상경은 30괘, 하경은 34괘이다. 불균형이 생긴 원인은 무엇인가?[6] 그것은 다름 아닌 가족관계 역설에서 진과 손이 서로 자리바꿈을 했기 때문이다. 즉, 31.함괘(䷞)와 32.항괘(䷟)가 상경에 있어야 하나, 이들이 하경의 첫 번째로 간 것이기 때문이다. 효변과 관계가 있는 역설 때문이다. 31번과 32번은 위대칭 관계이다. 즉, 31번을 환위시키면 32번이 된다. 함괘는 외괘와 내괘가 태-소녀와 간-소남이고, 항괘는 그것이 진-장남과 손-장녀이

---

6) 이에 대한 자세한 논의는 다산역에서 상론이 된다.(6장)

다. 소녀와 소남을 환위시키면 장남과 장녀가 된다. 사실 상경과 하경의 수적 불균형은 하락 수의 10과 9 또는 9와 10의 불균형만큼이나 중요하다. 이에 대한 논의는 다산역에서 계속된다.

함항괘의 구조를 구체적으로 비교해 살펴보기로 한다. 함항괘가 과연 하경의 첫 번째가 될 자격이 있는가를 알아보자는 것이다. 자격이 될 수 있는 이유는 다음과 같다. 즉, 그 이유는 건곤괘 내·외괘의 초효가 모두 효변한 것이 항괘이고, 곤건괘 내·외괘의 상효가 모두 효변한 것이 함괘이기 때문이다. 즉, 건괘의 초효가 변하면 손(☴)이 되고, 곤괘(☷)의 초효가 변하면 진(☳)이 된다. 진이 외괘, 손이 내괘가 되어 32.항괘가 된다. 마찬가지 방법으로 이번에는 건괘의 상효를 변하면 태(☱)가 되고, 곤괘의 상효를 변하면 간(☶)이 되어 31.함괘가 된다. 건곤괘와 함항괘의 관계는 이와 같이 초효와 상효의 변화 문제와 연관이 된다. 우리는 여기서 시생 원리와 가족관계 문제가 이와 연관되어 있음을 암시받는다. 즉, 초효와 상효의 원리를 상기시킨다.

상경 30괘과 하경 34괘의 불균형은 바로 '기하학적 소멸'의 문제와 관련하여 중요하게 다루어질 것이다. 31과 32는 상경과 하경의 중앙에 위치하여 어디에도 포함될 수 있고, 포함될 수 없기도 한다. 이는 1과 10 사이의 '5'와 같은 것으로서, 생수로도 되고 명패로도 되는 것과 같은 자기언급적 수 또는 대각선 수와 같다.

다음은 함·익이라 하지 않고 함·항이라 한 이유에 대한 설명이다. 42.익益괘(☳)는 41.손損괘(☶)와 함께 하나의 쌍대성괘를 만들고 있는 서로 위대칭 관계이다. 그리고 내부대칭도(도표 3-6)에서 보면 31.함-32.항과 41.손-42.익은 여덟 개 대칭에서 완전히 같은 구조를 갖는다. 즉,

노서의 〈팔궁도〉에 따르면, 익괘와 항괘는 정중앙에 자리 잡고 있다. 이를 두고 노서는 "건곤괘의 변함이 항익괘의 반半에 해당한다"고 했다. 그러면 '함익'이라고도 할 수 있는데 왜 '함항'이라고 했는가이다. 항괘와 익괘를 비교하면 완전히 음양대칭을 하고 있음을 발견한다. 이를 두고 노서는 "함항괘라 한 것은 반대의 예이기 때문이다"라고 했다. 이에 대한 추가 설명은 다음과 같다.

노서의 〈팔궁도〉에서 익괘는 곤군에서, 항괘는 건군에서 변하여 이 두 괘는 중앙에서 서로 만나고 있다. 31.함괘와 42.익괘는 위와 치대칭을 동시에(◇) 한다. 그러면 서로 쌍대성괘를 만들 수 없다. 다시 말해서, 문왕도 안에서 쌍이 될 수 없다는 것이다. 쌍대성괘는 순괘들을 제외하고는 위대칭 관계(◇)이기 때문이다. 이제 함·항(31과 32)과 손·익(41과 42)을 비교하기 위해 쌍과 쌍의 대칭을 만들어야 한다. 그러면 쌍31-32과 쌍41-42는 위대칭, 쌍31-41과 쌍32-42는 치대칭, 쌍31-42과 쌍32-41은 위·치 대칭을 하고 있다. 여기서도 쌍32.항-42.익은 서로 치대칭인 음·양 대칭을 하고 있어서 함과 익은 짝을 할 수가 없다. 그래서 함·익이 될 수 없는 이유란 다름 아닌 함과 익은 위·치 대칭을 하고 있기 때문이다. 거듭 말해서, 문왕도 안에서 대성괘의 쌍은 반드시 위대칭을 하여야 한다. 예외적으로 위대칭을 하여도 모양이 같은 여덟 개 괘들은 치대칭을 한다. 그런데 함, 항은 위대칭을 한다. 그래서 쌍을 만들 수 있다. 여기서 함·익이 아니고 함·항인 이유가 분명해졌다. 위대칭과 치대칭, 그리고 위와 치의 대칭을 동시에 생각하는 관계를 통해서 이러한 결론이 내려진 것이다.

함항괘의 상효와 초효부터 변화시키기 시작하면 건곤과 함항 사이에 있는 괘들이 다 나온다. 이를 두고 노서는 다음과 같이 말한다. "상·하경이 이미 나뉘어 둘로 된, 반대와 정대, 종과 횡, 상과 응이 혼동되지 않고 착착 들어맞는다", "건곤의 변화가 분명하게 일어나는 곳은 함항괘에서 손익괘의 중간 부분에서 건곤 원리가 변한다"(윤종빈, 2007, 124) "이러한 서괘에 대한 설명은 노서 역학이 기존의 역학 연구 방법론과는 다른 점인 동시에 독창적인 견해임을 알 수 있다."(같은 책)

노서 괘 배별법의 특징과 역설 해의

노서의 괘 배열법의 특징은 주역 64괘가 대성괘의 쌍으로 된 것을 다시 쌍과 쌍을 마주 보게 쌍쌍 대칭 관계를 만드는 데 있었다. 쌍을 다시 중복시킨 이러한 시도는, 노서의 독창성이라 평가할 수 있다. 이는 그의 역설 해의와 무관하지 않다. 이제 '건곤진손국'을 다시 보면, 상하와 좌우 두 개의 축으로 나눌 수 있다. 건과 곤, 진과 손은 삼차원의 1차 대각대칭 관계라는 것을 다시 한 번 강조해 둔다. 노서는 세 개의 쌍쌍을 집단적인 축으로 하고, 그것의 좌·우측에 각각 하경 다섯 쌍(53-54, 55-56, 57-58, 59-60, 61-62)과 상경 다섯 쌍(7-8, 9-10, 11-12, 13-14, 15-16)으로 나누어 서로 대각선상에서 마주 보게 배열한다. 그리고 기축이 되는 세 개의 쌍쌍은 위쪽에다 1-2, 33-34, 37-38, 아래쪽에다 1-2, 3-4(19-20), 39-40으로 서로 대칭이 되도록 배열한다.

상·하경의 괘를 이렇게 대각대칭이 되도록 배열한 노서의 의도는 그의 역설 해의와 밀접한 관계가 있다. 먼저 1.건-2.곤 대칭과 31.함-32.항 대칭은 기본 기축이 되는 명패 대칭으로서 위에서 이미 그 중요성을 언급하였다. 예외적으로 3.둔(䷂)-4.몽(䷃)쌍은 19.림(䷒)-20.관(䷓)

쌍과 중복을 이루고 있다. 하경의 33.둔(䷠)-34.대장(䷡)쌍은 왜 상경의 19.림-20.관쌍과 대칭을 만드는가? 그것은 바로 이들이 서로 각각 음양 대칭을 하고 있기 때문이다. 음양 대칭(▣)은 곧 대각대칭을 한다는 의미이다. 다시 말해서, 이들은 6차원 대각대칭을 한다. 6차원인 이유는 6효를 가진 대성괘이기 때문이다. 효 하나의 위는 차원을 결정한다는 말이다. 〈쌍대성괘 내부대칭도〉에서 볼 때 완전히 동일한 내부대칭 구조를 갖는다. 다음으로 쌍37.가인(䷤)-38.규(䷥) 대칭과 쌍39.건(䷦)-40.해(䷧) 사이의 대칭 관계를 알아보면, 37-38(AD-BC)의 대칭이 39-40(BC-AD)의 대칭으로 된 것을 발견할 수 있다. 37-38의 경우, AD는 위대칭이고, BC는 자기 대칭인 반면에, 39-40의 경우, AD는 자기 대칭이고, BC는 위대칭이다. 그러면서 37-39, 38-40은 음양 대칭이다. 즉, 6차원 대각대칭을 하고 있다는 의미이다.

쌍1.건-2.곤과 쌍3.둔-4.몽은 상경의 첫 두 쌍대성괘이고, 쌍31.함- 32.항과 쌍33.둔-34.대장은 하경 첫 두 쌍대성괘이다. 이들은 그만큼 기축을 이루는 중요한 괘들이란 뜻이다. 이는 함·항·둔·대장을 성인·군자의 도를 표상하고, 건·곤·둔·몽은 천지·만물의 생성원리를 표상한다는 괘사 풀이를 이해하고도 남게 한다. 다시 말해서, 이들 괘들이 명패 역할을 하고 있다는 뜻이다. 지금까지의 설명은 노서의 괘 배열구조를 전체적으로 명패와 물건의 관계로 바꾸는 데 주력하였다. 그러면 지금부터는 대각선 논증이란 과점에서 전체 구조를 한 번 바꿀 수 있는가를 고찰한다.

〈서괘윤간도〉 전체는 명패 또는 기축에 해당하는 이들 여덟 개의 대성괘로 대표된다. 그리고 이 여덟 괘의 관계를 종합 통일시키는 것이 37-38/39-40이다. 이 네 괘는 위대칭과 자기 대칭을 뒤바꾼 내부구조로 가장 단순한 대칭구조를 하고 있다. 그래서 모든 대칭들을 그 안에 불러들여 조화 통일시킬 수 있다. 즉, 37을 위대칭 시키면 38이 되고, 38을 치대칭 시키면 39가 되고, 39를 위대칭 시키면 40이 된다. 37-38과 39-40은 대각대칭인 A-D(위대칭)와 B-C(자기 대칭)만 하고 있지 다른 대칭은 없다. 64괘 가운데 이렇게 네 괘가 연속적으로 치와 위대칭을 바꾸어가며 대칭을 만드는 괘가 따로 없다. 시작은 37.가인괘와 38.규괘이기 때문에, 이 두 괘를 두고 '성인군자'의 도를 표상한다고 한다. 이 두 괘의 구조는 다음과 같다.

A - B

37. 가인 ䷤   110 - 101

38. 규 ䷥   101 - 011

C - D

〈서괘윤간도〉는 거시적 시각에서 괘의 배열구조를 보여준 것이다. 이에 대하여 다음에 말할 〈잡괘윤간도〉는 미시적 시각에서 하나의 괘 안에 있는 6효가 효변을 하는, 즉, 색 작용을 하는 과정을 보여줌으로써 어떤 종류의 역설에 직면하는가를 말해 줄 것이다. 〈잡괘윤간도〉는 노서 역학의 대미를 장식하는 것이라 볼 수 있고, 명패와 물건 사이에서 그 관계를 조절하여 역설을 어떻게 해의할 수 있는가를 보여주는 역할을 한다.

〈팔궁도〉에서는 '유행'이라는 이름으로 유귀에 속한 16개 괘를 12개월 변화에 제외시켰지만, 〈서괘윤간도〉에서는 이런 구별 없이 대칭구조를 파악하게 한다. 은유적 표현들을 제거하고 수로서만 대칭 구조를 파악하기 때문에 이는 탈은유적이라 한다. 다음에 말할 〈잡괘전〉은 〈십익〉 가운데서도 그동안 별 가치를 인정받지 못하였는데, 노서에 와서 역학 연구의 중심 위치에 서게 되었다. 대각선 논증과 역설이라는 관점에서 그 중요성을 재평가 받은 것이다. 대각선 논증은 버려진 돌을 주춧돌이 되게 한다. 이제 위에서 한 분석에 근거하여 대각선 대칭이라는 시각에서 〈서괘윤간도〉의 구조를 다시 한 번 거론한 다음, 〈잡괘전〉을 다루기로 한다.

노서는 64괘를 〈팔궁도〉에서 보는 바와 같이 정대각선 괘들을 명패로 하여 〈삼색도〉를 만들었다. 우리의 관심사는 노서가 괘를 배열하는 방법, 즉, 서괘 원리를 어떻게 파악하고 있느냐이다. 그런데 이것두 예외 없이 대각선 정리의 연장선에서 이해될 수밖에 없다. 즉, 그의 복희 64괘의 서괘 원리는 64괘 사각형 방도의 대각선 위에 있는 대칭 괘들이 모두 음양 대칭을 하고 있다는 점에서 서괘 원리가 이해될 수밖에 없다. 이의 이해를 위해 '건곤진손국'과 '감리간태국'으로 나누는 노서의 말을 직접 들어보자.

서괘는 삼색에 의하여 순서가 정해진다. 팔궁유행의 뜻은 그 가운데 들어 있다. 건곤진손괘가 하나의 국에 속하고, 리감간태가 하나의 국에 속한다. 무리를 나누어 보면 분간하기가 어렵지 않다.(윤선거, 〈삼색도〉)

여기서 노서는 부분집합을 '국局'이라고 하였다. 64괘를 〈팔궁도〉에서 보는 바와 같이 대각선 괘들을 명패로 하여 〈삼색도〉로 만들어냈다. 이제 64괘를 두 개의 국(부류)으로 나누어, '건곤진손국'과 '리감간태국'이라고 한다. 이 두 국 안에 있는 괘의 대칭 관계를 위상학적 관점에서 관찰해 보자. 건과 곤, 진과 손, 감과 리, 태와 간은 모두 삼차원 대각선 대칭 관계 속에 있는 괘들이다. 그래서 서괘는 대각선 정리의 본령을 건드린다고 할 수 있다.

우선 외형적 형태상에 나타난 특징을 집합론으로 나누어 살펴보면 다음 〈도표 3-8〉과 같다. 〈도표 3-8〉에 대한 설명은 다음과 같다.

1. K는 '건곤진손국'의 대각축이고, M은 '리감간태국'의 대각축이다. 대각축 안에는 기축 대대각축과 지축 소대각축이 있다. {1-2, 31-32}와

도표 3-8. 서괘윤간도 괘의 쌍과 개수

건곤진손국	K_1\{1-2, 19-20(3-4), 39-40\} $\rightarrow$ K_2\{31-32, 33-34, 37-38\} $\leftarrow$ L_1\{7-8, 9-10, 11-12, 13-14, 15-16\} $\rightarrow$ L_2\{53-54, 55-56, 57-58, 59-60, 61-62\}	총 16쌍 34괘
리감간태국	M_1\{5-6, 63-64\} $\rightarrow$ M_2\{29-30, 35-36\} $\leftarrow$ N_1\{17-18, 19-20(3-4), 21-22, 23-24, 25-26, 27-28\} $\rightarrow$ N_2\{41-42, 43-44, 45-46, 48-49, 49-50, 51-52\}	총 16쌍 34괘
건곤손진국	K_1\{1-2, 19-20(3-4), 39-40\} $\rightarrow$ K_2\{31-32, 33-34, 37-38\} $\leftarrow$ L_1\{7-8, 9-10, 11-12, 13-14, 15-16\} $\rightarrow$ L_2\{53-54, 55-56, 57-58, 59-60, 61-62\} $\leftarrow$	
리감간태국	M_1\{5-6, 63-64\} $\rightarrow$ M_2\{29-30, 35-36\} $\leftarrow$ N_1\{17-18, 19-20(3-4), 21-22, 23-24, 25-26, 27-28\} $\rightarrow$ N_2\{41-42, 43-44, 45-46, 48-49, 49-50, 51-52\} $\leftarrow$	총 16쌍 4괘

{63-64, 29-30}은 전자이고, {19-20(3-4), 39-40}과 {33-34, 37-38}은 후자이다.

2. 상·하경의 배열로 볼 때 L_1과 M_1은 상경에, L_2와 M_2는 하경에 속하는 괘들이다. 그래서 두 국에 상·하경의 괘가 모두 배열되어 있다.

3. 방향에서 앞 화살표에서 보는 바와 같이 기축대각축이 상·하경에서 서로 반대 방행이다. 상경은 순, 그리고 하경은 역방향이다.

4. 상·하경 안에도 기축 대각축이 있다. 즉, 건곤진손국의 경우는 {11-12}와 {57-58}이고, 리감간태국의 경우는 {17-18, 27-28}과 {41-42, 51-52}이다. 이들 기축에 해당하는 대각축은 내부대칭도에서도 그 특징이 뚜렷이 나타난다.

이상의 여러 특징에 따라서 가시적으로 〈도표 3-9〉와 같이 만들어 설명을 보충하기로 한다. X, Y축 위에 두 개의 국을 나타낸다. 상경은 Y축에, 하경은 X축에 배열하였다. 홀수와 짝수 번호는 상과 하, 좌와 우로 나누었다. 가장 중요한 것은 대각축이다. P는 기축이고 p'는 지축이다. 두 개의 축은 각각 두 개의 국을 관통하고 있다. 두 축을 연결하는 축이 P"이다. 중심축은 바로 기축인 P이다. 이 축에 따라서 64괘가 모두 생성된다. 이 축에 1.건 2.곤, 29.감, 30.리, 31.함, 32.항, 63.기제, 64.미제가 들어 있다. 사실상 건·곤에서 감·리가, 감리에서 함·항이, 함·항에서 기제·미제가 모두 효변을 통해 생겨나올 수 있고, 이들의 효변으로 다시 64괘가 나올 수 있다. 각 상한의 가로 Y와 세로 X는 이들 대각축의 변동으로 서로 대응을 하면서 생성작용을 한다. 그리고 이들의 내부적 관계는 내부대칭도(도표 3-6)를 참고하면 쉽게 시각적으로 파악할 수 있다.

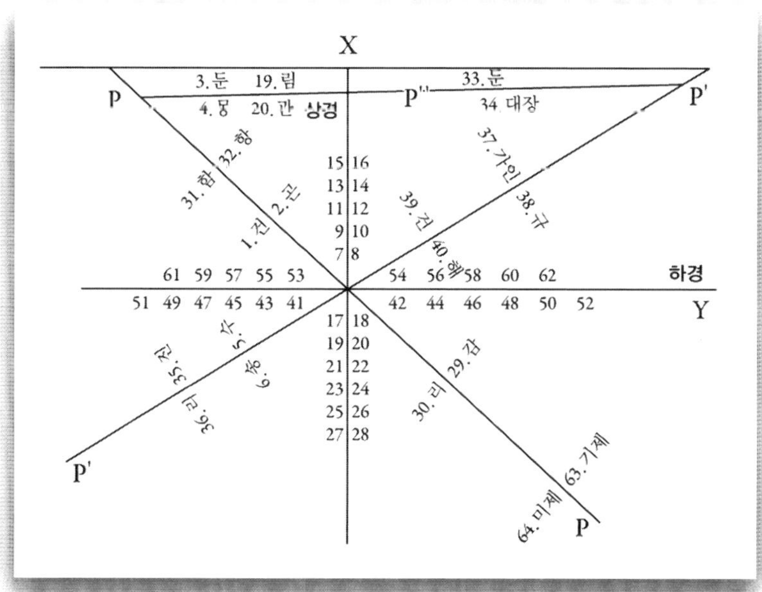

도표 3-9. 노서 〈서괘도〉와 대각선 대칭

이상의 분석과 설명에서 우리는 노서의 〈서괘윤간도〉가 대각선 논증의 원리를 따르고 있음을 알 수 있다. 그가 대각선 대칭이라는 관점에서 괘의 배열을 생각하고 있다는 것을 확인하였다. 〈도표 3-9〉는 5장에서 9장까지 다산의 역을 논할 때 매우 중요하게 사용될 것이다. 지금까지 말한 각 괘의 중요성이 다 잘 나타나 있다.

〈잡괘윤간도〉와 대각선 논법

노서의 서괘 원리에 나타난 대각선 구조는 그의 〈잡괘윤간도〉(또는 〈윤간도〉)에도 잘 반영되어 있다. 공자가 왜 '잡괘'라고 명칭을 붙였는지 그 이유는 불분명하지만, 잡괘는 사실상 역학 연구의 핵심과제가 들어 있는 부분이다. 이것을 만약에 역학을 역설이라는 관점에서 본다면 그렇다는 뜻이다. 역설이 눈에 거슬려 '잡괘'라고 했다면, 이는 수천 년 동안의 역학 연구가 제 궤도를 찾지 못했다는 뜻이다. 이러한 잡괘의 중요성이 노서에 의하여 재평가 받았다. 역의 초과분이라든지 역설이라는 관점에서 보았을 때 〈잡괘전〉은 그 가치가 타의 추종을 불허한다.

공자의 〈십익〉은 사실상 역에 나타난 역설을 해의하는 글이라고 해도 과언이 아니다. 그 가운데 〈서괘전〉은 괘를 일관성 있게 나열하는 순서에 관한 글이지만 임의적인 해석과 해설일 뿐, 구조의 논리적 일관성이 무엇인지는 발견하기 어렵다. 〈잡괘전〉의 내용은 괘의 복覆과 변變, 그리고 복·변 동시라는 세 가지 범주로 괘를 재분류한 것이다. '복'은 괘의 위치를 환위하는 것이고, '변'은 음양 가치를 반가치화하는, 환질하는 것이다. 그래서 《주역》의 각 쌍들은 복변 관계이다. 복과 변은 대각선 논증과 역설 해의와 직결되는 문제인 만큼 〈잡괘전〉은 〈십익〉 가운데서도 그 어느 것보다 중요하다. 〈잡괘전〉은 〈서괘전〉과 함께 한강백의 《역주》에 처음으로 등장한다. 두 개의 괘를 한 조로 쌍을 만들 때 '복,' '변,' '복변 동시'의 세 가지를 적용할 때, 복은 24개, 변은 4개, 복변 동시는 4개로 모두 32쌍이 된다.

노서의 〈잡괘윤간도〉는 〈팔궁도〉와 나란히 놓고 비교해야 그 진가가 드러난다. 그리고 그가 어떤 규칙을 가지고 〈잡괘윤간도〉를 만들었는가는 〈팔궁도〉 안에 들어 있는 〈삼색도〉와 귀매 원리를 통해서 확인할 수 있다. 먼저 〈잡괘전〉에서 위 세 가지를 적용해 괘들을 분류해 본다. 즉, 〈잡괘전〉의 내용을 일목요연하게 세 종류로 괘를 분류해 놓고 보면 〈잡괘윤간도〉의 구조가 한눈에 들어온다. 그리고 그가 '동도同途'라는 말을 사용하는데, 이는 〈팔궁도〉 안에서 귀매 원리를 적용하였을 때 동일한 집합 부류에 속하는 괘를 일컫는 것이다. 다시 말해서, 삼색 원리와 귀매 원리에 따라 분류할 때 같은 집합에 포함되면 '동도'라고 부른다. 이제 잡괘에 속한 괘들을 복, 변, 복변 동시라는 세 종류에 따라서 분류하면 다음과 같다.(박일봉, 1999, 660~661)

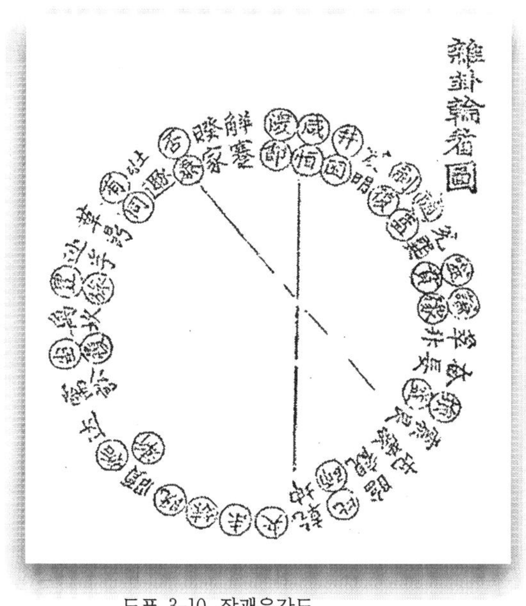

도표 3-10. 잡괘윤간도

〈잡괘전〉의 중요성은 노서의 "잡괘는 아마도 팔궁 원리에 의거하여 씌어진 것 같다. 그리고 3색과 대대의 뜻이 그 속에 들어있는 것 같다"

는 말 속에서 찾아야 할 것이다. 대각선 정리의 6대 요소들로 보았을 때 팔궁도와 삼색론은 반가치화와 반대각선화의 문제와 서로 연관이 된다. 그런데 문제는 경방의 경우나 가족관계 역설에서 본 바와 같이 팔궁도와 삼색론은 다름 아닌 유혼과 귀매의 원리에 직면하게 된다. 즉, 순서수의 역설 말이다. 초과분의 문제에 직면한다는 것이다. 〈잡괘전〉은 다름 아닌 이런 문제들을 집중 거론하고 있어서 더 없이 중요하다. 만약에 이들을 제거해야 될 대상이라면 잡괘는 가치가 반감되고 말 것이다.

다음 노서의 말은 필자의 이러한 주장을 뒷받침하기에 충분하다. "가령 6효 중괘로서의 '건감손리괘'를 나누어 아래 그림에 속하게 하고, '곤태간진괘'를 나누어 앞 그림에 속하게 한 것은 괘가 표상하는 내용에 따라 모아본 것이니, 또한 분별하기 어렵지 않다."(〈잡괘윤간도〉) 노서의 이 말은 다름 아닌 궁을 명패로 하여 물건 괘를 궁에 달아 놓고 삼색 작용을 해 나갈 때, 순서수의 역설에 직면하는 것을 언급한 것이다. "괘가 표상하는 내용에 따라 모아본 것"이란 다름 아닌 가족관계에서 곤-모 집합에는 딸이라는 부분을, 그리고 건-부 집합에는 아들이라는 부분을 모아보는 것이다, 이러한 전제에 따라서 노서의 〈잡괘윤간도〉 자체를 소개한 뒤 설명을 더해 보기로 한다.

앞의 〈잡괘윤간도〉는 건곤괘-함항괘, 태비괘-진간괘를 대칭축으로 하여 서로 마주보게 하였다. 먼저, 건곤과 함항의 대칭 관계를 다시 살펴보자. 순서수의 역설에서는 항상 처음과 마지막 순서가 문제가 된다. 이는 〈삼색도〉(처음)와 〈팔궁도〉(마지막)에서 극명하게 나타난 바이다. 함괘(䷞)의 외괘(☱) 가운데 상효를 반가치화하면 건괘(☰)가 되고, 하괘(☶) 안의 상효를 반가치화하면 곤괘(☷)가 된다. 그러나 항괘(☳)는 사정이 반대이다. 항괘의 상괘(☳) 초효를 반가치화하면 곤괘가 되고, 하괘(☴) 초효를 반가치화하면 건괘가 된다. 건곤괘와 함항괘가 왜 이렇게 대칭을 만드는가에 대한 설명은 슈서수의 역설 또는 귀매 원리밖에는 따로 할 길이 없다. 초와 상효가 변해버리는 원리 말이다. 이를 두고 노서는 "종류[方]별로 모으고 물物건을 같은 군으로 구분한다"(方以類聚 物以群分)라고 하였다. 여기서 노서가 말하는 '방方'은 명패에 해당하고, '물物'은 물건에 해당한다. 방과 물에 따라서 노서는 스스로 묻고 답하면서 〈잡괘전〉을 다음과 같이 구성하고 있다. 명패(方)와 물건(物)에 따라 일관성 있게 집합을 만들어 보자는 것이다.

'왜 〈잡괘전〉의 순서가 팔궁 원리에 따라 배열되었는가'에 대한 노서의 답변 내용을 정리하여 소개하면 다음과 같다. '팔궁 원리'란 유귀괘 48개와 벽괘 16개를 분류하는 것을 말한다. 같은 부류에 속하는 괘를 { }로 묶어서 분류하면 다음과 같다. 중괄호 { } 앞의 수는 앞에서 본 〈잡괘전〉에 달려 있는 분류번호이다. 숫자 앞의 복, 변, 복변은 숫자가 속한 세 종류 집합이고, 괘 앞의 수는 〈주역64괘도〉 서차번호이다. 노서는 크게 첫째, 아래 복 그림에 위치시킨 괘들, 둘째, 위 변 그림에 위치시킨 괘들, 셋째, 동도에 속하는 두 부류의 괘들로 나누어 복, 변, 복변의 셋으로 분류하고 있다. 먼저 윤선거의 말을 직접 인용하면서, 이를 〈잡괘전〉과 연관시키기로 한다. 그리고 〈잡괘전〉의 〈도표 3-10〉을 이용해 이를 확인해 나가는 방법을 취하기로 한다.

확인하는 방법은 "왜 잡괘의 순서가 팔궁 원리에 따라 배열되었다고 하는가?"에 대한 답하기에 달려 있다. "복·구괘와 퇴·대장괘는 건괘에, 환·절괘와 둔·몽괘는 감괘에, 소축·복괘와 가인·규괘는 손괘에, 풍·려괘와 혁·정괘는 리괘에 속하게 하여 아래 그림표에 위치하게 한다." 윤선거의 이 말을 위 잡괘 도표번호에 맞추어 알기 쉽게 분류를 하면 아래와 같다. 분류한 표를 이해하는 방법은 다음과 같다. 즉, "(건☰):[복24={(43쾌夬 ䷪ 곤5).(44구姤 ䷫ 건초)/[복18={(33둔遯 ䷠ 건2).(34대장大壯 ䷡ 곤4)}]"의 경우, 여기에 붙여 놓은 언어와 수를 읽는 방법은 다음과 같다.

건(☰)은 명패(방)를, '복'은 복, 변, 복변 동시 가운데 '복'을, '24'는 위 잡괘전 도표의 번호를, '43'은 《주역》의 괘 번호를, '쾌夬'는 괘명과 괘상을, '곤5'는 노서의 〈팔궁도〉 안에서 곤괘의 5효에 해당한다는 것을 각각 의미한다. 이제 다시 건괘부터 시작하여 순서대로 언어와 수를 기호화하여 붙여 나열하면 아래와 같다.

이들을 〈도표 3-12〉에서 위치화 시킨다. 다음으로 〈도표 3-9〉와 〈도

도표 3-11. 잡괘전의 재분류

건☰	[복24={(43夬 ䷪ 곤5)}.{(44姤 ䷫ 건초)}]/ [복18={(33遯 ䷠ 건2)}.{(34大壯 ䷡ 곤4)}]
감☵	[복15={(59渙 ䷺ 리5).(60節 ䷻ 감초)}]/ [복3={(3屯 ䷂ 감2)}.{(4夢 ䷃ 리4)}]
손☴	[복22={(9小畜 ䷈ 손초).(10履 ䷉ 간5)}]/ [복17=[{(37家人 ䷤ 손2).(38睽 ䷥ 간4)}]
리☲	[복21={(55豊 ䷶ 감5).56旅 ䷷ 리초)}]/ [복20={(49革 ䷰ 감4).(50鼎 ䷱ 리2)}]

표 3-10〉으로 옮겨갈 차례이다. 노서는 이어 "또 림·관괘와 박·복괘는 곤괘에, 췌·승괘와 인·정괘는 태괘에, 겸·예괘와 해·건는 진괘에, 서합·분괘와 대축·무망괘는 간괘에 속하게 하여 위 그림에 위치시킨다"고 한다. 집합을 다시 만든다는 뜻이다.

도표 3-12. 잡괘들의 위치화

곤☷	[복2={(19臨☷ 곤2).(20觀☷ 건4)}]/ [복11={(23剝☷ 건5).(24復☷ 곤초)}]
태☱	[복7={(45萃☱ 태2).(46升☱ 진4)}/ 복13={(47困☱ 태초).(48井☱ 진5)}]
진☳	[복8={(15謙☳ 태5).(16豫☳ 진초)}]/ [복16={(39蹇☳ 태4).(40解☳ 진2)}]
간☶	[복9={(21서합☶ 손5).(22賁☶ 간초)}]/ [복6={(25无妄☶ 손4).(26大畜☶ 간2)}]

이렇게 8괘를 각각 명패로 하여 잡괘들을 배열하였을 때 한눈에 보이는 뚜렷한 규칙이 있다. 그것은 초-5효와 2-4효가 빠짐없이 모든 집합 부류 속에 나타난다는 점이다. 그렇다면 이들 효는 어떤 성격을 지녔는가? 초효와 5효는 〈팔궁도〉에서 귀매 원리와 직결되는 효들이다. 즉, 〈팔궁도〉에서 효가 변하는 순서를 적으면 (초-2-3-4-5)-(4-'3색')이다. 연속적으로 일관성 있게 나열하자면, 두 개의 부류 (초-2-3-4-5-6-7)이어야 하나, (6-7)의 자리에 (4-3색)이 들어간다. 이에 더하여 '3색'은 3효가 한꺼번에 변해 버린다. 이것은 효변의 일관성을 파괴하는 것이

다. 이를 두고 '유귀'라 한 것이다. 〈잡괘윤간도〉는 바로 이 점, 즉, 귀매 원리를 문제 삼고 있다. 〈잡괘윤간도〉는 이러한 시각에서 볼 때 대각선 논증의 초과분(유귀) 문제를 다루는 중요한 부분이라 할 수 있다. 그런데 이러한 초과분에 대한 주의를 기울이지 않았기 때문에 '잡괘'라는 불명예를 안은 것이 아닌가 한다.

노서의 다음 말 "유귀遊歸하는 괘에 이르기까지 사·비·동인·대유괘와 중부·소과·이·대과괘는 동도요, 점·귀매·수·충괘와 수·송·진·명이괘도 동도이다." 아래 도표를 읽을 때 '감삼색'이란 말은 감괘를 명패로 할 때 그것을 '삼색'을 한 것에 해당하는 괘란 뜻이다. '손4재'란 손괘를 명패로 하는 괘의 4효가 거듭 효변한 것이란 뜻이다." 제4효는 두 번 변하는 것을 노서는 강조해 말하고 있다. 이 점이 문제의 핵심이기 때문에 강조를 한 것이다. 4효가 두 번 변하는 이유 때문에 다음 〈도표 3-13〉과 같이 '동도1'과 '동도2'가 가능해진다.

도표 3-13. 잡괘전과 동도의 문제

동도1	[복1={(7師 ䷆ 감삼색).(8比 ䷇ 곤삼색)}. 복19={(13同人 ䷌ 리삼색).(14大有 ䷍ 건삼색)}]/ [변4={(27頤 ䷚ 손4재).(28大過 ䷛ 진4재)}. 변2={(61中孚 ䷼ 간삼색).(62小過 ䷽ 태삼색)}]
동도2	[복변4={(53漸 ䷴ 간삼색).(54歸妹 ䷵ 태삼색)}. 복변2={(17隨 ䷐ 진삼색).(18蠱 ䷑ 손삼색)}]/ [복23={(5需 ䷄ 곤4재).(6訟 ䷅ 리4재)}, 복12={(35晉 ䷢ 건4재).(36明夷 ䷣ 감4재)}]

노서는 두 개의 ‘동도’를 말하였는데 여기서는 이를 ‘동도1’과 ‘동도2’라고 한다.

다시 〈팔궁도〉로 돌아가서, 이 두 개에 동도에 속한 괘들이 어디에 해당하는가를 알아보기로 한다. 그러면 노서가 말하는 ‘동도’의 개념이 분명해지고 〈잡괘윤간도〉의 구조도 선명해질 것이다. 문제는 ‘삼색’과 ‘4재’인데, ‘4재’란 4효가 거듭 변하는 것을 이른다. 즉, ‘동도1’은 정괘(감곤리건)를 한 부류로 한 것으로 이를 ‘삼색’, 부정괘 (손진간태)를 한 부류로 한 것으로 이는 ‘4재’라 한다. ‘동도2’는 반대로 부정괘들을 한 부류로 할 때는 ‘삼색’, 정괘를 한 부류로 할 때는 ‘4재’라 한다. 그리고 삼색과 4재는 모두 귀매 원리에 근거를 두고 있다. ‘삼색’과 ‘4재’는 분리하여 [ ]로 묶고, 그 안에 두 개의 대칭되는 대성괘는 { }로 묶고, 하나의 대성괘 안의 두 소성괘는 ( )로 묶었다. 이렇게 하면 노서가 말하는 ‘동도’라는 말의 의미가 분명해진다. 다시 말해서, 하나의 집합 부류를 만드는 기준이 무엇인지 분명해진다는 것이다. 동도란 속성이 같은 괘들끼리 묶는다는 뜻이기 때문이다.

다음으로 대각선 정리라는 시각에서 〈잡괘윤간도〉를 살펴보자. 건괘(☰)가 명패인 경우 명패와 물건이 번갈아가며 배열되어 있다. 즉, 복24의 건괘가 43.쾌괘(☱)에서는 명패이고, 44.구괘(☴)에서는 물건이다. 복18에서도 34.대장괘(☳)에서는 명패이고 33.둔괘(☶)에서는 물건이다. 여기서 우리는 다음과 같은 몇 가지 규칙들을 파악할 수 있다. 첫째, 8괘가 상황에 따라서 명패가 되기도 하고 물건이 되기도 한다. 둘째, 건괘와 곤괘의 초효의 변효와 삼색 변효를 반가치화시킨다. 명패가 되는 괘가 상과 하에 번갈아가면서 물건이 된다. 셋째, 상에서는

(가)의 명패가 삼색하고, 하에서는 3효가 상, 중, 초의 순서로 반가치화한다. 이것은 노서가 두 가지 역설 가운데 순서수 역설에서 처음과 끝의 문제를 의식한 것이라 할 수 있다. 이에 대해서는 이미 앞 절에서 언급하였기에 여기서는 추가 설명을 생략한다.

위상학적으로 보았을 때도 〈팔궁도〉는 방도와 같아 보이지만, 그 속에는 두 개의 대칭이 더 들어가 있다. 물건괘에 해당하는 세로를 상·하로 나누고, 다시 상·중·초의 3중 대칭을 만들어 나가는 방법은 방도보다 두 차원 더 들어간 것이라 할 수 있다. 그렇다면 방도를 뫼비우스띠로 만든 것이 원도이고 보면, 노서의 〈팔궁도〉는 거기에 두 개의 차원이 추가된 것으로서, 위상범례상으로 보았을 때 사영평면적이라 할 수 있다.(6장 참고) 그래서 〈서괘윤간도〉와 〈잡괘윤간도〉는 모두 이러한 사영평면적 구조를 분석해 놓은 것이다. 그런 의미에서 노서의 역은 동양 역학의 총집산이며, 정역으로 나아가는 길을 마련하였다고 볼 수 있다.

4장 한원진의 역과 대각선 논법

한국역은 학자들마다 개성과 특징을 가지고 있다. 퇴계가 석합보공의 문제에, 성이심이 공집합과 다면체 문제에, 노서가 귀매 원리란 순서수 역설에 관심을 가지고 있었다면, 남당 한원진은 대각선 논증 그 자체에 관심을 가졌다 할 수 있다. 그리고 다산의 역4법은 이러한 한국 역학의 총 집결판이라 할 수 있겠다. 적어도 대각선 논증이라는 노끈으로 한국역을 꿰었을 때 이러한 결론에 이른다는 것이다.

그리고 남당 역학의 특징은 유목의 〈역수구은도〉에 대한 한국적 논리적 대응이라 할 수 있다. 중국역에서 유목이 '하9서10론'을 주장한 반면, 주자와 소옹은 '하10서9론'을 주장한다.(《대각선 논법과 역》 8장 참조) 그런데 남당은 낙서를 언급함이 없이 하도 하나로 하낙을 대신하고 있다. 이는 무엇을 의미하는가? 바로 중국역에서 지난하게 거론되어 온 두 논쟁에 대한 대응하기 위한 때문이다. 다시 말해서, 남당은 이 문제가 대각선 논증의 문제에서 생기는 연속체 가설의 문제임을 의식하고 그의 역을 전개하고 있다는 것이다. 그의 여러 도상들을 살펴보면서, 대각선 논증을 의식하지 않는다면 그의 역이 가진 문제성 자체를 간과할 수 있다.

각자의 역이 개성과 특징을 가지고 있었지만, 이들을 모두 대각선 논증과 위상역이라는 관점에서 보면 일관성을 갖는 것도 사실이다. 이제 남당을 통해 그의 역이 갖는 개성적 특징이 무엇인지 알아보고, 이를 대각선 논증이란 시각에서 쟁점들을 하나하나 정리해 보기로 한다.

4.1. '대각선화에서 반대각선화로

남당의《역학문답》에는 역에 관한 열두 개 도상이 실려 있다.(이상곤, 2009, 608~616) 열두 개 도상이 모두 하도에 관한 것이고 낙서에 관한 것은 단 하나도 없다. 이를 두고 학자들 사이에는 남당이 낙서를 부정한 것으로밖에 볼 수 없다고 단정한다.(윤종빈, 2007, 163) 그러나 역을 대각선 정리라는 관점에서 보면, 남당이 낙서를 부정했음은 속단임을 알 수 있다. 종래의 역학자들이 주자 이래로 선천과 후천의 규정에 사로잡힌 나머지, 역의 본령인 대각선 논증의 문제를 간과하였다. 구태여 하도와 낙서를 선천과 후천 규정에 관련시킨다면, 차라리 대각선과 반대각선화의 관계로 정의하면 더 설득력이 있을 것이다. 역을 대각선의 여러 구성요소라는 관점에서 관찰하면, 역학 연구자들은 다투어 이들 관계를 연관시키는 데 골몰하였다고 해도 지나친 말이 아님을 알게 된다. 대각선 논증을 역과 연관시키는 데에는 중국역과 한국역의 구별이 없었다. 무엇보다 《대각선 논법과 역》 8장에서는 유목이 얼마나 이 문제로 고심했는가를 안 수 있었다.

남당이 하도에만 몰두하고 낙서는 부정하는 듯한 인상을 준 것은, 그가 하도에서 낙서로 반대각선화 되는 과정 그 자체에 누구보다도 관심을 가졌고, 바로 그 과정 속에 낙서가 나타난다고 생각하였기 때문이다. 다시 말해서, 하도와 낙서를 대각선화와 반대각선화라는 관점에서 보면, 남당은 바로 이런 전환과정 자체에 관심을 가진 역학자라 할 수 있다는 것이다. 다시 말해서, 하도에서 낙서로 반대각선화 되는 과정이 어떻게 전개되는가에 대한 고찰은 지금까지 한 적이 없었기 때문에 남당에 대한 오해가 생긴 것이다. 그런 의미에서 그의 역이 갖는 의미는 크다고 하겠다.

유목의 경우는 명패수 5와 생수의 연결에 주로 몰두하였지, 생수와 성수를 바로 연결하는 작업은 하지 않았다. 그러나 우리는 남당의 역에서 이를 보게 될 것이다. 그러면 생수와 성수의 직접 연결이 왜 그렇게 어려운가? 바로 대상과 메타의 관계이기 때문이다. 즉, 대상과 대상, 메타와 메타의 수평이동이면 연결에 문제가 없지만, 위상 또는 유형이 다른 둘을 연결한다는 것은 큰 사고의 전환 없이는 불가능하기 때문이다. 이런 차원 전환 또는 위상 변환이 남당의 역에서 가능하게 되었다는 것이다. 낙서에도 생수와 성수가 어깨를 나란히 하기는 했어도 연결되어 있지는 않았다. 이는 둘의 연결 문제가 정치 사회적 변동을 의미하는 것이기 때문으로, 사고의 혁명이라고 아니할 수 없다. 아래에서는 하도에 관한 남당의 여덟 개 도상들을 소개함으로써 그가 어떻게 하도의 대각선화와 반대각선화를 동시에 작업하고 있는가를 알아보려 한다. 이것은 김일부의 정역을 이해하는 데 결정적인 도움이 된다.

남당이 도상을 배열하는 순서 자체에서도 하도를 반대각선화시키는 순서를 그대로 반영하고 있다. 한남당의 도상을 바로 이해하는 지름길은 5와 10을 어떻게 처리하는가를 보는 데 있다. 즉, 명패수 5와 대각선수 10의 흑점과 백점을 어떻게 처리하는가가 문제의 관건이다. 중앙 5의 경우, 그것을 사각형 안에 넣느냐 넣지 않느냐의 문제, 10의 경우는 흑5+흑5냐, 백5+흑5냐의 문제가 도상을 이해하는 실마리가 된다는 말이다. 여덟 개의 도상에 이들 실마리가 되는 항목들을 기입하여 넣는 방식으로 표시하면 아래와 같다.

A그룹: 반가치화와 대각선화

　1도: 하도-흑5+흑5(중앙 백5를 사각형 안에 넣음)

　2도: 선천태극상합도-흑5+흑5(중앙 백5를 사각형 안에 넣지 않음)

　3도: 복희즉하도작역획괘지도

　4도: 복희즉하도포괘지도-흑5+흑5(중앙 백5를 상하좌우 생수와 성수에 연결시킴)

B그룹: 반대각선화

　5도: 횡도차서합하도지도-백5+흑5(10을 백5+흑5로 처리함)

　6도: 원도방위합하도지도-백5+흑5(10을 백5+흑5로 처리함)

　7도: 문왕즉하도포괘지도-흑5+흑5(10을 흑5+흑5로 처리함)

　8도: 64괘방원지도

　대각선화에 대한 일반적인 정리를 다시 하면 다음과 같다. 대각선화란 명패수 5와 생수 1, 2, 3, 4, 5의 더하기를 의미한다. 그 결과 성수 6, 7, 8, 9, 10은 대각선 수가 된다. 여기서 5는 자기 자신이 명패이기도 하고 생수이기도 하다. 그래서 5의 대각선 수는 10이다. 5가 명패일 때는 백점으로, 물건일 때는 흑점으로 표시한다. 그래서 흑5+흑5=흑10에서 흑10은 명패수, 흑5는 물건수가 된 것이다. 도상에서는 흑5를 하나는 상, 다른 하나는 하에 배열한다. 상이 명패이고 하가 물건이다. 이를 세로선으로 연결한다는 것은 다름 아닌 명패와 물건이 사상 mapping되어 대각선화 됨을 의미한다. 이에 대하여 백5+흑5=흑백10인 경우는 상 백5가 명패로 되돌아왔음을 의미한다. 이것은 명백한 반대각선화이다. 그래서 남당의 여덟 개 도상들은 흑5+흑5인 대각선화(1도-4도)와 백5+흑5인 반대각선화(5도-7도)로 크게 나눌 수 있다. 여기서 제3도는 전자에 해당하고, 제8도는 전체의 종합판이다.

　대각선 논증은 소옹의 방도와 원도로부터 시작한다. 그런데 남당은 대각선화와 반대각선화의 과정을 거쳐 도상들을 작도한 다음, 그 끝에 방도와 원도를 소개하였다. 이것은 이 책의 시종과 궤를 같이한다. 그런 의미에서 남당의 여덟 개 도상은 이 책의 요약이라고 하겠다.

제1도 〈하도〉와 음양 양의의 대각선화

　제1도는 중앙 백5가 사각형에 둘러싸여 있고, 10은 흑5+흑5이다. 5와 10의 관계는 1과 6, 2와 7, 3과 8, 4와 9, 5와 10의 연장선에서 생각해야 한다. 5는 생수이면서 동시에 명패로서, 5+5=10이란 정대각선이 된 것이다. 흑점은 양수를, 백점은 음수를 나타낸다. 그러나 5는 흑으

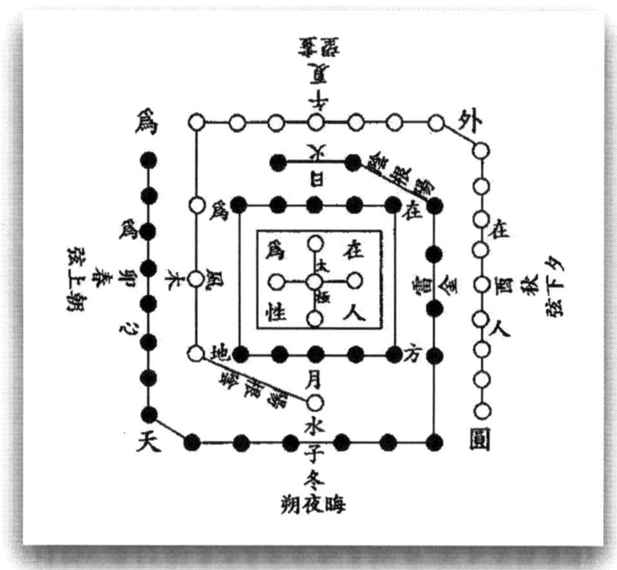

도표 4-1. 하도

로도 백으로도 된다는 데 문제가 있다. 명패로도 물건으로도 되기 때문이다.

제1도에서는 10을 흑5+흑5로 처리하고 있다. 이는 두 개의 5 가운데 하나는 물건이고 다른 하나는 명패인데, 흑5+흑5라는 것은 명패 5가 물건화 되어 있다는 것으로, 다름 아닌 대각선화이다. 개수는 5개로서 양수 백점이어야 하는데, 개수 5가 흑점이라는 것은 반가치화를 의미한다. 그런데 제1도 〈하도〉에서 중앙 백5는 사각형으로 둘러싸여 있다. 이것은 백점 양5가 흑점 10과 분리된 상태임을 뜻한다. 즉, 중앙 백5를 사각형으로 둘러싸 버린 것은 흑백이 둘로 나누어진다는 뜻이다. 다시 말해서, 음수와 양수가 분리된다는 뜻이다. 이러한 중앙 5와

10의 상태가 그대로 주변의 다른 생수와 성수의 작용에 영향을 준다. 다시 말해서, 양수-백점은 1+3+7+9=20과 같이 이어지고, 음수-흑점은 2+4+6+8=20과 같이 이어진다. 그리고 흑점 20과 백점 20은 완전히 분리되어 절연된 상태이다. 이는 다름 아닌 음양 양의의 분리된 상태를 그대로 반영하고, 이는 다음 제3도에서 나타난다.

제1도 〈하도〉에서 대각선 논증의 요소 가운데 반가치화와 대각선화를 확인할 수 있다. 즉, 백5가 흑5가 된 것은 반가치화이고, 백5가 반가치화되어 흑5와 연접이 된 것은 세로와 가로가 사상한 것으로, 이는 대각선화이다. 그러나 여기서 말하는 대각선화는 음양 양의의 대각선화라는 사실을 명심해야 한다. 앞으로 4상과 8괘의 대각선화 과정이 남아 있기 때문이다.

이러한 대각선 논증의 기본 이론을 살핀 다음, 제1도에 대한 남당의 설명을 들어보자. "1, 3(물건수)이 6, 8(대각선수)의 안에 있고, 2, 4(물건수)가 9, 7(대각선수) 안에 있는 것은 음이 양의 뿌리이고 양이 음의 뿌리여서 음양이 상대의 집에 감추어져 있다."(괄호 안은 필자) 이 말은 대각선화의 반대각선화, 그리고 물건수의 대각선화를 동시에 표현한 말이라고 할 수 있다. 둘이 서로 안에 감추어져 있다고 한 것이다. 여기서 5와 10에 대한 남당의 이해가 가장 중요하다. "5, 10이 가운데 있는 것은 태극이니, 동動하여 양이 되고 정靜하여 음이 되는 것의 본체이다." 명패수와 물건수를 태극으로 보고, 이것이 동하고 정하는 데 따라서 생성이 시작됨을 말하고 있다.

1과 6, 2와 7, 3과 8, 4와 9는 물건수와 대각선수가 결합되어 있는바 반대각선화를 그대로 보여준다. 이를 두고 "1, 6이 북北에서 함께 바탕이 되고, 2, 7이 남南에서 한 무리가 되며, 3, 8이 동東에서 한 벗이 되며, 4, 9가 서西에서 한 길을 가며”라고 한다. 이는 반대각선화를 공간의 조화를 이루는 것으로 보는 것이다. 5, 10에 대해서는 “5, 10이 가운데서 서로 지킨다”고 했다. 여기서 서로 지킨다는 것은 5가 자기언급을 하여 10이 된 것을 의미한다. 생수 가운데 5만이 자기 자신이 명패이기도 하고 물건이기도 하다는 뜻이다. 5가 자기언급을 하고 있기 때문에 동서남북에서 반대각선화가 일어나 안정과 질서를 유지한다는 것이다.(《남당집》 권5, 역학문답, 1,342쪽)

제2도 〈하도와 선천태극상합도〉 _ 4상의 대각선화

제2도에서는 중앙 5 둘레의 사각형은 사라지고 없다. 그러나 제1도와 같이 여전히 ‘흑5＋흑5’로서 대각선화를 반영한다. 그러나 여기서의 대각선화는 양의가 아닌 4상의 대각선화이다. 흑과 백이 이등분되지 않았지만 사등분되어 있다. 여전히 백점은 백점, 흑점은 흑점끼리 분리되어 이어진다. 이러한 중앙 백5가 사각형 안에서 나와 흑10과 상호 연결을 하려는 준비 상태이다.

서양과 다른 역의 수 개념은 다음 세 가지 특징이라 할 수 있다. 수를 수와 위, 생수와 성수, 음수와 양수, 석합과 보공으로 나눈 점이라 할 수 있다. 남당은 이 세 가지 수의 특징을 제2도(도표 4-2) 속에서 다 살려내었다. 성수 6, 7, 8, 9 가운데 7과 9, 6과 8을 연결시켜 대각선에서 마주보게 하였다. 그리고 그 안에 생수 1, 2, 3, 4 가운데 1과 3, 2와 4를 연결하여 포함시켜 놓았다. 이렇게 하여 음수와 양수가 서로 대대하여 음중양 양중음이 되도록 했다. 그리고 이것을 주도하고 있는 것

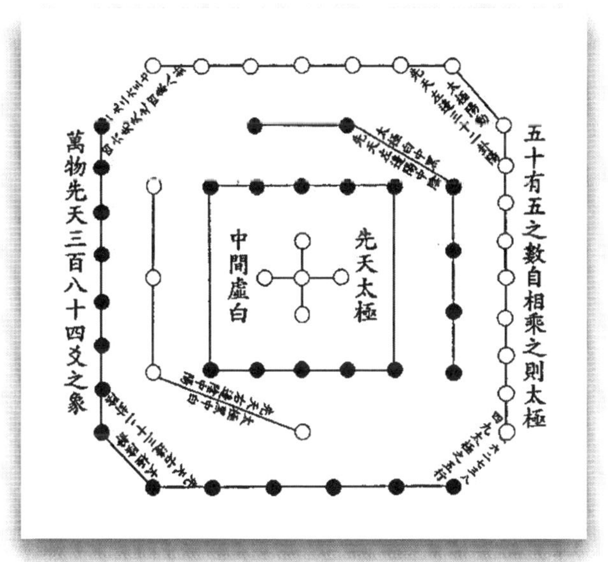

도표 4-2. 하도와 선천태극상합도

은 태극인 5와 10이다. 그래서 수들끼리가 석합보공이 되어 1-9, 2-8, 3-8, 4-6이 서로 이웃하고 있다. 석합보공을 두고는 "선천의 4상과 8괘에 나아감"이라고 했다. 그리고 생수와 성수가 서로 짝지어 1-6, 2-7, 3-8, 4-9 와 같이 된 것은 "태극의 5행이다"이라고 했다.(유영희, 2000, 267) 석합보공, 생성수, 음양수의 대칭 관계는 모두 대각선화와 가치화의 문제와 직결되는 개념들이다. 그래서 대각선 논증이란 관점에서 그림을 다시 보면 아래와 같다.

백점 생수 1-3이 백점 성수 7-9와 분리되고, 흑점 생수 2-4와 흑점 성수 6-8이 분리되어, 모두 네 개가 대각선에서 마주하고 있다. 이렇게 하여 4상四象이 생겨난다. 그래서 제1도에서 음양 양의가 생겨난 것이라면 제2도에서는 태양 7-9, 소양 1-3, 태음 6-8, 소음 2-4이란 4상이 생겨난 것이다. 중앙 백5점이 사각형에 갇혀버리느냐, 아니면 거기서 풀려나느냐에 따라서 음양 대각선화와 4상 대각선화로 나누어진다. 그래서 남당은 중앙 백5점의 처리에 따라서 양의 대각선화와 4상 대각선화를 달리 표현하였다.

제3도 〈복희즉하도작역획괘지도〉 _ 시생 원리의 대각선화

남당은 제3도에서 역의 시생 원리를 흑백점으로 표시한다. 음양 양의의 대각선화는 제1도에, 4상의 대각선화는 제2도에 반영되었다. 이제 제3도에 따르면 백5+흑10을 '태극'으로 보고, 이를 시발점으로 하여 태극-음양-4상-8괘를 네 층으로 나타낸다.

음과 양을 흑과 백점으로 나타내었다. 시생의 각 단계를 '층'이라고 하자. 그런데 각 층마다 대칭되는 것을 살펴보면 특징이 있다. 1층 태극층은 5와 10의 대칭, 즉, 명패와 대각선이 연접해 있는 대칭이다. 2층의 음양 양의층은 석합보공에 따른 대칭이다. 즉, 1과 9나 2와 8과 같은 네 개의 석합보공을 하는 수들끼리의 대칭이다. 이를 '석합보공대칭'이라고 하자. 4상층은 네 개의 석합보공 대칭을 분리시켜 놓은 차이뿐, 양의 대칭과 같은 종류의 석합 대칭이다. 그러나 8괘층은 양의나 4상과는 사정이 다르다. 8괘층은 생수와 성수의 대칭이다. 1과 6, 2와 7과 같은 생수와 성수의 대칭을 횡으로 나열해 놓았다. 생수와 성수의 대칭은 곧 물건과 대각선의 대칭이기도 하다.(도표 4-3)

그런데 1층 태극층은 복합적이다. 5와 10은 생수와 성수의 대칭인 동시에 석합 대칭이기도 하고, 명패 또는 물건과 대각선의 대칭이기도

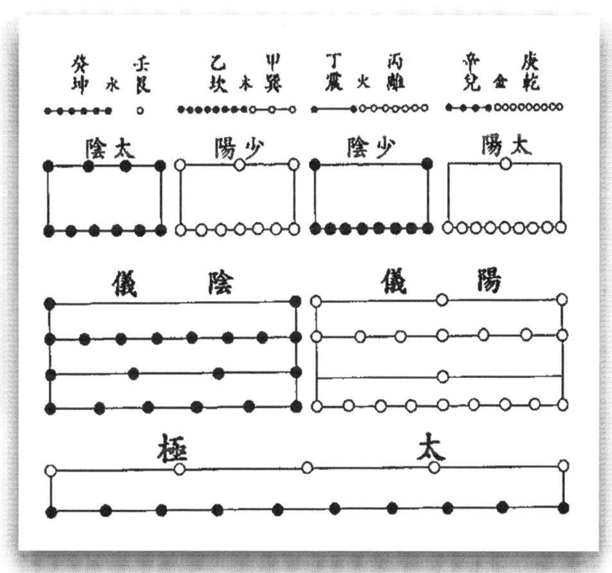

도표 4-3. 복희즉하도작역획괘도

하다. 5와 10의 이러한 다중 복합적 기능 때문에 다양한 변화를 조화시
켜 낸다. 명패와 물건이 접하는 것을 '연접'이라 하는데, 이는 대각선화
이다. 대각선과 물건 또는 명패와 접하는 것은 결접이다. 그런 의미에
서 생수(물건)와 성수(대각선)가 접하는 것은 결접이고 반대각선화이다.
생수와 성수는 각각 국이 되어 둘이 하나의 권을 형성한다. 제5도와
제6도는 이들 여러 대칭이 어떻게 연접과 결접이 되는가를 한눈에 보
여준다. 거기로 가는 준비단계가 바로 제1도부터 제4도까지라고 할 수
있다.

그 준비과정으로 제3도 〈복희즉하도작역획괘도〉는 5와 10의 역할
과 구조를 분명히 하고 있다. 즉, 백5와 흑10의 결접은 태극이다. 5가

자기언급을 하여 5+5=10이다. 다시 순서대로 10이 자기언급을 하면 10+10=20이 된다. 20이 자기언급을 하면 20+20=40이 된다. 이렇게 5의 자기언급을 시작으로 증식된 태극, 음양, 4상, 8괘의 시생 원리가 만들어진다. 그래서 시생의 주된 동력은 자기언급에 있다. 모든 신화에서 창조의 시작을 신들의 자기언급으로 출발하는 이유가 여기에 있다. 〈계사전〉의 시생 원리에 따르면 양의는 한 획으로, 4상은 두 획으로, 8괘는 세 획으로 한다. 그러나 제3도는 이렇게 나타나지 않는다. 바로 자기언급 현상 때문이다. 자기언급은 초과와 과소를 조장하는 장본인이다. 연결 관계를 보면 흑과 흑, 백과 백이다. 그리고 양수-양수, 음수-음수, 생수-생수, 성수-성수이다. 이는 시생 원리의 준비과정을 그대로 보여주는 자기언급적 단계를 한눈에 드러내려는 논리적 시도라 할 수 있다.

이를 다시 확인해 보자. 음양 양의에서 음의는 흑점 20개이고, 양의는 백점 20개이다. 이를 좌우로 나누어 배열하고 있다. 이는 제1도 자체를 그대로 반영한다. 흑20과 백20을 배열하는 것을 보면 석합보공의 방법을 그대로 사용하고 있다. 즉, 대각선수 10수에서 10-1=9, 10-2=8, 10-3=7, 10-4=6의 방법으로 1과 9, 3과 7은 양의에, 2와 8, 6과 4는 음의에 배열하여 각각 20이 되도록 하였다. 여기서도 우리는 대각선수 10을 석합보공하여 음양 양의 수를 나누는 것을 보았다. 결국 태극 속에 있는 10수의 작용으로 양의 두 군의 수가 생겨난다. 다음은 4상이다. 4상은 양의에 있는 석합보공 관계를 각각 네 개로 분리시킨 것으로서 1-9쌍(태양), 2-8쌍(소음), 3-7쌍(소양), 4-6쌍(태음)으로 만들어진다. 그런데 대각선수 10 없이는 석합보공이 불가능하고, 그러면 양의도 4상도 만들어질 수 없다는 것이 남당의 생각이다.

〈복희즉하도작역획괘지도〉에서 남은 것은 8괘이다. 8괘가 만들어지는 방법은 4상에서 작용하지 않은 10-5=5에서 시작한다. 5에 생수 1, 2, 3, 4를 더하는 방법으로, 즉, 5+1=6, 5+2=7, 5+3=8, 5+4=9에서 8괘가 만들어진다. 이는 일종의 대각선화 과정이라 할 수 있다. 양의와 4상에서 10은 작용만 하고 사라지듯이, 8괘에서도 5는 작용만 하고 사라진다. 그래서 9-건, 4-태/7-리, 2-진/ 손-3, 감-8/간-1, 곤-6과 같다. 생수와 성수가 쌍을 만들면서 8괘가 형성된다. 여기서도 5-5가 제외되어 있다. 5-5가 재생되면 그것이 바로 10천간이 된다. 그래서 10천간과 8괘는 5-5(토 혹은 무기)의 여부에 따라 그 차이가 있을 뿐이다. 그래서 8괘 배열법 속에는 역설이 끼어들 수밖에 없다. 이를 4상꾸러미의 역설과 방도의 역설 속에서 확인한 바 있다.(1.2.와 3.2. 참고) 역설 해의의 방법으로 시간성을 도입하는 것은 필수이고 자연스럽다 할 수 있다. 이에 공간 개념인 5행과 시간 개념인 10천간12지지를 도입하여 제3도의 4층에 아래와 같이 배열하였다. 여기서 우리는 남당이 대각선 논증과 역설 해의를 두고 고민하였고, 이의 일환으로 작도했음을 알 수 있다. 5행의 토土와 천간의 무戊·기己의 도입은 시간 개념을 가져오지 않고는 불가능하다.

〈복희즉하도작역획괘지도〉(도표 4-3)의 4층에서는 천간 10에 5행을 첨가하여 작도하였다. 4층 부분만 따로 떼내어 일목요연하게 표시하면 아래와 같다. 이는 실로 역설 해의에 시간을 도입한 것을 한눈에 보여주는 해의법이다.

경(9건)-신(4태)/병(7리)-정(2진)/갑(3손)-을(8감)/임(1간)-계(6곤)
금　　　　　화　　　　　목　　　　　수

위에서 보이지 않는 천간 가운데, 무·기와 5행의 토는 당연히 5+5=10에 의한 5와 10이다. 5+5=10은 대각선화 과정이고, 10-5=5, 또는 10+5=15는 반대각선화 과정이라고 할 때, 제3도인 〈복희즉하도작역획괘지도〉는 이를 극명하게 보여주고 있다. 즉, 대각선화와 반대각선화를 이만큼 층별로 잘 나타내고, 이를 다시 8괘와 5행, 나아가 천간에 연결시켰다는 것은 남당의 역설 해의 방법과 의도가 어디에 있는가를 한눈에 보여준다.

제3도는 〈계사전〉의 시생 원리를 대각선의 여러 요소란 관점에서 일관성 있게 요약하였다. 그런데 여기서 발견되는 문제점은 다음과 같다. 그것은 다름 아닌 4상에서는 10에서 생수를 감하는 방법이고, 8괘에서는 10에서 5를 감한 5에 생수를 가하는 방법이다. 이런 방법은 역대각선화의 방법이다. 대각선수 10에서 가로수인 생수를 감해 나가는 방법이기 때문이다. 10에서 생수를 감하는 방법이 바로 석합보공의 방법으로서, 이것은 낙서에서 대각선에서 마주 보는 괘들과의 관계이다. 그리고 8괘에서는 5에 생수를 가하는 방법을 취하여 이를 일직선에 배열했는데, 이는 낙서에서 괘들을 나란히 배열할 때 하는 규칙과 같다. 그렇다면 남당은 제3도 〈복희하도작역획괘지도〉에 낙서의 원리를 다 담았다. 그래서 그는 낙서를 따로 작도할 필요성을 느끼지 못하였던 것이다.

4.2. 반대각선화와 반가치화의 단계

제4도 〈복희하도포괘지도〉 _ 반가치화

제4도에서 남당은 하도를 포진하는 〈복희하도포괘지도〉를 작도한다. 드디어 중앙 백5를 생수와 성수에 모두 연결시킨다. 이는 중앙 5의 대각선화라 할 수 있다. 다음 제5도와 제6도에서는 5가 백5+흑5=흑백10으로 된다. 그런데 흑백의 합은 반가치화이다. 흑은 음, 백은 양이기 때문이다. 여기에 나타난 5, 10, 20이란 수가 김일부의 정역에서 갖는 의미는 아주 크다. 김일부는 5는 '황극,' 10은 '무극,' 20은 '무무위'라고 하였다. 그리고 태극은 1이다. 이 수들을 구사하면서 그의 정역이 펼쳐진다.

남당은 그의 역도에 하도만 등장하는 까닭은, 하도에서 낙서로 변하는 과정만 다루었기 때문이라고 했다. 여기서 변하는 과정이란, 다름 아닌 하도의 대각선 10이 변하여 반대각선화 되어 가는 과정을 말한다. 그 가운데 제4도는 이 점에 가장 충실한 도상이다.(도표 4-4) '복희즉 하도포괘지도'란 말 그대로 하도에 '복희8괘'를 포진시킨다는 뜻이다. 괄목할 만한 것은 중앙 백5점이 상하좌우 사방으로 연결되어 생수와 성수 모두에 가 닿는다는 점이다. 백5가 생수와 연접이 되면 위에서 본 바와 같이 8괘가 되고, 성수와 결접이 되면 석합보공하여 4상이 된다. 전자는 대각선화이고 후자는 반대각선화이다. 중앙 백5가 흑10과 연접이 된다는 것은 반가치화를 의미한다. 그렇다면 이는 반가치화, 대각선화, 반대각선화를 모두 갖춘 격이다. 그럴 때 그 안에 어떤 현상

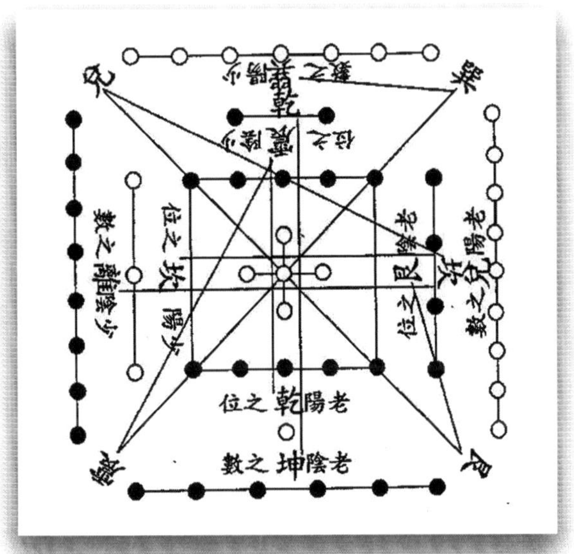

도표 4-4. 복희즉하도포괘지도

이 벌어지는가? 칸토어의 대각선 논증에 따르면 바로 여기서 연속체 가설의 문제가 발단이 된 비결정성의 문제가 발생한다. 이를 제4도에 서 확인해 보자.

　하도는 복희의 그것과 조금도 변함없는 그대로이다. 여기에 사방팔 방에 8괘를 배열한다. 같은 방향 안에 괘들이 들어앉아 있는 순서를 안으로부터 순서대로 1좌, 2좌, 3좌와 같이 번호를 준다. 배열방법을 보면 북에는 건1좌·곤2좌, 남에는 진1좌·건2좌·손3좌, 동에는 감1 좌·리2좌, 서에는 간1좌·감2좌·태3좌가, 동남 구석에는 태좌, 서남 구석에는 손좌, 동북 구석에는 진좌, 서북 구석에는 간좌가 배열되어 있다. 여기서 배열규칙이 중요한데, 그것은 다름 아닌 대각선 대칭과 자기 대칭이다. 대각선 대칭과 자기 대칭의 문제는 윤선거의 〈서괘도〉 (3장)에서 말하였다. 먼저 정괘 '건곤감리'와 부정괘 '태간진손'의 두 부류로 8괘를 양분한 다음, 대각선 대칭과 자기 대칭 관계를 두 부류에 적용한다. 다시 8괘를 정방형에서 방향을 정해 배열한다. 여기서 정 · 부정괘에 상관없이 한 가지 공통된 규칙은 자기 대칭은 반드시 동 · 서 · 남 · 북 사방에 배열한다는 것이다. 그리고 대각선 대칭의 경우, 부정괘는 네 구석에, 정괘는 남 · 동에 배열한다. 이때 정괘는 자기 대칭과 대각대칭은 모두 구석이 아닌 정방향에 배열한다. 여기서 곤(☷)과 리(☲)에서는 자기 자리 자체를 자기 대칭 하지 않을 수 없는 자기 언급의 문제가 발생한다. 그래서 바로 이곳이 중요하다. 여기가 역설의 발생처이기 때문이다. 결국 대각선 대칭의 반가치화, 자기 대칭을 대각선화라고 할 때 〈복희즉하도포괘지도〉가 보여주려는 궁극적인 의도는 대각선 정리 그 자체라고 할 수 있다. 이에 대하여 대각선 논증과 역설 해의라는 관점에서 더 구체적으로 살펴보기로 한다.

먼저 부정괘 태 · 간 · 손 · 진부터 관찰하자. 동남방의 태는 서북방의 간과는 대각대칭을, 서방의 태3좌와는 자기 대칭을 한다. 반대로 간은 태와는 대각선 대칭을, 같은 서쪽의 간1좌와는 자기 대칭을 하고 있다. 태-간 대각선 대칭은 같은 대각선상에서 대칭을 만들지만, 자기 대칭의 경우에는 같은 서쪽에서 자기 자리가 다른 좌에 있는 자기 자신과 대칭을 하고 있다. 즉, 간은 '간1좌와' 태는 '태3좌'와 자기 대칭을 한다. 자기언급이란 시각을 언제나 견지하고 관찰한 결과이다.

다음은 정괘 건 · 곤 · 감 · 리를 검토할 차례이다. 이들은 부정괘와는 상당히 다른 구조를 하고 있다. 건과 곤은 같은 남쪽 안에서 대각선 대칭을 한다. 즉, 북쪽의 건1좌는 같은 북쪽의 곤2좌와 대각선에서 대칭을 한다. 그리고 남쪽의 건2좌와는 자기 대칭을 한다. 그런데 남쪽의 곤2좌는 남쪽의 건1좌와 대각선 대칭을 하는데, 자기 대칭을 하는 곤이 보이지 않는다. 사정은 감·리에서도 마찬가지이다. 즉, 동쪽의 감1좌는 같은 동쪽의 리2좌와 대각선 대칭을 하나, 곤2좌와 같이 리2좌의 자기 대칭 자리는 보이지 않는다. 이렇게 부정괘와 정괘는 두 가지 대칭을 만드는 방법이 서로 다르다. 그 이유에 대한 설명이 곧 대각선 정리와 유관하다는 것이다.

대각선 정리의 6대 요소라는 시각에서 보았을 때, 대각선 대칭은 반가치화이고, 자기 대칭은 대각선화이다. 왜냐하면 3효의 음양치(가치)가 모두 반대로 바뀌는 것이 대각선 대칭 관계이기 때문이다. 즉, 간(☶)과 태(☱), 진(☳)과 손(☴), 건(☰)과 곤(☷), 감(☵)과 리(☲)의 치는 모두 반대이면서 대각대칭이다. 그러면 자기 대칭은 무엇인가? 하도를 남당은 사각형화하여 부정괘 진·손·간·태를 모두 대각선상에 배치하여 대각선을 만들었다. 괘가 자기 대칭을 한다는 것은 정대각선화한다는 말과 같다. 정대각선 위에서 모든 괘들은 자기 대칭을 하기 때문이다.(《대각선 논법과 역》 그림 6-2 참고) 다시 말해서, 대각선 대칭과 자기 대칭을 동시에 한다는 것은 대각선의 반가치화 작용이라는 사실이 분명해진다. 이는 정괘나 부정괘 모두에 해당하는 말이다.

다음으로 중요한 것은 반대각선화를 어떻게 설명할 것인가이다. 이것 역시 〈복희즉하도포괘지도〉에서 분명해진다. 자기 대칭을 하는 괘를 자기 자신에서 분리하여 다른 방향에 한 번 배치해 본다. 진-손 대각선 대칭은 남쪽 진1좌·손3좌에 옮겨 배열을 해보자는 것이다. 이는 분명히 대각선을 가로화한 것으로서 반대각선화이다. 태-간 대각선 대칭도 사정은 마찬가지이다. 태-간 대각선 대칭을 서쪽 간1좌·태3좌에 옮겨 배열을 하면, 이것 역시 분명한 반대각선화이다. 여기서 방향을 달리할 때는 대각선 대칭괴 자기 대칭을 동시에 하고 있어서, 이는 반가치화와 반대각선화가 동시에 진행되고 있음을 의미한다. 즉, 남당이 대각선 정리를 의식하고 작도했다는 것은, 대각선수에 해당하는 5와 10을 정방형으로 한 뒤, 두 줄로 된 십자형으로 상하와 좌우에 괘를 배열하였다는 데서 분명해진다. 정괘들은 이 십자형 동서남북 대칭구도 속에 있는 것은 물론이고, 부정괘도 십자형 대각선 위에서 대각대칭을 하고 있다. 이는 남당이 대각선을 깊이 이해하고 작도했음을 단적으로 말해주고 있다.

남은 문제는, 곤과 리에는 왜 자기 대칭이 없느냐이다. 정괘 건·곤·감·리의 경우, 북방에는 건과 곤, 동방에는 감과 리가 같은 방향에서 대각선 대칭을 하고 있다. 북쪽의 건1좌는 남쪽의 건2좌와 자기 대칭을 하고, 동쪽의 감1좌는 서쪽의 감2좌와 자기 대칭을 하고 있다. 대칭의 특징은 한 방향에서 대각선 대칭을 하고 있다는 점이다. 그런데 중요한 것은 곤과 리에 해당하는 자기 대칭은 보이지 않는다는 것이다. 그 이유에 대한 설명은 이렇다. 건-곤과 감-리는 남쪽과 동쪽 '그 자체 안에서 대각대칭을 하고 있기 때문에, 위에서 말한 자기 대칭을 배열하는 원리를 적용할 때 다음과 같은 문제가 발생한다. 즉, 만약에 북방의 곤2좌를 남쪽에 배열할 경우, 거기에 있는 건2좌를 만나 대각대칭을 하게 된다.

그런데 이미 건-곤의 대각선 대칭은 북쪽에서 이루어졌다. 마찬가지로 동쪽의 리2좌의 자기 대칭을 서쪽에 가져갈 경우, 거기에 이미 있는 감2좌와 대각선 대칭을 하게 된다. 그리고 감-리 대각선 대칭은 이미 동쪽에서 이루어졌다. 그러면 이런 경우 문제점은 무엇이고 이 문제를 해결하는 길은 무엇인가? 그 문제점은 곤이 자기가 있는 북쪽의 곤2좌 자체와 자기 대칭을 해야 한다는 자기언급에 있다. 그리고 리도 마찬가지로 동쪽의 리2좌 자체와 자기 대칭을 해야 한다. 이런 문제가 발생하는 근본 원인은 자기 대칭은 동서남북의 정방향에서 해야 하는데, 남쪽과 서쪽에 건과 감이 가 있기 때문이다. 다시 말해서, 거기에 곤과 리는 갈 수 없다는 원칙과 정방향에서 자기 대칭을 해야 한다는 원칙을 지키기 위해서 곤은 북쪽에, 리는 서쪽에 자리 잡고 있어야 한다.

다시 말해서, 리와 곤은 자기 자리에서 대각선 대칭과 자기 대칭을 동시에 수행해야 한다는 것이다. 바로 이것이 반가치화와 반대각선화를 했을 경우에 역설이 발생하는 이유이고, 연속과 비연속의 문제가 발생하는 이유이기도 하다. 그러나 칸토어를 비롯한 서양 학자들은 이 점을 몰랐다. 결국 대각선 대칭과 자기 대칭의 문제는 일관성을 담보할 수 없게 만든다. 우리는 〈복희즉하도포괘지도〉에서 이 점을 확인하게 된다. 여기서 반대각선화와 반가치화를 통해 하도에서 낙서로 변하는 경과 과정의 중요한 한 변화 단계 속에 나타난 일종의 연속체 가설의 문제를 확인했다.

제5도 〈횡도차서합하도지도〉 _ 반가치화의 문제

〈횡도차서합하도지도〉에서 괄목할 만한 점은, 중앙 백5점은 변함없으나 10이 달라진 것이다. 즉, 백5+흑5=흑백10으로 달라졌다. 상에 있

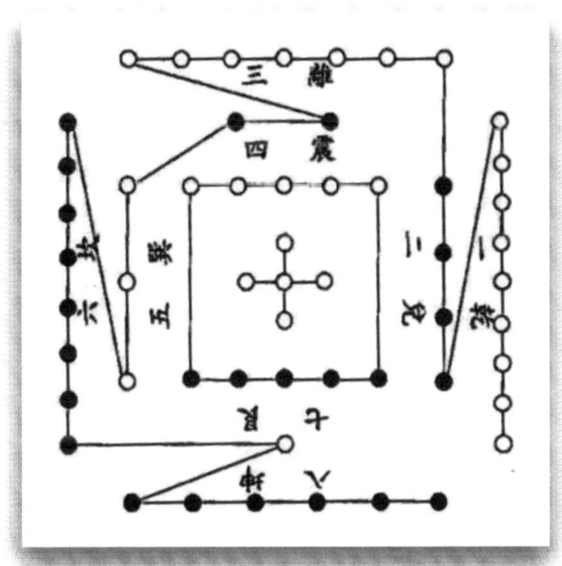

도표 4-5. 횡도차서합하도지도

는 백5는 명패이고, 하에 있는 흑5는 물건이라고 했다. 그 까닭은 백5가 중앙 백5와 같기 때문이다. 하가 백으로 되지 않는 이유는 그것이 물건이기 때문이다. 그렇다면 지금까지의 도상에서는 흑10이었는데 그것이 흑5+백5=10이 된 것은 무슨 의미인가? 그것은 다름 아닌 대각선화에서 반대각선화 되었다는 증거이다. 중앙의 백5는 명패이다. 이 명패가 상백5와 하흑5로 나누어진 점이 제5도의 특징이다. 이는 대각선수 10이 명패수 백5와 물건수 흑5로 나누어진다는 말과 같다. 대각선이 반대각선화 되었음을 의미한다.(도표 4-5)

그러면 동일한 5가 세 개의 다른 모습으로 나타난다는 것은 중요한 쟁점으로 부각될 수밖에 없다. 다른 수에는 없는 5에서만 그런 현상이 발생한 것이다. 중앙 백5와 흑·백10(흑5+백5) 속의 백5와 차이 문제 말이다. 다시 말해서 중앙의 백5와 상에 있는 백5와의 같은 점과 다른 점의 문제 말이다. 5행상으로 보아 5는 토에 해당한다. 토는 흑과 백 어디에나 해당한다. 흑5와 백5 둘의 같음과 다름의 문제, 그리고 중앙의 백5와 상의 백5와의 같음과 다름의 문제 말이다. 하나는 명패이고 다른 하나는 물건의 위치에 있다. 같은 백5이지만 처한 위치가 다르다. 수는 5로 같은데 위가 다르다는 것이다. 다른 수의 경우는 위가 8이면 수는 2로 석합보공 되어 다르지만, 5는 같은 5로서 위도 되고 수도 된다. 바로 이런 문제가 주변 다른 수의 작용에 그대로 영향을 준다. 그러면 어떻게 영향을 주는가?

하도의 흑점과 백점은 모두 이어지나 6과 9는 연결되지 않았다. 생수와 성수의 대칭 관계인 9.4-7.2-3.8-1.6과 같이 생수와 성수대칭이 맞물려 이어진다. 그리고 흑과 백도 번갈아가며 이어진다. 그래서 생수와 성수의 대칭과 흑과 백의 대칭을 발견한다. 그런데 아래와 같이 괘의 번호는 직선적으로 정향성을 그대로 보여준다.

백9　흑4　백7　흑2　백3　흑8　백1　흑6
1건　2태　3리　4진　5손　6감　7간　8곤

석합 대칭 관계는 안쪽 수와 바깥쪽 수는 서로 엇갈려 있다. 예를 들어서, 안쪽의 흑2와 석합 대칭 관계인 흑8은 백3의 바깥쪽에 있다.

양수(백)와 음수(흑), 생수와 성수가 굴곡을 만들면서 하나의 선상에서 연속되어 1건(9)→2태(4)→3리(7)→4진(2)→5손(3)→6감(8)→7간(1)→8곤

⑹의 순으로 연결한다. 9부터 순서대로 8괘의 괘명과 괘수를 적어 놓았다. 8괘 수는 일관성을 가지고 횡도의 순서대로 횡으로 배열된다. 그런데 8괘상에서 볼 때 8곤과 1건이 연결이 안 된 상태로 도상이 끝나고 말았다.

여기서 〈횡도차서합하도지도〉라 한 이유를 알 수 있다. 8괘는 정향적으로 횡도와 같이 배열되어 있고, 중앙 5와 10의 배열법은 하도의 그것과 같다. 문제는 정향적이 되어 시종이 연속되지 않는다는 점이다. 백-흑이 번갈아가며 8괘는 횡으로 건1-태2-리3-진4-손5-감6-간7-곤8 순으로 시원적으로 배열되었지만 건리감곤은 밖에서 안으로 들어오고, 태진손간은 안에서 밖으로 나가는 방향으로 배열하였다. 이는 횡도가 작용을 시작하여 하도가 되려고 하는 과정의 상을 그대로 나타낸 것이다.

이제 하도로 완성되기 위해서는 6과 9가 연결되는 것이 관건이다. 그것은 중앙 토(5와 10)의 작용 여하에 달려 있다. 5와 그것의 자기언급인 10 없이는 생성 자체가 불가능함을 보여주려고 이 그림을 작도했다고 할 수 있다. 그러나 이런 생성 관계의 과정 속에 연속과 비연속의 문제, 그리고 그 안에는 역설 해의라는 과제가 숨어 있다. 그래서 제5도(도표 4-5)의 난관은 바로 6과 9의 이음 연속의 문제이다. 지금까지 이음의 규칙은 반드시 음은 양, 양은 음과 이어져야 한다는 것과, 성수와 생수, 생수와 성수가 서로 이어져야 한다는 일관성이 있었다. 그러나 6과 9는 모두 성수이다. 만약에 6과 9를 잇는다면 음수와 양수의 이음에는 문제가 없으나, 성수와 성수의 이음이기 때문에 비일관성을 초래하고 만다. 여기서 발상 전환을 위해 백5+흑5로 눈길을 돌리는 것이다. 이는 다름 아닌 중앙 백5가 상의 백5와 같으면서도 다르다는 것이다. 여기서 같음에만 착안한다면 흑과 흑, 백과 백의 이음에는 문제가 없다. 이러한 점에 착안하여 이음을 시도한 것이 제6도이다.

먼저 6과 9가 5와 10과 어떤 관계 속에 있는지를 알아보자. 6은 5 다음의 수이고 9는 10 이전의 수이다. 여기서 정역의 '포5함6'과 '9체10용'이란 말이 나온다. 다시 말해서, 6은 중앙의 5가 추동하면 앞으로 나아갈 수 있고, 9가 체가 될 때 10은 용으로 나타난다. 그래서 정체되어 있는 6과 9가 5와 10의 작용으로 서로 연결된다. 이 문제는 정역에서 핵심주제로 다루어진다. 흑6과 백9의 연결 문제도 정역에서 다시 다루어질 것이다. 그렇다면 5는 명패수, 10은 대각선수라고 할 때, 대각선수의 작용으로 6과 9의 연결이 가능해진다.

제5도는 횡도에서 하도로 전환하는 모습을 그대로 보여준다. 건, 태, 리, 진, 손, 감, 간, 곤 8괘가 오른쪽에서 왼쪽으로, 밖에서 안으로, 안에서 밖으로 들락날락하면서 선회한다. 그러나 괘에 달린 수는 일정한 방향으로 움직인다. 시원적이라 할 수 있다. 이는 횡도가 가지고 있는 일관성과 비일관성의 문제 자체이다. 시종이 분명하기 때문에 시와 종이 서로 만나지 못하고, 그래서 백9와 흑6 사이는 연결이 되지 않는다. 다만 흑과 백이 대칭이 되어 연결이 되는 것 말고 다른 차원의 대칭의 일치는 보이지 않는다.

4.3. 연속과 비연속의 문제

제6도 원도방위합하도지도 _ 대각선화와 반대각선화

제5도와 제6도를 비교할 때, 전자에서는 8괘가 정향적으로, 즉, 한 방향으로 배열되었지만, 후자에서는 비정향적이다. 다시 말해서 건, 태, 리, 진은 순방향(시계바늘과 반대 방향)으로, 손, 감, 간, 곤은 역방향(시계바늘과 같은 방향)으로 배열되었다. 이러한 배열 방법은 하도의 그것과 일치한다. 제6도가 제5도와 다른 점은 6과 4가 연결되어 있다는 것, 그리고 백7과 백2, 흑6과 흑4는 흑과 백이 아닌 흑과 흑, 백과 백끼리 연결되었다는 것이다.(도표 4-6)

제6도는 제5도와 같은 석합대칭과 생수·성수 대칭을 갖는다. 다만 그 작용 방향에서 제5도는 정향적이고 제6도는 비정향적이다. 제6도가 제5도와 다른 점은 연결 부분이다. 제6도의 경우는 제5도와 달리 모든 수가 연속적이다. 비정향적이면서 하나로 연속을 한다는 것은 그 속에 어떤 위상학적 문제가 있다는 의미이다. 그것은 바로 두 가지 다른 집합인 '건, 태, 리, 진'과 '손, 감, 간, 곤'이 서로 순이고 역이면서도 어떻게 연속이 되느냐 하는 문제이다. 두 개의 집합에 이음이 있는 곳은 백7건과 흑6곤이다. 그런데 건과 곤은 두 집합의 명패 자체이다. 명패 자체는 자기 자신과 자기언급을 한다. 그래서 건 다음의 태는 같은 백이고, 곤 이전의 간은 같은 흑이다. 명패 자체가 부분의 한 요소가 될 때 이런 자기 언급이 불가피하고, 이런 자기언급 없이는 생장 자체가 불가능하다. 흑2손은 생生이고 백7건은 성盛이다. 그리고 건 다

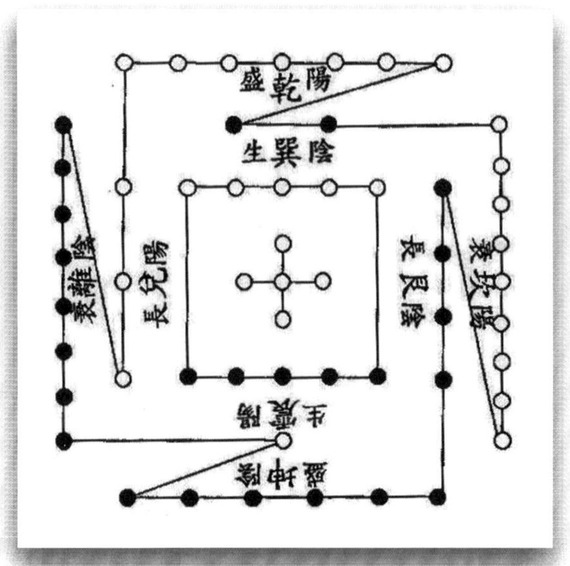

도표 4-6. 하도방위합하노시노

음의 백3태는 장長이다. 다시 말해서, 생성과 성장이 가능해지는 원리 속에 백과 백의 자기언급이 있다는 것이다. 곤과 간 사이의 흑6곤과 흑4간 사이도 마찬가지로 성장이 일어나는 곳이다. 성장은 모두 백백 아니면 흑흑으로 자기언급적이다.

그리고 3과 7은 석합보공 대칭 관계이고, 3과 8은 생과 성의 대칭 관계이다. 마찬가지로 6과 4는 석합보공 대칭 관계이고 1과 6은 생과 성의 대칭 관계이다. 그리고 생수는 명패수이고 성수는 대각선수임을 명심하여야 한다. 이렇게 생성과 성장, 성쇠를 결정적으로 가능하게 하는 것이 5와 10이란 수이다. 그래서 5와 10은 역설을 조장하는 동시에 이들 두 수 때문에 생장성쇠가 가능하게 된다.

이에 대한 더 상세한 성찰은 다음과 같다. 제5도(도표 4-5)에서 흑6곤과 백9건은 공간 차원에서의 연결 가능성을 정대각선 백5+흑5에서 찾았다. 그리고 10+5는 정대각선의 역대각선화이다. 반대각선화는 대각선이 가로(생수)가 되는 것이고, 역대각선화는 대각선수 10이 9, 8, 7, 6, …와 같이 역행하여 생수가 되는 것을 말한다. 그래서 '역대각선화'란 10을 대각선화라 할 때, 10이 역으로 물건수(생수)와 결합되는 10+5를 말한다. 그래서 1+6, 2+7, … 등도 역대각선화이다. 물론 1+5, 2+5, …는 대각선화이다. 전자는 대각선수인 성수가 물건수와 결합하는 것이고, 후자는 생수 1, 2, 3, 4, 5가 명패수 5와 결합하는 것이다. 그 가운데 10+5는 정대각선의 역대각선화일 뿐이다. 남당은 제5도에 나타난 공간적 차원의 흑6곤과 백8건 사이의 비연결의 연결을 위해 시간적 연결 가능성을 제6도에서 제시하고 있다. 제5도에 없던 시간 개념을 제6도에서 도입하고 있다.

즉, 남당에 따르면, 제5도의 비연속성은 시간 차원을 통해 가능해진다는 생각을 한 것이다. 생生·성盛·장長·쇠衰라는 변화하는 시간 개념을 8괘에 적용하여 성건양盛乾陽(7)-장태양長兌陽(3)-쇠리음衰離陰(8)-생진양生震陽(1)-성곤음盛坤陰(7)-장간음長艮陰(4)-쇠감양衰坎陽(9)-생손음生巽陰(2) 순서로 제5도에서 남겨진 비연속적 부분을 연속시키고 있다.

그런데 관심이 집중되는 부분은 바로 흑4간-흑6곤의 연결, 백3-백7의 연결 부분이다. 여기서 흑과 흑, 백과 백이 연결되어 있다. 이들 연결되는 수는 4-6과 3-7과 같이 석합보공의 관계이다. 흑-흑과 백-백은 서로 연결이 안 되는 관계이나 연결이 가능해진 이유는 석합보공 때문이다. 즉, 제5도와 제6도의 차이는 위에서 말한 대로 시간 차원, 성·

장·쇠·생·성·장·쇠·생을 도입한 데 있다. 제5도에는 시간 개념이 없이 8괘의 공간 개념뿐이었는데, 제6도에서는 모두 연결이 되어 순환적이 되었다. 다시 말해서, '3.장태양'이 '7.성건양'과 연결이 되었고, '흑4장간음'이 '흑6성곤음'과 연결되었다. 이는 성盛과 장長과 같은 시간 요소들 때문이라는 것이다. 생·성·장·쇠의 네 가지 시간 변화가 순환을 가능하게 만든다. 백5+흑5가 중앙 백5에 의한 조절이 동시에 이루어지기 때문이다. 이들 세 가지 5가 변화를 조절할 수 있는 이유는 다름 아닌 5의 자기언급 때문이다. 즉, 중앙 백5는 명패 백5도 물건 흑5도 될 수 있기 때문이다. 백백도 될 수 있고 백흑도 될 수 있는 것이 5이다. 이렇게 자유자재하는 것이 5이다.

흑(음)과 음, 양(백)과 양은 공간적으로 상반되지만 이러한 공간적인 대립성을 극복하게 만드는 것이 시간이다. 결국 반대각선화와 역대각선화, 그리고 반가치화가 가능해진 것은 시간이란 요소 때문이다. 역설 해의에 시간적 요소의 도입이 불가피한 이유가 바로 여기에 있다. 사이먼스가 시간 맥락론에서 역설을 보는 이유도 바로 여기에 있다. 《대각선 논법과 역》 7.5. 참고)

공간 차원에서 역설적이던 것이 시간 차원이 도입되면서 역설이 맥락에 따라서 역설이 아닌 것이 되어 버리는 점이 제6도가 역설 해의에서 갖는 큰 의의라고 할 수 있다. 결국 하도가 낙서로 변하는 것도 공간 차원에 시간 차원이 더해지는 것으로 이해할 수 있다. 제6도에 이어서 제7도를 〈문왕즉하도포괘지도〉에서도 하도 자체에 시간 개념을 도입하면 낙서를 따로 작도하지 않아도 낙서 구조를 만들 수 있다는 것이다.

이제 유목과 주자 사이의 10과 9의 문제를 상기하면서 남당이 이를 어떻게 다루고 있는지를 보자. 남당은 하도와 낙서를 상호 기능적으로 고찰하였지, 가시적 형태에서 고찰하지 않았다. 생수와 성수를 연접시키자면 반드시 비연속이 발생하는데, 여기에 시간 개념을 도입하고 중앙 5와 10의 관계를 다시 조절함으로써 하도에서 낙서적 기능이 발생한다고 보았다. 10이란 중국역에서는 난제 거리로 제거의 대상이었다. 그러나 남당은 그것을 작용의 상수로 보았다. 이것은 한국역 전반에 나타나는 일반적인 현상이다.

공간적으로 서로 대칭하는 괘들의 관계를 보면, 이러한 주장이 타당하다는 것을 알게 된다. 제5도는 횡도라 했고, 제6도는 원도라 했다. 차원이 서로 다르다. 그런데 여기서 원을 이차원적인 것으로 보아서는 안 된다. 제6도에서는 건, 태, 리, 진과 손, 감, 간, 곤의 두 군이 서로 순역으로 반대하면서 일치하는 것을 보았다. 이것이 제5도에는 없었던 새로운 차원의 첨가이다. 여기서 우리는 철저하게 대각선 대칭 관계로 배열된 것을 발견한다.

남-북방은 건 · 진과 곤 · 손 대칭을, 그리고 동-서는 태 · 리와 간 · 감 대칭을 이루고 있다. 이는 다름 아닌 완벽한 의미에서 삼차원 대각선 대칭 관계이다. 전후 · 좌우 · 상하의 삼차원 대칭이 모두 대립하는 괘들이 동서남북의 정방향에서 서로 마주보고 있다.(《대각선 논법과 역》 그림 6-2 참고) 제5도에서는 발견되지 않던 8괘 대칭 관계이다. 이것은 삼차원 대각선 대칭이지만 시간 요소가 가미되면 모든 반대가 일치한다는 사실을 보여준다. 한마디로 말해서, 제6도는 대각선화와 반가치화와 역대각선화가 동시에 이루어진 칸토어가 말하는 양성 대각선

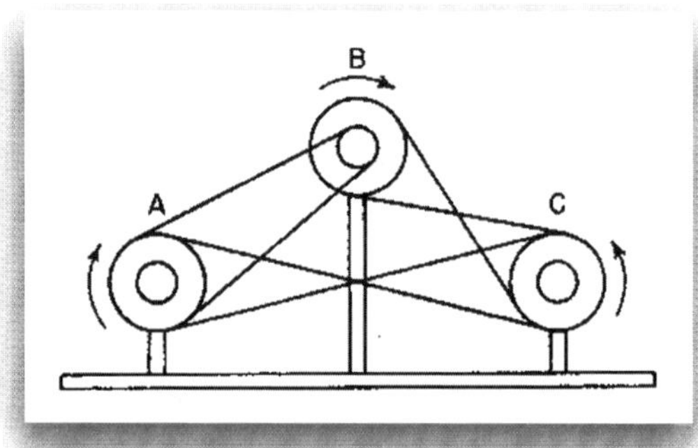

도표 4-7. 파스토르 기계

논증에 해당한다. 아니 대각선 논증 6대 요소에 '역대각선화'가 첨가되어 있다.[1]

제6도는 전형적인 하도의 모습이다. 하도는 생수와 성수, 괘와 괘를 연결하는 선이 없다. 그러나 남당은 이들을 모두 연결시켜 놓았다. 이렇게 연결시킬 때 다음과 같은 위상학적 구조가 관찰이 된다. 흑과 백의 연결을 '비틈'이라 하고, 백과 백 또는 흑과 흑의 연결은 '안비틈'이라고 할 때, 제6도는 클라인병 구조를 연상시킨다. 하도는 뫼비우스띠이고 낙서는 클라인병이라고 할 때, 제6도는 두 개의 모습이 다 엿보인다. 다시 정리하면, 뫼비우스띠는 '비틈의 비틈'이고 클라인병은 '비틈의 안비틈'이다. 이에 대한 추가 설명을 하면 다음과 같다.

제6도를 파스토르 기계 Pastor's Machine에 적용해 설명하면 그 구조가 선명해진다. 이탈리아 철학자 파스토르가 1906년에 발표한 기계 구조

---

1) 칸토어는 6대 요소가 다 갖춘 대각선 논증을 '양성'이라고 한다. 이에 '역대각선화'란 제7의 요소를 첨가했다는 뜻이다.

는 남당의 제6도와 일치한다.(Gardner, 1958, 114) 파스토르의 톱니바퀴 기계 구조는 세 개의 바퀴와 그것을 연결하는 세 개의 피댓줄로 되어 있다. 세 개의 바퀴를 각각 A, B, C라고 할 때, 그 바퀴를 감고 있는 피댓줄의 비틈 관계는 두 개는 비틈이고, 한 개는 안비틈이다.

우리는 다시 남당의 제6도로 가서, 파스토르 기계의 구조를 확인하기로 한다. 먼저 제6도를 두 개의 삼각 구조로 나누어 파스토르 구조의 ABC 부호를 붙여 본다. 먼저, 삼각 하나는 왼쪽 위에 있다. 두 개의 삼각 구조는 같다. 그러면 제6도가 파스토르 기계 구조와 일치함을 발견한다. 바퀴의 안비틈인 A와 B의 관계는 '백3태장'과 '백7건성'의 관계와 같다. 다음 비틈인 B와 C의 관계는 '백7건성'과 '흑2손생'의 관계와 같다. 다음 비틈인 C와 A의 관계는 '흑2손생'과 '백3태장'의 관계와 같다. 다시 A와 B의 관계로 되돌아왔다. 이러한 삼각형 관계 구조가 제6도 안에는 하나 더 있다. 제6도의 오른쪽 아래가 이에 해당한다. 제6도의 삼각 구조를 하나의 표로 만들면 다음과 같다.

A 백3태장

  (안비틈 관계)

B 백7건성

  (비틈의 관계)

C 흑2손생

  (비틈의 관계)

A 백3태장

A' 흑4간장

   (안비틈의 관계)

B' 흑9곤성

   (비틈의 관계)

C 백1진생

   (비틈의 관계)

A' 흑4간장

ABC는 '태건손'이고, A'B'C'는 '간곤진'이다. 이들의 마주보는 관계를 표로 나타내면 다음과 같다.

(A태)   (B건)   (C손)

 ↕   ↕   ↕

(A'간)   (B'곤)   (C'진)

아래 위 대칭하는 관계로 보았을 때, 이는 모두 삼차원 대각선 대칭하는 괘들이며, 괘의 효는 모두 음양이 반대이다. 대각선화와 반가치화가 이루어진 관계이다. 그런데 대칭 가운데 감과 리가 빠져 있다, 이는 파스토르 기계의 삼각관계를 만들 때 오른쪽 위(감)와 왼쪽 아래(리)에서 삼각형을 만들지 않았기 때문이지만, 네 개의 구석 가운데 어디를 중심으로 하더라도 비틈과 안비틈의 구조인 안비틈-비틈-비틈-안비틈의 구조가 생겨난다.

중요한 것은 A, B, C 셋 가운데 어느 것과의 관계를 연접으로 보고 결접으로 볼 것이냐이다. 이 차이에 따라서 클라인병이 되기도 하고 사영평면이 되기도 한다. 예를 들어서, 흑2손생(C)과 백7건성(B)의 관계는 '비틈'이고, 백3태장(A)과 흑2손생(C)의 관계도 '비틈'이다. 그러나 백3태장(A)과 백7건성(B)은 '안비틈'이다. 비틈과 안비틈이 연접을 하느냐 결접을 하느냐에 따라서 '비틈과 비틈'의 연접은 '비틈과 안비틈'의 결접으로서 이는 사영평면이고, '안비틈과 비틈'의 연접은 '비틈과 비틈'의 결접으로서 이는 클라인병이다. 그런 의미에서 파스토르 기계는 세 개의 바퀴와 세 개의 피댓줄을 통해서 위상공간의 다양성을 보여준다. A, B, C 가운데 어느 것을 중심으로 하느냐에 따라서 비틈과 안비틈에 따른 연접과 결접의 관계가 결정 난다고 할 수 있다. 이런 다양성 속에서 제6도는 그 안에 하도와 낙서의 구조를 다 안고 있다. 연접과 결접의 구조에 따라서 역3도인 하도와 낙서, 그리고 정역도의 구조가 결정된다. 이제 남당은 제7도에 가서 하도와 낙서의 구조를 하나로 포개어 놓는다. 거기에 멱집합의 원리가 적용된다. 다시 말해서 전체가 제 자신의 한 부분으로 포함된다. 이를 볼 차례이다.

제7도 문왕즉하도포괘지도

지금까지 도상들은 모두 복희 하도와 문왕 낙서가 하나로 결합될 수 있음을 보여주려는 것이었다면, 그 마지막 작업이 제7도 〈문왕즉하도포괘지도〉에서 이루어지고 있다. 제7도에서 남당은 8괘에 5행 개념을 도입하여 하도와 〈문왕8괘도〉를 포갠다. 어떻게 그것이 가능한가? 그것이 가능해진 비결은 5행 속에 있는 멱집합 원리 때문이다. 그래서 제7도에서는 8괘에 '5행'이란 변수를 도입하고 있다. 5행에서 멱집합의

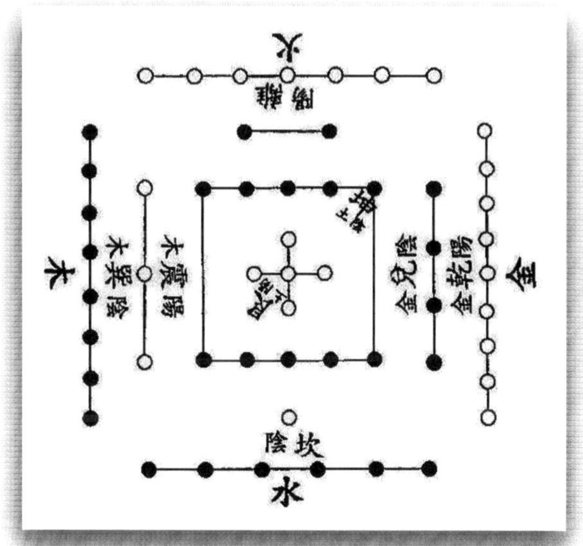

도표 4-8. 문왕즉하도포괘지도

원리란 다름 아닌 중앙(5와 10)이 주변의 다른 행들과 동일한 한 부분이 되는 원리이다.(도표 4-8)

주자에 따르면 낙서는 9수이고 하도는 10수이다. 물론 유목은 그 반대를 주장하였다. 중앙 정대각선수 10의 처리 여부에 이러한 차이가 난다. 이는 생수와 성수의 대칭과 석합 대칭의 차이에서 생긴 결과이다. 5를 명패수로 볼 것인가 물건수로 볼 것인가의 차이가 생성수에 10을 포함시킬 것인가 말 것인가 문제의 관건이다. 이렇게 9와 10의 문제는 대칭 관계상의 문제들, 즉, 생성 대칭과 석합 대칭의 문제 속에서 해결하기 어려운 과제로 남겨져 왔다. 유목의 〈역수구은도〉(《대각선 논법과 역》 8장)에서 이 문제의 어려움을 볼 수 있다.

하도는 생과 성의 대칭만 다루고 있기 때문에 9만 문제된다. 그러나 낙서는 생성 대칭과 함께 석합 대칭도 고려한다. 석과 합은 1과 9, 2와 8에서 보는 바와 같이 힙이 10이기 때문이다. 낙서의 경우 생성 대칭은 좌우에, 석합 대칭은 서로 마주 하는 대칭 관계로 처리한다. 그런데 낙서의 중앙 5는 생과 성의 대칭이기도 하지만 석과 합의 대칭이기도 한다. 하도와 낙서 사이의 이러한 두 대칭의 처리 문제는 현대 수학의 멱집합 원리와 연관된다는 것이다.

제5도(도표 4-5)에서는 괘의 서차 번호와 괘의 개수를 함께 표시하였다. 서차 번호는 말 그대로 순서수이기 때문에 순서수의 역설을 야기시킨다. 그런데 제7도에서는 서차번호 없는 괘와 5행을 함께 배열하였다. 이와 함께 남당은 멱집합의 원리라는 시작에서 5행론을 하도에 도입한다. 그렇게 하는 목적은 그가 낙서를 언급하지 않는 이유를 강변하기 위해서이다. 다시 말해서, 하도 하나만으로도 낙서를 표현할 수 있다는 것을 강변하기 위해서이다. 멱집합 원리로 보았을 때 둘은 하나라는 것이다.

이제 5행을 생성수로서 확인하면 생과 성의 대칭에서 1-6은 수, 2-7은 화, 3-8은 목, 4-9는 금, 5-10은 토이다. 여기에 낙서의 괘 배열법을 먼저 도입한다. 하도는 시생 원리의 일관성을 낙서는 가족관계의 일관성을 작도의 목표로 한다. 그리고 하도는 건과 곤이 명패이고, 낙서는 리와 감이 명패라고 했다. 하도는 뫼비우스띠, 낙서는 클라인병이라고 했다.(김상일, 2006, 428~430) 남당은 하도의 하드웨어 구조를 그대로 두고 여기에 낙서라는 소프트웨어를 집어넣는 방법으로 둘을 포갠다. 즉, 화(2-7)에는 리괘, 수(1-6)에는 감괘, 목(3-8)에는 지괘(3)과 손괘(8), 금

(9)에는 건괘, 금(4·9)에는 태괘(4)와 건(9), 토(5)에는 간괘, 토(10)에는 곤괘를 각각 배열한다. 이제 토에 곤과 간괘가 배열된 데서 멱집합의 원리를 발견하게 될 것이다.

서로 마주하는 괘들은 5행으로 보았을 때 상극 관계이다. 지금까지 없던 상생과 상극의 대칭인 생과 극의 대칭이 하나 더 추가되었다. 이렇게 상생과 상극의 대칭을 도입하여 남당은 하드웨어 하도에 소프트웨어 낙서를 포개는 방식으로 하도와 낙서를 한 그림에 포진시킬 수 있었다. 생과 성의 대칭에, 생과 극의 대칭을 더한 것이다. 그래서 생과 성의 대칭은 하도의 대칭이고, 생과 극의 대칭은 낙서의 대칭이라 할 수 있다.

그런데 여기서 최대 관심사는 중앙 '토양(5)간과 서북 구석 '토음(10) 곤'의 관계이다. 다른 행과는 달리 토는 하나가 아니고 둘이다. 이렇게 토가 이중화된 이유는 5와 10이 복합 다중의 대칭 관계를 만들고 있기 때문이다. 즉, 5와 10은 생과 성, 석과 합, 명패와 물건 등 연접과 결접을 동시에 하는 관계이다. 그리고 토의 이러한 다중 복합적인 기능 때문에 주변 다른 수들의 생성과 석합보공을 일구어낼 수가 있다. 여기에 5행론을 도입하는 이유가 있다. 5행에서 토는 중앙이면서 동시에 주변이다. 다시 말해서, 멱집합의 원리를 따르기 때문에 이들 수 사이의 대응을 가능하게 한다는 것이다. 이는 대각선화와 반대각선화가 동시적임을 의미한다. 10은 정대각선수이다. 5는 명패이면서 물건이다. 생수이면서 성수이다. 석이면서 합이다. 이제야 왜 방도에서 정대각선상의 괘 명칭이 명패나 물건의 명칭과 같은지 알 수 있게 되었다. 여기서 러셀의 유형론이 발붙일 틈이 없다. 즉, 위계론이 성립하고 정향성이 설 땅이 없어졌기 때문이다.

제7도 〈문왕즉하도포괘지도〉의 구조를 더 구체적으로 검토해 보자. 한 가지 특징은 제7도에는 숫자를 넣지 않았다는 점이다. 그러나 흑백점의 개수는 그대로이다. 괘명, 치대칭, 5행 명칭만으로 하도를 문왕도에 포진시켰다. 백점과 흑점뿐이다. 제7도를 수 없이 형태로만 보면 하도이지만, 하도의 방향에 5행과 괘명 같은 소프트웨어를 대응시키면 문왕도가 된다. 즉, 〈문왕8괘도〉와 같이 수-남방은 감(음)에, 화-북방은 리(양)으로 감과 리를 남북에 대칭시켰다. 감리는 대각대칭 관계이다. 목-동방에는 진(양)과 손(음)을, 금-서방에는 건(양)과 태(음)을 배열한다. 진과 손은 대각대칭이고, 건과 태는 일차원적 대칭이다. 단 하나의 대칭 관계만 있다는 말이다.

문제는 중앙이다. 5에는 토-간(양)이, 10에는 곤-토(음)이 배열되어 있다. 제5도와 제6도와는 달리 제7도에서는 중앙 10이 모두 흑점이다. 백점과 흑점으로 나누어져 있다는 것은 정대각선이 만들어지는 상태임을 의미한다. 그러나 중앙 5만 백이고 10은 모두 흑점이란 것은 정대각선으로서의 10이 반가치화 되고 반대각선화 하여 주변화 되어 버렸다는 의미이다. 중앙 토-곤(음)과 토-간(양)이 하는 역할은 바로 5행의 멱집합 원리에 따라서 반대각선화를 이루는 것이다. 간은 원래 음군에 속해 있지만, 여기서는 양이다. 중앙 5의 간(양)과 10의 곤(음)이 서로 음양작용을 하여 반대각선을 만들어낸다는 것이다. 이렇게 하여 하도와 문왕도의 포진 대응하는 관계를 일구어내었다.

토5의 중앙에 왜 간을 배열하였는가는 여전히 의문이다. 하도에서는 건(☰)과 곤(☷)이 명패이고, 낙서에서는 리(☲)와 감(☵)이 명패이다. 제7도에서는 이 명패들이 모두 살아 있으나 곤이 예외적이다. 리(화)와 감(수)은 남북에 건(금)은 서에 곤은 동이 아닌 중앙에 배열되어 있다. 그런데 간(☶)을 중앙의 중앙에 해당하는 위치에 배열하였다는 점이다. 간에서 생성이 시작된다는 것을 의미한다.

간이 명패인 적은 없다. 그런데 여기서는 명패와 물건이 동일시된다. 제5도에서 간은 서차번호 7이고 백1이었다. 곤은 서차번호 8이고 흑6이다. 간과 곤이 서로 생성 관계로서 대칭을 이룬다. 이러한 생수1인 간을 중앙 토에 배열하여 이를 토양이라 하고, 곤은 중앙 10에 배열하여 토음이라고 한다. 그런데 간과 곤은 〈복희8괘도〉(하도)에서는 같은 음군에 속해 있다는 것 이외에 의미가 없으나, 〈문왕8괘도〉(낙서)에서는 서로 마주보고 있다. 그런데 전자는 시생 원리에 일관성에 주안점을 두었고, 후자는 가족관계의 일관성에 주안점을 두었다. 다시 전자는 자연의 상을, 후자는 가족의 상을 취하였다. 이를 총괄하여 나타내면 다음과 같다.

〈도표 4-9〉와 〈도표 4-10〉은 〈복희8괘도〉와 〈문왕8괘도〉의 시생 원리와 가족관계의 일관성과 비일관성을 보여주기 위해 남당이 작도한 것이다. 특히 〈도표 4-10〉은 〈문왕8괘도〉에서 여덟 가족 관계와 8괘의 관계를 보여준 것이다. 역학 연구의 대미는 궁극적으로 시생 원리의 일관성이 왜 가족관계에서는 비일관성이 되느냐에 있다고 해도 과언이 아니다. 그것은 순서수의 역설과 기수의 역설 문제와 직결된다. 필자가 《대각선 논법과 역》에서 이 문제를 집중적으로 다룬 것을 상기하면, 남당이 그의 역 도상의 끝 부분에서 왜 이 문제를 제기하고 있는지 이해할 수 있을 것이다. 시생 원리와 가족관계는 기수와 서수의 역

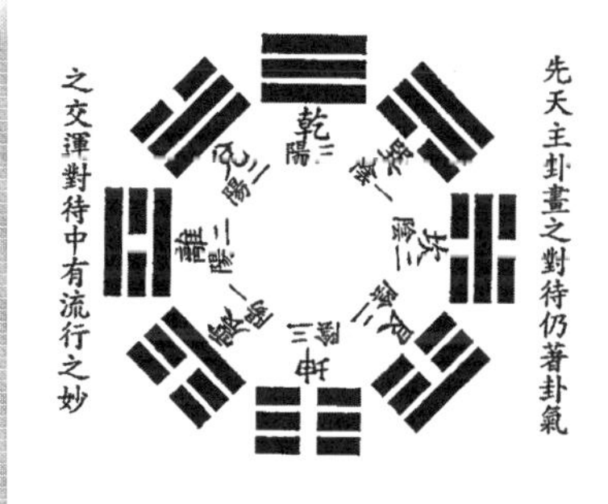

도표 4-9. 선천8괘도의 시생 원리

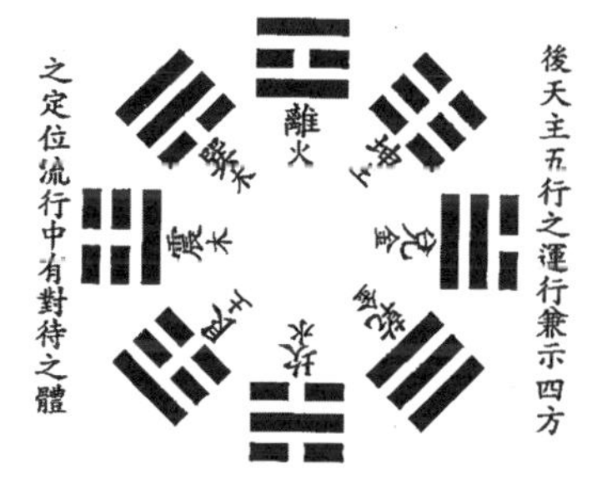

도표 4-10. 후천8괘도의 가족관계

설의 해의 문제를 다루는 빌미라고 할 정도로 중요하다는 것을 남당이 강조하기 위해서라고 본다.

왜 간이 남당에 와서 서차번호 7이고, 나아가 백1점이 되었는가는 다음 정역에서 분명히 밝혀질 것이다. 괘의 효를 만드는 방법에서 수지상수(또는 손도수)를 사용할 때, 처음 만들어지는 것이 간괘이다. 그리고 곤괘는 수지상수론에서 마지막에 만들어지는 괘이다. 간과 곤은 그래서 정역에서 처음이고 마지막에 해당하는 괘들이다.

8도 64괘 방원지도

시생 원리와 가족관계의 일관성과 비일관성의 문제는 역설이라는 과제를 역에다 남겨 놓았다. 역의 강물은 흐르면서 궁극적으로 이 역설을 해의하려는 몸부림이라고 할 수 있다. 그래서 중국에서는 역易을 역逆이라고 했다. 역은 시생 원리와 가족관계의 일관성과 비일관성에서 발생하는 역설을 해의하기 위한 것이 전부이다. 시생 원리는 효를 연쇄적으로 발생시키고 가족관계에서는 단계적으로 발생시킨다. 이 두 가지 다른 방법의 효가 생겨나 괘가 되는 방법론의 차이 때문에 역설이 생긴다. 다산의 벽괘론僻卦論에서 다루어지는 주요 주제들이다.

이 두 가지 차이 때문에 서양의 집합론에서는 순서수와 기수에서 발생하는 역설이 생겼다. 전자는 부랄리-포르테, 후자는 칸토어의 역설이라고 한다. 가족관계는 자녀의 출생 순서를 말하는 것으로서, 순서수 역설을 말하기에 적합하다. 그래서 가족관계라는 은유를 사용한 것이다. 이를 남당은 '문왕출생8괘지도'라고 한 것이다. 한마디로 말해서 그가 시생과 가족관계의 역설을 깊이 의식하였음을 의미한다. 이제 남당의 역설 해의법은 제7도에서 곤과 간의 처리과정에서 제시되었다. 이제 결론적으로 중국역의 강물은 역의 해의 방법론으로 원도와 방도를 포개는 방법을 취한다. 이를 남당은 〈64괘방원지도〉에서 작도하고 있다.

남당은 위에서 소개한 도상들을 통해 여러 종류의 대칭 관계를 고찰한 다음, 종착역에 가까워오자 64괘 방도와 원도를 소개한다. 물론 이는 소옹이 처음 작도하였다고 한다. 그러면 이 64괘 방원도가 위에 이미 소개된 여러 도상들과 어떤 연관성들이 있는가이다. 있다. 왜 정대각선상의 괘명은 다른 56괘들과는 달리 명패(내괘)와 물건(외괘)이 동일한 '건태이진손감곤'이어야 하는가이다. 바로 이것이 멱집합의 원리와 연관이 된다는 것이다. 궁극적으로는 전후가 바뀌어 이전의 제 도상들은 바로 〈도표 4-11〉 안에 있는 이러한 역설의 문제를 해의하기 위해서 작도되었다고 해도 과언이 아니다. 마지막 도상에서 지금까지 제기된 모든 역설 해의의 문제들이 종합되었다고 할 수 있다. 시생 원리와

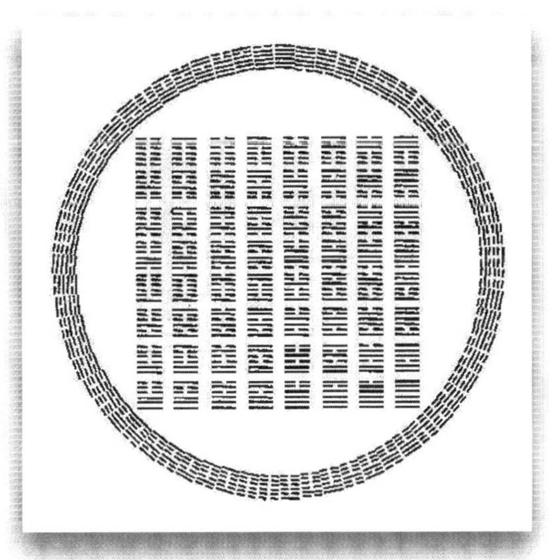

도표 4-11. 64괘 방원지도

가족관계의 일관성과 비일관성의 문제가 모두 이와 무관하지 않다는 것이다. 즉, 대각선화와 반대각선화, 반가치화라는 대각선 논증의 요소들이 모두 노출되면서 그 이유가 명백해졌다.(도표 4-11)

남당은 64괘도마저 〈문왕64괘도〉가 아닌 복희의 것을 먼저 소개한다. 방과 원의 관계는 대각선을 전제하지 않고는 생각할 수 없다. 사각형의 대각선과 원의 지름은 같다. 원둘레는 지름의 3.14…배이다. 여기서 3.14…는 무리수이다. 측정할 수 없는 수이다. 사각형에서 대각선이 가로와 같아진다는 것이나 지름이 원둘레가 된다는 것은 모두 반대각선화이다. 그런데 반대각선화 된다는 것을 원에서 볼 때에는 무리수가 그 사이에서 작용하기 때문에 영원히 부정不定으로 남을 수밖에 없다는 것을 의미한다. 방도를 왜 원도로 바꾸는 것인가? 원도는 서로 지름에서 마주하는 괘들끼리 완전히 반가치화이다. 음과 양이 모두 반대라는 것이다. 방도 사각형의 대각선을 가로나 세로로 만든다는 것은 원도 지름을 원둘레로 만드는 것과 같은 원리이다. 그래서 방도를 원도로 만든다는 것은 다름 아닌 반대각선화를 가시적으로 보여주기 위해서이다.

대각선을 반가치화한 다음 반대각선화 할 때 칸토어는 연속체 가설에 직면하게 되었다. 이것은 세기적 관심사가 되었다. 1970년대 중반 폴 코헨에 의하여 비결정성의 문제로 결론 나기까지 세기적 논쟁거리가 되었던 것이다. 그래서 방도와 원도를 함께 그린다. 그것은 역의 비결정성을 한눈에 가시적으로 표현하기 위한 것이다. 방도는 명패와 물건이 유형적으로 분류되어 있다. 그러나 원도에서는 이런 유형화가 사라져버린다. 가로선과 세로선이 만드는 방들이 모두 와해되어 하나의 원둘레 위에 나열되었기 때문이다. 왜 방은 안에 넣고 원을 밖에 두었는가? 그 이유는 대각선화가 있은 다음에 반대각선화가 일어나기 때문이다.

방도에서는 괘가 정향적으로 배열되어 있다. 격자 형식으로 가로와 세로를 물건과 명패로 삼아 규칙적으로 배열하여 대각선을 만든다. 명패와 물건이 유형화되었음을 의미한다. 원도에서는 반대각선화와 함께 유형화가 불가능해졌다는 것이다. 64괘 가운데 1-30괘들은 순방향으로 31-64괘들은 역방향으로 배열되어 있다. 왜 1-32와 33-64가 서로 다른가? 석과 합의 대칭의 비대칭성 때문이다. 이는 마치 1-10개의 수로서 석합보공도를 만들면, 가운데 10은 석과 합 어느 쪽에 속하느냐에 따라서 석과 합에는 불균형이 생기게 마련이다. 다음 6장에서 이

문제가 '기하학적 소멸'의 문제로 다루어질 것이다. 원도가 순역으로
배열된 이유는 방도에 들어 있는 정대각선이 가진 이러한 역설을 해의
하기 위함이다. 이러한 문제점이 바로 윤선거의 서괘 원리에 나타난
귀매 원리이다. 이렇게 긴 여정을 통해 도달한 결론은 언제나 귀매의
문제라는 것이 확인되었다.

방도와 원도는 매우 단순해 보이고 규칙적인 것 같지만, 퇴계에서
남당에 이르는 역학사에서 보는 바와 같이 수많은 문제점을 그 안에
담고 있다. 이렇게 역의 역사는 주역 64괘 수화 미제괘에서 보는 바와
같이 영원한 미제의 철학사상을 그 안에 담고 있다. 미제로 남는 한
괘들은 떠도는 유혼이고 돌아갈 고향집을 그리워하며 찾게 된다. 마지

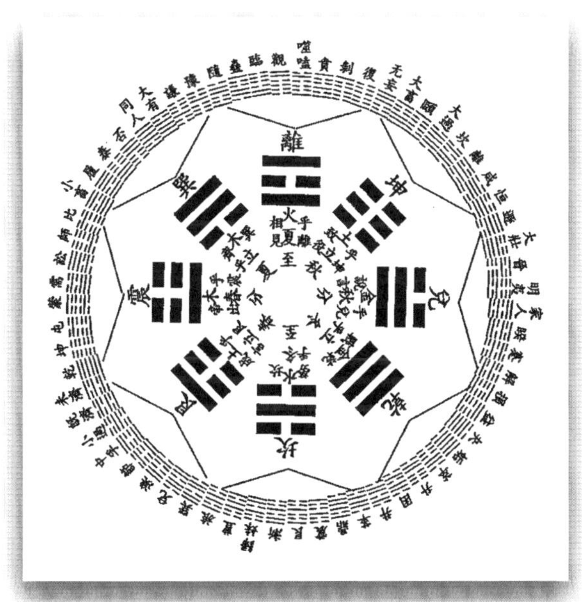

도표 4-12. 8괘64괘운행도

막으로 남당이 64괘를 물건으로 보고 〈문왕8괘도〉를 명패로 삼아서 작성한 〈8괘64괘운행도〉를 소개하면 다음과 같다.

〈8괘64괘운행도〉는 각별한 의미를 갖는다. 소옹이 그린 64괘 원도는 시생 원리에 따른 것이다. 그러나 남당이 작도한 것은 가족관계에 따른 것이다. 즉, 소옹의 것은 시생 원리 가운데 가일배법에 따라 횡도를 만든 다음, 정사각형 방도 안에 64괘를 격자 형식으로 넣어 방도를 만들고, 그 주위에 64괘를 양분하여 순역의 방향으로 배열한 것이다. 그러나 남당은 〈문왕8괘도〉라는 가족관계의 일관성에 둔 것을 중앙에 놓고 이를 명패삼아 64괘를 배열한 것이다. 이때 명패에 속한 8괘는 내괘가 항상 명패와 같아지는 것으로서 여덟 개의 집합을 만든다. 이런 일련의 남당의 시도는 모두 역설 해의라는 방법을 나름대로 구사한 것이라 할 수 있다.

방도는 프랑스 선교사 부베를 통해 라이프니츠에 전달되었고, 라이프니츠를 통해 칸토어가 대각선 정리를 착안하지 않았나 하는 의문까지 들게 할 만큼 칸토어의 대각선 논증과 역의 방도는 밀접하게 연관이 있다는 심증을 갖게 한다. 이런 중차대한 관점에서 볼 때 남당의 그림들이 갖는 의미는 막중하다 할 수 있다. 중국역과 달리 한국역에서 역설 해의가 어떻게 시도되었는가를 우리는 남당의 역 도상에서 확인할 수 있었다.

2부

다산역의 이론적 배경

5장 대칭구조로 본 주역

다산역은 지금까지 다룬 앞의 네 사람 역과는 근본적으로 다른 점이 있다. 다산의 역은 이른바 벽괘론辟卦論을 중심으로 펼쳐진다. 다산의 대표 저서인 《주역사전周易四箋》은 그 양의 방대함에서도 타의 추종을 불허한다. 물론 그의 역도 대각선 논법의 범위를 넘어서는 것은 아니다. 다산의 벽괘론은, 중부와 소과 두 괘에 대한 주석이라 할 수 있을 정도이다.

여기서는 다산역을 읽기 전에, 그의 역을 쉽게 이해할 수 있는 논리를 따로 찾아서 소개하기로 한다. 그런데 여기에 동원되는 논리는 서양의 현대 수학에서 가져온 것들이다. 이렇게 현대 수학을 동원하는 이유는, 다름 아닌 중부와 소과에 대한 이해를 돕기 위해서이다. 벽괘론은 바로 중부론과 소과론이라 해도 지나친 말이 아닐 정도이기 때문이다.

5.1. 64괘 대칭과 그 종류

복희수, 이진수, 주역 64괘수

《대각선 논법과 역》에서 필자는 방도의 배열법에 나타난 정대각선만 집중 조명하였다. 그러나 역에는 방도 말고도 주역 64괘 배열법이 있다. 방도의 대각선에 나타난 연속체 가설의 문제, 그리고 역설의 문제를 해의하기 위한 한 방법으로 주역 64괘 배열법이 나타날 수밖에 없었다. "역易은 역逆이다"는 말이 생기는 배경이라 할 수 있다. 1부에 이어 2부에서는 주역 64괘 배열법을 중심으로 이를 〈복희64괘도〉(방도)와 비교하면서, 한국역 전통에 나타난 대각선 논법을 다루어 보기로 한다.

역의 효와 괘를 다루기 위해서는 먼저 이진수와 십진수를 동시에 구사해야 한다. 효의 음과 양은 이진수로 표시하지만, 괘수는 십진수로 표시한다. 즉, 8괘와 64괘의 괘수는 모두 십진수로 표시하고, 괘 안의 효는 이진수 디지털 코드인 0과 1로 표시한다. 물론 이는 편의를 도모하기 위한 방법론적인 것이지, 실제로 음과 양이 0과 1이라고 보아서는 안 된다. 차라리 역의 그것은 언어이지 수가 아니다. '복희수'란 8괘를 건1, 태2, 리3, 진4, 손5, 감6, 간7, 곤8과 같이 표시하는 것을 말한다. 또는 통용적으로 1건, 2태, 3리, 4진 등으로 표기한다. 이들은 소성괘이며, 소성괘 두 개가 중복된 것을 '중괘' 또는 '대성괘'라 한다. 그래서 대성괘를 1.3, 2.5, 4.7과 같이 표시할 때 복희수 1.3은 '건1리3'이란 뜻이다. 이러한 복희수 표시법을 일명 '좌표계형' 또는 '격자형'이라고 한다. 칸토어가 정사각형 안에 실수들을 배열할 때 바로 이러한 좌표계형을 구사하였다.(김상일, 2012, 104) 이는 방도에서 64괘를 배열하는 방식과 같은 종류의 것이다. '대각선 논법과 역'이란 화두는 바로 여기서 출발하였다.

먼저 사각형 안의 전후, 좌우, 상하 삼차원 대칭 관계를 복희수, 괘명, 괘상을 한눈에 볼 수 있도록 한다.(6장 그림 6-2) 사각형을 위상학적으로 변화시키는 것이 이른바 위상역이다. 그리고 대각선 논법의 6대 요소들인 배열, 가로, 세로, 대각선화, 반대각선화, 반가치화도 모두 이 사각형을 통해 파악할 수 있다. 〈주역64괘도〉는 정사각형 방도 안에 들어 있는 연속체 가설의 문제를 해의하기 위해서 방도를 소형화한다. 다시 말해서, 어느 한 대성괘 하나를 가져와 이를 본괘라 하고, 본괘 안에 있는 두 소성괘의 상하를 180도 전도시켜 그것을 본괘의 좌우에 대칭시키는 방법으로 배열한다. 이것이 주역의 배열방법이다. 그러면 이는 네 개의 괘를 모자이크 형으로 배열하여 하나의 작은 정사각형을 만든다. 이를 '소방도Micro Rectangle Diagram(MRD)'라고 하자. 이 소방도 안에서 대각선 논법의 6대 요소를 확인하는 것이 주역 64괘 연구의 본령이라고 할 수 있다. 이제 MRD의 모형을 나타내면 다음과 같다.

도표 5-1. 소방도의 대칭 관계

A - B	A - B
1건 ☳ 4진	1건 111-001 4진
2태 ☷ 8곤	2태 011-000 8곤
C - D	C - D
괘상과 괘수	디지털 코드와 괘수

괘상에서는 상하가, 디지털 코드상에서는 좌우로 된 것에 유의해야한다. 〈도표 5-1〉에서 예로 든 MRD에서 A-B는 주역 64괘에서는 25.무망괘에 해당하고, C-D는 45.췌괘에 해당한다. 즉, 1건(☰)4진은 무망괘이고, 2태(☱)8곤은 45.췌괘이다. 이들은 각각 25와 45라는 고유한 괘수 번호와 괘명을 갖는다. 이는 복희수가 아님을 유의해야 한다, 이상에서 우리는 MRD 안에서 대각선 논법의 6대 요소 가운데 배열, 가로, 세로의 세 개를 확인했다.

방도에서 소방도로 변하는 과정은 서양 수학사에서도 있었다. 푸앙카레(1854~1912)는 칸토어(1845~1918)와 거의 같은 시대 인물이다. 칸토어가 방도에서 대각선을 찾았다면, 푸앙카레는 소방도에서 그것을 찾았다. 칸토어가 발견한 대각선 논법과 푸앙카레가 찾은 그것이 서양에서 거의 동시에 나타났다는 것은 우연이 아니다. 그만큼 그렇게 될 만한 필연성이 있었던 것이다.

푸앙카레의 소방도는 축소된 좌표계를 응용한 것이다. 즉, 여기에 'x-y 좌표계'가 있다 하고, 그것을 (0, 0)이라고 표시하자. 그러면 좌표계 안의 한 점은 (x, y)가 된다. 이 좌표계가 이차원이라면 가로와 세로가 각각 둘-둘씩이다. 이를 '푸앙카레 행렬Poincare matrix'이라고 한다. 이 행렬은 〈주역64괘도〉에서 대성괘가 두 개인 쌍대성괘 한 쌍을 배열하는 방법과 완전히 같다. 즉, 그 형식이 G_{ij}와 같다. 여기서 i는 대각선 논법의 6대 요소들 가운데 가로(상괘)에 해당하고, j는 세로(하괘)에 해당한다. G를 하나의 괘라고 할 때 G_{12}는 하나의 대성괘이다.(김상일, 2012, 104 참고) 푸앙카레는 주역의 소방도 형식인 격자 형식으로 수를 배열하였다.

$$
\begin{array}{cc}
G_{11} & G_{12} \\
G_{21} & G_{22} \\
\hline
가 & 나
\end{array}
$$

주역 64괘와 다른 점은, 주역은 G가 소성괘이지만 여기서는 대성괘이다. 그 이유는 여기서는 격자 형식의 구조만 관찰하는 것이 목적이기 때문에 이 차이를 무시해도 상관없다. 만약에 지수 1을 건, 2를 곤이라고 본다면, 1과 2는 반가치화의 관계이다. 그렇다면 가와 나는 대성괘 네 개가 가로와 세로에서 위대칭과 치대칭의 관계로 배열된 것이다. 이를 '4종8류'(도표 5-6)라는 관점에서 보면 다음과 같다.

여기서 세로줄 '가'는 64괘 배열 가운데 홀수라 하고, '나'는 짝수라고 할 수 있다. 그러면 '나'는 '가'를 완전히 180도 위대칭시키고 다시 치대칭한 것이다. 위대칭은 효의 위치를 뒤집는 것이고, 치대칭은 음양의 가치를 바꾸는 것이다. B는 C를 치·위 대칭을 한 것이고, D는 A를 그렇게 한 것이다. A-D는 정대각선이고 B-C는 부대각선이다. 여기서는 이에 대한 더 이상의 논의를 하지 않고, 다만 서양에서도 비슷한 시기의 두 인물이 하나는 방도형으로 다른 하나는 소방도형으로 수를 격자 형식으로 배열하는 것이 수학사에 대두되었다는 점만 지적해 두려고 한다. 위상수학자 리만도 이런 격자 형식을 발견하여 이를 '리만의 격자 Reiman's tensor'라고 한다. 그 이후 이런 격자 방식의 배열 방법이 과학에 다방면 응용되는데, 최근에는 뇌신경학에서도 응용하고 있다. 이는 군이론에도 그대로 적용이 된 문제이다. 역의 방도는 이를 이미 오래전에 알고 있었다.

다시 주역의 소방도로 돌아가자. 소방도에서도 중요한 요소는 대각선이다. 그것이 다름 아닌 A-D와 B-C이다. A와 D, B와 C는 MRD에서 대각선상에 있는 관계이다. 그리고 A-B를 180도 전도시켜 놓은 것이 C-D이다. 그런데 A와 B는 그 자체가 이미 상괘와 하괘로서 물건과 명패이다. 〈복희64괘도〉에서 볼 때, 대성괘는 이미 가로-물건과 세로-명패가 사상되어 만들어진 것이다. 즉, 대성괘 A-B는 명패와 물건이 사상된 것으로서 대각선화 그 자체이다. 그렇다면 이러한 대각선이 전도되어 새로운 대각선이 형성된 셈이다. 다시 말해서, 소방도에서 말하는 대각선 BC는 '메타 대각선meta diagonal(MD)'이라 할 수 있다. BC는 AB를 대각선화한 것이고, AB 자체도 이미 방도에서 보면 대각선화된 것이기 때문이다. 그런 의미에서 BC는 메타 대각선이라 할 수 있다. 방도의 대각선상에 있는 괘를 반대각선화하여 그것을 세로로 한 것이 바로 AB이다. 그리고 CD는 AB를 대각선화한 것이다.

소방도 안에 있는 A-B를 방도에서 보면 대각선상의 괘를 반대각선화하여 상·하괘로 한 것이고(소방도의 세로로 바꿈), 그것을 다시 대각선화한 것이 C-D라 할 수 있다. 이는 방도 속에 나타난 역설을 해의하는 수법이라 볼 수 있다. 상괘가 물건이고 하괘가 명패이고 보면, 이런 기법은 둘의 유형을 자유자재로 순환시키는 과정이다. 러셀이 명패와 물건의 유형을 위계적 직선적으로 고정시키려고 한 데 대한 역 나름의 대반란이라 할 정도이다. 다시 말해서, 위계적인 것에 대해 순환적이다. 이러한 역설 해의법을 헤르즈버그나 키하라에서 이미 살펴보았다. (《대각선 논법과 역》 7.4. 참고)

주역에는 칸토어의 대각선 논법 6대 요소 말고도 추가적인 요소가 더 있다. 그것은 정대각선에 대한 '부대각선'이다. A-D가 '정대각선'이라면, B-C는 '부대각선'이라 하자. 앞으로 정·부 대각선의 반대각선화와 반가치화가 집중 거론이 될 것이다. 이러한 거론 과정에서 '문제의' 8대성괘 쌍 PQ(1-2, 11-12, 17-18, 27-28, 29-30, 53-54, 61-62, 63-64)와 '초과' 4괘 쌍 FQ(1-2, 27-28, 29-30, 61-62)들이 나타날 것이다. 초과 4괘 가운데서도 27.이-28.대과와 61.중부-62.소과의 두 쌍은 '모괘parameter qua'와 같다 할 수 있다.

이 두 괘에서 다른 괘들이 사실상 다 나오기 때문이다. 다산역은 이 두 괘에 대한 주석이라 할 정도이다. 그런데 이 모괘를 반대각선화와 반가치화를 하면 17.수-18.고와 53.점-54.귀매괘가 된다. 나중 두 괘를 모괘에 대해 자괘라 할 때, 이들이 있기 때문에 모괘가 가능할 수 있다는 말과 같다. 그렇다면 모괘와 자괘가 서로 순환 관계임을 알 수 있다. 아이들이 어른의 아버지가 되는 형국이다. 중부와 소과가 수와 고, 그리고 점과 귀매를 낳는 동시에 그 반대이기도 하다는 말이다.

두 개의 모괘 대성괘 쌍들(이괘와 대과괘, 중부괘와 소과괘)은 정·부 대각대칭에서 전도되기도 하고(위대칭), 음양의 가치가 반대로 되기도 한다(치대칭). 이들 두 개의 모괘 이외에도 정·부 대각대칭에서 치대칭은 하지만 위대칭은 하지 않는 괘들(1-2와 29-30)이 있다. 다시 말해서, 후자의 괘들은 대각이 아닌 상하와 좌우에서 위와 치대칭을 할 뿐이다. 그러나 이들 모괘(27-28과 61-62)는 정·부 대각대칭에서 위와 치 대칭을 동시에 한다. 바로 이것이 문제이다.

위대칭을 해도 그 모양이 변하지 않으면 치대칭을 시키는데, 정·부 대각대칭 안에서 위·치 대칭을 동시에 하는 괘는 두 모괘뿐이다. 그런데 여기서 초과분이 발생한다. 위·치 대칭 말고 추가로 하는 대칭이 '대각대칭'이다. 상하와 좌우가 아닌 대각에서 대칭을 하기 때문에 초과분이 생긴다는 말이다. 우리는 지금 칸토어의 대각선 정리의 망령이 되살아나는 듯한 전율에 사로잡힌다. 대각선 정리에서 초과분이 생기는 현상을 역에서도 보기 때문이다.

64괘 가운데 이 두 모괘를 일명 '윤괘閏卦 Excessive Qua'라고도 한다. 칸토어의 대각선 논법에서 실수 무한의 사각형 상자에서 그 실수 무한보다 더 큰 수가 나오는 이유가 분명해졌다. 바로 대각선을 반대각선화하고 반가치화하면 거기에 초과분이 생긴다는 것이다. 방도 안에서 정대각선상의 괘들은 모두 자기언급을 하는데, 이 괘들을 반대각선화와 반가치화를 시키면 방도의 가로(물건) 그 어디에도 포함되지 않는다. 같은 이유로 소방도 안에서 1-2, 27-28, 29-30, 61-62의 네 쌍은 초과분을 가지고 있다.

위대칭을 시켜도 그 모양이 변하지 않기 때문에 다른 괘들과는 달리 치대칭이라는 한 차원을 추가해야 한다. 그 가운데서도 두 모괘는 대각선에서 위대칭과 치대칭을 한다. 그래서 64괘 32쌍과 추가분 4쌍이 더해져 36쌍 72괘가 된다. 이러한 추가분을 포함한 대칭들의 비례는 주역의 상경과 하경에서 18 대 18로 똑같다. 그러나 실제 괘수는 30 대 34이다. 괘수로는 비대칭이지만 대칭 수로는 대칭이다. 그러면 이러한 초과분인 윤괘를 어떻게 다루고 취급할 것인가? 칸토어는 여기서 연속체 가설의 문제로 고심한다.

그리고 역의 관점에서 볼 때 칸토어의 한계도 분명하다. 그는 정대각선만 다루었다. 그러나 역의 방도 안에는 정대각선 말고도 부대각선이 있고, 정·부 대각선의 방향을 거꾸로 하는 '역대각선'도 대각선 논법의 요소로 추가할 수 있다. 특히 역대각선은 정역을 다룰 때 중요하게 등장할 것이다. 주역 64괘의 소방도를 통해 발견한 중요한 사실은, 그 속에 들어 있는 모괘와 윤괘라는 추가분들이다. 앞으로 전개되는 내용들은 거의 모두가 이에 대한 주석에 지나지 않는다고 할 수 있을 정도이다.

다음은 위상학과 관련하여 소방도를 어떻게 볼 것이냐 하는 문제를 다루려 한다. 주역 64괘와 위상역의 관련성 문제 말이다. 방도에서 '대각선'이란 개념 자체는, 가로와 세로에 8괘를 배열하는 정사각형을 전제하고야 성립 가능하다. 그러나 정사각형이 다면체로도 변하고 나아가 원으로 변할 수도 있다. 그리고 위상학에 의해 뫼비우스띠, 클라인병, 사영평면 등으로도 변할 수 있다.

사각형에는 네 개의 꼭짓점, 네 개의 변, 두 개의 면이 있다. 소방도 안에 있는 네 개의 소성괘를 ABCD라고 할 때, 이들을 사각형의 꼭짓점에 배열한다. 이때 D는 사실상 A를 위대칭한 것이기 때문에 D 대신에 A'라고 적자.(C=A') 그리고 B는 C를 위대칭한 것이기 때문에 C 대신에 B'라고 적자.(C=B') 소방도 안에 배열된 네 개의 괘들은 사각형의 모양이 위상학적으로 변함에 따라서 다음과 같이 일곱 가지인 사각형, 원기둥(튜브), 구, 뫼비우스띠, 원환(토루스), 클라인병, 사영평면으로 변환시킬 수 있다. 이를 '위상범례topological paradigm'라 하고 표로 만들면 다음 〈도표 5-2〉와 같다. 여기서는 앞으로 다룰 토루스, 클라인병, 사영평면 세 개만 소개한다.

여기서 주의 깊게 관찰해야 할 부분은 다름 아닌 ABCD가 사각형 꼭짓점에 배열되는 관계이다. 〈도표 5-2〉의 위상범례에서 볼 때 사영

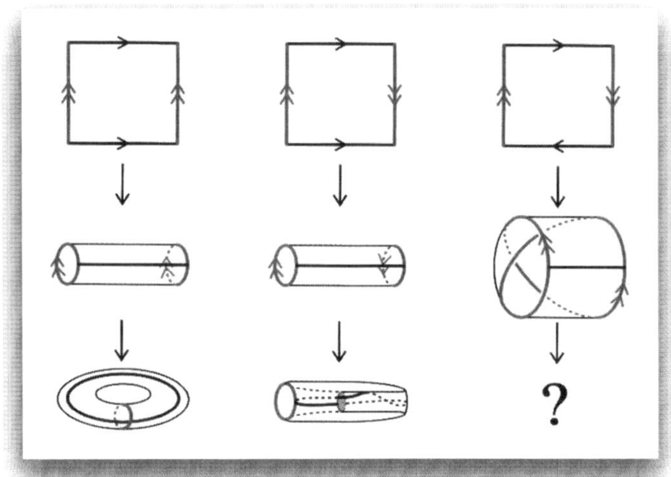

도표 5-2. 위상범례: 토루스, 클라인병, 사영평면
(Belcastro and Yackel, 2008, 107)

평면상의 배열법이 바로 두 모괘가 배열되는 방법이다. 이렇게 〈주역
64괘도〉와 사영평면은 밀접한 관계가 있다. 가로와 세로의 방향이 모
두 반대가 되는 것이 바로 사영평면이다. 위·치 대칭의 반대, 그리고
대각대칭이라는 초과분이 포함되는 위상변화가 두 모괘를 되게 한다.
(《대각선 논법과 역》 6장 참고)

　방도 안에서 정대각선상에 있는 괘들은 모두 자기귀속을 한다. 그러
면 자기귀속을 하는 정대각선상의 8괘와 비자기귀속을 하는 나머지
56괘들 사이에는 거짓말쟁이 역설이란 논리가 성립된다. 즉, '비자기귀
속'이란 리샤르 속성(R)을 사용할 때 "비자기귀속의 '비자기귀속'"은 '자
기귀속'이고, "비자기귀속의 '자기귀속'"은 '비자기귀속'이란 역설이 성
립한다. 마찬가지 논리로 볼 때 소방도 안에서도 하나의 대성괘를 위

대칭을 시킬 때, 대성괘 안에 있는 상하 두 소성괘들이 대성괘와 같이 위대칭을 하는 괘들과 그렇지 않는 괘들로 나눌 수 있다. 대성괘를 집합이라 할 때 그 안에 있는 두 소성괘는 부분집합이라 할 수 있다. 집합과 부분집합 사이에는 방도에서와 같은 역설이 성립한다. 즉, 대성괘는 위대칭인데 소성괘는 비위대칭이란 역설이 성립한다는 것이다. 27-28의 경우 27.이(䷚)를 위대칭하면 모양이 변하지 않는다. 그러나 그 안의 소성괘는 모양이 변한다. 예를 들면, 상괘인 27.이의 상괘인 간(☶)이 28.대과(䷛)의 하괘인 진(☳)으로 변하고, 하괘인 진은 간으로 변한다. 61.중부(䷼)의 경우도 사정은 마찬가지다.

그런데 이런 현상이 1.건-2.곤, 29감-30리에서는 결코 일어나지 않는다. 대성괘로서의 중부는 위대칭을 해도 그 모양이 변하지 않지만, 소성괘로서의 상괘는 손(☴)에서 태(☱)로 태는 손으로 변한다. 이렇게 대성괘를 위대칭을 했을 경우 그 안의 부분집합인 소성괘가 위대칭을 함께 하는 경우와 그렇지 않는 경우로 나뉜다. 즉, 쌍대성괘와 소성괘가 '위대칭의 위대칭'인 경우와 '위대칭의 비위대칭'인 경우로 나누어진다. 이것은 방도 안에서 발생한 역설과 같은 종류의 것이다. 귀속이란 말을 대칭이란 말로 바꾸어 놓으면 그 구조가 같음을 발견하게 된다. 이는 일종의 역설 해의의 방법이며, 다산은 호체론 가운데 창신론에서 이 역설 문제를 다루고 있다.(8.2. 참고)

주역을 넘어서 위상역으로

여기서 위대칭과 치대칭이란 말을 위상범례로 볼 때, 위대칭은 특히 대각대칭에 해당한다. 위대칭을 시키면 건·곤과 감·리는 그 모양이 변하지 않으나, 태는 손이 되고, 진은 간이 된다. 치대칭을 시키면 건은 곤이 되고, 감은 리가 되고, 태는 간이 되고, 진은 손이 된다. 사각형 안에서 뫼비우스띠를 만들면 치대칭을 하는 괘들끼리 마주 붙는다. 건은 곤과, 태는 간과 같이 전후, 좌우, 상하의 삼차원에서 대칭이 일치한다. 즉, 삼차원 대각대칭을 한다. 위대칭을 하면 태와 손과 같이 전후와 좌우의 이차원에서 일치를 한다. 건과 곤, 감과 리는 위·치 대칭을 모두 한다. 앞으로 다산역 추이법의 벽괘 속에서 14벽괘들이 위·치 대칭을 하는 것을 보게 될 것이다.

이렇게 차원과 대칭의 관계를 설정해 놓고 보면 위상범례가 더욱 한눈에 잡힌다. 위상범례 가운데 뫼비우스띠는 삼차원의 대칭이 일치한다. 원기둥은 이차원에서 일치한다. 클라인병은 사각형의 마주보는 두 쌍의 변들 가운데서 한 쌍은 '비틈'(화살표가 반대)이고, 다른 한 쌍은 '안비틈'(화살표 방향 같음)이다. 그리고 사영평면은 두 쌍이 모두 '비틈'이다. 이렇게 하나의 사각형 안에서 두 쌍들의 관계를 '연접'이라 한다. 뫼비우스띠의 경우는 삼차원의 가운데 한 개의 대각대칭이 비틀려 일치하는 것이고, 사영평면은 두 개의 대각대칭이 모두 비틀려 일치하는 것이다. 그래서 사영평면의 연접을 '비틈의 비틈'이라 하고, 클라인병의 연접은 '비틈의 안비틈'이라고 한다.

그러나 이 두 형은 모두 이차원 공간에서는 제작 불가능하다. 즉, 사영평면의 연접은 두 개의 대각선인 정대각선과 부대각선을 마주 붙이는 것이고, 클라인병의 연접은 대각선 하나와 다른 두 쌍의 가로와 세로의 다른 변들과 마주 붙이는 것인데, 이는 이차원 공간에서는 정상 제작이 불가능하다. 그러면 편의상 이 두 도형들을 제작하기 위해 사각형 밖의 도형을 하나 만들어 두고 마주 붙인다. 이를 연접에 대하여 '결접'이라 부르기로 한다. 그런데 두 접들의 관계에서 역설이 발생한다. 거짓말쟁이 역설의 언어가 발생한다는 말이다. 앞으로 이를 예의 주시해 보아야 한다. 아래 두 도상 가운데 위의 것은 클라인병, 아래 것은 사영평면을 만드는 것이다.

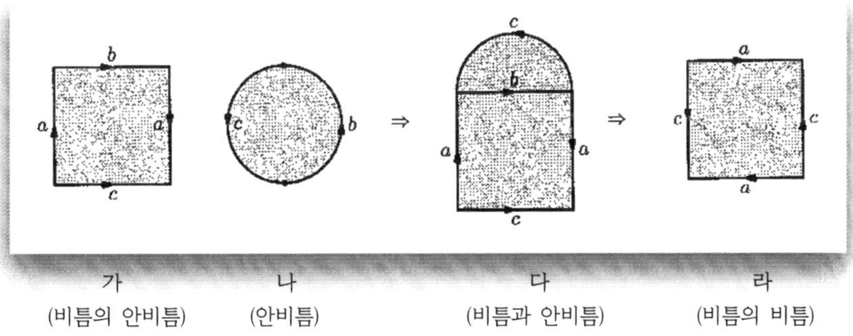

도표 5-3. 사영평면의 논리적 구조

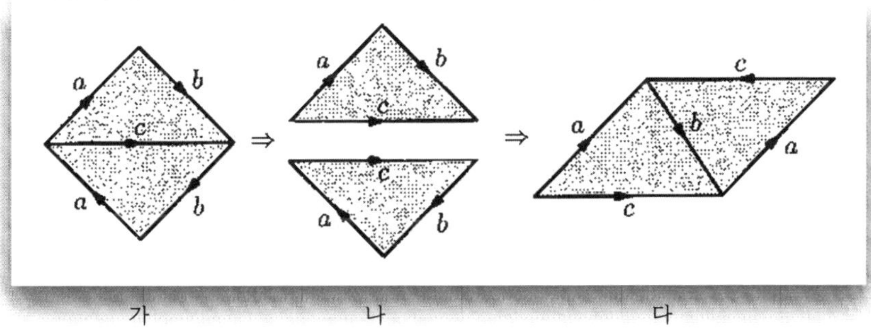

도표 5-4. 사영평면과 클라인병의 논리적 관계

위의 두 도형은 얼핏 단순해 보이지만 위상학과 논리학, 그리고 역과 대각선 논법을 한꺼번에 정리할 만큼의 위력을 가진다. 우리의 모든 연구를 한꺼번에 종합하고도 남음이 있다는 말이다. 그 이유를 알아보자. 도형 자체는 사각형과 원과 삼각형뿐이지만, 변에 있는 화살표를 보면 간단하지 않다. 특히 화살표와 변의 명칭 부호에 주의를 기울여야 한다.

먼저 〈도표 5-3가〉를 보면 세로는 화살표 방향이 반대이고, 명칭 부호는 모두 a이지만, 가로는 화살표 방향은 같지만 명칭 부호는 b와 c이다. 세로에서 화살표 방향이 반대라는 것은 '비틈'이다. 이는 비정향적인 뫼비우스띠를 의미한다. 두 세로선 a는 결국 하나의 선이지만 가로는 그렇지 않다. 두 선이 각각이다. 명칭 부호가 서로 다르다. 그래서 '가'는 전형적인 클라인병이다. 〈도표 5-3나〉는 원판이다. 비틈이 전혀 없는 정향적인 원판이기 때문에 원둘레의 화살표 방향이 같은 방향이다. 이 원판의 좌우에 c와 b라는 명칭 부호를 달아 놓았다.

이제 중요한 단계로 넘어갈 차례이다. 〈도표 5-3다〉는 '나'의 c와 b를 '가'의 그것과 같은 부호 c와 b에 이어 붙인 것이다. 그러면 c와 b는 같은 방향이기 때문에 b로 통일이 된다. 자연히 〈도표 5-3라〉로 변한다. 사각형 '라'의 화살표를 보면 가로와 세로의 화살표 방향이 모두 같고 부호 명칭도 같다. 그래서 이는 전형적인 사영평면이다.

여기서 중요한 것은 논리적 구조이다. 클라인병은 연접인 '비틈의 안비틈'(of)인데 사각형 안의 '안비틈'이란 요소가 사각형 밖의 '안비틈'과 결접을 한다. 이를 '비틈과 안비틈'(and)이라고 한다. 그 결과 만들어져 나온 것이 '라'의 사영평면이다. 비틈을 '거짓말'이라고 말을 바꾸면 '안비틈'은 '참말'이 된다. 그러면 연접인 '비틈의 안비틈'은 '거짓말의 참말'이고, 이것은 결접인 '비틂과 안비틂'으로 '거짓말과 참말과 같다. 그러면 "거짓말≡참말"이 된다. 이것이 사영평면의 논리적 구조이다. 클라인병 속에서 '비틂'과 연접되어 있던 '안비틂'이 사각형 밖의 '안비틂'과 결접이 되면 그 결과는 사영평면이다. 사영평면은 사각형의 가로와 세로가 모두 비틂인 '비틂의 비틂'이다. 이것이 클라인병과 사영평면의 논리적 관계이다. 도형적으로는 '클라인병≡뫼비우스띠×원판'인데 이것이 '뫼비우스띠+원판≡사영평면'이 된다. 여기서 ×는 '연접'을, +는 '결접'을 의미하는 기호이다.

다음은 사영평면을 클라인병으로 바꾸는 것이다. 〈도표 5-4가〉는 사각형의 가로와 세로의 방향이 모두 반대인 사영평면이다. 이제 대각선 c로 이 사각형을 이등분한다.(도표 5-4나) 그러면 '나'는 대각선 c에 의하여 '상'과 '하'로 나누어진다. 그런데 삼각형 '상'과 '하'에서 명칭부호는 같으나 화살표 방향이 다르다. '하'는 정향적이지만 '상'은 비정향적이다. 삼각형 세 변에 있는 화살표를 따라 이동하면 '하'는 정향적으로 그것이 가능하지만, '상'은 그것이 불가능하다. '가' 안에서 가로와 세로가 모두 비틂인 '비틂의 비틂'을 나누어 두 개의 삼각형을 만드니, 그 삼각형은 '비틂과 안비틂'으로 결접되어 있었다. '비틂의 비틂'인 연접은 '비틂과 안비틂'인 결접이라는 사실이 사영평면의 정체성이란 말이다.

이렇게 도표 '나'에서 둘로 나누어진 삼각형을 다시 다른 방법으로 다음과 같이 이어 붙인다. '상'을 그냥 두고 '하'를 180도 회전시켜 명칭부호가 같게 부호 a나 b를 같은 화살표 방향으로 하여 이어 붙인다. 여기서는 b를 그렇게 하였다.(도표 5-4다) 마름모형의 사각형에서 대각선은 b로 변한다.(반대각선화) 서로 마주보는 변의 경우 화살표를 보면. a는 같은 방향이고 c는 반대이다. 다시 말해서 클라인병이 생겨났다.

먼저 이를 논리적으로 한 후 다음으로 대각선 논법으로 검토를 하자. '가'의 마주보는 변들은 방향이 반대이지만 대각선에서는 같은 방향이었다. 이 말은 '비틈의 비틈' 속에 '안비틈'이 들어 있다는 것을 의미한다. c는 안비틈으로 방향이 같다는 말이다. 이제 대각선 c를 변으로 바꾸고, 변 b를 대각선으로 바꾼 결과 사영평면이 클라인병이 되었다. b를 180도 회전시킨다는 것은 b를 비튼다는 말이다. '나'에서 b는 '안비틈'이었지만 '다'에서는 '비틈'이 되었고, c는 '안비틈'이었지만 '다'에서는 '비틈'이 되었다.

이제 '다'에서 '나'로, '나'에서 다시 '가'로 역전을 시키면 클라인병이 사영평면이 된다. 다시 말해서, '다'의 c를 '나'의 c와 화살표가 같게 만들어 버리고, c를 다시 이어 붙이면 클라인병(다)이 사영평면(가)이 되어 버린다. 여기서 중요한 것은 뫼비우스띠이다. 같은 두 개의 뫼비우스띠끼리 결접을 하면 클라인병이 되고, 뫼비우스띠와 원판과 결접을 하면 사영평면이 된다. '비틈의 비틈＝비틈과 안비틈'이고 '비틈의 안비틈＝비틈과 비틈'이라는 등식이 성립한다. 이것이 거짓말쟁이 역설의 위상학적 구조이다.

이를 대각선 논법과 결부하여 생각해 보자. 대각선 논법의 6대 요소 가운데 가로와 세로, 대각선이 갖추어졌다. 여기서 대각선이 중요한 역할을 한다. 즉, 사각형(가)의 대각선 c를 180도 비틀어 변이 되도록 하고, 변 b를 비틀어 대각선이 되도록 한 결과, 사영평면과 클라인병이 서로 호환된다는 사실을 알았다. 그리고 거짓말쟁이 역설 해의법도 신

기원을 맞이하게 되었다. 수천 년 이상 인간의 사고를 난관에 직면하게 한 역설이 왜 발생하는지, 그리고 그것을 해의하는 방법이 무엇인지도 알게 되었다. 무엇보다 큰 소득은 위상학과 역과의 관련성이 드러난 점이다.

역에서 대각선은 각별한 의미를 갖는다. 대각선이 변이 되는 것은 반대각선화이고, 변이 대각선이 되는 것은 대각선화이다. 이 두 경우를 모두 우리는 〈도표 5-4〉에서 보았다. 클라인병에서 사영평면으로, 사영평면에서 클라인병으로 변환되는 과정에서 대각선이 하는 역할을 보았다. 〈복희64괘도〉와 〈주역64괘도〉 모두 대각선과 밀접한 관계가 있다. 〈주역64괘도〉 안의 쌍대성괘가 모두 대각대칭을 안 하는 괘가 없다. 그 가운데 위대칭을 하면서 동시에 치대칭을 하는 '문제의 괘들' 여덟 쌍 속에서, 27.이와 28.대과, 61.중부와 62.소과의 네 쌍은 대각대칭에서 위와 치대칭을 동시에 한다. 다른 네 괘들은 상하좌우 대칭에서 위와 치대칭을 하는 데 말이다. 이를 다음 장에서 '수역'이란 이름으로 살펴볼 것이다. 그리고 이는 다산역을 이해하는 데 중요한 역할을 한다.

앞의 두 도형에서 '위대칭'이란 180도 위·치를 회전시키는 것에 해당한다. a, b, c가 서로 자리바꿈을 하는 것이 다름 아닌 위대칭에 해당한다. 그러면 치대칭은 무엇인가? 치대칭은 '비틈'과 '안비틈'과 같은 것을 두고 하는 말이다. 전자를 음, 그리고 후자를 양이라고 하면 이는 치대칭에 해당한다. 그리고 비틈과 안비틈의 관계는 반가치화의 관계이다. 그렇다면 위상학에는 대각선 논법의 여러 요소들이 모두 갖추어져 있다고 할 수 있다. 한국역 전반과 앞으로 이어지는 다산역에 관한 장들은 이 절에 대한 후속적 적용에 지나지 않을 뿐이다.

5.2. 상황과 상황의 상태로서의 효와 괘

주역 64괘의 상황과 상황의 상태

역학 연구사에 나타나는 지속적인 문제점은 이른바 후천도 주역 64괘의 배열법과 선천도 〈복희64괘도〉의 배열법에 연관된 논리적 철학적 문제들이다. 필자는 나름대로 이 문제가 프랑스 철학자 알랭 바디우가 제기한 '상황situation'(S)과 '상황의 상태state of situation'(SS) 사이의 문제라는 사실을 인지하게 되었다. 두 신조어는 모두 집합론에 관련되어 유래되었다. 상황이란 집합을 '원소'의 모임으로 보고, '상황의 상태'란 '부분'의 모임으로 보는 것이다. 어느 한 전체 집합은 요소와 부분집합의 모임이기 때문에 원소와 부분을 지금까지 동일시해 온 것이 존재론의 근본 문제라고 바디우는 지적한다.(*Being and Event* 1장 참고)

즉, 바디우 이전에는 원소와 부분을 동일시하여 그것들의 집합이 동일한 전체라고 보아왔다. 유클리드의 공리 가운데 "부분의 합이 전체이다"라고 할 때 그가 이를 구별하지 않은 것은 분명하고, 이러한 그의 무지 때문에 서양철학이 오류를 범해 왔다는 것이다. 바디우에 따르면 원소와 부분집합의 차이는 n(원소)과 2^n(부분)의 차이만큼이나 다르다고 한다. 후자는 전자보다 항상 크다. 그래서 항상 '상황의 상태'(2^n)는 '상황'(2)을 '초과'한다고 보아 이를 '돌출'이라고 한다. 그런데 역학 연구에서 초과분의 처리 문제는 처음이요 마지막이다.

이러한 초과분 때문에 존재론의 모든 문제가 발생한다는 것이 바디우의 주장이다. 즉, 이 때문에 고대 그리스 철학의 '제3의 인간과 같은 철학사의 난제 기리가 등장한다. 우리는 앞으로 64괘 속에서 이러한 초과된 제3의 것들을 볼 것이다. 효와 괘의 대칭을 다루는 과정에서 초과 대칭을 보게 된다는 것이다. 무엇보다 이 초과분 때문에 존재론은 '방황'을 하고, 비결정론으로 결론날 수밖에 없게 된다. 주역에서 63이 '기제'이고 64가 '미제'인 이유가 바로 초과분의 문제이기도 하다. 역을 결정론에서 구해주는 것이 바로 이러한 초과이다. 철학의 모든 문제가 상황과 상황의 상태 차이에서 발생한다.

그렇다면 알랭 바디우의 상황과 상황의 상태는 역에서 말하는 효와 괘의 관계와 직접 연관시킬 수 있다는 결론에 이른다. 다시 말해서, 세 개의 효에서 2^3=8괘가 나오고, 여섯 개의 효에서 2^6=64괘가 나온다. 이른바 시생 원리로 알려진 이 두 가지 방법은 철학의 난제가 잠재된 논리적인 문제이다. 3획괘를 '소성괘' 또는 단괘라 하고, 6획괘를 '대성괘' 또는 중괘라고 한다. 상황과 상황의 상태라는 관점에서 보았을 때 〈복희64괘서차도〉는 상황, 그리고 방도는 상황의 상태라는 관점에서 배열되었다고 할 수 있다. 주역 64괘의 배열법은 이 두 방법의 종합이라 보면 된다.

그러나 이러한 구별이 일관성을 갖는 것은 물론 아니다. 필자의 선행연구인 《대각선 논법과 역》에서는 〈복희64괘도〉 배열법과 칸토어의 대각선 논법을 연관시키는 데 중점을 두었다. 그러나 이 책의 2, 3부에서는 대각선 논법을 〈주역64괘도〉에 중점을 두면서, 이를 다산역에 연관시키는 데 주력하였다. 선행연구가 상황의 상태에 중점을 두었다면, 이 책은 상황에 중점을 두었다고 할 수 있다. 그러나 이러한 구별은 중점의 문제이지 결코 어느 하나가 다른 하나를 배제한다는 의미는 아니다.

〈복희64괘도〉 또는 방도는 한 개의 대성괘를 단위로 하여 격자 형식, 좌표계 형식으로 규칙적으로 배열하였다. 그러나 〈주역64괘도〉는 두 개의 대성괘를 하나의 쌍으로 하여 64괘 모두에 고유한 괘수 번호를 부여하는 방법으로 배열한다. 즉, 홀·짝을 한 쌍으로 하여 순차적으로 32개의 쌍들을 사각형 안에 배열한다. 순차 번호 1부터 30까지는 '상경', 31부터 64까지는 '하경'으로 분류하였다. 상·하경의 이러한 불균형적 배열방법이 다산역에서 문제시된다. 그렇다면 괘를 홀·짝수로 배열하는 기준은 무엇인지, 그리고 왜 상경과 하경을 비대칭적으로 30 대 34로 나누었는지에 대한 답을 다산이 제시할 것이다.

《십익》의 〈서괘전〉에서 공자는 1.건-2.곤과 3.둔-4.몽의 관계를 "하늘과 땅에 가득 찬 것은 오직 만물이다. 그래서 건과 곤 다음을 둔이 받는다. 둔이라는 것은 차는 것이다. 만물이 차고 나면 몽매하다. 그래서 둔 다음에 몽을 둔다"고 했다. 과연 공자의 이러한 은유법적으로 괘를 배열하는 서괘 원리가 얼마나 오늘날 사람들에게 설득력을 가질지는 의문이다. 64괘 전체에 대한 이러한 은유법적 설명은 하루 빨리 역학이 극복해야 할 과제이다. 한마디로 말해서, 은유법은 되도록 피해야 한다는 것이다. 탈현대에 모든 지식의 토대가 다 무너지는 마당에, 〈서괘전〉의 이러한 괘 배열 규칙에 관한 설명은 토대가 다 무너지고 재건축된 다음에 다시 읽어야 할 글이라고 본다. 사실 다산의 역4법은 이를 극복하려는 한 시도라고 볼 수 있다.

그러면 지금부터 논리적 분석과 수리적 구조를 통해서 64괘의 구조 속을 들여다 본 다음, 〈서괘전〉을 다시 읽는 토대를 만들기로 한다. 다산의 역4법 가운데 물상본에서 우리는 온유법을 다시 만나게 될 것이다. 지식의 토대를 해체하는 차원을 넘어서 그것을 재구축한 작업을 한 철학자가 바로 알랭 바디우이고 다산이다. 바디우의 수학적 존재론은 들뢰즈 유의 단순 해체가 아닌 수학의 집합론을 통한 지식의 재구성 작업의 일환이라 할 수 있다. 지금부터는 바디우의 상황과 상황의 상태라는 구별법을 통해 선천도와 후천도의 논리적 수리적 구조를 파악하고 다산역에 적용해 나갈 것이다.

주역 64괘의 위대칭과 치대칭의 문제

《대각선 논법과 역》에서는 선천도인 〈복희64괘도〉에 나타난 정대각선을 칸토어의 대각선 논법 6대 요소에 연관시키는 데 주력하였다. 그러나 64괘를 배열하는 방법에는 후천도인 〈주역64괘도〉가 또 있다. 이에 대해서는 선행 연구에서 거의 언급하지 않았다. 왜냐하면 필자가 대각선 논법을 역에서 처음 발견할 곳이 방도인 선천도였기 때문이다. 그러나 이 책에서는 상황의 상태 이전의 상황에서 역을 다시 보려 한다. 상황에서 다시 본다는 말은 괘 안의 효에 관심을 갖는다는 말이다. 그래서 자연히 시선이 〈주역64괘도〉로 돌려질 수밖에 없다.

〈복희64괘도〉가 좌표계형이라면, 〈주역64괘도〉는 쌍대성괘형(쌍괘형)이라 할 때, '좌표계형'이란 8괘를 x와 y 좌표상에 격자 형식으로 배열하고, 이를 각 상한에 1 대 1 대응시켜 괘를 배열하는 것을 말한다. 이에 대하여 '쌍괘형'에서는 64괘를 홀수와 짝수로 32쌍으로 가른다.

이때 짝수에 있는 괘는 반드시 홀수의 괘를 180도 위대칭으로 전도시킨다. 이를 '반역反易'이라 하기도 한다. 반역은 교역, 변역과 함께 '3역'이라 한다. 6획 전체를 한꺼번에 이렇게 전도시키는 것을 반역이라 한다는 것이다. 이는 방도에서는 없었던 기법이다. 64괘 가운데 전도시켜도 그 모양이 변하지 않는 네 쌍의 괘는 전도 대신에 변역을 하여 괘의 가치인 음양을 서로 바꾼다. 즉, 음은 양으로 양은 음으로 바꾼다. 여기서는 반역을 '위대칭,' 변역을 '치대칭'이라 부른다.

〈복희64괘서차도〉는 횡으로 64괘를 배열하는 것이고, 방도는 한 개의 대성괘 단위로 격자 형식으로 상괘와 하괘를 조합하여 배열한다. 〈주역64괘도〉는 대성괘와 소성괘를 동시에 고려한 배열을 한다. 6효 단위의 괘를 '대성괘 hexagram', 3효 단위의 괘를 '소성괘 trigram'라고 한다. 그래서 주역 32개 쌍 속에 있는 개개의 쌍들은 네 개의 소성괘들이 좌우와 상하에서 대칭을 이룬다. 이러한 쌍을 '쌍대성괘'라고 한다. 소방도(MRD)가 이에 해당한다. 이 책은 이들 네 괘 사이의 대칭구조 파악을 최대 관심사로 삼는다. 한 개의 대성괘를 요소인 6획의 모임으로 보는 '상황'과 두 개의 부분인 소성괘의 모임으로 보는 '상황의 상태'가 논쟁의 한가운데에 서 있다. 이렇게 나누어 보지 않는 것은 역학 연구의 본령을 망각하는 것이라 할 수 있다.

한 쌍대성괘는 두 개의 대성괘가 좌우에서 대칭을 이루고, 하나의 대성괘 안에는 두 개의 소성괘가 상하에서 대칭을 만든다. 이때 전자를 '쌍대칭'이라 부르고, 후자를 '짝대칭'이라 부른다. 전자는 대성괘 사이의 대칭이고, 후자는 한 대성괘 안의 상하 소성괘 사이의 대칭이다. 그러면 쌍대칭은 좌우 두 개의 대성괘가, 짝대칭은 한 대성괘 안의 상하 두 개의 소성괘가 대칭을 만들어 정확하게 하나의 사각형이 된다. 그러면 여기서 좌우와 상하라는 이차원에서 위대칭이 만들어지는데, 이에 한 차원이 더해진 음양 대칭은 '치대칭'이라 한다. 역에는 효마다 고유한 자리가 있으며 이를 위라고 한다. 음양 대칭인 치대칭과 치의 자리가 만드는 '위대칭'을 동시에 고려하는 것이 중요하다. 서양 수학사에서 상황과 상황의 상태의 차이를 알게 된 것은 19세기 말 집합론을 통해서이고 보면, 동양의 역은 이보다 훨씬 앞섰다고 할 수 있다.

위와 치대칭을 하는 경우와 안 하는 경우로 나눈다. 위와 치가 자기 자신의 위와 자기 자신의 치를 바꾸지 않는 것을 '제위'와 '제치'라 부르기로 한다. '제위'란 반역이나 변역이 되기 이전의 괘 자체를 '본괘'라고 할 때, 본괘가 180도 전도되지 않는다는 뜻이고, '제치'란 본괘의 음양이 변하지 않는다는 뜻이다. 반대로 위와 치가 반대로 되는 경우는 '위대칭', '치대칭'이라 부른다. 이렇게 표현의 어려움이 생기는 이유는 '대칭'이란 말 자체가 어떤 관계를 나타내는 말이기 때문이다. 즉, '대칭'이란 말 자체가 자기와 반대인 것과 상대하는 것이다. 그래서 여기서 '제대칭'과 '대칭'을 다르게 사용하는 이유는, 전자는 자기와 자기 자신과 똑같은 것과 상대를 한다는 뜻이다. 즉, 제치대칭의 경우는 음양이 바뀌지 않은 '정상'이란 뜻이고, 제위대칭의 경우는 좌우상하의 위가 전도가 되지 않은 '동형'이란 뜻이다.

이에 대하여 '치대칭'과 '위대칭'은 치도 위도 모두 반대로 되었다는 의미이다. 그래서 제치대칭이란 '정상치대칭', 제위대칭이란 '동형위대칭'이라고 부를 수도 있다. 이러한 설명과 함께 네 가지 가능한 제위와 제치, 그리고 위와 치 대칭 관계 표를 기호와 함께 만들면 다음과 같다.

도표 5-5. 위·치 대칭표와 기호

	제위	위
제치	제치·제위 □	제치·위 ◇
치	치·제위 ▣	치·위 ◈

위 네 가지 대칭 관계를 보기 쉽게 네 개의 기호를 달아놓았다.[1] 이들 네 가지 대칭 관계를 '4종'이라 부르고, 다음에 말할 '8류'와 구별하여 사용하려 한다. '4종8류'는 역학 연구의 대미를 장식하게 될 것이다. 지금까지의 역학 연구가 이렇게 구도를 잡지 않았기 때문에 맥락을 잡지 못했다. 아마두 의리역에 함몰된 이유 때문이라고 본다. 위의 〈도표 5-5〉는 역의 모든 것의 모든 것이라 할 만큼 중요하다. 이 표에 따라 〈주역64괘도〉의 대칭이 갖는 규칙성이 지금부터 밝혀지기 때문이다. 역학 연구의 궁극적 목적은 후천도나 선천도 안에 있는 모종의 규칙성이다. 그래서 〈주역64괘도〉든 〈복희64괘도〉든 모두가 4종8류로 돌아와 추리될 수밖에 없을 것이다.

김상봉은 그의 책 《수역》에서, 선천도와 후천도를 위대칭(거울대칭)과 치대칭(음양대칭)의 관점에서 두 도형의 구조를 밝혀 놓았다. 즉, 명칭에서 김상봉은 위대칭은 '거울대칭', 치대칭은 '음양대칭'이라 하고, 제치대칭은 '정상대칭', 제위대칭은 '동형대칭'이라고 하였다.[2] 이제 네

---

1) 〈도표 5-5〉 속에 있는 작은 기호는 언어를 대신하는 것으로, 시각적으로 대칭 관계를 알아보기 쉽게 하려고 김상봉이 고안한 것이다. 다음 〈도표 5-6하〉 쌍대성괘의 내부대칭도를 나타내는데, 이 네 개의 기호들은 결정적인 도움을 준다.

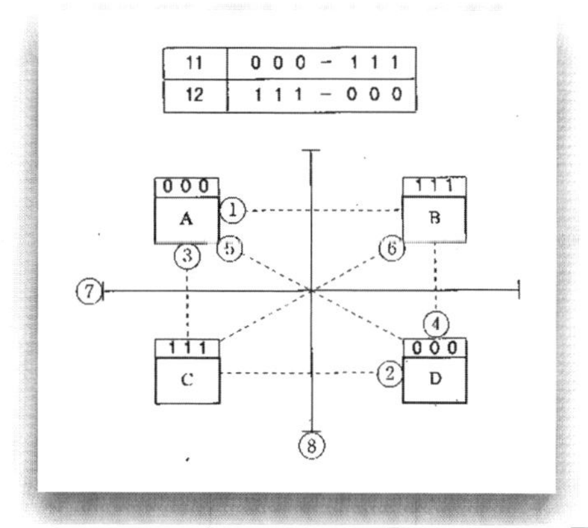

	대칭종류	대칭짝	대칭형태
소 성 괘	①	A : B	수평(左右) 대칭
	②	C : D	
	③	A : C	〈상하 대칭〉
	④	B : D	
	⑤	A : D	〈대각 대칭〉
	⑥	B : C	
대 성 괘	⑦	$\frac{A+B}{C+D}$	수직(上下) 대칭
	⑧	$\frac{A}{C}+\frac{B}{D}$	수평(左右) 대칭

도표 5-6. 대성괘 안의 여덟 소성괘의 대칭 관계(상)와 4종8류 대칭표(하)

종류의 대칭 관계를 만들고, 위와 같이 네 개의 기호를 붙인 다음에
주역 쌍대성괘 속에 있는 네 소성괘들의 4종8류의 대칭 관계를 〈도표
5-6〉으로 나타내었다.(김상봉, 2007, 124)

---

2) 김상봉과 필자의 것을 비교하여 표를 만들면 다음과 같다.
  정상·동형대칭 = 제치·제위대칭
  정상·거울대칭 = 제치·위대칭
  음양동형대칭   = 치·제위대칭
  음양거울대칭   = 위·치대칭

〈도표 5-6상〉은 〈주역64괘도〉의 한 쌍대성괘 안에 있는 네 개의 소성괘를 A, B, C, D라 하고, 이를 좌우와 상하의 대칭 형태를 만든 것이다. 한 대성괘 안에 있는 상하 소성괘들을 A-C와 B-D로 나누고, 다시 4종8류의 가능한 대칭 관계를 만들어 놓았다. 이들 상하 소성괘들 사이의 대칭을 두고 '짝대칭'이라 한다. 그리고 두 개의 상하 소성괘들은 좌우에서 쌍대칭을 만든다. 하나의 대성괘를 '6획'으로 보느냐 두 개의 소성괘로 보느냐. 상황으로 보느냐(S) 상황의 상태(SS)[3]로 보느냐의 문제가 가시적으로 나타났다. 만약에 이런 4종8류의 구도를 단순히 하나의 편의를 위한 것으로 본다면 별다른 의미가 없을 것이다. 그러나 바디우의 수학적 존재론적 용어를 지금부터 덧붙여 나간다면, 역은 폭발적인 위력을 과시하게 될 것이다. 상황과 상황의 상태의 관계는 초과분을 조성하고 비결정성으로 가게 하는 구도가 만들어지기 때문이다.

김상봉은 〈도표 5-6상〉에서 11.태(000-111)와 12.비(111-000)를 예로 들어 4종8류 대칭 관계를 만들었다. 짝대칭은 두 개의 소성괘(6효)로, 쌍대칭은 네 개의 소성괘(12효)로 구성된다. 이제 바디우의 관점으로 돌아가 소성괘와 대성괘를 고찰할 때, 어떤 때는 효라는 요소-상황(S)으로 보기도 하고, 어떤 때는 괘라는 부분-상황의 상태(SS)로 보기도 한다. 상황과 상황의 상태의 관계 문제로 보았을 때 전자는 후천도, 후자는 선천도에 해당한다. 즉, 전자는 6획이라는 관점에서, 후자는 두 개의 괘라는 관점에서 역을 바라본다. 그렇다면 두 개의 다른 전제가 어떤 결과를 초래하는가? 선천도에 관해서는 그 결과를 《대각선 논법과

---

3) S는 'situation'을 SS는 'state of situation'을 의미한다.

역》에서 다루었다.

앞으로의 전개를 위해 몇 가지 더 방법론적 여건을 만들어 놓으면, 다산역에 적용될 수 있는 준비가 완성된다. 여건이란 다름 아닌 주역 64괘를 모두 디지털 코드화 하는 것과, 한 쌍의 쌍대성괘 안에서 정과 부, 두 개의 대각선으로 나눈 다음, 이를 대각선화와 반대각선화, 그리고 반가치화라는 순서로 분류하는 것이다. 이러한 과정을 거치면 64괘 안에 들어 있는 두 질서가 확연하게 드러난다. 두 질서란 64괘 안에 들어 있는 '나타난 질서explicate order'와 '숨겨진 질서implicate order'이다. 이 두 용어는 데이비드 봄David Bohm의 것으로 잘 알려져 있다. 두 질서의 갊아듦에 관한 연구가 앞으로 중요시 될 것이다.

4종8류에 의한 대칭과 정·부 대각대칭

4종8류라는 대칭 형태 가운데 문제의 중심부에 서 있는 대각대칭은 정대각대칭 A-D와 부대각대칭 B-C이다. 이 두 대각대칭에 해당하는 대칭 관계만 집중 관찰하기로 한다. ABCD를 〈도표 5-6상〉과 같은 하나의 사각형으로 보았을 때, 이것이 다름 아닌 '소방도'(MRD)이다. AB와 CD는 가로(좌우), AC와 BD(상하)는 세로에서 대칭을 만든다. AB와 CD는 줄에, AC와 BD는 칸에 배열되어 있다. 가로 대칭이란 말과 세로 대칭이란 말은 서로 상대적이다. 가로 대칭을 하자면 세로가 축이 되고, 세로 대칭을 하자면 가로가 축이 되기 때문이다. 서로 상대적이다. 그래서 '줄'과 '칸'이란 말을 사용하는 것이 이런 혼동을 피할 수 있다. 가로 줄과 세로 칸으로 구별할 수 있다.

이렇게 줄과 칸에 따른 배열이 끝나면 AD와 BC는 대각대칭에 해당한다. 이는 대각선 논법 요소들 가운데 '배열', '가로', '세로', 그리고 '대각선화'에 해당한다. 거듭 강조해 지적하면, 대각선에는 두 종류가 있는데, AD를 '정대각선', BC를 '부대각선'이라 부른다. 다음에 말할 '역대각선'은 대각선의 방향이 정·부대각선과 반대 방향으로 향하는 것을 말한다.4) 즉, 정대각선이 좌상에서 우하로 향하는 것이라면, 역대각선은 그 반대인 우하에서 좌상으로 향하는 것이다. 부대각선은 우상에서 좌하로 향하는 정대각선과 X자를 만드는 대각선이다. 즉, AD와 BC는 사각형 안에서 X자를 만드는 대각선이라 할 수 있다.

정·부 두 대각선은 좌우와 상하를 X자 형으로 '좌지우지'하는 대각선이라 할 수 있다. 거듭 말해서, 사각형 안에는 4종8류의 대칭들이 있다. AD와 BC는 〈도표 5-6〉에서 대칭들의 종류를 4종8류로 볼 때 5와 6류에 해당하는 대칭이다. 이런 지적은 주역 64괘 배열이 어떤 대칭 구조를 가지고 있는가를 파악하기 위한 특단의, 그리고 매우 중요한 조치라 할 수 있다. 지금부터 김상봉의 연구 업적에 근거하여 바디우의 S와 SS를 확인해 나가기로 한다.

김상봉은 주역 64괘를 모두 디지털 코드화 한 다음, 두 개의 대각대칭인 정대각대칭(AD)과 부대각대칭(BC)을 반대각선화하고 반가치화한 것으로 표를 만든다. 즉, 아래 〈도표 5-7〉은 주역 64괘 쌍대성괘를 상하와 좌우로 두 개씩 대칭을 만든 다음, 정대각대칭 AD와 부대각대칭

---

4) 칸토어는 부대각선과 역대각선은 고려의 대상에 넣지 않았다. 그러나 역에서 이들 두 대각선의 첨가는 매우 중요하다. 물론 이들 대각선 외에도 사각형 안에는 많은 대각선이 있다. 이를 '편대각선'이라 한다. 칸토어는 그의 대각선 논법에서 오직 정대각선만 다루었다. 이것의 그의 한계였다.

BC를 반대각선화 하고 다시 반가치화 시켜 놓은 것이다. 한 개의 쌍대성괘를 기준하여 정·부 대각선으로 두 개씩 나눌 때 생긴 네 개의 소성괘는 정사각형을 만든다. 이때 정사각형의 상좌(A) 하우(D)는 정대각대칭이고, 상우(B)-하좌(C)는 부대각대칭이다. 이들 두 대각대칭을 반대각선화 한다는 것은 대각선 AD를 대성괘 원래의 대칭 관계인 상하 AC로 바꾼다는 의미이다. 그리고 반가치화 한다는 것은 음(0)은 양(1)으로, 양은 음으로 바꾼다는 의미이다.

주역 64괘들 가운데 대표격인 1.건과 2.곤괘의 예를 통해서 〈도표 5-7〉을 읽는 방법을 알아본다. 수 1, 2, …, 64 등은 주역 고유 괘수 번호이다. 디지털 코드는 음과 양을 0과 1로 바꾸어 놓고 상하 소성괘는 막대(-)로 구분한다. 구체적인 설명은 해당 쌍대성괘 구조를 통해서 하기로 한다.

도표 5-7. 64괘 정대각대칭과 부대각대칭의 반대각선화 반가치화

   A   B
1. 111-111(홀수번호괘 상-하)
2. 000-000(짝수번호괘 상-하)
   C   D

12. 111-000(정대각대칭의 반대각선화)
11. 000-111(정대각대칭의 반가치화)

12. 111-000(부대각대칭의 반대각선화)
11. 000-111(부대각대칭의 반가치화)

11. 000-111(정대각대칭의 반가치화)

11. 000-111(부대각대칭의 반가치화)

괘순/디지털코드/괘명

 1. 111-111　　건

 2. 000-000　　곤

12. 111-000　　비

11. 000-111　　태

11. 000-111　　태

12. 111-000　　비

11. 000-111　　태

12. 111-000　　비

 3. 010-001　　둔

 4. 100-010　　몽

29. 010-010　　감

30. 101-101　　리

27. 100-001　　이

28. 011-110　　대과

30. 101-101　　리

28. 011-110　　대과

5. 010-111　수
6. 111-010　송
29. 010-010　감
30. 101-101　리

1. 111-111　건
2. 000-000　곤
30. 101-101　리
2. 000-000　곤

7. 000-010　사
8. 010-000　비
2. 000-000　곤
1. 111-111　건

29. 010-010　감
30. 101-101　리
1. 111-111　건
30. 101-101　리

9. 110-111　소축
10. 111-011　리履
61. 110-011　중부
62. 001-100　소과

1. 111-111   건

2. 000-000   곤

62. 001-100   소과

2. 000-000   곤

11. 000-111   태

12. 111-000   비

2. 000-000   곤

1. 111-111   건

1. 111-111   건

2. 000-000   곤

1. 111-111   건

2. 000-000   곤

13. 111-101   동인

14. 101-111   대유

1. 111-111   건

2. 000-000   곤

30. 101-101   리

29. 010-010   감

2. 000-000   곤

29. 010-010   감

15. 000-100   겸
16. 001-000   예
 2. 000-000   곤
 1. 111-111   건

62. 001-100   소과
61. 110-011   중부
 1. 111-111   건
61. 110-011   중부

17. 011-001   수
18. 100-110   고
28. 011-110   대과
27. 100-001   이

27. 100-001   이
28. 011-110   대과
27. 100-001   이
28. 011-110   대과

19. 000-011   림
20. 110-000   관
 2. 000-000   곤
 1. 111-111   건

61. 110-011 　중부
62. 001-100 　소과
1. 111-111 　건
63. 001-100 　소과

21. 101-001 　서합
22. 100-101 　분
30. 101-101 　리
29. 010-010 　감

27. 100-001 　이
28. 011-110 　대과
29. 010-010 　감
28. 011-110 　대과

23. 100-000 　박
24. 000-001 　복
27. 100-001 　이
28. 011-110 　대과

2. 000-000 　곤
1. 111-111 　건
28. 011-110 　대과
1. 111-111 　건

25. 111-001　무망
26. 100-111　대축
 1. 111-111　건
 2. 000-000　곤

27. 100-001　이
28. 011-110　대과
 2. 000-000　곤
61. 011-110　대과

27. 100-001　이
28. 011-110　대과
18. 100-110　고
17. 011-001　수

17. 011-001　수
18. 100-110　고
17. 011-001　수
18. 100-110　고

29. 010-010　감
30. 101-101　리
63. 010-101　기제
64. 101-010　미제

63. 101-010 미제
64. 010-101 기제
64. 101-010 미제
63. 010-101 기제

31. 011-100 함
32. 001-110 항
28. 011-110 대과
27. 100-001 이

62. 001-100 소과
61. 110-011 중부
27. 100-001 이
61. 110-011 중부

33. 111-100 둔
34. 001-111 대장
 1. 111-111 건
 2. 000-000 곤

62. 001-100 소과
61. 110-011 중부
 2. 000-000 곤
61. 110-011 중부

35. 101-000 　진쯤

36. 000-101 　명이

30. 101-101 　리

29. 010-010 　감

2. 000-000 　곤

1. 111-111 　건

29. 010-010 　감

1. 111-111 　건

37. 110-101 　가인

38. 101-011 　규

61. 110-011 　중부

62. 001-100 　소과

29. 101-101 　리

30. 010-010 　감

62. 001-100 　소과

30. 010-010 　감

39. 010-100 　건蹇

40. 001-010 　해

29. 010-010 　감

30. 101-101 　리

62. 001-100　소과

61. 110-011　중부

30. 101-101　리

61. 110-011　중부

41. 100-011　손

42. 110-001　익

27. 100-001　이

28. 011-110　과

61. 110-011　중부

62. 001-100　소과

28. 011-110　과

62. 001-100　소과

43. 011-111　쾌

44. 111-110　구

28. 011-110　과

27. 100-001　이

1. 111-111　건

2. 000-000　곤

27. 100-001　이

2. 000-000　곤

45. 011-000　쵀

46. 000-110　승

28. 011-110　과

27. 100-001　이

2. 000-000　곤

1. 111-111　건

27. 100-001　이

1. 111-111　건

47. 011-010　인

48. 010-110　정

28. 011-110　과

27. 100-001　이

63. 010-010　감

64. 101-101　리

27. 100-001　이

64. 101-101　리

49. 011-101　혁

50. 101-110　정鼎

28. 011-110　과

27. 100-001　이

64. 101-101　리

63 010-010　감

27. 100-001　이

63 010-010　감

51. 001-001　진震

52. 100-100　간艮

62. 001-100　소과

63. 110-011　중부

27. 100-001　이

28. 011-110　대과

63. 110-011　중부

28. 011-110　대과

53. 110-100　점

54. 001-011　귀매

61. 110-011　중부

62. 001-100　소과

62. 001-100　소과

61. 110-011　중부

62. 001-100　소과

61. 110-011　중부

55. 001-101 풍
56. 101-100 려
62. 001-100 소과
61. 110-011 중부

30. 101-101 리
29. 010-010 감
61. 110-011 중부
29. 010-010 감

57. 110-110 손
58. 011-011 태
61. 110-011 중부
62. 001-100 소과

27. 011-110 대과
28. 100-001 이
62. 001-100 소과
28. 100-001 이

59. 110-010 환
60. 010-011 절
61. 110-011 중부
62. 001-100 소과

29. 010-010 감

30. 101-101 리

62. 001-100 소과

30. 101-101 리

61. 110-011 중부

62. 001-100 소과

53. 110-100 점

54. 001-011 귀매

54. 001-011 귀매

53. 110-100 점

54. 001-011 귀매

53. 110-100 점

63. 010-101 기제

64. 101-010 미제

29. 010-010 감

30. 101-101 리

30. 101-101 리

29. 010-010 감

30. 101-101 리

29. 010-010 감

5.3. 64괘 속에 있는 질서와 초과분

숨겨진 질서와 나타난 질서

두 정·부 대각대칭의 구조 속에 들어 있는 괘의 수를 파악해보면, 두 대각대칭을 좌지우지하는 괘는 여덟 쌍(1-2, 11-12, 17-18, 27-28, 29-30, 53-54, 61-62, 63-64)으로 제한되는 것을 알 수 있다. 이들 여덟 개의 쌍괘들이 바로 사각형 안에서 X자형으로 정·부 대각대칭 상에 나타나는 괘들이다. 64괘 모두가 예외 없이 대각대칭을 하고 있지만, 한 쌍이 만드는 쌍대성괘 사이에서 정·부 대각대칭을 하는 괘는 고작 4쌍 8괘뿐이다. 그 가운데서도 2쌍 4괘인 이-대과와 중부-소과는 위와 치에서 대각대칭을 한다. 이때 64괘 가운데 56괘를 '나타난 질서'라고 하면 8괘는 '숨겨진 질서'라고 한다. 이들은 서로 상대적이라서 반대각선화와 반가치화를 통해 서로 갊아든다. 이는 데이비드 봄이 두 개의 질서를 말할 때의 관계와 같다.

다시 말해서, 두 대각대칭을 반대각선화 하고 반가치화 했을 때 어떤 괘가 이에 해당하고, 그 수는 얼마나 되는지를 알아보자는 것이다. 이를 통해 〈주역64괘도〉 내부 구조의 전모가 드러날 수 있다. 점괘들에 얽힌 이러한 구도는 곧 우주사와 인간사의 복잡함 그 자체이기도 한다. 그래서 낱개의 괘를 뽑아 점을 치기 이전에 이 내부 구도를 먼저 파악함으로써 하나의 사건과 하나의 사물이 어떤 맥락 속에 들어 있는가를 알게 된다. 다시 말해서, 점괘는 전체 맥락 속에서 파악해야 한다. 그런 의미에서 〈도표 5-8〉이 갖는 의의는 크다. 〈도표 5-8〉을 〈도표

도표 5-8. '좌지우지' 문제의 8괘에 속한 괘들

괘명 \ 괘수	정대각 반대각 반가치화	부대각 반대각 반가치화	쌍수
1.건	7-8, 11-12, 15-16, 19-20	23-24, 35-36, 45-46	7
2.곤	13-14, 25-26, 33-34	5-6, 9-10, 11-12, 43-44	7
11.태	1-2	1-2	2
12.비	1-2	1-2	2
17.수	27-28		1
18.고		27-28	1
27.이	17-18, 31-32, 43-44, 45-46, 47-48, 49-50	57-58	7
28.대과	23-24	3-4, 17-18, 21-22, 25-26, 51-52	6
29.감	21-22,35-36	13-14, 37-38, 49-50, 55-56, 63-64	7
30.리	3-4, 5-6, 39-40, 63-64	7-8, 47-48, 59-60	7
53.점		61-62	1
54.귀매	61-62		1
61.중부	51-52, 55-56	15-16, 33-34, 39-40, 53-54	6
62.소과	9-10, 37-38, 53-54, 57-58, 59-60	19-20, 41-42	7
63.기제		29-30	1
64.미제	29-30		1
	총 32쌍	총 32쌍	총 6

5-6〉에 근거하여 쌍대성괘 별로 속한 개수들의 비례표를 만들면 〈도표 5-9〉와 같다.

도표 5-9. 좌지우지 8괘에 속한 괘들의 비례표

대성괘 쌍괘번호와 괘명	홀수괘수(정:부)	짝수괘수(정:부)
1.건-2.곤 쌍	7(4:3)	7(3:4)
11.태-12.비 쌍	2(1:1)	2(1:1)
17.수-18.고 쌍	1(1:0)	1(0:1)
27.이-28.대과 쌍	7(6:1)	6(1:5)
29.감-30.리 쌍	7(2:5)	7(4:3)
53.점-54.귀매 쌍	1(0:1)	1(1:0)
61.중부-62.소과 쌍	6(2:4)	7(5:2)
63.기제-64.미제 쌍	1(0:1)	1(1:0)

속성과 특징별로 〈도표 5-8〉에 속한 개수를 분석하면 다음과 같다. 27.이-28.대과 쌍과 61.중부-62.소과 쌍을 제외한 나머지 쌍들은 정·부 대각대칭의 개수가 모두 같다. 그런데 27-28과 61-62의 두 쌍만은 7:6과 6:7으로 다르다. 이들 두 괘가 다름 아닌 '모괘'이다. 가장 많은 개수를 가진 괘는 1-2쌍(14개)과 29-30쌍(14개)이다. 다음은 27-28(13)과 61-62(13)의 순이다.

숨겨진 질서에 속하면서 좌지우지 하는 8괘 쌍들이 다른 괘들을 조성하는 역할을 뒤에 숨어서 하는데, 이들 8괘의 내용을 다시 분석해 보면 크게 건-곤형과 감-리형으로 크게 나눌 수 있다. 이는 매우 중요한 분석이다. 여덟 개 쌍대성괘 안의 네 소성괘의 성분을 보면, 건-곤과 감-리, 둘로 대별할 수 있다. 예를 들어서, 1-2와 11-12는 소성괘가 모두 건111 아니면 곤000이다. 그리고 나머지 여섯 개는 모두 감010 아니면 리101이다. 건과 곤은 하늘과 땅이고 감과 리는 물과 불이다. 하늘과 땅이 있고 그 다음에 물과 불이 있으니 만물이 거기서 나오는 것과 같다.

이런 은유법적 표현이 논리적으로 얼마나 타당한가를 보기로 한다. 그 타당성은 다산의 역4법 분석에서 분명해진다. 다시 말해서, 27.이100-001와 28.대과011-110의 구조를 보자. 27.이괘100-001의 경우 가운데 00-00을 모두 합쳐 0 한 개로 보면 101(리)이 되고, 대과011-110의 경우 가운데 11-11을 합쳐 1 한 개로 보면 010(감)이 된다. 그리고 61.중부110-011와 62.소과 001-100도 마찬가지 방법으로 101(리)과 010(감)으로 환원할 수 있다. 그래서 모괘인 이들 27.이-28.대과와 61.중부-62.소과를 특히 '대감大坎'과 '대리大離'라고 한다. 이에 관해서는 다산의 4역법 가운데 대호론과 겸호론에서 다시 중요하게 다루어질 것이다.

63.기제010-101와 64.101-010의 소성괘들도 감과 리로 환원된다. 다음은 17.수-18.고, 53.점-54.귀매이다. 그런데 이들 괘에서 나타난 괘들을 보면 17.수-18.고는 27.이-28.대과이고, 53-54는 61.중부-62.소과이다. 즉, 17-18은 27-28의 정·부 대각선을 반대각선화와 반가치화 한 것이고, 53-54는 61-62를 그렇게 한 것이다.(도표 5-7) 그렇다면 좌지우지 8괘들 가운데 1-2와 11-12 두 개는 건-곤형, 나머지 여섯 개는 감-리형이란 속성을 가졌음을 확인할 수 있다. 그래서 건곤과 감리는 실로 천지일월의 괘로서 부모를 낳게 하는 괘라 한다. 이 네 괘가 천지자연과 우주

만상에 있기 때문에 인간이 거기서 나온다는 말이다. 그래서 이 네 괘를 '천지자연의 괘'라 부르기로 한다. 즉, 모괘보다 더 깊은 곳에는 건-곤과 감-리가 있었다. 이러한 구별이 나오게 된 배경도 6획으로 보느냐 2괘로 보느냐의 차이에서 생긴 것 이상도 이하도 아니다.

다음은 문제의 8괘 가운데는 숨겨진 질서에 속하는 괘를 자기 안에 포함하는 것과 포함하지 않는 것들로 나눌 수 있다. 한 개나 두 개를 포함하는 쌍은 문제의 괘 자체만 포함한다. 즉, 11-12쌍은 1-2를, 17-18쌍은 27-28을, 63-64쌍은 29-30쌍만 포함한다. 그래서 이들 8괘 쌍들이 8괘 쌍 자체를 포함하는 괘와 8괘 가운데 어느 하나와 다른 괘를 포함하는 것으로 나눌 수 있다. 정과 부 대각선 별로 나누어 이런 포함 관계를 아래 표로 만들어 보았다. 이렇게 좌지우지 괘 속에는 천지자연의 괘와 모괘가 깔아들어 있다.

도표 5-10. 문제의 괘가 문제의 괘를 포함

1.건은 11-12(정)를,
2.곤은 11-12(부)를,

11.태는 1-2(정·부)를,
12.비는 1-2(정·부)를,

17.수는 27-28(정)을,
18.고는 27-28(부)

27.이는 17-18(정)
28.대과는 17-18(부)

29.감은 63-64(부)

30.리는 63-64(정)

53.점은 61-62(부)

54.귀매는 61-62(정)

61.중부는 53-54(부)

62.소과는 53-54(정)

63.기제는 29-30(부)

64.미제는 29-30(정)

〈도표 5-10〉이 갖는 의미는 '문제의 8괘들' 사이의 포함 관계를 알아보는 것으로, 〈주역64괘도〉의 내부 심층 구조를 파악하는 데 그 의의가 있다. 즉, 64괘는 건-곤과 감-리를 중핵으로 숨겨진, 그리고 나타난 두 질서를 통해 형성된 것이다. 그런데 건곤과 감리에 포함된 괘수로 볼 때 건곤형이 7쌍(건이 4개, 곤이 3개)이라면, 나머지 25쌍은 모두 감리형에 포함된다. 그렇다면 '좌지우지 하는 괘들' 가운데서도 주도적인 변화를 유도하는 것은 감리형이라 할 수 있다. 감(☵)은 '물'이고 리(☲)는 '불'이다. 실로 감과 리는 '물불 안 가리'고 변화를 주도하는 괘들이라 할 수 있다. 감과 리가 변화를 주도할 수 있는 이유는 음효와 양효가 이상적으로 대칭을 이루면서 배열되어 있기 때문이다. 이에 비해 건과 곤은 음과 양이 한 방향과 한 곳에 치우쳐 있다. 그래서 작용을 주도할 수 없다.

다시 강조해 말하면, 64괘는 모두 문제의 괘인 천지자연지괘, 모괘와 감·리괘에서 나온다. 이들의 논리적 작용 구조를 알아보기로 한다. 디지털 코드로 된 괘들을 A=천지자연지괘, B=이와 대과괘, C=중부와 소과괘, D=감과 리괘로 나누어 표를 먼저 만든다. 그리고 거기서 결합 관계에 따라서 연출되는 다른 괘들의 관계를 다시 표로 만들면 다음과 같다. 물론 이 표는 컴퓨터의 데이터베이스에서 그대로 사용되는 표이다.(Rafiquzzaman, 2000, 86)

도표 5-11. 문제의 괘들에서 다른 괘들이 연출되는 논리표

A	B	C	D	$f = ABCD + \overline{A}BCD + \overline{BC}$	$f = \overline{\overline{BC}} + D$
0	0	0	0	1	1
0	0	0	1	1	1
0	0	1	0	1	1
0	0	1	1	1	1
0	1	0	0	1	1
0	1	0	1	1	1
0	1	1	0	0	0
0	1	1	1	1	1
1	0	0	0	1	1
1	0	0	1	1	1
1	0	1	0	1	1
1	0	1	1	1	1
1	1	0	0	1	1
1	1	0	1	1	1
1	1	1	0	0	0
1	1	1	1	1	1

〈도표 5-11〉은 문제의 괘들 건·곤(A), 이·대과(B), 중부·소과(C), 감·리(D)가 결합 관계에 따라서 연출되는 연괘(f)의 관계를 일목요연하게 보여주는 것이다. 함수 f의 결합 관계에 따라서 다양한 괘들이 만들어질 수 있다는 것이다. 현대 컴퓨터 회로에서 작용하고 있는 논리가 바로 이 표와 같다고 생각할 때, 이 표는 문제의 괘들이 갖는 의

미를 한눈에 보여준다.

0은 음효, 1은 양효와 같다. 역의 괘들은 소성괘가 세 개, 대성괘가 여섯 개 단위이지만, 여기서는 열여섯 개로 하였다. 그러나 음양의 비례구조는 같다. 문자 A, B, … 등 위의 선 −은 부정을 의미한다. 여기서는 설명을 생략하나, 이에 대한 자세한 내용을 알려면 전산기 데이터베이스화에 관한 서적들이 도움이 된다. 다만 여기서는 모괘에 해당하는 괘들의 중요성과 그 역할만 강조해 둔다.

절단된 괘들과 초과분의 문제

주역 64괘는 단순 평면도가 아니다. 그 안에는 적어도 3층 구조가 있다는 것이 밝혀졌다. 3층 구조란 건곤층과 감리층, 그리고 여덟 쌍괘층을 가리킨다. 이 3층 구조에서 나머지 괘들이 연출된다. 그러나 여덟 쌍 대성괘 안에도 위와 치를 동시에 하는 괘가 네 쌍 있는데, 1-2, 27-28, 29-30, 61-62 등이다. 주역 64괘는 모두 180도 전도를 통해, 즉 위대칭을 통해 홀수괘와 짝수괘가 한 쌍을 만드는데, 오직 이들 네 쌍만은 위와 치 대칭을 동시에 한다. 다시 말해서, 위대칭을 시켜도 대성괘의 모양이 변하지 않기 때문에 치대칭을 다시 한다는 것이다.

64괘의 구조를 파악하기 위해서 4종8류 대칭 형태 가운데 4종에다 □, ◇, ▫, ◈의 상징 기호를 부여하였다. 여기에 두 개의 기호가 추가된다. 이것은 네 종에 추가되는 기호이다. 제치대칭인 사각형 안에 흑점을 두는 것과, 제위대칭인 마름모 안에 흑점을 두는 것이다. 두 개의 정·부 대각대칭(AD와 BC)에서 제위와 제치 대칭에 치대칭을 추가하는 것이다.

괘순	디지털코드	AB	CD	AC	BD	(AD)	(BC)	A B / C D	A B / C D
1 / 2	111-111 / 000-000	□	□	⊡	⊡	■	■	□	□
3 / 4	010-001 / 100-010					□	◇		
5 / 6	010-111 / 111-010					□	□		
7 / 8	000-010 / 010-000					□	□		
9 / 10	110-111 / 111-011					◇	□		
11 / 12	000-111 / 111-000	⊡	⊡	⊡	⊡	□	□	⊡	⊡
13 / 14	111-101 / 101-000					□	□		
15 / 16	000-100 / 001-000					□	◇		
17 / 18	011-001 / 100-110	◈	◈	⊡	⊡	◇	◇	⊡	⊡
19 / 20	000-011 / 110-000					□	◇		
21 / 22	101-001 / 100-101					□	◇		
23 / 24	100-000 / 000-001					◇	□		
25 / 26	111-001 / 100-111					□	◇		
27 / 28	100-001 / 011-110	◇	◇	⊡	⊡	◆	◆	⊡	◇
29 / 30	010-010 / 101-101	□	□	⊡	⊡	■	■	⊡	□
31 / 32	011-100 / 001-110	⊡	⊡			◇	◇		⊡
33 / 34	111-101 / 001-000					□	◇		
35 / 36	101-000 / 000-101					□	□		
37 / 38	110-101 / 101-011					◇	□		
39 / 40	010-100 / 001-010					□	◇		
41 / 42	100-011 / 110-001	⊡	⊡			◇	◇		⊡
43 / 44	011-111 / 111-110					◇	□		
45 / 46	011-000 / 000-110					◇	□		
47 / 48	011-010 / 010-110					◇	□		
49 / 50	011-101 / 101-110					◇	□		
51 / 52	001-001 / 100-100	□	□			◇	◇		□
53 / 54	110-100 / 001-011	◈	◈	⊡	⊡	◇	◇	⊡	◈
55 / 56	001-101 / 101-100					◇	□		
57 / 58	110-110 / 011-011	□	□			◇	◇		□
59 / 60	110-010 / 010-011					◇	□		
61 / 62	110-011 / 001-100	◇	◇	⊡	⊡	◆	◆	⊡	◇
63 / 64	010-101 / 101-010	⊡	⊡	⊡	⊡	□	□	⊡	⊡

도표 5-12. 주역64괘 쌍대성괘 4종8+1류 내부대칭도(김상봉)

이 두 개의 추가 기호를 넣을 수밖에 없는 이유는 위대칭을 해도 그 모양이 변하지 않을 경우, 거기에다 치대칭을 추가하기 때문이다. 문제의 4쌍8괘(1-2, 27-28, 29-30, 61-62)에서 일어나는 현상이다. 이들 네 쌍을 문제의 괘 또는 좌지우지의 괘라 한다. 네 쌍 가운데 천지자연의 괘는 1-2와 29-30이고, 모괘는 27-28과 61-62이다. 이 모괘는 29.감-30.리와 연관이 된다. 29-30이 감리라면, 이들 모괘는 대감과 대리괘이다. 모괘인 27-28과 61-62의 두 쌍에서는 위대칭과 치대칭이 동시적이다. 그래서 마름모 안에 흑점이 더 추가되어 있다. 하나의 쌍대성괘 안에서 이루어지는 8류의 가능한 대칭 이외에 추가된 한 개가 더 있어서 8+1=9류가 된다. 바로 이 추가분이 문제를 야기한다. 다산은 여기서 계절에는 윤일과 윤월이 생긴다고 본다.

주역 64괘는 홀수괘를 위대칭 시키는 것이 원칙이다. 그러나 이 원칙에 일관성을 유지할 수 없기 때문에 치대칭이란 차원이 추가된다. 그러면 왜 이러한 돌출현상이 생기는지 구체적으로 고찰해 보기로 한다. 그 이유는 상황과 상황의 상태로 대성괘를 나누어 생각하기 때문이다. 하나의 대성괘를 두 개의 소성괘로 나누지만 않아도 이런 돌출현상은 생기지 않는다. 다시 말해서, 홀·짝 한 쌍의 괘를 네 개의 상·하 소성괘로 나누었기 때문이다. 27.이괘100-001의 경우만 하더라도 대성괘를 두 개의 소성괘 100-001로 나누는 순간 상황이 달라진다.

상황이 상황의 상태로 변해 버린 것이다. 상황에서는 위대칭을 시켜도 모양이 변하지 않으나, 상황의 상태가 되어 두 개의 소성괘로 나누어지는 순간 두 소성괘는 간-진이 된다. 간이 위대칭해 버리면 진이 된다. 다시 말해서, 소성괘는 위대칭을 시키면 동형이상同形異象이 되어 버린다. 동형이란 음효와 양효가 위치에 상관없이 개수가 같은 경우이다. 이 경우 동형이나 상은 다르기 때문에 이상이라고 한다. 예를 들어서 태(☱)와 손(☴)은 동형이지만 그 상은 연못과 바람으로 다르다.

그러나 이괘와 대과괘는 위대칭을 시켜도 형태와 상태가 변하지 않아서 동형동상이 된다. 그래서 치대칭을 시키면 27.이괘는 28.011-110이 된다. 위대칭을 시키면 이-이와 대과-대과이지만, 치대칭을 시키면 이-대과와 대과-이가 된다. 27.이-28.대과와 29.감-30.리를 서로 비교해 보자.

<table>
<tr><td>27.이</td><td>100-001</td><td>29.감</td><td>010-010</td></tr>
<tr><td>28.대과</td><td>011-110</td><td>30.리</td><td>101-101</td></tr>
</table>

문제는 정·부 대각대칭에 있다. 27과 28의 정대각대칭은 100-110이고, 29과 30의 정대각대칭은 010-101이다. 두 정대각대칭은 무엇에서 서로 다른가? 27-28의 정대각대칭은 위·치 대칭(◇)을 하고 있지만, 29-30의 그것은 치대칭(▫)만 하고 있다. 27-28과 같은 돌출이 61-62에서도 일어난다. 이제 초과분이 나타나는 이유가 분명해졌고, 그래서 다산은 그의 추이법에서 61-62를 '특특비상지례'라고까지 했다. 그리고 사시의 시간 변화에서 윤달이 드는 이유가 이 초과분의 대칭 때문이라고 보았다. 다시 말해서, 하나의 대성괘를 네 개의 소성괘로 나누지만 않았어도 이런 대칭 현상은 나타나지 않았을 것이란 말이다.

김상봉은 그의 책《수역》에서 〈도표 5-12〉를 두고 '주역64괘 쌍대성괘의 내부대칭도'라 이름 붙이고, "우리는 처음으로 주역 64괘 속에 수천 년 동안 숨겨져 온 상수역학적 다중多重 대칭구조를 한눈에 볼 수 있다"(김상봉, 2007, 125-126)고 했다. 드디어 주역 32개 쌍대성괘들의 대칭 관계의 전모가 드러났다. 주역 상·하경 서른두 쌍 모두가 정대각대칭(AD)과 부대각대칭(BC)을 예외 없이 하고 있다는 점이다. 64개 대성괘와 128개의 소성괘가 정대각대칭과 부대각대칭을 설령 대칭의 종류는 다르지만 다 하고 있다는 말이다. 〈도표 5-12〉에서 볼 때 8류의 대칭 가운데 AD와 BC 칸에는 빈 칸이 없다. 이는 주역 64괘가 네 개의 소성괘들이 모두 서로 정·부 대각대칭을 하는 것에 원칙을 두고 배열되었음을 의미한다.

〈도표 5-12〉 속에서 4종8+1류의 대칭들을 종류별로 나누어 보면 첫째, 8류 모두를 가진 괘들(1-2, 11-12, 17-18, 27-28, 29-30, 53-53, 61-62, 63-64), 둘째, 5류를 가진 괘들(31-32, 41-42, 51-52, 57-58), 셋째, 2류만 가진 괘들(1과 2를 제외한 나머지 괘들), 넷째, 8류 가운데 정·부 대각대칭이 위·치 대칭을 하는 특례(27-28과 61-62)의 경우로 나눌 수 있다. 그래서 64괘들이 모두 네 종류로 분류된다. 첫 번째 경우인 8류 모두를 다 가지고 있는 괘들에 견주어 세 개나 다섯 개를 결여한 괘들을 '절단된 괘들truncated qua'(TQ)이라 부르기로 한다. 세 개가 절단된 것이 5류이고, 다섯 개가 절단된 것이 2류이다. 그렇다면 우리가 위에서 분석해 놓은 것으로 되돌아가서, 문제의 괘들, 즉, 좌지우지하는 괘들이란 다름 아닌 8류 대칭을 모두 하는 괘임을 확인한다.

5류 대칭을 하고 있는 네 쌍대성괘들은 31-32(함-항), 41-42(손-익), 51-52(진-간), 57-58(손-태)이다. 이 괘들은 〈복희64괘도〉인 방도 안에 있는 부대각대칭에서 그 진면목을 드러낼 것이다. 그리고 8류 이외에 추가로 정·부 대각대칭에서 음양 대칭을 더 가지고 있는 네 괘(1-2, 27-28, 29-30, 61-62)는 8+1류로서 '초과분 괘excessive qua'(EQ)로 분류된다. 그래서 문제의 괘(PQ)들 속에는 초과분 괘(EQ)가 포함되어 추가로 취급된다. 이들 네 개의 EQ 가운데 1-2는 건-곤형이고, 나머지(27-28, 61-62, 63-64)는 감-리형이다. 그래서 모괘 이전에 천지 자연(건곤)이 있었다.

그런데 감리가 추가분을 만드는 역할을 하지, 건곤이 하는 것은 아니다. 대감과 대리(모괘)는 모두 감리의 연장이다. 그러나 대감과 대리인 27.이, 28.대과, 그리고 61.중부, 62.소과를 구성하고 있는 소성괘들은 감과 리가 아니고 태·진·손·간이다. 이는 '제위대칭의 위대칭'과 같은 역설이라 할 수 있다. 제위대칭을 '안비틈', 위대칭을 '비틈'이라고 할 때, 이는 '안비틈의 비틈'인 클라인병 논리라 할 수 있다. 8류 대칭과 5류 대칭의 논리적 관계의 문제는 윤선거에 이어 다산역에서 거론된다. 여기서는 다만 대칭 구조의 종류와 형태만 확인해 둔다.

바디우가 상황과 상황 상태를 나누어 생각한 이유가 역에서도 분명하게 밝혀졌다. 다시 말해서, PQ와 그 가운데 있는 EQ는 모두 상황의 상태가 상황을 초과하면서 생긴 문제들이다. 6획이란 요소로 부분을 만들 때 2^6에 의하여 64가 된다. 이때 64괘 안에 있는 괘의 형태들은 다양하고 복잡한 구조를 갖는다. 그 가운데서도 〈도표 5-9〉에서 확인할 수 있는 것은 PQ와 EQ였다. 역학의 강물을 타고 이들 추가분들이 노가 되어 배는 역의 강물을 타고 흐른다.

이들 문제의 괘와 추가분이 나머지 괘를 좌지우지하고 있는 것이다. 그리고 괘를 형태와 상태로 나누는 것의 중요성도 새삼 알게 되었다.

기표(형태)와 기의(상태)의 같고 다름의 문제가 역에서도 심각성을 드러내고 있다. 이는 기호학을 역과 연관시킬 때 반드시 중요하게 다루어야 할 문제이다. 다산역이 안고 있는 심각한 철학적 논리적 문제점들이다. 다산은 이들 추가분을 윤괘라고 하며, 이들 때문에 윤달이 생긴다고 보았다.

주역 64괘의 상·하경을 30괘 대 34괘로 나누는 것에 대한 다산의 풀이는 탁월하다. 괘 안에 있는 대칭 관계를 보면 주역이 왜 이런 비대칭 방법으로 배열했는가를 이해할 수 있다. 〈도표 5-12〉에서 4종8+1류 대칭의 개수를 분류하면 다음 〈도표 5-13〉과 같다.

도표 5-13. 상·하경의 대칭개수

류 \ 경	상경	하경	합계
8류PQ	5×8=40	3×8=24	64
5류TQ	5×0=0	5×4=20	20
2류TQ	2×10=20	2×10=20	40
EQ류	2×3=6	2×1=2	8
모괘	1	1	2
합계	67	67	134

위의 표를 설명하면 다음과 같다. 문제의 4쌍 8개 PQ 속에는 초과분 2쌍 4개 EQ가 포함되어 있다. 이들 EQ는 위·치 대칭을 하는 괘들이다. 이들 EQ는 다른 곳에서가 아닌 바로 정·부 대각대칭(AD와 BC)에서 대칭을 만들고 있다. 64괘가 모두 정·부 대각대칭을 예외 없이 하고 있지만, 오직 27.이-28.대과와 61.중부-62.소과에만 추가분을 주는

이유는, 이 둘에서만 대각대칭에서 위와 치 대칭을 동시에 하기 때문이다. 이들을 모괘라 하는 이유는, 이 두 괘는 마치 정·부 두 대각선에서 위·치 대칭을 동시에 하고 있는 것이, 마치 어머니가 아이를 잉태하고 있어서 한 몸이지만 두 사람으로 보아야 하는 것과 같다고 할 수 있기 때문이다.

이상에서 시도한 여러 조치들 모두는 궁극적으로 중부와 소과에 대한 맥락과 구조를 파악하기 위함이다. 이에 대한 추구에는 다음 장에서도 이어진다. 결국 다산역은 중부와 소과 두 괘에 대한 주석이라 할 수 있다. 그런 점에서 다산역과 대각선 논법은 불가분의 관계를 갖게 된다.

6장 주역 64괘와 위상역

6.1. 중부·소과와 위상역

〈복희64괘도〉(선천도)는 〈주역64괘도〉(후천도)보다 먼저 있었다. 문제는 둘의 괘 배열 방법인 괘순에 있다. 후천도의 괘순 배열 방법은 〈서괘전〉에 공자가 기록했다는 글에 있다. 그러나 둘의 괘순 배열법은 다르다. 왜 같은 64괘를 두고 이렇게 다르게 배열했을까? 다른 데는 그렇게 배열한 사람의 특별한 관점이 있었는가? 필자는 선천도의 괘 배열 방법을 이전 연구에서 '격자 형식tensor'이라고 했다. 기하학의 평면 좌표의 원리를 응용했다고 해 '좌표계' 형식이라고도 한다.(김상봉, 2007, 147)

좌표계란 직각축 Y와 수평축 X가 만나는 임의의 점을 결정하는 것을 말한다. 좌표계란 컴퓨터에서 자료 처리를 할 때 사용하는 데이터 베이스의 다른 말이다. 좌표계를 대각선 논법 6대 요소라는 관점에서 보았을 때, 가로-줄 top과 세로-칸 side이 상항에서 만나는 것이고, 만나는 점이 대각선을 만든다. 이때 세로축인 Y는 상괘에, 가로축인 X는 하괘에 순열조합 시키는 방식이 방도의 그것이다. 전자를 메타-명패, 후자를 대상-물건이라고도 한다. 〈복희64괘도〉는 소성괘 8괘를 XY축에 배열을 하는데, 그것이 칸토어가 한 것과 같은 방법이다. 세로축 Y를 명패, 하괘로 하여 같은 명패 위에 동일한 상괘, 물건괘를 1 대 1로 대응시킨다. 이것이 칸토어의 기법과 같다는 것이다.

경방 등은 명패를 '궁宮'이라 한다. 순수 집합론적 용어를 사용하면 명패는 집합, 물건은 그 안에 포함되어 있는 부분집합subset과 같은 관계이다. 하괘를 집합이라 한다면, 물건은 그 안에 포함된 부분집합이라는 것이다. 이런 관계로 본다면, 이는 바디우의 상황과 상황의 상태의 문제로 돌려지고 만다. 만약에 이런 좌표계 형식으로 바꾸어 놓으면 동일한 64괘가 주역 64괘에서는 앞에서 본 바와 같이 전혀 다른 구조로 변하고 만다.

역은 왜 이렇게 지난하게 몇 가지 다양한 모양과 방법으로 64괘를 배열하는 시도를 하고 있는가? 그것은 배열의 구조에서 나타난 역설 때문이다. 칸토어가 사각형 속에 실수를 배열한 결과 사각형의 가로와 세로가 사상되어 만들어낸 대각선을 만나게 되었고, 그 대각선을 반대각선화와 반가치화를 시킨 결과 사각형 안에 들어갈 수 없는 초과분의 수를 만나게 되었다. 만약에 사각형이 무한상자라면 그 무한상자 안에 들어가지 않는 수가 있게 된다는 말이다.

그러면 실수 전체보다 더 큰 무한수가 있다는 결과가 된다. 여기서 상자 안의 무한과 초과분이 포함된 실수 무한 사이에 연속적이냐 아니냐의 논쟁에서 연속체 가설의 문제가 발생하고, 세기를 넘기는 난제거리가 되었다. 역도 궁극적으로는 이 난제를 다루는 것이라는 점에서는 예외가 아니다. 다른 괘 배열법이 있는 이유는 다름 아닌 난제에서 생긴 여러 역설을 해의하는 방법의 다양성 때문이라고 보면 이해가 바로 된다. 다시 말해서, 어느 배열에서든 거기서 나타난 역설이란 난제를 해의하기 위해서 배열법의 차이가 생겼다는 것이다.[1]

즉, 역도 괘를 사각형 안에 배열한 이상 칸토어가 만났던 것과 동일한 결과를 만나지 않을 수 없게 된다. 먼저 선천 〈복희64괘도〉의 정대각선에서 역설이 나타난다. 방도 안에 있는 소성괘들 하나하나로 세로(하괘)와 가로(상괘)가 사상되어 만든 대각선에서 대각선 논쟁이 발생한다. 64괘가 다 들어가 만든 방도에는 정대각선과 부대각선이 있었다. 칸토어가 정대각선만 다룬 이유로 칸토어의 한계와 문제가 있었다. 그의 연속체 가설에서 바로 그의 한계가 드러났다. 만약에 그가 역의 기법을 알았더라면 그의 가설은 새로운 국면을 맞게 되었을 것이다. 그의 비극적인 죽음도 이러한 대각선에 대한 이해 부족 때문이었다. 만약에 동양권에 역이 없었더라면, 수많은 사람들이 연속체 가설에 걸려 칸토어와 비슷한 불행을 맞았을 것이다. 선천도에서 가로와 세로, 그리고 대각선에 배열된 8괘의 괘명이 모두 동일하다는 이 한 가지 사실만으로도 칸토어를 비극에서 구할 수 있었을 것이다.

선천 〈복희64괘도〉에 대하여 후천 〈주역64괘도〉는 대각선화 된 대성괘 하나를 가지고 와 그것에 홀수 괘수 번호를 준 다음, 180도 전도시키는 방법으로(반역), 즉, 위대칭을 시켜서 이를 짝수로 하여 한 쌍을 만든다. 이를 '쌍대성괘'라고 한다. 다시 말해서, 대성괘를 위대칭시켜

---

1) 책을 달리하여 〈선천도〉는 유리수 배열법, 〈후천도〉는 무리수 배열법과 관련 된다는 사실을 밝힐 것이다. 여기서는 이 점을 생략한다.(김상일, 2007, 1, 2장 참고)

쌍을 만드는 방법으로 홀·짝수 배열을 한다. 그런데 위대칭을 시켜도 그 모양이 변하지 않는 것은 치대칭을 한다. 여기서 생기는 대칭의 종류가 '4종8류'이고, 위대칭을 해도 안 변하는 것에 치대칭을 하는데, 이것이 초과분의 대칭이며 4종8+1류가 되게 한다. 8+1인 이유는 초과분 한 개 때문이다. 4종8류란 어디까지나 쌍대성괘 안에 있는 네 개의 소성괘를 전제로 하는 말이다. 그러나 분명히 알아야 할 사실은, 주역이 발생하는 기원 자체에서 소성괘가 아닌 획으로 대성괘를 만든 다음, 위대칭과 치대칭을 하여 홀짝으로 쌍을 만들었다는 것이다. 그래서 위와 치대칭에는 두 가지 경우가 있다. 하나는 대성괘에, 다른 하나는 소성괘에 적용했을 경우이다.

다시 말해서, 동일한 4종을 대성괘와 소성괘에 다 적용할 수 있다. 후자는 상황에, 전자는 상황의 상태에 해당한다. 그러나 대성괘의 경우, 위와 치를 바꾼다고 할 때 그것은 8류가 아니고 크게 2류라는 점이다. 홀짝 두 쌍에게만 4종을 적용했기 때문이다. 여기서 역설이라는 궁극적인 문제가 발생한다. 즉, 대성괘에 적용된 4종과 소성괘에 적용된 4종은 동일한 용어를 다른 대상에 적용했기 때문에 크게 2류로 보게 된다. 여기서 다음과 같은 문제가 야기된다. 즉, 대성괘에 위·치 대칭을 적용했을 때 그대로 소성괘에도 해당되는 경우가 있고, 그렇지 않는 경우도 있다.

예를 들어 건, 곤, 감, 리 대성괘들은 위대칭을 시켜도 어느 한 대성괘와 그 안에 있는 두 소성괘가 동일한 위대칭을 한다. 그러나 27.이와 28.대과, 61.중부와 62.소과의 경우는 사정이 다르다. 27.이(☲)의 상괘는 간이고 하괘는 진이다. 그런데 27.이괘를 위대칭시키면 대성괘 자체는 그 모양이 변하지 않지만 두 소성괘의 경우, 간은 진이 되고 진은 간이 된다. 61.중부(☲)의 경우도 소성괘인 상괘는 손이고 하괘는 태이다. 그러나 중부를 위대칭시키면 대성괘 자체는 ㄱ 모양이 안 변하지만, 소성괘 손110은 태011가 되고, 태는 손이 된다.

이, 대과, 중부, 소과와 같은 괘들의 경우 대성괘는 '제위대칭'이지만 소성괘는 '위대칭'이 된다. 이는 전형적으로 전체 집합(대성괘)과 부분 집합(소성괘)이 자기언급을 할 때 나타나는 현상이고, 이런 현상이 다름 아닌 역설을 조장한다. 다시 말해서, 집합 안에서 제위대칭이 부분 집합에서는 '위대칭'이다. 위대칭이 '제위대칭'에 자기 언급을 해 역설이 된다. 이는 일종의 거짓말쟁이 역설과 같다. 제위대칭이 위대칭이고, 위대칭이 제위대칭이 된다는 역설 말이다. 여기서 '제위대칭'을 안 비틂, '위대칭'을 비틂이라고 할 때, 이는 클라인병적 구조이다. 이를 이미 복희도 안에서도 자기귀속은 '비자기귀속'이고, 비자기귀속은 '자기귀속'인 데서 보았다. 동일한 역설 현상이 〈주역64괘도〉 안에서도 발생한 것이다.

대성괘는 4종2류이고 소성괘는 4종8류(혹은 4종8+1류)이다. 주역에서 역설 해의법을 규명하기 위해서는 결국 〈주역64괘도〉의 대성괘와 소성괘 사이의 대칭 구조 문제를 집중 거론할 수밖에 없는 이유가 여기에 있다. 이것이 문제의 관건이기 때문이다. 이를 집중거론 하는 것이 앞으로 전개될 다산역을 바로 이해하는 지름길이 된다.

〈도표 5-6〉으로 되돌아가서 내부대칭의 구조를 4종2류와 4종8류의 관점에서 재점검을 하기로 한다. 〈주역64괘도〉에서는 두 개의 대성괘가 홀짝으로 쌍을 만들 때 네 개의 소성괘를 ABCD라고 했다. 이들 사

이에서 8류의 대칭이 성립할 때, A-B 그리고 C-D의 관계가 다름 아닌 상-하괘 관계이다. 그러면 AB와 CD는 서로 대성괘의 좌우에서 쌍을 만드는 관계이다.(디지털 코드로 배열하면 상하가 좌우가 된다) AB가 180도 뒤집힌 것이 CD이다. 그러나 ABCD를 개별적인[2] 소성괘로 나누어 놓는 순간 대성괘와 소성괘 사이에는 위와 치의 대칭 문제에서 역설적 관계가 조성된다. 즉, '제위대칭이 위대칭'이고, '위대칭이 제위대칭'이라는 역설이 발생한다. 그래서 역설을 조성하지 않는 경우는 '제위의 제위' '위의 위' 대칭인 경우이다. 이는 다름 아닌 사각형이 원기둥이나 토루스가 되는 비정향적 경우이다.

위상학에서 귀속과 포함의 문제

궁극적으로 상황과 상황의 상태가 서로 사상하는 데서 역설이 발생한다. 3획을 요소로 하는 것을 소성괘라고 할 때, 요소가 부분에 '귀속'한다고 한다. 그러나 3획의 집합인 소성괘는 요소가 아니고 부분이다. 대성괘 안에는 두 개의 소성괘가 부분으로 '포함'된다. 그래서 요소로서 획들은 대성괘와 소성괘에 귀속되고, 부분으로서 소성괘는 대성괘에 포함된다. 귀속과 포함에 의해 4종8류가 결정된다. 8류가 그 아래로 7류, 6류, 5류, … 등으로 되는 것을 '절단됨'이라고 한다. 귀속과 포함의 관계에서 종류가 달라져 절단현상이 나타난다. 역학을 연구하는 데서 이러한 귀속과 포함의 구별은 처음과 끝이라 할 만큼 중요하다. 지금까지의 역학 연구가 가일배 등 운운하면서 이것이 역의 본질인 줄을

---

2) AB와 CD는 상하괘가 서로 이어짐을 의미한다. 대성괘 안에서는 서로 이어짐으로 본다.

모르고 흘려버린 것은 오류이다. 서양 철학 전반에서도 이런 지나침 현상이 있었다. 알랭 바디우가 비로소 이런 구별을 한 데에는 각별한 의미가 있다. 역을 이해하는 데 처음과 끝이라 할 만큼 중요하기 때문이다.

소성괘를 두 부류로 나눈다. 위대칭을 해도 변하지 않는 것들과 변하는 것들로 나눈다. 전자에 해당하는 것이 '건·곤·감·리'이고, 후자에 해당하는 것이 '태·진·손·간'이다. 전자를 '정괘正卦'라 하고, 후자를 '부정괘不正卦'라 한다. 그러면 정괘와 부정괘는 상·하 대칭으로(AB와 CD) 배열되는 경우와, 대각대칭으로 배열되는 경우(AD와 BC)로 나눌 수 있다. 이제 정괘와 부정괘를 이들 두 경우와 연관시키면 다음과 같다.

1. 8괘가 각각 2개씩 상하 대칭으로 배열되는 경우
2. 정괘가 대각대칭으로 배열되는 경우
3. 부정괘가 상하 대칭으로 배열되는 경우
4. 부정괘가 대각대칭으로 배열되는 경우

여기에 4종을 적용시키고 거기에 속한 괘들을 배정을 하면 다음과 같다.

가. 제위제치 대칭의 상·하 배열(AC와 BD)(8쌍)

1.건-건
2.곤-곤

29.감-감
30.리-리

51.진-진
52.간-간

57.손-손
58.태-태

이상은 8괘(건, 곤, 감, 리, 진, 간, 손, 곤)를 상-하괘에 배열하는 경우이다. 여기서도 정괘의 경우는 대성괘나 소성괘의 위가 변하지 않는다. 그러나 부정괘의 경우는 대성괘의 위가 변하면 소성괘의 위도 변하면서 괘의 명칭도 변한다. A가 D의 위에, 그리고 B가 C의 위로 간다. 그러나 동일한 위에서 모양이 변하는 것과 안 변하는 것이 있다. 정괘는 안 변하고 부정괘는 변한다. 즉, 부정괘의 경우 진은 간이 되고, 손은 태가 된다. 건과 곤은 위대칭에서 그 모양을 바꾸지 않기 때문에 치대칭을 하여 건은 곤이 곤은 건이 되고, 감은 리가 리는 감이 된다.

나. 제위·제치대칭의 대각배열(AD 혹은 BC)(28쌍)
3-4(정), 5-6(정·부), 7-8(정·부), 9-10(부), 11-12(정·부), 13-14(정·부), 15-16(정), 19-20(정), 33-34(정), 35-36(정·부), 37-38(부), 39-40(정), 43-44(부), 45-46(부), 47-48(부), 49-50(부), 55-56(부), 59-60(부)

다. 위·치대칭의 상하 배열(AC와 BD)(2쌍)
27-28, 61-62

라. 제치·위대칭의 대각배열(24쌍)(AD와 BC)

3-4(부), 9-10(정), 15-16(부), 17-18(정·부), 19-20(부), 21-22(부), 23-24 (정), 25-26(부), 31-32(정·부), 33-34(부), 37-38(정), 39-40(부), 41-42(정· 부), 43-44(부), 45-46(정), 47-48(정), 49-50(정), 53-54(정·부), 55-56(정), 59-60(정)

크게는 대각대칭 쌍, 상하 대칭 쌍, 그리고 예외 쌍으로 3구분 된다. (김상봉, 2007, 209) 이를 일람표로 만들면 다음과 같다.

도표 6-1. 소성괘의 제위·위 대칭 개수표

소성괘쌍	제위대칭	위대칭	계
대각대칭 쌍	28	24	52
상하 쌍	8	-	8
예외 쌍	-	4	4
합계	36	28	64쌍

〈주역64괘도〉 배열 규칙의 주종은 정·부 대각대칭에 있다. 64쌍 가운데 52개가 대각대칭 쌍이기 때문이다. 대각대칭 쌍 가운데 제위대 칭과 위대칭이 28 대 24로 그 비례가 불균형인 이유는, 초과분인 예외 의 네 쌍과 그 가운데 있는 모괘인 두 쌍 27-28과 61-62 때문이다. 그 가운데 다산이 특특비상지례라고 한 중부-소과가 다름 아닌 61-62이 다. 그래서 여기서는 이에 대한 집중 검토가 필요하다.

27-28과 61-62를 구성하는 소성괘 네 개는 태, 진, 손, 간으로서 부정 괘이다. 그리고 이들은 위·치 대칭이 상하 배치로 되어 있다는 점에

서도 같다. 〈도표 5-9〉로 가서 보면, 이들 두 쌍은 다른 초과분 괘와는
달리 정·부 대각대칭에서 모두 위와 치 대칭을 동시에 하고 있다. 예
를 들어서 27-28의 경우, 정대각대칭은 간-손이고, 부대각대칭은 진-태
이다. 간을 위·치 대칭시키면 손이 되고, 진을 위·치 대칭시키면 태
가 된다. 정·부 대각대칭에서 이렇게 위·치 대칭을 동시에 하는 쌍
은 27-28과 61-62뿐이다. 그리고 간과 진, 손과 태는 상·하 짝에서는
위대칭을 한다.

그러나 64괘 안에서 이렇게 정·부 대각대칭을 하는 경우가 이 두
쌍만이 아니다. 위·치 대칭을 동시에 하지는 않아도 정·부 대각대칭
만 하는 괘도 5-6, 11-12, 35-36, 63-64로 네 쌍 더 있다. 나아가 위·치
대칭을 동시에 하지는 않아도 동일한 부정괘들로 정·부 대각대칭을
하는 괘들도 있다. 17-18, 31-32, 41-42, 53-54가 그러한 예들이다. 우리
는 여기서 정괘와 부정괘의 대칭, 정·부 대칭이냐 비정·부 대칭이냐
와 같은 새로운 대칭 개념들을 만나게 되었다. 이렇게 늘어나는 대칭
개념들이 역의 구조를 더 복잡하게 만든다. 다시 말해서, 역은 복잡계
로 가고 있다. 이런 복잡계를 만들고 그것을 추동시키는 핵이 바로
27-28과 61-62이다.

중부와 소과에 대한 위상학적 고찰

동양 역학의 새로운 출구를 위상역에서 찾는 것을 위상역이라고 한
다. 위상역은 〈도표 6-2〉에서 출발한다. 사각형의 전후, 좌우, 상하의
대칭을 양과 음의 대칭인 치대칭으로 본다. 하나의 대칭은 하나의 차
원을 결정하기 때문에, 〈도표 6-2〉를 입방체로 보았을 때 그것은 삼차

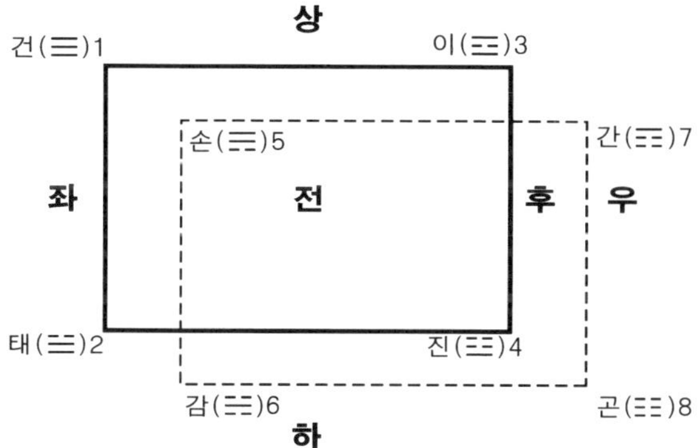

건 : 전좌상   태 : 전좌하   이 : 전우상   진 : 전우하
손 : 후좌상   감 : 후좌하   간 : 후우상   곤 : 후우하

도표 6-2. 사각형의 대칭 관계와 8괘

원이다. 위상역을 다루기 위해서 한 가지 더 취해야 할 조치는 이진수로 된 8괘를 모두 아래와 같이 십진수로 바꾸어 놓는 것이다. 이들 십진수로 된 8괘의 수를 '복희수'라고 한다.

이제부터는 괘 이름 대신 십진수로 표현한다. 쌍대성괘 가운데 초과분의 괘인 27-28과 61-62의 위상학적 구조만 집중적으로 고찰하면 나머지는 이에 따라서 구조가 결정되기 때문이다. 이들 두 쌍대성괘는 4종8류 대칭 이외에 초과분의 대칭을 더하고 있다. 다시 말해서, 정·부 대각대칭이 위대칭뿐만 아니라 치대칭도 함께한다.

27.이-28.대과와 61.중부-62.소과는 복희수 2태, 4진, 5손, 7간으로 된 소성괘로 구성되어 있다. 이 두 초과분 괘의 쌍들은 다른 것과 다른 구조적 특징을 지닌다. 이 두 특특비상지례의 두 쌍 대성괘 27-28과 61-62이 어떤 특이한 구조를 가졌는지 관찰하지 않을 수 없다. 먼저

27-28과 61-62이 다른 네 괘와 어떤 다른 구조를 가졌는지에 대해서 살펴보자.

〈도표 6-1〉은 대각대칭 관계 속에 있는 여섯 개의 쌍대성괘의 대칭 관계를 일목요연하게 표로 나타내 보여준다. 작은 원과 사각형 안의 숫자는 복희수이다. 물론 이렇게 비교하는 이유는 궁극적으로 모괘인 27-28과 61-62가 다른 것과 다른 점을 보여주기 위해서이다. 다른 네 쌍은 복희수 1-8, 1-6, 3-8과 같이 두 개의 괘로 네 개의 소성괘를 만들지만, 이-대과와 중부-소과는 네 개의 소성괘가 모두 다른 복희수 2, 4, 5, 7이다. 여기서 복희수란 건1, 태2, 리3, 진4, 손5, 감6, 간7, 곤8을 의미한다. 대각대칭에서만 같을 뿐, 이들 괘는 동형태가 아닌 이형태이다. 음양 획의 개수가 다르다는 말이다. 그리고 다른 것과 달리 대각대칭과 상하 좌우 대칭을 함께 하고 있다.

그런데 〈주역64괘도〉 안에는 복희수 2, 4, 5, 7로 대각대칭을 하는 다른 괘(17-18, 31-32, 41-42, 53-54)가 있다. 이들이 1부 3장 윤선거의 역에서 중요하게 다루어진 괘들이다. 그런데 이들이 동일한 복희수 2, 4, 5, 7로 대각대칭을 만들고는 있지만, 이-대과와 중부-소과는 이들과는 달리 대각대칭과 함께 상하좌우 대칭도 겸하고 있다.(도표 6-3)

이 두 모괘가 이상에서 보는 바와 같이 대각대칭을 하는 다른 괘들과 확연하게 다른 점을 발견하자면 위상학을 도입하여야 한다. 즉, 〈도표 6-4〉와 같이 동형태인 2, 4, 5, 7의 복희수를 가지고 두 모괘에서 배열되는 방법대로 나열한 뒤, 작은 수에서 큰 수로 화살표가 향하도록 방향을 잡아 본다.(도표 6-4와 6-5)

도표 6-3. 6개 쌍대성괘들의 대각대칭과 모괘(김상봉, 2007, 137)

도표 6-4. 복희수 2457 대각대칭과 두 모괘(김상봉, 2007, 210)

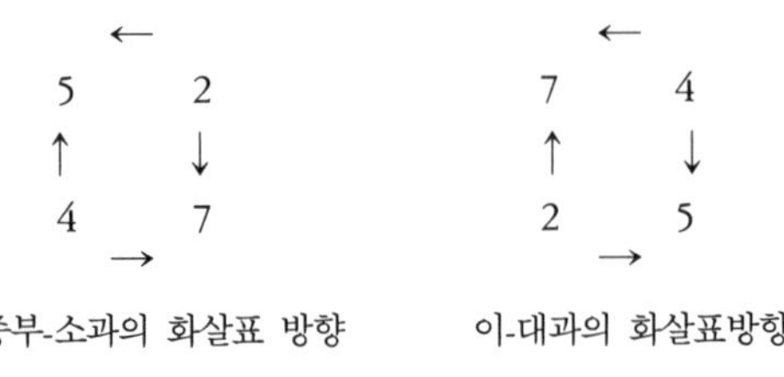

중부-소과의 화살표 방향   이-대과의 화살표방향

도표 6-5. 중부와 소과괘의 사영평면적 구조

쌍대성괘 중부-소과와 이-대과에서 복희수 2, 4, 5, 7을 추출하여 소 방도인 사각형으로 배열하고 작은 수에서 큰 수로 향하는 방향을 화살 표 →로 표시했을 때 〈도표 6-5〉와 같다. 화살표의 방향으로 보았을 때 이는 사영평면적 구조이다. 사각형의 상하좌우 방향이 모두 반대이 기 때문이다. 다른 괘들의 경우는 클라인병이다. 예를 들어 17.수-18. 고, 31.함-32.항, 41.손-42.익, 53.점-54.귀매의 경우는 화살표가 한 쌍은 같은 방향이고, 다른 한 쌍은 반대이다. 결국 이들과 61.중부-62.소과의 차이는 클라인병과 사영평면의 차이임을 보여준다. 이는 위상학적으 로 보았을 때 중요한 발견이라 아니할 수 없다.

6.2. 베티수와 위상역

한 붓 긋기와 중부·소과괘

사영평면은 꼭짓점0, 변0, 면1이다. 단 하나의 곡면만 가지고 있을 뿐 그 안에는 꼭짓점도 변도 없다. 대각선을 만들자면 꼭짓점과 변이 있어야 하는데, 사영평면 안에는 면만 있을 뿐 꼭짓점도 변도 없다.

대각선 논법의 구성 6대 요소들이 결핍되어 있어서 대각선 정리 자체가 불가능하다. 대각선 논법의 요소들이 사라지고 말아서 가로도, 세로도, 대각선도 없다. 주역 64괘 가운데 오직 27-28과 61-62 두 쌍대성괘만 이러한 사영평면적 구조를 갖는다는 것이 〈도표 6-5〉에서 밝혀졌다.

이는 이 두 괘만이 다른 모든 괘들과 상통할 수 있음을 의미한다. 이 두 괘는, 복희수 2, 4, 5, 7이 소방도를 만들면서, 그 안에서 사영평면적 화살표 방향을 갖는다. 그렇다면 사영평면의 연접 구조는 '비틈의 비틈'이고, 결접 구조는 '비틈과 안비틈'이라고 할 때, 중부와 소과는 분명히 어딘가에 결접하는 구조를 가지고 있어야 한다. 그리고 괘들이 서로 결접을 하자면 동형태여야 한다. 이 말은 같은 괘 안에서 음양의 개수가 같아야 함을 의미한다. 이때 중부는 2음4양이고, 소과는 2양4음이다. 림(☷)·관(☶)괘는 2양4음이고 둔(☳)·대장(☳)은 2음4양이다. 그렇다면 중부는 둔·대장과 소과는 림·관괘와 서로 결접을 한다. 이를 두고 '승상접하承上接下'라고 한다. 위에서 이어받고 아래와 접한다는 뜻이다. 그러나 림·관과 둔·대장은 모두 4종8류의 대칭 관계에서 볼 때 결핍을 하고 있다. 이 말은 사영평면의 조건을 결여하고 있음을 의미한다. 그러나 클라인병과 사영평면은 위에서 본 바와 같이(도표 5-4) 서로 비틈의 조작을 통해 상호 변환이 된다. 이에 대한 자세한 논의는 다산 4역법에서 다시 상론될 것이다.(3부)

현대수학은 어느 도형에서 변과 꼭짓점을 연결하여 한 붓 긋기가 가능한가 불가한가에서부터 시작한다.[3] 드디어 수학자 오일러가 그에 대한 답을 내놓았다. 수학자 오일러는 꼭짓점(V), 변(E), 면(F)의 관계가

V+E-F=2가 되어야 동일한 곳에 두 번 가지 않고 모든 변들을 다 건널 수 있는 수식을 만들었다. 위와 같은 공식이 성립하면 한 붓 긋기가 가능하다고 증명하였다. 이를 두고 '오일러 정리Euler Theorem'라고 한다. 이런 오일러 정리는 다시 서로 인접하는 공간끼리 다른 색칠하기 등으로 응용되었다. 미국의 50여 개 주에 색칠할 때 서로 인접하는 주끼리 같은 색을 사용하지 않는 것 등 유치원에서나 할 만한 것이 현대 수학을 가능하게 하는 비결이 되었다.

만약에 주역의 홀짝 대성괘 4종8+1류의 대칭도인 소방도(도표 5-1)에 한 붓 긋기를 적용해 보면, PQ와 EQ의 정체성이 드러난다. 먼저 주역 64괘 안의 홀짝 쌍대성괘를 정방형으로 바꾼다.(도표 6-5) 그 안에는 4종8류의 대칭이 들어 있다. 정사각형 안에는 정·부 대각선이 그어져 있다. 다음 그림의 사각형(도표 6-6)을 하나의 소방도(MRD)라고 할 때, 소방도 안의 네 괘가 서로 한 붓 긋기를 할 수 있을까?(Barr, 1964,

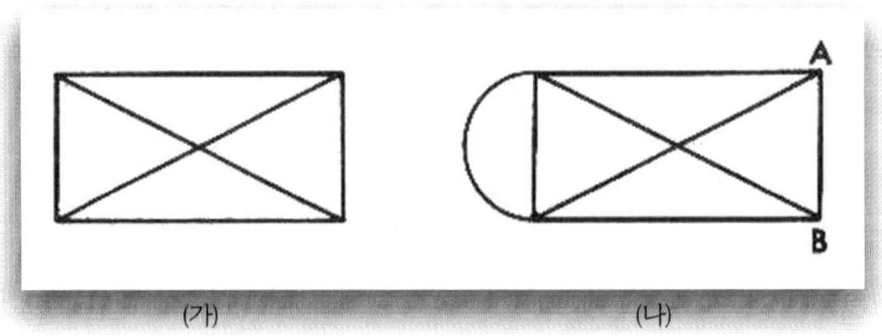

도표 6-6. 소방도 한 붓 긋기

3) 칸트의 고향 쾨니히베르그시에는 일곱 개의 다리가 있는데, 어떻게 같은 다리를 두 번 건너지 않고 모든 다리를 건널 수 있는가에서부터 현대수학이 시작된다.

122)

　그러면 〈도표 6-6〉에서 한 붓 긋기가 가능할까? 쉽게 시도해 볼 수 있는 도형이다. 그러나 불가능하다. 오일러 정리가 성립하지 않기 때문이다. 꼭짓점(V)과 변(E), 그리고 면(F)의 관계가 V-E+F=2여야 하는데, 이런 결과가 나오지 않기 때문이다. 그러나 〈도표 6-6〉에서와 같이 선을 한 개 추가시키면 가능해진다. 추가된 변 한 개의 정체는 무엇인지 밝혀졌다. 그것이 다름 아닌 중부와 소과괘의 부호인 마름모 안의 검은 흑점이다. 이는 초과분으로 추가된 것이다. 4종8류에도 들어가지 않는 제3의 초과분이다. 다른 PQ들도 대각대칭을 하고 치대칭을 하지만 두 모괘는 상하 대칭을 추가하고 있다.

　〈도표 6-7〉에서는 여섯 개의 칸을 6획으로 보고, 1, 2, 3을 초, 중획이라고 본다면, 여섯 개의 숫자 가운데 같은 숫자끼리는 인접하지 않

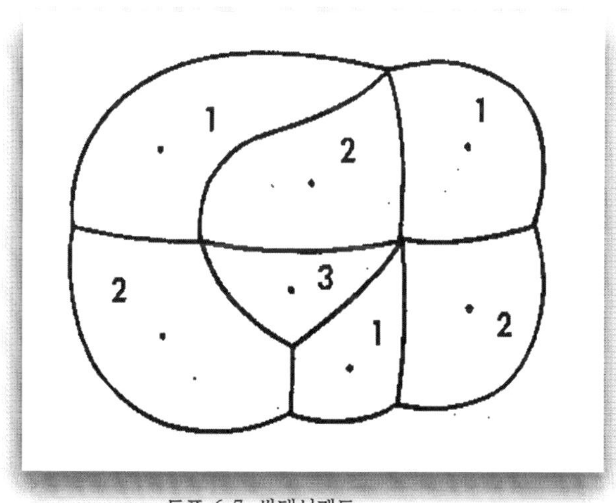

도표 6-7. 쌍대성괘도

게 그려 놓은 것이다.

사영평면의 논리적 구조와 모괘

중부와 소과는 위상범례상으로 보았을 때 그 구조가 사영평면적임이 밝혀졌다. 사영평면이 여타 도형과 어떻게 다른지를 다른 범례들과 위상범례를 통하여 알아보기로 한다.

〈도표 6-8c〉는 사영평면을 포함한 여덟 개 도형들의 대칭 방향과 변과 면, 그리고 베티 지수를 나타내 보인 것이다. 우리는 이 표를 '위상범례 topological paradigm'라 했다. 사각형으로 시작하여 이 사각형이 가로와 세로의 화살표 방향에 따라서 어떻게 도상이 변하는가를 한 눈에 보여준다.

위상범례로 보았을 때 사영평면은 가로와 세로의 화살표를 모두 반대로(비틈) 한 것이다. 클라인병은 가로와 세로 가운데 어느 하나는 같게 하고(안비틈) 다른 하나는 반대로 한 것이다. 뫼비우스띠를 기본형으로 하여 그것에 또 다른 뫼비우스띠를 연접시킨 것이 사영평면이고(비틈의 비틈; 도표 6-8b), 뫼비우스띠에 원기둥을 결접시킨 것이 클라인병(비틈의 안비틈; 도표 6-8a)이다.

다음은 사영평면을 두 모괘와 관련하여 설명해 보기로 한다. 모괘인 27-28과 61-62는 문제의 괘 가운데서도 위상학적으로 보아도 특이한 구조를 갖는다. 즉, 정·부 대각선에서 복회수 짝수2-짝수4와 홀수5-홀수7끼리 서로 대칭을 만든다는 점이다. 이는 아주 예외적인 현상으로 다산은 이를 두고 '특특비상지례'라고 한다. 그러면 이렇게 특이한 4종 8+1류의 대칭구조를 갖는 것의 의의와 그것이 갖는 작용과 역할에 대

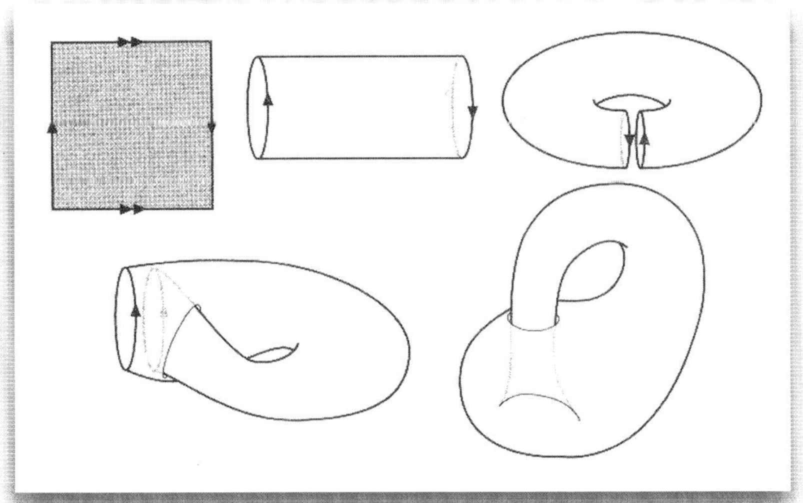

도표 6-8a. 위상범례로 본 클라인병

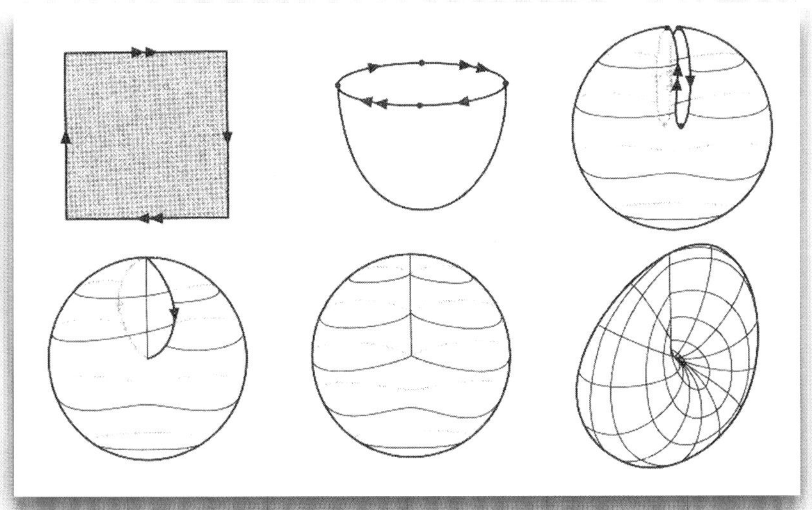

도표 6-8b. 사영평면 제작과정

SURFACE	CHROMATIC NUMBER	SIDES	EDGES	BETTI NUMBER
SQUARE (OR DISK)	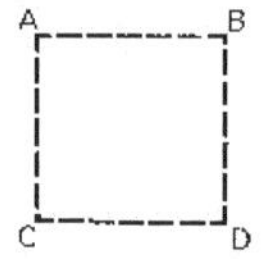 4	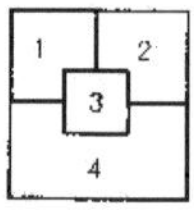 2	1	0
TUBE	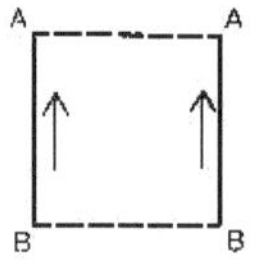 4	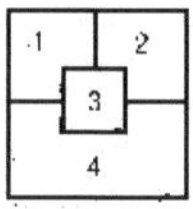 2	2	1
SPHERE	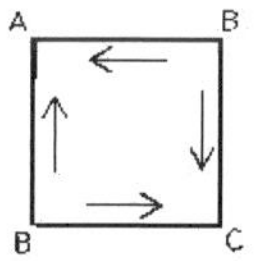 4	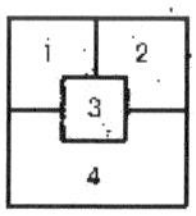 2	0	0
MOBIUS STRIP	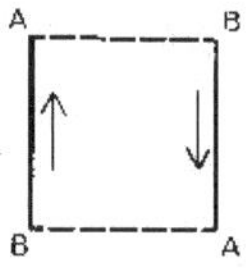 6	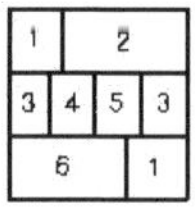 1	1	1
TORUS	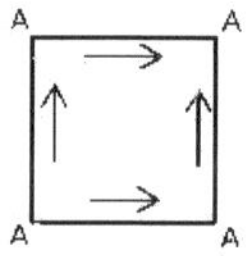 7	 2	0	2
KLEIN BOTTLE	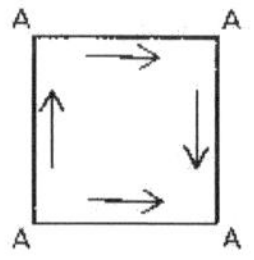 6	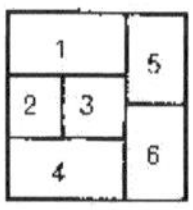 1	0	2
PROJECTIVE PLANE	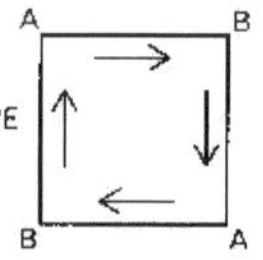 6	 1	0	1

도표 6-8c. 위상범례로 본 베티수

하여 알아보기로 한다. 먼저 모괘 안 두 쌍의 괘를 가지고 와 정사각형 형식으로 바꾼다.

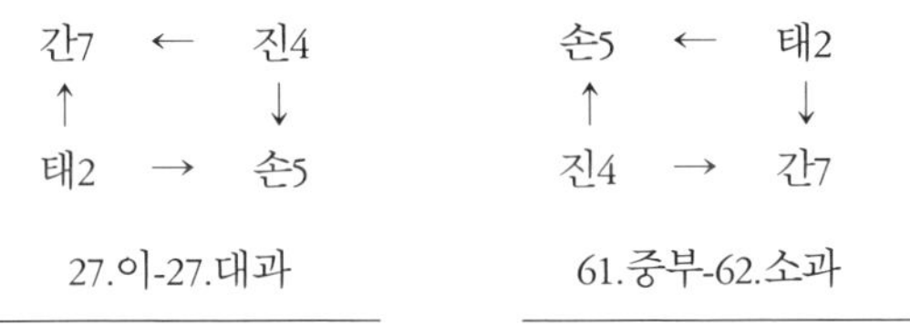

도표 6-9. 두 모괘의 복희수 구조

먼저 두 모괘의 구도를 〈도표 6-9〉를 통해 전체적으로 파악하면, 61-62는 27-28를 상하와 좌우 모두 반대로 회전시킨 것이다. 이 두 쌍의 모괘는 전후 상하를 뒤집은 것이기 때문에, 어느 하나의 구조만 파악하면 다른 것은 자연히 비교가 되어 이해된다.

다음으로 복희수 크기에 따라서 작은 수에서 큰 수로 화살표 방향을 정하면, 가로와 세로에서 화살표의 방향이 모두 반대이다. 이를 위상범례(도표 6-8c)로 볼 때 사영평면에 해당한다. 여기서 가장 중요한 한 부분을 찾았다. 복희수 짝수에는 S극, 홀수에는 N극을 주면, 두 개의 막대자석이 만드는 전류의 흐름과 화살표 방향이 같아진다.(도표 2-6 참고) 두 개의 사영평면(27-28과 61-62)을 마주 붙이면, '비틈의 비틈'은 '비틈과 안비틈'의 논리적 구조와 같아져 버린다.(도표 5-3) 결론적으로, 두 모괘의 위상학적 구조는 '비틈의 비틈'은 '비틈과 안비틈'이란 역설적 구조를 얻게 된다.

다음은 사영평면 구조 속에서 두 모괘가 어떤 작용을 하여 문제의 괘PQ와 다른 괘를 만들어내는지를 알아본다. 주역 64괘는 4종8+1류에 의하여 제위와 제치를 하는 26개 쌍대성괘, 위대칭을 하는 4개 쌍대성괘, 위·치 대칭을 하는 2개 쌍대성괘로, 모두 26+4+2=32쌍=64괘로 이루어진다. 그런데 여기에 위대칭과 치대칭을 동시에 하는 4쌍이 초과되어 모두 68쌍이 된다. 4개의 초과분이 생겼다. 지금 여기서 위상학을 도입하는 이유는 다름 아닌 이 초과분이라는 특례에 속하는 것이 생기는 원인을 위상기하학적으로 규명하기 위해서이다. 이것이 위상역을 요청하는 이유이다.

획이 위치한 위에 상관없이 개수만 기준으로 할 때 이를 '형태'라 하고, 이에 대하여 괘상을 기준을 할 때에는 '상태'라고 한다. 그리고 어느 한 괘 안에서 동일한 음양 획의 수를 가지고 있으면 그러한 괘들을 '동형'이라 하고, 다르면 '이형'이라 한다. 마찬가지로 상태가 같으면 '동상', 다르면 '이상'이라 부르기로 했다. 이 기준을 대성괘에 적용할 수도 있고 소성괘에 적용할 수도 있다. 그러면 한 대성괘의 형태(상태)는 0양6음(0음6양), 1양5음(1음5양), 2양4음(2음4양), 3양3음(3음3양)으로, 소성괘의 형태(상태)는 0양3음(곤), 0음3양(건), 1양2음(진,간), 1음2양(태,손), 2음1양(진,간)과 같다.

대성괘를 두 개의 소성괘로 나누었을 때, 다시 말해서, 상황을 상황의 상태로 나눌 때 64괘는 모두 네 종류로 분류될 수 있다. 즉, 1.동형동상, 2.동형이상, 3.이형동상, 4.이형이상이 그것이다. 6획을 3획으로 이등분했을 때는 네 가지 형·상태가 가능해진다는 것이다. 예를 들어서 동형동상인 경우는 방도 안에 있는 정대각선의 괘들로서 동형동상이다. 상·하괘가 같은 괘이기 때문이다. 그런데 동상이면 반드시 동형이어야 하기 때문에, 3번의 경우는 논리적으로는 가능해도 64괘 속에 그러한 것이 실제로는 존재하지 않는다. 이에 대하여 이형이상은 존재 가능하다. 예를 들어서, 상·하괘 획의 개수는 다르고 상도 110와 010로서 다르다. 이런 경우를 두고 이형이상이라고 한다.

우리의 관심사는 역시 모괘의 형태와 상태이다. 이100-001과 소과001-100은 동형이상이다. 대과011-110과 중부110-011도 동형이상이다. 즉, 효의 음양 개수는 같은데 상태는 다르다. 상하괘에서 이괘는 간-진, 대과괘는 태-손, 중부괘는 손-태, 소과괘는 진-간이다. 이러한 형태상의 구별은 앞으로 다산의 벽괘론을 이해하는 데 결정적인 역할을 한다. 다산은 12개(또는 14개)의 벽괘를 만든 다음에 64괘 가운데 동형인 것을 모두 같은 부류 속에 분류한다. 이를 두고 '유취類聚'라고 한다. 그리고 정역의 수지상수론에서도 형·상태의 구별은 중요하다. 예를 들어서, 수지상수론에서 리괘(2양1음)는 동일한 형태인 태·손과 서로 교체되고, 감괘(2음1양)는 동일한 형태인 진·간과 서로 교체될 수 있다. 이는 3부에서 다시 상론할 것이다.

만약에 이괘와 대과괘의 상하(좌우)를 서로 연결하여 고리를 만든다고 하자. 즉, 27.이100-001로 고리를 만들면 62.소과001-100이 되고, 다시 28.대과011-110으로 고리를 만들면 61.중부110-011이 된다. 이렇게 두 개의 모괘들은 동형이상으로 서로 고리를 만든다. 고리를 만든다는 것은 이진수 괘의 처음과 끝(좌와 우)을 마주 붙인다는 의미이다. 중부와 소과간의 동형이상은 관·림·둔·대장이 있다. 이에 대하여서는 다산 벽괘론에서 집중 거론될 것이다. 이러한 형태와 상태를 거론하는 것은 아래 베티수를 말하기 위해서이다.

베티수와 중부 · 소과괘의 문제

형과 상의 구별은 '베티수 Betti Number'를 연상시킨다. 베티수란 어느 한 도형을 이등분하지 않고 최대한의 절단을 할 수 있는 전체 절단 개수를 말한다. 본래의 도형을 '무 자르듯' 하지 않으면서 최대한 자를 수 있는 절단의 개수가 모두 몇 개이냐이다. 예를 들어서, 사각형은 베티수가 0이다. 그 이유는 어디를 자르든지 본래 도형이 이등분되기 때문에, 절단 안 되고 남는 개수는 항상 0이다. 그러나 뫼비우스띠의 경우는 면을 절단해도 두 개 아닌 한 개가 된다. 그러면 원기둥, 토루스 등은 모두 베티수가 0이다. 그래서 뫼비우스띠의 베티수는 1이다. 구면은 0이고, 클라인병은 뫼비우스띠가 두 개 결접된 것이기 때문에 2이다. 그런데 사영평면은 1이다. 그 이유는 사영평면은 뫼비우스띠(1)와 사각형(0)의 결접이기 때문이다.

베티수는 위상 도형을 연구하는 데 더 없이 도움이 된다. 원형을 두 동강 내지 않고 이등분할 수 있는 최대 절단의 수에 우리는 관심을 갖지 않을 수 없다. 이러한 베티수 개념이 두 모괘를 이해하는 데 더 없이 도움이 된다. 베티수는 괘의 동형을 유지하면서 얼마나 다른 이상을 만들어 낼 수 있느냐의 말로 바꾸어 놓을 수 있다. 이에 따라서 12벽괘를 집합으로 하여, 그 안에 동형인 것만으로 64괘 모두를 분류할 수 있다는 것이 다산 벽괘론의 내용이다. 주역 64괘에서 동형을 유지하면서 6획을 여러 방향으로 잘라서 새로 나열할 수 있는 개수가 다름 아닌 베티수이다. 그런 점에서 볼 때, 다산의 벽괘론이란 12벽괘가 동형을 유지하면서 획을 잘라 만들 수 있는 최대의 수를 찾는 것이라 할 수 있다.

이렇게 베티수라는 관점에서 보면 모괘의 정체가 한눈에 들어온다. 다산이 왜 감과 리를 대감과 대리로 나누었을까? 리와 대과, 중부와 소과를 모두 대감011-110과 대리100-001로 보았다는 것이다 그러면 어떻게 그런 축소와 확대가 가능해져 리가 대리, 감이 대감이 될 수 있는가? 방도에서는 정대각선에 있는 대성괘의 괘명이 가로와 세로에 있는 소성괘의 괘명과 같은 '건태리진손감간곤'이다. 대성괘와 소성괘의 괘명이 같다는 것이다. 6효로 된 대성괘의 괘명과 3효로 된 소성괘의 괘명이 같다는 말이다. 그 이유는 다음과 같다. a+a=2a여야 하는데 a+a=0이 될 수도 있다는 이유를 설명하는 것이 도움이 된다. 설명을 추가하면, 정향적인 공간에서는 항상 더하면 증가해야 하고 빼면 감소해야 한다. 그러나 뫼비우스띠, 클라인병, 사영평면 같은 비정향적인 공간에서는 대와 소의 구별이 무의미해진다.

리괘인 100-001과 중부괘인 110-011을 어떻게 감101과 같다고 볼 수 있는가? 이를 실용적으로 파악하려면, 시계가 가리키는 시간을 보면 된다. 한밤 0시를 0:00으로 표시한다. 그리고 정오는 12:00으로 표시한다. 그런데 한밤 0시 직전을 23:59로 표시한다. 그렇다면 정오 12:00에서 12시간 지난 다음이 0시이기 때문에 12+12=0(24)이 된다. 이는 시간이 지나가는 궤적을 고리로 본 결과이다. 0시를 중심으로 한 방향은 시계 바늘과 같은 방향으로, 다른 한 방향은 시계 바늘과 반대 방향으로 움직일 때 0시에서 만나게 되고, 양쪽 방향에서 온 시간은 모두 12시간이다. 그런데 만나는 시각은 0시이다. 이는 12+12=0임을 뜻한다. 공간에서도 직선으로 고리를 만들면 쉽게 대형이 소형이 되는 것을 발견할 수 있다. 사각형에서는 a+a=2a(또는 12+12=24)이지만, 위상 공간에서는 a+a=0(또는 12+12=0)이 된다. 다시 말해서, 수의 순환 속에는 초과와 감소가 있다는 의미이다. 이는 자동차 계기판의 주행거리 mileage에서도 그대로 적용되는데, 99,999마일 다음은 다시 0이 된다. 50,000+50,000=0과 같아진다.

계절에서도 마찬가지이다. 낮과 밤의 길이가 같아지는 날이 춘분과 추분이다. 다산은 이러한 계절의 변화를 중부와 소과괘에서 찾는다. 중부110011은 가운데서 00이 만난다. 이는 마치 자동차의 주행거리가 계기가 바뀌는 것과 같고 한밤인 자정과 같다. 그리고 소과인 001100은 낮의 정오와 같다. 리괘100-001과 대과 011-110도 마찬가지로 춘분과 추분이 변하는 것과 같다고 보면 된다. 중부와 소과, 리와 대과가 서로 루프를 만들 때 이런 1-1=0 현상이 나타난다.

'소과'와 '대과'란 말은 '조금 초과', '크게 초과'란 말이다. 무엇이 초과한다는 말인가. 반대로 '중부'란 '가운데가 비어 있다'는 뜻이다. 가운데가 '0'이란 뜻이다. 이러한 괘상들이 갖는 의미도 위상학적으로 이해될 수 있다. 이런 현상이 나타나는 공간이 바로 클라인병이고 사영평면이다. 다시 말해서, 왜 '소과'와 '중부'라고 하는가? 그 이유를 위상 공간에서 확인하자. 이는 클라인병 구조를 통해서 쉽게 이해된다. 위 자동차 주행거리나 시계의 시간주기에 나타나는 현상을 위상 공간 속에서도 발견할 수 있다는 말이다.

먼저 시계의 경우, 한밤을 중앙에 두고 시계 바늘 방향clockwise이면 a, 반시계 방향counterclockwise이면 -a라고 하자. 그러면 a와 -a는 동일한 고리를 만드나 방향은 반대이다. 정역에서는 이를 '도생'과 '역생'이라는 말로 다루고 있다. 0 같은 것이 바로 정역의 가운데 수인 중위수 개념에 해당한다. 중위수란 앞에서 말한 시계 계산법에서 볼 때, 자정에 해당하는 개념이다. 시계 계산법에 따르면 a+b=b+a는 같다. 바로 이것을 반영하는 것이 110-011-110-011-110-011…와 같이 62.중부와 28.대과가 고리를 만들고, 62.소과와 27.리가 001-100-001-100-001-100…와 같이 고리를 만드는 것이다.

$$\underset{a}{110} - \underset{b}{011} - \underset{a}{110} - \underset{b}{011} - \underset{a}{110} - \underset{b}{011} \cdots$$

소과는 a+b이고, 대과는 b+a이다. 즉, a+b≡b+a이다. 왜냐하면 소과와 대과는 모두 2음4양으로 동형이기 때문에 a와 b가 있는 위치와는 상관이 없기 때문이다. a+b는 그 자체가 하나의 고리이다. 만약에 a와 b를 서로 종이의 뒷면으로 돌려 붙이면 고리가 되기 때문이다. 그래서 중부이던 것이 대과로 변하고 만다. 소과001-100도 마찬가지이다. 종이의 뒤로 돌려 붙이면 그 자체가 고리가 된다. 61.소과가 고리가 되면 27.리가 된다. 고리를 만들면 소과가 리가 되고 중부가 대과가 된다. 그래서 소과와 리, 중부과 대과는 서로 다른 상태이지만 같은 형태를 가진다. 서로 반대 방향인 a(실선)와 -a(점선) 가운데 -a가 사라지면, 즉, a+(-a)+b≡b가 된다. 그런가 하면, 순환고리 a가 순환고리 b로 변해 사라져 버리면 a≡b가 된다. (Stahl, 2003, 343)

　낮과 밤의 변화나 계절의 변화 등은 모두 〈도표 6-10〉의 구조 속에서 일어나는 변화일 뿐이다. 지구가 하루 자전하는 것과 공전하는 것이 모두 사영평면과 같다. 즉, 일월성신의 순환 등 모두가 위 사영평면 안에서의 순환이다. 그러면 위 순환고리에는 세 곳에서 순환이 변경되

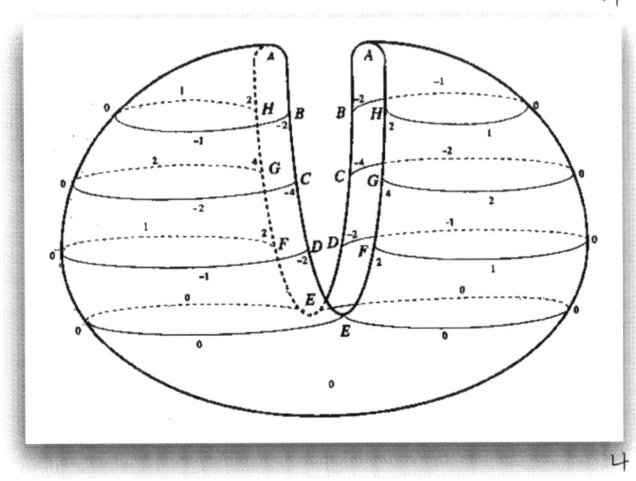

도표 6-10. 사영평면 속의 순환고리와 0점

는 곳이 있다. 가(0)와 나(E), 그리고 1과 -1, 2와 -2가 교차되는 곳이 전
환점, 반환점, 변환점이다. 그러면 역에서 이 세 곳이 갖는 의미는 무엇
인가? '가'는 내부로 수렴되는 점이고, '나'는 외부로 확산되는 점이다.

'가'는 중부와 리에, '나'는 소과와 대과에 해당하는 곳이다. 그러면
교차점이란 다름 아닌 감-리에 해당한다. 추분-춘분에 해당한다. 즉, 윗
부분에 있는 두 개의 0은 중부와 리에, 그리고 아랫부분의 E와 E는 소
과와 대과에 해당한다고 보면 된다. 중부란 가운데가 비어 있다는 뜻
으로, 0점을 의미한다. 그러나 이러한 대감과 대리들은 감과 리가 없이
는 불가능하다. 0이 없이는 변화 자체가 불가능하다. 감과 리가 교차하
는 곳이 아래의 교차 부분이기 때문이다.

순환고리가 0이 되어버리는 곳이 바로 앞에서 말한 자동차 주행거
리와 시계의 시각이 0을 가리키는 곳이다. 이를 위상공간에서 보여주

자는 것이 다름 아닌 사영평면과 클라인병이다. 이러한 사영평면적 구조에서 보면 위대칭이 무의미해진다. 왜냐하면 2a=0이기 때문이다. 대칭이 모두 한 점에 모인다는 뜻이다. 사영평면 안에서는 전후두 상하도 좌우도 없다. 이는 위대칭과 치대칭이 모두 사라진다는 것을 의미한다.

위대칭과 치대칭이 있기 때문에 사각형 안에서 차원 문제를 거론할 수 있다. 그러나 이차원의 사각형이 사차원의 사영평면이 되면서 위·치 대칭의 구별이 무의미해진다. 하지만 이차원으로 가면 전후, 좌우, 상하의 삼차원적 구별이 생긴다. 하부 차원에서는 실수가 상부 차원에서는 초과분이 된다. 허수 i가 생기는 이유이다. 위대칭을 해도 그 모양이 변하지 않아서 치대칭을 더 한다. 그러나 이차원에서 보면 위대칭을 해도 그 모양이 변하지 않은 것 같지만, 고차원에서 보면 그렇지 않다. 마치 공중에서 보면 지상의 모든 물체가 같은 평면으로 보이는 것과 같다. 삼차원 안경으로 영화를 보면 평면이 입체로 보이는 것과 같은 원리이다.

허수는 이와 같이 차원의 문제에서 발생한다. 차원이 낮아질 때 과·소분 또는 초대분(초과분)으로 생기는 수가 허수이다. 그렇다면 문제의 괘 안에 있는 흑점들은 다름 아닌 허수라는 것이다. 사각형과 마름모 안에 있는 흑점은 허수인 셈이다. 고차원의 것이 낮은 차원으로 보일 때 이런 흑점이 생긴다. 위대칭이란 상획이 하획이 되고, 하획이 상획이 되는 것이다. 고차원에서는 이런 상하의 구별이 필요 없지만, 저차원에서는 흑점으로 이런 구별을 해 주어야 하고, 이때 흑점이 다름 아닌 수학의 허수에 해당한다는 것이다. 하도와 낙서에서 허수에 해당하는 것이 바로 '5'이다. 5가 자기언급하여 초과분을 만들어 내기 때문이다. 이러한 수 5에 해당하는 것이 다름 아닌 중부와 소과이다. 여기서 허수가 하는 역할은 이런 구별을 만들어 주는 것이다. 앞 사영 평면의 구조에 보면 2a=0이지만, 이차원 사각형에서 보면 a+a=2a이다. 감과 리, 그리고 대감과 대리의 역에서 생기는 이유가 여기서 먼 이야기가 아니다.(Richesen, 2008, 216)

3부

다산 4역과 대각선 논법

〈계사전〉에서 말하는 효가 괘로 발생하는 시생 원리는 역학 연구의 출발 점이라 할 수 있다. 〈계사전〉에 따르면, 8괘는 크게 건과 곤 두 집합군 속에서 건={태, 리, 진}, 곤={손, 감, 간}으로 분류된다. 〈계사전〉의 시생 원리란 이른바 가일배법加一倍法으로 알려진 음과 양 두 획을 교차하면서 더해 나가는 방법이다. 이러한 시생 원리는 요소인 효나 획을 기준으로 거기서부터 발생을 시작한다. 이러한 시생 원리에 숨어 있는 논리적 문 제점은 같은 집합군 안에 동형이상 현상이 있다는 바로 그것이다.

다시 말해서, 건집합 안에서 태(☱)와 리(☲)를 보면, 같은 집합 안의 진과 는 달리 각각 2양1음으로 형태가 같은데 상은 다르다. 곤집합 안에서도 간(☶)과 감(☵)을 보면 1양2음으로 형태가 같은데 상이 다르다. 이 문제 가 앞으로 벽괘론에서 다루어질 것이다. 그런데 태와 리의 경우, 상·중·하 의 직선으로 나열된 초·중·상획을 한 번 구부려 루프를 만들면, 초와 상획 이 이어져 태는 리가 되고, 리는 태가 된다. 간과 감의 경우에서도 사정 은 마찬가지이다. 루프로 만든다는 것은 위상을 바꾼다는 말과 같으며, 태와 리, 간과 감은 같은 위상을 가지고 있음을 의미한다. 여기서 역학에 위상학이 도입되어야 할 이유를 찾을 수 있다.

가일배법에 따라서 획을 가일배시켜 괘를 만드는 대신, 괘에서 시작하여 획을 변화시키는 획변을 시도해 보자. 전자는 상황(s)에서 시작한 것이고, 후자는 상황의 상태(ss)에서 시작한 것이다. 획변을 시키는 방법에는 두 가지가 있다. 하나는 '단계적 방법step by step'이고, 다른 하나는 '연쇄적 방법serial'이다. 만약에 건손괘를 단계적으로 초·중·상획의 순서로 획변시키면 건={손, 리, 태}, 곤={진, 감, 간}과 같이 된다.

'단계적'이란 말은 획변시켜 나갈 때 변화를 시키는 단계(위)에 국한하여 변화시키는 것이다. 이런 단계적 획변은 가족관계에 적용하기 좋다. 다시 말해서, 한 가정의 자녀들은 서열에서 각 단계마다 독자적이기 때문이다. 그러나 연쇄적 획변은 계절 변화에 적용하기 좋다. 다시 말해서, 춘하추동의 날씨 변화는 연쇄적이지 단계적이지는 않다. 다산은 괘를 통해 계절 변화를 설명하는 데 더 관심을 가졌다. 그래서 그의 벽괘론은 단계적인 방법이 아닌 연쇄적 방법을 취한다. 그러나 단계적인 것과 연쇄적인 것이 시생 원리와 연관하여 어떤 논리적 관계와 문제성을 가지고 있는가를 발견하는 것은 매우 중요하다.

손은 장녀, 리는 중녀, 태는 소녀이고, 진은 장남, 감은 중남, 간은 소남이다. 건집합은 건괘(☰)를 상·중·하획의 순서대로 획변을 시키고, 곤집합은 곤괘(☷)를 같은 순서대로 획변을 시킨다고 할 때, 다음과 같은 두 집합이 만들어진다. 건집합-부={장녀-손, 중녀-리, 소녀-태}와 모={장남-진, 중남-감, 소남-간}이다. 그런데 이러한 가족관계의 일관성은 시생 원리와는 일관성을 가질 수 없다. 다시 말해서, 건집합 안에 손(장녀)이 들어와 있고, 곤집합 안에 진(장남)이 들어와 있다. 그래서 시생 원리의 일관성은 가족관계의 일관성과는 일치하지 않는다. 시생 원리에 따르면 건집합={태, 리, 진}이고, 곤집합={손, 감, 곤}이다. 이런 차이는 시생 원리가 가족관계를 연쇄적으로, 가족관계는 단계적으로 획변시켰기 때문에 생긴 것으로, 이는 획변의 논리적 문제이다. 이에 대해서는 《대각선 논법과 역》에서 중점적으로 다루었다. 다산의 벽괘론이나 추이론은 연쇄적 획변 방법을 따른 것이다. 그러나 효변에서는 단계적이다.

그러면 연쇄적 획변 방법을 적용했을 때 어떤 논리적 문제가 발생하는가? 연쇄적일 때는 초·중·상획이 먼저 변하는 데 이어, 동일한 치를 가지고 변해야 한다. 그러면 곤(☷)={진(☳), 태(☱), 건(☰)}과 건(☰)={손(☴), 간(☶), 곤(☷)}과 같아진다. 여기서 문제는 시생 원리의 건과 곤집합 안에 들어 있던 리(☲)와 감(☵)이 보이지 않는다는 점이다. 이것이 다산 벽괘론의 최대 쟁점이다. 감과 리는 스스로 변하기 때문에 '감위본' '리위본'이라고 한다. 연쇄적 획변에서 또 다른 쟁점은 곤집합 속에 건괘가, 건집합 속에 곤괘가 포함된다는 점이다. 단계적일 때는 없던 현상이다. 건이란 명패 속에 다른 집합의 명패인 곤이 들어와 있고, 그 반대이기도 하다는 말이다.

괘를 요소인 획의 집합으로 보아 시생 원리를 적용하여 가일배법으로 괘를 만든 다음, 반대로 괘에서 획을 변화시킨다. 이를 획변이라고 하는데, 이때 단계적인 방법과 연쇄적인 방법, 두 가지를 적용한다. 단계적인 방법은 가족관계에, 연쇄적인 방법은 계절의 변화에 적용하기 좋다는 것이다. 그러나 두 방법 모두에서 일관성과 비일관성의 문제가 제기된다. 이에 대한 논의가 벽괘론에서 계속될 것이다. 추이, 호체, 효변, 물상을 다산의 역4법이라고 한다. 그의 주저 《주역사전周易四箋》도 역4법에 관한 것이다. 대각선 논법의 6대 요소라는 관점에서 보면, 다산 역4법은 대각선 논법의 결정판이라고 할 정도이다. 획변의 두 가지 방법에 나타난 일관성과 비일관성의 문제는 칸토어의 대각선 논법에 나타난 연속체 가설과 연관이 되면서 논쟁의 중심에 서 있기 때문이다.

수학의 공리주의자들은 아홉 개의 공리를 만들어 역설을 수학에서 추방시키려 하였다. 무한이나 전체와 같은 과대하게 큰 집합을 다루었기 때문에 역설이 발생한다고 보아, 집합의 크기를 축소하기에 골몰한다. 러셀은 메타언어와 대상언어의 유형을 혼동하는 데서 역설이 발생한다고 본다. 이에 대하여 역4법은 역설 해의 방법으로 각별한 방안을 제시한다. 이렇게 3부에서는 다산이 이룩해 놓은 불후의 역설 해의법을 소개할 것이다.

7장 추이법과 러셀 역설

다산역의 특징으로는 역易이 역逆에서 역曆으로 건너가는 중간 지점에 있다는 점, 그리고 동서양을 막론한 역설 해의의 결정판을 제시한 것이라고 볼 수 있다. 보통 다산역은 상수역과 의리역을 종합한 역이라고 한다. 그의 역은 《주역사전周易四箋》과 《역학서언易學緒言》에 정리되어 있다. 전자는 유배기간 동안에, 후자는 유배가 끝난 뒤에 저술하였다. 대표작이라 할 수 있는 《주역사전》은 1. 괄례표를 만들어 역의 각종 변화 방법을 다루었고, 2. 64괘를 정과 반으로 나누었고, 3. 괘에 의해 점을 쳐본 실례들을 사례별로 소개하였고, 4. 역론에 관한 자기 자신의 주장을 소개한 내용 등으로 구성되어 있다. 그러나 필자의 견해로는 《주역사전》은 역4법을 구사해 괘상과 괘수를 괘사를 일치시키는, 즉 트로이카를 일치시키기 위한 불굴의 노력 결과라고 할 수 있다. 언어와 사물의 일치, 이것은 현대 서양철학의 최대 관심사 가운데 하나라 할 때, 그의 《주역사전》은 각별한 의의를 갖는다.

《주역사전》에 나타난 다산의 역학 연구 방법론은 이른바 '역4법'으로 알려져 있다. 다산의 네 가지 역학 연구방법론을 두고 '역리4법'이라고도 한다. 역4법이란 복희가 그었다고 하는 괘卦와, 문왕이 지었다고 하는 사詞를 하나로 통일시키는 작업이다. 다시 말해서, 상수학파와 의리학파를 조화시키는 그것과 같다. 서양에서는 수와 논리기호와 언어가 서로 분리되는 데서 역설이 발생했고, 괴델이 이를 통일시키는 작업을 한 것과 같이, 다산이 그런 일을 수행했다고 볼 수 있다는 것이다. 그런 의미에서 20세기 괴델의 불완전성 정리 같은 것이 19세기의 다산에 의하여 이미 그 빌미가 잡혔다고 할 수 있다. 추이推移, 물상物象, 호체互體, 효변爻變이 바로 역4법의 구체적인 방법이다. 필자는 다산의 이러한 역4법이 서양의 공리주의자들이 역설 해의를 위해 도입한 공리들과 연관시켜 가면서 다산의 역4법을 해석하는 것으로 결론으로 삼을 것이다.

'추이'란 하나의 괘에서 획이 연쇄적으로 이동하여 새로운 괘를 만드는 것을 말한다. 필자의 관심사는 다산이 역리4법을 통해 역설을 어떻게 해의하고 있는가를 살펴보는 데 있다. 특히 다산은 추이법에서 역에서 윤월과 윤일이 생기는 문제에 관하여 특별한 관심을 쏟고 있는데, 이는 그가 계절이라는 시간상에 나타난 역설을 해의하는 데에 얼마나 고심하고 있었는가를 알려준다.

역의 시생 원리에는 효에 의한 방법과 괘에 의한 방법이 있다. 하나가 다른 하나의 연장으로 생각하는 경향이 있지만, 사실상 효와 괘는 서로 다른 발상의 산물이다. 효는 집합의 원소에, 괘는 부분에 해당하기 때문이다. 하나는 상황이고 다른 하나는 상황의 상태이다. 원소의 합이 부분이라는 유클리드의 발상은 수학을 근본적으로 잘못 보게 한 원인 가운데 하나이다. 두 가지 방법에 따라서 역설의 종류도 달라진다. 전자가 순서수 역설에 직면하게 하는 반면에, 후자는 기수의 역설 또는 멱집합의 역설에 직면하게 한다. 칸토어의 대각선 논법이 두 가지인 이유도 바로 여기에 있다.(《대각선 논법과 역》 3장 참고)

하나의 단괘나 소성괘는 시생 원리와 가족관계의 불일치라는 순서수의 역설에 직면하게 한다.(《대각선 논법과 역》 8.2. 참고) 그런데 중괘나 대성괘의 내괘(하괘)와 외괘(상괘)는 그 안에 숙명적으로 역설을 지니고 있음을 보았다. 내괘(하)는 명패로, 외괘(상)는 물건으로 나누어지는 한, 역설은 피할 수 없었다. 바로 이러한 6효 또는 6획의 순서수의 역설을 해의하는 시도가 추이와 효변법이라면, 대성괘의 두 소성괘 사이의 상하를 변화시키고 교환하는 방법으로 역설을 해의하려는 시도가 호체법이라 할 수 있다. 이는 6효를 원소들 사이의 연속으로 볼 것인지(상황), 아니면 3획씩 둘로 나누어 하나의 괘로 볼 것인지는(상황의 상태) 괘를 원소의 집합으로 볼 것인지, 부분의 집합으로 볼 것인지의 차이를 그대로 보여줄 만큼 중요하다. 이것이 바디우가 말하는 수학적 존재론의 근간이다.

괘에서 역설이 생기는 까닭 가운데 하나는 6효를 연속으로 보았기 때문이고, 이때의 역설은 '순서수의 역설'이다. 다른 하나는 6효를 내괘와 외괘로 나누어 부분으로 나누어 보았을 때이고, 이때 만나는 역설은 '기수의 역설' 또는 '멱집합의 역설'이다. 내괘가 '자기귀속하지 않음'이란 속성을 가질 때, 자기귀속을 하지 않으면 '자기귀속'을 하고, 자기귀속을 하면 '자기귀속을 하지 않는다'는 역설 말이다. 이러한 역설이 소강절의 방도 속에 들어 있었다.

서양에서는 두 종류의 역설이 나타나자 이를 해의하는 방법의 하나로 등장한 것이 공리주의이다. 지멜로와 프랭클로 대표되는 공리주의자들의 공리를 'Z-F공리'라 부른다. 이 두 종류의 역설을 다산이 해의할 때, 공리주의의 공리들이 어떻게 응용되는지를 결론 삼아 알아볼 것이다. 다산은 주자를 비롯한 중국역의 주류에서 역설을 해의하는 방법을 비판하고, 그의 추이, 물상, 호체, 효변이란 방법으로 해의를 시도하였다. 다산은 역설 해의에 시간 개념을 도입한다. 그래서 연쇄적 획변 방법을 택한다. 이 방법에서 그의 '14벽괘론'이 가능해진다. 추이론이 역설의 제기라면 벽괘론은 해의라고 할 수 있다.

다산은 역학 연구사에서 볼 때 가장 치밀하게 대각선 논법을 의식하고 역을 연구한 학자였다. 그는 명괘에 해당하는 괘를 '벽괘辟卦'라 하고, 그것을 14, 12, 10개로 나누어 경우에 따라 다르게 사용한다. 벽괘는 추이를 가능하게 하는 기본괘이다. 이들 벽괘를 가능하게 하는 부모 역할을 하는 건과 곤괘도 14 속에 포함되어 있다. 이들 건·곤괘를 '명괘의 명괘'라고 한다. 이에 대하여 물건에 해당하는 괘를 '연괘衍卦'라고 하고, 50개가 있다. 명괘에 딸리는 괘가 연괘이다. 다산역의 특징은 이와 같이 64괘를 삼중으로, 즉, 명괘의 명괘, 명괘, 그리고 물건괘로 나누어 보았다는 데 있다.

건과 곤괘에서 '연쇄적'으로 획변을 시켜 12벽괘를 만든 다음, 다시 이 12벽괘를 '단계적'으로 획변시켜 50연괘를 연출해 낸다. 12벽괘들을 동형이상으로 군을 만들고 분류를 한다고 하여 '군분'이라고 한다. 그래서 다산은 획변을 함에 두 가지 방법을 함께 구사한다. 이는 두 가지 방법에서 생기는 문제점이 무엇인가를 알았기 때문에 상호 보완을 하기 위해서일 것이다.

이러한 추이법은 한위漢魏의 역학자들도 다루지 않았던 방법이다. 벽괘의 종류가 14, 12, 10으로 다양한 것은 멱집합의 원리 때문이다. 명패의 명패인 건·곤도 명패인 벽괘 속에 넣는다는 것은 전체도 자신의 부분 속에 포함된다는 멱집합의 원리를 다산이 알고 있었음을 의미한다. 여기에 중부와 소과의 문제는 서문에서 말한 시생 원리와 연쇄법 속에 들어 있는 일관성과 비일관성의 문제와 연관이 된다. 우리는 그의 역4법에서 대각선 논법의 6대 요소를 확인할 것이다.

7.1. 추이법과 역설의 문제

괘변과 추이 _ 우번을 중심하여

괘변卦變과 추이推移는 일란성 쌍둥이와도 같다. 그러면서도 근본적으로 다른 점이 있다. 괘변에 관해서는 이전 책에서 다룬 경방의 〈팔궁괘도〉(《대각선 논법과 역》, 표 8-3)와, 노서의 〈서괘도〉(이 책 도표 3-9)를 통해서 괘변론의 진수를 엿보았다. 괘변론은 우번을 비롯해 한유漢儒들과 이지재, 주자에 의하여 발전되었다. 추이법은 효변과 같이 한 단계씩 도약을 하면서 획이 변하는 것이 아니라, 연쇄적으로 이어지면서 효가 옮겨 가면서 변하는 것으로, 이는 괘변론의 핵심 방법이라 할 수 있다. 추이법은 일명 '유취'라고도 하는데, 이는 연쇄적으로 동일한 효가 모여 동일한 형태끼리 모아진다는 뜻이다. 여기서 음양 획의 개수만 같은 '형태 shape'와, 형태는 같으나 상이 다른 '상태 image'를 구별하는 것이 중요한 의미로 부각한다.

이렇게 유취로 모아지는 경우, 효변과 구별하여 이를 '획변'이라 부르기로 한다. 이것이 한유 이래 중국에서 이해된 추이론이다. 어느 한 괘가 다른 괘에서 '옮겨갔다'[―往] 또는 '옮겨왔다'[―來][1]고 이해한 점에서는 같으나, 다산은 이것이 단순한 괘를 만드는 획괘 원리와는 근본적으로 다른 것으로 이해한다. 〈계사전〉에서 말하는 시생 원리와는 다르다고 이해한다. 또한 다산이 '일왕일래'를 사시의 변화에 적용한 것은, 추이를 단순한 공간적인 변화가 아닌 시간적인 것으로도 이해한 점이 다르다.

다산의 추이론은 그의 《주역사전》 서두에 있는 다음 구절로 잘 요약된다.

가. 사시의 괘

추이란 무엇인가? 동지에서 일양―陽이 비로소 생하여 그 괘가 연쇄적으로 변해 복復이 되고, 림臨이 되고, 태泰가 되고, 대장이 되고, 쾌가 되어 건에 이르러 드디어 6양이 이루어진다. 그런데 이들 6괘들이 들어 있는 바탕인 근기는 '곤기坤氣'라는 점이다. 곤기 속에 건괘가 포함된다는 것이다.

하지에서 일음―陰이 비로소 생해서 그 괘가 연쇄적으로 변해 구가 되고, 둔이 되고, 비가 되어서 곤에 이르면 6음이 이루어진다. 그런데 이들 6괘들이 들어 있는 바탕인 근기는 '건기乾氣'라는 점이다. 건기 속에 곤괘가 포함되어 있다. 이것은 일종의 순서수의 역설로 다루어질 성격의 것이

---

[1] 일왕을 승(升), 일래를 강(降)이라고도 한다.

다. 이들 12개의 괘들을 이른바 '사시의 괘'라 한다. 그러나 여기에 61.중부와 62.소과가 초과분으로 포함되어 모두 14벽괘가 된다. 12벽괘에서 건과 곤이 제외되면 10이 된다. 10, 12, 14 벽괘론은 역설 문제와 직결이 되는 주요한 쟁점을 만든다.

나. 재윤의 괘

소과는 대감大坎이요, 중부는 대리大離이다. 이들을 특히 '재윤의 괘'라고 한다. 주역 64괘 가운데 61.중부와 62.소과 안에 있는 4개의 소성괘들은 다른 괘들과는 다른 예외적인 대칭구조를 가지고 있음이 역4법에서 다루어질 것이다. 사실 다산의 역4법은 중부와 소괘에 대한 주석이라 할 수 있을 정도이다. 이는 바디우 철학에서 초과 혹은 돌출을 중요시 하는 것과도 같다. 이 초과분에서 존재론의 비결정론과 불확실성이 생기기 때문이다. 우주 궤도의 불안정, 그리고 윤달이 생기는 이유가 모두 이 두 괘의 작용 역할에 달려 있다. 이 두 괘에서 다른 괘들이 연출되어 나온다고 보아 이 둘을 특히 '모태괘'라 한다.

다. 대연지수 50

'사시의 괘'를 경방은 12벽괘라고 하였는데, 이제 건곤괘를 제외한 별도로 재윤을 취하여 12벽괘를 채우려 한다. 12벽괘가 강유로 나뉘어 그것을 연하면 '50연괘'가 된다. 12벽괘에 중부·소과 두 괘를 더하여 모두 14벽괘론을 주장하는 것이 다산역의 특징이다. 그러나 14벽괘를 그 작용 구조라는 관점에서 보았을 때 몇 가지로 나뉘는 것도 사실이다. 그 안에 일관성과 비일관성의 문제가 역학 연구의 대종을 장식한다.

14벽괘에서 연출되어 나온 괘들을 '대연지수 50'이라고 한다. 이것이 추이법에서는 건기와 곤기에서 14벽괘가 나와 '유취'된다 하고, 14

벽괘에서 50괘들이 연출되어 나와 '군분群分'된다고도 한다. 12벽괘는 사각형 안에서 서로 위대칭, 치대칭, 그리고 위·치 대칭 관계를 만드는 대칭 구조를 갖는다. 이는 위상학적 문제를 야기시키기 때문에 4종 8류라는 대칭 관계를 만들어 다산 4역을 위상학적으로 아래에서 고찰할 것이다.

다산의 추이론은 이렇게 크게 세 부분으로 나누어진다. 사시, 재윤, 대연지수가 그것이다. 먼저 다산의 추이론에 근거하여 우번의 괘변설과 비교 고찰을 해 보기로 한다. 비교를 하는 관점은 명패와 물건, 그리고 '명패의 명패'의 성립 과정에 있다 할 수 있다. 명패괘를 '수괘首卦'라고 하는데, 수괘에 따라서 고대 삼역인 연산, 귀장, 주역의 성격이 달라진다. 연산역은 간괘를, 귀장역은 곤괘를, 주역은 건·곤괘를 수괘로 삼는다. 그런데 괘변론에 의한 추이론을 전개하면서 이런 명패의 명패에 해당하는 수괘 아래 하위 명패괘가 만들어졌다는 것이다. 감괘와 리괘가 그것이다. 건·곤·감·리는 4정괘인데, 건곤이 감리와 구별이 되면서 수괘의 위치를 점유한다. 그런데 건·곤·감·리 밑에 열두 개의 명패괘가 또 만들어지면 명패의 이중화 현상이 나타나기 시작한다. 이는 괘의 데이터베이스화 과정이라 할 수 있고, 이와 함께 괘들의 메타화 과정이 등장한 것이다. 대각선 논법의 여러 요소가 등장하기 시작한다는 말이다. 〈계사전 상〉은 건과 곤이 명패괘 역할을 하는 것을 높이 칭송하고 있다. 즉, 8괘가 모두 건·곤에서 연역이 됨을 강조해 말하고 있다. 즉, 건·곤괘를 '부모괘'라 하고, 건·곤괘에서 효변을 하는 것을 '색素'이라 부른다.

즉, 초효부터 효가 변하는 것을 순서대로 일색, 이색, 삼색이라 하고,

같은 순서대로 장남-장녀, 중남-중녀, 소남-소녀가 생산된다고 한다. 그러나 건·곤괘가 어떻게 부모괘가 되는지에 대해서 〈계사전〉은 뚜렷하게 명시해 놓은 것은 아니지만, 이러한 색에 의하여 가족관계를 만들어 여섯 자녀를 부모에서 생산된다고 한다. 이렇게 색을 한 결과로서 괘가 시생하는 것과, 괘의 가족관계 사이에는 불일치 현상이 나타나는 것을 보았다. 색을 단계적으로 했기 때문에 가족관계에 불일치 현상이 나타난 것이다. 그런데 추이론에서도 이와 유사한 일치와 불일치의 문제가 발생한다. 그 이유는 모두 이들이 역설과 연관되기 때문이다.

다시 말해서, 앞에서 말한 '일왕일래'의 원칙을 일관성 있게 벽괘에 적용했을 때 역설적으로 비일관성 현상이 나타난다. 다산이 위와 같이 추이를 세 종류로 나누는 과정 속에 바로 이러한 일관성과 비일관성의 문제가 발생하는 것을 볼 수 있다. 그래서 우리는 명괘와 물건의 관계, 그리고 일관성과 비일관성이라는 관점에서 다산의 추이론을 관찰할 것이다. 다산으로 직접 가기 전에 거쳐야 할 인물이있는데, 바로 우번과 주자이다. 두 인물의 괘변설을 통해서 우리는 다산의 추이법이 갖는 의의를 재발견하게 될 것이다.

괘변설의 전성기는 한대이다. 그 가운데 경방의 팔궁괘설과 우번의 괘변론은 괘변설의 주종을 이룬다. 경방의 음양소장설, 세응설, 비복설 등은 모두 괘변설에 해당한다.(《대각선 논법과 역》 8.5. 참고) 그러나 진정한 의미의 괘변설은 우번부터이다. 우번이 어떻게 괘를 명패괘와 물건괘로 나누어 괘변설을 말하고 있는지를 보면 아래와 같다. 우번에 따르면, 건과 곤이 1차 명패가 되어 복, 구, 림, 둔, 태, 비, 대장, 관의 여덟 괘를 낳는데, 이들은 2차 명패이다. 다시 2차 명패괘인 여덟 괘가 52개의 물건괘를 연출해 낸다. 그런데 이 세 종류의 괘를 합하면 62개가 된다. 여기에 포함되지 않는 2개가 바로 61.중부와 62.소과이다.[2] 이 두 예외적인 괘를 우번은 '변례지괘變例之卦'라고 했다.

이러한 변례가 생기는 이유는 괘변설의 역설 때문이다. 그래서 우번이 말하는 벽괘란 중부와 소과, 그리고 건·곤도 제외한 8괘를 말한다. 그런데 다산의 벽괘는 모두 10, 12, 14로 세 종류이다. 왜 이런 차이가 발생하는가? 그 이유는 집합론에서 발생하는 역설 때문이고, 주자를 포함한 중국적 사유와 한국적 사유의 차이 때문인 동시에, 역설 해의 방법의 차이 때문이다.

우번의 8벽괘론은 12벽괘에서 메타 명패인 건곤을 제외시켜야 하고, 23.박(䷖)과 43.쾌(䷪)는 각각 24.복(䷗)과 44.구(䷫)에서 도출되는 것이기 때문에 제외시켜야 한다고 주장한다. 복과 박, 쾌와 구는 초효와 상효에 관련이 되는 괘이다. 부랄리-포르테의 순서수 역설에 걸릴 괘들이다. 바로 순서수의 역설에 걸리는 이유 때문에 제외시킨 것이다. 그리고 건·곤을 제외시킨 것은 멱집합의 역설 때문이다. 전체에 해당하는 부모가 자식들과 같은 한 부분이 될 수 없다는 생각 때문이다. 이것은 우번의 생각이고 다산은 이와 달랐다. 우번은 만약에 이들 괘를 벽괘 속에 넣으면 벽괘 안에는 비일관성 때문에 벽괘 구실을 못하게 된다고 판단했다. 우번이 벽괘를 만드는 기준은 역설이 없는 일관성, 바로 그것이었다. 그래서 남는 순수 벽괘는 1음1양인 구·복, 2

---

2) 포함되지 않은 이유가 바로 이들이 대리괘와 대감괘이기 때문이다. 앞에서 이미 가족관계와 시생 원리에서 이 두 괘가 문제되는 것을 보았다.

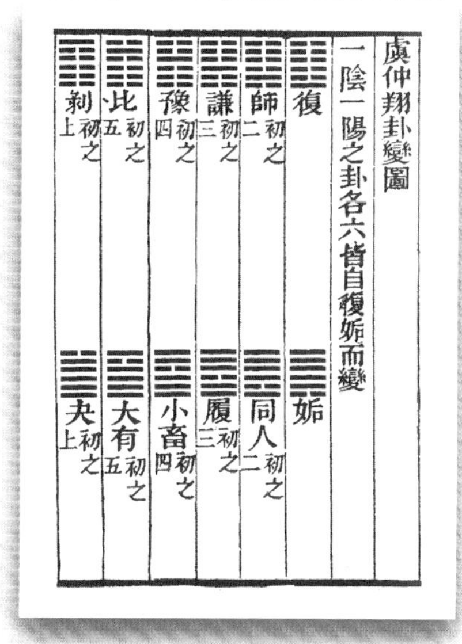

도표 7-1. 우번의 변괘도

음2양인 둔·림, 3음3양인 비·태, 4음4양인 관·대장으로 8괘뿐이다.
(도표 7-1) 다산보다 무려 여섯 개나 적다. 우번의 벽괘론은 명패의 명
패, 명패, 그리고 물건이라는 삼중적이 아니다. 즉, 여덟 개의 명패괘에
서 바로 연괘를 도출해 낸다. 그리고 도출해 내는 방법이 단계적이다.
여기서는 1음1양인 경우에 한하여 그 이유를 알아보자.

우번의 〈변괘도〉에는 '1음1양으로 인해 6효가 모두 복과 구에서 변
함'이란 제목이 달려 있다. 그리고 획변이 단계적이다. 다시 말해서, 전
단계에서 변한 것이 다음 획에 상관없이 변한다. 이럴 때 복은 사, 겸,
예, 비, 박으로 변하고, 구는 동인, 이, 소축, 대유, 쾌로 변한다.

그런데 왜 우번은 박과 쾌를 벽괘에서 제외시켰는가? 이것은 순서

수의 역설과 연관된다. 즉, 복괘(구괘)는 그 이전에 어디로부터(from) 변해 왔는가를 묻는다. 그 이전 단계는 곤괘이다. 그러면 다시 묻게 된다. 마지막 박괘(쾌괘)는 어디로(to) 변해야 하는가? 그것도 다름 아닌 곤괘로 향해 변해야 한다. 이는 일종의 순환론적이다. 이것이 순서수의 역설이다. 어느 순서의 마지막 순서는 그 순서 전체와 같아진다는 역설 말이다. 우번은 그의 괘변론에 이런 역설이 들어와서는 안 된다고 보았다. 그래서 그는 소심하게도 박괘와 쾌괘만은 벽괘(명괘) 노릇을 할 수 없다고 보았다.

이를 다시 점검해 보면 다음과 같다. 복괘에 달려 있는 다섯 개의 괘(사, 겸, 예, 비, 박)는 모두 곤괘의 여섯 개 음효들이 초효부터 단계적으로 상향하면서 변한 것이다. 구괘에서 쾌괘를 제외시킨 이유도 동일하다. 구괘에서 단계적인 획변을 해 나갈 때 구괘에서 동인, 복覆, 소축, 대축, 쾌괘가 만들어진다. 우번은 복에서 변한 박괘와 구괘에서 변한 쾌괘를 복괘와 구괘에 각각 부분으로 포함시켜 버린다. 이 말은 쾌괘를 명괘(벽괘)로서 취급하지 않고 복괘와 구괘 안에 포함된 것으로 여겨 버린다는 말이다. 만약에 그렇지 않을 경우, 박괘와 쾌괘가 단계적 변화를 해 버리면 그것은 복괘나 구괘가 나온 집합인 곤과 건으로 회귀하는 것이 된다. 러셀이 바로 이런 순환론의 역설을 피하기 위해서 유형론을 고집한 것이다. 그러나 우번이나 러셀의 경우, 이것은 고집일 뿐이지 역설 해의의 방법은 아니다. 두 사람은 유형론자임이 분명하다. 여기서 다산역의 선택이 무엇인지 궁금하지 않을 수 없다.

'곤복지간坤復之間'이란 복의 초효인 양은 곤괘의 초효가 획변한 그 사이란 뜻이다. 공백의 가장자리란 뜻이다. 이 첫 번째 벽괘인 복괘는

2차 명패가 된다. 1차 명패를 벽괘의 개수 속에 넣지 않기 때문에 박과 쾌도 넣을 수 없다. 만약에 곤과 건을 벽괘에 넣는 순간, 구와 쾌가 곤과 건과 동격이 되어 버리고, 구와 쾌는 동시에 벽괘가 된다. 다산은 이를 허용하였다. 멱집합의 원리에 의해 허용이 가능하다. 그러나 유형론상으로는 불가능하다. 공집합과 자기 자신인 집합, 즉, 제 집합이 제 집합의 부분으로 포함되는 것을 허용하는 것이 멱집합의 원리이다. 이렇게 우번과 다산의 차이점은 분명하다.

1차 명패는 곤괘이다. 곤괘에서 단계적으로 1양으로 변한 1양이 복괘의 초효가 된다. 초효에 이어서 2효가 변해 사괘가 된다. 다시 이어서 3효가 변해 겸, 4효가 변해 예, 5효가 변해 비, 6효가 변해 박이 된다. 우번은 6효가 변한 박은 복에서 연역된 것이기 때문에 벽괘에서 제외시켜야 한다고 한다. 그리고 만약에 이 박이 다음 단계에 변한다고 하면 복을 낳은 곤괘로 된다. 곤이 조모, 복이 모라면 박은 손자이다. 손자가 조모를 낳는다는 것은 발생의 위계질서를 어기는 것이다. 만약에 박 다음이 곤이 되고, 쾌 다음이 건이 되면, 이는 건과 곤이 복과 구의 부분으로 포함된다는 것을 의미한다. 이 대혼란을 어떻게 피할 것인가? 그러나 당장 한의학의 5행의 상생상극 논리에서는 이런 혼란을 수용해야 한다. 이것이 생명의 논리이기 때문이다. 손자가 할아버지의 아버지가 될 수 있다. 다산은 지금 이 생명의 논리를 말하고 있다.

이는 논리적으로 물건괘를 명패괘에서 철저하게 분리시키려고 한 우번의 시도와는 다르다. 우번의 것은 유형론과 같은 역설 해의 방법으로서, 이것은 역설 해의의 최종 답이 아니다. 또 다른 역설에 직면할 줄도 모르면서 우번은 정면으로 질주하고 있다. 이제 다산의 역4법으로 가면 우번의 문제점을 발견하게 될 것이다. 다시 말해서, 우번이 왜 이렇게 결벽에 가까울 정도로 박과 쾌를 벽괘에서 제외하고 있는지를 알게 될 것이다. 다산은 이런 우번의 제외를 외면하고 그이 추이법에서 박과 쾌를 모두 벽괘에 포함시킨다.

'변췌지괘'로서 중부와 소과

괘에는 1음1양만 있는 것은 아니다. 복과 구는 1음1양의 괘에서만 명패이다. 그러면 2음2양, 4음4양, 그리고 3음3양에 해당하는 명패도 있어야 할 것이다. 2양2음의 벽괘는 림(䷒)와 둔(䷠)이다. 림과 둔의 초와 2효가 모두 2양이고 2음이다. 이제 우번은 림과 둔의 초와 3, 초와 4, 초와 5, 초와 상획을 서로 교환하고, 2와 3, 2와 4, 2와 5, 2와 상획을 서로 교환하여 승, 해, 감, 몽, 명이, 준, 이 등 여덟 개의 괘를 만든다. 이는 1양1음 때와는 다른 방법이다. 둔도 같은 방법으로 하여 무망, 가인, 리, 혁, 송, 손, 정, 대과 등 여덟 개의 괘를 만든다. 림과 둔이 명패이고, 거기에 각각 여덟 개의 괘가 물건으로 달려 있다. 여기서 한 가지 규칙은, 획변을 주도하는 획 자체 안에서는 서로 교환을 하지 않는다는 점이다. 다시 말해서, 2양2음이라고 할 때 해당 2음과 2양 그 자체 안에서 교환은 없다. 그래서 '1과 3', '2와 3'부터 시작한다.

그런데 여기서 2음으로 둔·대장과 동형인 중부는 어디에도 없고, 2양으로 림·관과 동형인 소과 역시 어디에도 없다. 그러나 중부와 둔·대장과 서로 접하고, 소과가 림·관과 서로 접하는 것을 알자면, 중부와 소과를 가지고 고리 모양을 만들어 보면 된다. 직선으로 배열된 초·중·상의 세 획으로 고리를 만들면, 중부의 2음(3과 4획)이 하에서 2음(초획과 2획)이 될 때에는 둔괘가 되고, 상에서 2음(5획과 상획)이 될 때에는 대장이 된다. 마찬가지로 소과의 2양으로 고리를 만들면 소과의 2양이 하에서 2양이 될 때에는 림괘가 되고, 상에서 2양이 될 때에는 관괘가 된다. 이를 두고 다산은 '승상접하升上接下'라 한다. 위로 올라가고 아래로 접한다는 뜻이다. 중부와 소과는 6획의 중앙에서 2양과 2음을 가지고 있기 때문에 하로 상으로 동시에 이동할 수 있다. 그러나 문제의 심각성은 획변의 원칙은 1왕1래이지 2왕2래가 아니라는 것이다. 역시 다른 것과 달리 중부·소과는 비정상적이다.

우번의 벽괘론은 메타 명패인 건과 곤, 그리고 명패인 복, 구, 림, 둔, 대장, 관의 8괘를 설정하고, 거기서 다시 물건괘들을 연출한다. 우번의 괘변설에 따르면 중복이 되어 도출되는 괘가 여덟 개이고, 변례의 괘가 두 개이고, 범례의 괘가 두 개이다. 중복은 2음2양과 4양4음에서 발생한다. 한 개의 괘는 여섯 개의 효를 갖기 때문에 2음4양은 곧 4음2양과 같다는 말이다. 여덟 개의 괘들 대과, 정, 혁, 리, 둔, 몽, 감을 보자. 이 가운데서 대과, 정, 혁, 리는 아래와 같이 34.대장에서 나왔다고 할 수도 있고, 33.둔에서 나왔다고도 할 수도 있다. 이들은 모두 동형이상이다. 이를 일목요연하게 정리하면 다음 〈도표 7-2〉와 같다.

동형이상인 괘가 다음과 같이 괘변론 속에 있다. 동형이상이란 음과 양의 효의 개수가 같으나 상이 다른 경우를 말한다. 4양2음과 4양2음인 34.대장(䷡)과 33.둔遯(䷠)에서 나온 괘들은, 28.대과(䷛), 50.정鼎(䷱), 49.혁(䷰), 30.리(䷝)이다.

네 개의 괘는 5획과 상획이 음인 34.대장괘와 초획과 2획이 음인 33.

도표 7-2. 우번의 괘변에서 중복되는 8괘-대장과 둔의 경우

	8괘에서 괘변이 되는 관계
일양	復 = 사, 겸, 예, 비, 박
일음	垢 = 동인, 이, 소축, 대유, 쾌
이양	臨 = 승, 해, 감, 몽, 명이, 진, 준, 이
이음	遯 = 무망, 가인, 리, 혁, 송, 손, 정, 대과
삼음	泰 = 항, 井, 충, 풍, 분, 귀매, 절, 손
삼양	조 = 익, 서함, 수, 환, 미제, 곤, 점, 려, 함
사음	大壯 = 중대과, 중정, 중혁, 중리, 태, 규, 수, 대축
사양	觀 = 중이, 중준, 중몽, 중감, 간, 건, 진, 萃

둔괘에서 변한 것이다. 그리고 아래 이, 둔, 몽, 감은 20.관에서 왔다고
할 수도 있지만, 19.림에서 왔다고 할 수도 있다. 그리고 2양4음인 20.
관(☷☶)과 19.림(☷☱)에서 나온 괘는 27.이頤(☶☳), 3.둔(☵☳), 4.몽(☶☵), 29.감
(☵☵)이다. 이상 네 괘는 5획과 상획이 양인 관괘와 초획과 2획이 음인
림괘에서 변한 것이다.

이제 2음2양이 남았는데, 이는 3획과 4획 두 획이 음 아니면 양인
괘이다. 2음인 경우가 61.중부(☴)이고, 2양인 경우가 62.소과(☳)이다.
중부와 소과는 중복괘가 아닌 '변례지괘'라 한다. 예외에 속하는 괘들
이라는 뜻이다. 그 이유를 알아보는 것이 다산 추이론의 제2항에 해당
하는 재윤의 원리에 해당하기 때문에 매우 중요하다. 중부가 예외인
이유는 중부가 2양으로도 4음으로도 볼 수 있기 때문이다.

소과와 중부는 내괘와 외괘의 상획과 초획이 두 개의 양 아니면 음
이 된 경우이다. 그런데 바로 이 점이 문제다. 즉, 다른 벽괘들과는 달

리 순서상 시(초획)와 종(상획)이란 순서수의 역설과 연관이 된 획으로
변해야 한다는 문제가 있다. 그러면 자연히 다음과 같은 순서수의 역
설이 발생한다. 즉, 중부는 동시에 2유으로도 4양으로도 볼 수 있기
때문에 벽괘 가운데 2유(초와 2효가 음인 경우)을 가지고 온다고 하자.
그러면 벽괘의 2음이 올 때에는 4양도 동시에 와야 하고, 2양이 올 때
에는 4음도 동시에 와야 하기 때문에 '1왕1래'의 원칙이 무너지고 '2왕2
래'가 된다. 반드시 획이 이동할 때에는 한 개씩 이동해야 한다는 원칙
에 어긋난다. 1왕1래는 추이론의 불변의 원칙이다.

　중부를 2음으로 하면 중부의 그 2음은 둔의 초와 2획을 중부괘의
3과 4획으로 바꾸어야 한다. 중부를 4양으로 한다면 대장괘의 3과 4획
을 중부의 5와 6획으로 바꾸어야 한다. 소과의 경우도 마찬가지이다.
즉, 소과를 2양으로 하자면, 소과의 3과 4획은 림의 초와 2획에서 와야
하고, 소과를 4음으로 하자면 관괘의 5와 6획을 소과의 3과 4획으로
바꾸어야 한다. 이것은 모두 1왕1래의 원칙을 어기고 2왕2래가 되어
버린 것이다. 우번의 괘변론이 일관성이 있어 보이지만 심각한 문제가
노출되기 시작한다. 아니 이런 문제를 제거하기 위해서 벽괘를 여덟
개로 줄였다. 문제되는 괘를 벽괘에서 제거하는 방법으로 말이다.

　우번이 중부와 소과를 벽괘에 넣지 않은 이유로 대각선 논법을 꼽는
다. 대각선 논법은 그가 8벽괘론을 주장하는 것과도 연관이 된다. 대각
선 논법과 연관시키기 위해서 중부·소과와 동형이면서 벽괘인 괘들
을 불러온다. 중부와 동형인 벽괘들은 34.대장과 33.둔遯이고, 소과와
동형인 벽괘는 20.관과 19.림이다. 중부는 대리고, 대장은 대태이고, 둔
은 대손이다. 여기서 '대'라고 하는 것은 소성괘에서 동일한 획이 연속

적으로 반복된 것을 말한다. 편하게 이를 태, 리, 손으로 바꾼다. 예를
들어, 대태(▤; 대장)를 태(☱)로 바꾼다. 그리고 이 획을 아래와 같이
사각형 안에 배열을 한다.

도표 7-3a. 중부괘의 대각선화

상	–	–	--
중	–	--	–
초	--	–	–
획/괘	손	리	태

　　손, 리, 태를 위의 표와 같이 배열하면 건괘에서 단계적으로 획변하
게 된다. 단계적이 되면 시생 원리하고는 일관성을 잃어버리나 가족관
계의 일관성은 갖는다. 즉, 장녀, 중녀, 소녀의 순이다. 이런 일관성 문
제는 뒤로 하고 위 사각형 안에서 획이 만드는 정과 부 대각선을 반대
각선화하고 다시 반가치화하면, 정대각선은 감(☵)이 되고, 부대각선
은 곤(☷)이 된다. 곤은 단계화가 시작한 바탕이다. 이 점에 유의해야
한다.

　　소과괘와 동형인 벽괘는 림과 관으로, 이들은 대진이고 대간이다.
소과괘는 대감이다. 이를 소성괘 진, 감, 간 순으로 단계적으로 바꾼
뒤 사각형 속에 배열한다. 다음으로 반대각선화와 반가치화를 하면 정
대각선은 리(☲)가 되고 부대각선은 건(☰)이 된다. 건은 단계화가 시
작되기 이전인 바탕이다. 여기서 바탕이란 근기란 뜻이다. 이 점에 유
의해야 한다.

도표 7-3b. 소과괘의 대각선표

획/괘	진	감	간
상	--	--	-
중	--	-	--
초	-	--	--

이제 칸토어의 대각선 논법으로 돌아가 본다. 대각선을 반대각선화하고 반가치화하면, 그것은 사각형 안의 어디에도 들어가지 못한다. 그렇다면 중부에서는 감과 건이, 소과에서는 리와 곤이 사각형 안에 들어가지 못한다. 이를 다시 대감과 대건, 대리와 대곤으로 바꾸어 놓으면, 우번이 왜 건과 곤, 중부(대리)와 소과(대감)를 벽괘에서 제외시켰는지가 밝혀진다. 다시 말해서, 대각선은 가로(물건)와 세로(명패)가 사상된 것이기 때문에 대각선은 가로 세로를 모두 연관이 되고 작용을 가능하게 한다. 즉, 건곤에서 다른 괘들이 모두 나오고, 감과 리는 초·중·상획이 음과 양으로 균형 있게 배분되어 다른 괘의 획변을 가능하게 한다. 이러한 속성과 작용을 하는 괘를 다른 벽괘들과 같이 취급할 수는 없다는 것이 우번과 주자의 입장이다. 작용을 주관하는 것이 작용 안에 포함될 수 없다는 논리이다.

그런데 여기서 한 가지 중요한 사실은, 이들 반대각선화와 반가치화에서 나온 괘의 처리 문제로 칸토어는 고심하다 죽는다. 즉, 새로 생겨난 수가 사각형 안의 수와 연속이 되느냐 안 되느냐의 문제로 고심한다. 이 문제는 중부·소과와 건곤을 벽괘에 넣느냐 안 넣느냐의 문제와 같다. 이들 괘가 다른 괘와 연속성을 갖느냐 안 갖느냐의 문제란 말이다. 우번은 연속이 안 된다고 한다. 그래서 벽괘에서 제외시킨다. 그러나 다산은 연속이 된다고 하여 포함시킨다. 그러면 정상적인 연속인가? 그렇지도 않다. 승상접하란 대각선상에서 반대각선화와 반가치화를 통해 일어나는 현상이다. 대각선상에서 획들이 승상접하를 한다는 것이다.

이들 반대각선화와 반가치화에서 생긴 초과분인 중부와 소과, 그리고 건과 곤을 사각형 밖으로 내보내면서 건과 곤의 경우는 작용의 바탕 자체인 '근기'로 처리한다. 다시 말해서, 곤기에서 1양이 나와 복이 되고, 건기에서 1음이 나와 구가 되는 식으로 말이다. 이는 마치 손을 펴 엄지를 구부려 1이라고 할 때, 손의 등이 전제되어야 하는 것과도 같다. 윷놀이에서 '도' 할 때 그 이전에 '모'를 전제해야 하는 것과 같다. 이는 연속이면서 비연속이다. 그래서 정상적인 방법의 연속은 아니다. 비연속의 연속이기 때문이다. 앞으로 우번과 주자의 입장을 다산과 비교하면서 이런 연속성의 문제가 지속적으로 토론이 될 것이다. 칸토어는 연속성을 믿고 죽었다. 그러나 그 이후도 비연속성도 증명이 되었다. 연속과 비연속이 다 증명 가능하다는 것이 괴델을 통해 알려지게 되었다.

3음3양의 경우는 태와 비괘에서 초와 4, 초와 5, 초와 상획이 서로 교환하여, 태에서는 환, 정, 고, 기제, 분, 귀매, 절, 손 등 아홉 개, 비괘에서는 익, 서합, 수, 환, 미제, 곤, 점, 려, 함 등 아홉 개가 만들어진다.

4음4양의 경우는 대장과 관에서 초와 5, 초와 상, 2와 5, 2와 상, 3과 5, 3과 상, 4와 5, 4와 상이 서로 교환한다. 즉, 대장에서는 대과, 정, 혁, 리, 태, 규, 수, 대축 등 여덟 개가, 관괘에서는 이, 준, 감, 간, 건,

진, 췌괘 등 여덟 개가 나온다.

중부와 소과는 4양2음과 4음2양이다. 승상접하를 해서 대장과 관괘와 연관이 된다. 그래서 대장과 관괘 안에는 중부와 소과의 3과 4획을 획변했을 때 생겨나는 괘들이 물건괘로 들어가 있다. 그래서 중부와 소과는 림, 둔, 대장, 관괘와 승상접하하면서 명패 노릇을 하고 있다. 이 점에 착안하여 다산은 중부와 소과도 벽괘가 될 수 있다고 한다. 그러나 우번은 이를 수용하지 않는다. 중부와 소과를 승상접하시키면 대장과 둔, 림과 관이 만들어 내는 것과 중복되는 물건괘들을 연출한다. 그러나 중부와 소과는 가로나 세로가 아닌 대각선상에서 승상접하를 한다는 점에서 다른 동형인 것들과는 다르다. 그런데 대각선 속에는 가로와 세로가 서로 사상 관계로 접하고 있지 않은가? 실로 쉽게 답할 수 없는 비결정으로 남겨 놓을 수밖에 없다. 대각선은 가로라고도 세로라고도 할 수 없기 때문이다. 대각선을 가로로, 즉, 반대각선화시켜 볼 것인가 말 것인가.

우번은 여기서 '범례'의 괘와 '변례'의 괘로 나누어 건과 곤은 범례에 속하고, 중부와 소과는 변례에 속한다고 한다. 건은 6양0음이고, 곤은 6음0양이다. 그래서 변화를 주도하는 괘 안에서는 서로 교환을 못한다. 1왕1래의 규칙을 따르면 건은 아무리 변해도 건이고 곤은 곤이다. 그래서 이를 '범례'의 괘라고 한다. 앞 1양1음의 경우에서 본 바와 같이, 복과 구는 모두 곤과 건을 근기로 전제하지 않으면 안 된다. 1양과 1음이 생겨나는 바탕 자체가 있어야 하고, 그것이 건과 곤, 곤과 건이다. 그래서 '범례'라 하는데, 다산은 이를 '근기根基'라고 한다. 그리고 중부와 소과는 변칙적인 것이기 때문에 '변례'라고 한다. 그러면서 범례와 변례는 서로 생산하는 관계에 있는 것으로 본다.

우번은 성가신 중부와 소과의 초과분 문제와 명패 위에서 명패 역할을 하는 피부의 혹과 같은 건과 곤을 아예 벽괘에서 제외시키자고 한다. 그래서 모두 여덟 개로 벽괘를 축소시켜 버린다. 일관성과 연속성을 보장하기 위해서이다. 다산역의 핵심은 바로 우번의 벽괘론을 비판하면서 시작한다. 즉, 멱집합의 원리에 따라 메타 괘인 건과 곤은 물론, 중부와 소과라는 초과분마저 벽괘에 포함시켜 14벽괘를 만들자고 한다. 이는 순수 논리적인 문제이며, 다산이 우번의 벽괘론과 차이점을 보여주는 부분이라 할 수 있다. 그리고 초과분을 제거의 대상으로 본 관점은 서양 사상사 속에서 예외 없이 엿보이는 역설 해의의 전형이라 할 수 있다. 다시 말해서, 여기서 말하는 초과분이란 플라톤의 '제3의 인간과 같은 종류의 것이다. 러셀의 유형론적 역설 해의 방법을 우번은 그대로 고수하고 있다.

주자의 괘변론과 추이론

결국 괘변설의 논리적 철학적 쟁점은 '1왕1래'의 일관성 문제와 대각선 논법에 달려 있다. 여기서 서수와 기수의 두 종류 역설이 모두 나타난다. 우번에 이어 주자에게서도 동일한 문제점을 관찰하게 된다. 이러한 관찰을 통해서 다산이 우번과 주자와는 어떤 점에서 같고 다른지를 알게 된다. 문제의 요체는 벽괘의 수를 몇 개로 할 것인가이다.

다산의 추이법은 주자의 시생 원리를 비판함으로써 시작한다. 연쇄적 시생 원리의 일관성은 단계적 획변과는 불일치한다는 사실을 항상 염두에 두어야 한다. 여기서 주의를 요하는 점은, 효변과 획변을 혼동해서는 안 된다는 점이다. '효변'이란 대각선 논증의 6대 요소로 보았을 때 가치화와 반가치화에 해당한다. 그러나 추이법은 효변론과는 다르다. 어느 한 괘에 있는 획을 다른 괘에 옮기는 것이다. 그래서 효변과 구별하여 이를 '변' 또는 '획변'이라고 한다. 획변은 위치를 변경하는 것이기 때문에 대각선화와 반대각선화에 연관된다 할 수 있다.

우변의 단계적인 것과는 달리, 연쇄적으로 효를 이동시키는 것이 추이법이다. 주자의 추이법은 《역본의》 〈괘변도〉에서 다음과 같이 다섯 단계로 나누어 말하는 데서 잘 나타나 있다. 즉, 각 단계를 명패와 물건괘로 나누어 조별로 다음과 같이 분류한다.

1조: 1음1양으로 된 괘— 하나의 음과 하나의 양으로 된 괘들인데, 64괘 가운데 각각 여섯 개로서, 명패괘는 복復과 구姤괘이고, 나머지 네 개의 물건괘는 이에서 나온다.

2조: 2음2양으로 된 괘— 두 개의 음과 두 개의 양으로 된 괘들인데 64괘 가운데 각각 열다섯 개인데, 명패괘는 림臨과 둔遯괘이고, 나머지 열세 개의 물건괘는 이에서 나온다.

3조: 3음3양으로 된 괘— 세 개의 음과 세 개의 양으로 된 괘들인데 64괘 가운데 각각 스무 개인데, 명패괘는 태泰와 비否괘이고, 나머지 열여덟 개의 물건괘는 이에서 나온다.

4조: 4음4양으로 된 괘— 네 개의 음과 네 개의 양으로 된 괘들인데 64괘 가운데 각각 열다섯 개인데, 명패괘는 대장大壯과 관觀괘이고, 나머지 열세 개의 물건괘는 이에서 나온다.

5조: 5음5양으로 된 괘— 다섯 개의 음과 다섯 개의 양으로 된 괘들인데 64괘 가운데 각각 여섯 개인데, 명패괘는 쾌夬와 박剝이고, 나머지 네 개의 물건괘는 이에서 나온다.

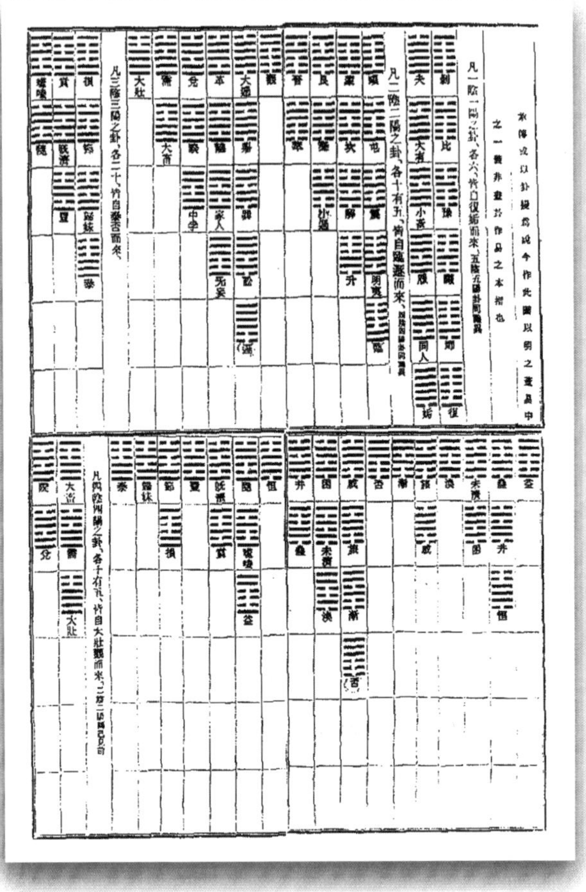

도표 7-4. 주자의 곤괘 괘변도

초효에서 상효까지 효가 이동하는 방법에는 앞에서 말한 '연쇄적
serial'인 방법과 '단계적stepping'인 방법 두 가지가 있다. 단계적인 방법은
각 획이 이전 효의 변화에 상관없이 변하는 방법이다. 단계적인 것은
마치 둘 주변의 전자가 각을 만들며 도약적jumping으로 변하는 것과

같다. 단계적인 것은 초획에서 변한 것이 2획의 변화에 상관이 없고, 2획은 초획에 상관없이 변한다. 시생 원리에서 가족관계를 만들 때에 이런 단계적 방법을 취한다. 그러나 주자의 괘변도의 경우는 연쇄적이다. 전획에 이어서 후획이 옮겨 변한다는 뜻이다. 연쇄와 단계라는 이 두 가지 방법 각각이 가지고 있는 문제점과 상호간의 일치와 비일치의 문제는 초미의 관심사가 된다. 주자의 괘변도를 도상으로 보면 다음과 같다.

〈도표 7-4〉에 나타난 주자의 괘변도에 따르면 효가 상에서부터 하로 단계적으로 변하는 것을 볼 수 있다. 즉, 곤괘의 상효가 변하면 박이 되고 5효가 변하면 비가 되고, 4효가 변하면 예가 된다. 괘변도를 통해 추이법과 효변법이 무엇이 다른가를 확실히 익혀 두어야 한다. 전자는 단계적으로, 후자는 연쇄적으로 변하는 것이 크게 다르다.

괘변도를 효변도와 혼동하는 것은, 마치 현대 수학자와 철학자들이 요소 element와 부분 part을 구별하지 못하는 것과 같다. 6효를 각각 낱개의 개별적인 '요소'로 볼 것인가 아니면 3효를 하나의 괘로 하는 '부분'으로 볼 것이냐의 구별은 매우 중요하나, 대부분 이를 간과해 버린다. 알랭 바디우의 수학적 존재론은 이 둘의 구별에서부터 시작한다고 할 만큼 중요한 사안이라고 거듭 강조한다. 이는 역의 두 시생 원리인 $2^6=64$와 $8 \times 8=64$의 차이이다. 셈의 결과는 같지만 그 셈하는 과정에서 전자는 음효와 양효라는 요소를 가일배법으로 취합한 것이고, 후자는 3효로 하나의 부분으로 하는 소성괘를 자승한 것으로 분류한 것이다. 바로 이 둘이 역설을 만들어내는 종류에서 전자는 순서수의 역설을, 후자는 멱집합의 역설(기수의 역설)을 조장하고 있기 때문에, 이 두 역설의 다른 점에 입각하여 다산역을 고찰해 나갈 것이다. 주자는 단계적으로 상획에서부터 6획까지 순서대로 해당 효의 위치에서만 단계적으로 이동시킨다. 초획에서는 초효만, 2획에서는 2효만 변화시킨다.

주자의 괘변도는 매우 요식행위적이고 시원론적orientable으로 보인다. 시원론적이란 말은 일정한 규칙성을 가지고 괘를 나열했다는 의미이다. 그러나 그 속에는 연속체 가설 이외에 현대 수학의 집합론에서 문제되는 기수의 역설과 순서수의 역설 문제가 내재해 있다. 다시 말해서, 괘변도가 갖는 첫 번째 특징은 하나의 획이 아래에서 위로 연쇄적으로 이동하는 것이다. 이를 두고 '1왕1래一往一來'라고 한다. '추이'란 말이 하나의 획을 위로 연쇄적으로 이동시키는 것이라 할 때, 이는 대각선 6대 요소들 가운데 배열의 문제에 해당한다. 괘변도의 두 번째 특징은 명괘와 물건괘로 철저하게 나누고 있다. 이는 6대 요소 가운데 가로와 세로에 해당한다고 할 수 있다. 세 번째 특징은 건과 곤의 두 괘는 명괘에서도 물건에서도 빠져 있다는 점이다. 네 번째 특징은 중부와 소과 두 괘는 어디서도 추이를 할 수 없는 예외적인 괘라 하여 '변례지괘'라 한다. 이것이 주자역의 특징이다.

건과 곤이 빠진 이유는 이들이 대각선에 해당하는 괘이기 때문이라는 것이 앞에서 확인되었다. 대각선 정리에서 대각선이 반가치화 되고 반대각선화 되면, 그것은 방도 안에 들어가지 않게 된다. 이 점이 바로 주자 괘변도가 가지는 철학적 쟁점이라 할 수 있다. 물론 주자는 우변과 같이 건과 곤 두 괘를 제외시킨다. 이것이 서양 주류에서 역설을 해의하는 방법이다. 그러나 다산은 포함시킨다. 이 점에서 다산은 주자와도 대립각을 세운다. 이러한 배경과 함께 이들 네 가지 특징들에 대하여 다산이 어떤 견해를 가지고 있었는지를 주자의 괘변도를 통해 검토해 보려 한다.

주자의 괘변도에 대하여 다산은 "한위漢魏대 이래로 이런 따위의 서열은 없다"고 일갈한다. 중국적 사고의 특징인 서열적이고 시원적인 사고방식에 대한 비판이라 할 수 있다. 이런 비판은 퇴계가 주자에 대하여 가한 비판이기도 한다. 여기서 '서열적'이라 함은 일관성적 시원적 사고방식적 특징을 말한다. 이런 서열적인 사고방식이 건과 곤을 제외시키게 된다는 것이다.

다음으로 명패와 물건 사이의 문제이다. 대성괘 하나의 효는 6효인데, 왜 '6음6양'으로 된 1왕1래는 없느냐이다. 그 이유를 알기 위해서는 괘변도의 구조부터 살펴보아야 한다. 대각선 6대 요소라는 관점에서 보았을 때, 주자의 괘변도에서 '배열'은 쉽게 발견된다. 그리고 세로에 해당하는 명패와 가로에 해당하는 물건의 구별도 발견된다. 즉, 앞 5개의 조에는 각 조에 명패에 해당하는 괘를 따로 명시하면서, 이를 물건 괘와 구별한다.

1조: 1음1양의 괘는 복과 구괘로부터 시작한다.(6개)
2조: 2음2양의 괘는 림과 둔괘로부터 시작한다.(15)
3조: 3음3양의 괘는 태와 비괘로부터 시작한다.(20)
4조: 4음4양의 괘는 대장과 관괘로부터 시작한다.(15)
5조: 5음5양의 괘는 쾌와 박괘로부터 시작한다.(6)

그런데 다섯 개의 조 어디에도 건과 곤괘는 물건 속에도 명패 속에서도 보이지 않는다. 명패와 물건이 있는 한 이 둘이 사상을 하면 대각선화는 자연히 만들어진다. 그리고 '1음1양'은 '5양5음'과 동일하다고 한 것은 '반가치화'에 해당한다. 음양의 가치를 양음으로 바꾸었기 때문이다.

세 번째 특징인 건과 곤이 빠져 있는 이유는 다음과 같다. 대각선 논증 6대 요소들 가운데 '반대각선화'와 연관이 될 만한 것이 다름 아닌 건곤의 제외이다. 괘변도를 다섯 조로 나누었을 때, 각 조에 있는 두 개의 명패괘에 달려 있는 물건괘들의 숫자 비율은 6:15:20:15:6로 모두 62개이다. 그렇다면 빠진 두 개는 무엇이고 왜 빠져 있는가? 그 두 개가 바로 건과 곤이고, 건은 6양0음이고 곤은 6음0양이다. 이는 괘변도의 조별에는 없는 열외의 눈에 안 보이는 제6조에 해당한다. 그것이 근기이다. 음양의 부재 현상은 다름 아닌 공집합의 문제와 반대각선화의 문제 등을 제기한다. 안 보이지만 '있음'으로 간주해야 하는 것이 공집합이다. 그림만 보고 그림이 그려져 있는 바탕을 보지 못하는 오류가 바탕을 보지 못하게 하는 이유이다.

네 번째, 중부와 소과괘는 추이론의 정점에 있는 괘이다. 중부괘는 리괘를 이중으로 확장시켜 놓은 대리이고, 소과괘는 감괘를 그렇게 해 놓은 대감이다. 이를 두고 '대리'와 '대감'이라고 한 이유는, 이어지는 장에서 중점적으로 다룰 것이다. 리괘(☲)와 감괘(☵)를 만약에 초·중·상의 순서대로 연쇄적으로 획변시키면, 리괘는 간(☶), 간(☶), 곤(☷)괘가 되고, 감괘는 태(☱), 태(☱), 건(☰)괘가 된다. 같은 괘가 중복이 되는 현상이 나타난다. 간이 두 번, 태가 두 번 중복이 된다. 간과 태 가운데 두 번째 것은 가운데 중획이 스스로 자변해 버린 것이다.

괘를 시간 변화에 적용했을 때 나타나는 이런 중복 현상이 다름 아닌 윤달과 윤일이 생기는 원인이 된다. 이는 다산의 벽괘론이 나오는 배경이다. 밤 0시 또는 12시는 오午시에서 계산해도 12시간, 자子시에서 계산해도 12시간이다. 그런데 왜 12+12=0이 되는가? 중부과 소과가 바로 이런 자시와 오시에 해당한다. 두 개의 간과 태가 생긴 이유는 중효가 자변을 했기 때문이다. 시간에서도 밤의 자시에는 이런 변화의 가운데서 스스로 자변을 한다. 그래서 이중화 현상이 생긴다. 리와 감괘의 중효에서 이런 자변이 생긴다는 것이다. 중부과 소과는 바로 대리이고 대감이다. 그래서 이 두 괘에서 이중화 현상이 발생한다.

주자의 괘변론과 러셀 역설

주자의 괘변도에 나타난 문제점들을 다산은 어떻게 보고 있으며 어떤 비판을 하고 있는지, 공리주의자의 공리를 불러와 검토 내지 비판을 해 나가기로 한다. 쟁점은 왜 주자는 건과 곤괘를 괘변론에서 다루지 않았느냐와, 중부와 소과가 왜 문제시 되느냐이다. 다섯 개의 각 조에는 두 개의 명괘가 달려 있는데, 초효에서 시작하여 상향하는 방향으로 연쇄적으로 그 숫자가 정해진다. 예를 들어 '1양1음'의 경우의 명괘는 복괘(䷗)와 구괘(䷫)인데, 초효가 복괘는 양이고 구괘는 음이다. 동형이상이다. 이렇게 1왕1래의 원칙에 따라 순서대로 상향하면서 괘변을 한다. 그런데 다산은 주자의 괘변도에는 없는 '6양6음'을 '수괘䷀䷁'라고 하며 그것을 곤괘와 건괘라고 한다. 대칭 관계를 보면 복과 구는 치대칭, 복과 박은 위대칭, 복과 쾌는 위·치 대칭 관계이다.

그런데 주자의 다섯 개 조별에는 이 건괘와 곤괘가 안 보이지만, 다른 열 개의 명패괘(벽괘)가 어디서 왔느냐고 할 때, 바로 이들이 건과 곤에서 왔다고 한다. 이 열 개의 명패를 2차 명패라고 할 때, 건과 곤은 그런 의미에서 '명패의 명패'에 해당하는 '메타 명패'이다. 이 메타 명패를 1차 명패라고 하자. 1차 명패가 다름 아닌 대각선에 해당한다. 명패를 세로, 물건을 가로라고 할 때, '명패의 명패'는 다름 아닌 대각선에 해당한다. 그러면 1차 메타 명패에 해당하는 건과 곤은 2차 명패를 물건으로 한 명패이다. 그러면 2차 명패 열 개는 명패이면서 물건이 된다. 이렇게 다산은 삼중으로 14벽괘를 조직하고 있다.

그런데 여기서 역설이 발생한다. 2차 명패는 물건이면서 동시에 명패라는 역설 말이다. 이 역설에 대한 해결이 현대 수학자들과 역에 주어진 과제이고, 우번과 주자는 이 역설을 조장하는 건과 곤을 제외함으로서 역설을 해의하고 있다. 이러한 제외가 다름 아닌 공리주의자들의 의도하는 바와 같다. 즉, 공리주의자들은 역설이 발생하는 이유가 건과 곤 같은 '모든'이란 성격을 지닌 '보편 집합 universal set'($\forall$) 때문이라고 보고, 이런 집합만 제거하면 역설이 사라진다고 본다. '모든'(all)에 대하여 '약간'(some)이란 성격을 지닌 집합을 '존재 집합 existential set'($\exists$)이라고 한다. 집합의 크기를 너무 크게 다룬 데서 역설이 발생한다고 보아, 보편 집합 같은 것을 집합에서 제외하자는 것이 공리주의가 의도하는 바이다. 이것이 주자와 우번의 견해와 하나 다를 것이 없다는 말이다.

건과 곤 같은 모든 집합, 그리고 '명패의 명패' 같은 것만 제거하면 역설이 사라질 것이라는 소박한 생각이 역설 해의의 주류를 이루고 있을 정도이다. 우번이나 주자 모두 여기서 예외가 아니다. 그런 면에서 이들은 현대 논리학의 공리주의자들과 같다고 할 수 있다. 그러나 다산역은 주자의 이러한 주장에 반대한다. 그런 의미에서 다산역이 현대 사상에서 갖는 의미는 각별하다

불교 논리학이 나오는 배경도 이와 멀지 않다. 즉, 불교의 삼법인 가운데 하나인 '모든 것은 무상하다[諸行無常]'라는 말에서, 그렇다면 붓다의 이 말 자체도 무상한 것이냐고 하는 데서, 자어상위自語相違라는 역설을 만나게 된다. '모든'이란 말 속에 '제행무상'이란 말도 넣어 보라는 것이다. 이것이 힌두학파에서 불교를 비판하는 주된 논리이다. 불교는 500여 년 동안 이러한 비판에 대해 묵묵부답으로 견디어 냈지만, 더 이상 답을 안 할 수 없게 되어 5세기 무렵 진나가 불교 논리학을 개발한다.

"'모든'이란 말 속에 '제행무상'이란 말"을 두고 '자기귀속적'이라고 한다. 역의 방도 속에 있는 정대각선상의 여덟 개의 괘들이 모두 자기귀속적이다. 내괘와 외괘가 같기 때문이다. 그리고 나머지 56개 괘들은 '비자기귀속적'이다. '비자기귀속적'이란 속성을 일명 '리샤르 속성'이라고 한다. 그런데 문제는 지금부터이다. '비자기귀속적'이 비자기귀속적이면 '자기귀속적'이 되고, 자기귀속적이면 '비자기귀속적'이 된다. 역의 방도 안에 있는 64개 괘들이 이런 역설을 그 안에 지니고 있었다. 역을 역逆이라 하는 이유가 여기에 있다. 1904년 러셀이 발표한 '러셀 역설'이란 이러한 성격의 역설을 말한다. 불교에서는 자기 말에 자기가 걸린다고 하여 '자어상위'라 한다. 사실 진나의 불교 논리학은 이런 자어상위에 걸리는 것들을 제거하려 했다. 그러나 이것은 불교의 진수 자체를 부정하는 것이나 마찬가지이고, 이를 비판하는 것이 원효가

《판비량론》을 저술한 목적이다.3) 진나에서 현장에 이르는 불교 논리학인 비량比量을 비판한다고 하여 '판비량론'이라고 한다. 원효는 인도 진나의 논리를 그대로 수용한 중국 현장-규기의 유식 논리를 비판하기 위해 《판비량론》을 저술했다. 다산이 주자와 우번의 괘변론을 비판하는 것도 역설 해의라는 관점에서 보면 유사하다 할 수 있다. 물론 러셀의 유형론도 주자와 같은 역설 해의법에 넣어 생각할 경우, 원효가 진나의 논리를 비판한 것이나 다산이 주자와 우번을 비판한 것이나 맥락이 같다는 말이다.

러셀 역설의 구조를 요약하면 다음과 같다. '비자기귀속'이란 말을 논리적인 언어로 바꾸면 "a는 자기 자신의 요소가 아닌 집합"(a is a set which is not an element of itself)이라 할 수 있다. 이는 '리샤르 속성'을 갖는다는 의미이다. 이를 논리식으로 표시하면 (식1)과 같다. $\in$ 는 '귀속한다'는 말을 기호화 한 것이고 ~는 '아니다'를 표시한 것이다.

$$\sim(a \in a) \qquad \cdots\cdots \text{대각선화 (식 1)}$$

이 리샤르 속성은 메타 속성으로서 집합론에서 보편타당하게 수용할 만한 하나의 속성이다. 즉, 속성의 자격으로서 허물이 없다.4) 그런데 이런 속성 속에는 모든 언어와 수의 집을 초토로 만들 만한 괴력이 들어 있다.

---

3) '비량(比量)'이란 불교 논리학에서 말하는 추리에 해당하며 이를 비판한다는 것이 '판비량론'의 의미이다.(김상일, 《판비량론 비교연구》, 지식산업사, 2004 참고)
4) 예를 들면 '전체 수'라는 집합은 제 자신은 결코 전체 수가 아니다. 이것 역시 하나의 속성이다.

비자기귀속을 "모든 a 가운데 어느 하나도 제 자신의 요소가 아니다"라고 하는 문장을 P라고 하면 그 논리식은 다음과 같다.

$$P=\{a/\sim(a\in a)\} \qquad \cdots\cdots \text{반대각선화 (식 2)}$$

$a/\sim(a\in a)$에서 /를 좌우로 하여 왼쪽인 a/는 명패에 해당하고 자기 자신을 대상으로 한 오른쪽은 '자기가 자기귀속을 하지 않는다 $/\sim(a\in a)$'를 대상으로 말하고 있다. 그러면 P는 명패의 명패에 해당한다. 여기서 P를 명패의 명패인 건과 곤이라 하고, a를 복과 구 같은 괘들이라고 하자. 건과 곤은 정괘로서 방도 안에서 대각선에 배열되어 자기귀속을 한다. 그러나 복과 구는 자기귀속을 하지 않는다. 자기귀속을 한다는 말은 내괘와 외괘가 같다는 의미이고, 비자기귀속이란 내괘와 외괘가 다르다는 의미이다. 그런 의미에서 건곤은 '자기귀속적'이지만 복과 구는 '비자기귀속적'이다. 복구는 리샤르 속성을 갖지만 건곤은 그렇지 않다. 그러면 이제부터 '비자기귀속의 비자기귀속은 자기귀속'이고 '비자기귀속의 자기귀속은 비자기귀속'임을 증명할 것이다.

P 역시 하나의 집합이고 a는 '모든' 집합이기 때문에 P가 a 속에 귀속되는 것은 당연하다. 바로 이 점에서 역설이 발생한다. 위 (식 2)는 "자기귀속적인 P가 비자기귀속적인 a에 귀속된다"로 읽을 수 있다. 이러한 결론을 도출할 수 있는 이유는 다음과 같다. 만약에 명패의 명패인 P가 명패인 a에 포함된다고 하는 것은 명패의 명패인 건과 곤을 복이나 구에 귀속시킨다고 하는 말과 같다. 이는 다산의 주장과 같다. 그러나 우번과 주자는 P는 a에 절대로 귀속될 수 없다고 한다. 그 이유는

(식 2)가 역설을 조장하기 때문이다.

만약에 다산과 같이 명패의 명패가 명패에 귀속한다고 해보자. 즉, 만약에 P가 자신을 a의 한 요소로 포함한다고 (p∈p) 해 보자.[5] 그러면 (식 1)이 제 자신의 요소가 아니라는 정의(리샤르 속성)에 따라 이 속성을 다름 아닌 P에도 적용을 하면 다음과 같다.

$$P = \sim(p \in p) \qquad \cdots\cdots \text{ 반가치화 (식 3)}$$

a의 자리에 p를 넣은 결과이다. 다시 말해서, '모든 a'라는 말 속에 a 대신에 P를 대입한 결과이다. P도 하나의 속성이기 때문에 P가 a로 될 수 있다. 즉, a를 P로 바꾼다. '모든'이란 말 때문에 그 속에는 P도 들어갈 수 있다는 말이다.

그런데 P가 이번에는 반대로 제 자신을 한 요소로 귀속하지 않는 '비자기귀속적'이라면($\sim(p \in p)$), 제 자신의 요소를 자기가 정의한 속성 (비자기귀속적)에 따라서 제 자신의 요소가 되는 식이 만들어진다.

$$(p \in p) = \sim P \qquad \cdots\cdots \text{ (식 4)}$$

이제 (식 3)과 (식 4)를 연관시키면 'P=~P'라는 역설적인 결론을 얻게 된다.

$$(p \in p) \;\rightarrow\; \sim(p \in p) \qquad \cdots\cdots \text{ 역설 (식 5)}$$
$$P \qquad\qquad \sim P$$

---

5) P가 자기 자신의 요소가 될 때에는 소문자 p로 표기하기로 한다.

(식5)를 읽으면 '자기귀속적'(p∈p)이면, '비자기귀속적'~(p∈p)이다가 된다. 이것은 분명한 역설이다. 건곤이 복구가 되고 복구가 건곤이 된다는 말이다. 건곤뿐만 아니라 방도의 정대각선상에 있는 자기귀속적인 괘들과, 그 밖의 비자기귀속적인 괘들 사이에 이런 역설이 성립되어 서로 역설적으로 교환 가능함을 의미한다. 우번과 주자는 이 역설을 수용하지 못해서 벽괘에서 건곤을 제외한다. 그러나 다산은 수용하여 제외하지 않는다. 둘의 차이는 러셀 역설의 구조와 선명하게 드러난다.

문제의 중요성을 감안하여 아래와 같이 정리하면 러셀 역설의 구조가 선명해진다.

~(a∈a)	~(a∈a)	~(p∈p)	(p∈p)
a	P	P	~P
대각선화	반대각선화	반가치화	(역설)
(식1)	(식2)	(식3)	(식4)

(식1)는 '비자기귀속적'이란 리샤르 속성을 갖지만, (식2)는 리샤르 속성을 갖지 않는다. 왜냐하면 리샤르 속성 자체(P)가 리샤르 속성에 귀속하지 않는다고 하는 것 (~(p∈p)은 자기귀속적이기 때문에 리샤르 속성이 아니기 때문이다. 그래서 비리샤르속성(~P)이다. 이것은 P와는 반대가 되는 것이다. 다시 말해서 P=~P로서 역설이다.

이는 방도 안에서 비자기귀속적인 괘들이 비자기귀속적이면 귀속적이고, 비자기귀속적이면 귀속적이 되는 역설과 일치한다. 이것이 바디우가 정리한 러셀 역설이다.(Badiou, 2005, 40-41) 이런 역설에 대한 태도의 차이 때문에 벽괘의 수를 각각 다르게 말하게 된다. 전체 자신도 자기 자신 속에 부분으로 포함될 것인가 말 것인가? 건과 곤에서 다른 벽괘들이 나왔는데, 이런 건과 곤을 다른 괘들과 같이 동일하게 벽괘로 볼 것인가 말 것인가? 주자와 우번은 안 된다고 할 것이고, 다산은 된다고 할 것이다.

러셀 역설은 사실상 언어라는 집을 그 기초부터 흔들어 버리고 있다. 바디우가 그의 책《존재와 사건》처음 부분에 러셀 역설을 소개한 것은 바로 이 역설에서부터 그의 수학적 존재론이 전개되기 때문이다. 그리스 철학의 제3의 인간 역설, 거짓말쟁이 역설, 칸트의 이율배반에 이르기까지 이와 관련 안 되는 것이 없다 할 정도이다. 불교의 삼법인에 걸린 자어상위 문제 역시 이와 거리가 먼 것이 아니다. 역의 방도 안에서 '비자기귀속적'인 것들과 '자기귀속적'이란 두 종류의 괘가 발견되면서, 역의 강물은 역설이란 삼각파도에 휘말린다. 정대각선상의 괘명만은 가로와 세로의 그것과 같게 한 것 자체가 역설을 예고하고 있으며, 방도 다음의 역설 해의법을 찾고 있는 것이다. 방도 속의 이러한 역설을 해의하기 위해서 소강절은 방도 주위에 소용돌이 모양의 원도를 작도한다. 〈주역64괘도〉의 소방도 형식의 배열 방법도 방도에 나타난 역설 해의, 그 이상도 이하도 아니다. 그런데 반대로 말해서, 원도 자체도 역설적이기 때문에 방도를 작도했다고도 할 수 있다. 닭과 달걀의 선후 관계와 같다.

이 역설이 나타나자 수학자들은 2,500여 년 동안 유클리드의 공리 위에 쌓아온 수학의 기초가 바벨탑 같이 무너지는 참담한 심경을 갖게 되었다. 러셀은 프레게에게 이런 역설이 담긴 내용의 편지를 보낸다. 이는 프레게가 평생 추구해온 수학의 기초이론을 기초부터 허물어 버리기에 난음이 있었다. 역설이 나타난 이후 수학의 기초론 구축을 모색하기 시작했으며, 수학 기초론의 세 가지 중요한 과제는 다음과 같다. 첫째, 어떠한 근거에서 '무한' 또는 '모든'과 같은 개념을 이해할 수 있을까? 둘째, '집합'을 반드시 무엇이라 정의해야 하는가? 셋째, 수학이란 도대체 무엇인가?(임정대, 1985, 3). '수학'이란 말을 '역'이란 말로 바꾸어 놓으면, 이 세 가지 질문은 역에도 그대로 적용되어 "역이란 과연 무엇이냐"라는 원초적인 질문에 직면하게 된다. 이 세 가지 질문에 대한 답이 모두 불가능해진다는 것이 바로 러셀의 편지 속에 담겨 있었다. 프레게가 이 역설을 이해하고 보인 반응, 그리고 그 후 수학에 미친 파장을 검토하는 것이 다음 과제이다.

바디우는 《존재와 사건》 첫 장에서 칸토어와 프레게의 집합론에 대한 정의로부터 시작하여, 거기서 나타난 역설, 칸토어의 역설에 대한 이해, 그리고 공리론적 방법으로 이 역설을 어떻게 대처하는가를 다루고 있다. 아홉 개의 공리 가운데 분리 공리는 '숙고 1'에서 나머지 공리는 '숙고 5'에서 다루고 있다. 분리 공리가 러셀의 역설 해소 문제에 연관되어 있기 때문이다. 지멜로와 프랭클은 아홉 개의 공리를 개발하여 역설 해결을 시도한다. 이에 대해서는 장의 끝에서 다룰 것이다.(10.2. 참고) 괴델의 불완전성 정리에 이르기까지 서양 20세기 지성사는 역설 해의의 세기라 할 수 있을 정도이다.

'모든'이란 말은 집합의 개수 또는 기수에 관계되는 말이다. 이런 기수에 나타난 역설을 '칸토어의 역설'이라 하고, 이것이 나중에 '러셀 역설'이 된다. 주자의 괘변도 안에는 이러한 기수의 역설과 함께 효의 배열 순서에 관계된 순서수의 역설이 있다. 효를 배열하고 변화시켜 나갈 때 단계적으로 하든 연쇄적으로 하든, 그것이 수의 순서에 관련이 되는 한 또 하나의 역설을 만나지 않을 수 없다. 칸토어의 역설보다 조금 이르게 이탈리아의 부랄리-포르테에 의해 순서수의 역설이 발표된다.

하나의 괘 속에는 괘수나 효수에 따라서 순서수가 정해진다. 주자가 왜 건과 곤을 그의 괘변론에서 제외했는가? 이 질문에 답하는 과정에서 역의 순서수의 문제가 제기된다. 먼저 주자의 괘변론을 순서수의 관점에서 보기로 한다. 주자의 다섯 개의 조별에서 6음6양을 제외한 1음1양에서 5음5양에 이르기까지, 이는 순서수를 의식한 배열법이다. 그런데 부랄리-포르테(Buralic-Forti, 1861~1931)는 칸토어보다 2년 이른 1897년 3월 이탈리아 바랠모에서 열린 수학학회에서 순서수의 역설을 다음과 같이 발표하였다.

가령, 첫째, 둘째, 셋째, …라고 셈하는 순서수들의 '전체' 또는 '모든' 집합을 생각해보자. 그는 이 '모든 순서수'라는 집합에서 '모든' 순서수보다 더 큰 하나의 순서수가 포함되지 않을 수 없다는 사실을 발견했다. 그러나 이런 모든 집합은 역설을 조장하기 때문에 "정의에 따라 순서수들의 집합에는 '모든' 순서수가 포함되어야 하는데, 그러한 '모든 순서수'에는 1을 더할 수 있다. 그러므로 모든 순서수를 포함한 집합은 있을 수 없다."(Aczel, 2002, 200) '모든 순서수'의 '모든'이라는 말 속에 그 '모든 순서수' 자체를 포함시키면 항상 더 큰 순서수가 생기게 되고, 그러면 '모든 순서수'는 성립할 수 없게 된다. 여기서 '모든' 속에

‘모든’이 들어가는, 즉, 자기 속에 자기가 들어가는 자기귀속의 문제가 등장한다. 순서수의 역설은 이렇게 자기귀속과 연관이 된다. 이것이 곧 ‘부랄리 포르테익 순서수익 역설’이다.

1895년에 칸투어도. 이 순서수의 역설을 알고 힐베르트에게 개인적인 편지로 이를 알린다. 칸토어는 ‘순서수의 집합‘에 다시 순서를 매기는 문제에 의문을 제기했으나, 그는 이를 수용할 수 없었다. 순서수의 집합에 다시 순서를 매긴다는 것은 그의 집합론의 근본 원칙에 어긋나는 것이었기 때문이다.6) 그래서 역사에 남을 순서수의 역설의 명칭은 부랄리-포르테에게 돌아가게 되었다. 그래서 역설은 그것을 발견한 사람과 해의하는 사람이 따로따로인 경우가 많다.

주자도 그의 괘변론에서 순서수의 역설을 발견한다. 만약에 건을 ‘6양0음’이라고 하면, 그것은 마지막인 동시에 ‘모든 6획 순서’의 집합이 되고, 그 ‘모든’이라는 것도 모든 순서수에 포함되느냐 마느냐가 순서수의 역설이 직면한 문제이다. ‘모든’이 모든 것에 귀속하는 자기 귀속의 문제 때문에 역설은 불가피하다. 방도 안의 정대각선은 64괘를 만든 8괘 자체가 내괘도 되고 외괘도 되기 때문에, 즉, 자기언급적이기 때문에 역설이 발생한다. 당시 수학자들은 한결같이 포함될 수 없다는 결론을 내린다. 이것이 주자가 건괘와 곤괘를 괘변론에서 제외시킨 논리적 배경이고, 그의 조별에서 6음6양이 빠진 이유이다.

---

6) 그러나 이것은 매우 중요하며, 1904년 드디어 지멜로는 순서수들의 집합에 순서를 매길 수 있다는 ‘선택 공리’를 하나의 공리로 채택한다.

7.2. 다산의 추이론과 역설 해의

다산은 우번과 주자의 괘변론에 나타난 역설을 해의하기 위해서 역 4법인 추이, 물상, 호체, 효변론을 제시한다. 다시 추이론을 사시의 괘, 재윤지괘, 50연괘의 세 가지로 나누어 다룬다. 우번과 주자의 괘변론은 단계적으로 획을 변화(획변)시킨다는 원칙과 1왕1래의 원칙을 일관성 있게 적용했을 경우, 두 가지 역설을 불가피하게 직면하게 된다. 단계적인 것과 연쇄적인 것, 이 두 가지가 획을 획변시키는 방법의 열쇠이다.

사시지괘와 역설 해의

〈도표 7-5〉를 이해하기 위해서는 단계적인 것과 연쇄적인 것, 그리고 효변과 획변을 구별할 필요가 있다. 효변이란 다름 아닌 시생 원리이다. 곤괘를 연쇄적으로 획변시키면 {진, 태, 건}이 되고, 건괘를 연쇄적으로 획변시키면 {손, 간, 곤}이 된다. 그러나 만약에 단계적으로 획변시키면 건은 {손, 리, 태}가 되고, 곤은 {진, 리, 간}이 된다. 가일배법인 시생 원리에 따르면 건집합은 {태, 리, 진}이고, 곤집합은 {손, 감, 곤}이다. 이러한 차이와 구별이 생기는 이유는 괘를 구성하는 원리가 무엇이냐에 달려 있기 때문이다. 〈도표 7-5〉는 다산의 연쇄적 획변에 의하여 만들어진 것이다.

이를 두고 다산은 '4시지의 본표'라 했다. 〈도표 7-5〉와 함께 다산은

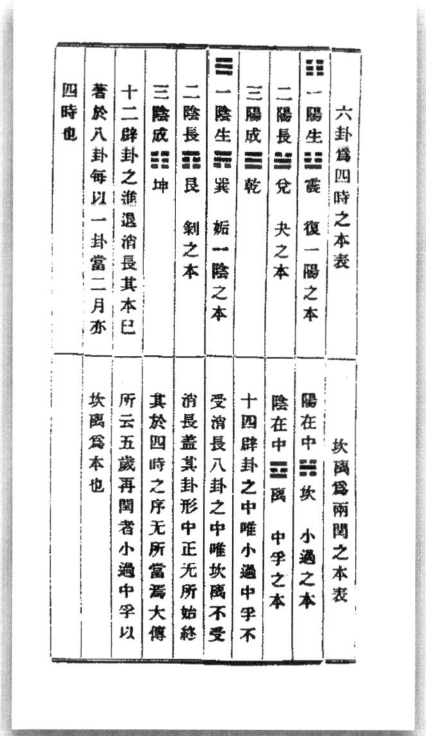

六卦爲四時之本表

一陽生 震　復一陽之本
二陽長 兌　夬之本
三陽成 乾
一陰生 巽　姤一陰之本
二陰長 艮　剝之本
三陰成 坤
十二辟卦之進退消長其本已
著於八卦每以一卦當二月亦
四時也

坎离爲兩閏之本表

陽在中 坎　小過之本
陰在中 离　中孚之本
十四辟卦之中唯小過中孚不
受消長八卦之中唯坎离不受
消長蓋其卦形中正无所始終
其於四時之序无所當爲大傳
所云五歲再閏者小過中孚以
坎离爲本也

도표 7-5. 6괘사시본표(위)와 감리양윤본표(아래)

하나의 대성괘를 두 개의 소성괘라는 부분으로 된 집합으로 보는 동시에 6획이란 요소로 된 집합으로 나눈다. 〈도표 7-5〉는 전자에 해당하고 〈도표 7-6〉은 후자에 해당한다. 곤과 건괘를 연쇄적으로 획변을 시키면 전자에서는 {진, 태, 건}을, 후자에서는 {손, 간, 곤}이란 부분집합을 만들어 낸다. 그런데 왜 리와 감은 보이지 않는가? 감과 리가 대감과 대리가 될 때, 그것이 소과이고 중부인 것을 상기하자. 이 점이 문제의 중심에 서 있다.

그리고 〈도표 7-6〉에서 본 바와 같이, 이들 연쇄적 획변은 대각선 논법에 해당되는 구조가 그 속에 들어 있다. 이 세 개의 연쇄적인 부분 집합을 두고 다산은 생, 장, 성이라고 했다. 이는 획변에 시간 개념을 도입하여 연쇄적 변화 관계를 설명하기 위한 것이다. 그런데 여기서 8괘 가운데 제외되고 빠진 것이 있다. 빠져 있는 리(☲)와 감(☵)이 대리과 대감에 해당하는 중부와 소과에서 본 바와 같이, 감과 리괘는 건과 곤 그 어디서도 연쇄적 획변으로 얻어 낼 수가 없다. 그 이유는 연쇄적 획변에서는 1왕1래의 원칙에 따라 획변을 해 나갈 때 초, 중, 상획이 음 아니면 양이 연속적이어야 하는데, 감과 리는 초, 중, 상획 가운데 중획에서 자변 현상이 생기기 때문이다.

연쇄적인 획변이 가지고 있는 문제점이 이것이다. 건과 곤에서 획변을 연쇄적으로 획변시킬 때 어떤 일이 생기는가 보자. 만약에 곤집합에서 획변을 시켜 나간다고 하자. 그러면 곤의 초획을 획변시켜 진(☳)을 얻는다. 다음 중획을 획변시킨다고 하자. 그러면 태(☱)가 된다. 상획을 획변시키면 건(☰)이 된다. 그러나 여기서 3획을 모두 획변시켰지만 리괘는 없다. 건괘를 연쇄적으로 획변시켜 나가면 이번에는 감괘가 없다. 단계적일 때에는 이런 현상이 생기지 않는다. 1왕1래의 방법으로 연쇄적으로 획변시킬 때 문제는 중획에 있다. 이는 이미 대각선 논법의 6대 요소를 적용했을 때 감과 리가 제외되는 데서 입증이 되었다.(도표 7-3a, 도표 7-3b)

그러면 답은 없는가. 있다. 중획을 두 번 변화시키는 것이다. 다시 말해서, 곤괘의 중획을 획변시켜 양으로 한 다음, 그 양을 다시 음으로 바꾸면(반가치화) 곤괘에서 리괘를 만들어 낼 수 있다. 마찬가지로 건괘에서 감괘를 만들기 위해서도 건괘의 중획을 효변시켜 음으로 한 다음, 그것을 다시 양으로 바꾸면 감괘가 만들어진다. 그러면 여기서 감과 리에는 이중적 작용이 필요하게 된다. 변한 것을 또 변화시켜야 한다. 그렇지 않으면 곤과 건의 중획이 변하지 않고 그대로 리와 감으로 가는 것이다. 변해야 할 것이 안 변한 것이다. 이것이 중부, 소과괘에 검은 흑점이 추가로 더 들어가 있는 이유이다.(도표 5-12)

여기서 이중으로 변한 것은 '과대'한 것이고, 변해야 할 것이 안 변한 것은 '과소'한 것이다. 안 변한 것이라기보다 스스로 자기 자신이 변한 자변인 것이다. 주역 64괘 가운데 28.대과와 62.소과를 상기하자. 이 두 괘를 두고 대리괘 또는 대감괘라고 한다. 건과 곤괘의 세 획을 연쇄적으로 획변시켰을 때 이렇게 과대와 과소 현상이 나타나는 것을 보았다. 획변시킬 것을 시키지 말아야 할 경우와 획변시킨 것을 이중으로 획변시키는 경우 때문에 과소와 과대의 두 경우가 생긴다. 그런데 다산의 추이법에서는 과소의 방법을 택한다. 다시 말해서, 건괘의 중획을 변화시키지 않고 이를 '양재중'이라 한다. 건의 중획인 양이 그대로 자기언급을 하여 감괘의 중획이 된다는 뜻이다. 마찬가지로 곤괘의 중획을 변화시키지 않고 '음재중'이라 한다. 곤괘의 중획인 음이 그대로 자기언급을 하여 리괘의 중획이 된다는 뜻이다. 이는 연쇄적 획변 규칙에서 볼 때 예외적이다. 이런 예외적인 요소를 처리하는 기법이 바로 다산의 벽괘론 안에 있다.

여기에 곤괘가 연쇄적으로 획변을 하면 그 속에 건괘가 생기고, 반대로 건괘가 연쇄적으로 획변을 하면 그 속에 곤괘가 생긴다. 이는 순서수의 역설을 그대로 이르는 말이다. 순서의 끝에는 반드시 그 순서수 전체가 아닌 것이 나타난다는 역설 말이다. 그래서 건과 곤이란 부모에 해당하는 괘가 자녀들을 낳아 생·장·성 할 때 두 가지 역설이 생긴다. 하나는 건과 곤이란 집합 자체가 자기 자신 속에 부분으로 포함되는 경우이고, 다른 하나는 자기 자신이 획변을 하지 않고, 다시 말해서, 음양 변화 없이 자기언급으로 생장성을 하는 경우이다. 이는 마치 자웅동체적 생산 방법이다.

자웅동체 또는 자기언급에 의한 성장성 방법에 대하여 "8괘 하나하나가 각각 2개월과 4시에 해당한다"(도표 7-6)고 한 다산의 말 속에 잘 나타나 있다. 그리고 〈도표 7-6〉의 아래에는 자기언급적 현상 때문에 발생하는 문제를 다음과 같이 설명해 놓았다. "감리가 양윤의 본이 되는 표이다." 14벽괘 가운데 오직 유일하게 소과와 중부만 소장을 하지 않아 변하지 않는다. 8괘 가운데 유일하게 감과 리괘만 변화를 받지 않는다. 그래서 4시 변화 순서의 어느 순서에도 들어가지 않고 해당하는 곳도 없다. 그래서 이는 제5세 재윤을 만드는 괘로서, 소과와 중부는 감리를 본으로 하여 만들어진다고 했다.

감과 리가 예외일 수밖에 없는 이유를 몇 가지 원리의 적용을 통해 찾아보기로 한다. 그리고 다산은 획변의 일관성을 유지하기 위해서는 획변의 원리 같은 것이 있어야 하는데, 그 원리는 결국 과대와 과소를 설명하는 원리이다. 획변의 원리를 일관성 있게 적용을 했는데도 나타나는 비일관성의 문제는 논리적인 문제이고, 연속체 가설의 문제와도 연관이 된다. 획변의 원리란 획변을 연쇄적으로 해 나갈 때 곤괘에는 일양생(진)-이양장(태)-삼양성(건), 곤괘에는 일음생(손)-이음장(간)-삼음성(곤)이란 일련 순서가 생긴다는 원리이다. 이를 '생, 장, 성의 원리'라고도 한다.

그렇다면 문제는 감과 리의 경우, 이 두 원리 가운데 어느 하나도 갖출 수 없다는 것이다. 회괘 원리에 따라 건괘 속에 감괘가 들어가야 하고, 곤괘 속에 리괘가 들어가야 한다. 그렇게 하기 위해서 일음생(손☴)을 감으로 하자면 상획을 음으로, 이음장(간☶)을 감으로 하자면 중획을 양으로, 그리고 상획을 음으로, 삼음성(곤)을 감으로 하자면 중획을 양으로 바꾸어야 한다.

리도 감과 마찬가지 순서와 두 가지 원리를 따라야 리가 곤괘 속에 들어갈 수 있다. 결국 감과 리는 건과 곤괘의 집합 속에 들어갈 수 없다. 그 이유는 생장성의 원리와 획변의 원리를 모두 충족시키자면 감과 리괘는 건과 곤괘 집합 가운데 한 개 이상의 획을 동시에 연속적으로 변화시키지 않으면 안 되기 때문이다. 이것이 획변의 원리이기 때문이다. 연속하는 두 획의 가치는 항상 같아야 한다는 원리 말이다. 그런데 감과 리는 이 원리를 충족시키지 못한다. 왜냐하면 초·중획이 연쇄적으로 서로 달라야 하기 때문이다. 곤집합은 세 획 모두가 양이 생장성 해야 하고, 건집합은 세 획 모두가 음이 생장성 해야 한다. 그런데 감과 리괘는 초획과 중획이 달라야 하고, 중획과 상획이 항상 달라야 한다. 그런데 초와 상획은 항상 같아야 하는데 연쇄적 획변에서는 이것이 불가능하다.

건과 곤은 생장성 모두가 음 아니면 양이어야 하지만, 감과 리는 생과 성에서만 음과 양이 같아야 한다. 다시 말해서, 곤괘와 건괘 안에서는 초획과 중획과 상획이 반드시 음 아니면 양이어야 한다. 그런데 감괘의 경우는 초, 중, 상획이 음, 양, 음이고, 리괘의 경우는 초, 중, 상획이 양, 음, 양이다. 이는 생장성의 원리를 어기는 것이다.

다시 강조해 말하면, 다산의 추이법은 연쇄적이다. 연쇄적인 획변은 음양 간의 보집합 문제를 야기한다. 즉, '1음1양'은 '5양5음'과 보집합 관계이고, '2음2양'은 '4양4음'과 보집합 관계이다. '3음3양'은 '3양3음'과 보집합 관계이다. 보집합 관계란 석합보공의 다른 말이다. 6을 상수로 할 때 2+4=6이나 1+5=6과 같이 서로 석합보공하는 관계란 뜻이다. 그런데 막상 6음6양은 0양0음 혹은 6음6양으로 서로 보집합 관계이다. 그런데 6음6양이 주자의 괘변도에는 빠져 있다. 건과 곤이 빠진 이유이다. 건은 6이고 곤은 0이다.

1은 5와, 2는 4와, 3은 3과 서로 석합보공한다. 그러면 6은 0과 서로 석합보공한다. 그런데 0은 위가 없는데 어떻게 보집합에 넣을 수 있는가? 집합론에서 0에서 1이 나오는 순서는 $0 \rightarrow \varnothing \rightarrow \{\varnothing\} \rightarrow 1$과 같다. 이를 하나의 순서수의 고리라고 할 때 순서수의 역설을 그대로 반영하는 것이다. 0의 끝은 0이 아닌 1이다. 이는 곧 순서수의 역설에 해당하는 문제이다. 순서에서는 시가 종이 되고, 종이 시가 되는 역설 이 발생한다. 6음6양은 동시에 0양0음인 이유는 시와 종이 분리될 수 없음을 의미한다. 석합보공은 음양 가치들이 증감과 소장을 상대적으로 순환운동을 하는 것을 말한다. 이러한 순환운동이 다산의 추이론으로 연결이 된 다음에 벽괘론에도 그대로 적용이 된다. 추이론은 그래서 역의 본령인 석합보공의 문제와 성격이 같다고 하겠다.

이에 대한 추가적인 설명을 더 하면 다음과 같다. 주자의 괘변론 안에서는 5음5양에서 끝나는데, 이를 '6음6양'이라고 해보자. 그러면 그것의 석합보공은 0음0양이 될 것이다. 왜냐하면 어느 한 획 n에 해당하는 그것의 석합보공은 6-n이 되기 때문이다. 음n에 대한 양은 6-n이 된다. 음과 양은 서로 반대에서 중복이 된다. 그렇다면 6양6음은 6-6=0이 될 것이다. 고로 6양6음의 석합보공은 0음0양이 될 것이다. 그렇다면 석합과 보공은 서로 같으면서도 다른 의미를 갖는다. n이 1에서 5까지일 때는 '석합'을 하지만, n=6일 때는 '보공'(0)을 한다. 이렇게 순서수에 나타난 역설은 비연속과 비일관성을 조장하기 때문에 회피 내지 제거의 대상이다. 이 점에서는 동서의 예외가 없었다. 우번과 주자, 그리고 현대 서양 학자들이 거의 예외가 아니다. 이런 태도는 서양과 중국적 사유방식을 그대로 대변한다고 할 수 있다. 다산은 바로 주자의 이러한 태도를 비판한다. 그는 추이론을 통해 획변의 두 가지 원칙에서 발생한 역설을 아래와 같이 해의한다.

획괘의 원리와 생장성의 원리를 일관성 있게 적용하면, 감과 리는 건과 곤괘 두 집합 그 어디에도 들어갈 수 없다. 이렇게 사시가 변하는 표본은 건과 곤괘의 획변원리와 생장성의 원리에 의하여 결정된다. 이 두 원리는 연쇄적이라는 특징을 갖는다. 그런데 여기에 변례가 있는데, 그것이 감과 리라는 것이다. 이 예외 때문에 재윤이 생긴다.

14벽괘론에 관하여

다산에 따르면 건곤은 12벽괘의 본이고, 감리는 14벽괘의 본이다. 여기서 '본'이란 명패의 다른 말이다. 다산은 12벽괘에 감과 리라는 두 개를 추가하여 14괘를 만든다. 동일한 본이고 명패이지만, 건과 곤은 3음과 3양 효가 모두 획변을 하여 다른 세 개의 괘를 만들어 내지만, 감과 리는 그렇지 못하다. 즉, 건은 연쇄적인 획변을 하여 {손, 간, 곤}

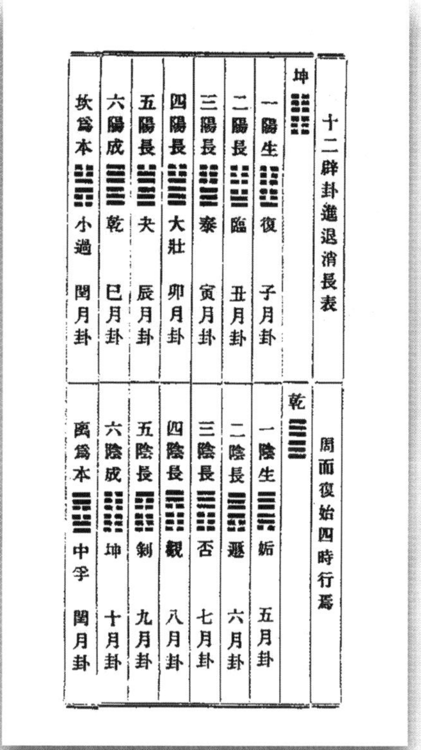

十二辟卦進退消長表

坤	一陽生 復 子月卦	二陽長 臨 丑月卦	三陽長 泰 寅月卦	四陽長 大壯 卯月卦	五陽長 夬 辰月卦	六陽成 乾 巳月卦	坎爲本 小過 閏月卦
乾	一陰生 姤 五月卦	二陰長 遯 六月卦	三陰長 否 七月卦	四陰長 觀 八月卦	五陰長 剝 九月卦	六陰成 坤 十月卦	離爲本 中孚 閏月卦

周而復始四時行焉

도표 7-6. 12벽괘 진퇴소장표(위)와 주이복시4시행언표(아래)

을, 곤은 {진, 태, 건}을 만들지만, 감과 리는 그렇지 못하다. 즉, 감과 리를 연쇄적으로 획변시키면 감은 {태, 태, 건}가 되고, 리는 {간, 간, 곤}이 된다고 했다. 감괘(☵)의 경우 초, 중, 상획을 연쇄적으로 획변시켜 나가면 세 획이 모두 양으로 변해야 하는데, 중획의 경우는 그 자체가 양이다. 자변을 해야 한다. 리괘(☲)의 경우는 초, 중, 상획을 연쇄적으로 같은 방법으로 획변해 나가면 세 획이 모두 음으로 변해야 하는데, 중획의 경우 그 자체가 음이다. 이것도 '자변'을 해야 한다. 그렇지 않은 초획과 상획의 경우는 '타변'이라고 하자. 그래서 감과 리는 건과 곤과 같은 일관성 있는 획변을 할 수 없게 된다. 시생 원리에는 들어가 있던 감과 리가 연쇄적인 획변에서는 제외되는 이유가 여기에 있다.

자변에 대해 타변을 해서 타자가 들어와 변화를 자기에 더하여 변화를 시켜 주는 것이 정상인데, 자기가 자변해버렸기 때문에 변화의 과소 아니면 과대 현상이 나타난다. 만약에 중획이 타변을 한다고 하면 감괘의 경우 중획은 음인데 양이 되자면 음을 다시 획변을 시켜야 한다. 이런 이중현상 때문에 과대나 과소 현상이 생긴다.

연쇄적 추이에 따른 변화에 이런 두 가지 종류의 다른 변화가 깃들어 있었다. 이는 건과 곤에서는 없던 일이다. 이런 자변 현상 때문에 대감인 소과와 대리인 중부는 변례적인 것으로 취급한다. 타변에 의한 정상적인 획변을 할 수 없는 중부와 소과는 획변의 집합 속에 넣지 못한다. 그래서 〈도표 7-6〉을 보면 중부(대리)와 소과(대감)는 열외에 있다. 이는 〈도표 7-5〉에서 감과 리가 열외로 된 것과 같은 맥락이다.

건과 곤에서도 다음과 같은 문제가 생긴다. 즉, 곤괘를 명패로 하여 획변시키면 곤괘 안에 건괘가 부분으로 들어온다. 반대로 건괘를 명패로 하여 획변시키면 건괘 안에 곤괘가 부분으로 들어온다. 이런 현상을 두고 순서수의 역설이라고 한다. 이러한 건곤감리의 본표(도표 7-5) 안에 들어 있는 여러 현상들이 '12벽괘진퇴소장표'(도표 7-6)에도 그대로 나타난다. 이렇게 건·곤과 감·리가 명패로서 지니고 있는 문제점을 일단 지적을 해 놓은 다음, 이것이 다산의 추이법에서 어떤 결과를 초래하는지 살펴보기로 한다.

먼저, 다산 자신이 명패와 물건의 관계를 어떻게 사시지괘에서 보고 있는지부터 알아본다. 다산은 12벽괘를 두고 '방이류취方以類聚'라고 한다. '방이'란 동서남북의 방향인 동시에 가로와 세로가 있는 사각형에 괘를 배열한다는 의미를 갖는다. '유취'란 종류별로 모은다는 뜻으로서, 벽괘라는 집합을 만들 때 적용되는 말이다. 곤을 집합이라 할 때에는 거기에 곤={곤/복, 림, 태, 대장, 쾌, 건, 소과}가 포함된다는 것이고, 건을 집합이라 할 때에는 거기에 건={건/구, 둔, 비, 관, 박, 곤, 중부}가 포함된다는 뜻이다. 이런 집합론적 표현에서 우리는 러셀 역설 같은 것을 예상하게 된다. 건과 곤이 메타 명패('명패의 명패')라 하고, 이를 '근기根基'라고 한다. 2차적인 {복, 림, 태, 대장, 쾌, 건, 소과}와 {구, 둔, 비, 관, 박, 곤, 중부}는 '명패'로서 '벽괘'라는 말의 다른 표현이다. 이를 구별하여 다산은 그의 〈괄례표括例表〉에서 복괘는 '천근天根'이라 하고, 구괘는 '월굴月窟'이라고도 했다.

 '천근'과 '월굴'이란 말은 원래 소강절에서 유래한 것인데, 강절을 평소에 비판해 온 다산이 그의 말을 가져와 사용하였다.(박주병, 2002, 28) 다산이 메타 명패와 명패를 구별하기 위해서 단순히 하나의 이름으로 쓰기 위해 빌려온 것 같다. 이를 종합하여 다산은 '12벽괘진퇴소장표'(도표 7-6)와 '4시지 본표'(도표 7-5) 두 표를 만들어 연쇄적인 방법으로 획변을 해 나가면서 사시의 변화를 적시하였다. 여기서(도표 7-6)는 두 소성괘를 부분으로 하는 요소로 하는 '상황의 상태'를 고찰하였고, 이에 대하여 〈도표 7-5〉의 본표는 '상황'을 고찰한 것이다.

 〈도표 7-6하〉의 건을 보면, 곤과 감위본坎爲本 사이에 끼어 있다. 이를 두고 《역리사전》은 "건곤은 아마도 역의 온縕인저, 건곤이 열을 이루니 역이 그 가운데 성립한다"고 했다. '온'이란 솜을 의미하는 '서絮'

라 하면서, 다산은 '솜'이란 말로서 건곤의 성격을 정의한다. 솜이란 옷의 속과 겉 사이에 끼어 있으면서, 겉이라고도 속이라고도 할 수 있는 것이다. 이는 마치 《도덕경》에서 도를 정의할 때 풀무나 바퀴살을 예로 든 것과 같다. 안도 아니고 밖도 아니지만, 둘을 아우르는 것이 바로 옷의 솜이라는 것이다. 바로 건과 곤은 이러한 옷의 솜과 같다고 한다. 건과 곤은 64괘의 안에도 밖에도 있으면서 62괘를 모두 파종시켜 낸다.(《주역사전》 권1, 박주병, 2002, 31) 솜은 멱집합의 논리의 다른 표현이다. 솜 자체는 곧 옷 자체에 포함包含되기 때문이다. 〈도표 7-6〉이 이를 잘 보여준다. 건은 '6양성'(6양0음)으로서 건은 곤과 '감위본' 사이에 끼어 있는 솜과 같다. 그리고 곤인 '6음성'(6음0양)으로서 건과 '리위본離爲本' 사이에 끼어 있는 솜과 같다. 도가 수레바퀴의 살과 같기 때문에 만물을 생성해 낼 수 있듯이, 건과 곤이 그러하다. 알랭 바디우는 이러한 솜과 같은 것을 '내함in-ex-istere'이라고 했다. 바디우 철학의 관건과 같이 중요한 말이다.

이러한 솜의 내함적 원리에 따라 〈도표 7-5〉와는 달리 〈도표 7-6〉은 여섯 개의 획으로 획변하고 있다. 그러나 연쇄적 추이적으로 변하는 획변의 원리는 같다. 즉, 상향하면서 연쇄적 획변을 한다. 그런데 생장성 원리는 '1양(음)생, 2양(음)장, 3양(음)장, 4양(음)장, 5양(음)장, 6양(음)성과 같아야 한다. 여기에 예외적으로 '감위본'과 '리위본'이 곤괘와 건괘의 왼쪽 끝에 달려 있다. 괘 밑에는 괘명이, 그리고 괘명 밑에는 12지지 명칭이 달려 있다. 3획이 6획으로 연장되었다는 것이 아닌 획변의 다른 규칙이 발견된 것은 아니다. 그런데 〈도표 7-6〉에서는 감과 리가 곤괘와 건괘의 명패 집합 안에 들어와 있다. 그래서 건곤 집합 각각에 일곱 개의 괘가 포함되어 14가 된다. 〈도표 7-5〉에서 감과 리가 건과 곤괘와 분리되어 표가 만들어진 것과는 대조를 이룬다.

이러한 이유로 다산의 솜 이론은 앞에서 말한 바디우의 내함론 in-ex-istere과 같다. 즉, 솜은 옷의 안이면서 동시에 밖이다. 포함하면서 포함된다. 이렇게 포함하면서 포함되는 것을 포함包涵과 구별하여 '포함包솜'이라고 한다. 과정철학에서는 전자는 외인적 관계 external relation 라 하고, 후자는 내인적 관계 internal relation라고 한다. 전자를 '외함'이라면 후자는 '내함'이다. 건·곤괘는 다른 괘들과 달리 솜과 같이 자기 자신이 스스로 포함되면서 포함하고 있다. 이를 〈도표 7-6〉이 잘 나타내 보여준다.

재윤지괘와 순서수의 역설

다산 추이법의 최대 관심사는 감과 리가 본이 되어 어떻게 소과괘와 중부괘가 곤과 건집합 속에 들어올 수 있느냐에 있다. 이를 이해하기 위해서는 앞에서 말한 두 가지 역설 즉, 기수와 순서수의 역설을 불러와야 한다. 〈도표 7-6〉의 곤괘 명패 안에는 여섯 개의 연쇄적 계열이 있다. '1양생-2양장-3양장-4양장-5양장-6양성-감위본'이 그것이다. 그런데 이 계열은 두 가지 문제점이 있다. 그것은 6양성인 건괘는 '6양0음'으로서 곤괘의 부분이지만 곤괘와 동등한 메타 명패인 '명패의 명패'이다. 그러면 근기로서 건, 곤과 부분집합으로서 건을 어떻게 구별할 것인가? 메타 명패와 명칭이 같은 것이 메타 명패 안에 부분으로 들어와 있다. 이는 멱집합의 원리를 그대로 보여준다. 멱집합 안에서 집합과 집합의 부분을 분리해 내기란 난제 가운데 난제이다. 다음은 '감위본'과 '리위본'이다. 이 둘은 곤집합과 건집합 안에서 획변의 원리와 생장성의 원리를 모두 어긴다. 그런데 획변이란 계열의 연쇄고리 속에 포함되어 있다 이러한 비일관성적 일관성이 〈도표 7-6〉이 안고 있는 논리적 문제이다.

감과 리, 그리고 대감과 대리는 연쇄적 획변 속에서 과대와 과소라는 논리적인 문제를 그 안에 가지고 있다. 획변을 순서대로 셈할 때 '셈하기'와 '셈하여진' 것 사이에 항상 순서수와 기수가 생기기 마련이고, 이 두 수에서 모두 역설이 발생한다. 셈하기 할 때 1로부터 셈하기를 '하나로부터 셈하기count from one'라 하고, 하나로부터 셈하기 하여 도달하려고 하는 하나로 향한 셈하기를 '하나로 향한 셈하기count for One'라고 할 때, 여기서 전자는 '일자 one'라 하고, 후자는 '대일자 One'라고 하자. 이 구별은 매우 중요하다.

헤겔은 이를 시작하는 일자와 끝나는 일자로 구별하여 'one-One'(oO)으로 표시하였다. 결과물 그 자체가 시작이 되는 것은 자기언급적 역설이다. 이를 두고 헤겔은 '일자 자신의 재출현 the one of the one-effect itself'이라고 했다. 곤기 안에 건괘가, 건기 안에 곤괘가 생기는 이유가 이러한 재출현 현상 때문이다. 〈도표 7-5〉에서 건괘에서 획변시키면 거기서 감이 초과로 생기고, 곤괘에서 획변시키면 거기서 리가 초과로 생긴다. 이를 '재출현'이라고 한다.

바디우는 이런 재출현 현상을 '초과점 정리 theorem of the point of excess'라고 하였다. 다산의 재윤은 이러한 초과점 정리의 산물이다. 다시 말해서, 바디우는 다산의 '재윤'이란 말을 '초과점 정리'란 말로 바꾸어 생각하였다. 순서수의 역설은 사실상 기수의 역설과 다르지 않다. 집합 a의 멱집합, 즉, a의 모든 부분집합들로 이루어진 집합 p(a)는 집합 a와는 본질적으로 구분되는 또 다른 하나의 집합이다.[7] 그러면 두 가지 다른 셈하기가 가능하다. 이때 a는 상황 situation이라 하고, p(a)는 '상황의 상태 state of situation'라 한다. 〈도표 7-6〉은 상황과 상황의 상태를 구별하여 표시한 것이다. 상황(a) 안에 있는 요소들로 셈하기와, 상황의 상태(p(a)) 안에 있는 부분들로 셈하기의 차이점이라 할 수 있다. 바디우는 이 둘 사이의 간격을 '존재의 막다른 골목이 자리 잡고 있는 점'이라고 하였다.

상황은 획으로 셈하기이고, 상황의 상태는 소성괘로 셈하기이다. 소과와 중부를 다른 벽괘와 달리 소성괘의 이름을 따 '대감과 '대리'라고 한 것도 궁극적으로 이 중부와 소과는 부분이 됨을 의미한다. 그런데 어느 상황(효 또는 획)이 출현하면, 그 상황의 부분집합들이 구성하는 상황의 상태는 처음 상황보다 언제나 더 크다. 상황의 요소가 n이라면 상황의 상태 안에 있는 부분들은 2^n이다. 이 말은 상황 안에 귀속되어 있는 요소 가운데에는 상황에 귀속하지 않는 것이 언제나 적어도 하나 이상은 들어 있다는 것을 의미한다. 요소가 전체에 귀속할 때는 없던 것이, 부분이 전체에 포함될 때 초과가 생긴다는 말이다. 이를 두고

---

7) 바디우가 그의 존재와 사건 부록에서 정의해 둔 초과점의 정리를 들어보면 다음과 같다. 모든 집합 a에 있어서 그것의 멱집합 p(a)의 부분이지만 a에는 귀속하지 않는 집합이 최소한 하나는 꼭 존재한다. 그렇다면 a와 p(a)는 외연성 공리에서 볼 때 서로 다른 집합이다. 청색이 남색에서 나왔지만 남색과는 다르고 아들이 아버지한테서 나왔지만 아버지와는 다르다. 그렇다면 자연계에 이런 초과점이 없다면 진화는 불가능하다고 할 수 있다. 초과점은 일종의 돌연변이라고도 할 수도 있다. 초과점 정리는 언제나 최소한 하나 이상의 돌출이면 이는 돌연변이의 논리이기도 하다. 이러한 돌출이 있기 때문에 상황과 상황의 상태는 다를 수밖에 없다.

‘초과점 정리’라고 한다.

이 정리는 상황의 상태에 포함된 모든 것, 즉, 부분집합은 그 상황에 귀속하는 것이 불가능하다는 정리다. 하부 복합물(소과와 중부)익 돌이킬 수 없는 초과분, 그것은 상황의 요소 위에 있는 초과분인 부분들이다. 그래서 소과와 중부는 다른 12벽괘들과 따로 분류된다. 그러나 그것들 역시 벽괘라는 것이 다산의 주장이다. 솜과 같이 집합 안에 부분으로 포함되면서도 집합 그 자체와 같다. 그래서 벽괘의 수가 모두 열네 개가 된다. 상황에 귀속한다는 말의 의미 속에는 ‘일관된 복합물’이란 말과 ‘출현한다’는 말이 들어 있다. 즉, 1양(음)생, 2양(음)생, ⋯, 6양(음)성 하는 것들이 모두 일관된 복합물이고, 생·장·성으로 출현하고 있다.

‘초과점’이란 말을 다시 정의하면, 어느 하부-복합물(소과나 중부괘)이 복합물의 구성자로서 한 상황 속에 포함은 되지만, 그 상황 속에서 구성성분 요소로서는 계산될 수 없는, 그래서 존재하지 않는 초과분이 있다는 것이다. 바디우의 수학적 존재론이 성립하는 아킬레스 건과 같은 것이 바로 이 초과점 정리라고 해도 과언이 아니다. 그래서 다산의 4역법 가운데서 중부와 소과가 갖는 의미는 바디우의 초과점 만큼이나 중요하다. 아니 그의 역학 모두가 중부와 소과에 대한 주석이라 할 만하다.

공리주의자들이 말하는 공집합 공리는 이런 초과점에 대한 설명이다. 초과점 정리에서 중요시 되는 말은 ‘부분 parts’이다. 이 말을 종래의 부분-전체라는 변증법적 관계로 이해하는 것은 위험하다. ‘요소’와 동일시하는 것도 위험하다. 괘를 획의 집합으로 보는 것이 위험하다는 말이다. 여기서 말하는 '부분'이란 말을 바디우는 '하부-복합물'이라 한다. 소성괘는 대성괘의 하부-복합물이다. 하부-복합물 가운데는 '공' 또는 '무한' 같은 것이 포함되어 있기 때문이다. 하부-복합물이란 '공' 또는 '무한', 그리고 수학의 영(0) 같은 것도 들어가는 개념이다. 이는 멱집합을 만들 때 공집합과 자기 자신도 부분으로 포함되지만, 이들은 다른 부분과는 성격이 다른 것들이다. 유클리드의 공리는 이들 하부-복합물(공집합과 제집합) 같은 것을 집합의 부분으로 포함시키지 않았다. 초과점 정리가 발생한 지원지가 다름 아닌 이런 공집합과 제집합 때문이다. 중부와 소과 같은 것들이 이에 속하는바, 다른 벽괘들과는 다른 부분집합들이다. 1양-5양이란 부분들과는 다른 부분들인 제집합과 공집합과 같은 것이 중부와 소과이다. 건기와 곤기에서 연쇄적으로 발생되어 나온 괘들과는 성격이 다르면서도 건기와 곤기에 포함된다. 그래서 중부와 소과를 '하부-복합물 sub-multiple'이라 부른다.

다른 벽괘들은 건이나 곤에 포함包涵되기 때문에 외함 ex-istere이지만, 중부와 소과는 포함包슴되기 때문에 내함 in-ex-istere이다(BE, 97) 포함包涵을 외함이라 하고, 포함包슴을 내함이라고 한다. 'exist'는 ex와 ist의 합성어로, '밖에 있다'는 뜻이다. 다시 말해서, 서양의 전통 존재론은 외함 관계를 유지해야 어느 존재가 일관성이 있다고 한다. 그래서 서양 존재론의 핵심은 공집합과 제집합을 피하자는 데 있다. 그래서 '외함'이란 존재가 자기귀속을 하지 않는다는 뜻이다. 존재가 존재로서 성립하자면, 자신은 자기 밖에 있어야 한다는 의미이다. 그러나 내함이란 자기 속에 자기가 포함包슴됨을 의미하며, 여기가 역설의 진원지이다. 공백은 상황 속에 내함한다. 이것이 소과와 중부의 모습이다. 그런데 1양생, …, 5양장은 외함인 존재들이다. 그것들을 포함하는 전체는 밖에 서 있다. 이들은 옷이지 솜이 아니다. 그러나 내함은 옷의 솜과 같다.

이렇게 다산의 14벽괘 안에는 외함하는 것과 내함하는 것이 함께 들어 있다. 그래서 일관성적인 비일관성이다. 건괘는 곤기 안의 '6양성' 0음이다. 즉, 건괘는 6양성인 '6양0음이다. 공백인 0이 외함과 내함을 연관시켜 주는 역할을 한다. 그러나 6양0음은 주자와 우번이 제외시켜 버릴 만큼 정처를 줄 수 없는 것이다. 그런데 다산은 이를 벽괘 속에 과감하게 넣었다. 이러한 6양0음을 두고 바디우는 '공백의 방황'이라고 하였다. 곤괘 안의 6양0음(건괘)은 이렇게 방황 속에서 제 자신을 고정 시킴으로써 다음 차례인 셈하기에서 요소가 아닌 부분으로 포함된다. 이것이 건괘 다음에 소과괘를 바로 배열한 이유이다. 생장성이라는 하 나의 상황이 주어지면 그 상황의 구조는 일관성을 유지하는 것처럼 보인다. 그런데 금방 일관성을 잃고는 건괘가 '상황의 상태'인 소과괘 로 간다. 그러면 '상황의 상태'는 상황(생장성)까지 포함하는 일관성을 갖게 된다.

이러한 비일관성적 일관성을 일시무시일始無始―일종무종일終無終 ―이라고 한다. 헤겔의 One-one을 상기하자. 시종의 순환관계와 순서수 의 역설, 그리고 상황과 상황의 상태 간의 설명을 한눈에 보여준다. 곤괘 안에 있는 생장성의 순서수 끝에 있던 6양0음의 건괘가 곤괘 안 에서는 부분으로 엄연히 하나의 명패가 되어 등장한다. 이 건괘가 다 시 생장성이라는 상황을 만든 다음에 중부라는 상황의 상태를 만들어 낸다. 그리고 생장성 안의 6음0양이란 것이 곤괘라는 명패를 만든다. 이에 대한 다산의 말을 직접 들어보자. 앞에서 전개한 논리의 타당성을 다산의 말에서 직접 확인하자는 것이다. 이런 순수 논리적인 추리가 다산의 말 속에서 얼마나 인증이 되는지 확인하자.

건곤은 부모이다. 건곤은 비록 모든 괘의 부모이지만, 그 변화를 말하면 건은 곤으로부터 변한다. 건(6양성)에 앞서는 것이 쾌(5양장)이다. 곤은 건에서 변한다. 곤(6음성)은 박(5음장)으로 된다. 복(1양생), 림(2양장), 태(3양장), 대장(4양장), 쾌(5양장)는 곤으로부터 변하여 건으로 나아간 것이다. 상商역은 곤을 머리로 삼았기 때문에 '귀장歸藏'이라고 했다.(《설괘전》은 이를 두고 곤으로 장한다고 했다) 곤의 터(곤기)가 먼저 서고 난 뒤에 복의 일양이 일어나기 시작한다. 이것을 천근(근의 뿌리)이라고 한다. 구(1음생), 둔(2음생), 비(3음장), 관(4음장), 박(5음장)은 건(기)으로부터 변하여 곤으로 나아간 것이다. 복에서 쾌에 이르기까지 구로부터 박에 이르기까지 모두 10괘인데, 이것은 한유의 이른바 벽괘이다. 벽괘란 군이고 주란 뜻이다. 진퇴소장이 두루 돌아 다시 비롯하니, 사시의 상이다.
(《주역사전》 권1)

다산은 명패의 명패, 명패, 그리고 물건괘의 구별을 뚜렷이 나누어 말한 것이다. 건곤은 부모로서 '명패의 명패'(근기)이다. 다음 5획이 변하여 된 다섯 괘는 '명패'이다. 다음 순서는 다섯 개의 명패에 달린 50개 물건괘를 말할 차례이다. 다섯 개의 명패괘 속에 '명패의 명패'인 건과 곤이 포함된다는 것이다. 이것이 바로 멱집합의 원리이고 순서수의 역설이라는 것이다. 그런데 이런 멱집합의 원리가 있기 때문에 사시의 변화가 가능해진다. 복-자11월, 림-축12월, …, 쾌-진3월, 건-사4월, 감-윤월, 구-5월, 둔-6월, …, 박-9월, 곤-10월, 리윤월과 같다. 이렇게 사시의 연쇄고리를 만들 때 건과 곤이 부분으로 포함되고, 감과 리가 윤월로 포함됨으로써 운행이 가능해진다. 이는 역설 해의에 시간 개념이 도입되었음을 의미한다.

이것은 매우 중요한 시사이다. 순서수의 역설과 멱집합의 역설에서 생긴 역설들이 있어야 운행이 가능해지기 때문에, 우번과 주자와 같이 건곤감리를 제거해 버리면 마치 문에 열쇠가 없는 것과 같다고 한다. 이들 재윤괘들이 없으면 우주의 운행 자체가 불가능해진다. "복(1양생), 림(2양장), 태(3양장), 대장(4양장), 쾌(5양장)는 곤으로부터 변하여 건으로 나아간다"는 이 말 속에 멱집합의 원리가 들어 있다. 곤집합(기) 속에 물건과 함께 메타 명패괘인 건이 들어가고, 건집합(기) 속에 물건이 아닌 메타 명패괘가 들어간다는 것이다.

즉, 건과 곤은 모두 메타 명패인데, 건은 곤의 터(坤基)에서 1양이 점점 자라난 것이고, 곤은 건의 터(乾基)에서 1음이 점점 자라난 것이다. 건곤이 생장성의 원리에 따라서 소장함에 따라서 다섯 개의 괘가 연쇄적 계열을 만든다. 곤의 터에서 복1양이 싹트는 것을 '천근'이라 하고 '곤복지간'이라 한다. 이를 바디우는 '공백의 가장자리 edge of void'라 한다. 그런데 건은 명패의 명패이면서 거기서 곤이 자생하고, 곤은 명패의 명패이면서 거기서 건이 자생한다. 그래서 건과 곤은 호근互根이 된다고 한다. 이것은 러셀의 유형론을 무색하게 만드는 논리이다. 러셀은 이렇게 서로 호근하는 데서 역설이 발생한다고 보았기 때문에 호근은 명패와 물건 간의 구별을 부정하여 역설을 조장하는 원인라고 보았다. 그래서 그의 유형론이란 이런 호근을 배제하자는 데 그 의의가 있다. 그러나 다산은 서로 호근하지 않으면 사시의 변화가 불가능하다고 본다. 이는 호근이란 마치 춘분과 추분과 같은 것으로, 이것이 없으면 계절의 변화 자체가 불가능하다. 역설의 발생처인 동시에 역설의 해의 처이기도 한다. 이를 정리하면 아래와 같다.

칸토어는 대각선 논법에서 생긴 초과분과 그 초과분이 나온 것들과는 연속인가 비연속인가 하는 문제로 고민하였다. 칸토어 자신은 연속이 된다고 했지만, 비연속인 것도 증명이 되었다. 초과분은 대각선을 반대각선화 반가치화를 한 결과 만들어진 것이다. 우번과 주자는 이를 제외시켰지만 다산은 첨가한다. 사각형에서 세로를 n이라고 할 때 가로는 n+1이 된다. 그러면 가로와 세로는 비대칭이 된다. 한의학에서 5장6부, 그리고 천간지지가 10간12지로 비대칭으로 짝짝이가 생기는 이유란 모두 이러한 초과분들 때문이다. 이렇게 비대칭을 일대일 대칭을 시켜 나가 60갑자 같은 것을 만든다. 정상으로는 6음6양이지만 중부와 소과가 추가되고, 근기 자체가 또 추가된다. 그래서 모두 14벽괘가 나타난다. 6음6양의 구조자 제집합과 공집합임을 다시 여기서 강조해 둔다.

중부 · 소과괘와 역설 해의

이상에서 대각선 논법에 대한 다산의 이론이 검증되었다. 중부와 소과괘가 과연 벽괘가 될 수 있느냐 없느냐가 문제의 관건이었다. 벽괘가 될 수 있느냐의 문제는 곧 명패괘가 될 수 있느냐의 문제이다. 명패의 명패를 건과 곤이라 하는 관점에서 볼 때에는 의문의 여지가 없었지만, 중부와 소과를 명패라고 할 수 있느냐의 여부를 놓고는 의견이 다르다는 것이다. 벽괘가 되자면 연쇄적 획변을 해야 하는데, 정상적인 방법으로는 불가능한 것이 소과와 중부였다. 그런데 다산만이 이 두 괘가 벽괘로서 문제가 없다고 주장했는데, 이에 대한 다산의 견해를 더 들어보면 다음과 같다. 이에 앞서 〈도표 7-6〉의 〈12벽괘 진퇴소장도〉와 경방의 〈팔궁괘차두〉(《대각선 논법과 역》, 419쪽 참고)를 비교하는 작업이 선행되어야 한다.

경방과 다산의 두 괘변도는 외관상 매우 유사해 보인다. 여섯 개의 획을 획변시켰다는 점에서 같아 보인다. 그러나 경방은 귀매의 원리를 적용하고 있지만, 다산은 그렇지 않다. 귀매의 원리란 상획만은 획변시키지 않는다는 원리이다. 변화시키면 궁(명괘) 자체를 바꾸어야 하기 때문이다. 그런데 다산은 귀매의 원리를 적용하지 않고 상획인 6획마저 획변시킨다. 그래서 곤기인 명괘의 명괘 안에 건괘가, 건기인 명괘의 명괘 안에 곤괘가 포함된다. 그런데 대성괘인 건과 곤을 하괘(내괘)와 상괘(외괘)로 3획씩 둘로 나누어 보면, 귀매의 원리를 적용하고 있음을 알 수 있다. 다시 말해서, 하괘인 소성괘의 상획인 제3의 획은 획변을 안 시킨다고 해 보자. 그리고 상괘의 초효도 변화시키지 않는다고 해 보자. 이렇게 하면 소과와 중부괘가 만들어지는데, 이는 소성괘의 상획과 초획에는 획변을 적용하지 않는다는 것을 의미한다.

중부와 소과괘에 대해서 우번은 '변례지괘'라는 명칭만 달아 놓고는 별다른 토론 없이 넘어가 버린다. 주자는 아예 무시하는 태도이다. 그것이 지닌 역설적인 성격 때문에 이를 다루기가 곤혹스러워서이다. 이는 서양철학에서도 예외가 아니다. 제3의 인간 역설이 서양철학사에서 진지하게 토론이 안 된 이유도 이와 유사하다. 칸트에 와서야 이율배반이란 이름으로 다루어질 정도이다. 우번이나 주자가 왜 이 문제를 제외하거나 외면하는지 다시 알아보자.

황종의는 그의 《역학상수론》에서 중부는 2음4양이고, 소과는 2양4음인데, 이런 구조가 갖는 모순을 다음과 같이 말하고 있다.

> 중부와 소과를 두고 '변례지괘'라고 하는데 그 이유는 이렇다. 중부가 2음괘에 따른다고 하면 둔의 2음이 모두 자리를 바꾸게 되고, 4양의 괘에 따른다고 하면 대장의 3획과 4획이 일시에 함께 올라가게 된다. 소과가 2양의 괘에 따르면 림의 2양이 모두 자리를 바꾸고 , 4음의 괘에 따르면 관의 3획과 4획이 일시에 함께 올라가게 된다. 이른바 괘변을 일으키는 주체는 1획이 승강하는 것인데 이에 이르러 궁하게 된다. 그러므로 변례이다.(황종의, 《역학상수론》, 1981, 92쪽; 박주병, 2002, 33)

황종의에 따르면, 괘변은 추이의 원리인 '1왕1래'의 규칙을 따라야 하는데, 중부와 소과는 그럴 수가 없다는 것이다. 위에서 본 바와 같이 자변 현상이 수반된다. 감과 리의 이러한 문제를 과대와 과소라는 이름으로 확인한 바 있다. 중부를 2음의 괘로 보든 4양의 괘로 보든, 이를 만들기 위해서는 다른 벽괘에서 네 개의 획을 동시에 이동해야 한다.(2왕2래) 소과를 2양의 괘로 보든 4음으로 보든, 벽괘에서 네 개의 획을 동시에 이동해야 한다는 것이다.(2왕2래) 중부를 둔괘에서 온다고 하면, 초획과 2획을 중부의 3획, 4획과 바꾸어야 한다. 대장괘에서 온다고 하면, 중부의 3획-4획을 대장괘의 5획-6획과 바꾸어야 한다.

그런데 이것은 1왕1래라는 추이 규칙을 어기는 것이 된다. 그렇다면 중부와 소과는 어디서도 가지고 올 데가 없다는 결론이다. 한 가지 남은 방법은 중부의 명패괘인 곤괘를 내괘☷와 외괘☷로 나누고, 내괘의 상효와 외괘의 초효를 이동시키는 방법을 취한다. 강제로 이동시키는 것이 아니라 곤괘의 슈서수의 역설을 이용해 이동시키는 방법이 자연스럽다는 것이다.

중부는 '2음4양'이고 소과는 '2양4음'이기 때문에, 이에 해당하는 모든 가능한 괘를 하나하나 점검하면서, 이를 소과와 함께 두 괘가 벽괘로서 손색없음을 입증하는 방법을 취한다. 이에 대한 다산의 말을 들어보면서 차례로 검토해 나가기로 한다. "중부와 소과는 세 번 바꾸어 성립된 것이다"는 이 말은, 중부는 '2양2음2양'이고 소과는 '2음2양2음'임을 의미한다. 그러나 이것이 비록 다른 12벽괘와는 모양이 다르지만 벽괘라 하기에는 문제가 없다는 태도이다. 고리 형식을 만들면 이들이 동형이상임을 쉬 확인할 수 있기 때문이다.

메타 명패인 건곤과 명패인 12벽괘를 제외한 나머지 50개 괘를 '50연괘衍卦'라고 한다. 다산은 50연괘는 그 모양이 마치 자투리 땅 같아서 볼품이 없지만, 중부와 소과는 2-2-2로 질서정연하고 작연히 절로 깨끗하다고까지 하면서 50연괘와는 비교가 안 된다고 한다. 이들 50연괘가 앞으로 말할 물건괘이다. 물건괘의 무질서함에 비해 중부와 소과는 음양이 2-2-2로 배열되어 명패로서 손색이 없다는 것이 다산의 주장이다.

중부의 2음이 올 수 있는 가능한 괘와, 소과 2양이 올 수 있는 가능한 괘를 분류한다. 2음으로 되어 있는 괘는 둔과 대장이고, 2양으로 된 괘는 림과 관이다. 그렇다고 중부가 둔으로부터도 대장으로 부터도 오지 않았다고 한다. 그 이유는, 둔과 대장의 아래 4획이 모두 둔괘와는 다르기 때문이다. 중부는 대장괘와도 다르다. 그 이유는 위 4획이 모두 대장과는 다르기 때문이다. 소과는 림으로부터도 관으로부터도 오지 않았다. 그 이유는 림과는 밑의 4획이 반대이고, 관과는 위 4획이 반대이기 때문이다.

2음과 2양인 괘에는 37.규와 38.가인이 있다. 그런데 이 두 괘로부터는 각각 한 획씩만 받는다. 즉, 규의 제3획 한 획만 중부에 준다. 그런데 규는 대장으로 연역되어 나온 것이다. 같은 방법으로 가인은 둔으로부터 연역된 것일 뿐이다. 두 괘를 연역 받은 것이 리, 대과, 정, 혁인데, 이 4괘는 모두 둔과 대장으로부터 연역 받은 것에 지나지 않는다.

그렇다면 중부와 소과는 50연괘 그 어디로부터도 연역된 것이 아니다. 그러한 이유로 중부와 소과는 벽괘(명패괘)에 포함될 수밖에 없다는 것이다. 이것은 다산이 일종의 귀류법을 동원해 중부와 소과가 벽괘가 된다는 것을 증명하는 것이다. 다시 말해서, 중부와 소과 두 괘는 명패와 명패도 아니고, 50연괘 그 어느 것에서 연역되지도 않았기 때문에 벽괘로서 자격이 있다는 주장이다. 직접 증명이 아니라 간접 증명 방법으로서 그 어디서도 연역될 곳이 없으니, 결국 벽괘일 수밖에 없다는 것이다. 그러나 과연 50연괘가 아니라고 해서 중부와 소과가 벽괘라고 하는 것은 문제 있는 주장이다. 차라리 '비결정'으로 남겨두는 것이 더 설득력이 있다.

이는 마치 칸토어가 대각선 증명에서 반가치화와 반대각선화를 할 때 생긴 초과분은 사각형 그 안 어디에도 넣을 수 없다는 데서 연속체 가설의 문제가 발생한 것과 같은 현상이다. 주자와 우번 등은 벽괘 속에 넣을 수 없음을 주장하고, 다산은 넣을 수 있음을 주장한다. 이 가설을 두고 칸토어는 넣을 수 있다고 주장하다 죽었지만, 1930년대 괴델과 1970년대 코헨은 넣을 수도, 안 넣을 수도 있다는 상반된 두 주장이 모두 가능함을 증명한다. 바로 중부와 소과에 얽힌 문제를 놓고 학자들끼리 이렇게 논쟁의 시비에 휘말리는 것이 동서양에 차이가 없어 보인다. 필자는 왜 이러한 비결정성의 문제가 제기되는지를 진단해 나갈 것이다.

다산은 중부와 소과가 50연괘라는 물건괘와는 다르고 그 속에 포함시킬 수도 없기 때문에 벽괘일 수밖에 없다는 결론에 이른다. 다산의 말을 들어보자. "만약에 중부와 소과 두 괘를 벽괘라고 하지 않는다면 2음의 괘와 2양의 괘의 경우, 어느 괘는 모가 둘이 되고 어느 괘는 모가 하나가 되어 논리에 일관성을 유지할 수 없게 된다. 그래서 두 괘는 '부득불' 벽괘가 될 수밖에 없다." 2음과 2양이 연쇄가 되는 다른 괘인 대장과 둔, 림과 관은 벽괘가 되는데, 왜 같은 형태인 중부와 소과는 안 된단 말인가?

다산도 "부득불 그렇게 될 수밖에 없다"고 하지, 확신을 가지고 하는 말은 아니다. 그렇다고 다산은 자의적으로 이런 결론을 내린 것도 아니라 '천지자연의 이치'이기 때문이라고 한다. 견강부회로 그렇게 한 것이 아니라고 강변한다. 천지자연의 이치란 두 괘를 벽괘로 취급해야 사시의 변화에 적합하게 된다는 것이다. 이렇게 귀류법에 의해 간접 증명을 하고는, 이를 '천지자연의 이치'라고 강변하는 다산의 주장에는 그도 전개하지 못했던 논리적인 배경이 그 속에 있었던 것이다. 그것을 여기서 알아보기로 한다.

다산이 이렇게 천지자연의 이치에 호소하면서까지 강변하는 데는 그가 논리적인 사고에 철저하지 못했기 때문이다. 그러나 하나의 주요한 화두를 다산은 제시한다. 즉, 중부와 소과는 '승상접하承上接下'하는 괘라고 하였다. '승상'이란 하위에서 상위로, '접하'란 상위에서 하위로 획이 이동하는 것을 말한다. 〈12벽괘 진퇴소장표〉(도표 7-6)에서 볼 때 소과괘 위에는 '감위본'을, 아래에는 '윤월괘'라고 하는 말을 달아 놓았다. 이 두 말에서 소과괘의 논리적인 구조를 찾아야 할 근거를 발견하게 된다.

일단 소과괘는 명패의 명패인 곤기 안에, 6양성 건괘 다음에 있다. 그리고 거기에 '감위본'이란 말이 '6양성' 다음에 달려 있다. 시간적으로는 '윤월괘'이다. 그렇다면 이런 다산의 말에는 일관성이 있어야 한다. 먼저 6양성 건괘 다음에 왜 감위본 소과괘가 와야 하느냐이다. 6양성 건괘의 다음 획변 차례는 6음생이고 그것은 곤괘이다. 시작인 곤괘로 되돌아왔다. 여기서부터 감위본을 생각한다는 것이다. 이것이 일관된 순서에 따른 선택이다.

6음은 괘를 요소의 집합으로 본 것이다. 다시 말해서, 6획을 연쇄적인 순서대로 모아 집합을 만든다. 이에 대하여 다른 한 방법은 6음을 3음과 3음으로 나누는 것이다. 두 부분으로 나누어 본다. 다음 이 두 부분인 3음과 3양을 승상접하의 방법으로 획변시킨다. 그런데 여기서 획변을 시킬 때 귀매의 원리에 의해서 마지막 상획은 변화시키면 안 된다. 이런 원칙에 따라서 만들어진 것이 소과괘이다.

그러면 두 개의 획변 방법인 요소에 의한 방법과 부분에 의한 방법, 즉, 귀속과 포함을 어떻게 조화시킬 것인가의 문제가 여기서 생긴다. 중부와 소과는 일단 획으로 된 요소로도 보아야 하고, 두 괘의 합인 부분으로도 보아야 하는 문제를 어떻게 결부시킬 것인가. 이를 위해서는 다시 순서수의 역설로 되돌아와 생각해 보아야 한다. 순서수의 역설에서 중요한 것은 귀매의 원리이다. 즉, 상획은 변하지 말아야 한다는 원리 말이다. 감과 리의 상획을 a라고 할 때, 연쇄 고리의 순서상으로 볼 때 상획은 제 자신이 바로 a번째이다. 순서수의 역설이 발생하는 이유는 상획 a는 '모든'이라는 성격을 지니기 때문이다. 이때 'a번째'는 하나의 장애물로 등장한다. 상획인 a가 '모든'이란 성격을 가질 때 a 자신도 바로 그 'a' 안에 귀속한다는 자기언급을 하게 된다. a도 상접하며 셈하여 온 것이지만, 마지막 a번째만은 예외가 된다는 것이다.(김상일, 2008, 330~331) 이것이 상획 불변의 원칙이고 귀매의 원리라는 것이다. 경방 등은 이 원칙에 철저하면서 팔궁괘를 만든다.

그래서 소과괘에 대한 합당성을 요약하면 다음과 같다, 첫째, 승상접합의 규칙을 따른다. 둘째, 명칭에 해당하는 6음인 곤괘를 두 부분으로 나눈다. 셋째, 나누어진 3음과 3음을 승상접하의 규칙에 따라서 획변을 시킨다. 넷째, 귀매의 원리에 따라서 상획은 획변하지 않는다. 다섯째, 그 결과 순서수의 역설에 직면하게 된다. 결론적으로 소과괘는 그 속에 이런 순서수의 역설을 그 안에 담고 있다. 이런 여섯 가지 단계를 중부괘에도 그대로 적용할 때 같은 결론을 내릴 수 있게 된다. 다시 말해서, 음을 양으로, 양을 음으로만 바꾸면 그 구조는 동일하다. 그래서 여기서는 '리위본' 중부괘에 대한 설명을 생략한다.

다음 한 가지, '감위본'과 '리위본'이란 말에 근거하여 소과와 중부가 벽괘가 될 수 있음을 입증하는 방법은 획의 자변과 타변을 적용해 보는 것이다. 8괘 모두를 획변시킬 때 초획의 가치를 반가치화 한 것으로 획변을 시키면, 획 가운데는 자기 스스로가 획변을 하는 경우가 생긴다. 이를 두고 '자변'이라 하고, 다른 정상적인 획변은 '타변'이라 부르기로 한다. 이런 전제 아래 8괘 모두를 획변시켜 자변 일람표를 만들면 다음과 같다.

도표 7-7. 8괘 자변표

건의 획변과 자변수	손, 간, 곤(0자변)
곤의 획변과 자변수	진, 태, 건(0자변)
태의 획변과 자변수	감, 곤, 곤(자)(1자변)
리의 획변과 자변수	간, 간(자), 곤(1자변)
진의 획변과 자변수	곤, 곤(자), 곤(자)(2개 자변)
손의 획변과 자변수	건, 건(자), 건(자)(2개 자변)
감의 획변과 자변수	태, 태(자), 건(1개 자변)
산의 획변과 자변수	리, 건, 건(자)(1개 자변)

'부득불' 감과 리를 벽괘에 넣을 수밖에 없다고 한 다산의 말을 위의 표에 근거하여 중부와 소과가 명패괘로서 벽괘가 될 수밖에 없는 이유를 알아보기로 한다. 자변이란 획변을 하는 획이 초획과 다른 경우이다. 다시 말해서 '자변'이란 획변을 할 때 초획과 다른 가치(음양)를 가진 위치에 있는 획들이 스스로 변한다는 뜻이다. 이때 어떤 괘의 초획에서 연쇄적으로 획변을 해 나갈 때 초획과 다를 때 획변을 자기 스스로 하여 연쇄적인 획변에 일관성을 유지하게 한다. 어떤 괘의 초획이 획변하여 음이 양으로 변했는데, 그 다음 중획이 획변을 안 했는데도 양이라면 그 양이 스스로 음으로 변해서 일관성을 유지해야 한다. 이런 전제에 따라서 명패가 되는 기준을 만들면 다음과 같다. 첫째, 명패

노릇을 하자면 획변을 했을 때 많은 변화를 연역해 내야 한다. 그래야 획변된 괘만큼 자기 안에 포함할 수 있기 때문이다. 둘째, 자변하는 획의 개수가 되도록 적어야 한다. 셋째, 이미 명패가 된 괘는 되도록 적게 포함해야 한다. 즉, 건과 곤을 적게 포함해야 한다. 이상 세 가지 기준에 따라서 '명패의 명패', 그리고 '명패'가 순서대로 정해진다. 이 원칙들은 다산의 벽괘를 결정하는 데 매우 중요한 의미를 갖는다.

이런 세 가지 기준에 가장 적합한 괘가 건과 곤이다. 건과 곤이 명패의 명패가 되는 것은 건과 곤이 가장 많은 변화를 연역해 내면서도, 자변하는 개수는 0개이고, 건과 곤은 가장 적게 한 개씩만 포함한다. 그 결과 두 개의 괘를 연역한다. 그런데 건과 곤이 연역해 내는 두 개 속에는 8괘 가운데 다른 괘는 다 들어 있어도 감과 리괘는 제외된다. 그렇다면 감과 리는 예외적이고 자기 독자적인 위치를 가지고 있음을 의미한다. 어디에 근기, 즉, 본을 두는 것이 아니라 자기 자신이 본이 되기 때문에 '감위본'과 '리위본'이라 한다. 자기언급적이라는 말이다. 감과 리를 근기의 밖에 배열하는 이유가 여기에 있다. 즉, 이런 세 가지 기준에 적합한 것은 리와 감이다. 리와 감은 자변을 하는 횟수가 태와 같이 1이지만, 건과 곤을 그 안에 포함하는 횟수도 감리는 1이다. 그래서 여기서는 감과 리의 자변에 대해서만 더 상세한 고찰을 해 두기로 한다.

즉, 순서수의 역설에 근거하여 고찰을 더 해보기로 한다. 감과 리는 건과 곤과는 달리, 괘를 획변시키면 획이 자변自變하는 현상이 그 안에서 생긴다. 감괘(☵)를 승상시켜 획변을 시키면 태1(☱), 태2(☱), 건(☰)이 된다. 이때 감괘의 초효와 다른 가치를 가진 획은 중획이다. 그래서 감괘는 중획에서 자변이 일어난다. 즉, 중획의 가치인 양은 자기 스스로가 양이 된다. 이것은 초획과 상획이 획변한 것과는 전혀 다른 방법의 변화이다. 여기서 연쇄적 순서에 의한 획변을 타변이라고 할 때, 중획에서는 타변을 하지 않고 자변을 한다. 자변 때문에 윤일과 윤월이 생긴다.

자변과 타변에 의해 감괘로부터 태가 두 개 생기기 때문에 태1과 태2로 구분한다. 다시 말해서, 태2는 태1과 달리 자변에 의한 것이다. 즉, 감괘의 중획이 자기 스스로 변해 태2를 연역했다. 감괘를 접하를 해 상획부터 획변시키면 손1, 손2, 건이 된다. 여기서 손2의 중획은 자변을 한 것이다. 리괘(☲)의 경우도 사정은 마찬가지여서 간1, 간2, 곤이 된다. 여기서도 중획이 초획과 가치가 달라서(반가치화) 자변을 하기 때문에 간1과 간2이란 타변과 자변을 해 두 개의 괘가 생겨난 것이다.

감과 리의 중획이 자변하는 것을 두고 '추요樞要' 또는 '추뉴樞紐'라 하면서 문의 돌쩌귀와 같다고 한다. 돌쩌귀는 자기는 돌지 않으면서 문을 돌게 하는 역할을 한다. 돌지 않는 돌쩌귀가 있어야 도는 문이 있듯이, 이렇게 자변하는 감리가 있어야 다른 6괘의 괘들이 타변을 하게 된다는 것이다. 추뉴는 마치 회전 자체에 장애물이 되는 것처럼 보인다. 감과 리는 중획에서만 자변을 하기 때문에 변화의 중심을 잡는다.

감과 리를 태와 간과 비교하면서 자변과 타변의 관계를 알아보자. 태는 곤이 두 개이고 1괘만 연역해 낸다. 간은 건이 두 개이고 한 개만 연역해 낸다. 진손의 경우는 자변도 두 개이고 연역의 결과가 모두 건과 곤이다. 그래서 진과 손이 명패의 자격에서 맨 먼저 탈락하면 가장 유력한 후보로 남는 것은 감과 리이다. 그러나 건이나 곤은 자변수가

0이지만 감리는 그렇지 않다. 그리고 획변을 하는 다양성에서도 감리는 건곤 다음이다. 그래서 '부득불' 벽괘 속에 넣을 수밖에 없다고 한 것이다. 이제 우리는 건과 곤 다음으로 왜 중부와 소과가 벽괘에 포함되는지 알게 되었다. 자변과 타변의 논리를 적용하는 것만큼 확실하게 감과 리가 스스로 본이 되어 벽괘가 될 수 있는 이유를 분명하게 설명해 낼 수는 없을 것이다.

위의 자변 표에서 건과 곤을 획변시킬 때, 감과 리가 그 속에 포함 안 되는 또 다른 이유를 성찰해 보기로 한다. 〈도표 7-7〉에 따라 건과 곤을 집합으로 하여 그 집합과 요소의 관계를 표시하면 {건/손, 간, 곤}과 {곤/진, 태, 건}과 같다. 여기서 감과 리는 보이지 않는다. 소성괘는 획이 세 개뿐이다. 그래서 세 개 이상의 요소를 가질 수는 없다. 요소를 만들 때 어느 집합 안에 들어가는 요소의 초획은 반드시 그 집합 자체의 초획을 획변시킨 것이어야 한다. 그렇다면 건괘의 요소 속에는 제4의 요소로 감괘가 들어가야 하고, 곤괘의 요소 속에는 제4의 요소로 리괘가 들어가야 한다. 그러면 이것은 3획으로 네 개의 요소를 만드는 격이 된다. n에 대하여 n+1의 초과분이 생긴 것이다. 초과분이 생긴 이유는 건과 곤이 자기의 상획을 획변시켰기 때문이다. 그것이 바로 건괘 안의 곤이고, 곤괘 안의 건이다. 경방이 이를 두려워한 것이다. 경방은 제6획을 획변시키는 대신에 그 이전의 제5획으로 그것을 대신한다. 이것이 귀매의 원리이다.

그러면 건에서 제4의 괘를 어떻게 만들 것인가. 이때 초획의 원리를 지켜 초효는 반드시 음획이어야 한다. 초획을 반가치화해야 한다는 것이 '초획의 원리'이다. 건괘(☰)의 초획은 양이기 때문에 획변을 하면 음이 되어 손괘(☴)가 된다. 이렇게 건의 초획을 획변시켜 손괘를 만들었다. 다음, 중획을 정하는 방법이다. 중획은 반드시 상획과 달라야 한다. 같으면 손괘(☴) 아니면 곤괘(☷)가 된다. 그렇다면 중효와 상효가 다른 것은 간괘(☶)뿐이다. 그러면 간괘의 중획과 상획을 반가치화 시키면 되는데, 그것이 바로 감괘(☵)이다. 이런 순서에 따르면 감은 곤괘 다음이다. 그러면 감괘는 건괘 집합 안에서 초획의 원리도 지키는 일관성을 가지면서도, 중획은 간괘와는 다르고 상획은 손괘와 다르다. 그리고 곤괘와는 중획에서만 다르다. 이는 마치 칸토어의 대각선 논법에서 반가치화와 반대각선화를 했을 때 생기는 현상과 같아 보인다. 감괘의 상·중·초 세 효는 다른 괘와 하나씩 같고 다르기도 한, 그래서 다른 괘를 그 안에 다 아우를 수가 있다. 이번에는 같은 논리를 곤괘 집합에도 그대로 적용할 수 있다. 곤괘의 초획을 획변시키면 진괘(☳)가 된다. 중획은 상획과 달라야 한다. 같으면 진괘 아니면 건괘가 된다. 곤괘의 중효와 상효가 다른 것은 태괘(☱)뿐이다. 태괘의 중획과 상획을 반가치화시키면 되는데, 그것이 바로 리괘(☲)이다. 그리고 순서에 따르면 리는 건괘 다음이다. 그러면 리괘는 곤괘 집합 안에서 초획의 원리도 지키는 일관성을 가지면서도, 중획은 태괘와 다르고 상획은 진괘와 다르다. 그리고 건괘와는 중획에서만 다르다.

이제야 우리는 〈도표 7-5〉에서 왜 감괘가 건괘 다음에 리괘가 곤괘 다음에 있는지를 알게 된다. 그리고 건곤이란 명패의 명패괘 다음의 명패괘로서 감리가 손색이 없음도 확인할 수 있었다. 감과 리라는 초과 현상이 나타나는 이유는, 상획마저 획변시켜 삼획 '모두' 획변을 해 건곤 속에 건곤 자체가 이 '모두'라는 말 속에 들어가 버린다. 결국 문제는 '모두'라는 말에 있었다. 우리는 이미 이러한 현상을 러셀 역설에서 발견한 바 있다.

다음은 형태상으로 소과와 중부를 관찰하는 것이다. 소과괘는 감괘에 대해 대감이고, 중부괘는 리괘에 대해 대리이다. 대감인 소과괘의 경우 감괘(☵)의 초, 중, 상 세 획이 자기 위에서 자기가 자기를 증식시킨 것이다. 마찬가지 방법으로 중부는 리괘(☲)가 자기 증식을 시킨 것이다. 그러나 형태상으로는 일종의 자기상사인 프랙털 현상을 만들어 일관성을 갖는 것 같지만, 그것을 6획이란 요소별로 본다든지, 두 개의 괘를 내외로 나누어 보면 그런 일관성은 사라지고 만다. 다시 말해서, 소과괘는 진괘(☳)와 간괘(☶)가 상하에서 마주 붙어 있는 형국이고, 중부괘는 손괘(☴)와 태괘(☱)가 상하에서 마주 붙어 있는 형국이다. 감과 리는 흔적도 없이 사라져 버린다. 대리(䷛)를 6획이 연속되는 것으로 보면 앞의 표에서 본 바와 같은 자변과 타변 현상이 나타난다.

이렇게 형태상으로 본 두 괘의 내부는 순서수의 역설이라는 난제를 그 안에 품고 있다. 다시 말해서, 요소로 보았을 때는 순서수의 역설에, 부분으로 보았을 때는 각각 한 개의 자변을 하는 것을 가지고 있다는 것이 발견된다. 모두가 역설의 화약고 같은 성격의 것이다. 건과 곤은 자변을 갖고 있지 않지만 감과 리는 다른 괘들에 비해 가장 작은 개수의 자변을 가지고 있다. 그렇지만 한 개라는 개수의 자변을 가지고 있지만, 그것이 자변인 이상 자기언급이고 역설은 불가피하다. 이 한 개의 자변이 다름 아닌 윤월을 만드는 원인이 된다. 그리고 이 윤월이 있기 때문에 사시절의 변화가 가능해진다. 그래서 윤월은 초과분의 결과이고, 윤월이 있어야 사시의 변화가 가능해진다. 자변은 수로 말하면 허수와 같지만, 자변 없이는 사시의 변화 자체가 불가능할 정도이다.

〈도표 7-6〉의 12벽괘 진퇴소장표는 사실상 열네 개의 괘가 들어 있다. 소과와 중부가 덤으로 들어갔기 때문이다. 이 열네 개의 괘는 건과 곤이란 명괘의 명괘, 그리고 열두 개의 벽괘라는 '명괘'로 나누어진다. 다시 이들 명괘 밑에 '50연괘'가 들어간다. 그런데 문제는 다산이 50연괘의 명괘에서는 소과와 중부를 제외한 열 개로 했다는 데 비상한 관심을 가지지 않을 수 없다. 소과와 중부가 연괘를 만들어 낼 수는 없다는 것이 다산의 입장이다. 금과옥조로 여기던 소과와 중부가 연괘를 만들어 내는 데는 효과가 없다고 본 다산의 입장은 과연 무엇인가?

'특특비상지례特特非常之例'로서의 중부와 소과

이상은 다산이 중부와 소과가 벽괘가 될 수 있음을 증명하는 과정이었다. 다시 말해서, 중부와 소과가 명괘가 될 수 있다는 것이 다산의 주장이다. 그런 중부와 소과가 벽괘가 아닌 연괘인 물건괘로부터 변화를 받는다는 것은 명괘 구실을 못한다는 의미다. 그렇다고 아무런 변화도 받지 않으면서 50연괘인 물건괘를 만들 수 있단 말인가. 이것은 아리스토텔레스의 '부동의 동자'와 같은 역설에 중부와 소과가 직면한다는 것을 의미한다. 중부와 소과는 리와 감에서 변하여 온 대리와 대간인데, 다시 감·리가 된다는 것은 추이법을 위반하는 것이다. 벽괘가 명괘로서 다른 괘를 연역해 낸다는 원칙에 위배되는 것이다. 바로 중부와 소과가 이 원칙을 깨고 있기 때문에 '특특비상지례괘'라고 한다. 부동이면서 동시에 동일 수 있다는 역설이 여기서 문제시 되고 있다.

먼저 두 괘가 감과 리에서 나왔다는 말부터 검토해 보기로 한다. 이는 러셀의 유형론과 연관된 역설 해의법과 관련이 되는 사안이라 할 수 있다. 이는 중부와 소과를 집합의 부분으로 보느냐, 아니면 원소로 보느냐의 문제와 직결된 매우 중요한 사안이다. 부분으로 본다는 말은 '중괘重卦'로 본다는 말이다. 두 개 소성괘라는 부분의 합이 대성괘인 중괘이다. 먼저 중괘로서 감괘(☵)에서 소과괘가 나왔고, 중괘로서 리괘(☲)에서 중부괘가 나왔다는 견해이다. 다른 한 중부와 소과괘의 연원으로서 대과괘(☱)와 리괘(☲)를 손꼽을 수 있다. 이를 도표로 나타내면 다음과 같다.(도표 7-8a)

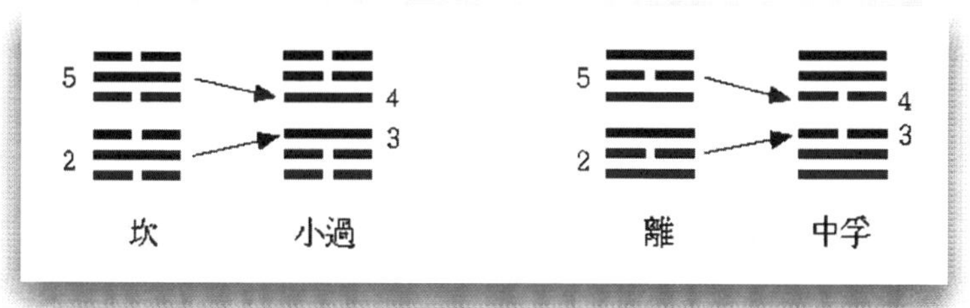

도표 7-8a. 감과 소과, 그리고 리와 중부 관계

중괘로서 감괘의 5와 2획이 소과괘의 3획과 4획이 된다는 것이다. 다산은 "소과와 중부는 감·리1에서 유래했다. 변하여 다시 감·리2가 되었다"고 했다. 이 문장에서 감리라는 말이 두 번 나오는 데 뒤의 감리2는 '대감'과 '대리'라고 구별하기 위에서 쓴 것이다.(《주역사전》 권1 참고; 박, 2002, 189)

감과 대감(소과)은 2양4음으로 '동형'이지만, 괘명의 경우 하나는 '감'이고 다른 하나는 '소과'로 '이상'이다. 리와 대리(중부)는 2음4양으로 동형이지만 이상이다. 대감과 대리가 감과 리의 단순 연장이 아닌 것은 구성하는 두 개의 소성괘를 보면 알 수 있다. 감은 상·하괘가 모두 감이지만 대감인 소과괘의 경우 상은 진(☳)이고 하는 간(☶)이다. 리는 상·하가 모두 리이지만 대리의 경우 상은 손(☴)이고 하는 태(☱)이다. 이렇게 동형이지만 소성괘 부분들의 집합이 달라지면서 이상이 생긴다. 그런데 감(리)의 2와 5획이 수평이동을 하여 소과괘(중부괘)의 4와 3이 된다는 것이다. 그런데 이것은 추이의 제1원칙인 1왕1래를 어기는 것이다. 바로 여기서 '특특비상'이란 별명이 붙었는데, 다산은 이를 "간혹 그렇지 않은 경우가 있는데 이것이 12벽괘 양윤의 괘이다. 질박하고 변화가 적어서 교역과 변역의 상을 썼다"라고 했다.

동형이면서 동시에 대리와 대감인 경우가 있다. 아래 〈도표 7-8b〉의 경우 28.대과가 61.중부가 되고, 27.이가 62.소과가 되는 경우가 그러하다. 즉, 획변이 아닌 교역을 하면 그것이 가능하다는 것이다. 교역이란 대성괘 하나에서 부분인 상·하괘를 서로 맞교환하는 것을 두고 하는 말이다. 그런데 추이는 획변이지 교역이나 변역이 아니다. 즉, 교역에 따르면 중부와 소과는 감과 리에서 온 것이 아니고, 대과와 이에서 왔다.(도표 7-8b)

교역이란 어느 두 괘가 대각선에서 상괘와 하괘가 서로 교환하는 것을 말한다. 다시 말해서, '교역'이란 괘의 위와 치 가운데서 위를 뒤바꾸는 것이다. 이에 대하여 '변역'이란 치를 바꾸는 것이다. 그래서 교역은 반대각선화이고 변역은 반가치화이다. 대각선 안의 가로와 세로

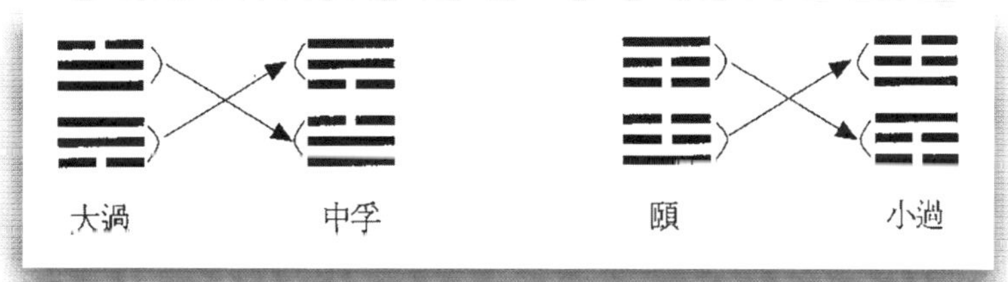

도표 7-8b. 대과에서 중부, 이에서 소과로 교역

를 바꾸는 것이 교역이기 때문에 반대각선화이다. 수역의 〈도표 5-5가나〉에서 볼 때 교역은 A-D와 B-C로서 대각대칭 관계이다.

그런데 감과 리는 교역을 해도 모양이 변하지 않는다. 교역에 해당되지 않는 괘들이 감과 리, 건과 곤이다. 감과 리의 변역은 리와 감이 서로 감이 리가 되고 리가 감이 된다. 〈도표 7-8b〉에 의하면 대과괘의 상하를 교환하면 중부가 되고, 리괘의 상하를 교환하면 소과가 된다. 이것은 명패와 물건의 위치를 완전히 바꾸는 것으로 러셀은 이것만은 삼가야 한다고 할 것이다. 유형이 서로 다른 명패와 물건을 서로 맞교환하는 데서 역설이 발생한다고 보았기 때문이다.

그런데 여기서 역설이 발생한다. 그 이유는 대과와 이는 50연괘로서 물건괘에 해당하는데, 물건괘에서 명패괘인 중부와 소과가 연역된다고 하면 주객이 전도되는 것이고, 유형의 파괴를 의미하는 것이기 때문이다. '특특비상'이 또 발생했다고 다산은 보았다. 문제는 이런 예를 다산이 제외시키거나 외면하지 않고 특례로 인정해야 한다고 한 점이다. 이것이 다산 역설 해의법의 특징 가운데 특징이라 할 수 있다.

중부와 소과는 불필요한 괘가 아니고 오히려 '추뉴'이다. 중부와 소과는 생성 과정에서 볼 때 64괘를 운행시키는 추뉴가 분명하다. 여기에 "감, 리, 이, 대과, 중부, 소과"는 소용돌이를 만든다. 이 여섯 개의 괘는 서로 분리하면서도 결합하며 부침한다. 그 쓰임이 '기기묘묘하다'고 했다.(《여유당전서》 권3) 여기서 우리는 서양의 역설 해의법으로 돌아가 무엇이 문제인지 반추해 볼 수 있다. '명패의 명패', 명패, 그리고 물건으로 메타와 대상을 나누는 데까지는 동서양이 일치한다. 명패의 명패를 1차 질서, 명패는 2차 질서, 명패의 명패는 3차 질서라고 한다. 그러나 서양에서는 중부와 소과 같은 명패를 어떻게 설정하고 있는지 궁금하다. 이에 관련하여 역설 해의를 위한 여러 공리를 동원하여 역설에 칼질을 해보자는 것이 서양 학자들의 견해이다.(10.3. 참고)

다산은 12벽괘라는 명패를 '사시지괘'라 하면서, 이는 군주가 된다고 했다. 그리고 중부와 소과를 '재윤지괘'라 하면서 추뉴라고 한다. 추뉴란 돌쩌귀와 같은 것으로, 사각형의 대각선과 같은 개념이다. 마치 가로와 세로가 대각선을 중심축으로 전후좌우상하가 회전하듯이, 중부와 소과가 바로 그런 역할을 한다는 것이다. 감과 리는 대각선에 해당하여 다른 괘들이 그것을 중심으로 작용한다는 것이 다산의 생각이다. 돌쩌귀는 문이 아니지만 문이 회전하도록 하는 역할을 한다.

그런데 대각선은 반가치화와 반대각선화를 할 때 거기서 초과분이 생기고, 이런 이유로 중부과 소과를 다산은 윤괘라고 하였다. 대각선 논법에서 발생하는 이러한 생각 밖의 사례에 대하여 '기기묘묘' 또는 '특특비상'이라 한다. 칸토어를 죽음으로 내몰 정도의 괴력이 이 말 속에 담겨 있었다. 서양철학의 난제를 다산을 이렇게 표현한 것이다.

8괘가 먼저냐, 64괘가 먼저냐

다산의 추이론을 마감하면서 남는 질문은, 또 다시 역이 성립하는 근거 자체의 문제이다. 다시 강조하면, 시생 원리는 연쇄적이고 가족 관계는 단계적이다. 다산의 추이론은 연쇄적 방법으로 괘와 효의 관계를 말하고 있다. 그러면 추이법으로 볼 때 괘가 성립하는 선후 관계에서 괘와 효 가운데 어느 것이 먼저이고 어느 것이 나중인가? 이에 대한 다산의 견해는 무엇인가?

상황과 상황의 상태 가운데 어느 것을 먼저라고 했는가? 그리고 다산의 추이법으로 볼 때 8괘와 64괘의 선후 관계는 무엇인가? 다산은 "만약에 중괘 64가 없다면 8괘는 쓸 데가 없다"고 하면서, 복희가 8괘를 만든 다음에 주공이 64괘를 지었다고 하는 것은 사리에 당치 않다고 한다. 8괘에서 괘보다는 상이 먼저 있었는데, 중괘가 있은 다음에야 효가 생겼다는 것이 다산의 주장이다. 《역대전》의 말 "8괘가 열을 이루니 상이 그 가운데 있고, 이로 인해서 그것을 거듭하니 효가 그 가운데 있다"(《주역사전》 권8)는 것이다. 상황의 상태가 먼저고, 상황이 나중이라는 주장이다.

여기서 "8괘가 열을 이룬다"는 말은 매우 중요하다. 이 말은 다름 아닌 명패와 물건이 세로와 가로에 갈라져 배열되었다는 것을 의미한다. 역학 연구는 이런 배열법 없이는 한갓 시초 더미에 불과하다. 데이터베이스 작업이 있은 다음에야 역이 성립한다는 말이다. 구슬이 서 말이라도 꿰어야 보배이다. 8괘의 배열 없이 효를 설명하는 것이 무의미하다는 것이다. 방도 안 가로와 세로에 배열되기 전의 8괘는 무의미하다는 말이다. 다산은 그런 의미에서 대각선 논법의 배열, 가로, 세로를 인지하고 있었음을 의미한다. 방도에서 중괘란 다름 아닌 대각선화이다. 대각선이 있고서야 대각선에서 가로와 세로를 다시 연역하고 유추해 낼 수 있다는 것이다. 8괘가 격자 형식으로 배열된 다음에야 효에 대한 효사, 괘사가 성립할 수 있다. 그 이전에 존재하는 것은 한갓 상일 뿐이다. 배열이 만들어진 이후에야 역이 비로소 제 기능을 발휘할 수 있게 되었다. 다산이 이러한 결론에 이른 것은 역을 기능이라는 측면에서 보았기 때문이다. 괘의 배열이 있은 다음에야 효변이 가능했고, 이를 통해서 우주와 인간사의 변화를 역이 그려낼 수 있게 되었다.

50연괘 이전에 12벽괘는 이미 명괘 중괘로 존재했고, 건과 곤은 명괘의 명괘라는 중괘로서 존재했다. 8괘가 열을 이룬 이후에야 비로소 이런 질서가 가능해졌다. 이는 다산의 연역적 사고방식의 반영이 아닌, 역은 괘의 배열이란 맥락 없이는 이해될 수 없음을 강조한 것이라 할 수 있다.

대각선화 이전에 괘와 효가 없었다는 것이 아니라, 대각선화가 있은 이후부터 그것을 다시 해체하여 반대각선화하는 과정에서 괘와 효가 되살아난다는 것이다. 이는 대각선 정리에서 6대 요소들이 갖는 의미와 전혀 다르지 않다. 칸토어의 대각선 논증은 배열과 가로와 세로라는 데서 시작하지만, 이런 여러 요소들을 통해 일단 대각선화가 되면, 그것을 해체하여(반가치화와 반대각선화로) 다시 가로와 세로로 되돌아간다. 그런 의미에서 8괘와 64괘는 동시적이 될 수 있다. 대각선화가 있은 다음에야 역이 역다워졌다. 그가 중부와 소과를 벽괘로 인정한 것은, 이미 대각선화와 반대각선화와 반가치화를 인정한 것이라 볼 수 있다.

다산이 시생 원리와 가족관계의 일관성과 비일관성에 치중하지 않고 추이법에서 획변을 바로 도입하고 대각선화와 반대각선화를 시도한 것은 다산 역학 연구의 신선한 충격이라 아니 할 수 없다. "만약에 중괘가 없다면 8괘가 무슨 소용이 있겠는가"란 그의 말은, "대각선이 없다면 명패와 물건이 무슨 소용이 있겠는가"와 같은 말이다. "물상, 괘변, 효변의 3법은 일시에 일어난다"란 그의 말은, "대각선화와 반대각선화는 일시에 일어난다"는 것을 의미한다. 이에 대한 자세한 설명은 아래에서 하기로 한다.

다산은 집합 개념에 비상한 관심을 가졌던 학자이다. 집합에 관심을 가지면 그것이 대각선 논법으로 가는 지름길이 된다. 집합은 명패와 물건을 나누는 데서 출발하기 때문이다. 다산은 사시지괘를 '방이류취方以類聚'의 괘, 50연괘를 '물이군분物以群分'이라고 했다. 이 말은 모두 집합론과 연관된다. 종류별로 모은다, 또는 같은 것들끼리 군으로 나눈다는 것이 이 두 말의 의미이다.(《역학서언》 참고)

그의 추이론은 이 두 말에 근거해 전개된다고 해도 과언이 아니다. '방'이란 동서남북을 의미한다. 그래서 '방이류취'란 8괘를 이런 방에 분류한다는 뜻이다. '유취'란 건과 곤을 명패로 하여 곤집합={복, 림, 태, 대장, 쾌, 건, 중부}로 분류한다는 뜻이고, 건집합={구, 둔, 비, 관, 박, 곤, 소과}로 분류하고 취합한다는 뜻이다. 여기에 중부와 소과라는 명패는 중부집합={본리위}, 소과집합={본감위}로 분류한다는 뜻이다. 이를 두고 유취에 대하여 '중취中聚'라고 한다. 유취는 '집합의 집합'이고, 중취는 '집합'이란 뜻이다. 유취는 3양과 3음이 순수하게 양이고 음이지만, 중취는 음양이 '2음1양' 또는 '1양2음' 같은 군으로 분류된다는 뜻이다. 벽괘로 명괘 삼아 거기에 달리는 물건괘를 만드는 것은 '군분'이라고 한다. 다산은 이렇게 1차 질서와 2차 질서를 구별해 괘를 구사한다. 이는 〈계사전〉에서 언급한 것을 다산이 대각선 논법과 집합론을 의식하고 재해석한 것이라 할 수 있다. 서양에서 칸토어가 대각선 논법을 수학에서 거론하기 이전에, 조선에서는 다산이 더 심도 높게 같은 이론을 역에서 거론하고 있었다.

이제 다산은 대각선 논법에 나타난 역설을 해의하기 위해서 시·공간 개념을 도입해 온다. 12벽괘는 건과 곤 두 집합으로 나누어진다. 곤은 시간으로는 춘하이고 공간으로는 동남이라면, 건은 시간으로는 추동이고 공간으로는 서북이다. 진태는 동남에, 손간은 서북에 위치하여 건곤과 합치하여 사시사방의 변화를 만든다. 사시지괘는 건곤이 변한 것이고, 소과와 중부는 감리가 변한 것이다. 건곤은 순양이고 순음이지만(유취), 소과와 중부는 한가운데로 모인 것이다(중취). 소과와 중부는 변화에 참가하지 못하고 변화의 뿌리만 될 뿐이다. 이렇게 하여 시공간 개념으로 볼 때 대각선 논법에서 생긴 초과분인 중부와 소과도 벽괘로 취급된다. 그러면 이런 초과분 때문에 6획에서 나온 벽괘가 12 대 13이란 비대칭 관계가 된다. 비대칭이 1 대 1 대응을 할 때 윤월이 생긴다.

이렇게 다산 벽괘의 구조는 다중적이다. 건과 곤, 중부와 소괘, 건기와 곤기 등을 전제하지 않으면 안 되는 것이 그의 벽괘론이다. 건기 속에 곤괘가, 곤기 속에 건괘가 들어가고, 중부와 소과는 예외 괘들이다. 이런 다중구조 속에서 물건괘들이 연출되어 나온다는 것이다. 그러나 이러한 추이론의 유취법을 왕필 같은 학자는 한갓 허상이라 비판하고 있다고 다산은 지적하면서, 이는 왕필의 자기모순이라고 반박한다. 다시 말해서, 추이법을 비판한 왕필 자신이 분괘 단전을 해석하는 과정에서 "곤의 상6이 2위로 와 있으니, 유가 와서 강을 꾸미는 것이다. 건의 9.2(양2효란 뜻)가 상위로 나뉘어 있으니 강이 올라가 유를 꾸미는 것이다"라고 한다. 여기서 왕필이 사용한 '상6이 2위'로, 또는 '9.2가 상위'로 와 같은 말들이 모두 추이법이 아니냐고 다산은 왕필을 비판한다. 즉, 다산은 "왕필이 여기서 갑자기 추이법을 쓰고 있으니 이것은 어인 까닭인가?" 하고 반문한다. 다산은 추이법에 호체법, 효변법을 더하여 그의 물상론을 전개하고 있다. 다산의 물상론은 상·수·사 트로이카를 일체화한 작업이며, 의리역과 상수역을 결합시킨 작업이다. 4역법을 하나로 결합을 시켰다는 점에서 의의가 있다. 서양에서도 수와 기호와 일상 언어를 일체화시키는 작업이 20세기에 들어와 본격화되었다. 힐베르트는 언어를, 러셀은 기호를, 괴델은 상·수·사를 모두 일체화시켜 불완전성 정리를 증명하였다.

7.3. 대각선 논법으로 본 추이론

이 절과 다음 절은 앞의 내용을 대각선 논법의 여러 요소와 위상학을 동원해 더욱 심화시키고 구체화시키기 위하여 마련되었다. 우리의 일상 언어로는 다산의 추이론을 설명해 내기에는 한계가 있다. 대각선 논법과 위상학의 용어들을 구사하면 더 구체화 내지 심화시킬 수 있고, 이해를 높일 수 있다. 먼저 대각선 논법의 6대 요소를 적용한 다음, 이에 추가하여 제7의 요소인 '부대각선화'란 요소를 소개할 것이다. 좌상에서 우하로 향하는 대각선을 정대각선이라 한다면, 그 반대인 우하에서 좌상으로 향하게 하는 것을 역대각선화, 그리고 우상에서 좌하로 향하는 것을 부대각선화라 한다. 중부와 소과는 정·부 두 대각선의 상호 관계에서 파악되고 이해될 것이다. 칸토어가 연속체 가설이란 암초를 만난 근본 원인이 이 추가된 요소들을 몰랐기 때문이다. 그리고 이 제7, 제8 요소의 도입과 함께 위상역은 시작된다.

12벽괘와 대각선 논법 6대 요소의 문제

6대 요소 가운데 처음은 '배열'이다. 즉, 사각형 안에 수를 어떻게 배열하느냐이다. 칸토어는 가로와 세로에 자연수를 우향→과 하향↓의 방향으로 배열한다.

$$1/1, \ 2/1, \ 3/1, \ \cdots$$
$$1/2, \ 2/2, \ 3/2, \ \cdots$$
$$\vdots \quad \vdots \quad \vdots$$

그 결과 만난 것은 연속체 가설이었다. 이런 배열법을 격자식이라 한다. 먼저 이런 배열법을 다산의 12벽괘 배열법과 비교해 보기로 한다. 음과 양을 흑과 백으로 나눈 다음, 격자 형식 속에 배열을 하면 〈도표 7-9〉와 같다.

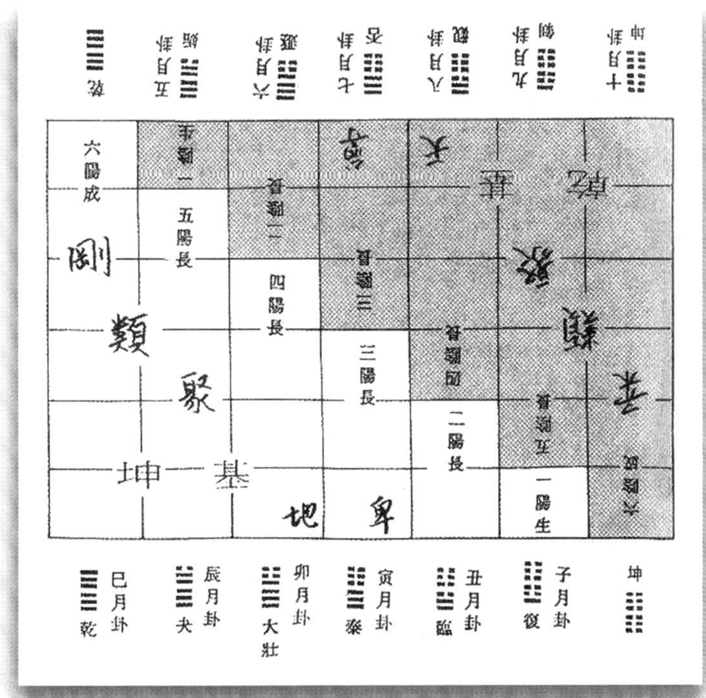

도표 7-9. 12벽괘진퇴소장지도(유취도; 박주병, 2002, 400)

〈도표 7-6〉의 '12벽괘진퇴소장도'를 바탕으로 박주병은 사각형 안에 가로 일곱 줄과 세로 여섯 칸을 만들어 12벽괘의 진퇴와 소장하는 모습을 한눈에 알아보게 〈도표 5-8〉로 만들었다.[8] 두 개의 근기를 만들고 곤기 안에서는 양이 증가하고, 건기 안에서는 음이 증가하도록 했

---

[8] 세로 6은 6획의 획변에 의한 것이다. 가로 7괘는 건기와 곤기 자체가 자리를 차지하고 있기 때문이다. n에 대한 n+1의 문제는 지속적으로 중요하게 다루어질 주제이다. 여기서 1이 초과분이다.

다. 음의 뿌리에서 양이 생장성하고 양의 뿌리에서 음이 생장성한다. 이는 동지에서 여름이 시작하고 하지에서 겨울이 시작하는 원리와 같다고 볼 수 있다. '벽괘'라 하는 이유도 다름 아닌 이러한 사시 계절의 변화와 연관이 있기 때문이다.

〈도표 7-9〉에서 확인할 점은, 무엇보다 벽괘가 10개냐, 12개냐, 14개냐의 논쟁이다. 이 논쟁을 분명하게 하는 비결이 대각선 논법과 위상역 안에 있다. 그런데 〈도표 7-9〉에서는 중부와 소과가 보이지 않는다. 이 문제를 간결하게 다루기 위해서 필자는 흑과 백을 디지털 수 0과 1로 바꾸어 놓은 다음, 좌와 우에 소과와 중부를 첨가하여 아래와 같은 표를 새로 만들었다. 그리고 괘에 자연수 번호를 붙여 놓았다.

1(소과)	2건	3구	4둔	5비	6관	7박	8곤	1(중부)
(4음/2양)	6양/0음	5양/1음	4양/2음	3양/3음	2양/4음	1양/5음	0양/6음	(2음/4양)
(2양/4음)	0음/6양	1음/5양	2음/4양	3음/3양	4음/2양	5음/1양	0양/6음	(2음/4양)

1(소과)	2'건	3'쾌	4'대장	5'태	6'림	7'복	8'곤	1(중부)
0	1	0	0	0	0	0	0	1
0	1	1	0	0	0	0	0	1
1	1	1	1	0	0	0	0	0
1	1	1	1	1	0	0	0	0
0	1	1	1	1	1	0	0	1
0	1	1	1	1	1	1	0	1

도표 7-10. 디지털 이진수에 의한 유취도

소과와 중부를 어느 위치에 둘 것인가가 관심의 핵이다. 다산의 경우, 소과(감위본)를 곤기의 끝에 두었고, 중부(리위본)는 건기의 끝에 두었다. 소과와 중부를 좌우 끝에 배열한 결과 세로 여섯 칸, 가로 아홉 줄이 되었다. 세로가 여섯 칸이면 가로도 여섯 줄이어야 하는데 왜 아홉 줄이 되었는가? 이런 초과에 대한 토론이 아래에서 이어질 것이다. 소과와 중부 두 괘를 두고 '재윤再閏' 또는 '양윤兩閏'이라고 한다. 덤으로 생긴 초과분이란 뜻이다. 이 초과분에 대한 설명이 추이론의 대미를 장식한다. 그리고 다시 위상역을 말할 때에는 두 개의 건기와 곤기에 속한 괘에 각각 자연수로 된 숫자를 양과 음이 증가하는 순서의 방향대로 달 것이다. 〈표 2〉에서는 가로 아홉 줄, 세로 여섯 칸 되는 직각사각형 안에 양(―)은 1로, 음(--)은 0으로 하여 바꾸어 놓았지만, 그 구조는 〈도표 7-9〉와 같다. '유취'란 말 그대로 종류별로 묶는다는 뜻으로, 집합론적 의미를 갖는다. 벽괘를 집합화하는 것을 '유취'라 하고, 연괘를 집합화할 때는 '군분群分'이라 구별한다고 했다.

음획과 양획을 흑백으로 나누고, 가로 아홉 줄, 세로 여섯 칸으로 된 사각형 안에 배열하였다. 건집합은 '건기乾基', 곤집합을 '곤기坤基'라고 한다. 건기는 '강류취剛類聚', 곤기는 '유류취柔類聚'라고도 한다. 건과 곤 이외에 강과 유라는 말을 가져온 것은 시간의 변화 속에 작용을 나타내기 위해서이다.

유취도의 핵심 구조는 획을 요소인 여섯 개의 효와, 부분인 두 개의 괘로 나누었다는 것이다. 이 점이 추이법의 구조를 결정하는 대강이라 할 수 있다. 요소의 집합으로 보아 6획을 연쇄적으로 변화시키는 것과, 6획을 두 개의 부분인 괘로 나누는 것이 상황과 상황의 상태의 차이라 할 수 있다. 이 점을 간과하면 추이법뿐만 아니라 역학 연구의 핵심을 잃는 것이다. 획으로만 볼 때는 음양이 진퇴 소장을 하는 것 같지만(상황), 6획을 세 개씩 두 개의 괘로 나누는 순간(상황의 상황) 그 구조와 의미는 크게 달라진다. 즉, 유취도를 요소로 보았을 때와 부분으로 보았을 때 그 구조적 의미는 아주 다르다. 다산은 6획을 사각형의 상하, 좌우에서 음양이 변하는 것으로 사시의 변화를 관찰했지만, 그 속의 논리적 구조는 간단하지 않다. 그래서 논리적 구조에 대한 선행 연구 없이는 그의 벽괘론을 제대로 이해할 수가 없다.

상하와 좌우, 음양의 가치가 위상학적으로 변함에 따라서 획과 괘는 위대칭과 치대칭을 하게 된다. 이제 위와 치의 대칭이라는 관점에서 획과 괘의 변화 관계를 알아보기로 한다. 6획이란 요소를 두 개의 괘로 나누면, 사각형인 〈도표 7-9〉에서 볼 때 상하에서 세 개의 획으로 갈라져 상하에 한 개씩 두 개의 괘를 만든다. 여기서부터 다산의 추이법 관찰하기가 시작된다. 그러면 다산도 미처 보지 못했던 구조가 나타난다. 즉, 6획을 두 개의 괘로 바꾸는 순간 네 개의 건괘와 곤괘가 내괘와 외괘로 번갈아가면서 위치를 바꾼다. 예를 들어서, 곤기 집합 안에 있는 네 개의 건괘가 하괘로 되지만(건, 쾌, 대장, 태), 건기 집합에서는 그것들이 상괘로 된다(구, 둔, 비). 반대로 건기 집합에서는 네 개의 곤괘가 하괘로 되지만(곤, 박, 관, 비), 곤기 집합에서는 상괘가 된다(복, 림, 태). 건과 곤은 자기 자신이 상이 되기도 하고 하가 되기도 한다. 이런 자기언급성 때문에 건과 곤을 제외한 것으로 벽괘를 삼으려고 한다. 그러한 결과 10벽괘론이 나온다. 이는 자기언급이 역설을 조장하기 때문에 피하려는 하나의 시도라 할 수 있다. 즉, 이것이 우번과 주자의 주장이라 할 수 있다.

〈도표 7-10〉으로 몇 가지 추이법의 원리를 확인하면 다음과 같다. '제1원리'는 두 근기에 해당하는 원리이다. 벽괘를 두 개의 음집합과

양집합으로 나누고(유취), 전자를 '건기', 후자를 '곤기'라고 한다. 음집합은 건(6양0음)에 뿌리를 두고 있고, 양집합은 곤(6음0양)에 뿌리를 두고 있기 때문이다.

'제2원리'는 상·하괘의 원리에 해당한다. 이는 6획을 3획씩 두 부분으로 나누는 원리이다. 상괘는 외괘이고 하괘는 내괘이다. 건괘와 곤괘가 각각 네 번씩 하괘가 되고, 네 번씩 상괘가 된다. 이렇게 하여 생겨난 것이 14벽괘이다. 건이 네 번 하괘가 된 것은 태, 대장, 쾌, 건이고, 네 번 상괘가 된 것은 건, 구, 둔, 비이다. 곤이 네 번 하괘가 된 것은 비, 관, 박, 곤이고, 네 번 상괘가 된 것은 곤, 복, 림, 태이다. 여기서 건과 곤과 태와 비는 두 번 반복된다. 왜냐하면 중괘인 건과 곤은 상하를 뒤집어도 모양이 같고, 태와 비의 상하 단괘는 건과 곤으로서 같기 때문이다. 그래서 모두 열여섯 개의 중괘가 나오지만, 중복되는 것을 빼면 열두 개가 된다.

'제3원리'는 6획들의 연쇄에 관한 법칙이다. 중부와 소과를 제외한 12괘에서 건괘와 곤괘는 상괘와 하괘가 된다. 6획을 기준으로 한 연쇄 관계를 볼 때, 곤기는 초획부터 상획까지 여섯 개의 획들이 연쇄적으로 양으로 변해야 한다. 건기는 초획부터 상획까지 여섯 개의 획들이 연쇄적으로 음으로 변해야 한다. 초획은 해당 근기와는 반대 가치를 가지면서 연쇄적으로 이어지는 상·하획끼리는 가치가 같아야 한다. 두 개의 소성괘를 기준으로 하여, 소성괘로서 건과 곤을 상·하괘로 번갈아가며 바꿀 때마다 다른 괘들은 건과 곤에 반드시 가치가 연쇄된다. 그리고 4획, 5획, 상획의 순서로 음양 가치가 연쇄적으로 변하면서 일관성을 유지해야 한다. 그러나 중부(110011)와 소과(001100)는 상·하괘 모두가 건과 곤이 아니고, 이런 연쇄의 규칙을 따르지 않는다.

벽괘와 위대칭과 치대칭의 문제

〈도표 7-9〉의 유취도에는 세 가지 대칭이 있다. 첫째는 곤기와 건기의 대칭이라 할 수 있다. 두 개의 근기를 두 개의 대각선으로 나누는 대칭과, 가치의 대칭인 음양 대칭이 들어 있다. 사각형은 세로 여섯 줄과 가로 일곱 칸으로 되어 있다. 줄보다 칸이 하나 더 많다. 그것은 근기 자체에 해당하는 건과 곤이 첨가되었기 때문이다. 그래서 직각사각형이며 대각선도 둘이다. 근기 각각은 6×6으로 된 정사각형이지만, 두 개의 근기를 합하여 놓으면 6×7으로 된 직각사각형이다. 두 근기 대칭은 음과 양, 그리고 상하, 좌우, 전후를 포괄하는 대칭이다. 여기서 만약에 중부와 소과를 넣어 사각형을 만들면 6×9가 됨을 지적해 둔다.

칸토어의 대각선 논법은 수를 정사각형 안에 배열한 것이 전부였다. 수를 역과 같이 두 개의 근기로 나누지 않았기 때문이다. 두 개의 근기로 나누면 건기의 무한과 곤기의 무한이 가능해지고, 이 두 무한이 석합보공 한다는 것을 몰랐다. 그러면 n과 n+1의 1 대 1 대응을 시키면 1이 바로 추가분이다. 이 추가분은 다름 아닌 건기에 대한 곤기 자체이고, 곤기에 대한 건기 자체이다.

건기와 곤기 대칭 이외에 사각형 안에 있는 상하 대칭과 좌우 대칭을 확인한다. 특히 좌우 대칭은 태/비를 중앙 축으로 하여 나누어지는데, 이는 획이 증가하는 방향에 따른 대칭으로서, 차원의 대칭과 같은 것이다. 좌우 대칭 관계에 있는 괘끼리는 태/비괘를 축으로 하여 위·치 대칭을 한다. 좌우와 상하 대칭은 어느 근기에서 보느냐에 따라서

상대적이다. 좌우와 상하가 같은 간격의 차원에 있는 대칭을 특히 '정
대칭'이라고 한다. 그래서 복의 상·하 정대칭은 박으로 위대칭이고,
좌·우 정대칭은 쾌로 위대칭이다. 복의 정대칭상의 대각선 대칭은 구
이다. 대각대칭은 치대칭이다. 그래서 구와 복은 치가 모두 정반대이
다. 정대칭이 아닌 대칭은 획이 증가하는 차원의 차이 때문에 다양해
질 수 있다. 여기서는 정대칭상의 괘만으로 아래와 같이 〈도표 7-11〉
을 만들었다.

도표 7-11. 12벽괘의 세 대칭 관계표

벽괘 \ 대칭	위대칭	치대칭	위·치 대칭
곤/건	곤/건	건/곤	건/곤
복/구	박/쾌	구/복	쾌/박
림/둔	관/대	둔/림	대/관
태/비	비/태	비/태	태/비
대/관	둔/림	관/대	림/둔
쾌/박	구/복	구/쾌	북/구
건/곤	건/곤	곤/건	곤/건
소과/중부	소/중	중/소	중/소

〈도표 7-9〉의 12벽괘 진퇴소장도 사각형을 〈도표 7-11〉과 비교해
본다. 어느 한 괘를 중심으로 사각형의 상하, 좌우, 그리고 근기의 대칭
을 살핀다. 다시 말하면, 두 근기란 '치대칭'(음양 대칭)이고, 사각형의
상하는 위대칭이고, 태비를 중앙으로 한 좌우 대칭은 위·치 대칭이
다. 그리고 두 개의 근기 대칭에서 대각선상에 있는 대칭은 치대칭이
다. 위대칭은 두 근기 사이의 대칭이고, 위·치 대칭은 같은 근기 안에

서 본 좌우 대칭(태비를 중앙으로 한)이다.

예를 들어서, 사각형의 하·우측에 있는 복괘(☷)의 위대칭은 사각형의 정상에 있는 박이고, 치대칭은 복과 반대 근기(건기), 그리고 대각선상의 대칭에 있는 구이고, 위·치 모두의 대칭은 같은 근기 안에서 좌우 대칭에 있는 쾌이다. 위대칭은 괘의 상하를 180도 뒤집은 것이고, 치대칭은 음양의 가치를 반대로 한 것이고, 위·치 대칭은 180도 뒤집은 다음 가치를 반대로 하는 것이다.

대각선 논법 6대 요소라는 관점에서 보면 치대칭은 반가치화이고, 위대칭은 반대각선화이다. 반가치화란 음이 양이 되고 양이 음이 되는 것이기 때문에, 그것이 치대칭인 것은 그 개념이 분명하다. 그러나 위대칭이 반대각선화인 것은 여기서 설명할 필요가 있다. 대각선이란 가로(상괘)와 세로(하괘)의 사상인데, 대각선이 가로나 세로가 되면 가로가 세로가 되고, 세로가 가로가 되기 때문에 이는 반대각선화이다. 사각형에서 볼 때, 복과 구는 서로 대각선 대칭의 자리에 있다. 두 괘는 음양의 가치가 모두 반대이다. 그런데 구를 위대칭 시키면 그것이 쾌이다. 쾌는 복과 위와 치의 대칭이 모두 반대이다. 그리고 복과 구는 정확하게 가로 대칭이 된다. 이는 대각선이 반대각선화 되었음을 의미한다. 반대각선화란 대각선이 다시 가로가 되는 것이기 때문이다.

〈도표 7-11〉과 같은 대칭표를 만든 궁극적 목적은, 소과와 중부가 벽괘로 편입될 수 있는가를 알아보기 위해서이다. 대칭 관계로 볼 때 이 표 안에는 크게 두 종류의 괘가 들어 있다. 하나는 위와 치와 위·치 대칭을 하여도 변하지 않는 괘(건/곤, 태/비, 소과/중부)이고, 다른 하나는 변하는 괘(복/구, 림/둔, 대/관, 쾌/박)이다. 앞의 경우가 문제이다. 곤/

건의 위대칭은 곤/건으로 동이고, 치대칭은 건/곤으로 부동이고, 위·치 대칭은 건/곤으로 부동이다. 이렇게 동과 부동 관계표를 만들어 보면 아래와 같다.

도표 7-12. 대칭의 동과 부동표

	위대칭	치대칭	위·치대칭
곤/건	동	부동	부동
태/비	부동	부동	동
소과/중부	동	부동	부동

치대칭은 모두 부동이고, 위대칭과 위·치 대칭은 동/부동/동에서 부동/동/부동이란 규칙성을 보인다. 다시 말해서, 위대칭과 위·치 대칭에 서는 동-부동, 부동-동, 동-부동과 같이 동·부동의 반대 일치 현상을 보인다는 것이다.

우리는 여기서 소과와 중부가 위와 치대칭에서 다른 벽괘와는 다른 구조를 갖는 것을 발견하며, 특히 소과/중부 양윤괘가 곤/건과 대칭 구조가 같음을 발견한다. 위대칭과 치대칭, 그리고 위·치 대칭 관계에서 곤/건과 동일하다는 것이다. 그런데 건/곤은 거기서 근기가 되어 거기서 다른 벽괘들이 나왔지만, 작용을 가능하게 하는 작용을 하지는 못한다. 그러나 두 양윤괘는 대장-둔과 관-림괘와 승상접하 하면서 지도리를 치는 작용을 할 수 있다. 즉, 추요樞要가 되어 이 양윤괘가 없으면 선회와 착종을 할 수 없게 된다.

건·곤 근기와 건·곤 괘로 본 중부와 소과

다산이 중부와 소과를 벽괘로 편입시킬 수 있었던 이유를 설명하는 것이 추이론의 핵심 과제라 했다. 다산은 중부와 소과가 벽괘가 되는 이유에 대하여 더 분석적인 설명을 하지는 않고 있다. 벽괘의 생, 장, 성의 순서로 볼 때 중부와 소과는 어디에 넣을 것인가? 과연 두 양윤괘는 명괘인가 물건인가? 두 괘가 벽괘가 이렇게 제기된 문제와 함께 양윤괘를 중심으로 유취도의 논리적 구조를 재점검해 보면 다음과 같다.

도표 7-13. 건곤 근기표

0	1	0	0	0	0	0	0	1
0	1	1	0	0	0	0	0	1
0	1	1	1	0	0	0	0	1
0	1	1	1	1	0	0	0	1
0	1	1	1	1	1	0	0	1
0	1	1	1	1	1	1	0	1

중부와 소과의 구조를 파악하기 위해서 건·곤기(도표 7-13)의 구조를 이진수 형식으로 바꾸어 표시해 본다. 사각형의 가로는 여섯 줄, 세로는 일곱(둘) 칸으로 한다. 짝짝이 현상이 생겼다. 이 짝짝이 현상이 주 관심사가 된다. 두 근기의 건곤을 표 속에 넣어 세로 아홉 칸이 되도록 하였다. 두 근기 자체를 세로 칸으로 하여 해당 근기에 넣었다. 근기는 괘가 만들어지는 바탕인데, 하나의 괘로 포함包含된다는 말이

다. 곤기는 왼쪽 곤기 끝에 건기는 오른쪽 건기 끝에 넣는다. 이들은 점선으로 하여 실선과 구별한다. 그래서 점선 안은 사실상 건곤 두 기의 바탕인데 괘가 되었다. 괘가 없이, 위치만 있는 '가위'이다. 대각선 논법으로 가위가 만들어지는 경위를 알아보면 다음과 같다.

가위는 근기 자체를 괘로 변화시켜 그것을 세로 칸의 좌우에 넣는 것이다. 다시 말해서, 건괘는 곤기 안에 넣어 왼쪽에, 그리고 곤괘는 건기 안에 넣어 오른쪽에 추가하여 가위를 만들었다. 가위에 근기 자체에서 변해 온 건곤 두 괘가 들어간다는 말이다. 그러면 6×9의 새로눈 직사각형이 만들어진다. 다음은 이 새로운 직사각형 안에서 새롭게 6×6의 정사각형을 만든다.

〈도표 7-13〉은 가로 여섯 줄, 세로 일곱 칸으로 직사각형이지만, 곤기와 건기 자체는 막상 가로 여섯 줄, 세로 여섯 칸이다. 이 말은 각각 정사각형이다. 그래서 두 개의 정대각선이 가능하다. 곤기 대각선은 000000이고, 건기 대각선은 111111이다. 이 둘을 반대각선화와 반가치화를 하면 000000과 111111이 된다. 이 논리가 바로 두 근기를 세로의 가위에 배열된 논리이다. 이렇게 하여 6×9의 새로운 직사각형이 만들어졌다. 이제 두 근기를 세로로 하는 것을 반드시 포함하는 6×6에 의한 새로운 정사각형을 만들고, 거기에 대각선 논법을 적용해 보기로 한다. 새로운 정사각형은 반드시 점선으로 된 가위를 포함해야 하기 때문에, 〈도표 7-13〉에서 보는 바와 같이 좌우에 두 정사각형이 새로 생긴다. 정사각형이 되어야 대각선 논법을 적용할 수 있다.

〈도표 7-13〉 자체의 직사각형 안에서 위와 치의 대칭 관계를 알아보자. 중심 가로선을 기준으로 하여 상하 관계를 뒤집으면 위대칭이 된

다. 예를 들어서, 복(000-001)을 뒤집은 것이 박(100-000)이고, 림(000-011)을 뒤집은 것이 관(110-000)이다. 뒤집어도 변하지 않는 것은 건과 곤괘이다. 이는 치대칭을 그대로 보여준다. 다시 말해서, 치대칭은 사각형의 상하에서 대칭을 하고 있다.

이번에는 중심 세로선을 기준으로 하여 좌우를 마주 붙여서 원기둥을 만든다. 곤기의 정대각선은 111111이고, 건기의 그것은 000000이다. 이를 반가치화하면 '000000'과 '111111'이다. 이것이 다름 아닌 두 근기가 만들어지는 원리이다. 두 근기에서 정대각선에 해당하는 것을 반대각선화와 반가치화를 하면 해당하는 근기가 된다. 역설적이게도 곤기에서 건괘가, 건기에서 곤괘가 나온다.

이것이 칸토어를 그렇게도 괴롭혔던 문제이다. 수 안에 있는 두 개의 기를 그는 몰랐던 것이다. 우리도 만약에 역이 이런 기법을 말해 놓지 않았으면 칸토어와 같이 정신질환에 걸리고 말았을 것이다. 그래서 근기는 해당 기의 대각선을 반가치화와 반대각선화한 것임을 알 수 있다. 이 근기에서 사각형 안의 모든 괘들과 괘들의 획이 만들어져 나온다. 그렇다면 칸토어의 대각선 논법은 다름 아닌 근기로서의 건과 곤과, 괘로서의 건과 곤의 이중화 문제임을 알게 된다. 그러나 지금까지 역을 연구해 온 학자들마저도 이 둘 사이의 문제성을 지적하지 못하였다.

다음은 〈도표 7-13〉 안에서 중부와 소과괘를 어떻게 발견하고 이해할 것인가? 먼저 중부는 '2양-2음-2양'이고, 소과는 '2음-2양-2음'으로, 전자는 2음4양이고 후자는 2양4음이다. 그런데 이러한 형태를 갖는 중부와 소과 두 괘는 〈도표 7-13〉 안에서는 발견되지 않는다. 새로 만들어진 두 가위를 세로로 포함한 정사각형은, 두 개의 근기를 다 아우르는 것이 특징이다. 그런데 중부와 소과괘는 세로에서 막상 발견되지 않는다. 동형인 대장과 둔, 그리고 림과 관은 발견되는 데 말이다. 그러나 대각선 논법의 요소들 가운데 반대각선화와 반가치화를 적용하면 중부와 소과를 찾아낼 수 있다. 그리고 중부는 대장-둔을, 소과는 림-관을 매개하는 이유도 알게 될 것이다.

먼저 왼쪽에서 만들어진 정사각형에서 부대각선은 001110(우상에서 좌하로 향하는)이고, 오른쪽에서 만들어진 부대각선은 100011(우상에서 좌하로 향하는)이다. 위·치 대칭을 동시에 한다는 말이다. 상하 위도 음양 가치도 모두 반대이다. 다음 순서는 이 두 정대각선을 반대각선화와 반가치화 시켜 A001110-100011B로 연관 짓는다. 다음은 A와 B를 서로 연결하여 고리를 만든다. 제3의 차원이 가미되었다. 그러면 다음과 같이 된다.

중부괘

B100011 - 001110A

소과괘

도표 7-14. 중부괘와 소과괘의 대칭표

드디어 중부괘와 소과괘가 제 모습을 드러냈다. 〈도표 7-9〉의 유취도(벽괘소장도) 가운데서는 발견할 수 없었지만, 가위를 만들고 새로운 정사각형을 만들어 거기서 부대각선을 뽑아 반대각선화와 반가치화를 거친 결과, 중부(2음4양)과 소과(2양4음)을 발견해 낼 수 있다. 한 가지 중요한 사실은 새로 생겨난 두 개의 정사각형은 두 근기를 모두 아우르고 통과한다. 이 말은 중부와 소과는 두 근기를 조화 합일시키는 역할을 한다. 그래서 〈도표 7-14〉에서 보는 바와 같이 중부와 소과괘의 6획 가운데 건기와 곤기에 혼합된 것을 발견할 수 있다. 두 부대각선 가운데 끼여 있는 000111과 111000은 바로 비와 태괘에서 의미심장하다 할 수 있다.

이러한 두 괘의 특성 때문에 같은 형태를 갖는 대장-둔과 림-관괘가 연출된다. 이 문제는 아래에서 거론할 현대 수학의 순열치환과 연관이 될 만큼 중요하다, 그렇다면 중부괘는 두 근기 사이에서 매개자 역할을 한다는 것을 알 수 있다. 이렇게 두 근거를 왕복하며 중부와 소과가 매개자 역할을 하는 이유는 다름 아닌 새로 만들어진 정사각형의 경우, 두 근기를 대각선을 기준으로 하여 아우르기 때문이다.

지금부터 우리의 관심사는 당연히 대장-둔과 관-림에 쏠릴 수밖에 없다. 대장과 둔, 관과 림 사이의 위와 치, 그리고 위·치 대칭 관계를 알아보면 다음과 같다.

001111(대장), 110011(중부), 111100(둔)
110000(관),   001100(소과), 000011(림)

위 여섯 개의 괘는 모두 2음4양이 아니면 2양4음으로 동형끼리이다. 즉, 대장, 중부, 둔은 2음4양으로 동형이고, 관, 소과, 림은 2양4음으로 동형이다. 그러나 괘상의 이름은 다 다르기 때문에 동형이상이다. 여기서 우리는 괘의 형태와 상태를 구별할 필요가 있다. 즉, 음양의 개수가 같은 것을 두고는 형태形態가 같다고 하여 '동형'이라 한다. 동형이라고 해서 상이 같지는 않다. 위에서 본 바와 같이 획의 음양 개수는 같으나, 획이 있는 위치에 따라서 상이 달라진다. 그래서 {대장, 중부, 둔}과 {관, 수과, 림}은 동형 이상끼리 한 집합을 만든다. 그런데 중부와 소과는 다른 두 괘를 매개하는 것으로의 기능이 다르다. 결국 우리의 관심사는 다시 중부와 소과로 돌아올 수밖에 없다.

소과 · 중부와 순열치환의 논리

6획을 세 등분하여 이를 a, b, c라고 하자. 다산과 정확히 같은 시대에 살았던 유럽의 수학자 루피니 Paolo Ruffini, 1765~1822와 라그랑쥐 Joshep-Louis Lagrange, 1735~1813는 1801년에 순열치환 permutation의 문제를 다루었다. 중부와 소과가 대장-둔과 관-림이 갖는 관계가 바로 순열치환의 문제이기 때문에 여기서 소개하려 한다.

먼저 6획을 두 개씩 세 등분하여 a, b, c라고 할 때, a, b, c로서 만들 수 있는 순열치환의 수는 abc, acb, bac, bca, cab, cba의 여섯 개이다. 만약에 본래의 a, b, c를 다시 정열할 때 하나의 규칙을 정한다면, 그 규칙이란 '정열 순서를 역으로 하기reverse the order'이다. 그리고 이 규칙을 어느 정열 목록에도 다 적용해 보라는 것이다. 예를 들어 b, c, a에다 이 규칙을 적용하면 순서가 거꾸로 되어 a, c, b가 된다. 이 규칙에 해당하는 것이 다름 아닌 역의 위대칭이다.

b, c, a의 위를 180도 거꾸로 돌리면 a, c, b가 된다는 말이다. 루피니는 b, c, a의 위대칭이 a, c, b가 되자면 c, b, a×b, c, a=a, c, b와 같은 공식이 성립해야 한다고 한다. c, b, a에서 b와 c의 위치를 반대로 하면 b, c, a가 되고, b, c, a를 위대칭 시키면 a, c, b가 된다. 이것이 위 공식을

읽는 방법이다. 이와 같은 위치를 거꾸로 하는 데 어떤 과정이 있어야 하는데, 이것이 문왕 64괘 배열법뿐만 아니라 다산의 벽괘론과 관계있다는 것이다. 결론적으로 말하면, 이 공식은 중부와 대장과 둔괘와의 관계를 설명하는 데 더 없이 도움이 된다. 이 괘들은 서로 승상접하를 하고 있기 때문에 위 공식을 승상접하에 해당하는 공식이다.

아래에 순열치환을 설명하는 두 그림이 있다. 즉, abc, cba, bca는 순열치환하는 그림이다.(Stewart, 2007, 82)

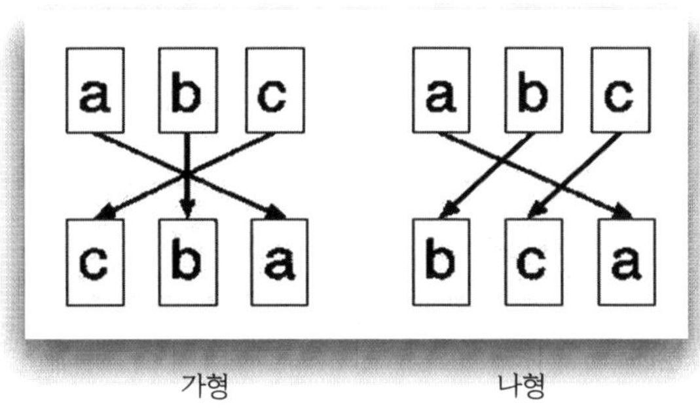

도표 7-15a. 상징 abc의 순열치환도

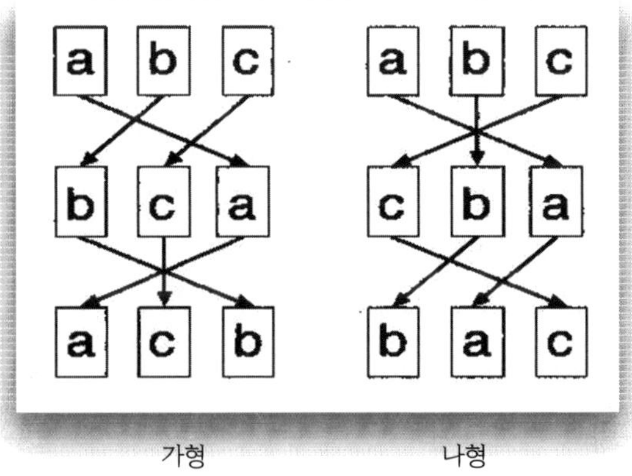

도표 7-15b. abc의 중복 순열치환

왼쪽 그림을 '가'형, 오른쪽 그림을 '나'형이라고 할 때, '가'형은 오른쪽으로, '나'형은 왼쪽으로 옮긴다. 옮긴 다음에 화살표는 '나'형에 '가'형의 것을, '가'형에는 '나'형의 것으로 바꾸어 적용한다.

〈도표 7-15a〉는 2단이고, 〈도표 7-15b〉는 3단이다. '가'형과 '나'형이 서로 교차되어야 bca의 위를 역으로 바꾸어 acb가 될 수 있다. 이러한 순열 치환도를 중부괘에 적용하면 다음과 같다. 중부괘 110011를 아래와 같이 abc로 삼등분하자.

도표 7-16. 중부와 소과의 3단계표

1단	11	00	11(중부)	11	00	11(중부)
	a	b	c	a	b	c
2단	00	11	11(대장)	11	00	11(중부)
	b	c	a	c	b	a
3단	11	11	00 (둔)	00	11	11(대장)
	a	c	b	a	c	b
		가형			나형	

위의 〈도표 7-16〉을 통하여 대장과 둔 사이에서 중부가 어떤 작용을 하는지 분명하게 알 수 있다. 즉, 그것은 순열 치환도를 통하여 그 구조가 구체적으로 알려진 것이다.

루피니의 bca가 180도 전도되어 acb로 되는 방정식을, 특특비상지례괘에 속하는 중부에 적용해 보자. 그러면 cba(중부) X bca(대장)=acb(둔)와 같이 표시된다. 그 반대는 bca(대장) X cba(중부)=bac(대장)와 같다. bca(대장)에서 그것과 위대칭 관계에 있는 acb(둔)와 연관을 맺는 과정에 cba

(중부)가 필수적으로 요구된다. cba 없이는 대장이 둔과 서로 관계를 맺을 수 없음을 의미한다. 다산이 말한 승상접하라는 말이 이렇게 간명하게 이해될 수는 없을 것이다. 루피니의 틀 속에 소과괘 001100를 넣을 때도 똑같은 결론을 이끌어 낼 수 있다. 다시 말해서, 관과 림이 연관을 맺자면 소과가 필수적이어야 한다. 소과 없이는 관과 림이 연관 관계를 맺을 수 없다. 관과 림은 소과를 통해 승상접하 된다는 말이다. 루피니를 통해서 우리는 소과와 중부의 역할을 알 수 있고, 나아가 대장-둔과 림-관의 관계도 알 수 있다. 다산과 동서양에 따로 산 두 인물이 어떻게 이렇게 사고 발상구조가 같은지 의아할 정도이다.

대장과 관, 둔과 림의 관계는 위와 치대칭을 동시에 하고 있다. 상하를 뒤집은 다음에, 다시 음은 양으로, 양은 음으로 바꾼 것이다. 그리고 중부와 소과의 관계도 위와 치대칭을 동시에 하고 있다. 대략 이러한 관계는 정대각선과는 달리 부대각선상에서 무슨 일이 벌어지고 있는가를 한눈에 보여준다. 그러나 구체화된 구조는 아래 위상역에서 더욱 분명해질 것이다.

두 개의 대각선은 서로 가치가 반대이다. 똑같은 위에 있는 획들이 음(0)과 양(1)이 모두 반대이다. 그렇다면 우리는 위에서 대각선 논법의 6대 요소를 다 확인하였다. 그런데 곤기와 건기라는 두 개의 정사각형 안에는 두 개의 다른 대각선이 있다. 그것은 근기 안의 정대각선 111111과 000000으로 연결되는 대각선이 다. 이들은 모두 벽괘에 포함된다. 그렇다면 부대각선도 엄연한 대각선인데, 벽괘에 포함 안 될 아무런 이유가 없다는 결론에 이른다. 그렇다고 벽괘에 포함시킬 때, 위에서 말한 세 원리에 모두 저촉된다는 데 문제가 있다. 이러한 이유로

A → (음증가방향) B

건	구	돈	비	관	박
1	0	0	0	0	0
1	1	0	0	0	0
1	1	1	0	0	0
1	1	1	1	0	0
1	1	1	1	1	0
1	1	1	1	1	1
건	쾌	대장	태	림	복

C ←(양증가방향) D

도표 7-17. 곤기 이진수표

다산은 두 양윤괘를 벽괘로 포함시키는 변으로 '특특비상지례'라고 한다. 그리고 '부득불'이라고까지 한다. 다시 다산은 "4시의 괘를 경방은 12벽괘라 했는데, 이제 그것에 견주어 건·곤 두 괘를 제외하고 재윤지괘를 취하여 12벽괘를 채운다"(《주역사전》, 괄례집)고 한다.

다시 정리해 보자. 〈도표 7-17〉에서 곤기 정대각선인 111111를 반대각선화하고 반가치화하면 000000이고, 이것은 건기 안에 있는 한 부분으로서의 곤괘이다. 건기 대각선인 000000을 반대각선화하고 반가치화하면 111111이고, 이것은 곤기 안에 있는 한 부분으로서 건괘이다. 그렇다면 해당 집합의 대각선을 반가치화하고 반대각선화한 것이 그

집합의 부분인 괘들 가운데 하나가 된다. 가위에 배열하는 것이란 바로 반가치화와 반대각선화의 결과물이다. 이는 칸토어의 대각선 논법이란 시각에서 보았을 때 중대한 의미를 갖는다. 칸토어의 대각선 논법의 큰 흠이 발견되었다. 그는 수를 두 개의 근기로 나누지 않았다. 수를 음과 양으로 나눌 줄 몰랐기 때문이다. 자연수를 직선으로 나열한 결과 연속체 가설의 문제에 직면하였다. 그는 고작 서양 수의 정의에 따라서 실수를 유리수와 무리수로 나누는 정도밖에는 수를 이해할수 없었다. 그러나 역은 수를 음수와 양수, 그리고 근기에 따라 건기와곤기 등으로 나눔으로써 집합과 멱집합에서 발생하는 역설을 감지하고 그 해의를 모색했던 것이다. 역설은 근기 자체가 괘로 되는 데서발생한다. 우번과 주자는 되지 못하게 하고, 다산은 부득불 될 수밖에없다고 한다.

그래서 벽괘론 문제는 근기론에 있다. 그러나 다산의 추이론을 논하는 논자들 가운데도 근기의 문제는 간과하고 지나간다. 그 이유는 동양에서는 수를 음과 양으로 나누는 것이 다반사이고 통례적이라고 한때문이다. 그래서 다산의 유취론은 대각선 논법의 6대 요소 없이는 이해 불가능하다. 근기 안의 정대각선 111111과 000000은 양과 음이 증가하는 방향에서 서로 반대이다. 정대각선에서 그 향하는 방향이 반대인 것(우하에서 좌상으로 향하는 것)을 역대각선화라고 한다. 이것은 대각선 논법 6대 요소에 추가되는 것이다. 만약에 칸토어가 이 역대각선화라는 제7의 요소를 알았더라면 역사는 달라졌을 것이다. 두 개의 근기인 강류취와 유류취(도표 7-9)가 갖는 관계는 위상학적 구조를 통해서 아래와 같이 분명히 밝혀진다. 그리고 또 다른 요소로 '부대각선화'

를 첨가하지 않을 수 없다.

6획을 abc로 3등분할 때 위에서는 중부 110011을 예로 들었다. 그러나 그것은 하나의 예에 불과하다. 후대 갈로스 같은 수학자는 순열치환을 더 발전시켜 일람표를 만들었다.(Stewart, 2007, 112) 이를 '갈로스 일람표'라고 한다. 위에서 말한 여섯 가지 가능성을 중부와 소과에 국한시킬 필요는 없다는 것이다. 건기 안의 여섯 개 구, 둔, 비, 관, 박, 곤과 곤기 안의 여섯 개 복, 림, 태, 대장, 쾌, 건에 모두 적용할 수 있다. 그러나 건기 안의 곤괘와 곤기 안의 건괘는 어떤 경우에도 변화를 가능하게 할 수 없다. 그 이유를 알아보자. 갈로스 일람표에 두 개의 근기를 적용해 보면 아래와 같다. 적용할 때 한 가지 규칙은 여섯 개의 획을 두 개씩 3등분하여 등분 하나하나에 a, b, c와 1 대 1 대응을 시키는 것이다. 예를 들면, 다음과 같다.

$$\underline{00 \ / \ 00 \ / \ 01}(복)이나\ \underline{00 \ / \ 11 \ / \ 00}(소과)\ 등$$
$$a\quad b\quad ca\quad b\quad c$$

〈도표 7-18〉에서 '복'은 복괘를, '소'는 소과를, '중'은 중부를, '대'는 대장을 의미한다. 여기에서는 문제가 되는 대장과 둔, 림과 관괘만 표시하였다.

이를 두고, 다산은 유취에 대하여 '군분'이라고 한다. 군분이란 벽괘를 명패로 삼아 물건괘인 50연괘를 연출해 대분류하는 것을 말한다. 다산은 이렇게 집합론적 사고에 철저했다. 군분을 하는 기준은 위에서 말한 벽괘 3원리에 따라서 6획을 a, b, c로 3등분 한 다음, 여섯 가지 승법의 가능성을 적용하여 표를 만든 것이다. 〈도표 7-18〉을 읽는 방

도표 7-18. 건기와 곤기의 대칭변화표

건기

I=abc	000001복	000011림	000111태	001111대	011111쾌	111111건
R=acb	000100	001100소	001101	001111대	011111	111111
Q=bac	000001	000011림	010011	110011중	110111	111111
V=bca	000100	001100소	011100	111100둔	111101	111111
U=cab	010000	110000관	111101	110011중	110111	111111
P=cba	010000	110000관	110100	111100둔	111101	111111

곤기

I=abc	111110구	111100둔	111000비	110000관	100000박	000000곤
R=acb	111011	110011중	110010	110000관	100000	000000
Q=bac	111110	111100둔	101100	001100소	001000	000000
V=bca	111011	110011중	100011	000011림	000010	000000
U=cab	101111	001111대	001110	001100소	001000	000000
P=cba	101111	001111대	001011	000011림	000010	000000

법은 곤기의 경우 I=abc가 기준이 되어 세로줄 구, 둔, 비, 관, 박, 곤 줄 아래를 RQVUP의 순서로 abc를 변화시켜 나가는 것과 같다. 이렇게 벽괘를 분류하는 것을 유취라 한다면, 벽괘에서 다른 연괘들을 분류하는 것은 '군분'이라고 한다는 것이다. 군분에서 앞으로 말할 50연괘가 생겨 나온다. 〈도표 7-18〉에서 보는 바와 같이 다른 곳에서는 벽괘가 생겨나지 않았지만 abc가 림과 대장인 경우(건기)와 둔과 관인 경우(곤기) 두 곳에서는 네 개의 벽괘가 생겨난다. 즉, 건기 안의 림abc(000011)에서는 관cab(110000)이, 대장abc(001111)에서는 둔bca(111100)이, 아래 곤기 안의 둔abc(111100)에서는 대장cab(001111)이, 관abc(110000)에서는 림bca(000011)이 각각 연출된다. 그런데 건기 안에서는 소과가, 곤기 안에

서는 중부가 이들 네 개의 괘가 생겨나도록 하는 데 촉매 역할을 한다. 그래서 중부와 소과는 중앙에서 승상접하시키는 역할을 한다.

그런데 문제는 곤·기 안의 림은 소과와, 대장은 중부와 승상접하를 하고, 거기 안의 듀은 중부와, 관우 소과와 승상접하를 한다는 것이다. 여기서 다산은 묻는다. 관과 림, 대장과 둔은 벽괘가 되는데, 왜 중부와 소과는 벽괘가 될 수 없는가? 일관성을 가지고 승법을 적용해서 위와 같은 일람표(도표 7-17, 7-18)를 만들었는데, 똑같은 세로줄 안에 들어 있는 중부와 소과만 제외할 이유가 무엇이냐이다. 그럴 수는 없다는 것이다. 부득불이라도 중부와 소과를 벽괘 취급을 해야 한다. 이렇게 우리는 위 일람표를 통해서도 중부과 소과를 벽괘에서 제외할 수 없다는 당위성을 갖게 된다. 그러나 이러한 당위성에도 소과와 중부는 벽괘가 되는 3원리를 갖추지 못한다. 이러한 특별한 경우를 두고서 다산은 '특특비상지례'라고 했다. 여기서 내릴 수 있는 보편적 결론은 중부와 소과가 다른 벽괘와 연속적이면서도 비연속적이라는 것이다. 이것이 칸토어 대각선 논법의 연속체 가설의 문제와 연관이 되는 부분이다. 이제 우리는 위상학을 통해서 소과와 중부가 연속성과 비연속성이 되는 이유를 가시적으로 관찰하게 될 것이다.

7.4. 위상학으로 본 벽괘론

다시 1부에서 다룬 수역으로 돌아와, 상징기호를 통해 여러 대칭 관계를 알아보자. 수역에서 말하는 네 가지 대칭 관계를 요약하면 다음과 같다.

1. 자기가 자기 자신과 대칭을 만드는 자기 대칭인 □
2. 자기와 위대칭인 ◇
3. 자기와 치대칭인 ▣
4. 자기와 위·치대칭인 ◈

그렇다면 복괘를 중심으로 생각할 때 복과 박은 위대칭인 ◇이고, 복과 구는 치대칭인 ▣이고, 복과 쾌는 위·치 대칭인 ◈이다. 여기서 중부와 소과를 모태괘라 한다. 그리고 마름모 안의 흑점을 추가로 넣는다. 중부와 소과는 위·치 대칭을 대각선 대칭에서 하고 있다. 위·치 대칭을 하는 괘는 네 쌍이지만, 그 가운데 이·대과와 중부·소과는 대각대칭을 함께하는 특징이 있다. 이 점을 중점적으로 보게 될 것이다.

12벽괘와 위상역

위상학적 구조를 밝히기 위해서 위에서 말한 '제3원리'에 의해서 〈도표 7-6〉 유취도 사각형을 〈복희8괘도〉 속에 넣어 원도로 바꾸는 작업을 먼저 해야 한다. 사각형을 원으로 바꾸고 두 개의 근기가 원둘레에서 순환 방향이 반대가 되도록 한다. '제3원리'는 6획의 연쇄에 관한 법칙이다. 중부와 소과를 제외한 12벽괘에서 건과 곤괘는 상괘와 하괘가 된다. 이는 건과 곤이 상과 하에서 명패가 된다는 말이다. 이때 명패에 딸리는 물건괘는 건괘나 곤괘와 그 음양 가치가 연쇄적이어야 하는데, 여기서 개수가 0개인 연쇄(태, 비), 1개인 연쇄(관, 림, 대장, 둔), 2개인 연쇄(박, 복, 쾌, 구), 3개인 연쇄(건, 곤)의 네 종류가 있다. 여기서도 중부와 소과는 예외이다. 이러한 '제3원리'를 알아보기 쉽게 도상으로 나타내면 아래 〈도표 7-19〉와 같다. 〈도표 7-19〉는 앞 〈도표 7-9〉를 원 안에 나타낸 것이다. 〈도표 7-19〉에는 '6괘위4시지본급감리양윤지본도'라는 제목이 달려 있다.(박주병, 2002, 397) 8괘를 {건, 태, 리, 진}과 {손, 감, 간, 곤}의 양군으로 나누고, 이를 순역으로 배열한 다음, 건과

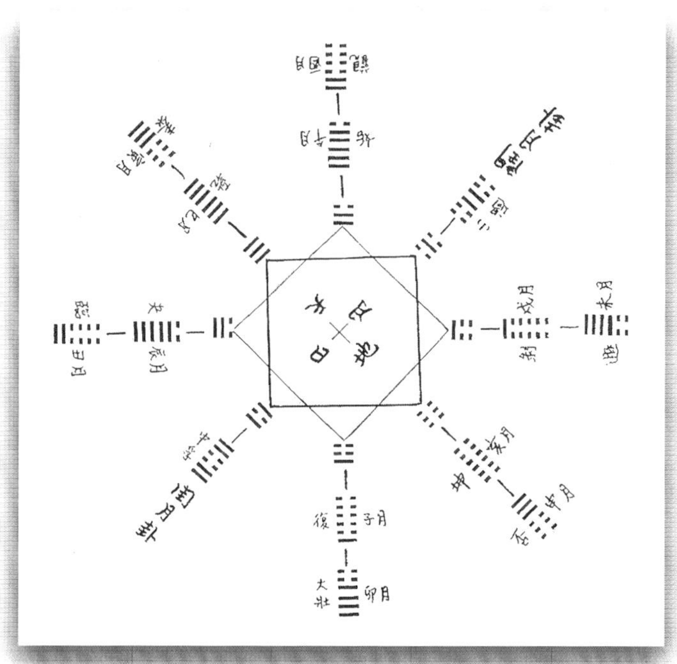

도표 7-19. 6괘위4시본급 감리위 양윤지본도
(박주병; 12벽괘와 대각선 논법의 원 속의 배열법)

곤을 명패로 삼아 한 번은 상괘, 다른 한 번은 하괘로 하여 8괘와 중괘를 만든다.

중앙에서는 사각형 두 개가 중첩되면서 건과 곤은 '천지', 리와 감은 '일월'이란 말이 달려 있다. 사각형의 4방에는 건, 곤, 감, 리가, 다른 사각형 하나의 4방에는 태, 진, 손, 간이 달려 있다. 그리고 두 개의 사각형의 둘레에는 두 개의 곽, 즉, 내곽과 외곽이 둘려 있다. 각 군마다 네 개씩의 괘가 배열되어 있다. 내·외곽에 달려 있는 괘를 보면 다음과 같다.

〈도표 7-9〉과는 달리 〈도표 7-19〉에는 중부와 소과가 들어있다. 벽괘 구실을 중부와 소과가 제대로 하고 있는지 고찰할 차례이다. 그런 의미에서 〈도표 7-19〉의 구조를 파악하는 것은 매우 중요한다. 〈도표 7-20〉에서는 8괘를 명패로 하여 거기에 달리는 도표에 나타난 벽괘들의 상하와 내외의 대칭 관계를 나타낸 것이다. 여기서 감과 리는 대칭 구조가 예외적임을 확인한다.

〈도표 7-9〉 사각형 안의 전후와 상하의 대칭 구조와 〈도표 7-19〉의 관계를 알아보기로 한다. 〈도표 7-19〉는 다산 벽괘의 구조와 양윤 두 괘의 구도를 한눈에 들어오게 한다. 즉, 8괘 단괘 하나는 중괘로서의 건·곤 두 괘와 상하에 번갈아가며 짝을 하면서 한 쌍을 만들어낸다. 그러나 양윤괘에는 건·곤도 없고, 심지어 자기 자신인 감·리 소성괘도 없다. 그러면서 두 근기의 중앙에 위치한다. 서로 마주보는 괘는 치대칭을 한다. 즉, 쾌는 박과, 림은 둔과 치대칭을 한다. 그러나 중부와 소과를 중앙 축으로 하여 좌우 대칭하는 괘끼리는 치대칭과 위대칭을 동시에 위·치 대칭을 한다. 예를 들어서, 중부를 중앙 축으로 하여

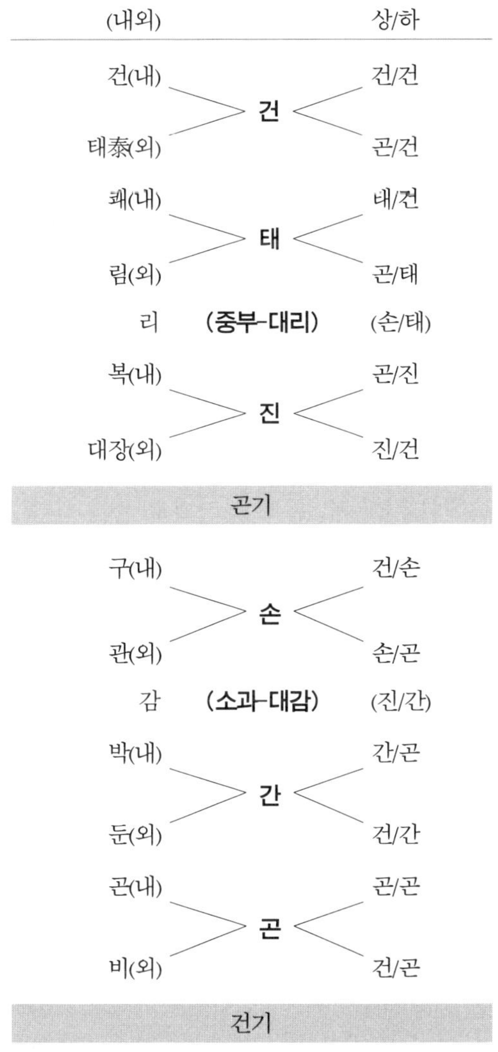

도표 7-20. 벽괘의 8괘의 관계 대칭표

좌우에 있는 쾌와 복은 위를 뒤집고 치도 반대로 해야 된다. 소과를
중앙 축으로 하여 좌우에 있는 구와 박은 위를 뒤집고 치도 반대로

해야 한다. 림과 둔의 관계도 마찬가지이다. 어느 한 괘를 중앙 축으로 삼을 때 1-3획 사이에서 다양한 대칭을 한다. 그러나 중부와 소과만은 그것을 중앙 축으로 삼았을 때 좌우에서 위와 치 두 대칭을 동시에 한다. 이에 대한 의미는 위상학에서 제대로 규명될 것이다.

〈도표 7-9〉 유취도 사각형은 가로와 세로의 방향이 모두 반대이기 때문에 사영평면이다. 사영평면 속에서 괘들이 어떻게 움직이고, 그 가운데 중부와 소과가 어떤 위치에 있으며, 어떤 역할을 하는지 볼 차례이다. 다시 정리하면, 〈도표 7-19〉는 〈도표 7-9〉를 '제3원리'에 따라 다시 그린 도상이다. 〈복희8괘도〉의 건, 태, 리, 진과 손, 감, 간, 곤 두 집합의 구도 속에다 건과 곤 두 괘를 명패로 삼아 한 번은 상괘로, 한 번은 하괘로 하여, 그것에 다른 괘를 물건괘로 달아서 만든 것이다. 그래서 건과 곤은 자신이 명패도 되고 물건도 된다는 점에 유의해야 한다. 건과 곤은 상하에서 명패가 되면서 감과 리를 제외한 다른 괘들을 물건괘로 단다. 물건괘(건, 태, 진과 손, 간, 곤)는 초획, 2획, 상획의 순서로 획변을 하도록 한다.

그런데 세 가지 원리에서 중부와 소과는 모두 예외였다. 이런 예외인 중부와 소과를 다산은 왜 벽괘에 넣었는가. 주자와 우번 등이 모두 이들을 배제했는데 말이다. 이에 대한 다산의 변은 위상학에서 분명히 밝혀질 것이다. 위상역과 함께 대각선 논법의 6대 요소들을 적용했을 때 더욱 분명해진다는 말이다. 하나의 사각형 〈도표 7-9〉에서 곤기는 전면이고 건기는 후면이라고 하자. 사각형 주위에 음과 양이 증가하는 방향에 따라서 가로와 세로에 화살표로 방향을 만들어 놓았다. 증가하는 방향의 크기에 따라서 화살표를 붙이면 가로와 세로의 화살표의 방향은 모두가 반대이기 때문에 정사각형은 사영평면적 구조이다. 사영평면의 논리적 구조는 가로와 세로가 '비틈의 비틈'으로 연접하고, '비틈과 안비틈'으로 결접하는 구두이다

〈도표 7-19〉는 메타 명패괘인 건과 곤의 역할을 한눈에 보여준다. 건·곤 두 괘는 감과 리을 제외한 진, 손, 간, 태 네 개의 괘들을 마치 보호자나 되는 것처럼 거느리고 다닌다. "건·곤 두 괘는 12벽괘의 부모가 되어, 때로는 위로, 때로는 아래로, 진·손·간·태 4남매를 끼고 다닌다."(박주병, 2002, 190) 그러면서 건과 곤은 자기 자신이 내괘와 외괘로 나누어져서 쌍을 만들기도 한다. "서로 겹치기도 하고 상하로 만나서 전도되기도 한다. 이런 것을 두고 '12벽괘의 자전운동'이라 한다. 자전운동을 '자기언급' 또는 '자기귀속'이라고 한다면 폭발적으로 논리적 힘을 발휘할 수 있게 된다. 시간 개념을 적용하면 이런 자전운동 때문에 1년을 주기로 돌면서 춘하추동 네 계절을 만든다. 이를 '12벽괘의 공전운동'이라고 한다.

대각선화와 반대각선화로 본 벽괘론

벽괘가 14, 12, 10 등 세 가지로 될 수 있다는 다산의 주장은 주자의 유클리드적 발상에서 다산의 비유클리드적 발상으로 전환하는 것이라 할 수 있다. 이 말은 사각형을 클라인병이나 사영평면과 같은 위상 공간으로 바꾼다는 의미이다. 소과와 중부, 건과 곤이 벽괘에 포함될 수 있다는 다산의 주장에 대한 이해는, 멱집합론의 원리와 비유크리드적 공간에 대한 관심 없이는 피상적일 수밖에 없다.

역을 위상학적 관점에서 고찰할 때, 이 문제를 두 방향에서 살펴볼

수 있다. 하나는 6획을 구성 '원소'로 보는 발상이고(상황), 다른 하나는
두 개의 괘로 구성 '부분'으로 보는 발상(상황의 상태)이다. 먼저 전자의
경우부터 살펴보기로 한다. 마틴 가드너는 《수학 마술쇼》(*Mathematical
Magic Show*)에서 실험을 통해 아래와 같은 도형을 만들었다. 물론 하나의
괘는 6획이지만 가드너는 다섯 개의 선으로 하였다. 빠진 하나의 선은
사각형 자체의 선으로 보면 된다. 근기에 해당하는 선이다.(도표 7-21)

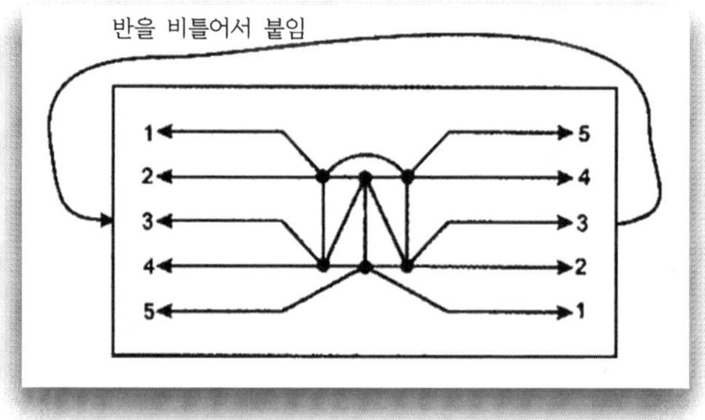

도표 7-21. 6효 뫼비우스띠

관심이 집중되는 곳은 중앙의 사각형이다. 큰 사각형 안에는 작은
사각형이 들어 있고, 그 안에 또 두 개의 사각형이 들어 있다. 마지막
작은 사각형은 모두 대각선을 가지고 있다. 큰 사각형의 좌우 끝을 180
도 비틀어 마주 붙이면 12345가 54321이 된다. 위 루피니의 abc와 cba로
한 것과 비교가 된다. 이때 작은 사각형은 비틀림의 구조를 그대로 보
여준다. 즉, 큰 사각형으로 뫼비우스띠를 만드는 순간, 작은 사각형 안
에 있던 대각선상의 대칭 꼭짓점들이 서로 일치하고, 대각선이 비틀리

면서 가로가 세로와 연결이 된다.

　이상은 하나의 괘 안에 있는 획들이 갖는 위상학적 구조를 말한 것이다. 다음은 〈도표 7-9〉의 12벽괘 진퇴소장표로 되돌아가서, 6획으로 된 중괘들에서 위상학적 구조를 검토하기로 한다. 곤기와 건기로 크게 나누고, 곤기는 복1, 림2, 태3, 대장4, 쾌5, 건6의 순으로 일련번호를 주고, 건기는 구1, 둔2, 비3, 관4, 박5, 곤6의 순으로 일련번호를 주었다. 두 근기를 연결하여 표를 만들면 아래와 같다.

도표 7-22. 12벽괘도 표

← (양증가 방향)

변환점

| 소과7 ← 건6 ← 쾌5 ← 대장4 ← 태3 ← 림2 ← 복1 |

전환점 건기(0) ↕　↕　↕　↕　↕　↕　↕ 곤기(0) 반환점

| 구1 → 둔2 → 비3 → 관4 → 박5 → 곤6 → 중부7 |

변환점

→ (음증가 방향)

　〈도표 7-9〉에 따르면 벽괘의 수는 열네 개이다. 건과 곤, 중부와 소과를 포함시켰기 때문이다. 적어도 시간의 순환이라는 관점에서 보았을 때 소과와 중부는 엄연히 하나의 수인 7을 가질 수밖에 없다. 세 곳의 순환점인 변환점, 반환점, 전환점을 확인한다. 반환점과 전환점은 서로 상대적이다. 어느 한 곳이 전환점이면 다른 곳은 반환점이 된다. 변환점도 두 곳에 있다. 두 개의 근기가 서로 시와 종이 되어 순환을 하기 때문이다. 이러한 두 근기의 순환 관계는 다음 뫼비우스띠 속에서 그 구조를 확인한다.

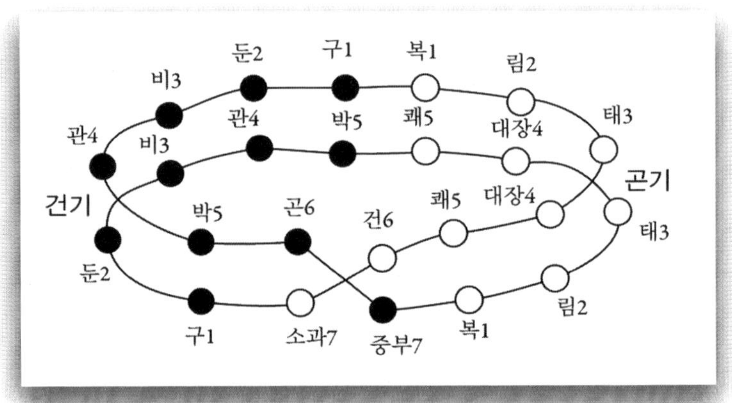

도표 7-23. 뫼비우스띠로 된 벽괘도

하나의 뫼비우스띠 안에는 두 개의 선뫼비우스띠가 이어져 있다. 각 각 따로인 두 개의 근기를 이어 붙여서 괘의 번호를 달아 놓았다. 위의 뫼비우스띠는 1982년도 미국 불더 소재 콜로라도 대학교 화학과 소속 세 교수 왈바David Walba, 리처드Rodney Richards, 홀티왕거Curtis Haltiwanger 가 분자의 대칭구조를 연구하는 과정에서 발견해 만든 것이다. 화학의 분자식을 뫼비우스띠로 표현한 최초의 작업으로 안다. 〈도표 7-23〉에 나타난 뫼비우스띠의 특징은, 세 곳에다 상하를 연결하는 사다리를 만 들어 놓았다는 점이다. 이 세 개의 사다리에 해당하는 C라는 것은 중 탄소double carbon-carbon를 나타내기 위해서라고 한다. 여기서는 C를 생략 했다. 중앙의 X 표시가 있는 곳은 양 끝이 만나는 곳이다.

〈도표 7-23〉의 뫼비우스띠 안의 흑백 점에 〈도표 7-9〉의 14벽괘를 1 대 1 대응 형식으로 적어 넣었다. 화학자들이 만들어 놓은 분자식 형태의 뫼비우스띠가 얼마나 다산의 벽괘 구조와 일치하는가를 보자

는 것이다. 먼저 대응의 출발을 아래쪽 중앙 X에서 시작하기로 한다. 여기에다 반환점과 전환점에 해당하는 건6-곤6, 소과7-중부7을 대각선 대칭 형식인 '곤6-중부7', '건6-소과7'로 적어 넣는다. 그 다음부터는 〈도표 7-22〉의 화살표 진행 방향, 또는 그 역방향으로 괘 하나하나를 뫼비우스띠의 회전 방향에 따라 순서대로 적어 넣는다. 중앙의 X에서 출발하여 어느 방향으로 가든지 〈도표 7-23〉과 같아진다.

　여기서 주의를 요하는 부분은 반환점과 전환점이다. 다시 말해서, 흑과 백이 만나는 점 말이다. 복1이 박5와 이어지자면 중부7-곤6을 거쳐야 한다. 그리고 구1과 쾌5가 이어지자면 소과7-건6을 거쳐야 한다. 바로 이러한 반환과 전환을 시켜 주는 곳이 X형이 있는 곳이다. 여기서 우리는 중부와 소과, 건과 곤의 역할이 무엇인지 알게 되었다. 드디어 중부-소과와 건-곤이 갖는 관계도 알게 되었다.

사영평면과 벽괘론

　〈도표 7-23〉에서 〈도표 7-28〉까지는 뫼비우스띠로 사영평면을 만든 것들의 변형이다. 이렇게 다양한 모양으로 바꾸어 보는 궁극적인 이유는, 다산이 말하는 벽괘의 구조를 파악하기 위해서이다. 벽괘론을 유클리드 기하학으로는 이해할 수가 없기 때문이다. 사영평면은 두 개의 뫼비우스띠가 연접해 있고, 한 개의 뫼비우스띠가 원환과 결접되어 있는 것이라 했다. 뫼비우스띠는 가로나 세로 가운데 한 곳만 비틀어 마주 붙였기 때문에, 가로나 세로 가운데 어느 하나의 변은 마주 붙지 않고 그대로 남아 있다. 남은 것마저 마주 붙이면 사영평면이 된다. 〈도표 7-24ab〉는 사영평면 안에서 두 개의 선으로 된 뫼비우스띠가 마

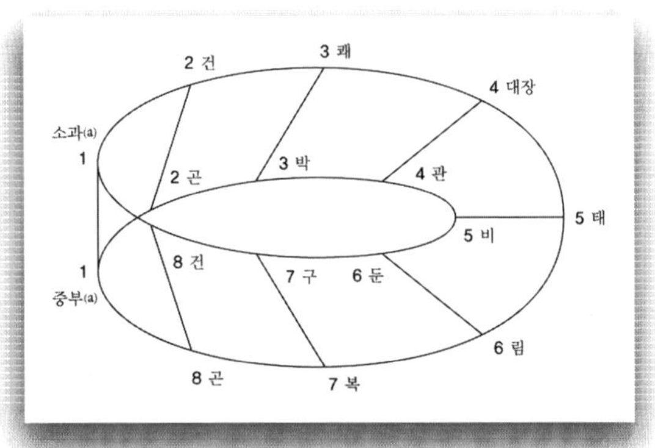

도표 7-24a. 사영평면 속의 벽괘들

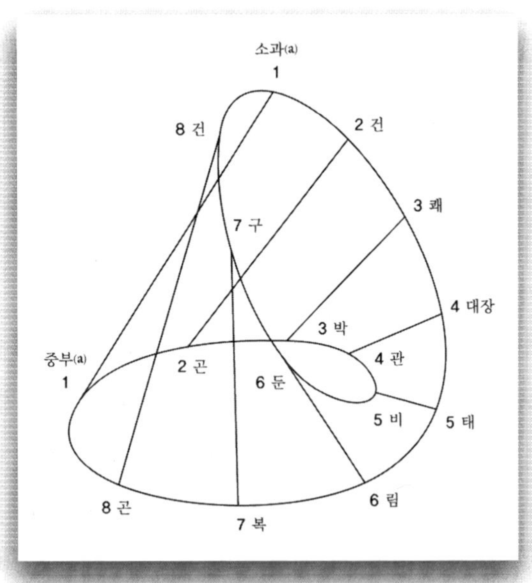

도표 7-24b. 사영평면과 벽괘들

주 붙어 있는 모습을 나타낸 것이다. 여기서 벽괘의 수를 각 근기별로 여덟 개, 모두 열여섯 개로 한 이유는, 두 개의 근기 자체(건8과 곤8)도

수로 넣었기 때문이다.

각 괘의 번호에는 두 개의 근기 시리즈를 선의 선회 방향에 따라 순서대로 달아 놓았다. 곤기 시리즈는 수과1-건2-쾌3-대장4-태5-림6-복7-곤8-중부(9)로 외곽의 선을 타고 선회하고, 거기 시리즈는 쥼과1-곤2-박3-관4-비5-둔5-구7-건8-소과(9)로 내곽의 선을 타고 선회한다. 여기서 주목할 곳은 당연히 소과와 중부이다. 내곽에서 외곽으로 서로 대칭하는 수들은 3-7과 2-8과 같이 석합보공을 하고 있다.

그렇다면 소과와 중부는 1-9 또는 9-1로 석합보공을 하여야 한다. 그리고 한 방향으로 선회한 결과 8건과 8곤은 소과(9)1와 중부(9)1로 연결이 된다. 이와 같은 위상학적 구조가 아니면 벽괘의 구조를 바로 이해하기 힘들 것이다. 다시 말해서, 중부와 소과는 초과분의 수인 (9)를 가지고 있다. 같은 자리에서 자기 자신과 1이 석합보공을 하여야 한다. 다산은 이 점에 착안하여, 이런 자기언급으로 생긴 초과분의 수 (9) 때문에 윤달과 윤일이 생긴다고 보고, 소과와 중부를 특히 '양윤지괘'라 했다.

다음은 대장-둔과 관-림의 관계를 확인할 차례이다. 이들 괘들은 중부와 소과와 승상접하를 하는 괘들이다. 이 네 개의 괘가 어떤 위치에서 어떤 역할을 하는지 알기 위해서는 〈도표 7-24a〉에서 소과와 중부를 분리시켜 소과를 들어 올려 소과와 중부 사이를 마치 고래가 입을 벌린 모양같이 만들어 본다. 물론 벽괘의 위치와 위치에 해당하는 숫자는 그대로 두고 그렇게 하여야 한다. 이렇게 모양을 바꾼 것이 〈도표 7-24b〉이다. 〈도표 7-24b〉를 통하여 우리가 확인할 곳은 대장-둔과 관-림이다. 이 네 개의 괘는 비5-태5를 중앙에 두고 좌우대칭 위치에

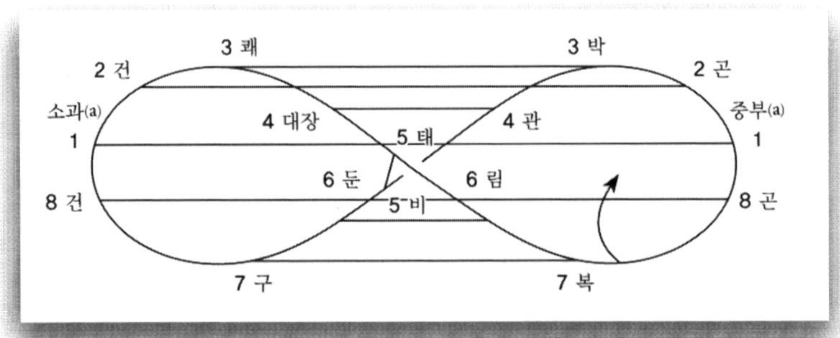

도표 7-25. 사영평면의 대각선화

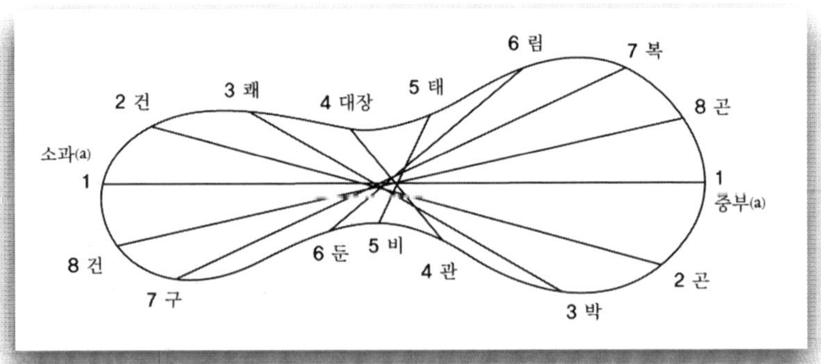

도표 7-26. 사영평면의 반대각선화

있다. 〈도표 7-24a〉의 내곽은 작게 축소가 되어 오른쪽 안쪽에 위치하고 있으면서 선회하고 있다. 관4-대장4는 비5-태5를 중앙에 두고 둔6-림6과 대칭을 만들고 있다. 그러나 단순한 대칭이 아니고 선회와 착종을 하는 대칭이다. 그런데 〈도표 7-24b〉 전체를 볼 때, 이 네 개의 괘는 소과-중부와 건-곤과 대칭 관계 속에 있음을 알 수 있다. 여기서 우리는 소과와 중부, 건과 곤이 대장·둔·관·림의 4괘와 서로 대칭 관계 속에 있음을 발견한다. 그런데 여기서 대칭이라는 말을 사용할 때 선회와 착종을 전제한 비대칭적인 대칭이다.

다음은 〈도표 7-24b〉에서 소과와 중부를 180도 회전시키는 것이다. 그러면 중앙의 내괘이 만드는 원은 점으로 사라지고 만다. 이렇게 하여 만든 것이 〈도표 7-25〉이다. 그리고 가운데 꼬인 부분을 상하로 180도 편 것이 〈도표 7-26〉이다. 그래서 〈도표 7-25〉가 대각선화라면, 〈도표 7-26〉은 반대각선화이다. 대각선화로 대칭을 유지하던 괘들이 반대각선화를 통해 다시 원위치로 되돌아간다.

〈도표 7-24〉와 〈도표 7-25〉를 통하여 12벽괘의 선회 관계와 대칭 관계를 확인할 수 있게 되었다. 오이 모양의 〈도표 7-26〉을 완전한 원형으로 바꾸어 버리면 〈도표 7-27〉과 같아진다. 이는 하나의 원둘레 위에 두 개의 근기가 한 방향으로 회전하는 모습이다. 이렇게 하여 결국 사영평면이 원으로 변한다.

〈도표 7-28〉은 〈도표 7-27〉의 원을 사각형으로 바꾸어 놓은 것이다. 이렇게 바꾼 이유는 〈도표 7-6〉의 12벽괘진퇴소장도와 견주기 위해서이다. 〈도표 7-27〉의 화살표 방향은 〈도표 7-9〉의 음양이 소장하는 방향과 같다. 다시 말해서 사영평면적이다. 이를 〈도표 7-29〉로부터 거꾸로 거슬러 올라가며 도형을 검토하면, 사각형이 어떻게 사영평면으로 변하는가를 알 수 있다. 그래서 우리는 12벽괘의 구조가 위상학적으로 사영평면임을 확인한다. 물론 〈도표 7-9〉에는 중부와 소과가 빠져 있지만, 사각형의 구조는 똑같다. 사실 중부와 소과가 사각형 안에 들어가면 화살표 방향을 정할 수 없게 된다. 중부와 소과는 사각형에서 숨겨진 사각형이 회전하도록 하는 작용 그 자체이기 때문이다. 그러나 자리 자체를 차지하고는 있다. 수가 없고 위치만 있는 '가위'이다.

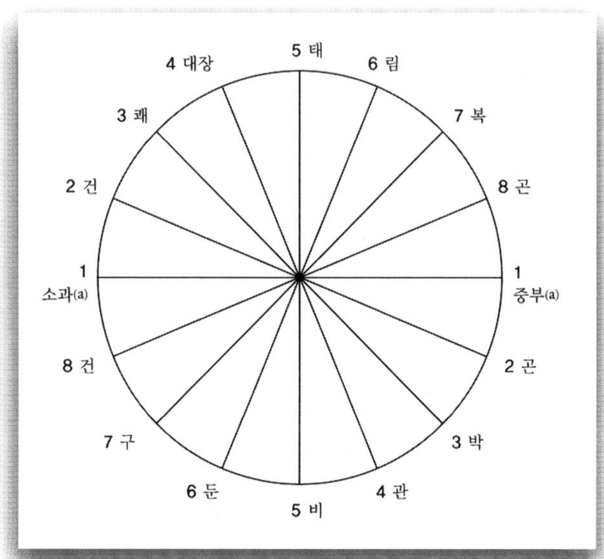

도표 7-27. 원한 속의 벽괘들

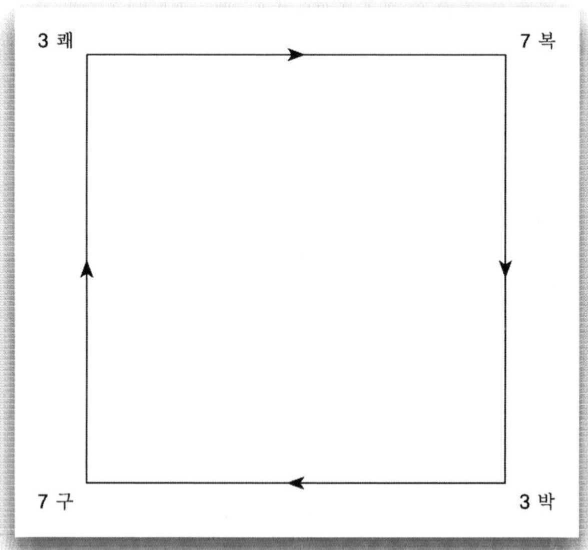

도표 7-28. 사영평면과 벽괘들의 평면도

〈도표 7-28〉은 다산이 만들어 놓은 12벽괘진퇴소장표(도표 7-9)를 똑같은 사각형 속에 화살표 방향에 따라서 재정렬한 것이다. 이렇게 재정렬하면 가로와 세로의 방향은 모두 반대가 되는데, 이것이 사영평면적 구조이다. 〈도표 7-27〉 안에 있는 바퀴살들은 원의 지름이다. 그리고 〈도표 7-26〉 안에서 같은 수들끼리 연결되던 선이다. 그리고 이런 선들이 사각형 안에서는 대각선에 해당한다. 중부-소과가 수평에, 태-비가 수직선상에 있다. 중부-소과의 상부에는 곤기가, 하부에는 건기가 배열되어 있다. 태-비를 수직으로 한 축의 좌우에 대장-관, 림-둔괘가 대칭으로 배열되어 있다. 이는 한 마디로 말해서 대각선 논법의 6대 요소 가운데 하나인 대각선화를 의미한다. 벽괘의 대각선화를 〈도표 7-26〉으로 표현해 놓은 것을 여기에 가지고 와 비교해 보기로 한다.(박주병, 2002, 398)

곤기는 중앙 하에서 시계바늘과 반대 방향으로, 건기는 중앙 상에서 시계바늘과 같은 방향으로 선회하고 있다. 뫼비우스띠 모양을 만들고 있다. 12벽괘가 명괘가 되어 원의 외곽에, 그리고 거기에 달린 물건괘들은 내곽에 그려져 있다. 관심의 핵심은 역시 중부와 소과이다. 이들이 원의 중심부에 지름을 만들고 있다. 이를 두고 다산은 "중부와 소과가 벽괘에 참여하면 '위로 잇고 아래로 접하여 그 지도리를 돌리면서' [承上接下運氣樞要] 2음2양의 괘가 고르게, 즉 두 개씩 변화를 받게 된다."(《역학서언》 권4, 483~484)고 했다.

〈도표 7-29〉 추이도에서 볼 때, 소과와 중부는 대각선 논법의 대각선화에 해당한다. 대각선은 가로와 세로를 연결하듯이 여기서는 위로 잇고 아래로 접하게 하여 지도리를 치는 역할을 한다. '지도리를 친다'

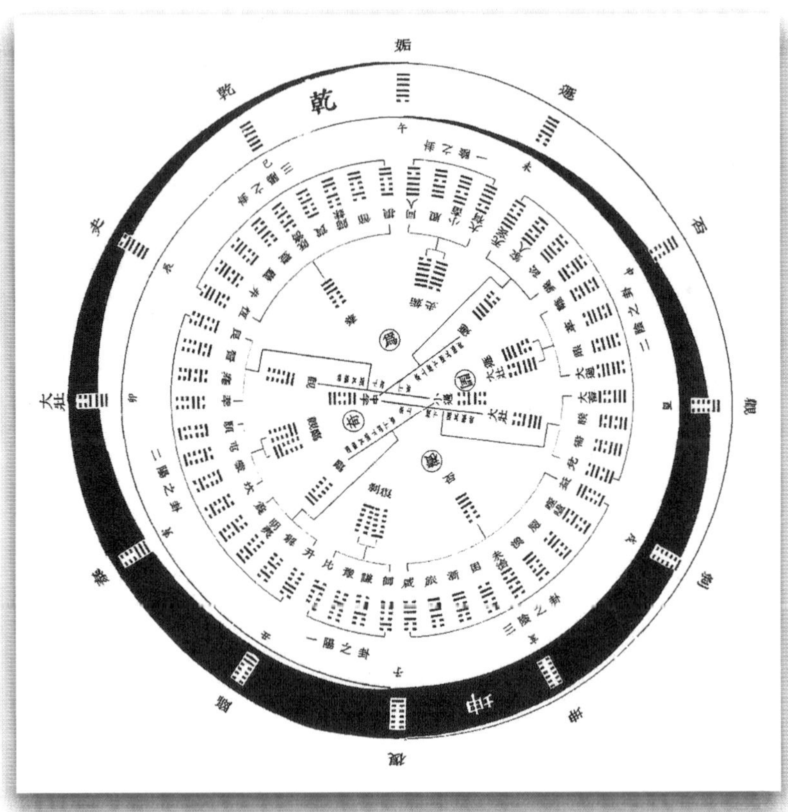

도표 7-29. 12벽괘 추이지도(박주병; 12벽괘와 대각선 논법의 대각선화)

는 것은 문의 돌쩌귀 같이 문이 회전하도록 하는 중추 역할을 한다는 뜻이다. 그러면 중부와 소과는 2음4양과 2양4음이 두 개씩 연쇄되면서 세 개의 쌍을 만든다. 그래서 4음2양이든지 2양4음이 된다. 바로 이에 해당하는 괘가 대장-둔과 림-관이다. 중부와 소과는 이들 네 괘를 지도리 치면 다른 괘는 이들 네 괘에 의하여 지도리를 받아 움직인다. 중부는 둔·대장을, 소과는 림·관을 지도리친다.

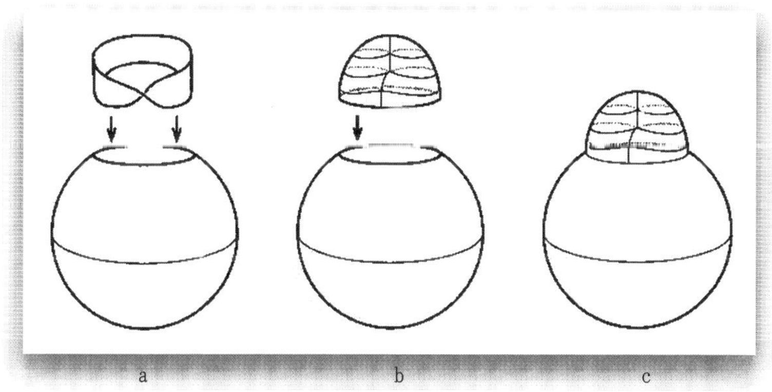

도표 7-30. 사영평면과 12벽괘 변화도

　다산은 이를 '천지자연의 본래부터 있었던 이치'라고 한다. 이러한 벽괘의 구조는 대각선 논법의 구조를 그대로 따르고 있으며, 이의 구체적인 형태는 위상학에서 밝혀지고 있다. 이어서 반대각선화를 위상학에서 알아보려 한다. 그것은 〈도표 7-26〉을 다시 불러오는 것이다. 불러와서 사영평면으로 환원시킨다. 그 순서는 아래와 같다. 〈도표 7-25〉의 원을 〈도표 7-30a〉의 항아리 모양으로 바꾸고, 이를 다시 사영평면으로 바꾸는 것이다. 바꾸는 방법은 항아리 모양의 가장자리(a)에 뫼비우스띠의 가장자리(b)를 이어붙이는 것이다. 항아리는 안비틈이다. 안비틈(a)에 비틈인 뫼비우스띠(b)를 결접시키면 항아리 도형(c)이 생겨난다. 〈도표 7-31〉은 〈도표 7-30〉의 내부도로서 고래가 입을 벌린 모양이다. 고래의 이빨은 아래위(좌우) 모두 열여섯 개이다. 정확하게 벽괘의 수와 같다. b 안에서 고래의 이빨이 가지고 있는 구조가 다름 아닌 〈도표 7-31b〉이다. 다시 말해서, 뫼비우스띠의 구조이다. 뫼비우스띠를 a의 가장 자리에 이어붙이면 c가 된다. 고래가 입을 다물면 c와

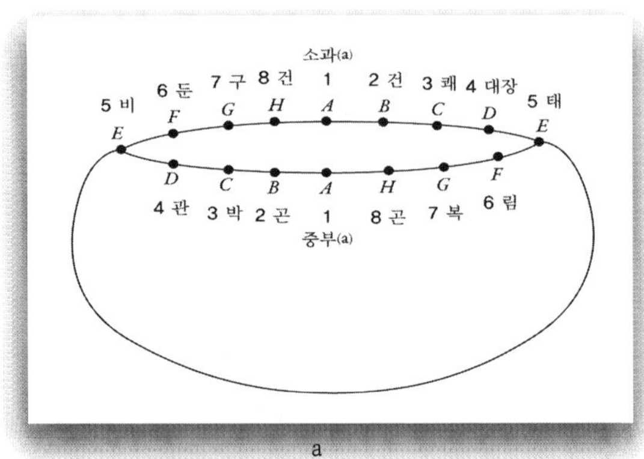

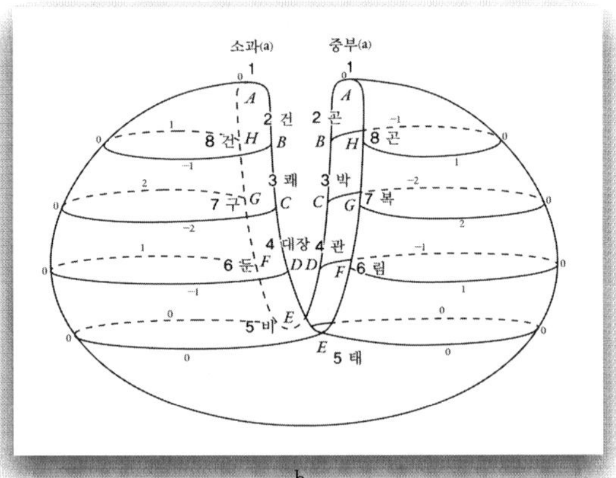

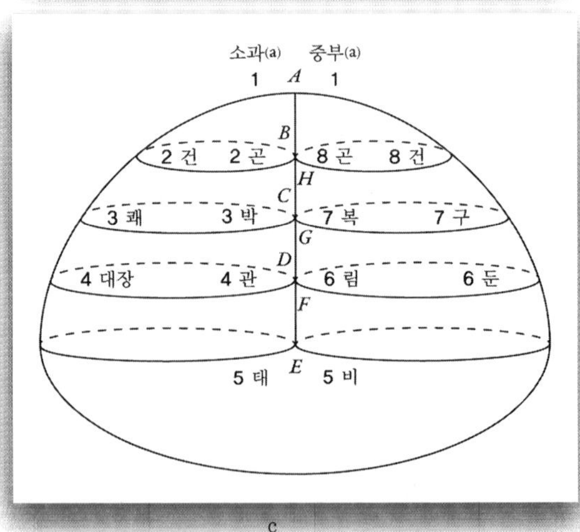

도표 7-31. 사영평면의 내부도

같아진다.

　사영평면이 제작되는 과정은 순수논리적이다. 위 뫼비우스띠를 '비틈'이라 하고, 아래 항아리를 '안비틈'이라고 한다면, 이는 비틈과 안비틈이 결접하는 것이다. 그러면 그 내부는 '비틈의 비틈'으로 연접한다. 다시 말해서, 두 개의 뫼비우스띠가 서로 연접해 있는 클라인병 구조이다. 이것이 다산의 벽괘론이 가지고 위상학적인 내용이다. 〈도표 7-31〉은 〈도표 7-30〉의 내부도이다.

　그렇다면 다산의 벽괘론은 무엇을 지향하고 또 의도하고 있는가? 그것은 다름 아닌 홀론적 모든 존재의 자기중심적 세계관이다.[9] 사영평면에는 변도 0이고 꼭짓점도 0이다. 다만 한 개의 면이 있을 뿐이다. 전후 좌우 상하의 3대칭이 모두 사라지고 말았다는 의미이다. 반대각선와 반가치화가 되었다는 의미이다. 그리고 음과 양의 치대칭은 〈도표 7-31b〉 안에서 1과 −1와 2와 -2로 표시되어 있다. 그렇다면 가로도 없고 세로도 없고 대각선도 없다는 말이다. 중앙에 자리 잡고 있던 소과와 중부마저도 외곽으로 나가 버리고(반대각선화), 중앙에는 오직 변화 자체만 남는다. 이것이 아래에서 말할 연괘론이다.

　대각선화와 반대각선화를 통해 소과와 중부가 다른 벽괘들과 주변에서 동일한 위치를 차지하고 있다. 형태가 '2음'인 괘들은 모두 중부가, '2양'인 괘들은 모두 소과가 거느리면서 대장-둔과 관-림을 매개로 하면서 우주만상의 모든 변화를 만들어 낸다. 그래서 1음지괘, 1양지괘, 3양지괘, 3음지괘라는 연속선상에서 볼 때 2양지괘와 2음지괘는

9) 홀론 'holon'이란 'holos'와 'on'의 결합어로서 '전체와 개체의 합'이라는 뜻이다.

변화의 중심에 위치하여 1양과 3양의 변화를 모두 주관한다. 작용하는 자체이기 때문에 실체는 없어 보인다. 그래서 주자와 우번은 중부와 소과를 벽괘로 취급하지 않는다. 그러나 소과와 중부가 빠진다면, 우주 변화에 큰 손실을 가져오게 한다. 그래서 다산은 중부과 소과를 매우 중요한 '추요'라고까지 한다.

위상역으로 본 50연괘론

다산의 추이론을 괘상으로 볼 때 세 부류로 크게 나눌 수 있다. 사시지괘, 재윤지괘, 연괘가 그것이다. 대각선 논법 6대 요소라는 관점에서 볼 때 사시지괘는 명패(세로), 연괘는 물건(가로), 그리고 재윤지괘는 대각선이라 할 수 있다. 사시지괘와 재윤지괘가 14벽괘가 된다. 대각선에서 초과분이 생기는 이유가 바로 재윤이 발생하는 이유이다. 이에 대한 설명과 함께 마지막 50연괘가 연출되는 과정을 아래에서 보게 될 것이다. 다산의 '벽괘'라는 집합 개념은 세 가지로 변한다. 사시지괘인 12월괘를 12벽괘라 하는 방법, 12벽괘에 중부와 소과를 더한 것을 14벽괘라 하는 방법, 12벽괘에서 건과 곤을 제외한 것을 10벽괘라 하는 방법이 그것이다.

이렇게 세 가지로 변하는 것은 다산의 정확한 논리적인 추리에 의한 방법론적 변화에 원인이 있음이 위에서 밝혀졌다. 우리는 순서수의 역설과 대각선 논증의 여러 요소들을 통하여, 그리고 위상역에서 이런 변화의 의미를 이미 확인하였다. 12가 중심으로 되어 2를 더하기도 하고 2를 빼기도 하여 14벽괘와 10벽괘를 만든다. 건곤을 넣어 14(또는 16까지)가 되는 방법과 건곤 대신에 중부와 소과를 넣는 차이가 벽괘의 수적 차이를 만든다. 그리고 그 차이가 갖는 의미는 심대하다 할 수 있다.

50여괘에서는 건과 곤을 제외하고 있다. 이것은 다산이 역설 해의에 전력투구하고 있음을 의미한다. 이 두 괘는 '모두'가 양 아니면 음이기 때문에, 연괘를 연출하는 작용을 할 수 없기 때문이다. 건과 곤 같은 집합은 전체라는 속성을 갖기 때문에 수학의 공리주의자들이 가장 두려워하는 부분이다. '모두'에 해당하는 집합을 다루면 거기서 역설이 발생하기 때문이다. 다산은 건과 곤을 부모괘라 하여 '명괘의 명괘'로 한 다음에는, 건과 곤을 다룬다. 건과 곤이 '모두'인 이유는 그것은 다름 아닌 두 개의 근기根基 자체이기 때문이다. 그래서 건과 곤은 다른 벽괘들이 나오는 전체인 자리 자체인 동시에 명괘인 벽괘이다. 자리 자체를 반대각선화와 반가치화하여 세로로 만들어 가위로 설정하는 방법론을 위에서 이미 본 바이다. 공리주의자들이 '명괘의 명괘' 같은 '모든'에 해당하는 집합을 피하려 한 것이나, 건곤을 벽괘에서 제외시키려 한 것이나, 그 의도가 같다. 그러나 다산은 건과 곤을 경우에 따라서 벽괘로 취급하기도 하고 안 하기도 한다.

'명괘의 명괘'는 메타 명괘이다. 메타 명괘는 물건에 직접 관여하고 연역해 내는 것이 아니라, 건과 곤이 생산해 낸 중부와 소과로 작용을 대신한다. 〈도표 7-6〉에서 본 바와 같이, 건/곤과 위와 치, 그리고 위·칭 대칭구조는 같으면서도 음양의 배열구조만 다른 것이 다름 아닌 소과와 중부이다. 이러한 이유로 건과 곤은 빠져도 소과와 중부가 그 역할을 대신할 수 있다.

사실 벽괘를 14개라 할 때(12벽괘와 소과와 중부를 포함시킴) 건과 곤 자신이 그 안에 들어가 있고, 중부와 소과괘도 들어 있어서, 이는 역설의 도가니와도 같다. 이에 다산은 건곤을 제외한 자리에 건곤보다 더 기기묘묘한 중부와 소과를 넣어 12벽괘를 재구성한 다음, 추이를 하여 50연괘를 만든다. 즉, 중부와 소과는 남겨두고 건과 곤을 다산은 제외한다. 제외하는 논리적 배경에는 멱집합의 원리에 있다. 즉, 근기 자체인 건과 곤이 다시 벽괘라는 부분이 된다는 것은 멱집합의 원리이다.

대각선 논증 6대 요소에서 볼 때 명패의 명패괘는 대각선에, 명패괘는 세로에, 50연괘는 가로인 물건에 해당한다. 그런 의미에서 명패의 명패인 건과 곤괘를 제외한다는 것은 반대각선화한다는 말과도 같다. 이제 그 동안 등장하지 않았던 6대 요소의 가장 중요한 요소가 나타난 것이다. 건과 곤괘를 제외시키는 것은 반대각선화 시킨다는 말과 같다. 그 의도는? 건과 곤을 제외시키는 문제는 한유나 주자도 시도했던 일이다. 그러나 한유나 주자는 중부와 소과도 제외시켰다. 그래서 한 대의 우번은 중부와 소과를 변례지괘로 취급했다. 주자는 이 두 재윤괘가 대장과 관괘에서 온 연역된 괘로 보아 명패에서 제외시켰다. 그러나 이상 위상학적 고찰로 볼 때 중부와 소과는 그 대칭구조가 건곤과 같으나 획의 배열만 다르다. 이는 이 두 괘가 건곤이 하던 역할을 대신할 수 있음을 의미한다. 〈도표 7-22〉에서 〈도표 7-29〉까지의 위상역에서 본 보는 바와 같이 순환 착종을 하는 과정에서 중부와 소과는 필수이다.

다산은 중부와 소과를 초과분이라고 보아 '재윤지괘'라 했다. 사시라는 시간의 변화 속에서 공간상에서 생긴 초과분이 변화의 주동 역할을 한다고 본 것이다. 건과 곤 근기 안에 곤과 건괘가 들어간다는 멱집합의 역설과 중부와 소과에 나타난 순서수의 역설도 사시의 변화에 중요한 역할을 한다고 본다. 아니 돌쩌귀와 같은 것이라고 하여 추뉴라고 했다. 작용을 함에 역설은 필수불가결하다는 것이 다산의 입장이다. 건과 곤은 근기 자체로서 '모두'에 해당하기 때문에 자기언급을 피할 수 없었다. 그래서 역설을 초래하는 장본인이다. 건곤이 조장한 역설을 해의하는 작용을 하는 것이 소과와 중부라는 것이다. 이제부터는 중부와 소과가 50개의 연괘를 연역해 내는 과정과 방법을 살펴볼 차례이다.

다산은 6획으로 된 중괘 하나를 여섯 개의 요소로 보는 방법(상황)과 두 개의 괘로 보는 방법(상황의 상태)을 나누어 생각하는 데서 그의 연괘론이 출발한다. 건과 곤을 제외하고 중부와 소과를 포함한 12벽괘(명패)를 가지고 50연괘(물건)를 펼쳐내는 방법은 음양이 소장하는 순서에 따라서 분류하면 다음과 같다.

1양지괘추이표(박과 복)
1음지괘추이표(구와 쾌)

2양지괘추이표(림과 소과),
2양표(관과 소과),
2음지괘추이표(둔과 중부)
2음표(대장과 중부)

3양지괘추이표(태)
3음지괘추이표(비)

이를 차례대로 도표로 나타내면 다음과 같다.

1양지괘는 복과 박이다. 복과 박에서 연괘를 추이하는 방법을 보자. '1양지추이표'는 복과 박괘에서 모든 1양지괘를 추인한다는 뜻이다. 즉, 복은 초획이 1양이고 박은 상획이 1양이다. 복의 초획 1양이 2로 감, 3으로 감, 4로 감, 5로 감의 순서로 이동하면, 사괘, 겸괘, 예괘, 비比괘라는 네 개의 연괘가 탄생한다. 그러면 6획(상획)으로 가는 것은 왜 없는가? 그 이유는 마지막 6획으로 가면 그것이 박괘 자신이 되기 때문이다. 1양이 1로 감이 없는 이유도 마찬가지 이유 때문이다. 만약에

一陽之卦推移表

復 / 剝

一之二　上之二　爲師
一之三　上之三　爲謙
一之四　上之四　爲豫
一之五　上之五　爲比
右云一之二者謂復之初剛升
而爲二也（初來往）其云上之二者
謂剝之上剛降而爲二也（上二來往）
餘倣此

一陰之卦推移表

姤 / 夬

一之二　上之二　爲同人
一之三　上之三　爲履
一之四　上之四　爲小畜
一之五　上之五　爲大有
右云一之二上之二者例同上
只言其之而不言其來者（錯姤夬）
一陽一陰爲卦主也（陽爲卦主少例著）
餘倣此

도표 7-32. 1양지괘추이표(위), 1음지괘추이표(아래)

박에서 상1양이 1로 가면 그것은 복괘이고, 복괘가 1로 가면 그것은 자기 자신이고, 상획(6)으로 가면 그것은 박이 된다.

다산은 획위가 낮은 곳에서 위로 올라가는 것을 '승升' 또는 '왕往'이라 했고, 높은 곳에서 낮은 곳으로 내려오는 것은 '강降' 또는 '래來'라고 했다. 그래서 사·겸·예·비의 네 연괘들은 복과 박으로부터 승강왕래하는 추이 속에서 만들어진 것이다. 복괘에 일양지추이법과 같은 방법을 적용하여 1이 2로 감, 3으로 감, 4로 감, 5로 감이라 할 때 차례대로 사, 겸, 예, 비괘들이 탄생한다.

복잡한 문제는 '2양지괘'와 '2음지괘'에 있다. 2양지괘는 림과 관이고, 2음지괘는 둔과 대장이다. 그런데 2양지괘에는 또 소과가 있고, 2음지괘에는 중부가 있다. 그래서 '2양지괘'와 '2음지괘'에는 벽괘가 둘이 아니고 셋이다. 각 벽괘 하나에 네 개의 연괘가 탄생하면, 모두 열두 개의 연괘가 2양2음지괘 속에 들어 있다는 의미이다. 그렇다면 세 개의 벽괘를 둘씩 짝지을 수 있다. 림·관과 둔·대장은 자기 자신과 짝짓고, 소과와 중부와도 짝을 짓게 된다. 그래서 소과와 중부 안에는 각각 세 개의 쌍들이 생겨나고, 각 쌍마다 네 개의 연괘가 탄생하니 모두 열두 개가 된다. 우리는 여기서 소과와 중부의 역할과, 이들이 림·관과 둔·대장의 관계에서 어떤 역할을 하는지 알게 되었다.

〈도표 7-34〉 연괘 분류표를 보면, 2음과 2양의 경우는 림·관과 둔·대장이 소과와 중부가 여섯 개의 짝을 지으면서 6×4=24개의 연괘를 만들어 낸다. 무려 50개 가운데 거의 반에 해당하는 연괘들이 만들어진다. 우리는 위에서 이미 중부와 소과가 대리와 대과로서 대각선 논법과 관계되는 것을 보았다. 대각선은 가로와 세로 모두가 서로 사

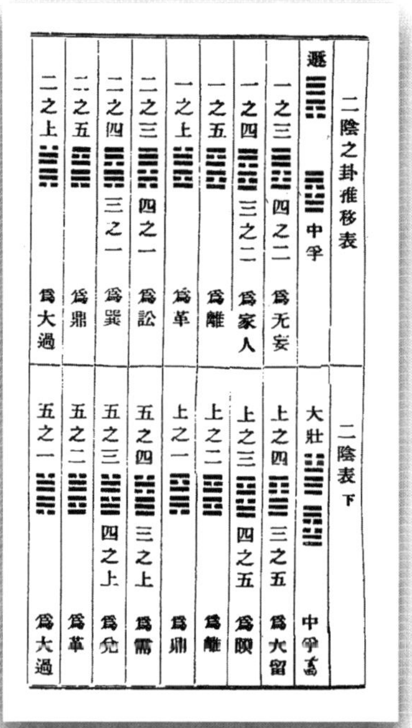

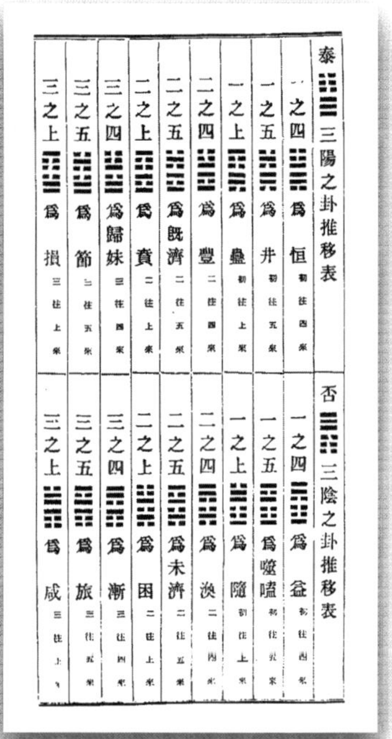

二陰之卦推移表

遯 (中孚)		
	一之三 / 四之二	爲无妄
	一之四 / 三之二	爲家人
	一之五	爲離
	一之上	爲革
	二之三 / 四之一	爲訟
	二之四 / 三之一	爲巽
	二之五	爲鼎
	二之上	爲大過

二陰表 下

大壯 (中孚)		
	上之四 / 三之五	爲大留
	上之三 / 四之五	爲頤
	上之二	爲離
	上之一	爲鼎
	五之四 / 三之上	爲需
	五之三 / 四之上	爲兌
	五之二	爲革
	五之一	爲大過

三陽之卦推移表

본괘	추이	괘	왕래
泰			
	一之四	爲恒	初往四來
	一之五	爲井	初往五來
	一之上	爲蠱	初往上來
	二之四	爲豐	二往四來
	二之五	爲既濟	二往五來
	二之上	爲賁	二往上來
	三之四	爲歸妹	三往四來
	三之五	爲節	三往五來
	三之上	爲損	三往上來

三陰之卦推移表

본괘	추이	괘	왕래
否			
	一之四	爲益	初往四來
	一之五	爲噬嗑	初往五來
	一之上	爲隨	初往上來
	二之四	爲渙	二往四來
	二之五	爲未濟	二往五來
	二之上	爲困	二往上來
	三之四	爲漸	三往四來
	三之五	爲旅	三往五來
	三之上	爲咸	三往上來

도표 7-33. 2음지괘추이표와 2음표(왼쪽), 3양지괘 추이표와 3음지괘추이표(오른쪽)

상된 것이기 때문에, 이것과 동형이상인 관·림, 그리고 둔·대장과 결합하여 이만한 연괘를 생산하는 것을 확인한다.

이는 마치 방도에서 정대각선상에 있는 8괘(건태이진손감간곤)는 그 형태에 따라서 56개의 괘 모두를 연출해 내는 것과 같다. 대각선상의 8괘와 같은 종류의 형태에 따라서 나머지 괘를 분류할 수 있다는 뜻이다. 이러한 8괘와 같은 것이 바로 중부와 소과이다. 중부와 소과는 2음과 2양으로 형태가 같은 대장·둔, 그리고 림·관과 서로 사상을 하면서 동형의 괘를 연출해 낸다는 말이다.

十四辟卦		再閏之卦		五十衍卦
四時之卦				
父母 之卦	乾 坤			
一陽 之卦	復 剝		→	師·謙·豫·比
一陰 之卦	姤 夬		→	同人·履·小畜·大有
二陽 之卦	臨 觀	小 過	臨·觀 →	屯·蒙·頤·坎
			臨·小過 →	升·解·震·明夷
			觀·小過 →	萃·蹇·晉·艮
二陰 之卦	遯 大壯	中 孚	遯·大壯 →	鼎·革·離·大過
			遯·中孚 →	訟·无妄·巽·家人
			大壯·中孚 →	需·大畜·睽·兌
三陽 之卦	泰		→	恒·井·蠱·豐·既濟 賁·歸妹·節·損
三陰 之卦	否		→	咸·困·隨·旅·未濟 噬嗑·漸·渙·谷

도표 7-34. 연괘 분류표(김인철, 2007, 61)

세 번째로, 이제 남은 것은 3음과 3양이다. '3양지괘'의 명괘는 11.태이고 '3음지괘'의 명괘는 12.비이다. 앞의 〈도표 7-13〉에서대각선상의 비·태를 확인하였다. 태와 비괘에서 '3양'과 '3음'이라고 할 때, 그 기준은 하괘에 있다. 하괘에 따라 그 명칭을 3음과 3양이라 한다. 여기서도 괘를 소성괘로서 두 부분으로 보는 태도와 6획이란 요소로 보는 태도가 공존한다. 태를 명괘로 하는 연괘가 아홉 개(항, 정, 고, 풍, 기제, 분, 귀매, 절, 손)이고, 비를 명괘로 한 연괘가 아홉 개(함, 인, 수, 여, 미제,

서합, 점, 환, 익)이다. 여기서 2양이 하에 있고 1양은 상에 있어도 명패가 태泰라 하고, 2음이 하에 있고 1음은 상에 있어도 명패를 비否라고 한다. 그 형태가 같은 동형이기 때문이다.

그런데 이 세 번째 경우는 명패가 두 개가 아니고 하나씩이다. 즉, 1양지괘에서는 복·구, 2양지괘에서는 림·둔 같이 두 개씩이었지만, 3양과 3음지괘에서는 태와 비로 된 벽괘가 1개뿐이라는 점이다. 즉, 3양은 태, 3음은 비인 단 한 개인 벽괘이다. 그 이유는 내괘와 외괘의 3획이 모두 양 아니면 음이기 때문이다. 3양0음이든지 3음0양이기 때문이다. 3획 '모두'가 3양 아니면 3음이란 뜻이다. 6획을 요소가 아닌 두 개의 부분인 괘로 만들 때, 한 괘 안에 3획이 들어간다. 그런데 태와 비는 상과 하괘가 3음 아니면 3양이라는 특징을 갖는다. 운신의 폭이 매우 좁다.

50연괘의 명패 달기에서 비와 태괘가 아닌 명패인 경우는 명패가 둘씩이다. 이를 두고 '쌍호雙湖'라고 했다. 두 개의 원천이란 뜻이다. 두 뿌리에서 하나씩 취해 왔다는 뜻이다. 이것 역시 서양 논리학자들이 주의해야 할 부분이다. 명패의 종류가 문제라는 것이다. 어느 물건에 붙는 명패는 하나가 아니고 두 개씩이란 것이 가능하다는 점이다. 그런데 거기에도 예외가 또 있다. 그렇다면 러셀이 말하는 유형론은 치명적인 타격을 입게 된다. 어떻게 같은 뿌리를 가지고 있는 두 명패를 위계적으로 유형적으로 나눌 수 있겠느냐이다. 한 자식이 어떻게 두 어머니한테서 나올 수 있느냐이다. 그러나 쌍호에서는 이것이 가능하다.

우리는 다산의 추이론을 통하여 이렇게 다양한 문제점들을 한꺼번에 찾아낼 수 있었다. 이렇게 연역된 50괘를 두고 '대연지수50大衍之數五十'이라 했다. 대연지수50은 대각선 논법으로 보았을 때 반대각선화를 말한다. 대각선으로서의 건과 곤괘는 제외된 것이 아니고 대각선으로 존재하면서 부모로서 자기가 낳은 자식들인 12벽괘라는 명패를 통해 그 3대 손자와 손녀들을 더 확장해 온 누리에 펼친다. 그래서 '대연'이라고 한 것이다. 반가치화를 하고 반대각선화를 하여 물건괘로 온 세대와 온 세상에 가 작용하도록 만든 것이다. 이제 이러한 50연괘 벽괘들을 형태별로 분류하여 명패로 한 다음 나열하면 다음 〈도표 7-35〉와 같다.

〈도표 7-35〉을 통하여 우리는 중부와 소과가 어떤 위치에서 어떤 작용을 하는지 한눈에 파악할 수 있다. 소과와 중부는 림과 관, 대장과 둔과 서로 쌍호를 만들면서 네 개씩 모두 24개의 연괘들을 만들어 낸다. 연괘는 중부와 소과의 산물인 것처럼 보일 정도이다. 중부와 소과는 대각선이고 림·관과 둔·대장은 명패이다. 명패와 대각선이 서로 사상을 한다는 것은 반대각선화이다.

다시 말해서, 연괘란 중부와 소과라는 대각선을 반대각선화한 결과로 생겨난다. 〈도표 7-29〉 추이지도에서는 소과와 중부가 원의 가운데서 승상접하는 것을 보았다. 두 양윤괘가 승상접하라는 지도리를 친다는 것은 다름 아닌 반대각선화 된다는 것의 다른 말이다. 두 양윤괘는 비록 2음2양/2양2음이지만, 다른 두 음양(1음1양/1양1음과 3양3음/3음3양)과도 유기적 관계 속에 있다. 여기서 다른 형태에 대해서도 두 양윤괘는 추요의 역할을 한다. 〈도표 7-35〉에서는 세 음양 관계를 군분으로 나누어 모두 원주위에 배열하였는데, 여기서 건곤보다는 중부와 소

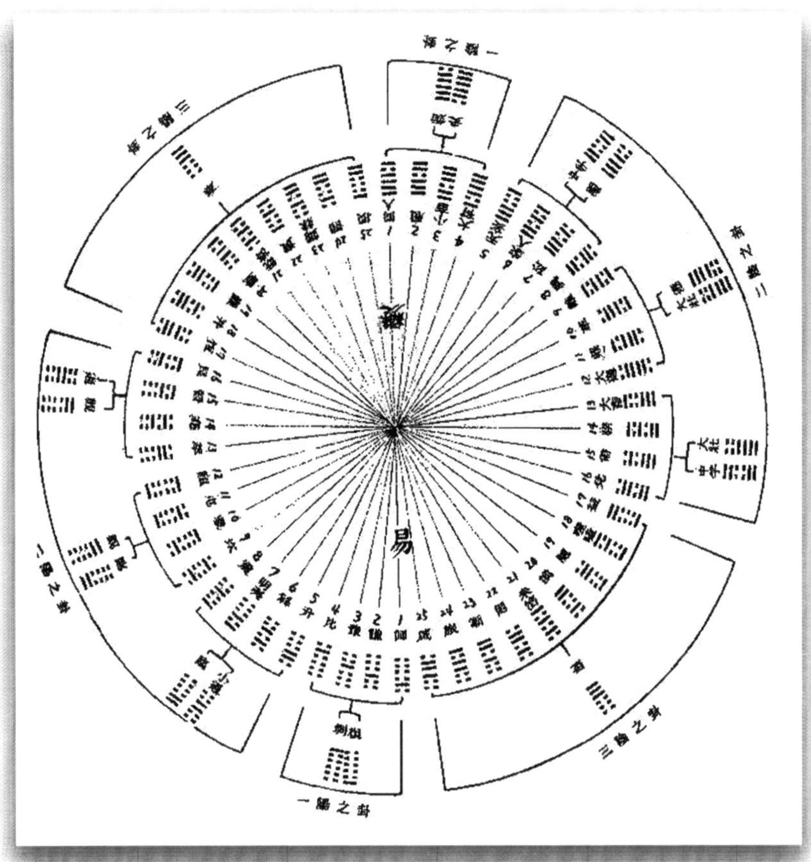

도표 7-35. 50연괘지도의 반가치화와 반대각선화

과가 더 큰 작용을 하는 것을 볼 수 있다. 이는 〈도표 7-31〉 사영평면의 대각선화와 반대각선화에 견주어 비교를 하면 시각적으로 이해가 쉽다.

〈도표 7-35〉에서 12벽괘는 외곽에, 50연괘는 내곽에 배열되어 있다. 그래서 62개 괘들은 확인된다. 그런데 건과 곤은 보이지 않는다. 벽괘

를 보면 건기에 해당하는 (1음, 2음, 3음)은 시계바늘과 같은 방향으로, 곤기에 해당하는 (1양, 2양, 3양)은 시계바늘과 반대 방향으로 배열되어 있다. 그래서 두 개의 근기는 숨어 있다. 건괘는 6양0음이고, 곤괘는 6음0양인데, 이는 결국 전체를 총괄하는 바탕 자체라고 할 수 있다. 건과 곤괘 자체는 포함될 수 없는 이유가, 추이를 시키는 음양획 자체는 자기 획위에서 추이를 할 수 없기 때문이다. 예를 들어서, 복괘의 경우 '1지2'(1이 2로 감)라고 할 때 그 이전에 '1지1'(1이 1로 감)이 있어야 한다. 그것은 바로 복괘 자체이다. 만약에 '1지1', '1지상'이라고 한다면 복괘와 박괘 자체도 연괘 가운데 하나가 될 것이다. 건과 곤은 그런 의미에서 추이를 해도 결국 자기 자신이 된다는 말이다. 6획이 모두 음 아니면 양이기 때문이다.

이 점이 논리적으로 문제라는 것이다. 다산의 벽괘는 3대에 걸쳐 전개된다. 1대가 건기와 곤기이고(명괘의 명괘), 2대가 벽괘이고(명괘), 3대가 연괘(물건)이다. 2대에서는 두 곤기가 석합보공을 한다. 그리고 3대에서는 두 근기에 해당하는 괘들이 쌍호를 만든다. 그러나 철저한 멱집합의 논리적 적용은 결국 3대의 구별을 없애고 만다. 멱집합의 원리에 따르면, 전체가 자신 속에 한 부분으로 포함되기 때문이다. 그래서 멱집합 안에는 제집합과 공집합이 포함된다. 공집합 같은 경우는 자리만 있지 해당하는 개수가 없는 공집합(0)이다. 그리고 제집합은 이중적이다. 전체이기도 하고 부분이기도 하다. 건과 곤은 제집합이고, 중부와 소과는 공집합과 같다. 소과와 중부는 2음과 2양으로 0이고, 2양과 2음으로 0이다.

소과와 중부는 벽괘와 연괘의 특징을 반반 아울러 가지고 있다. 두 개의 음양이 연쇄적이라는 점에서는 벽괘의 속성을 가지고, 1왕1래라는 획변의 원리를 적용할 때 그 어디에도 해당하지 않기에 벽괘의 속성을 가지지 않는다. 그런데 연괘에서는 위에서 본 바와 같이 획들의 위치는 상관하지 않고, 오직 획의 개수만으로 동형과 이형을 결정하기 때문에 중부와 소과는 자기와 동형인 림·관, 그리고 대장·둔과 쌍호를 만들어 벽괘로서 작용을 한다.

50연괘를 수역의 대칭 관계에서 볼 때(도표 5-6) 모두 위대칭 관계 ◇에 의하여 만들어졌음을 알 수 있다. 즉, 복과 구(1양1음지괘), 림과 관(2양2음지괘), 태와 비(3양3음지괘)는 모두 위대칭 관계이며, 거기서 연출된 연괘도 모두 위대칭 관계이다. 이어지는 다산의 4역법에는 물론 다른 대칭 관계가 적용되고 있다.

8장 다산의 호체법과 역설 해의

8.1. 다산의 호체법과 역설 해의

3역 _ 교역, 변역, 반역

하나의 대성괘는 가로와 세로가 사상된 대각선이다. 이러한 대성괘가 소방도 안에서 홀·짝수로 두 대성괘가 대칭을 만드는 것을 쌍대칭이라 하고, 이런 쌍대칭이 만드는 것이 소방도(MRD; 도표 5-1)이다.[1] 소방도 안에는 가로와 세로와 대각선의 3대칭이 있다. 이 3대칭 사이에 위와 치의 대칭을 적용할 때 교역, 변역, 반역이란 3역이 만들어진다. 물건과 명패가 이미 사상된 것이다. 대각선화가 된 것이란 뜻이다. 이러한 대각선에서 상·하괘의 짝대칭을 반대로 허무는 것이 교역론이다. 가로-상을 세로-하로 만들고, 세로-하를 가로-상으로 만들어 버리는 것이다. 물건과 명패의 유형을 완전히 반대로 허무는 것이 교역이다. 이에 대하여 반가치화에 해당하는 것이 변역이다.

교역은 정·부 대각선상에서 두 소성괘가 위치를 바꾸는 것이고, 변

---

1) 〈복희64괘도〉는 대방도이고, 〈문왕64괘도〉는 소방도이다.

역은 상은 상끼리, 하는 하끼리 음양 가치를 바꾸는 것이고, 반역은 대각대칭 하는 괘들끼리 위·치 대칭 하는 것이다. 이는 대각선 논법의 여러 요소에 해당하는 만큼, 이들 3역 사이에는 서로 결합되는 관계에 따라서 아래 여섯 종류가 있다. 다산은 이를 1.교역표, 2.변역표, 3.교역겸변역겸반역표, 4.교역겸반역표, 5.교역겸변역표, 6.변역겸반역표 속에서 만들어 놓았다.

여기서 무엇보다 주목을 끄는 부분은 2.변역표와 6.변역겸반역표이다. 예를 들어서, 변역표에서는 대과와 이, 소과와 중부는 가로에서 치대칭을 하면서, 특히 대각대칭에서 위·치 대칭을 하고 있지만, 변역겸반역표에서는 수와 고, 점과 귀매는 가로 대칭에서는 치대칭을 하고 대각대칭에서는 위대칭만 하고 있다. 이는 〈도표 5-12〉와 완전히 일치한다. 아래에서 삼역법의 자세한 내용을 다시 알아보기로 한다.

추이법에서 갖게 되는 한 가지 궁금증은, 왜 역학이 이런 작업을 해야 하느냐이다. 역에는 추이법뿐만 아니라 3역이라는 것도 있다. 즉, 교역, 변역, 반역이다. 그리고 삼역론 이외에도 다음에 말할 호체법과 효변법 같은 것이 더 있다. 삼역론은 매우 단순한 작업 같지만, 역학이 의도하는 바는 더 심각한 곳에 있다. 즉, 삼역론을 한마디로 요약할 때, 그것은 순서수의 역설과 기수의 역설 해의 문제와 연관이 된다는 것이다.

추이론에서 획을 나누는 방법에는 유취와 군분이 있었다. 유취란 음획은 음획끼리 양획은 양획끼리 연쇄적으로 부류로 만들어 취합하는 것을 말한다. 곤기를 마지막 상획마저 획변시키면 건괘가 나타난다. 건기에서 그렇게 할 때는 곤괘가 나타난다. 유취법에 들어 있는 또 한

가지 문제점은, 괘가 있을 자리인 위만 있는 중부와 소과의 문제라고 할 수 있다. 이런 문제점들은 궁극적으로 순서수와 기수의 역설에서 발생하는 문제이다. 다산의 추이법은 이런 역설 문제점들이 해의가 안 되고 미완인 채 남겨져 있다. 나머지 역3법이란 역설을 해의하는 방법에 관한 것이다.

이에 추이론에 추가되는 문제가 삼역법, 호체법, 효변법 같은 것들이다. 삼역법은 대성괘 하나를 두고 원소들의 집합으로 보느냐 아니면 부분들의 집합으로 보느냐의 차이에서 온 것이다. 그래서 교역법이란 대성괘를 두 개의 소성괘로 나누어 상·하괘로 삼는 것이다. 상·하괘의 위치를 바꾸는 것을 교역이라 한다. 예를 들어서, 태(☱)를 교역시키면 비(☷)가 되고, 익(☴)을 교역시키면 항(☳)이 된다. 하괘는 명패이고 상괘는 물건이다. 바로 명패와 물건의 유형을 교역시킬 때 역설이 발생하기 때문에, 러셀은 역설 해의법으로 명패와 물건은 자기들의 고유한 유형을 지킬 것을 강조한다. 이런 시각에서 볼 때 교역법은 러셀 역설과 관련하여 중요한 의미를 갖는다. 교역을 수역의 4종8류라는 대칭 관계로 볼 때 대각대칭 A-D와 B-C의 대칭 관계 구조이다.

교역은 소방도의 대각대칭 관계에 있는 소성괘끼리 상하 위치를 바꾸는 것이다. 교역 관계에 있는 괘는 태(☱)/비(☷), 익(☴)/항(☳), 미제(☲)/기제(☵), 함(☱)/순(☴) 등이다. 교역이란 명패와 물건의 위치를 바꾸는 것이다. 명패와 물건괘는 방도 안에서 자기귀속을 하는 정대각선과 자기귀속을 하지 않는 편대각선 등이 있다. 이때 의미론적 역설에 직면한다. 정대각선은 건태리진손감곤의 여덟 개이다. 리샤르 속성을 '비자기귀속'이라고 할 때 '비자기귀속의 비자기귀속'이란 연접이면 자기귀속이고, '비자기귀속의 자기귀속'이란 연접이면 비자기귀속이다. 그래서 교역법에서 상·하괘의 위치를 반대로 바꾼다는 것은 상상을 초월하는 논리적 존재론적 문제점들이 그 안에 도사리고 있다. 대각선 논법의 여러 요소라는 관점에서 보았을 때 상·하괘의 결합으로 된 대성괘는 대각선화이다. 세로 명패와 가로 물건이 사상된 것이기 때문이다. 그런데 상·하괘의 위치를 반대로 한다는 것은 대각선의 종류를 다양하게 만들어 보는 것이라 할 수 있다. 교역에는 자기언급을 하는 괘, 즉, 정대각선상에 있는 괘는 제외된다. 자기 언급을 하는 괘는 교역을 통해 새로운 괘를 만들어 낼 수 없기 때문이다.

교역에 대하여 변역은, 대각선 논법의 여러 요소라는 관점에서 보았을 때, 반가치화이다. 어느 한 대성괘를 단위로 하여 그 안에 있는 6효의 위는 변화시키지 않고, 6효의 치만 반대로 바꾸는 것을 변역이라고 한다. 그래서 몽괘(䷃)를 변역시키면 혁괘(䷰)가 된다. 김상봉의 《수역》에서 볼 때 변역은 음양 가치의 대칭인 치대칭인바, 상징기호는 ▣이다.(도표 5-5) 변역을 하는 괘 가운데서 치대칭 한 것을 다시 위대칭해도 모양이 변하지 않는 것은 건, 곤, 대과, 이, 감, 리, 소과, 중부이다. 이 괘를 문제의 괘(PQ)라고 했다. 여기서 다시 문제의 괘가 등장한다.

마지막 '반역'은, 중괘의 6효를 180도 뒤집는 것을 말한다. 둔괘를 반역시키면 몽괘가 되는 예를 보자. 이는 대성괘를 통한 위대칭이라 할 수 있다. 소성괘의 위대칭과 대성괘를 나누어 생각할 때 변역은 후자에 해당한다.

반역법의 문제점은 중앙 3획과 4획은 그 위가 뒤집히지 않는다는 데 있다. '반역' 속에 '비반역'이 들어 있다는 의미이다. 비반역이 비반

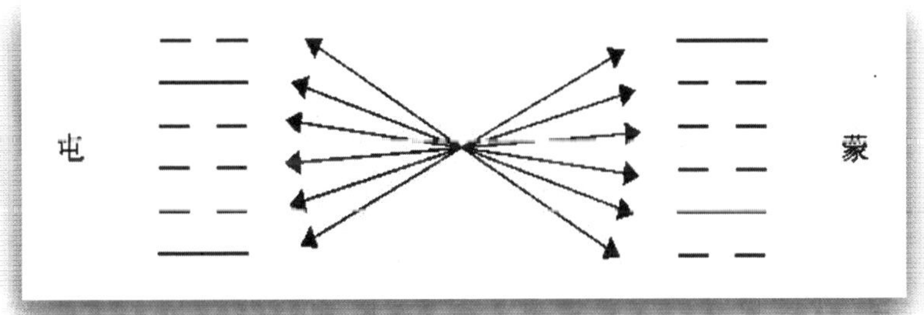

도표 8-1. 둔에서 몽으로 반역

역이면 반역이 되고, 반역이면 비반역이 되는 역설이 들어 있다. 위 삼역법의 공통된 특징은 '모두'라는 기수의 문제와, '초'와 '상'이라는 순서수의 문제를 고려하지 않고 6획 '모두'를 변역시키거나 6획 '모두' 를 뒤집어 반역시킨다는 점이다. 이는 기수와 서수의 역설 문제를 핵 폭탄 같이 그 안에 안고 있다는 의미이다. 앞으로 이러한 문제점들이 호체법과 효변설에서 다양하게 다루어질 것이다.

교역, 변역, 반역의 삼역은 서로 겸할 수 있어서 1.교역겸변역겸반 역, 2.교역겸반역, 3.교역겸변역, 4.변역겸반역의 네 경우가 가능하다. 1.'교역겸변역겸반역'이란 3역을 모두 동시에 하는 것으로 해당하는 괘 는 태/비, 비/태, 기제/미제, 미제/기제이고, 2.'교역겸반역'은 수/송, 대 유/동인, 비/사, 진/명이의 경우이고, 3.'교역겸변역'은 함/손, 항/익의 경 우이고, 4.'변역겸반역'은 수/고 고/수, 점/귀매 귀매/점이다.

교역·변역·반역이 모두 되는 것은 태와 비, 기제와 미제뿐이다. 이 괘들은 소성괘인 건·곤·감·리 4괘가 상·하괘에서 관계된다. 결국 이 네 괘는 3역을 모두 주도할 수 있다는 의미이고, 이들은 위·

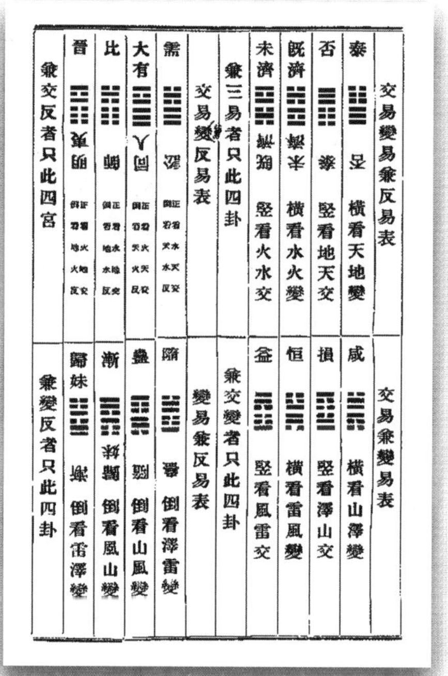

도표 8-2. 삼역겸표

치 대칭을 모두 한다. '교역겸반역'은 6획을 뒤집어 홀·짝수로 한 쌍을 만들면(5.수-6.송,―7.사-8.비, 13.동인-14.대유, 35.진-36.명이)이다. 이들 쌍들은 서로 교역을 한다. 다시 말해서, AD와 BC가 대각대칭을 한다. 결론으로 말하면, 교역은 대각대칭, 변역은 음양 치대칭, 반역은 위대칭이다. 그렇다면 '교역겸반역'은 '대각대칭겸위대칭'이라 할 수 있다. 교역겸반역은 다름 아닌 건과 곤, 감과 리 네 괘들이 서로 조합을 달리함으로써 만들어진다. '교역겸변역'은 '대각대칭겸치대칭'이라 할 수 있다.

마지막으로 삼역법과 추이법의 관계를 간단히 논하면 아래와 같다. 먼저 교역법과 추이법과의 관계이다. 다산은, 복희가 역을 처음 창안할 때에는 교역법만 있었다고 하였다. 즉, "상괘와 하괘를 교환해 바꾸어 중괘가 이미 이루어진 뒤, 성인이 그것을 기꺼워하여 추이의 오묘한 뜻을 해득하였다"(《여유당전서》 권2, 40-17)고 했다. 그러면 추이법과 교역법이 어떤 상관관계가 있는지를 알아보자. 교역법에서 하괘가 상괘로 가고 상괘가 하괘로 온다. 이는 추이법에서 사용한 승상접하의 방식과 같아 보인다. 그러나 추이법에서는 6획 단위로 그렇게 하였지만, 교역법에서는 소성괘 단위로 그렇게 한 차이가 있다. 그러나 여기서 중요한 것은 하괘와 상괘는 논리적 성격이 크게 다르기 때문에 6획 사이의 그러한 차이를 두지 않는 추이법의 승상접하와 쉽게 동일시할 수는 없다고 본다.(김인철, 2003, 65)

변역과 추이법의 관계를 보자. 추이법은 획의 가치를 반가치화시킬 때 아래 1획에서 음과 양을 연쇄적으로 변화시킨다. 이를 〈도표 7-9〉 유취도로 돌아가서, 사각형의 상하에 있는 괘는 위대칭을 하고 있고, 대각대칭 관계에 있는 괘는 치대칭을 하고 있다. 다시 말해서, 반가치화를 한 것이다. 복과 구는 서로 변역법적이다. 그런 점에서 추이법과 변역법과는 밀접한 관계가 있다. 그러나 변역법에서는 음과 양이 추이법에서와 같이 연쇄적일 필요는 없다. 변역법은 벽괘뿐만 아니라 모든 괘에 해당한다. 이 점이 변역법과 추이법의 차이라 할 수 있다.

다음은 반역법과 추이법의 관계이다. 6효의 효위를 정반대로 뒤집는 것이 반역법이다. 이는 위대칭에 해당한다. 그것이 바로 〈도표 7-9〉의 사각형에서 상하에 있는 괘들이 반역법적으로 대칭이다. 다시 말해서, 복을 반역하면 박이 된다. 반역법을 통해 우리는 중부와 소과의 문제점을 파악하게 된다. 즉, 반역을 해도 변하지 않는 것이 중부와 소과 두 괘들이다. 위 둔屯와 몽괘의 반역법에서 본 바와 같이 중앙의 3획과 4획은 반역을 해도 그 위치가 같다. 이것은 중부와 소과 안에 있는 2음과 2양(3위과 4위에 해당)이 괘의 위는 있으면서도 위의 값을 차지하지 못하는 이유이다. 다른 효위들은 반역을 시키면 다른 자리로 갈 수 있다. 그래서 자기 자리와 반역이 되어 갈 자리가 두 개다. 그러나 중부와 소과의 획들은 그럴 수가 없다.

추이법에는 위와 치가 모두 반대인 대칭이 있다. 예를 들어서, 복의 위·치 대칭은 쾌이다. 위·치 대칭은 반역과 변역이 결합되어 있다. 그러면 위와 치 대칭이 결합될 때 어떤 현상이 역 안에서 발생하는가? 위를 다시 가로 대칭과 세로 대칭으로 나눌 때 하나의 효는 치대칭을 포함해 삼차원의 대칭을 하게 된다. 이를 《주역》 상경과 하경의 괘의 개수와 연관하여 알아보기로 한다. 《주역》은 상경이 30개, 하경이 34개이다. 왜 이렇게 수에서 비대칭적인가? 그것은 반역을 할 때, 다시 말해서, 위를 180도 뒤집을 때 반역을 해도 모양이 변하지 않는 괘가 여덟 개가 있기 때문이다. 즉, 건(☰), 곤(☷), 감(☵), 리(☲), 대과(☱), 이(☶), 소과(☳), 중부(☴) 등이 그러한 문제의 괘들이다.

이들 반역을 해도 모양이 변하지 않는 8괘는 다시 변역을 하여 쓴다. 이는 위·치 대칭을 동시에 하는 ◇인 경우이다. 그러면 주역 64괘 안의 반역괘는 다만 위대칭에 따른 일차원 내지 이차원이지만, 이 여덟 개의 괘는 위와 치대칭을 동시에 한 것이기 때문에 한 개 차원을 더 가지고 있다. 하나 더 추가된 것을 마름모 안의 흑점으로 표시한다.

그렇다면 이들 여덟 괘를 1로 기준을 삼으면 다른 56개 괘들은 그것의 반인 1/2이다. 위·치를 함께 하는 경우와 위대칭 하나만 하는 경우의 차이라고 할 수 있다. 이러한 시각에서 상경과 하경의 대칭 관계를 다시 알아보기로 한다. 다산은 주역 64괘 안에서 대칭 관계에 있는 괘를 '궁'이라고 했다. 그래서 두 개의 괘로 하나의 궁이 된다. 이때 반역 관계(위대칭)는 2괘로 1궁으로 삼고, 위·치 관계에 있는 괘는 1괘로 1궁으로 삼는다고 하자. 그러면 상경과 하경이 모두 18궁으로 대칭을 만든다.

즉, 상경에 있는 총 30개 가운데 위대칭 관계(반역 관계)는 24개, 위·치 대칭 관계는 6개이다. 그래서 모두 24+12=36괘이고, 궁수는 18개이다. 하경에 있는 총 34개 가운데 위대칭 관계는 32개이고, 위·치 대칭은 2개이다. 그러면 32+4=36이고, 전체 궁수는 18개가 된다. 그래서 괘수로 보면 30 대 34로 비대칭이지만, 궁수로 보면 18 대 18로 대칭이다.(김인철, 2003, 66) 위·치 대칭을 하고 있는 여덟 개의 괘 때문에 다른 56괘의 배로 차원의 셈을 해야 하므로 이런 결론에 이른다. 다산은 궁수로 보아 상경과 하경은 비대칭이 아니고 대칭임을 증명한다.

그런데 문제는 소과와 중부가 바로 이 여덟 개에 속해 있다는 점이다. 소과와 중부가 관·림·대장·둔과 함께 촉매 작용을 하면서 연쇄를 만들어 낼 수 있는 이유도, 소과와 중부는 서로 위와 치대칭을 하는 관계이기 때문이다. 소과를 위대칭 시켜 치대칭을 하면 그것이 중부이고, 중부를 그렇게 하면 소과이다. 이러한 이유로 이들 두 괘는 행렬괘matrix qua(MQ)로 취급할 것이다. 여러 통로를 통하여 이렇게 중부와 소과괘의 역할과 작용을 알 수 있게 되었다.

위대칭은 반대각선화이고 치대칭은 반가치화이고 보면, 결국 여덟 개의 괘는 64괘 가운데서도 초과분이라고 할 수 있다. 중부와 소과괘, 대과괘는 위·치 대칭을 대각대칭에서 한다는 점이 특징이라 했다. 대각선 논법의 반대각선화와 반가치화란 요소 때문에 행렬괘에서 초과분이 만들어진다. 이들 행렬괘(MQ)는 위와 치라는 대칭을 동시에 하고 있어서 다른 괘보다 한 차원을 더 가지고 있다. 그렇다고 이를 변괘로 취급해서는 안 된다. 왜냐하면 위대칭을 한 다음에 치대칭을 했기 때문이다. 그런데 변괘는 치대칭만 한다.

호체법과 괘의 유형 해체

'호체'2)란 말을 제일 먼저 사용한 인물은 한대의 경방(기원전 77-37)이다. 그러나 《춘추좌전》에도 이 말이 사용된 것을 보면 그 기원은 상당히 거슬러 올라간다고 할 수 있다.(강학위, 1994, 26) 호체란 초효와 6효를 제외한 2, 3, 4효로 한 새로운 3획괘를 만들고, 다시 3, 4, 5효로 한 새로운 3획괘를 만들어 사용하는 것을 말한다. 다산은 《주역사전周易四箋》 서두(권1)에서 호체를 다음과 같이 정의하였다.

중괘가 이루어지면서 6체가 서로 이어져 2에서 4까지와 3에서 5까지 가 각각 하나의 괘를 만드는 것을 호체라고 한다.

다산의 정의는 대성괘를 괘의 한 단위로 보는 데서 출발한다. 즉,

---

2) '호체'란 말과 '호괘'라는 말은 동일하게 사용된다. 구별하자면 호체란 '호괘를 취하는 방법이나 이론'을 의미한다고 할 수 있다.(김인철, 2003, 67)

대성괘를 여섯 개 요소 획으로도 보고, 두 개 부분 괘로도 보는 입장이 담겨 있다. 그리고 초효와 상효를 배제하고 2, 3, 4획과 3, 4, 5획만으로 호체를 이룬다는 의미도 들어 있다. 6획을 연쇄적으로 이어지는 것으로 본다는 것은 대성괘를 요소의 집합으로 본다는 뜻이고, 3획을 괘의 한 단위로 본다는 것은 하나의 대성괘를 두 개의 부분으로 된 즉, 두 개의 소성괘로 나누어 본다는 의미가 담겨 있다.

이러한 호체법에 대한 정의에서 주목해야 될 곳은 초효와 상효는 제외한다는 것이다. 이는 위 삼역법에서 볼 수 없었던 순서수의 역설을 의식한 발언이다. 한 대성괘의 상괘와 하괘는 물건과 명패의 관계인 만큼 러셀 역설과 대각선 논증의 문제점을 호체론이 그대로 안고 있다는 의미이다. 그래서 호체론은 역설 해의에서 중요한 한 단면이 된다. 순서수의 역설에 이어 러셀 역설과 그 해의에 연관되는 것이 호체론이라는 말이다. '체'를 유형이란 말로 바꾸어 놓으면, 호체란 상과 하의 유형을 호환시킨다는 말이 된다. 이는 러셀의 유형론을 순환적이게 한다는 키하라와 헤르즈버거 등의 역설 해의법과 연관이 된다.(《대각선 논법과 역》 7.4. 참고)

괘의 호환론에 근거하여 2, 3, 4획으로 이루어지는 괘를 '내호內互' 또는 '하호下互'라 하고, 3, 4, 5획으로 이루어지는 괘를 '외호外互' 또는 '상호上互'라고 한다. 둔屯괘의 경우 2체(획)와 4체가 서로 하는 공功이 같고, 3체와 5체가 하는 공이 같다. 전자가 만드는 공의 호는 곤괘를 만들기 때문에 '호곤'이라 하고, 후자가 만드는 공의 호는 간괘를 만들기 때문에 '호간'이라고 한다.

준괘에서 호가 같은 것을 결정하는 기준은 하체와 상체이다. 즉, 6체

互體表	屯	蒙	需	訟	師	比	凡自二至四謂之下互自三至	五謂之上互其取物象與正卦	同
	下互坤 上互艮	下互震 上互坤	下互兌 上互離	下互離 上互巽	下互震 上互坤	下互坤 上互艮	之下互自三至	其取物象與正卦	餘卦倣此

도표 8-3. 호체표

가운데 2체는 하호의 초이고, 3체는 상호의 초이기 때문에 '초'라는 점에서 같다. 이럴 때 '공'이 같다고 한다. 4체와 5체로 공이 같다고 할 때, 4체는 하체의 상이고, 5체는 상호의 상이기 때문에 '상'이라는 점에서 같다.

호체론은 역에서 역설이 생기는 진원지가 6획을 여섯 개 요소로 볼 때와 두 개의 부분으로 보는 구별에서 온다는 사실을 절감한 데서 나왔다. 바디우의 상황과 상황의 상태의 구별에 귀기울일 필요가 절감해진다. 호체론이 여섯 개의 획을 2, 3, 4로 한 번, 3, 4, 5로 또 한 번 나눈 것은 역설 해의의 절묘한 방법을 응용한 것이다. 하괘가 명패이고 상괘가 물건이고 보면, 호체론은 명패와 물건의 유형적 구별을 무시해 버리고, 상과 하괘의 획들로 새로운 유형의 괘를 만들어 허물어 버리는 것이다. 이러한 작업의 공은 서양 철학에서는 시도조차 할 수 없는 발상에서 나온 것이라 하겠다.

'호'는 어디까지나 내괘(하괘)와 상괘(외괘)가 연관되어 만드는 새로운 관계이다. 서로 넘나들 수 없는 간격을 허물고 새로운 순열 조합을 통하여 새로운 괘를 만드는 것이다. 명패와 물건의 관계가 다름 아닌 호의 관계이다. 그래서 호란 '사상mapping'의 다른 표현이다. 홀로그래피를 만들 때 표준광(하괘)과 작용광(상괘)이 서로 간섭하는 것과 같다. 호체는 명패와 물건이 서로 사상하는 것이기 때문에 대각선화의 다른 표현이라 할 수 있다. 서로 다른 수많은 호, 즉, 대각선을 만드는 것이 호체론의 핵심 내용이다. 그래서 서로 다른 유형들이 서로 유형의 틀을 변경시키는 것이 호체론이다.

이러한 호체론의 근거를 다산은 〈계사전〉에서 찾고 있다.

> 만약에 물을 섞고 덕을 갖추면 시와 비를 변정함에는 그 중효가 아니면 다 할 수 없다.(《주역사전》 권8)

호체론에서는 획을 단순한 획으로 보지 않고 완전히 새롭게 주조된 효로 본다. 효의 변화, 즉, 효변이란 '호괘로 되는 변'을 의미한다. 그래서 '호체로 되는 변'이란 '2, 3, 4, 5의 변'을 말한다. '변'이란 명패와 물건의 유형을 새롭게 바꾸어 버리는 것이라는 뜻이다. 그런 의미에서 역설 해의법 가운데 하나가 '변'이다.

초와 상을 제외한, 가운데 '중효' 네 개가 6획을 만들어 낸다. 네 개이지만 3획과 4획이 중복되기 때문에 6획을 만들 수 있다. 이를 두고

"중효에 이르러 양호가 새로운 괘를 만들어 물정이 변하게 된다"고 한다. 상·하의 두 호가 '다시 호를 이룬다'는 것을 두고 다산은 '양호작괘'라고 한다. 양호작괘를 할 때에는 반드시 명패와 물건을 전제해야 한다. 우리는 이미 헤르즈버거를 통해 역설 해의의 한 방법으로 새로운 호를 만들어 나가는 방법을 보았다. 그러나 그는 역에서와 같이 중효를 통한 것이 아니고, 상·하를 모두 열어 놓은 공간에서 그렇게 하였다.(《대각선 논법과 역》 7.4. 참고) 그런데 역의 호체론에서는 상과 초획으로 막아 놓은 다음 제외시킨 상태에서 호체를 한다.

그런데 관심의 핵심은 왜 호체론에서는 초획과 상획을 제외했느냐이다. 이를 두고 다산은 "그 초는 알기 어렵고, 그 상은 알기 쉬우니 본과 말이다"(《주역사전》 권8)고 하였다. 획과 효를 말할 때 '초初'는 시간 개념이고, '상上'은 공간 개념이다. 칸트가 이율배반을 말할 때 당했던 문제와 비슷하다. 칸트는 배진과 전진을 할 때 어느 하나는 막아 놓아야 하는데, 초보다는 상을 막아 놓고 배진을 해야 한다고 생각하였다. 배진을 하지 않으면 무한퇴행의 오류에 빠지기 때문이다. 이를 〈계사전〉의 말로 이해하면, 초는 알기 어렵고 상은 알기 쉬우니, '본말'이라고 할 때 '말'을 막아 놓고 셈하여야 한다는 것이다. 그러나 호체론에 따르면 초와 상을 모두 막아 놓고, 가운데를 택해 획들을 중복시키면서 변화를 만든다. 칸트의 이율배반론이란 시각에서 볼 때 호체론이 갖는 의미는 심대하다고 할 수 있다. 칸트와는 달리 호체론은 전진과 배진을 모두 못 하도록 한다. 대신 가운데서 상하 반복 이동을 하도록 한다.

초와 상획을 배제할 때 2, 3, 4, 5획은 전체 6획 가운데에서 초는 사물의 뿌리이기 때문에 아직 알기 어렵고, 상획은 이미 변화가 종결된 것이기 때문에 알기가 쉽다고 한다. 칸트는 '초, 2, …, 상'이라고 할 때 상에 해당하는 6을 막는 것이 배진법이라 한다. 그런데 호체론은 상과 초를 모두 막고 2, 3, 4, 5의 변화만 취한다. 실로 무한퇴행을 막는 절묘한 방법이다. 호체론을 칸트의 이율배반론과 연관시키지 않으면 이러한 중요한 의미를 찾기 힘들다. 다산은 이를 '잡물찬덕雜物撰德'을 갖춘다고 하였다. 여기서 '잡'은 '호'라는 말에 해당한다. 그래서 '잡물찬덕'이란 명패와 물건이 사상한다는 말의 다른 표현이다.

'잡물'이란 말과 '찬덕'이란 말을 둔괘의 호체론에서 찾아보기로 한다. 둔괘에서 하호는 곤이고, 상호는 간인데, 곤은 땅이고, 간은 산이기 때문에 이를 '잡물'이라 한다는 것이다. 그리고 곤은 순한 것이고, 간은 그치는 것이니, 순順과 그치는 지止가 '찬덕'이 된다는 것이다. 매우 은유적인 표현이다. 이러한 잡물찬덕을 비판한 왕필 등은 '중'은 오직 대성괘에서 2와 5뿐인데, 그것에 3과 4를 포함시키는 것에 대해서 비판적이다. 그러나 다산의 잡물찬덕은 한국적 고유 사유의 특출한 표현이라 할 수 있다.

요약하면, '중'을 2, 5에만 국한시킬 것인가, 아니면 2, 3, 4, 5에 확장할 것인가가 문제이다. 주자는 "괘의 중은 넷이다"(《주역전의》 권23)라고 하여, '중'은 네 개라고 못 박고 있다. 네 개가 되어야 시시비비가 제대로 가려진다고 하여 '변시여비辨是與非'라고 했다. 이러한 주자의 입장을 '4중론'이라 할 때, 호체론은 4중론에 따르는 것이 통례이다. 그러나 이를 부정하는 왕필의 2와 5에 국한하는 '2중론' 역시 무시할 수 없다. 그런데 2중론과 4중론에서 입장의 차이가 나는 것이 아니고, 초와 상획을 인정하느냐 배제하느냐의 차이에서 그 입장이 달라진다. 만약에 초와 상획을 그냥 두면, 상·하 두 괘의 '중'은 2와 5이지만, 만약에 초와 상을 제거하면 2, 3, 4, 5가 모두 '중'이 된다. 2중론은 상·하괘를 두 개의 부분으로 보는 입장이고, 4중론은 획을 여섯 개의 요소로 보는 입장이다. 결국 상황과 상황의 상태의 차이라 하겠다.

이것은 2중이든 4중이든 이는 다중론이고, 종래의 '중' 개념을 해체하자는 것이 호체론의 핵심이다. 수학의 직관론자들은 역설이 발생하는 원인이 배중론에 있다고 보아, 다중론을 주장하게 되면 역설이 해소된다고 했다. 이런 다중론은 앞으로 말할 김일부 정역에서 말하는 중위론의 전령사와 같다고 하겠다. 정역의 '중'은 작용하는 '중'이다. 그러나 아직 호체론의 '중'은 작용하고 공작하는 '중'은 아니다. 다만 하나의 기준을 정해주는 '중'일 뿐이다. 즉, 2, 3, 4, 5가 어느 위치에 정해지는지의 기준을 말하는 것일 뿐이다. 정역의 중위론은 차라리 '초'와 '상'을 그냥 두고, '초'에서 '상'으로 향하는 방향과, '상'에서 '초'로 향하는 두 방향의 작용을 가지고 '중'을 설정한다. 그래서 마주보고 움직이는 작용으로 '중'을 이해하게 된다. 호체론에서 말하는 '중' 개념은 2, 3, 4와 3, 4, 5와 같이 한 방향으로 작용을 하기는 하나, 일보 전진과 일보 후진의 방법을 취한다. 그러나 2중에는 이런 것이 없다.

이 문제는 다시 역설의 진원지인 '모든'의 문제로 되돌아오게 한다. 다시 말해서, 초와 상획은 '모든' 또는 '종' '시'와 같은 내용을 함의하고 있다. 이는 역설의 화약고와 같은 말이다. 바로 호체론이 등장하는 배경에는 이런 전체 또는 무한이란 속성을 가진 집합을 피하고 제외하자는 의도가 있다. 그래서 호체론 속에는 후술할 순서수의 역설, 멱집합의 공리, 분리 공리, 외연 공리와 같은 주요 역설 해의의 방식이 그 안에 들어 있다. 이런 공리들을 통해 서양 수학자들은 역설을 해결하려 했기 때문에 흥미를 갖게 한다.

마지막으로, 다산의 유취도인 〈도표 7-9〉에서 볼 때 6획은 사각형의 세로를 6등분 한 것이다. 호체론에서 상·하의 획을 아래·위로 바꾼다는 것은 위상학적으로도 연관이 된다. 즉, '2, 3, 4'에서 4는 하괘의 초획이 하괘의 상획이 된다는 것이고, '3, 4, 5'에서 3은 하괘의 상획이 하괘의 초획이 된다는 의미이다. 이는 사각형에서 볼 때 세로의 상하가 위치를 변경한다는 것과 같다. 이는 사각형 안에서 세로의 상하가 바뀌는 것이다. 그러나 사각형에는 좌우 대칭과 음양 대칭이 더 있다. 그래서 호체론은 삼차원 가운데 한 개의 차원에서 위치를 변경하는 것이다. 우리는 사각형 안에 있는 벽괘들이 위와 치와 위·치 대칭을 하는 것을 본다. 복과 박은 위대칭, 복과 구는 치대칭, 복과 쾌는 위·치 대칭을 한다. 그런데 호체론은 똑같은 하나의 괘 안에서 획들이 상하의 위를 바꾸는 것이다. 대각선 논법의 6대 요소 가운데 세로라는 요소를 통해 상하 차원에서 생기는 변화라 볼 수 있다. 그런데 이들 6획을 두 개의 부분으로 나누어 볼 때, 명패와 물건 사이의 유형 변화이기 때문에 상황은 달라진다.

이는 왜 역학 연구에서 호체론이 등장할 수밖에 없었느냐 하는 근본적인 질문으로 되돌아가게 한다. 그 이유는 러셀의 유형론이 무너지고 키하라와 헤르즈버그 등에 의한 새로운 역설 해의법이 나온 것과 비슷한 이유이다. 다시 말해서, 러셀이 생각했던 만큼 명패와 물건의 간격을 그렇게 분명하게 유형별로 나눌 수 없다는 데서 서양 학자들은 입장을 달리한다. 즉, 두 개의 소성괘가 결합되어 하나의 대성괘를 만들 때, 두 개의 상하 소성괘는 그 속성이 물건과 명패로 다르다. 그리고 바로 그 순간 자기귀속과 비자기귀속이란 역설의 문제에 직면하게 된다. 결국 두 개의 소성괘 결합이 확고하지 못하고, 그 안에 비결정성의 문제를 가지고 있다. 그리고 6획을 추이법에 따라 나누어 보아도, 위에서 본 바와 같이 획들 역시 확고한 기반을 가지지 못한다. 순서수 아니면 기수의 역설에 결국 직면하고 만다.

여기서 러셀의 유형론이 무력해지면서 순환론이 등장한다. 유형론과 순환론의 그 중간 과정에서 호체론이 등장한다. 다시 말해서, 한 괘 안에서 명패와 물건의 고정된 유형을 파괴할 때, 한 괘의 괘상 속에는 또 다른 괘상이 들어 있었음을 호체론으로 알게 되었다. 이를 우리는 헤르즈버그의 역설 해의에서 이미 보았다.(《대각선 논법과 역》 7.4.) 다시 다산의 말을 들어보자. 이는 다산이 유형론의 허망함을 지적한 말이다.

> 대성괘가 이미 이루어지면 6획이 서로 이어지게 되니, 이에 호괘가 생겨났다. 8괘일 때에는 비록 각기 고유한 모습을 이루고 있었더라도 이미 대성괘를 형성하게 되면 2, 3, 4, 5획이 서로 쭉 이어져 한계가 없게 된다. 이것이 호괘가 생겨난 까닭이다.(《여유당전서》 권2, 37-10)

6획 가운데 상과 초획을 제거하자 그 속에서 "2, 3, 4, 5획이 바로 서로 쭉 이어져 한계가 없게 된다"란 말은, 칸토어가 무한으로 수를 가두어 놓은 것을 다시 해체하게 하는 것으로 이해된다. 이는 어느 실수 구간 안에서도 무한을 만들어 낼 수 있는 실무한 개념으로 가는 출발점이라 할 수 있다. 호체론의 등장은, 아리스토텔레스의 가무한 이후 칸토어에 의해 실무한이 등장하는 배경과 같다 하겠다.

이는 마치 지멜로와 프랭클이 합집합의 공리를 통해서 어느 집합에서 중간 위치에 있는 요소들을 다시 꺼내 새로운 집합을 만들어 버림으로써 '모두'와 같은 큰 집합에서 생기는 역설을 해의하려고 한 시도와 같다. 초와 6획의 제거는 다름 아닌 '모든'이라는 것을 어느 집합에서 제거하는 것과 같다. 이에 해당하는 공리가 '분리공리'이다. 이에 대한 상세한 논의는 다음(8.2.)에 그대로 이어질 것이다. 다산은 추이법에서 보는 바와 같은 유취법을 일단 뒤로 하고 호체법을 원용한 결과, 위에서 본 바와 같은 양호괘뿐만 아니라 다양한 호괘를 그 속에서 추출할 수 있었다. 이는 여러 공리의 적용 바로 그 자체라 할 수 있겠다. 다산은 호체를 크게 여섯 종류로 나누었다. 이어지는 장에서 이 문제가 거론될 것이다.

8.2. 창신론과 역설 해의

호체와 대호론, 그리고 외연공리

다산은 추이, 호체, 효변을 역의 '삼오三奧'라고 한다. 그 가운데 호체는 가장 중요하다. 호체는 마치 모래 속에서 금을 찾아내는 것과 같다고 하여 다산은 이를 '도사득금淘沙得金'이라 했다. 호체 되기 이전의 원래의 괘를 '정체'라 하고, 거기서 호체된 것을 '도체倒體'라고 한다면 이는 마치 도사득금과 같다는 것이 다산의 생각이다. 정체 없는 호체는 있을 수 없다. 호체에서 3과 4획이 중복되기 때문에 이런 소멸 현상이 생겼다. 다산은 그의 창신론創新論에서 이러한 호체론에 함의된 논리적이고도 철학적인 문제를 다음과 같이 연장 거론한다.

창신론 속에 있는 '대체' '겸체' '도체' '복체' '위복' '반합' '양호' 등을 차례로 소개하면 다음과 같다. 대성괘란 그 자체가 명패와 물건괘의 결합이기 때문에 대각선화이다. 그렇다면 호체란 다름 아닌 다양한 방법으로 새로운 대각선을 만들어 내는 것을 말한다. 이를 다산은 '창신創新'이라 하였다. 다시 말해서, 창신이란 새로운 대각선을 만들어 낸다는 의미이다. 이러한 시각에서 창신론을 보면, 창신론이 대각선 논법과 연관된다는 사실을 알게 된다. 다산의 창신론은 크게 네 가지로 나누어지는데 대체, 겸체, 도체, 복체가 그것이다.

대체론은 '대호론'이라고도 한다. 이는 호체의 대강을 말하는 큰 형태란 뜻이다. 대체론의 방법은 64괘 가운데에서 벽괘를 제외한 모든 연괘에서 호괘를 취하는 것이다. 벽괘와 연괘의 차이점은 전자의 경우는 음양이 연쇄적이지만 후자는 그렇지 않다는 데 있었다. 연괘는 형태만 같으면 모두 같은 군분으로 분류할 수 있다는 것이었다. 벽괘라는 명패괘를 만들어 내는 명패의 명패는 당연히 건과 곤이었다. 그러나 연괘를 만들어 내는 명패괘는 건곤일 수 없다. 왜냐하면 건과 곤은 6획이 모두 같기 때문에 건곤과 동형인 괘는 건과 곤뿐이기 때문이다. 그렇다면 동형이상을 원칙으로 하는 연괘에서는 동형이상을 만들어 내기에 이상적인 감과 리를 명패로 삼을 수밖에 없다. 만약에 감과 리를 명패로 삼으면 50연괘 모두가 이들과 동형이상으로 관계 안 되는

大互表	巽 一至四爲大坎	鼎 一至五爲大坎	大過 一至上爲大坎	震 一至四爲大离	屯 一至五爲大离	頤 一至上爲大离	凡剛中者爲坎虛中者爲离故	十二辟卦之外皆有此坎离	取大皆倣此說

도표 8-4. 대호표

것이 없게 된다.

그렇다고 소성괘로서의 감과 리가 이러한 변화를 주도해 낼 수는 없다. 여기서 다산은 감과 리의 연장으로서 대감과 대리라는 대안을 내놓는다. 감은 상과 하가 음이고 중이 양인 반면에, 리는 반대로 상과 하가 양이고 중이 음이다. 중획의 개수에 상관없이 그것이 음이나 양으로 연쇄적이면, 그것은 모두 한 개의 개수로 보는 이런 방법을 취하면 대감과 대리 괘를 만들어 낼 수 있다. 아래 호체표와 대호표를 비교해 보자. 호체는 2, 3, 4획으로 하괘로 삼고, 3, 4, 5획으로 상괘로 삼는 방법이었다. 그러면 둔괘의 하호는 곤이고, 상호는 간이다. 몽괘의 하호는 진이고, 상호는 곤이다.

그런데 여기서 말하려는 대호론은 호체론과는 다른 양상이다. 즉, '1에서 4까지', '1에서 5까지', '1획에서 상획까지'와 같은 방식으로 초획에서 4, 5, 상획까지 하나로 묶고, 그 안에 연쇄되는 음과 양은 개수에 상관없이 한 개로 보는 방법이다. 그러면 손괘의 경우 '1에서 4까지'는 대감(2효, 3효는 같은 양이므로 하나의 양으로 본다. 이하 같다)이고, 정괘의 '1에서 5까지는 대감이고, 대과의 1에서 상까지'는 대감이고, 진괘의 1에서 4까지는 대리이고, 둔괘의 1에서 5까지는 대리이고, 이괘의 1에서 상까지는 대리이다. 그래서 손, 정, 대과와 진, 둔, 이괘에서 세 개의 대감과 세 개의 대리를 만들어 내기 위해서 '1에서 n까지'라는 방법을 취한다. 여기서는 n=4, 5, 6과 같다.

손괘로부터 1에서 4까지의 획을 뽑아내면 상과 하는 음이고 중2는 양이다. 획이 모두 네 개이지만 중2양을 중1양으로 만들어 버리면 그것은 감괘가 된다. 이렇게 축소시키지 않은 괘를 두고는 대감이라고 한다. 이러한 방법을 취하여 세 개의 대감과 세 개의 대리를 추출하는 것을 대호법이라고 하는데, 여기에 중부와 소과는 빠지고 이와 대과가 포함된다. 대감을 만들 수 있는 괘는 손, 정, 대과에 국한되고, 대리를 만들 수 있는 괘는 진, 준, 이에 국한된다.

대호론을 평가해 보면 다음과 같다. 음획과 양획이 추이론에서는 연쇄적으로 같아야 한다. 그런 의미에서 벽괘는 규칙적이기는 해도 그 변화성에서는 제한적일 수밖에 없었다. 이제 대호론에서는 얼마나 과감하게 상·하괘의 고정틀을 깨는가를 볼 차례이다. 호라는 말은 사실상 논리적 유형을 결정하는 것이나 마찬가지인데, 호체론은 궁극적으로 명괘와 물건괘의 유형을 자유자재로 허물어 버리는 것이라 할 수 있다. 만약에 어떤 사회나 자연계에서 이런 호체론적 현상이 생긴다면 종의 정체성과 동일성은 유지되기 힘들 것이다. 그리고 기하학에서는 직선이라든지 평면과 같은 차원의 개념이 성립되기 어려울 것이다. 그러나 위상수학은 이러한 유클리드적 기하학의 고정틀을 깨고 만다.

소성괘로서 감우 가운데 양획이 한 개이고, 소성괘로서 리는 가운데 음획이 한 개다. 그런데 대감과 대리는 두 개 이상씩이다. 예를 들어 익괘의 경우, 대호를 만들면 대리괘가 만들어진다. 42.익괘(䷩)를 보면 1획과 5획은 각각 1양뿐인데, 2, 3, 4획은 3음으로 세 개나 된다. 즉, 익괘의 구조는 1양/3음/2양과 같다. 손巽괘의 상괘인 손(☴)은 '1획에서 4획까지'는 대감괘가 된다, 즉 '1지4위대감一之四爲大坎'이라 한다. 2획과 3획을 하나로 하면 1양이 되어 감괘가 되기 때문이다. 이와 같이 대호론은 획의 수에는 상관없이 그것이 대감 아니면 대리가 되는 형국이다. 음과 양의 획수를 중요시 하는 형태를 완전히 무시한 감과 리라는 상만 강조하는 것이라 할 수 있다.

이런 방법으로 읽어 나가면, 정鼎(䷱)은 '1지5위대감', 대과는 '1지상대감', 진은 '1지4위대리', 둔屯괘는 '1지5위대리', 이頤괘는 '1지상위대리'라고 하여, 대감이 세 개, 대리가 세 개이다. 그래서 대호는 대감과 대리를 기준으로 한 것이다. 여기에 건곤은 대호를 만들 수 없어서 빠진다. 6획이 모두 같기 때문이다. 대호론과 호체론은 6획을 요소로 보았을 때와 부분으로 보았을 때 다양한 차이를 말해 준다. 3획이 소성괘의 기준이지만 연쇄하는 두 동일한 획을 하나로 만들어 버려 감과 리괘만을 만드는 기준으로 삼는 것이 대호론이다. 만약에 여섯 개의 획으로 된 요소로 3 이상의 획으로 된 부분을 만들면 다양한 변화를 가져올 수 있음을 보여준다.

12벽괘를 집합화한 것을 '유취'라 했고, 50연괘를 집합화한 것을 '군분'이라 했다. 이는 다산의 집합론적 용어인데, 이를 '역유이관易有二觀'이라고 한다. 집합을 만드는 두 가지 종류가 있다는 뜻이다. 건곤 집합을 명패의 명패로 12벽괘를 명패로 삼아서 유별로 모으고, 감리 집합은 50연괘로 하여 군분으로 나눈다. 그런데 건곤에는 대호가 없고 감리에는 대호가 있다는 것이다. 감리의 이런 장기 때문에 양획과 음획이 둘 또는 세 개로 겹칠지라도, "밖이 음으로 겹치더라도 그것은 나래일 뿐, 그 가운데 중획이 실하면 감이고, 밖의 두 양이 빗장을 걸어도 그 중이 허하면 리가 된다. 하필 3획으로 감리가 될 필요는 없다."(《주역사전》 권1, 박주병, 2002, 251)고 한다. 한국인들의 유연성 있는 사고방식이 여실히 표현된 부분이라 할 수 있다.

대호론은 대각선에 음과 양이 다양하게 결합하여 명패와 물건을 만들 수 있어서, 그 결과 만들어진 대각선 또한 다양할 수밖에 없음을 보여준다. 대각선이란 명패와 물건의 사상인 '사건event'이라고 할 때, 창신론은 사건의 철학을 이른다고 할 수 있다. 대호론을 대각선 논법의 여러 요소라는 관점에서 보았을 때, 〈도표 8-4〉에서와 같이 가로나 세로는 대각선을 반대각선화 하고 반가치화하면 얼마든지 새롭게 창출(창신)해 낼 수 있다. 대호론은 상·하괘의 어느 획위에서든지 감과 리를 만들어 낼 수 있다는 논리이다. 감과 리는 음과 양이 이상적으로 조합된 괘이기 때문에, 그 가변성은 다른 괘에 비할 바가 아니다.

이는 벽괘의 여러 원리를 모두 부정하는 것이나 마찬가지이다. 음획 사이에 끼어 있는 양획, 그리고 양획 사이에 끼어 있는 음획이 반드시 한 획으로 고정될 필요가 없다는 것이다. 즉, 손괘, 정괘, 대과괘는 음획 사이에 두 개, 세 개, 네 개의 양획이 끼어 있는 경우이고, 진괘,

둔(屯)괘, 이괘는 양획 사이에 두 개, 세 개, 네 개의 음획이 끼어 있는 경우이다. 이때 끼어 있는 음이나 양획을 하나로 압축시켜 하나의 획으로 간주해 버린다. 이는 물리적인 압축이다. 화학적은 아니다. 왜냐하면 압축이 될 때 음과 음, 그리고 양과 양끼리만 그렇게 할 수가 있기 때문이다. 이를 단 하나의 양획이나 음획이 끼어 있는 감과 리와는 구별하여 '대감' 또는 '대리'라고 한다.

여기서는 형태와 상태의 구별도 무시되고 있다. 다시 말해서, 음획이나 양획의 수가 같은가 다른가도 문제시 되지 않는다는 말이다. 이를 두고 다산은 이렇게 말한다. "두 음획이 날개가 되고 가운데가 양획이면 감괘요, 두 양획이 빗장이 되고 가운데 음획이면 리이다. 어찌 반드시 3획으로 된 것이라야 감괘나 리괘가 될 것인가?" 획의 수에도 상관없이 가운데 음획이면 리이고 양이면 감이라는 것이다.

역설과 자기언급을 조장하는 초와 상획을 임의로 결정함으로써 새로운 감과 리를 만들어 내는 이러한 대호론적 기법은, 역설 해의에 큰 의미를 갖는다. 초와 상은 항상 전체로서의 '모두'란 의미를 갖는다. 이러한 의미를 갖는 획들을 제외하고 새로운 호를 만들어 새로운 괘를 생산해 내는 기법은 외연 공리의 적용이라고 할 수 있다. 외연 공리란 어떤 집합의 외연을 새롭게 만드는 것을 말한다. 초와 상은 이러한 외연을 결정하는 획들이기 때문에, 외연을 달리한다는 것은 속성을 바꾸는 것과 같다고 할 수 있다. 원래의 정체에서는 전혀 다른 괘가 나오게 하는 것이 바로 대호론이다.

겸호론 _6효의 해체와 새로운 괘의 탄생

겸호兼互를 일명 '겸체'라고도 한다. 겸호란 하나의 괘 전체를 호로 삼는다는 뜻이지만, 괘 전체를 이등분 아닌, 둘씩 삼등분하는 것이 특징이다. 획을 둘둘씩 하나로 본다는 뜻이다. 둘씩 나눌 때 그 나누어지는 둘은 음이든 양이든 같아야 한다. 만약 다르면 그것은 겸호를 만들 수 없다. 적어도 둘씩은 연쇄가 되어야 한다는 의미이다. 그러면 6효로 된 대성괘는 하나의 소성괘로 변해 버린다. 즉, 림괘(䷒)는 진(☳)이 되고, 관괘(䷓)는 간(☶)이 된다. 6획 가운데서 음음 혹은 양양으로 같을 경우 하나로 본다는 것이다. 겸호 또는 겸체라 바로 이런 경우를 이른다.

두 획씩 나누어 2/2/2로 두 획씩 끊어서 한 단위를 만들 때, 이렇게 만들 수 있는 괘는 64괘 가운데 건, 곤, 림, 둔, 소과, 중부, 관, 대장 등 벽괘 여덟 개뿐이다. 그렇다면 대체(대호)가 연괘를 대상으로 한다면, 겸체(겸호)는 벽괘를 대상으로 한다. 다산은 겸체를 두고 "겸체라는 것은 하나의 괘를 통틀어서 호로 취하는 것이라 했다. 대성괘가 이루어지면 위가 3등분(천·지·인)되는데, 3위를 겸하여 둘로 하여도 8괘이다"라고 했다. 여기서 주목해 읽어야 할 부분은 "하나의 괘를 통틀어서 호로 취한다通一卦而取互者"는 말이다. 역설을 야기시키는 어구인 '하나의 괘를 통틀어서'라는 말에 긴장감을 느끼게 한다. 이런 표현 자체가 역설은 자초하기 때문이다.

지금까지는 3획으로만 한 상·하괘를 만들었지만, 이것은 결코 고정적일 수 없다고 하면서, 다산은 "육허에 두루 흘러 상하에 항상 됨이 없다周流六虛上下無常"고 했다. 이 말은 6획이란 것이 허하여 그 안은 두루

兼互表 凡八卦	乾	坤	臨	遯	小過	中孚	觀	大壯	右所謂兼三才而兩之
	爲兼畫之大乾	爲兼畫之大坤	爲兼畫之大震	爲兼畫之大巽	爲兼畫之大坎	爲兼畫之大離	爲兼畫之大艮	爲兼畫之大兌	

도표 8-5. 겸호표

변하며 흐르는 것이라서 무상하다는 것이다. 지금까지 상·하괘를 물건과 명패로 고정시켜 놓았기 때문에, 얼마나 거기서 생기는 역설 해법 또는 해의 때문에 고심해 왔던가? 바로 거기서부터 해방감을 주는 것이 겸체론이다. '육허'란 6획 안이 모두 비어 있어서 어디 상주할 곳이 없다는 말이다. 비실체론적 과정만 있을 뿐이라고 본 것이다. 과정철학 사상을 이만큼 극명하게 표현해 낼 수도 없을 것이다. 6개 효 모두가 허하다. 상주할 곳이 없다.

그러므로 호체 대체는 오직 상에 말미암아 이것을 취하고, 또 6획을 나누어서 3단계로 하여 3재의 위(천지인)에 당하게 하고, 3재를 겸하여 둘로 하면 건, 곤, 림, 둔 등의 여덟 개 괘들은 엄연히 또한 3획의 8괘이다.(《주역사전》 권1, 10-11) 6획을 둘로 끊어 나누는 세 토막으로 한 것을 두고 3재로 나누었다고 한다.

그렇다면 겸체론이 종래의 3획론을 부정하는 것인가. 그렇지 않다. 위 인용구 마지막 부분에서 보는 바와 같이, 3재를 겸하여 둘로 하면 벽괘로 돌아오고, 12벽괘는 다름 아닌 3획 괘라고 한다. 우리는 지금까지 12벽괘는 명괘괘로서, 연괘들이 거기서 연원하는 것으로 보았는데, 겸체론에서 보면 오히려 벽괘들이 겸체에서 연원하는 것을 볼 수 있다. 14벽괘 가운데 빠진 것은 복, 박, 구, 쾌이다. 이들 괘로는 3재를 만들 수 없기 때문이다. 6허의 출구 전략이 지금부터 시작된다.

벽괘에서 둘씩 끊어 하나로 본다면, 둘씩 끊기 이전의 그것과는 어떻게 구별할 것인가? 두 획씩 끊어서 그 형태인 대형으로 보게 되면, 그러한 건은 대건, 곤은 대곤, 림은 대진, 둔은 대손, 소과는 대감, 중부는 대리, 관은 대간, 대장은 대태가 된다. 결국 '대'라는 큰 시각에서 보면 8괘가 모두 나타난다. 한 괘 전체로 하나의 호로 삼을 수도 있는 것이 대호론이다. 둘 둘씩 끊어서 3등분 되지 않는 형태의 호체는 대체일 수는 있어도, 겸체라고 할 수는 없다. 그 예가 27.이괘(☶)이다. 즉, 이괘의 2, 3, 4, 5획이 모두 음이기 때문에 이들을 하나로 보면 대리가 된다. 다시 말해서, 이괘를 겸체로 보면 그것은 대리라는 것이다. 이괘의 상괘는 간이고, 하괘는 진이다.

어떻게 간과 진이 상하에서 만날 때 리괘(☲)가 된다는 말인가. 전혀 상상 밖의 새로운 괘가 겸체를 통해 생겨났다. 실로 겸체는 요소들의 새로움 괄집을 통해서 새로운 집합을 만들어 내는 것과 같다고 할 수 있다. 이는 상황과 상황의 상태는 다르다는 사실을 실감나게 한다. 여기서 상·하괘 또는 외괘와 내괘의 유형적 구별은 허무하게 허물어져 내리고 말지만, 거기서 새로운 괘들이 생겨나온다. '호'는 다름 아닌 집합 명칭의 다른 말이다. 호란 집합의 테두리를 새롭게 만드는 역할을 하기 때문이다. 명패를 호로 보게 되면 그것이 얼마나 가변적인가를 알 수 있다는 말이다. 러셀의 유형론은 여기서 무효를 선언한다.

건과 곤은 자기 자신이 겸호(겸체)이면서 동시에 대건이고 대곤이다. 다시 말해서, 1획과 상획으로 호로 삼을 때, 그 안의 획으로 된 괘들도 모두 건 아니면 곤이다. 예를 들어서, 건괘(☰)로 겸체를 만든다고 할 때, 둘둘씩 끊어서 새로운 겸체를 만들어도 그것은 건(☰)이다. 곤괘도 마찬가지이다. 건과 곤은 '모두'의 획이 양 아니면 음이기 때문에, 1획과 6획으로 호를 만들어도 건 아니면 곤이 된다. 겸호는 그 속에 자기 언급을 하고 있는 건과 곤과 같은 괘가 있는가 하면, 그렇지 않는 괘도 있다.

〈도표 8-5〉의 겸호표에서 볼 때, 건과 곤괘는 "획을 겸하니 대건" "곤을 겸하니 대곤"이라고 했다. 자기언급적이다. 다른 림, 둔, 소과, 중부, 관, 대장은 겸하니 모두 대진, 대손, 대감, 대리, 대간, 대태와 같이 타자언급적이다. 결국 겸호에서도 역설의 진원지인 자기언급이란 사실이 밝혀진다. 이는 건과 곤이 한 괘 전체를 한 호로 삼을 수는 있어도, 두 획씩 3등분 되지 않는 괘들이기 때문에 생긴 결과이다. 겸호에서도 결국 호를 만드는 것과 그 호 속에 들어가는 획이 같은 때와 다를 때의 두 가지 경우로 나누어 생각할 수가 있다. 그래서 겸호 속에도 자기언급을 하는 것과 그렇지 않은 두 가지가 있다.

도호론과 외연공리의 역설해의법

'도호倒互'란 말 그대로 "호를 뒤집는다"는 것이다. 엄격한 의미에서는 '전도顚倒'이다. 앞의 역삼론에서 반역은 6효의 상하 위치를 180도 뒤집는 것이라고 하였다. 그런데 64괘 가운데에는 이렇게 반역을 하여도 모양이 변하지 않는 괘들이 있는데, 초과분의 괘인 대리와 대감에 해당하는 건, 곤, 감, 리, 대과, 이, 소과, 중부와 같은 여덟 개의 괘가 바로 그들이다. 이 괘들은 180도 반역을 시켜도, 다시 말해서 위대칭을 시켜도 그 모양이 변하지 않기 때문에 '무반역'이라고 한다. 도호란 이들 여덟 개 무반역 괘를 대상으로 뒤집기를 하는 것을 말한다. 이들 괘를 뒤집을 때 반역을 하는 것과 다른 점은, 호체를 동시에 한다는 점이다.

호체와 반역을 동시에 하는 것을 도호라고 할 때, 이를 주도하는 본괘를 특히 '정체正體'라고 한다. 이때 1.정체와 형태가 같은 경우(건과 곤), 2.호체와 동시에 반역을 한 후 형태가 변하는 경우(감과 리), 3.호체와 반역을 했을 경우 건과 곤이 되는 경우(대과와 이)와 감과 리가 되는 경우(소과와 중부) 등이다. 특히 두 번째 경우를 '도到'라 하고, 세 번째 경우를 '전顚'이라고 한다. 세 번째 경우는 호체의 과정 없이 정체의 하괘와 상괘 자체를 반역시키는 것이다. 반역은 6획으로 된 대성괘의 상하를 뒤집는 것이지만, 세 번째 경우는 상과 하괘가 둘로 분리되어 독자적으로 뒤집히는 것이다. 이상 세 가지 원칙에 근거하여 만들어진 것이 〈도표 8-6〉이다. 이 도호표를 읽어 보면 다음과 같다.

1. 건과 곤괘의 경우는 "반역도 없고 호체도 없다"(无反對亦無互體)

下六卦无反對故取倒體	中孚 下顛巽 上顛兌	小過 下顛震 上顛艮	頤 下顛艮 上顛震	大過 下顛兌 上顛巽	离 二三四 倒兌 三五四 倒巽	坎 二三四 倒艮 三五四 倒震	坤 无反對亦无互體	乾 无反對亦无互體	倒互表 尺六卦

도표 8-6. 도호표

2. 감괘는 "234획을 뒤집으면 간이 되고, 345를 뒤집으면 진이 된다"
리괘는 "234획을 뒤집으면 태가 되고, 345를 뒤집으면 손이 된다"(감과
리는 호체와 반역이 모두 가능)

3. 대과괘는 "하괘를 뒤집으면 태가 되고, 하괘를 뒤집으면 손이 된다"
이괘는 "하괘를 뒤집으면 간이 되고, 하괘를 뒤집으면 진이 된다"
소과괘는 "하괘를 뒤집으면 진이 되고, 하괘를 뒤집으면 간이 된다"
중부는 "하괘를 뒤집으면 손이 되고, 하괘를 뒤집으면 태가 된다"

1에 따르면, 건과 곤괘는 호체나 반역 모두에 영향을 받지 않는다.
그래서 '무반대역무호체'라고 한다. 그러나 2에 따르면 감과 리는 호체
와 반역에 모두 영향을 받는다. 그래서 2, 3, 4획은 간이 되고, 3, 4,

5획은 진이 된다. 리괘의 2, 3, 4는 태가 되고, 3, 4, 5는 손이 된다. 여기서 건곤과 감리의 속성이 드러난다. 즉, 건과 곤은 음양 치를 결정하고, 감과 리는 자리 위를 결정한다는 그 역할 분담이 분명해졌다. 바로 이 점에서 다음에 말할 복체론이 나온다. 하나는 치대칭을, 다른 하나는 위대칭을 담당한다는 말이다.

3의 경우인 대과와 이, 소과와 중부는 감·리의 상·하괘인 간-진과 태-손을 아래와 같이 번갈아가며 나누어 갖는다.

	상	하
감	간	진
리	태	손
대과	태	손
이	간	진
소과	진	간
중부	손	태

부정괘는 27.이-28.대과와 61.중부-62.소과와 연관하여 대각대칭(AD-BC)에서 위·치 대칭을 하게 하는 것을 보았다.(도표 5-6) 호체론 가운데 창신론을 다루면서 받는 인상은, 이는 외연공리를 통해서 역설을 극복하려는 시도와 유사하다는 점이다. 다시 말해서, '호'라는 것은 어느 집합의 외연을 결정하는 것이다. 그렇다면 이렇게 다양하게 호를 바꾼다는 것은, 외연공리에서 집합의 외연을 다양하게 만드는 것과 같다. 어느 '과일'이라는 집합 상자가 있다고 할 때, 사과, 배, 감, 포도와 같이 다양한 방법으로 과일의 외연을 다시 괄집하는 것과 같다.

이렇게 하는 이유를 김인철은 "6괘가 지니고 있는 괘상 추출의 협소함을 탈피하여 각 괘에 함축되어 있는 괘상들을 가능한 한 폭넓게 활용하기 위함"(김인철, 2003, 71)이라고 하였다. 그러나 ㄱ 이상의 의미를 도체론은 갖고 있다. 본래의 호체란 1획과 상획은 제외하고, 2, 3, 4와 3, 4, 5로 한 괘로 하는 것이지만, 위 세 번째의 경우에는(이 경우를 '전'이라고도 한다. 소과, 중부, 관, 대장이 이에 속함), 1, 2, 3으로 한 괘로 한 것과, 4, 5, 6을 한 괘로 한 것을 뒤집어서라도 새로운 괘를 만들어낸다. 다산은 이것 역시 호체론의 맥락에서 이해하고 있다. 여기서 주의할 부분은 이 방법이 교역과도 다른 점이다. 즉, 교역은 상·하괘의 위치를 바꾸는 것이었지, 하나의 소성괘 안에 있는 위를 뒤집는 것은 아니었다.

다산이 괘의 외연을 얼마나 다양하게 만들어 보려 했는지는 다음 말 속에 여실히 나타난다. "도체란 괘재를 모두 활용하자는 것이다倒體者卦才欲全用也.(《여유당전서》 권2, 37) '모두 활용'이란, 말의 외연을 최대한 넓혀보자는 것이다. 외연을 넓히려고 할 때 직면하는 문제가 바로 위에서 본 바와 같이, 세 가지 다른 방식의 괘가 무반역적 8괘 안에 들어 있다는 데 있다. 이러한 다산의 말 속에는 논리에 철저하지 못한 점도 있다. 즉, 건과 곤괘를 두고는 "지극히 순수하여 반대도 없고 호체도 없다"고 하였다. 이에 대한 정확한 논리적 표현은 다름 아닌 건과 곤은 자기언급을 하는 괘라는 것이다. 자기 자신이 자기의 집합 속에, 한 부분으로 포함된다는 말이다. 건과 곤이 그러하다. 이러한 자기언급적 성격을 다산은 "지극히 순수하다"는 소박한 표현을 사용하였다. 지극히 순수하면서도 지극히 불순한 것이 건과 곤이다. 이러한 자기언급적 속성을 지닌 건과 곤이 있기 때문에 다음 6괘 안에서도 변화가 가능해진다. 순수하기만 해서는 변화를 유도할 수 없다.

감과 리는 건과 곤과는 반대로 반역도 호체도 동시에 수행한다. 그 이유는 각 위에 서로 다른 음과 양의 치를 가지고 있기 때문이다. 다산이 말하는 '괘재卦才'란 삼재의 그것으로서 6획을 3등분하였을 때 상·중·하를 천·지·인으로 보는 것이다. 이는 감과 리가 건곤과 달리 괘의 위를 관리하고 있다는 의미이다. 감과 리는 3재에 음양이 달라서 위를 다양하게 만들 수 있다. 이를 두고 "괘재를 모두 사용한다"고 하였다.

대성괘로서 감괘 속에서 반역과 호체를 한 결과, 상에는 간이, 하에는 진괘가 생겨 나왔다. 이는 마치 생물학에서 돌연변이와도 같다. 감이 대과로 변했기 때문에 이형이상이다. 형태도 상태도 모두 달라졌다. 음양 획의 수도 다르기 때문에 형태가 다르다 하고, 상도 다르기 때문에 상태도 다르다고 하였다. 지멜로-프랭클공리 라는 차원에서 보면, 이것 역시 외연 공리에 해당한다고 할 수 있다.

도체론을 사이먼스가 역설을 해의하는 방법으로 볼 때, 이는 '맥락론'에 해당한다.(《대각선 논법과 역》 7.5.) 맥락에 따라서 역설이 다르게 해의된다는 이론이 호체론에 해당된다고 할 때, 도체론은 그 대강이라 할 정도이다. 한 괘의 위치를 다양하게 바꿈으로써 가치의 변화가 생기고, 위도 변함으로써 이전에 역설이던 것이 역설이 아니게 된다는 것이 맥락론이다. 즉, 시간적으로 처음에는 역설이 아니던 것이 나중에는 역설이 되는 것, 또는 그 반대인 것을 맥락론적 역설 해의법이라고 한다.

끝으로 지적해 두고 싶은 것은, 도호론은 요소와 부분을 함께 보는 방법이다. 즉, 도호론을 이해하자면 6획 전체 획을 요소로 보기도 하고, 두 개의 괘로 나누어 보기도 해야 한다. 그리고 3획으로 된 소성괘 안에 있는 획도 개별적으로 보기도 하고, 하나의 소성괘를 구성하는 부분으로 보기도 해야 한다. 그런데 하나의 괘를 요소로 보든(상황) 부분으로 보든(상황의 상태), 그 어느 경우로 보든 상관없이 아무런 영향을 받지 않는 것이 바로 건과 곤이다. 그리고 모두 다 영향을 받는 것이 감과 리이다. 이것이 문제의 관건이다. 그런데 건곤은 치를 좌우하고, 감리는 위를 좌우하면서 도체를 일구어 나간다. 건곤은 외연이 너무 넓은 것이 문제인데, 이런 외연을 구체적으로 다양하게 좁혀 작용을 가능하게 하는 것이 다름 아닌 감리이다.

9장 복위, 반합, 효변론과 공집합 공리

9.1. 복위론, 반합론, 양호작괘론과 공집합 공리

복위론과 공집합의 공리

복체伏體를 일명 '복괘伏卦'라고도 한다. 복체는 방도 안에 있는 정대각선상의 괘를 다룬다. 다시 말해서, 하괘와 상괘가 자기언급을 하는 정대각선상의 건태리진손감간곤의 8괘를 대상으로 한다. 이러한 자기언급을 하는 정대각선상 8괘의 상·하괘는 모두 감과 리에서 나왔다는 것이 복체의 요점이다. 다시 말해서, 8괘는 나타난 것이고, 나타난 것의 배후에는 잠복된 숨겨진 것이 있다는 것이다. 그러한 숨겨진 괘가 감과 리이다. 자기언급을 하는 이들 8괘가 어떻게 하괘는 모두 감이고, 하괘는 리에서 나와 나타난 것에 불과한가?

대각선 논법의 주요 요소인 대각선, 그 가운데 정대각선을 대상으로 한다는 의미에서 복위론은 각별한 의미를 갖는다. 자기언급을 하는 대성괘 여덟 개를, 만약 두 개의 소성괘인 상괘와 하괘로 나누고 다시 6획으로 나누면, 두 개의 괘끼리는 정대각선상에서 자기언급을 한다. 6획의 위와 치에도 정위와 정치가 있다. 홀수 획(1, 3, 5)에는 양이, 짝수

획(2, 4, 6)에는 음효가 있는 것은 정위와 정치이다. 이렇게 정위와 정치에 있는 괘는 64괘 가운데 63.수화기제괘(䷾)뿐이다. 이 괘의 하괘는 리괘이고 상괘는 감괘이다.

그러나 이 기제괘를 두 개의 소성괘로 나누었을 때는 상·하괘가 자기언급적이 아니다. 상은 감이고 하는 리이기 때문이다. 그래서 획의 정위와 정치가 그대로 자기언급과 연관되는 것은 아니다. 자기언급을 하는 괘 가운데 건과 곤, 감과 리는 정위·정치가 아니다. 그렇다면 이 기제괘와 정대각선상 8괘의 관계는 무엇인가. 정위이고 정치인 비자기언급적인 기제괘가 자기언급적인 다른 8괘와의 관계 말이다. 자기언급적인 괘를 6획의 위와 치라는 관점에서 보았을 때는 정위와 정치가 아닌데, 비자기언급적인 괘(기제)는 위와 치라는 관점에서 보았을 때는 정위와 정치이다. 위복론에 잠겨 있는 논리적인 문제란 바로 이런 것이다. 다시 말해서, 리샤르 속성에 관한 문제이다.

그래서 위복이나 복체를 이해하기 위해서는 지금까지와는 다른 발상이 필요하다. '복체'란 하나의 괘 배후에 숨어 있는 대립되는 괘를 말한다. 숨어 있어서 찾기가 힘들다. 도체를 논하는 과정에서 건곤은 치를, 감리는 위를 좌우한다고 했다. 치를 수라고 할 때, 위는 그 수가 차지한 자리이다. 유클리드 이래 서양 수학은 이것을 구별할 줄 몰랐다. 이를 구별하여 수를 새롭게 정의한 것이 칸토어의 집합론이다. 실로 큰 변화라 아니할 수 없다. 수에 대한 위라는 개념이 생기면서 공집합이 가능해졌다. 즉, 0의 자리는 $\varnothing$이고, 수는 0이다. 그리고 이러한 자리 자체인 $\{\varnothing\}$의 개수는 1이다. 위만 있으면 얼마든지 수를 표시할 수 있다. 즉, $\{\varnothing, \{\varnothing\}\}$의 개수는 2이다. 정리하면 0$=\varnothing$이고 1$=\{\varnothing\}$

와 같다.

{∅}은 {0}이 숨어 있는 자리 그 자체를 지키는 것에 대한 표지標識이다. 즉, 0이 수라면 ∅는 0이 있는 자리 자체이다. 손가락으로 셈을 할 때, 엄지를 꺾어 ‘굴1’ 하면, 그 뒷면의 손등은 손가락 넷이 펴진 ‘신4’가 전제 되어 있는 것과 같다. 이를 송의 유염은 ‘건복곤乾伏坤’이라고 했다. 건을 1, 곤을 0이라고 할 때 1과 0은 서로 나타나고 뒤에 숨는 관계이다. 나타난 것은 ‘비飛’, 나타나지 않는 것은 ‘복伏’이라 한다. 집합론이 나오기 전에는 이런 구별을 할 줄 몰랐다는 것이다. 그 때문에 수 1이 어떻게 생기는지도 몰랐다. 유클리드도 이 점에는 무지했다. 수를 셈할 때에는 어떤 개수가 담기는 빈 그릇인 위(자리) 자체를 먼저 생각해 두어야 한다. 빈 그릇은 아무것도 담기지 않은 것이고, 이것이 공집합 {∅}이다. 이를 복이라고 하였다. 복이 나타나면 1이 된다. ‘삼복’이라고 할 때, 여름이 다 지나 겨울이 잠복한 상태인 시기를 말한다. 삼복에 숨어 있던 것이 나타나면 그것이 1이 되고 복이 비로 변하는 것이다. 결국 복과 비는 동일한 것으로, 숨겨진 것과 나타난 것의 관계이다. 이상은 다산의 복위론을 이해하기 위한 논리적인 연습이다.

위와 수의 중요성에 대해 다산은 “역에는 두 가지 관점이 있으니 첫째는 괘덕卦德이요, 둘째는 괘수卦數(1-6의 획수)이다. 괘덕은 건곤이 나누어준 것이고, 감리는 자리를 점거하고 있는 것이다乾坤地所分賦也 坎離之所占據也”(《여유당전서》 권2, 37)라 하였다. 건곤은 ‘분부’하는 것이고 감리는 ‘점거’하는 것이란 말 속에, 현대 집합론적 성격이 여실히 나타나 보인다. 점거라는 말 속에 자리 그 자체를 차지함이란 의미가 강하게 들어 있다. 건곤은 건기와 곤기로서 위치를 차지하는 것이고, 감리는

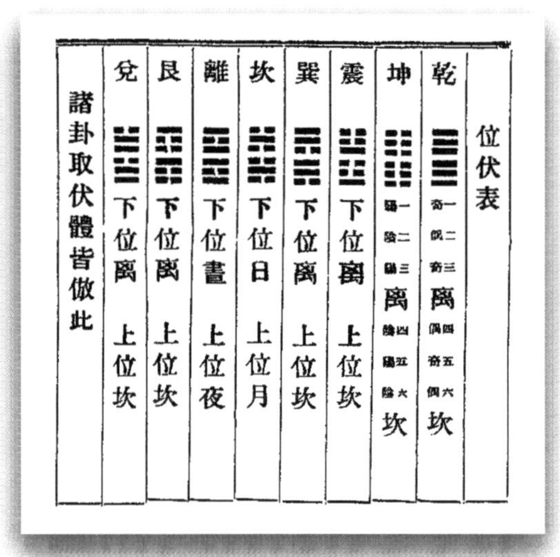

位伏表	乾	坤	震	巽	坎	離	艮	兌	諸卦取伏體皆倣此
	奇一 偶二 奇三 离 偶四 奇五 偶六 坎	陽一 陰二 陽三 离 陰四 陽五 陰六 坎	下位离 上位坎	下位离 上位坎	下位日 上位月	下位晝 上位夜	下位离 上位坎	下位离 上位坎	

도표 9-1. 위복표

그 위치를 점거하는 것이다. 이렇게 자리와 자리에 들어갈 수는 다르다. 유취도(도표 7-9)에서 우리는 건·곤과 중부·소과가 갖는 역할을 보았다. 사각형 안에서 건곤은 사각형의 바탕 자체이고 중부와 소과는 대각선의 상하좌우에서 종횡무진 작용하는 것을 보았다.

이와 같이 수와 위, 치와 위를 분간해 생각할 때, 감과 리괘라는 두 괘에 관심이 모아지지 않을 수 없다. 64괘는 모두 6획으로 구성된다. 각 획은 모두 고유한 위를 가지고 있다. 이들 획의 유일회성의 문제는 다음 괴델수와 연관하여 다루어질 것이다.(10.1. 참고) 겹체가 3재를 사용해서 6획을 둘둘씩 3등분하여 호를 만들었다. 그러나 복체는 6획을 한 획 단위로 음양으로 나누어 본다. 다시 말해서, 음양을 삼차원으로 나누어 관찰한다는 것이다.

사각형의 전후, 좌우, 상하 삼차원에서 음양 한 획을 가져와 본다는 것이다. 이때 6획 안에는 1, 3, 5 같은 양수에 해당하는 위가 있고, 2, 4, 6 같은 음수에 해당하는 위가 있다. 그런데 자리(위)에는 음수위와 양수위에 상관없이 음획이나 양획이란 치가 모두 들어갈 수 있다. 그렇다면 위와 치가 일치하는 경우와 그렇지 않은 경우로 나누어 생각할 수가 있다. 일치하는 경우가 바로 정위와 정치라고 한다.

이제 가장 이상적인 형태와 상태로 되는 것은 양수의 위에 양의 치가 있고, 음의 위에는 음의 치가 있는 것이다. 바로 이런 이상적인 괘가 하괘에는 리가 있고 하괘에는 감괘가 있는 63.기제괘이다.

건괘에 달려 있는 '기1, 우2, 기3' '리離', 그리고 '4우5기6우' '감坎'이란 말은 건괘의 수를 말한다. 건괘의 효를 아래에서부터 1에서 6까지 번호를 줄 때 1, 2, 3 세 개의 위는 기수, 우수, 기수로 리괘이고, 4, 5, 6 세 개의 위는 우수, 기수, 우수로 감괘란 뜻이다. 위를 보지 말고 기, 우, 기와 우, 기, 우에 해당하는 효를 보면, 기, 우, 기는 양효, 음효, 양효이기 때문에 리괘(☲)이고, 우, 기, 우는 음효, 양효, 음효이기 때문에 감괘(☵)이다.

이에 대한 다산의 말을 직접 들어보자. "복체라는 것은 서법이 수를 주로 하며 그 위치에 의거해서 그 수를 고찰하는 것이다"에서, 다산은 역의 근본이 위와 수로 결정된다는 사실을 말하였다. "감리의 형체는 비록 밖에 나타나지 않지만, 감리의 수는 사실을 그 속에 숨기고 있다." 감리는 위를 나타내고 수를 숨기고 있다. 감리의 위가 없이는 건과 곤이 나타날 수 없다. 이는 마치 1이 {∅} 뒤에 숨어 있는 것과 같다. 이런 개념 없이는 수가 성립조차 불가능하다. 실로 복체론은 괘의 존재 자체를 결정하는 원리라고 할 수 있다. 이런 비와 복의 논리로 보면 모든 수는 공집합 ∅으로 표현될 수 있듯이, 64괘의 하괘는 모두 리괘(1기2우3기)에서, 하괘는 모두 감괘(4우5기6우)에서 가능해진다. 그래서 감리의 범위를 넘어서는 64괘는 하나도 없다. 공집합이 숨어서 작용하는 것처럼 감리가 그러하다. 그래서 복체 또는 복위라고 하는 것이다.

복체 또는 위복론은 6획으로서의 대성괘와 두 개의 소성괘로서 대성괘를 동시에 생각하는 데서 출발한다. 방도의 정대각선상에 있는 8괘와 정위와 정치에 있는 63.기제의 구조를 상호 비교하는 것이 위복론의 핵심이다. 정대각선상의 8괘가 자기언급적이라면, 정치와 정위인 기제괘는 자기언급적이 아니다. 이 점이 바로 복위론의 논리적인 문제점이다. 즉, 정치와 정위는 양위에 양이 있어야 하고 음위에 음이 있어야 한다는 논리를 가지고 있다.

음과 양의 또 다른 이름은 기와 우이다. 괘수를 1에서 6까지라 하고 6획을 아래서부터 양·음, 양·음, 양·음이나 기·우, 기·우, 기·우로 짝지워 배열하면, 정치와 정위인 63.수화기제괘가 된다. 그러면 하괘는 리괘이고 상괘는 감괘이다. 그러나 자기언급적이 아니다. 이제 다산은 복위론에서 정대각선상의 8괘의 이면에는 기제괘가 잠복되어 있음을 증명한다. 다시 말해서, 정대각선의 이면에는 기제괘가 있음을 증명함으로써 64괘 전체 이면에 기제괘가 숨어 있다는 것을 말하려 한다. 정대각선상의 8괘에서 가로와 세로가 결정되기 때문에 다른 괘들은 이 8괘의 영향 아래 있다.

모든 괘의 하괘에는 리괘가 잠복해 있고, 상괘에는 감괘가 잠복해 있다.[1] 감리 이외의 다른 62괘가 모두 건곤에서 나왔다면, 건곤은 비飛, 감리는 복伏이라고 한다. 그래서 감리는 위치를 차지하고 있고, 건곤은 분부하고 있다. 건곤이 근기를 만들면 감리는 ㄱ 안에서 작용을 한다. 64괘의 체는 모두 건곤에서 나온 것이고, 위는 감리에서 나온 것이다. 384개의 획이 위치하는 자릿세는 모두 감리의 몫이다. 리에서 하괘의 감은 하괘의 자릿세를 받는다. 위의 자리에도 기와 우가 있지만, 기와 우의 자리에 음효와 양효가 모두 섞여 들어갈 수가 있다.

'제대로' 되자면 '제위'(정위)에 '제수'(정치)가 있어야 한다. 즉, 하괘는 리괘여야 하고, 상괘는 감괘여야 한다. 바로 이러한 대성괘가 63.수화기제괘 하나뿐이다. 그렇다면 나머지 63괘는 모두 제대로 되어 있지 못하다. 심지어 정대각선상의 29.감괘(☵)와 30.리괘(☲) 자체도 제대로 되어 있지 않다. 제위에 제치가 들어 있지 않는 곳이 있기 때문이다. 다산이 정대각선상의 자기언급을 하는 8괘는 설령 자기언급을 하고는 있지만, 위와 치의 대칭 관계로 보아서는 일관성이 없다. 그러나 외양상 일관성이 없어 보이는 이면에는 8괘 모두에서 하괘는 리이고, 상괘는 감이라고 한다. 건곤감리를 '역의 사유'[四維]라고 한다. 그러나 건곤은 치대칭을, 감리는 위대칭을 담당한다. 그러나 감리는 드러나 있고, 건곤은 숨겨져 있다.

잠복되어 있는 규칙이 기·우·기/우·기·우와 양·음·양/음·양·음, 그리고 강·유·강/유·강·유이다. 1, 3, 5의 위에는 기·양·강이 있어야 하고, 2, 4, 6의 위에는 우·음·유가 있어야 한다. 즉, 기1.

---

[1] 낙서는 감과 리를 남과 북에 배열한다. 하도는 건곤을 배열한다. 낙서는 감리가 모든 괘들을 주도하고 낳는다는 것을 말하기 위해 이런 배열을 말하고 있다.

우2.기3/우4.기5.우6로 6획이 자리를 점거한다. 기1.우2.기3는 리, 그리고 우4.기5.우6은 감이라고 한다.

그러면 8괘 가운데 나머지 괘에서는 이 규칙을 어떻게 적용하는가? 다산은 은유법을 동원하여 진과 손의 경우는 우레와 바람인데, 만물은 모두 천지수화(건곤감리)의 영향 아래에 있기 때문에 진과 손의 하괘는 리(화), 상괘는 감(수)이 된다고 한다. 진은 '하위리' '상위감'이다. 이 말은 진의 하괘의 위는 리이고, 상괘의 위는 감이란 뜻이다. 손은 '하위리'이고 '상위감'이다. 감괘는 '하위일'이고 '하위월'이다. 리괘는 '하위주'이고 '상위야'이다. 간괘는 '하위리'이고 '상위감'이다. 태괘는 '하위리'이고 '상위감'이다. 진·손·간·태의 상위는 감이, 하위는 리가 그 위치를 잡아 준다는 말이다. 그러면 감과 리 자체의 위는 무엇이 잡아 주는가? 자기가 자기 자리를 잡지는 못하기 때문이다. 감괘의 하위는 일이고 상위는 월이다. 리괘의 하위는 주이고, 상위는 야이다. 일월과 주야로서 감리의 자리 자체로 삼는다는 뜻이다. 진손간태의 위는 감리가 잡아주지만, 감리 자체는 일월과 주야가 잡아준다는 말이다. 일월 주야가 천지이고 보면, 자연의 세계에서도 감리가 좌우한다. 정대각선 상의 8괘들 속에서 감과 리를 제외한 나머지 괘들은 모두 감과 리가 상과 하괘의 위를 잡아 주지만, 감리 자체는 일·월과 주·야가 잡아 주는 수밖에 없다. 감과 리가 작용을 할 때에는 그 자체가 자기언급적이어야 한다.

중부는 대리이고 소과는 대감이다. 그리고 벽괘 추이론에서 본 바와 같이, 중부와 소과가 점거하여 자릿값을 하는 것을 보았다. 이는 복위론에서 나온 이론임이 분명하다. 엄연히 자리를 가지고 있음으로써 다른 모든 괘에 연계하여 작용하는 것을 보았다. 대감과 대리의 모체인 감과 리인데, 64괘 모두가 감과 리의 관할 아래 포함된 것을 보았다. 복체는 다산이 추이법에서 중부와 소과에 주었던 의미를 재천명하는 것이라 할 수 있다. 그리고 역이 얼마나 위와 치의 관계를 중요시 하는가도 알 수 있었다.

위복론 또는 복체론을 대각선 논법이란 시각에서 보았을 때 이는 방도에 나타난 정대각선상의 자기언급성 문제에서 발생한 역설을 해의하는 한 방법이라고 할 수 있다. 그 해의하는 방법이 다름 아닌 지멜로-프랭클 공리 가운데 있는 공집합의 공리이다. 그런 의미에서 위복론 역시 전체 역설 해의의 일환으로 여겨 이해하는 것이 마땅하다. 리와 감을 대각선 논법의 여러 요소라는 관점에서 보았을 때, 이들은 하와 상에서 서로 반가치화된 상태이다. 감의 모든 치를 반대로 한 것이 리이고, 리의 모든 가치를 반대로 한 것이 감이란 뜻이다. 그리고 이러한 감과 리가 상하에서 만난 기제괘는 대각선상의 괘로서 기제괘를 반가치화와 반대각선화를 하면, 다른 63괘가 모두 거기서 나온다는 것이다.

끝으로 감과 리, 중부와 소과가 어떻게 공집합과 연관이 되는가를 알아본다. 감과 리가 공집합인 이유는 기·우, 양·음, 강·유의 규칙적인 반복성 때문이다. 예를 들어서, $+1-1+1-1+1-1=0$이다. 이러한 규칙성을 갖는 것은 기제괘뿐이다. 물론 미제괘 같은 괘도 공집합이지만 미제괘는 정치와 정위가 아닌 괘이다. 자기언급을 하고 정위와 정치에 있으면서 0인 괘는 기제괘뿐이다. 그런 의미에서 복위론은 그 어느 것보다 중요하다 할 수 있다.

반합론과 차원의 증가

'반합(胖合)'에서 '반'은 '반쪽'이란 뜻이다. 그래서 '반합'이란 '반이 합하여 하나가 된다'는 뜻이다. 그런데 반합이 대상으로 하는 여덟 개의 괘는 점, 귀매, 수, 고, 함, 항, 비, 태괘 등이다. 이들은 〈도표 5-12〉에서 볼 때 위·치 대칭을 동시에 한다. 이를 문제의 괘(PQ)라고 했다. 반합은 바로 이들 괘를 대상으로 한다. 즉, 이들 상·하괘는 위대칭과 치대칭을 동시에 한다. 즉, 위·치 대칭을 하고 있다. 지금까지 호체론 등을 다루는 과정에서, 하나의 대성괘 안에 있는 상·하 소성괘가 위와 치 대칭을 동시에 하는 경우는 없었다.

반합론은 상·하 두 괘를 각각 하나의 단위로 한다는 것과, 두 괘는 상·하에서 위·치 대칭을 동시에 한다는 것을 전제로 한 다음, 상·하괘 가운데 어느 하나를 정체로 하고 다른 괘는 전도시킨다. 이렇게 하는 이유는 상·하괘가 간-태, 아니면 태-간의 관계를 만들기 위해서이다. 가족관계에서 볼 때 간은 소남이고 태는 소녀이다. 다시 말해서, 반합이란 소남과 소녀가 서로 만나 결합되어 혼구(혼인)하기에 적합하다는 것이다.

이는 반합론이 적령기의 남녀가 만나 결합하기 위해서 과도한 자의성을 가지고 괘를 조작하는 것이 아닌가 의심스러운 대목이다. 그러나 다산의 의도를 파악하기 위해서는 적용되는 방법론의 일관성을 검토하는 것이 필요하다. 반합론은 지금까지 사용하지 않았던 새로운 기법을 도입한 것임이 분명하다. 그것은 하괘와 상괘 가운데 자의로 정체로 삼은 다음, 상대방을 180도 전도시킨다는 것이다. 상·하괘 가운데 자유자재로 정체를 만들어 버린다는 것은 역의 근간을 흔드는 기법이

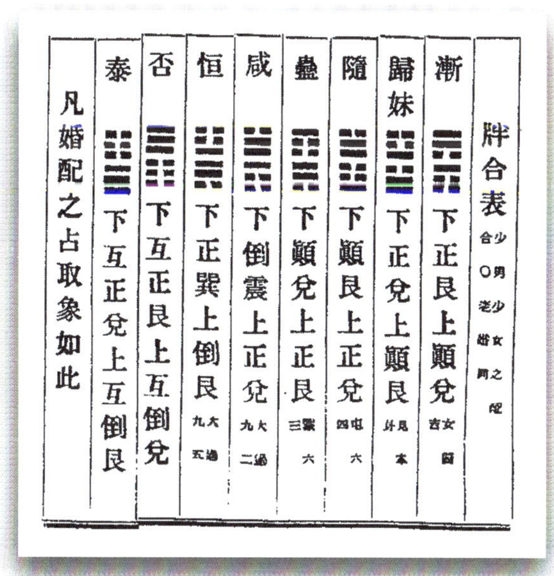

도표 9-2. 반합표

라 할 수 있다.

이러한 초법적인 기법을 사용하면서도, 거기에 대한 타당성과 일관성을 설명하는 데에 가족관계 은유법을 동원하고 있다. 그러나 은유법의 사용은 역의 토대를 흔들 만큼의 불안감을 주는 것이 사실이다. 19세기 말에 집합론이 등장하자, 수학의 토대에 대한 회의가 생기면서 수학자들이 불안감을 느꼈던 것과 비슷한 심정이라 할 수 있다. 그러나 다산의 지성을 믿고 그의 반합론을 따라가면서 이해를 해 보기로 한다.

〈도표 9-2〉에 근거하여 반합론을 관찰하면 다음과 같다. 우선 '반합표'를 보면 53.점괘(☶)의 하괘인 간괘를 위·치 대칭을 시킨 상괘는

손괘인데, 이를 다시 위대칭 시키면 태괘(☱)가 된다. 즉, 점괘를 두고 '하정간상전태下正艮上顚兑'라 한 말의 의미는 하괘인 간이 정체이고, 그것을 위·치 대칭 시킨 상괘인 손괘를 다시 뒤집으면[顚] 태가 된다. 그런데 간-태는 소남-소녀로 서로 반합한다. 서로 결혼하기에 좋은 관계란 말이다. 하괘 간이 정체이고, 태괘는 간괘의 위·치 대칭이고, 태괘는 손괘를 위대칭 시킨 것이다. 그래서 간-손-태의 관계는 '정체-위·치 대칭-위대칭'의 관계이다. 다음 54.귀매괘(☳)는 태-손-간의 순서로 정체-위·치 대칭-위대칭 한다. 이는 지금까지 없었던 차원의 증가를 의미한다. 위와 치를 한 번 뒤집을 때마다 차원이 증가하기 때문이다. 우리는 이미 사각형을 위상학적으로 전도시킬 때 위상범례가 만들어지는 것을 확인하였다.

다음 17.수隨괘(☳)의 '정체-위·치 대칭-위대칭'의 관계는 태-진-간으로서, 이것 역시 소녀-소남으로 반합 관계이다. 고蠱괘(☶)의 그것은 간-손-태이다. 함괘의 그것은 태-간-손이다. 항괘의 그것은 태-진-간이다. 여기에도 예외가 있는데, 비와 태괘가 그것이다. 만약 이들 두 괘에 정체-위·치 대칭-위대칭의 논리를 적용시키면 반합의 결과를 얻어낼 수가 없다. 만약 이 순서를 따르면, 정체인 태와 비만 반복될 뿐이기 때문이다. 그래서 예외적인 방법으로 태괘와 비괘는 하괘와 상괘가 아닌 하호를 정체로 하고 상호를 도치시킨다.

다시 말해서, 비와 태괘는 호체법을 사용해서 하호를 정체로 삼고 상호를 도치시켜 반합을 만든다. 여기서 상·하괘 가운데 어느 것이 정체가 되느냐가 중요하다. 거기에 따라서 위·치 대칭과 위대칭을 하여 간-태 또는 태-간의 구도를 만들어 반합을 유도하는 것이 반합론의 기본이다. 위・치와 위대칭을 할 경우, 그 모양이 자신과 같아져 버리는 태와 비괘의 경우는 호체법을 사용해 하호를 정체로 삼고 상호를 전도시킨다는 것이다. 그 어느 경우든, 궁극적으로는 간-태 또는 태-간 구도를 만드는 것이다.

간은 소남이고 태는 소녀이다. 소남과 소녀가 서로 짝을 맺고 있는 것이 점괘이다. 귀매괘의 하괘인 태를 위대칭 시켜 다시 치대칭 시키면 진이 된다. 태는 소녀이고 진은 장남이다. 소녀와 장남이 짝을 맺고 있는 것이 귀매괘이다. "소남(간)과 소녀(태)의 배합, 그리고 노혼도 같음"이란 부제가 달려 있다. 이렇게 서로 결혼을 한 괘들을 한자리에 모아보자.

53.점(䷴)의 "하괘는 간이고, 상괘는 태가 전도된 것이다."
54.귀매(䷵)의 "하괘는 태이고, 상괘는 간이 전도된 것이다."
17.수(䷐)의 "하괘는 진이고, 상괘는 손이 전도된 것이다."
18.고(䷑)의 "하괘는 손이고, 상괘는 진이 전도된 것이다."
31.함(䷞)은 "하괘는 손이고, 상괘는 태가 전도된 것이다."
32.항(䷟)은 "하괘는 손이고, 상괘는 간이 전도된 것이다."
12.비(䷋)는 "하호는 간이고, 상호는 태가 뒤집힌 것이다."
11.태(䷊)는 "하호는 태이고, 상호는 간이 뒤집힌 것이다."

위 반호표에서 하나의 비일관성을 발견한다. 그것은 비와 태의 경우는 괘를 말하지 않고 호를 말한다는 점이다. 그 이유는 간과 태로서 상하의 괘로 삼으려고 할 때, 불가피하게 생긴 비일관성이라 할 수 있다. 간은 소남이고 태는 소녀로서, 소남과 소녀는 혼배를 앞두고 있는 청춘 남녀들이다. 이들이 혼배를 앞두고 맺을 수 있는 여덟 가지 가능성을 모두 말하기 위해 만든 것이 반합표이다. 반합을 하자면 하괘와 상괘 가운데 하나는 뒤집어야 하는데, 방법은 세 가지이다.

첫째는 정正과 전顚이다. 간과 태를 전과 정의 방법으로 바꾸는 것이다. 점, 귀매, 수, 고가 이에 속한다. 둘째는 진과 손을 가지고 그것을 전도시켜 태와 간을 하괘로 삼는 것이다. 셋째는 예외적으로 괘가 아닌 호체법을 사용하는 것이다. 비괘의 하호를 그대로 하괘 간으로 삼고, 상호는 손인데, 이를 뒤집으면 태가 된다. 그래서 간은 소남이고 태는 소녀로서 혼배가 가능해진다.

반합의 논리적인 특징은 간과 태로만 괘의 상과 하, 그리고 하와 상으로 삼으려고 할 때 어떤 논리적인 기법이 도입되어야 하는가를 한눈에 보여주는 데 있다. 소남과 소녀를 은유법적으로 만들어 내기 위한 기법인데, 이런 기법을 '반합의 정밀한 뜻'이라고 한다.(박, 2002, 262) 순수 논리적인 언어로 정리할 때, 반합표는 괘를 두 개의 소성괘인 부분으로서만 보는 것이다.

특정괘(여기서는 간과 태)를 만들기 위해서는 명패와 물건 가운데 어느 하나를 뒤집어 배열하면 다양성이 확보된다. 여기에 예외적으로 적용할 수 있는 것은 호법을 도입한다는 것이다. 호를 만들고 거기에 뒤집는 법을 도입하면 다양한 괘를 만들 수 있다. 여기서 든 간과 태는 한 가지 예에 불과하다. 간과 태는 서로 치대칭을 하는 사이이다. 그래서 음양 배합 차원에서 이를 혼배에 비유한 것 같다.

반호법이 다른 것과 다른 점은, 차원상으로 볼 때 뒤집기를 하는 데,

뒤집는 횟수가 더 많다는 점이다. 위·치를 뒤집고, 다시 위를 뒤집는 것은 반대각선화와 반가치화를 한 다음 다시 역대각선화를 하는 것과 같다. 이는 대각선 논법에서 볼 때, 역설 해의의 새로운 차원을 여는 것이다.

양호작괘론과 합집합의 공리

'양호'란 지금까지 말해 온 하호와 상호를 가리킨다. 하나의 대성괘에서 2, 3, 4획으로 만든 괘를 하호라 하고, 3, 4, 5획으로 만든 괘를 상호라고 한다. 그래서 '양호작괘兩互作卦'란 하호와 상호 모두로 한 새로운 괘를 만드는 것이다. 여기서 생기는 논리적인 문제점은 순서수의 역설을 만드는 초와 상획은 제외한 것으로서 양호작괘가 성립한다는 것이다. 그런데 본체 또는 정체의 3과 4는 양호에 겹치기를 한다. 즉, 3은 하호의 초획이고, 4는 상호의 상획인 점을 유의해야 한다. 그래서 초와 상의 역설을 그 안에 가지고 있다. 이런 기법이 바로 역설 해의의 방법이기도 한다.

이런 3과 4의 겹치기가 자기언급을 야기하고 윤수를 만드는 원인이 된다. 그리고 양호작괘는 대성괘의 6획을 요소로, 소성괘의 두 괘를 부분으로 동시에 구사하고야 가능해진다. 그런 점에서 양호작괘는 중요한 논리적인 문제점을 그 안에 가지고 있다.

양호작괘표와 양호표를 비교함으로써 양호작괘의 구조를 이해하기로 한다. 먼저 양호작괘표와 양호표가 다른 이유를 아는 것이 필요하다. 양호작괘에서 논리적으로 문제되는 것은 3과 4획이다. 3과 4는 본체에서 왔기 때문에 양호에서도 중복이 된다. 이렇게 중복되는 부분들

兩互作卦表

卦	兩互作卦
乾	乾大過姤夬之兩互
坤	坤頤復剝之兩互
大過	離小過豐旅之兩互
頤	坎中孚渙節之兩互
復	蒙師臨損之兩互
剝	屯比觀益之兩互
姤	同人遯革咸之兩互
夬	大有大壯鼎恒之兩互
兩互作卦只此十六	

兩互表 下

卦	兩互
解	謙艮明夷賁之兩互
蹇	豫震晉噬嗑之兩互
家人	訟履困兌之兩互
睽	需小畜井巽之兩互
歸妹	泰蠱大畜升之兩互
漸	否隨无妄萃之兩互
既濟	解睽歸妹未濟之兩互
未濟	蹇家人漸既濟之兩互
右十六卦各攝四卦	

도표 9-3. 양호작괘표와 양호표

이 있기 때문에 양호작괘를 하면 64괘가 16개로 축소된다.

문제의 여덟 쌍 대성괘 가운데 하나인 18.고괘의 하호는 태(☱)이고 상호는 진(☳)이다. 그리고 태괘와 진괘를 각각 하호와 상호로 한 새로운 괘는 54.귀매괘이다. 여기서 예로 든 수·고괘와 귀매괘는 모두 '문

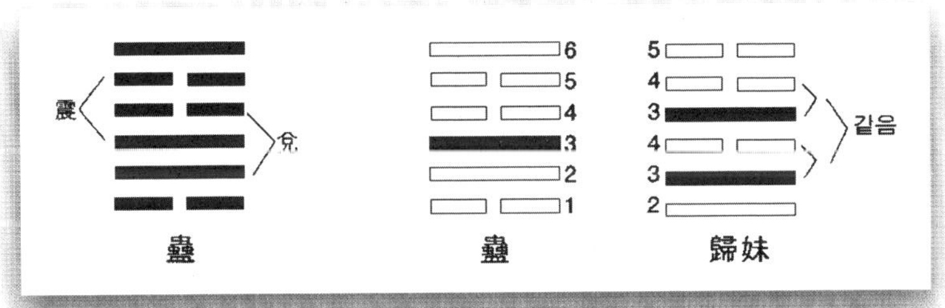

도표 9-4. 17.수와 18.고괘의 양호작괘와 귀매괘

제의 괘'(PQ)에 속한다는 것을 참고로 말해 둔다. 위·치 대칭을 하는 괘이다. 즉, 중부와 소과, 이와 대과에 연관이 되는 괘들이다.

양호작괘의 주요 원리는 본괘에서 추출한 2, 3, 4획과 3, 4, 5획으로 하호와 상호를 만드는 것인데, 이 말은 초효와 상획을 새로 만든다는 의미이다. 초효는 초효가 귀속된 해당 괘와 음양 가치가 늘 같아야 하는 것을 '초효의 원리'라 한다. 즉, 초효가 음이면 그 괘가 속한 군도 음군이고, 양이면 그 괘가 속한 군도 양군이다. 다시 말해서, 초효에 의하여 그 괘의 정체성이 결정된다. 그래서 양효작괘에 의하여 새로운 초효와 상효가 결정된다는 것은 양호작괘와 본괘는 서로 다른 정체성을 갖는다는 의미이다. 다시 말해서, 양호작괘에 의하여 새로 생겨난 괘는 본괘와는 전혀 다른 집합이란 뜻이다. 명패도 다르고 물건도 다르다. 그래서 역설 해의에 지대한 의미를 갖는다.

이러한 전제와 함께 양호작괘표(도표 9-3) 하나하나의 특징을 알아보면 다음과 같다.

건괘는 "대과, 구, 쾌에서 양호작괘된 것이다"
곤괘는 "이, 복, 박에서 양호작괘된 것이다"
대과는 "리, 소과, 풍, 려에서 양호작괘된 것이다"
이는 "감, 중부, 환, 절에서 양호작괘된 것이다"
복은 "몽, 사, 림, 손에서 양호작괘된 것이다"
박은 "둔, 비, 관, 익에서 양호작괘된 것이다"
구는 "동인, 둔, 혁, 함에서 양호작괘된 것이다"
쾌는 "대유, 대장, 정, 항에서 양호작괘된 것이다.

건과 곤은 세 괘로 양호작괘되었고, 나머지는 네 괘로 양호작괘되었다. 그 이유는, 대과괘의 경우 리(䷝), 소과(䷽), 풍(䷶), 려(䷷)에서 양호작괘된 것인데, 이들 네 괘의 초와 상효를 보면 양양(리), 음양(소과), 음음(풍), 양음(려)이기 때문이다. 다시 말해서, 양호작괘된 괘들의 정체성이 초와 상획에 따라서 결정되었기 때문이다. 그러면 곤괘와 건괘가 양호작괘되자면 초와 상획이 음음 아니면 양양인 것이 있어야 하는데, 그것은 바로 양호작괘가 될 곤괘 자신이다. 그래서 곤괘와 건괘는 자신이 양호작괘되는 것을 의미한다. 다음은 양호작괘표와 비교해 양호표를 정리한 것이다.

해괘의 양호괘는 "겸, 간, 명이, 분이다"
건괘의 양호괘는 "예, 진, 진, 서합이다"
가인괘의 양호괘는 "송, 복, 인, 태이다"
규괘의 양호괘는 "수, 소축, 정, 손이다"
귀매괘의 양호괘는 "태, 고, 대축, 승이다"
점괘의 양호괘는 "비, 수, 무망, 췌이다"

기제괘의 양호괘는 "해, 규, 귀매, 미제이다"
미제괘의 양호괘는 "건, 가인 점, 기제이다"

양호표에는 건과 곤이 빠졌다. 그러나 초와 상획이 음음(겸), 양음(감), 음양(명이), 양양(분)이다. 이는 4상四象을 의미한다. 그래서 양호괘의 정체성은 초와 상획에 있다. 초와 상의 내부는 본괘와 같다. 이는 마치, 사람의 속살은 다 같으나 입고 있는 옷(초와 상획)에 따라서 달라 보이는 것과 같다. 여기서 옷은 다름 아닌 4상이다. 그런데 건과 곤괘는 4상 가운데서도 양양과 음음으로서 건과 곤 자신의 것이다. 그래서 옷과 몸이 같다.

도표 9-5. 양호작괘와 본괘의 획 번호

본괘		양호작괘	
6	—	5	
5	—	4	상호
4	—	3	
3	—	4	
2	—	3	하호
1	—	2	

양호작괘(또는 '작괘')된 획 번호는 1, 2, 3−4, 5, 6과 같고 본괘의 획 번호는 2, 3, 4−3, 4, 5와 같다. 여기서 둘 사이에는 어떤 규칙성이 발견된다. 본괘 획 번호가 1, 2, 3−4, 5, 6으로 증가할 때, 작괘 획 번호는 2, 3, 4−3, 4, 5로 증가한다. 본괘의 획 번호를 n이라고 하면 작괘의 경우 하호에서는 (n+1)이고, 상호에서는 (n-1)이다. 하호에서는 1만큼

커지고, 상호에서는 1만큼 작아진다. 그 이유는 하호의 3과 4가 상호에서 반복되기 때문이다.

이는 마치 피아노에서 검은 건반이 반음 높고 낮은 것이 흰 건반의 앞이냐 뒤냐에 따라 결정되는 것과 같다. 음악은 이렇게 피아노 건반이 여러 다양한 방법으로 조합되는 데 따라서 만들어진다고 할 수 있다. 양호작괘란 한 괘 안의 효들이 어떻게 다양하게 조합되어 새로운 괘를 만들 수 있는가를 한눈에 보여준다. 공리주의자가 이를 보면 영락없이 합집합이 공리라고 할 것이다.

9.2. 효변설과 대각선 논법

하나의 괘를 획으로 보느냐 효로 보느냐, 즉, 요소로 보느냐 부분으로 보느냐가 지금까지 쟁점이 되어 왔다. 추이는 주로 획으로 보았고, 호체는 주로 괘로 보았다. 효변설이란 말 그대로 효가 변하는 것을 다루는 것인데, 괘를 요소로 보는 것이 특징이다. 두 개의 괘를 대응시키고 그 안의 효를 1 대 1로 대응시켜 효를 변화시킨다는 것이다. 소성괘인 부분으로 볼 때에는 대각선화와 반대각선화가 쟁점이 되었지만, 요소로 보았을 때에는 가치화와 반가치화가 주 쟁점이 된다.

역의 세 가지 의미 가운데 '변'은 효변을 가리킨다. 효변이란 괘가 발생하는 원리인 시생 원리의 일종이다. 시생 원리를 두고 정이는 '가일배법'이라 했고, 주자는 '일분위이법一分爲二法'이라고 했다. 이를 라이프니츠는 자기의 이진수와 혼동했다. 그러나 역의 시생 원리는 집합론의 그것과 같다. 즉, 공집합에서 1이 전개되는 원리가 시생 원리라는 것이다. 라이프니츠가 아직 집합론에 무지한 상태에서 자기의 이진수와 역의 가일배법을 동일시한 것은 한갓 외형적인 것일 뿐이다. 공집합과 멱집합을 모른 이진수란 용의 그림에서 눈이 빠진 것과 같다. 다산은 주자를 비롯한 자기 이전 학자들의 설을 비판하면서, 자신의 독특한 효변설을 다음과 같이 펼친다. 요약하면, 가일배법은 효변과는 다르다는 것이다.

효변 속의 귀속과 포함의 문제

변역이란 괘와 괘끼리 서로 효를 교환하는 것이다. 즉, 다산은 '효爻'를 풀이하면서 이를 '교爻'라고 했다. "효爻라는 것은 교爻로서 음양 간의 교역을 의미한다"고 했다. "서법에서 노양의 획을 ▯이라 하고, 노음의 획을 부乂라 했는데 이는 '교爻'라고 했다. 부乂를 거듭하면 효爻가 된다. 효爻가 처음 만들어질 때에는 음양교역을 의미하는데, 후대에 와서는 교爻가 '불변不變'으로 그 의미가 변했다"고 한다.

그러면 교역이 불변으로 변한 이유는 무엇인가? 만약에서 효변을 대각선 논법의 6대 요소 가운데 하나인 '반가치화'(음양교역)라고 한다면, 교역은 대각선화를 의미한다. 소방도에서 정·부 대각선상에 있는 괘들끼리 상하의 위치를 교환하는 것이 교역이다. 반가치화는 반대각선화와 함께 곤혹스러운 연속체 가설의 문제로 발전한다. 대각선 논법의 여러 요소라는 관점에서 볼 때, 다산이 말하는 교역, 변역, 반역은 대각선화와 반대각선화와 반가치화의 문제와 직결된다 할 수 있다. 아

爻變表								
乾 初九 爲乾之姤	九二 爲乾之同人	九三 爲乾之履	九四 爲乾之小畜	九五 爲乾之大有	上九 爲乾之夬	用九 爲乾之坤	諸卦六爻之變皆倣此 ○用九	用六唯乾坤有之

爻變表 下							
屯 初九 爲屯之比	六二 爲屯之節	六三 爲屯之既濟	六四 爲屯之隨	九五 爲屯之復	上六 爲屯之益	右六爻各成一卦故三百八十	四爻其實三百八十四卦也

도표 9-6. 효변표

래 효변표를 통해 이를 관찰하기로 한다.

〈도표 9-6〉의 효변표를 보면, 위의 것은 건을 효변시킨 것이고, 아래 것은 둔屯를 효변시킨 것이다. 초획부터 상향하면서 단계적으로 음은 양으로, 양은 음으로 바꾼다. 전형적인 반가치화의 방법이다. 그런데 건괘의 경우를 두고 보자. "초9부터 상9까지 모든 6효를 다 변화시킨 결과 오직 '용9용6'만인 건과 곤이 그 안에 있다"(用九用六惟乾坤有之)라고 했

다. 이 말은 건괘의 경우 마지막 상9까지 '모두' 변화시키면 건괘의 효변이란 집합 속에 곤괘가 들어온다는 것을 의미한다. 그런데 곤괘는 또 다른 집합의 명패이다. 이때 용9 곤괘는 건집합 안에 공집합으로 부분으로서 '포함'된다고 한다. 그런데 곤괘 속의 효들은 모두 건괘를 반가치화시킨 것으로서 건괘 속에 귀속되어 있다. 이런 역설이 다름 아닌 연속체 가설을 만드는 원인이 된다. 그러면 칸토어의 연속체 가설을 해결하는 실마리는 결국 귀속과 포함을 어떻게 연관시키느냐의 문제로 바꾸어 생각할 수 있다.

방도 안에서 귀속은 되나 포함은 안 되고, 포함은 되나 귀속은 안 되는 이런 문제가 여기서 생긴다. 칸토어는 실수, 자연수, 유리수들이 모두 귀속 관계인 줄로만 알았다. 다시 말해서, 실수 속에는 유리수와 무리수가 귀속도 되고 포함도 되는 줄로만 알았다. 수라는 함 속에는 이들이 다 들어가는 줄로만 알았다. 그러나 멱집합 안에 있는 공집합과 제집합(자기귀속)은 거대한 일자를 만들어 내는 것을 허물어 버리고, 복합물의 바다 속에 다 흩어 들어가도록 만들었다. 그래서 바디우는 공집합과 제집합은 이데아의 낙원을 상실시킨 주범이라고 했다.

〈도표 9-6〉과 〈도표 7-6〉을 비교해 보자. 전자는 효변표이고 후자는 추이표이다. 추이는 연쇄적으로 효가 변하지만, 효변은 단계적으로 효가 변한다. 연쇄적인 것과 단계적인 것의 차이는 무엇인가? 먼저 추이론에서 획이 연쇄적으로 변한다고 할 때, 아래 획은 위의 획에 '귀속한다'. 이럴 때 연쇄고리의 가장 낮은 고리는 "귀속의 최솟값을 갖는다"고 한다. 이 최솟값을 갖는 것이 '초효'이다. 이 초효를 두고 '기본 집합 cardinal set'이라 한다. 초효에 해당하는 이런 기본 집합이 있기 때문에

자연은 안정을 유지한다. 바디우는 이런 기본 집합을 두고 '자연적 원자주의'라고 한다. 자연의 안정은 이러한 원자적 특이점singularity 때문에 가능하다.

그런데 이런 특이점에서 추이를 하여 하나의 연결고리를 만든다고 할 때, 이는 상호 귀속적이게 한다는 말과 같다. 이렇게 연쇄적으로 추이적일 때 귀속은 항상 포함이라는 것을 알아야 한다. 그 이유는 귀속은 획이란 요소들을 모아 부분을 만들어 가면서 귀속을 하기 때문이다. 위의 〈도표 9-6〉에서 보는 바와 같이, 일관성을 유지하다가 용9와 용6에 와서는 일관성을 유지하면서도 유지할 수 없게 된다. 용9용6은 요소이면서 부분이기 때문이다. 전체 그 자체로서 부분이 되어버리기 때문이다.

이를 효변론의 문제에 적용해 보자. 추이나 효변은 모두 초효로부터 시작된다는 점에서는 같다. 즉, 최솟값이 같다. 그러나 추이는 최솟값에서 연쇄적으로, 그리고 효변은 단계적으로 변한다. 그러면 최솟값을 둘 다 공유한다고 할 때, 초효인 최솟값에서 서로 어떤 현상이 생기는가를 보자. '가장 작음'이란 속성을 p라고 할 때, 추이에서는 연쇄적이기 때문에 '더 작음'이란 속성이 성립한다. '더 작음'이란 속성을 두고 (1) "이 속성을 갖는다"와, (2) "이 속성을 갖지 않는다"의 두 경우로 나누어 생각해 보자. 귀속이란 말을 '더 작다'라는 말과 연관시켜 생각할 수 있다. 왜냐하면 '귀속의 귀속'이란 다름 아닌 '더 더 작음' 또는 '더 더 큼'을 의미하기 때문이다.

이렇게 '더 더 작음(큼)'이란 연쇄고리를 만들면 '가장 작음의 속성 p'에 자연스럽게 이른다. 그러면 연쇄고리의 서열 어디에 있는 것이 속성 p를 갖는단 말인가? 가장 작음이란 속성 안에는 '가장 작음'이 귀속할 수는 없다. 자기가 자기 자신 안에 귀속할 수는 없기 때문이다. 여기서 추이론에 우려스러운 문제가 제기되었다. 최솟값에 대한 정의는 "속성 p가 주어졌을 때 어떤 추이가 이런 속성을 갖는다면 그 속성에 따른 '귀속적 최솟값'이 있다"와 같다. 이러한 최솟값에 대한 정의와 함께 추이론의 역설은 시작된다. 다시 한 번 강조하면, 추이법은 연쇄적이기 때문에 이런 역설에 직면하게 된다.

즉, '최솟값'이란 속성 p를 갖는 a가 여기에 있다고 하자. 이 최솟값에서 연쇄적 고리를 만든다고 할 때, a 다음엔 반드시 b가 있어야 한다. a가 '가장 작음'이란 속성 p를 가지고 있기 때문에, b도 그 속성을 가지고 있다는 말이다. 그런데 여기에 어떤 c가 만약에 b에 귀속한다면, 그 c는 절대로 p라는 가장 작음의 속성을 가져서는 안 된다. '가장 작음'이란 말 속의 '가장'이란 말 때문이다. 이는 '모든'과 같이 전칭 집합에 해당하는 말이다. 그렇다면 여기서 생기는 문제는 다음과 같다. 즉, b는 p라는 속성을 갖는데, b에 귀속하는 c가 p라는 속성을 갖지 않는다면 c와 b는 서로 연쇄적이면서 연쇄적이 아니라는 역설을 만나게 된다. 이는 추이론이 갖는 최대의 난제거리라 할 수 있다. 최솟값이 아닌 최댓값을 갖는다고 할 때에도 같은 역설에 직면한다. 여기서도 '가장 큼'이란 말을 사용해야 하기 때문이다. 추이를 하여 '가장' 높은 정점에 이르렀을 때 직면하는 것이 가장 큼의 문제이다. 그리스 철학의 제3의 인간 역설은 '가장 큼'의 역설이다. 이는 여섯 번째 획인 상획이 부딪힌 문제이다.

지금까지의 추리 과정에서 추이법을 역설에 직면시킨 이유는 곧 효변설이 등장해야 할 이유가 된다. 이 역설을 해의하기 위해서 효변설이 등장한다는 말이다. 다시 말해서, 추이법 안에는 반드시 역설적으로 말해 비추이적인 것이 들어 있다. 연쇄적일 때 그 연쇄적인 것을 불가능하게 만드는 것이 있다는 말이다. 이러한 이유로 다산은 효변설을 등장시킨다. '연쇄적'이지 않은, '단계적'으로 획을 변하게 하는 것이다. 이것이 바로 '효변법'이다. 연쇄와 단계의 두 방법이 필요한 이유가 여기서 분명해졌다.

〈도표 9-6〉 효변표에서 효는 단계적으로 변한다. 초효에서 변한 것에 상관없이 2효가 변하고, 2효에서 변한 것에 상관없이 3효가 변하는 것을 '단계적'이라고 한다. 마치 원자 주변의 전자들이 연쇄적이 아니고 단계적인 것과 같다. 만약에 연쇄적이면 가속도가 붙어서 우주는 열을 받아서 대파국으로 치달을 것이다. 이를 '카타스트로프'라고 한다. 효변설이란 바로 괘 안의 '카타스트로프'를 방지하기 위해서 마련된 것이다. 효가 미끄럼틀 같지 않고 뜀뛰기 하듯 계단식이다.

그런데 문제는 추이와 효변 모두 초효에서 시작해야 한다는 것이다. 초효는 최솟값을 갖게 되고, 그러면 최솟값은 '가장 작음'의 역설에 직면하는 것을 보았다. 다시 말해서, 가장 작음의 그것보다 더 작은 단계(연쇄가 아님)가 무엇이냐는 물음에 직면하게 된다. 이 질문에 대하여 다산은, 초효든 상효든 상관없이 자기가 속한 괘에서 1 대 1 대응을 하면서 수평이동을 하여 다른 괘로 옮겨간다고 한다.(도표 9-7)

〈도표 9-7〉은 건괘의 초효가 구괘의 초효로 수평이동하는 것을 보여준다. 그런데 도대체 왜 이런 이동을 하는 것일까? 그 이유는 역설을 해의하기 위해서라는 것뿐이다. 위에서 본 바와 같이 효변은 추이의

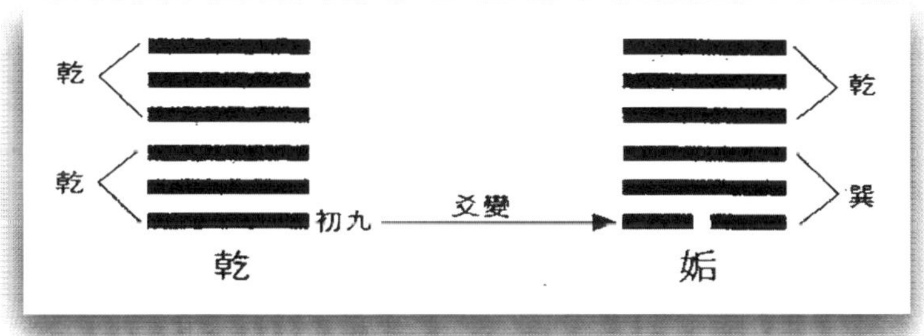

도표 9-7. 건괘에서 구괘로 효변

최솟값의 역설을 피하기 위하여 강구된 마련책이었다. 추이법을 일관되게 적용할 경우 '가장 작음'이라는 역설에 직면하게 되고, 이를 피하면 추이법을 더 이상 적용할 수 없게 된다. 추이법을 계속 사용하자면 출구를 마련해야 한다. 여기서 선택한 길이 효변이다. 효변설에 따르면 어느 한 괘 안에서 발생한 역설은 그 괘 안에서는 해결될 수 없기 때문에, 해결을 위해 효를 다른 괘로 반가치화시켜 1 대 1로 대응시켜 이동한다.

이렇게 효를 이동시키는 데는 복합물(괘)들의 유기체론이 배경으로 작용한다. 즉, 만약 어느 한 효가 그 괘 안에서만 의미를 갖는다면 그 순간 역설에 직면하게 된다. 이때 탈출구는 다른 복합물과 유기적이 되도록 만드는 것이다. 그것을 할 수 있는 동력은 어디서 나오는가? 그것은 다름 아닌 어느 복합물이든 자기 속에 공집합을 포함하고, 이 공집합에서 유기체를 향한 동력이 생긴다는 데 있다. 곤괘가 바로 그 공집합에 해당한다. 어느 복합물이든 공집합은 공유한다는 것이다. '만유개공설'이란 모든 만물은 공이라는 이론이다. 만물은 공이라는 똑같은 속성을 가지고 있기 때문에, 한 효에서 다른 효로 수평이동을 할 수 있다. 그러면 왜 반가치화를 해야 하는가? 그것은 공집합을 통해 자기를 비워야 하기 때문이다. 이 말은 자기부정을 해야 다른 존재와 유기적이 된다는 것을 의미한다. 자기부정의 과정이 반대각선화와 반가치화이다.

다산은 양을 '9'라 하고 음을 '6'이라고 한 데서 각별한 의미를 찾는다. 9와 6은 '작용함'의 상징적인 수라고 본다. 왜 9와 6을 양의 상징수와 음의 상징수로 보았느냐에 대하여 9는 10 이전의 양수 1, 3, 5의 합이고, 6은 5 이전의 음수 2, 4의 합이기 때문이라고 알려져 있다. 그러나 다산은 9는 노양이고 6은 노음인데 '노老'란 변화의 상징수를 의미한다고 하면서, 이는 '이미 변했다'고 해석한다. 변했기 때문에 노양은 노양이 아니고, 노음은 노음이 아니다. '노'란 '이미'라는 의미를 갖는다. 그래서 '불변'하는 9와 6이 아니라고 했다. '초9'라고 하면 초획이 작용을 하여 음이 된 것을 말하고 , '초6'이라 하면 초획이 작용을 하여 양이 된 것을 말한다. 그리고 초효와 상효에서만 9와 6 앞에 '초9'와 '상6' 등이라 한다. 그리고 2효~5효는 모두 '62' '95'라 한다. 그 이유는 초에서 이미 변해 9가 되었기 때문이라는 뜻이다. 이는 다산의 특이한 해석 방법이다. 9와 6을 양과 음이라는 실체로 보는 것이 아니라, 변하는 과정의 작용 수로 본다는 의미이다.

여기서 첫 번째 효는 '1효'라 하지 않고 '초효'라 하고, 마지막 효는 '6효'라 하지 않고 '상효'라고 한 이유에 대하여 다산은 특별하게 주석을 하지 않았지만, 이에 대한 필자의 견해는 이렇다. 만약에 처음과 마지막 것을 숫자로 표시하면 무한퇴행의 오류에 빠진다. 반드시 다음 수가 있어야 하기 때문이다. 이런 무한 퇴행의 오류가 바로 아리스토텔레스의 '가무한'을 만든다. 어느 수 이전의 수와 이후의 수를 말할 때 가무한에 불가피하게 도달한다. 그래서 서양에서도 무한은 특별한 기호 ∞를 사용한다. '초'와 '상'이라 함으로써 처음과 끝을 막아 놓는다. 이는 가무한에 대한 칸토어의 '실무한' 개념과 일치한다. 역의 무한은 가무한이 아니고 실무한이다. 그래서 9와 6은 실무한 개념에 해당한다. 그것이 결코 양수의 전체 또는 음수의 전체와 같을 수는 없다. 용9를 노양, 용6을 노음이라 함으로써 그것은 이미 지나갔음을 뜻한다. 그래서 끝은 이미 시작되었음을 의미한다.

이러한 실무한 개념과 함께 다시 '초9'란 말의 풀이로 돌아오면 다음과 같다. 다산에 따르면 "'초9'란 말은 초획이 9를 만나서 음으로 변한 것이다. 그래서 '9'라는 말 속에는 이미 음으로 변한 뜻을 머금고 있다. '초6'이란 초획이 6을 만나서 양으로 변한 것이다. 그래서 '초6'이란 말 속에는 이미 양으로 변한 뜻 또한 머금고 있다. 지금의 사람들이 이 뜻을 헤아리지 못하고 9는 양이란 글자이고, 6은 음이란 글자라고 하니, 이것은 큰 오류다"(《역학서언》) 다산의 이 말은 9와 6을 양의 실체, 음의 실체로 보지 않고 변화의 과정과 상징으로 본다는 의미가 담겨 있다.

9와 6은 '음양의 변동표'(《역학서언》)이다. 그런데 9와 6은 변하는 방향이 서로 반대이다. 즉, 9는 외양이고, 그 내면은 '8소음'이다. 6은 외양이고, 그 내면은 '7소양'이다. 9는 배진하고(9, 8, 7, …1과 같이) 6은 전진한다(6, 7, …, 9와 같이). 정역에 와서 전자는 '도생역성'이라 하고 후자는 '역생도성'이라 한다. 정역은 9와 6을 두고는 '용9용6'이라고 한다. 이는 다산역의 이해와 같다. 전진과 배진이 동시적이다.

이렇게 생각할 때 효변표(도표 9-6)는 칸트가 이율배반에서 사용하기를 금한 전진법에 해당한다. 전진법은 1, 2, 3, …과 같이 앞을 열어 놓고 수를 셈하는 방법이고, 배진법은 그 반대이다. 전진법에 따라서 건괘의 초9를 효변시키면 그것이 구괘로 변한다. 만약에 초9가 이렇게 배진을 하지 않고 전진을 한다고 해 보자. 무한퇴행을 하고 만다. 칸트가 배진을 한 이유가 분명해진다. 그 이유란 다름 아닌 최솟값 또는 최댓값의 역설을 만나지 않기 위해서이다. '초9'와 그것의 '이전의 이전'과 같은 전진은 '가장 큼' 또는 '가장 작음'의 역설을 만날 것이다. 0과 마이너스 개념이 아직 없었던 시대에 칸트에게서 이것은 최대 고민이 아닐 수 없었다. 이것은 그리스 시대의 모든 철학자들이 만난 난제였다.

만약에 효변과 같이 단계적으로 변하지 않고 추이와 같이 연쇄적으로 변하면 무한퇴행의 오류는 이렇게 불가피하다. 이런 오류를 피하기 위해서 역은 '초'와 '상'이란 말로서 처음과 끝을 막아버리고 추이가 아닌 단계적으로 변하게 한다. 44.구괘 다음은 '13.동인'이다. 추이와는 아주 다르게 초효가 연쇄되어 92효가 변해 62가 되었다. 92는 동인의 '초9'가 머금었던 것이다. 그 속에 있었지, 거기에서 나온 것이 아니다. 각 단계는 그 이전 단계를 머금고 있었다는 것이다. 그래서 연쇄적이 아니라도 변화를 가능하게 할 수 있다. 이를 두고 주자는 "효의 변을 만나면"이라 풀이했다고 다산은 주장한다. 건이 구괘를 만나면 그 속에 92가 들어 있었다는 것이다. 이는 역을 연구하는 학자들이 얼마나 연쇄적 변화에서 오는 무한퇴행의 오류를 두려워하고 피하려 했던가는 보여주는 한 장면이라 할 수 있다. '어디서 나왔다'는 말을 하는 순간 가장 작음(큼)의 역설을 만나기 때문에 역설은 그 말 속에 머금고 있다.

가 단계는 그 단계 안에 다음 단계를 머금고 있다. 실무한 개념에 따르면 2는 1 속에 이미 머금어 들어 있다. 1과 2 사이에도 무한계열이 가능하기 때문이다. 이것이 다산이 말하는 '머금는다'의 말의 의미이다. 이렇게 머금을 때 비로소 무한퇴행의 오류를 범하지 않게 된다. 이는 칸토어에게 와서 수 안에 머금는 개념이 나타나게 한다. 집합론에서 나타난 멱집합론의 경우는 수를 결코 연쇄적으로 배열할 수 없다는 것을 여실히 보여주었다. 건괘를 단계적으로 효변시킬 때 용9에서 곤이 나타나는 것이 바로 순서수의 역설이다.

추이가 아닌 효변을 하는 근본적인 이유는 최솟값의 역설을 피하기 위해서이며, 어느 한 괘의 최솟값의 역설을 피하는 방법은 해당 괘 안의 효를 다른 괘 속의 효와 1 대 1 대응을 하여 유기적 연관이 되도록 하는 것이다. 지금까지는 두 괘끼리 대응시켜 효변을 했지만, 세 괘 또는 그 이상의 괘들끼리도 얼마든지 효변시킬 수 있다. 이렇게 1 대 1 대응시키면 한 수가 다른 수를 자기 안에 이미 '머금는' 현상이 나타난다. 유리수의 무한, 무리수의 무한, 자연수의 무한 등과 같은 무한을 어느 수 계열이나 그 속에 머금고 있다.

이제 효변의 세 가지 원칙을 정리하면 다음과 같다. 1. 효들이 같은 단계에서 수평이동(가로대칭)을 해야 한다는 것과, 2. 효변을 할 때는 가치가 반가치화되어야 한다는 것과, 3. 단계적으로 한 번에 한 효만 변해야 한다는 것이다. 그런데 주자는 효변을 할 때 여러 효가 함께 변한다고 했다. 이에 대하여 다산은 한 개의 효만 변한다고 한다. 여러 효가 함께 효변하는 것을 다산은 '괴착乖錯'이라 하면서, 이는 괘들의 난동이 벌어지게 하고 "여기에서 주역은 미쳐 버렸다"《역학서언》고 극언을 한다. 다산이 이런 주장을 하는 배경은 역시 논리적인 데 있다. 만약에 6효가 '모두' 함께 변한다는 말에 걸리면 이것이 괴착이 된다고 할 때, 그 원인은 무엇인가. 효가 변한다고 할 때 모든 괘들의 집합 자체는 변하지 않아야 하는데, 이것마저 변해 버리면 괴착이 벌어진다. 즉, 멱집합의 역설을 만나는 것이 괴착이다. 그래서 곽박(郭璞 276~324) 등이 6효가 모두 한꺼번에 변한다고 한 것을 두고 난동의 원리라고 다산은 일축하였다.

주자의 효변론과 문제점

주자는《역학계몽》에서 단계적 방법으로 효변을 시켜 괘들을 나열하고 있다. 그런데《고변점古變占》의 효변에서는 1획 효변에 국한하지 않고 2획 이상 변하는 것까지도 효변 안에 넣었다. 6효가 모두 변하는 것에 관한 그의 말을 들어보자. "6효가 모두 변하지 않으면 본래의 단사로써 점을 치는데"라는 말 속에는 여섯 개의 효가 모두 변할 수 있다는 것을 전제한다. 이어서 그는 "여섯 개의 효가 모두 변하면 건곤의 경우는 각각 용9용6으로 점을 치고, 나머지 62괘는 지괘의 단사로써 점을 친다"《성리대전》 1)고 했다. 이런 주자의 말은 6효가 한꺼번에 변할 수 있음을 암시한다.

이런 방법론은 초연수焦延壽의 《초씨역림》과 일치하는 것으로서, 이는 주자역의 심각한 논리적인 문제와 연관이 된다. 그가 무한퇴행의 역설과 난제를 이해하지 못하고 있음을 여실히 반영하기 때문이다. 6

효까지 다 변한다고 할 때 '가장 큼'의 역설을 어떻게 피할 수 있는가에 대한 고민이 그에게는 없었다고 할 수 있다. 한 괘 안의 각 효를 제한 없이 변화시켜 64괘를 도출한다고 할 때 어떤 문제가 발생하는가를 보자.

건괘를 본래의, 최초의 괘라고 하면, 건괘는 곤괘로부터 변화되어 나온 것이다. 건을 최소점이라 한다면서 건괘가 곤괘에서 나왔다고 하면, 자연히 최소점 속에 또 다른 최소점이 있었다는 오류를 범하게 된다. '가장 작음'이란 속성에 가장 작음 자체는 들어갈 수 없기 때문이다. 이런 논리적인 문제점을 간과하였기에 주자는 6효를 다 변화시킨다고 한 것이다. 다산이 주자를 비판하고 차별화하는 것은 그가 최소점의 원리를 알고 있었고, 가장 작음의 역설을 심각하게 의식하고 있었음을 의미한다. 우리는 이미 추이도(도표 7-9, 도표 7-29)에서 건과 곤이 서로 근기가 됨을 보았다. 최소와 최대는 호근이 된다는 말이다. 근기에서 건괘가, 건기에서 곤괘가 나온다는 말이다.

만약에 1.건이 2.곤에서 나왔다면, 건 다음은 3.둔, 4.몽, 5.수의 순서대로 이어져 64.미제괘까지 갈 것이다. 그러면 끝인 미제괘를 본괘나 초괘라고 하면, 미제괘는 건괘에서 나온 것이 될 것이다. 그 다음은 곤, 둔, 몽, …, 63.기제괘가 될 것이다. 곤괘는 처음이자 동시에 건 다음 괘가 된다. 이런 식으로 변하면 한 괘는 63괘로 변하나 변화를 시키는 본괘나 초괘를 합하면 64괘가 된다. 이 말은 64괘가 64번 변하여 모두 4,096개의 변화를 이끌어낼 수 있다는 뜻이다. 《초씨역림》의 이러한 방법론은 순서수의 역설과 기수의 역설, 멱집합의 원리라는 시각에서 볼 때 주역을 큰 혼동에 빠뜨릴 위험이 있다.

주자는 이런 《초씨역림》과는 입장을 달리하면서, 1효변을 하는 괘를 하나의 집합으로, 2효변을 하는 괘를 하나의 집합으로 하는 등 괘를 효변 수에 따라 분류한다. 그러나 중요한 것은, 6효 모두를 변하게 하는 것은 주자가 《초씨역림》을 그대로 따랐다는 것이다. 정이천의 가일배법을 주자는 '일분위2법'이라 말만 바꾸고 시생 원리를 그대로 받아들였다. 이런 방법은 위에서 거듭 말한 대로 수를 무한퇴행으로 이끈다. 가일배법은 6획에 한정하지 않고 12획을 만들어 낼 수도 있고, 12획에 12획을 더한 24획도 만들어 낼 수 있다. 24획이면 1677만 7216개의 괘이고, 이는 4,096의 제곱수이다. 역에서는 이러한 무한퇴행을 '인이신지引而伸之'라고 한다.

주자는 이런 무한퇴행을 너무 가볍고 보고 "그 종극을 알 수 없어서 이러한 것이 쓸데없지만 역도의 무궁함을 보여준다"고 했다. 실로 주자가 논리를 아는 철학자인지 묻지 않을 수 없다. 동양 사상사의 획을 긋는 주자의 입에서 무한퇴행에 대한 이런 안이한 발언이 나온다는 것은, 일단 주자도 기원전 6세기 무렵 그리스 철학자들이 했던 '가장 작음'과 '가장 큼'에 대한 고민을 했다는 흔적일 것이다. 가일배법은 효변법이 아니다. 역에는 괘를 만드는 가일배법, 연쇄법, 단계법이 있고, 이들은 각각 성격이 다르다. 혼동하지 말아야 한다.[2]

다산은 진정한 의미의 효변법은 한대 이래 끊어졌다가 자기가 되살렸다고 한다. 그러면서 그의 효변법은 주자에게서 계승되었다고 하였

---

2) 가일배법은 음양 두 획으로 나누어 조합하여 괘를 만드는 방법이고, 다른 두 개는 이미 만들어진 괘에서 획을 변화시켜 다른 괘를 만드는 방법이다. 전자는 상황에서, 후자는 상황의 상태에서 출발한다.

다. 주자 역시 효변법을 되살린 인물이기 때문이다. 그렇다고 다산이 주자 효변법의 내용을 찬성한 것은 아니다. 6효 '모두'가 변한다는 것 말고는 주자와 대동소이하다. 다산은 효변법이 없으면 추이법 역시 통할 수 없다고 한다. 추이법은 연쇄적이고, 효변법은 단계적이라고 할 때, 둘은 상보적이라고 보았다. 추이법에서 가장 작음의 역설이 발견되고, 그것을 극복하기 위해 효변법이 불가피하게 나타난다. 가장 작음의 역설을 해의하기 위한 해의 방법론은 다름 아닌 만물 유기체론이다. 이를 달성하기 위해서 추이법과 효변법은 결부되어야 한다. 다시 말해서, 반드시 '모든' 효가 아닌 한 개의 효가 1 대 1로 다른 괘에 수평이동을 한 다음, 제3의 괘에는 수직이동을 함으로써 결국 괘 상호간에 유기체가 이루어지도록 만들어야 한다.(박주병, 2002, 335)

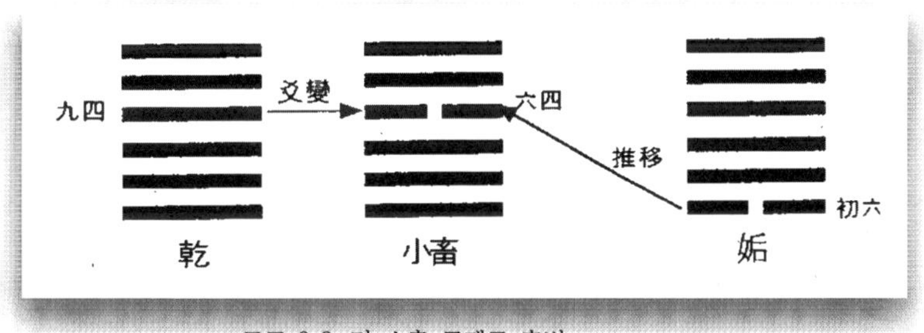

도표 9-8. 건-소축-구괘로 효변

〈도표 9-8〉은 건괘가 구괘로 바로 변하는 것이 아니라, 건이 소축으로 1차 효변을 한 다음에, 소축은 구괘에서 추이를 받는 것을 보여준다. 효변은 단계적이고 추이는 연쇄적이고 보면, 이는 또 다른 효변방법이다. 즉, 건의 94가 소축의 64로 효변한 다음, 구의 초6이 소축의

64로 추이한다. 이렇게 소축을 가운데 두고 건과 구가 효변과 추이를 동시에 한다. 다시 말해서, 세 개의 괘가 1 대 1 대응을 하면서 효변을 한다. 구의 초6이 소축의 64로 추이하는 것을 '도약jumping'이라고 한다.

소축의 형태는 '1음'인 괘이다. 같은 1음의 괘로 형태가 같은 것으로 구가 있다. 그래서 구의 1음이 소축으로 추이된 것이다. 형태는 같으나 상태는 다르다. 이렇게 '동형이상'의 문제는 위에서 이미 중요하게 다루었다. 그런데 이형이상에서 효변을 한다. 즉, 건과 구는 이형이상이지만 효변으로 연관이 된다.

그런데 다시 6획을 두 개의 괘, 즉, 부분으로 나누어 보자. 구의 하괘는 손괘이다. 이 하괘 자체가 소축의 상괘로 도약한다. 효가 도약하는 것이 아니고 괘가 도약을 한다. 문제는 이것을 두고 어떻게 만물 유기체적이라 할 수 있겠느냐이다. 여기서 다산의 역4법 가운데 마지막인 '물상론'으로 가는 길이 마련된다. 즉, 역의 상·수·사 트로이카 가운데 지금까지는 사인 '역사易詞'에 관해서는 말을 삼가 왔다. 상과 수만 가지고 말하였다. 건괘의 94를 두고 역사는 '혹약재연惑躍在淵'이라고 했다. 다산의 추이법과 효변법을 모르면 이 역사의 말을 제대로 파악하지 못한다. 소축의 64는 상괘인 손괘 안에서 학鶴이다. 그렇다면 용龍과 학이 무슨 상관이 있단 말인가. 상관이 있다고 다산은 말한다. 즉, 만약에 추이법으로 이해하면 소축의 64는 건의 94에서 효변된 것이고, 구의 초6에서 도약한 것이기 때문에 건괘 94가 다름 아닌 '혹약재연'이다. 즉, 소축의 64는 건괘의 94와 같기 때문에 동일한 역사를 갖는다는 것이다. 따라서 용과 학은 같다. 그러나 이렇게 상관이 있다고 역사를 통해 설명하는 것은 다산의 강한 주관의 개입 없이는 불가능하다. 다산의 《주역사전》은 이런 방법론으로 쓰인 것이다. 역4법을 다 동원하여 서로 상관이 없어 보이는 괘들 가운데 획을 유기적으로 연관시킨다. 그래서 다산역을 상수역과 의리역을 조화시켰다고 한다. 그러나 이것은 다산의 주관의 개입이란 말로 결론을 대신할 수밖에 없다. 여기서 필자는 위상역을 도입하여야 다산의 궤변 비슷한 역4법의 논리를 바로 세울 수 있다고 본다.

효변이란 "한 괘의 내부 상황이 변해서 다른 상황이 됨으로써 외부 세계와 관계되는 변화이다. 이 본질적인 변화의 원리를 모르면 추이도 이해할 수 없고 물상도 이해할 수 없다. 호체 또한 부합하지 않는다"(박, 2002, 141) 이는 추이, 호체, 효변이 서로 분리될 수 없음을 가리킨다. 이렇게 분리될 수 없게 만든 다음에야 다산의 주관의 개입이 설득력을 얻는다. 다산이 물상론을 제외한 역4법의 상호 연관성을 주장하기 위해 그가 가지고 온 것은 위에서 본 바와 같이 결국 역사易詞였다. 즉, 상에 관하여 말하는 일상적인 언어였다. 순수 논리적 구조만 파악하기 위해 여기까지 온 필자로서는 당황스럽다 아니할 수 없다. 추이, 호체, 물상을 하나로 연관 짓는 주자의 시 한 편을 보자.

> 무지개다리 한 번 끊어져 소리 없고
> 만학천암이 푸른 연기에 가두어졌도다.

여기서 말하는 '무지개다리'는 효변이고, 만학천암은 추이, 호체, 물상을 비유한 것이다.(박, 2002, 142) 다분히 시적 상상력과 문학적인 소양 등이 동양 학자들로 하여금 논리적 비약을 가져오게 한다. 고대 그리스 철학자, 특히 파르메니데스에서 플라톤까지 철저하게 지식의 기반에 대하여 의문을 제시하고 그것과 씨름하는 자세가 이섭게 여겨진다. 이러한 이유로 철학에 시적 상상력을 동원하는 것을 그리스 철학자들은 금했던 것 같다. 그러나 동양 역학자들의 시적 발상은 차라리 탈현대적인 면모라고 할 수 있을 것이다. 주관의 강한 개입을 권하는 것이 바디우의 수학적 존재론의 핵심이다. 그렇다면 다산역의 진면목은 탈현대적인 데 있을 것이다.

플라톤은 철학자는 시를 읽어서는 안 된다고까지 하였다. 철저하게 논리적인 틀 속에서 존재론과 형이상학을 구축하기 위해서이다. 그러나 위에서 본 바와 같이, 다산을 비롯한 동양의 학자들에게 시란 철학의 완성품이라 할 수 있다. 필자는 상수학을 위상학을 통해 역4법을 재구성해야 한다는 입장을 취한다. 집을 다시 수리하고 고친 다음, 그 안에 들어가 시를 읊어보자는 것이다.

10장 역설 해의의 방법론과 다산역

다산의 역4법 가운데 하나인 물상론은 다른 3법과 다른 점이 있다. 다른 3법이란 추이, 호체, 효변을 가리키는데, 이 가운데 추이는 역설의 문제를 제기하는 측면이 있는 반면, 물상론은 그 역설을 해의하는 것이기 때문이다. 다산은 추이, 호체, 효변의 순서대로 기수의 역설, 순서수의 역설, 멱집합의 역설 등을 다루면서 결국 역설은 미해결의 난제거리로서 여지를 남겨 두고 물상론까지 온다.

역의 트로이카는 상·수·사이다. 최근 연구 결과에 따르면, 이 셋 가운데 수가 가장 먼저이고, 그 다음이 상과 사의 순서로 전개되어 왔다고 한다. 수에 나타난 역설을 상에서 해의하려 하고, 상에 나타난 역설을 사에서 해의하려 한다. 그러나 이 삼자가 회동을 하지 않으면 안 된다는 사실을 알게 된다. 그래서 주문왕의 64괘에서는 트로이카가 나란히 등장하여 체계를 잡는다. 김일부가 정역의 '대역서'에서 복희역은 조야하고 문왕역은 기교가 넘친다고 할 때, 복희역에는 아직 트로이카가 완벽하게 정리되지 못했음을, 그리고 문왕역에서는 정교하게 정리되었음을 이른 말이라 하겠다.

서양 수학사에서도 역설이 처음 발견된 곳은 수이다. 칸토어의 집합론에서 처음 칸토어의 역설이 나타났다. 물론 그 이전에 부랄리-포르테의 순서수 역설이 있었다. '칸토어 역설'은 집합론의 멱집합에 나타난 역설로, 기수의 역설이라 할 수 있다. 다산의 추이, 호체, 효변은 궁극적으로 기수와 서수에서 발생한 역설을 다룬다. 세기를 넘겨 20세기에 들어와 러셀은 자기 이름을 붙여 이를 '러셀 역설'이라고 했다. 러셀과 화이트헤드는 수에 나타난 역설을 극복하기 위해서 논리기호를 도입한다. 이들의 공동 노작인 《수학원론》은 수를 논리기호로 제어하면 역설이 사라질 줄 알았다. 그러나 이 두 사람의 공동 노작은 무위로 끝나고 말았으나, 이들이 세운 이론을 다른 말로 '논리주의'라 부른다.

서양에서 역설을 해결하려는 노력이 이어져, 직관주의와 형식주의가 추가로 등장한다. '직관주의자'들은 수학자들이 배중률을 사용하는 데서 역설이 발생한다고 보아, 이를 배제하면 역설이 사라질 것으로 확신하였다. 이에 대하여 힐베르트는 논리주의가 실패한 것을 귀감으로 삼아, 수에 일상 언어를 도입해 제어하면 역설이 사라진다고 믿었다. 이 학파를 '형식주의'라고 한다. 수를 제어한다는 점에서는 논리주의와 형식주의가 그 방법론에서 같아서, 논리주의와 형식주의는 합류된다. 드디어 1930년대에 괴델이 수, 기호, 언어의 트로이카를 합류시켜 괴델 정리를 증명해, 수학의 삼파전을 펼치던 중원은 평정되는 듯하였다.

역의 역사에서도 상과 수만으로 역을 다루는 상수학파가 한대에, 사만으로 역을 다루는 의리학파가 위진대에 나타난다. 청대의 왕부지가 이 삼파를 아우르기까지 한 치의 양보 없는 대결 양상을 보여주었다. 지금 우리나라 역학 연구의 경우, 강단학자들은 의리역에, 거리의 점술가들은 상수역에 치중한다. 이에 대하여 필자는 위상역을 대안으로 제시한다. 위상역을 통해 트로이카를 종합한다는 말이다.

10장은 괴델이 어떻게 트로이카를 다루었는지 그 기법을 알아보고, 이를 타산지석으로 삼아 다산의 물상론과 연관시켜 본다. 괴델 정리로 이어지는 토로이카는 역의 그것과 대동소이하다. 그 원인은 동서를 막론하고 역설은 인간의 두뇌가 해결 또는 해의하여야 할 난제 가운데 난제이기 때문이다. 인간이 수와 기호와 언어(또는 문자)를 사용하는 한, 이들 삼자는 역설의 도가니 속으로 인간을 몰아넣는다. 이제 인류 사상사에서는 역설을 다루고, 이를 극복하거나 해결, 해의하는 것이 지난한 과제가 되었다. 다산의 물상론을 통해 다산이 트로이카를 어떻게 보았으며, 그것을 통해 그가 어떻게 역설을 해의하고 있는가를 볼 차례이다. 결론적으로 역설 해의라는 과제에서 상수역과 의리역은 불가분리적임을 알게 될 것이다.

10.1. 물상론과 괴델 정리의 등장

유클리드는 서양 수학의 비조이다. 그러나 서양 수학을 병들게 만든

장본인이기도 하다. 그는 수학에서 일상 언어(역의 사)를 추방했으며, '부분의 합이 전체'라는 신화를 만들었다. 그러나 2,500여 년 뒤인 19세기 말은 유클리드 수학에 대하여 비유클리드 수학의 시대이다. 기하학에서부터 유클리드에 대한 반기가 일어났다. 그의 제5공리가 재검토 대상이 되어, 리만 같은 수학자들이 유클리드 공리 전반에 대한 재검토를 제기하였다. 칸토어는 부분의 합이 전체라는 신화를 그의 멱집합론에서 깼다. 제5공리는 무한직선의 문제이고, 멱집합은 무한집합의 문제이다. '무한'이란 말에서 역설의 판도라 상자는 열렸다. '무한', '모두', '가장'과 같은 전칭 집합 속에 역설은 둥지를 틀고 있었다. 이제 수의 트로이카를 만들어 불완전성 정리를 이끌어 내는 괴델을 만남으로써, 역의 트로이카를 비교할 단계에 이르렀다.

괴델 정리와 상·수·사의 합류

서양 수학사에서 수와 논리식(상)과 문장(사)을 결합시킨 첫 번째 인물은 19세기 말 프랑스 수학자 리샤르이다. 이미 소개된 '리샤르 속성'이란 자기귀속을 하지 않는다는 속성, 즉 "'비자기귀속'이란 속성"(R)을 말한다. 괴델 정리는 리샤르 속성을 근본 전제로 한다. 칸토어가 대각선 논증에서 제기한 연속체 가설이 '비결정'으로 끝나는 데 공헌한 것이 바로 이 리샤르 속성이고 보면, 그 의미는 막중하다고 할 수 있다. 방도 속에서 우리는 리샤르 속성을 확인한다. 다시 말해서 방도의 정대각선상에 있는 8괘들은 자기귀속적이고, 나머지는 비자기귀속적이다. 그래서 후자는 리샤르 속성을 가지고, 전자는 가지지 않는다. 이를 위상수학에서도 발견한다. 괴델 정리는 순수 수학이라기보다는 그 주위에 신비감마저 감도는 종교적 신학적 의미를 지니는 것이라 할 수 있다.(캐스티, 2002, 59) 우리는 역에서, 위상역에서 이러한 신비감을 느낀 것이다. 역은 리샤르 속성의 결정판이라 할 만하다. 리샤르 속성은 상·수·사를 함께 다루는 데서 나타난다

리샤르 이전에도 라이프니츠가 수에 기호를 첨가하였다. 그가 역에서 이진수를 알았다는 사실 이상의 의미를 갖는 것이 바로 수에 기호를 도입하였다는 사실이다. 유클리드 이후 획기적인 사건이다. 그가 역을 알기 전에 이 사실을 먼저 알았는지, 아니면 역을 통해 알게 되었는지는 논외의 문제이다. 필자는 후자라고 본다. 라이프니츠는 역의 방도에서 대각선 논법을 간과하였으며, 그것의 발견은 칸토어에게 넘겼다. 방도에서 이진수보다는 대각선에 더 주목해야 하였는데 말이다. 이렇게 라이프니츠에서 괴델까지 오는 데는 몇 단계 과정이 있었다.

서양 전통에서 수를 다루는 방법은 크게 세 가지로 나누어진다. 즉, 첫째, 자연수와 자연수(수)를 대응시키는 방법, 둘째, 자연수와 기호논리(상)를 대응시키는 방법[러셀], 셋째, 자연수를 문장(사)에 대응시키는 방법[힐베르트]이다. 이러한 차이가 중원에서 수학의 삼파전이 펼쳐진 이유이다. 라이프니츠 이후 수학자들은 수 자체가 어떻게 성립하는가에 대한 고민을 하기 시작한다. 유클리드 이후 1, 2, 3, …과 같은 수를 자연스럽게 사용하였다고 하여 '자연수'라고 불렀다. 자연수에 대한 재검토와 함께 수학의 토대가 무엇인지를 묻게 되었다. 이를 수학에 대하여 '수학론'이라 하며, 집합론은 수학론에 해당한다.

수학자 페아노는 '0'과 's'("…의 바로 다음", successor를 의미함)가 산술의 기본이라고 보았다. 괴델은 여기에 부가적이고 기본적인 몇 개의 기호

를 추가하여 '정항기호'라고 했다. 이것이 수에 논리기호가 가미된 효시이다. 이를 확산 연장하여 괴델은 다음과 같은 수(괴델수), 논리기호(상), 문장(사)을 일치시키는 표를 만들었다.

도표 10-1. 상·수·사의 정항기호표

괴델수(수)	정항기호(상)	문장(사)
1	~	'부정'의 기호
2	∨	'혹은'의 기호
3	⊂	'만일 …이면'의 기호
4	∃	'…이 존재한다'의 기호
5	=	'…와 …이 같다'의 기호
6	O	영(0)
7	s	'…의 다음'(후자)
8	(	괄호의 왼쪽 부분
9	)	괄호의 오른쪽 부분
10	,	콤마를 나타냄

기호를 가장 편하게 생각할 수 있도록 1에서 10까지의 정수로 대응시킨다.[1] 괴델은 모든 원시기호나 논리식, 그리고 이들의 논리적인 관계를 나타내는 식 또는 수학적인 표현식을 논리기호나 수로 나타내는 기호의 '유한한 열'이 있다고 한다.

역의 트로이카가 이 작업을 해내고 있다. 수학적 증명이나 이론 전

---

1) 정항기호의 수는 괴델의 논문에서는 일곱 개였다. 그러나 논리 전개의 편리를 위해서는 열 개가 더 필요하다. 그것은 어디까지나 편리를 도모하기 위함이다.(네이글, 2003, 88)

체가 이와 같은 유한한 기호열의 유한한 열로 나타낼 수 있다는 관점에서 괴델의 방법론은 출발한다. 괴델은 모든 기호에 고유번호를 하나씩 정해주고(이를 그 기호의 '괴델수'라 함), 논리적이거나 수학적인 표현과 자연수의 유한한 열로 이름 정한다. 이런 괴델의 작업을 유클리드 이후 갈라진 상·수·사를 재결합시키려는 시도로 볼 때, 이는 역의 시각에서 볼 때에는 새로운 것은 아니다. 그러나 역의 역사에서도 상수역과 의리역이 갈라진 경험이 있다고 할 때, 이를 재결합시키는 방법을 괴델한테서 배울 필요가 있다.

괴델 정리에는 열 가지 불변하는 정항기호 외에, 세 종류의 변항기호가 있다. 즉, 수식변항 numerical variable, 명제변항 sentential variable, 술어변항 predicate variable이다. 수식변항에는 x, y, z 세 가지가 있다. 명제변항 또는 문장변항에도 p, q, r 세 가지가 있다. 마지막으로 술어변항에는 P, Q, R 세 가지가 있다. 이는 "…보다 크다" 또는 "작다"와 같은 것으로, 술어를 대신하는 것이다. 여기서 잠깐 〈도표 10-1〉을 설명하면 다음과 같다. 변항기호 가운데 있는 '수식변항'의 경우는 10보다 큰 소수素數(11, 13, 17)가 괴델수로 주어진다. 그리고 p, q, r와 같은 '명제변항'은 10보다 큰 소수의 제곱을 괴델수로 한다. 그리고 P, Q, R와 같은 '술어변항'에는 10보다 큰 소수의 세제곱이 괴델수로 주어진다. 이 방법이 쉬운 이유는, 유치원생들이 처음 수를 배울 때 하는 '1 대 1 대응 방법'을 구사한 그 이상도 이하도 아니기 때문이다.2) 즉, '문장'을 '괴델수'로, '괴델수'를 '문장'으로 1 대 1 대응시켜 바꾸는 작업만 하면 되기

---

2) 이러한 괴델의 1 대 1 대응 방식을 '아스키 코드ASCII'라고 한다. 아스키 코드란 'American Standard Code for Information Interchange'의 약자이다.(카스티, 2002, 65)

도표 10-2. 괴델의 수·기호·문장표

변항기호		괴델수	대입 예
수식변항	x	11	o
	y	13	so
	z	17	y
명제변항	p	11^2	o＝o
	q	13^2	$(\exists x)(x＝sy)$
	r	17^2	$p \supset q$
술어변항	P	11^3	작다.
	Q	13^3	복잡하다.
	R	17^3	....보다 크다.

때문이다.

네이글 Ernest Nagel과 뉴먼 James R. Neuman은 러셀과 화이트헤드의 기호와 언어를 좀 더 세련되게 만들었다. 러셀과 화이트헤드는 언어와 기호를 기본항과 변항으로만 나누었다. 괴델은 이를 다시 셋으로 나누고, 여기에 괴델수를 첨가하였다. 괴델이 나눈 세 종류의 항은 이렇게 일종의 위계질서를 이룬다.3) 이러한 위계질서의 경우, 역에서도 효사와 괘사가 있고, 다시 괘사에 단사 같은 것들이 위계적으로 있는 것과 같다. 여기서 효사와 괘사 가운데 어느 것이 먼저 만들어졌느냐는 또 다른 문제이기는 하지만 말이다. 그러면 이제부터는 이러한 세 단계

---

3) 여기서 '위계적'이란 한 이유는, 괴델수를 적용하는 1 대 1 대응체계에서 수 변항들은 10보다 큰 소수로 코드화 하고, 문장 변항들은 10보다 더 큰 소수의 제곱수로 하고, 그리고 술어 변항들은 10보다 더 큰 소수의 세 제곱수로 코드화 했기 때문이다.(캐스티, 2000, 64)

위계질서에 따라서 문장을 괴델수화 하는 방법으로 고찰해 보자. 이는 마치 점술가들이 괘와 상을 뽑아 그것을 일상언어로 바꾸는 작업과 같다.

다음과 같은 문장이 있다고 하자.

y의 후속자 x가 존재한다.   …… [문장 1]

이를 다시 풀어 쓰면 "수 y의 바로 다음 수인 x가 존재한다"와 같다. 역에 적용을 하면 초효 다음에 2효, 2효 다음에 3효, …가 있다고 말하는 것과 같다. [문장 1]과 아래의 (기호열 1)은 사실상 같다. 즉, 괘사를 괘상으로 바꾸어 놓은 것이라 생각하면 된다. 즉, 위의 [문장 1]을 풀어 논리식으로 바꾸고, 이를 다시 논리식으로 바꾸면 (기호열 1)과 같아진다. [문장 1]을 논리적인 표현으로 다시 적으면 다음과 같다. [문장 1]을 다시 적는 이유는 양화를 시키기 위해서이다. 역설이란 '모든 all'($\forall$) '얼마 또는 어떤 some'($\exists$)과 같은 전칭과 특칭의 양적 표현의 차이에서 생긴다. 이를 두고 [문장 1]을 양화시킨다고 한다. 양화를 시켜야만 순수 논리적인 문장이 될 수 있기 때문이다. 아리스토텔레스 논리학의 약점 가운데 하나가 논리적인 문장을 양화시켜 표현하지 못한 데 있었다. [문장 1]을 양화시켜 표현하면 아래와 같다.

[문장 1] "어떤 x가 있는데 그것은 y의 후속자이다"

이를 기호열로 바꾸면 다음과 같다.

[기호열 1] ($\exists$x)(x = sy)

위의 〈도표 10-1〉에서 s는 정항기호에 속하며 문장으로는 이를 '…의 후속자 successor'라고 해둔 점에 유의하자. 이는 실로 역의 상·수·사를 하나로 결부시키는 첫 단추와 같다.

그런데 위의 기호열에 해당하는 문장은 완전히 '유일회적unique'이어야 한다는 것이 새로운 문젯거리다. 역에서 모든 괘들은 독자적이고 유일회적이다. 괘 안의 효도 독자적이다. "I love you"라는 문장은 오직 한 개일 뿐으로 독자적이다. 이런 유일회성을 어떻게 기호열로 표시할 것인가? 이 말은 64괘 안의 수와 괘, 그 안의 효수가 모두 독자적이어야 한다는 말과 같다. 이 점을 담보하지 않으면 괴델의 노력은 헛수고가 되고 만다. 만약에 어떤 논리식이 독자적이지 않고 보편적이라면 기호는 산만해지고 역이 미쳐버린다고 한 '궤착'이란 다산의 말이 이에 해당한다. 다산이 주자와 달리 효변을 할 때 한 개의 효에 국한시킨 이유가 여기에 있었다. 각 효의 독자성을 담보하기 위해서이다.

괴델수는 1에서 10까지의 자연수였다. 그리고 자연수는 어느 기호식에도 해당할 수 있다. 기호식 하나하나에 해당하는 단 한 가지 열의 수를 괴델수라고 한다. 이런 괴델수를 어떻게 만들 것인가? 위의 문장을 역의 점사라고 할 때, 이것을 어느 개인의 운명과 유일회적으로 연관시키자면 독자적이어야 한다. 그러면 어느 문장에 해당하는 단 하나의 기호를 어떻게 만들 것인가? 이것 역시 어려운 문제는 아니다. 자연수 가운데 '소수素數'라는 것의 열은 한 가지뿐이기 때문에, 소수를 기수로 사용하여 이를 괴델수와 연관시키면 유일회적인 수의 계열을 만들 수 있다. 그러면 역의 64괘는 어떻게 이와 같은 유일회성을 담보하고 확보할 것인가? 먼저 괴델의 유일회성 만들기 기법을 알아보자. 이것이 역에도 적용될 수 있기 때문이다.

소수라 1과 자기 자신으로밖에는 나누어지지 않는 2, 3, 5, 7, 11, … 같은 수이다.[4] 그래서 소수열은 유일회적으로 나눌 수 있는 자연수 계열이다. 이는 역에서 64괘 속의 효가 오직 유일회적으로 나열될 수 있는 것과 연관하여 매우 중요하다. 여기서 '소인수분해素因數分解' 방법을 가져와야 한다. 소인수분해란 소수들의 곱의 형식으로 소수들을 표현하는 것을 의미한다. 그리고 소수가 가지고 있는 유일회성 때문에 소수로 소인수분해하는 방법을 도입하면 어느 문장이든, 어느 기호열이든 유일회적인 것으로 표현해 낼 수 있다. 이를 두고 '소인수분해의 일의성' 또는 독자성이라고 한다.[5] 이런 일의성의 도움을 받기 위해 괴델수는 소수를 청원해 온 것이다. 앞으로 보겠지만, 역은 이러한 소수의 도움 없이도 효와 괘의 일의성을 확보하는 기법을 알고 있었다.

괴델은 이러한 소수의 소인수분해라는 성격을 이용해서 괴델수를 소수의 지수(제곱수)로 만들면, 어떤 문장이라도 유일의적으로 표현할 수 있다는 발상을 한다. 위의 기호열로 된 식의 괴델수를 2부터 시작하는 소수의 계열을 먼저 만들고, 괴델수로 지수를 만들기로 한다. 위의

---

4) 아직도 수학자들은 얼마나 많은 소수가 있는지, 그리고 소수가 배열되는 데 어떤 규칙성이 있는지 모르고 있다.

5) 군인들의 군번을 만들 때는 십진법으로 증가해 나가는 방법을 사용한다. 그러나 그 단위가 얼마든지 높아질 수 있으므로, 차량 번호처럼 '가, 나, 다, ……'를 첨가하기도 한다. 미국의 경우에는 주마다 차량 번호판의 색이 다르다. 이와 같이 자연수에 얼마든지 다른 변수를 만들어 넣음으로써 그 일의성을 만들 수 있다.

기호열 속의 문장을 그대로 가지고 와서 소인수분해 하면 다음과 같다. 정항기호와 변항기호로 1 대 1 대응을 시켜본다.

도표 10-3. 괴델수의 유일의성

(	∃	x	)	(	x	=	s	y	)
8	4	11	9	8	11	5	7	13	9
↓	↓	↓	↓	↓	↓	↓	↓	↓	↓
2	3	5	7	11	13	17	19	23	29
↓	↓	↓	↓	↓	↓	↓	↓	↓	↓
2^8	× 3^4	× 5^{11}	× 7^9	× 11^8	× 13^{11}	× 17^5	× 19^7	× 23^{13}	× 29^9

위 도표에서 맨 아랫줄이 '(∃x)(x＝sy)'의 괴델수이다. 소수 2, 3, 5, 7, 11, 13, 17, 19, 23, 29에 괴델수를 지수화 한 것이다. 유일회성이 이렇게 담보되었다.

다음은 문장과 기호열과 괴델수를 대응시킬 차례이다. [문장 1]과 기호열과 괴델수라는 트로이카를 연관시키면 다음과 같다.

"어떤 x가 있는데 그것은 y의 후속자이다"와 같다.　　　　　[문장 1]

(∃x)(x＝sy)　　　　　[기호열1]

$2^8 × 3^4 × 5^{11} × 7^9 × 11^8 × 13^{11} × 17^5 × 19^7 × 23^{13} × 29^9$　　　　　괴델수

이제 원하던 상·수·사의 트로이카가 세 줄에 1 대 1 대응을 하면서 나타났다. 세 번째로 나열된 괴델수(수)는 "모든 수는 바로 다음 수

를 갖는다"(사)로 번역된다. 괴델수를 이루고 있는 열 개의 기본항 부호(상)에 관련되는 수는 순서대로 기호열과 1 대 1로 대응하고 있다. 소수의 크기 순서대로 처음 열 개의 소수에 괴델수를 지수로 붙인 다음, 그렇게 얻은 값을 다시 곱한다.(네이글, 2003, 92) 소수의 배열순서는 절대로 반복하지 않지만, 괴델수[지수]는 얼마든지 반복할 수 있다. 그래서 어떤 문장이나 기호열에 해당하는 괴델수는 단 하나뿐이다.[6]

괴델수에는 수와 논리주의의 기호와 형식주의인 일상 언어가 모두 들어가 합류하여 만들어진 것이다. 그래서 괴델은 삼파전이 벌어진 중원의 들판에서 세 파가 모두 패하고 나간 자리에서 전리품들을 챙기어 세기적 증명을 해낸다. 괴델은 세 파가 사용하다 폐기처분한 것들을 모아서 재활용한 것이다. 각 파의 약점을 다른 파의 것으로 보완한다. 역의 처음은 3자를 분리한 적이 없다. 그러나 한대에는 상수를 강조하는 상수역이, 위진대에는 사를 강조하는 의리역이 주도했다. 서양에서는 상·수·사를 그리스 철학자들과 수학자들이 분리시키고 말았다. 그래서 수학자와 철학자들이 결별의 절차를 밟고 말았다. 수학자는 수만, 철학자는 사만 나누어 다루자는 역할 분담을 한다. 그러나 2,500여 년 만에 라이프니츠를 필두로 하여 괴델과 페아노, 리샤르를 거쳐 괴델에서 다시 합류된다. 실로 괴델은 상과 수를 사로 바꾸어 풀이하는 점쟁이 같아 보인다.

---

6) 이렇게 하여 "I LOVE YOU"라든지 "I AM A BOY" 같은 문장도 얼마든지 단 하나의 괴델수로 바꾸어 놓을 수 있다.(요사마사, 1993, 171).

괴델수와 역수

그러면 역에서는 괴델수 같은 것을 어떻게 만들며, 소수와 같은 수를 어떻게 확보하여 괘의 유일의성을 보장할 것인가? 역은 이 문제를 비교적 쉽게 해결한다. 역은 괴델이 다루고 있는 십진수와 이진수, 그리고 음수와 양수를 동시에 구사하기 때문에, 일회성과 유일의성 확보에 어려움이 없다. 서양 수학이 만나는 역설은 사실상 십진수만 사용한 데서 생긴 자연스런 결과이다. 라이프니츠가 일찍이 말한 대로, 서양이 십진수를 사용하지 않고 이진수를 사용했더라면 훨씬 편리했을 뿐만 아니라, 역설에 그렇게 시달리지도 않았을 것이다. 그러나 역은 이진수[7]와 그것으로 만들어진 십진수를 같이 사용함으로써 소수를 사용하지 않고도 자연수 모두를 순서수 그대로 이용하여 논리식(괘)의 유일회성을 보장할 수 있다.

덧붙이면, 역에서는 이진수보다 십진수가 먼저 있었다고 고고학적 발굴이 입증한다. 역의 이진수란 수가 아니고 언어였다. '담김'과 '안담김', 그리고 '비가 온다'와 '비가 안온다'와 같은 일상 언어를 표현하는 것을 '좌우대정'이라고 하며, 이진수란 다름 아닌 이들 좌우대정 언어를 기호로 나타내고, 그것이 역의 기호인 —과 ——이다.[8] 이러한 기법이 바로 집합론으로 이어지기 때문에, 십진수보다 사고가 더 메타화 되어야 가능한 것이 이진수이다. 서초점에서는 길하면 양수(1, 3, 5, 7, 8, 9)로

---

7) 역의 이진수인 음수와 양수는 모든 짝수와 홀수를 말한다. 그러나 둘이 같다고 보면 안 된다.

8) 괴델이 수에 언어를 도입할 수 있었던 계기는 역에서 점을 칠 때 산가지를 나누고, 나머지 가지를 취할 때 '나머지'(MOD)란 말을 사용하는 것에 있었다고 한다.

흥하면 음수(2, 4, 6, 8, 10)로 표시하였다. 이것은 단순한 표시일 뿐이기에 이진수보다 더 원시적이라 할 수 있다. 담김과 안담김은 그 속에 공집합과 제집합이 포함되어야 하기에, 이진수는 사고의 수준이 훨씬 높아야 가능하다. 그런 면에서 십진수가 이진수보다 차원이 낮은 수 개념이다.

그런데 괴델 정리에서 문제는 모든 수가 괴델수가 되는 것은 아니라는 데서 나타난다. 즉, 수 '100'의 경우, 이는 10보다 크기 때문에 정항 기호의 괴델수도 될 수 없고, 어떤 괴델수도 될 수 없다. 또 이 수는 10보다 큰 소수가 아니며, 10보다 큰 소수의 제곱이나 세제곱도 아니기 때문에 정항과 변항을 막론한 그 어느 것의 괴델수로 될 수가 없다. 위에서 본 바와 같이 논리식이 괴델수가 되자면, 반드시 소수를 서차수로 만들어 그 순서대로 기호를 나열해 연쇄체를 만들어야 하는데, 100은 이런 요건을 갖추지 못했다. 그러나 역은 이진수와 십진수를 동시에 구사하기 때문에 모든 수를 표현할 수 있다. 즉, 역에서는 수 100의 문제가 쉽게 해결되고, 어떤 자연수도 괴델수가 될 수 있게 한다. 다시 말해서, 십진수로는 순서수로 삼고, 이진수(음6과 양9)로는 그것의 지수로 삼아 버리면, 소수를 동원하지 않아도 어느 괘든지 유일회성을 보장할 수 있다.

역에서 음은 '6'이고 양은 '9'이다. 그렇다면 64.화수미제괘를 표시하면 $1^6 \times 2^9 \times 3^6 \times 4^9 \times 5^9 \times 6^9$와 같다. 64개의 괘들 가운데 이것과 같은 것은 단 하나도 없다. 지수는 6과 9로 음과 양을 표시하고, 십진수로 획의 순서수로 삼으면 얼마든지 괘의 유일의성을 수로 표현해 낼 수 있다. 이와 같이 괴델수와 역수는 그 구조에서는 같으나 역은 소수를 동원하지 않고도 순서수와 그것의 지수를 십진수와 이진수로 각각 나누어 사용한다는 점에서는 괴델의 기법과는 다르다. 다시 강조해 말하면, 괴델은 유일회성을 확보하기 위해 소수를 가져왔으나 '100'과 같은 수를 괴델수에서 제외시키는 문제점이 있었다. 그러나 역에서는 그럴 필요가 없다. 서양의 수에서는 순서수에서 보는 것과 같은 위의 개념은 있어도, 수를 음양으로 보는 치 개념이 없기 때문에 이런 차이가 생긴다. 그런 의미에서 동양이 수를 음·양과 생·성으로 나누고, 십진수와 이진수를 동시에 구사하는 것은 매우 의미 깊다고 하겠다. 수를 이해할 때, 위와 치대칭을 동시에 사용하면 모든 수를 유일회적으로 표현할 수 있기 때문이다.

이렇게 만들어진 역수(괴델수 대신에 '역수'라 함)에서는 어떤 하나의 논리식(괘)을 표현하는 데에 꼭 한가지로만 대응하는 수를 정할 수 있다. 그리고 어떤 수가 주어지면, 거꾸로 역수를 통해서 그것이 어느 논리식(괘)인지 알 수 있고, 이를 문장으로도 바꿀 수 있다. 괘를 구성하는 효의 수 하나하나가 그것이 대표하는 표현 하나하나에 1 대 1 대응을 하기 때문이다. 역에서 이런 것에 해당하는 것이 바로 점괘(占卦)이다. 예를 들어, 괴델수 '243000000'을 소인수분해하고, 그것을 논리기호와 1 대 1로 대응시키면 0=0이라는 사실을 알 수 있다.(다음 쪽 표 참조; 같은 책)

문장으로 고치면 "0은 0과 같다"고, 이 문장의 괴델수는 243,000,000이다. 그러나 이렇게 상·수·사를 결부시키는 데는 성공했음에도, 우리가 사용하는 인간 언어의 구문 속에는 역설이 기다리고나 있었다는 듯이 나타난다. '거짓말쟁이 역설' 말이다. 수에서 논리적 기호로, 논리

A	243,000,000	괴델수	수
B	$64 \times 243 \times 15{,}625$		
C	$26 \times 35 \times 56$	(소인수분해)	
	6 5 6		
D	↓ ↓ ↓		
E	$0 = 0$	기본 정항 기호	상
F	"0은 0과 같다"	문장	사

적 기호에서 일상 언어로 진전되었지만, 역설은 예외 없이 나타났다. 역설이 나타나는 한, 수학 같은 확고한 기반을 가진 학문도 그 기초가 여지없이 허물어져 버리고 만다. 이것이 프레게가 수학기초론을 쓰다가 절필한 이유이다. 수학의 낙원 상실은 수학자들을 거의 광적이게 하였다. 칸토어가 만년에 정신병동에서 삶을 마감한 이유가 여기에 있다. 인간이 점집 문 앞에서 서성이는 이유도 여기에 있다. 미칠 것인가, 죽을 것인가, 점을 칠 것인가.

위에서는 상·수·사 트로이카를 괴델의 그것과 일치시키는 데에만 한정하여 토론하였다. 사실 이것은 괴델 정리로 가기 위한 준비과정에 지나지 않는다. 이어지는 상세한 논의는 필자의 《역과 탈현대의 논리》(지식산업사, 2007) IV부를 참고하기 바란다. 괴델수를 일상 언어로 바꾸면 "거짓말쟁이가 거짓말을 하면 참말이고, 참말을 하면 거짓말이다"라는, 이른바 거짓말쟁이 역설이 나타난다. 이를 어떻게 피할 것인가? 그래서 수의 역설을 제어하기 위해 논리기호를 만들었고, 논리기호에 나타난 역설을 제어하기 위해 일상 언어를 도입한 결과 이런 현상이 나타난다. 그래서 만사가 불완전하고 비결정일 뿐이다. 어느 주장과 그 반대 주장이 모두 증명 가능하다는 것이 괴델의 불완전성 정리이다. 여기서 인간은 주관의 개입을 준비하든지 점쟁이를 찾아가든지 해 살 길을 찾아 헤맨다. 이제 다산의 물상론이란 괘의 수와 상에 일상 언어를 가하는 것이다. 과연 다산은 물상론에서 역설을 어떻게 해의하였는가?

다산의 물상론과 역설 해의

서양 수학사에서 처음으로 나타난 삼파전은 결국 논리주의가 형식주의로 합류당하고 말아, 직관주의와 함께 이파전으로 남는다. 직관주의는 수학자들이 배중률을 지나치게 사용하는 데서 역설이 발생한다고 보았다. 그렇다면 여기에는 수학자의 주관 개입이 문제가 된다. 그래서 직관주의는 역사를 중심으로 하는 의리역에 해당한다고 볼 수 있다. 상과 수가 결합하여 상수학파가 된다. 결국 역학사도 궁극적으로 이파전이 되고 만다. 의리역은 왕필이, 그리고 상수역은 한대의 정현과 경방 등이 주도한다. 이렇게 수학사와 역학사에 나타난 파쟁을 정리하고, 다산의 물상론으로 넘어가 역설 해의 문제를 다시 생각해 보기로 한다.

다산의 역4법 가운데 어느 것을 먼저 다루어야 할 것이냐에 대해서는 의견이 일치하지 않는다. 다산은 그의 〈자찬묘비명〉에서 물상과 역3오易三奧를 분리해 생각한다. 물상은 마치 역3오(추이, 호체, 효변)를 망라하는 것처럼 말하고 있다.(《여유당전서》 권1, 335쪽) 그래서 대부분의 현대 다산역 학자들은 물상론을 역3오보다 먼저 다룬다. 그러나 필자는 물상론에서 역설이 발생하기도 하지만, 역설을 총괄적으로 해의하는 것도 물상론이라고 보아, 역3오 다음에 다루기로 하였다.

다산역의 '3오'라고 할 때, 그것은 물상을 뺀 추이, 호체, 효변이다. '물상'은 물과 상의 관계를 말한다. 역의 괘에는 괘명이 있고 괘상이 있다. ☰를 괘라면 '천天'은 상이고 '건乾'은 괘명이다. 그리고 역사 또는 괘사에서 건괘의 획을 비유하여 '용龍'이라고 할 때, 이들 사이에는 부합되는 어떤 일관성이 있는가? "파이프는 파이프인가" 푸코의 문제성이 연관되는 장면이다. 《십익》 가운데 있는 〈설괘전〉이란 다름 아닌 이들 트로이카 사이의 일관성을 말한다. 건은 말, 곤은 소, 감은 돼지, 리는 꿩과 같이 말이다. 이러한 상과 상이 서로 연관되어 역사易詞가 된다. 그러면 사는 주어가 되고, 상은 술어가 된다. 사는 집합의 부류가 되고, 상은 요원이 된다. 예를 들어서, 리괘를 용이라 하고, 진괘를 '난다'고 하면, 이 두 괘가 합친 것은 "용이 난다飛龍"가 된다. 완벽한 주어와 술어가 성립되어 한 문장이 된다. 그리스 철학자 아리스토텔레스가 그의 논리학에서 얼마나 심각하게 주어와 술어의 관계를 다루어 놓았는가를 다시 상기하자.

상·수·사의 트로이카는 역설의 화약고이다. 판도라의 상자이다. 그 속에는 주어와 술어로 구성된 문장이 있을 뿐이다. 멱집합은 요소가 집합의 한 부분이 되는 데서 생기는 역설을 다룬다. 우리는 역3오로 지금까지 이것을 보아왔다. 그런데 동·서양을 막론한 사유의 전통 속에서 상·수·사의 트로이카에서 발생하는 역설에 대하여 거의 동일한 대응을 한다. 유클리드가 수에서 사를 제외시켰고, 플라톤과 아리스토텔레스 역시 그렇게 하였다. 괴델에 와서 다시 합류하기까지 수천 년이 걸렸다. 중국 언어는 인도-유럽 언어와 같이 주어와 술어 순서가 같다. 그런 이유에서인지 위진대의 왕필은 서양의 태두 철학자들과 버금가게 상·수와 사를 격별시키고 말았다. 주어와 술어의 구별에서 의리역과 상수역의 분리는 불가피하다. 이제 다산이 그의 모국어의 사유 구조로 이들의 재결합을 시도한다.

다산은 사가 '토끼'라면 상·수는 그것을 잡는 '올가미'와 같다고 한다. 그런데 의리역은 토끼를 잡고 나면 올가미를 버려야 하듯이, 상·수는 아무 소용이 없으니 폐기처분하라고 하면서 역사만 다룬다. 왕필이 상·수를 버리면서 하는 말에 따르면 〈설괘전〉에는 상과 사가 서로 일치하지 않거나 누락된 부분이 많으므로 상과 수의 폐기처분해야 한다고 했다. 이러한 왕필의 입장을 따르는 역을 '의리역'이라고 한다. 그러나 한대의 경방과 정현 등은 왕필을 비판하면서, 〈설괘전〉에서 상과 사가 서로 일치하지 않고 부합하지 않는 이유는, 역사에 원래 있던 상을 후대에 누락시켰기 때문이라며 상을 보충해 넣기까지 하였다. 이렇게 보충 설명을 하는 과정에서 견강부회가 심했다. 심지어 정현은 원문을 고쳐가면서까지 상과 사의 일관성을 유지하려고 하였다. 상과 사의 불일치를 '누락이라 할 것인가 '견강부회'라 할 것인가. 마치 직관주의자들이 배중률을 역설의 진범으로 보고 자의적으로 배중률 사용을 배제하려 한 것과도 같아 보인다. 그러나 이 두 학파의 싸움은 위에서 본 바와 같이 상·수·사에서 생기는 역설 때문이다. 어느 하나로 일관성 유지가 불가능하기 때문이다.

그러면 마그리트의 작품 〈이것은 파이프가 아니다〉는 견강부회인가, 누락인가.(1부 1장 참고) 다 아니다. 인간이 사용하는 언어의 문장구조와 사유구조 속의 집합론에 나타나는 피할 수 없는 난제 때문이다. 상과 사의 불일치는 누락이나 견강부회 때문이 아니라, 정확하게 일치시키려 하면 할수록 불일치가 더 나타나기 때문이다. 칸토어의 대각선 논법의 연속체 가설에서 우리는 이를 확인했다. 괴델은 상·수·사를 일치시킨 결과, 역설 해결은 해결될 수 없는 해결임을 증명하였다. 해결될 수 없는 것을 해결하려 한 것이 삼파전이었다는 것이다.

다산역 학자인 정해광은 "그렇다면 이 불일치의 원인은 어디에 있는가? 혹시 〈설괘전〉에 실린 상은 모두 정당한데, 그 적용에서 우리가 미처 인식하지 못한 어떤 방법이 있는데도, 그 방법을 모르고 그저 단순히 상을 무턱대고 적용하려 한 것은 아닐까? 이러한 생각에 따라 새로운 해석방법이 동원되었는데, 그것은 역의 기호인 괘와 그 언어인 역사에 관련된 어떤 법칙이 있다는 발상이다. 즉, 괘에서 상을 취하여 언어화 하는 데에 일정한 법칙이 있다는 것이다. 한유들이 이러한 시도를 부분적으로 하였지만, 정약용이야말로 바로 이런 시각에서 역의 기호와 언어와 그 관계를 조직적이고 체계적으로 해석하고자 한 사람이다."(정해광, 1996, 408~409)

과연 "괘에서 상을 취하여 언어화 하는 데에 일정한 법칙"이 있다고 할 때, 그러한 법칙은 과연 무엇인가? 서양 수학사에서 볼 때 괘를 논리기호, 언어는 사라고 할 때, '상'이 빠져 있다고 할 수 있다. ☰를 논리기호라고 할 때 괘명인 '건'과 상인 '천', 그리고 거기에 효사와 괘사가 질서정연하게 서로 이어져 정리되어 있다. 역의 이러한 모습에서 후대 학자들은 토끼와 올가미 등등 운운하면서, 어느 하나를 버리고 취하였다. 그러나 다산은 바로 이를 조직적이고도 체계적으로 해석하였다. 서로 버릴 것이 아니라고 보았다. 다산 역시 괴델같이 전리품 수집가인가? 일견 그러한 면이 있다고 볼 수 있다. 그는 의리역과 상수역이 버린 것을 주워 모아 그의 역을 완성하였다.

거듭 말해, 불일치는 누락도 견강부회도 아닌 역설의 문제이다. 정확하게 일치시키면 시킬수록 불일치 현상이 나타나는 역설 말이다. 이러한 일치와 불일치의 문제는 파르메니데스의 제3의 인간 역설에서부터 현대의 기호학에 이르기까지, '풀 수 없는' 난제 가운데 난제이다. 기호학에서 말하는 기표와 기의란 물과 상의 다른 이름이다. 역에서는 물과 상 사이에 괘명과 괘사, 그리고 괘수가 가해진 더 복잡한 양상을 보인다. 현대적으로 말해서 물상론은 오늘날 기호학의 몸체라고 할 정도이다. 상·수·사의 불일치를 궁극적으로 문장의 주어와 술어의 문제, 그리고 집합과 부분집합의 관계이다.

4역법 가운데 물상을 예외로 한 이유는, 3오는 역설의 제기라면 물상은 역설의 제기인 동시에 해의이기 때문이다. 물상론으로 넘어진 자 물상론으로 일어설 것이다. 이를 간파한 인물이 바로 다산이다. 물상을 말하기 위해 3오가 있다고 할 수 있고, 물상이 3오의 화두라고도 할 수도 있다. 이런 순환관계를 명쾌하게 말해주는 것이 위상역이다. 위상역은 추이로 차원의 순서를 정하고, 물상론으로 차원과 차원끼리 연쇄적 연관을 맺어 준다. 다시 말해서, 역사를 통해 불연속을 연속시키려 하고, 호체로는 차원들을 비시원적이게 만든다. 즉, 좌의 것이 우에, 상의 것이 하에, 전의 것이 후가 되도록 하는 것이 호체이다. 이를 위상 변화라 한다. 위상 변화를 시켜 다양한 위상범례를 만드는 것이 호체이다. 호체를 통해 우주와 세계가 어떤 구조로 직조되어 있는지를 파악한다는 말이다. 호체가 대각선화와 반대각선화라면, 효변은 어느 괘의 가치가 변해 어떻게 다른 괘와 서로 연관이 되는가를 보여주는 반가치화이다.

위상역으로 볼 때, 추이가 같은 괘 안에 있는 효만 연접시키는 것은, 마치 똑같은 사각형 안에서 전후, 좌우, 상하를 서로 연결시키는 것과 같다. 그러나 결접은 똑같은 사각형 안의 전후, 좌우, 상하를 다른 사각형(또는 원)의 그것과 연결시키는 것과 같다. 그리고 그럴 때 비틈과 안비틈은 역설적인 관계로 변한다. 이것이 효변에서 반드시 반가치화를 하는 이유이다. 추이에서 강剛은 아래에서 위로 밀어 올리는 것이고, 유柔는 반대로 위에서 아래로 밀어 내리는 것이다. 위치 변화를 가능하게 하는 것이 다름 아닌 강과 유이다. 그래서 강·유는 치대칭인 음·양과 달리, 위대칭에 관련되는 말이다. 음양이란 말 대신에 강유란 말을 사용한 이유를 새삼 알게 되었다.

괘상의 문제가 어려운 까닭은, 괘상이 물과 연관되기 때문이다. 푸코의 〈이것은 파이프가 아니다〉에서 보는 바와 같이(1장 도표 1-2 참고), 실제 대상으로 있는 물로서의 파이프와, 그림인 상으로 있는 파이프와, 글자로 있는 '파이프'라는 삼자는 같은가 다른가. 바로 이런 문제가 물상론에서 거론되는 쟁점이다. 상으로서의 파이프는 물로서의 파이프가 아니라고 할 때, "파이프는 파이프가 아니다"라는 말이 가능해진다.

기호학에서 기표와 기의뿐만 아니라 기의의 기의 같은 것을 말할 때, 기표와 기의는 서로 상대적이 된다. 마찬가지로 괘명에서 괘상으로, 괘상에서 효사와 괘사로 발전할 때, 이들 상호 관계를 맺게 하는 것이 무엇보다 중요하다. 말과 사물의 관계가 데리다의 그라마톨로지가 되듯이, 다산의 물상론은 그러한 현대적 의미를 갖는다. 그러나 기호학에 따른 다산역 이해는 제한적이다. 그의 역3오와 물상론을 아울러 이해하는 방법론이 다름 아닌 위상역을 불러들인다.

다산은 그 동안 등한시 되었던 한대의 상수역에 대하여 왕필을 비판하면서 긍정적인 태도를 취한다. 이러한 태도는 그의 실학적 배경과 무관하다 할 수 없다. 즉, 왕필의 의리역이 성리학과 연관되면서 공리공담을 제공하는 빌미가 될 수 있었기 때문이다. 다산은 역사를 풀이할 때, 물상으로만 역사가 바로 해석될 수 있다고 생각했다. 〈설괘전〉이 쓰인 근본적인 동기가 바로 트로이카의 삼위일체를 실현하는 데 있었다고 다산은 믿었다. 즉, "역사에서 상을 취함은 모두 〈설괘전〉에 근본한다. 〈설괘전〉을 읽지 않으면 한 자도 풀이할 수 없다. 자물쇠와 열쇠를 버리고서 문을 열려고 하니 매우 어리석은 일이다"(《주역사전》, 474쪽)라고 한다.

그러면 8괘와 역사 가운데 어느 것이 먼저인가. 여기에 대해서도 다산은 동시적이라고 하였다. 괘를, 그리고 상을 만들 때 거기에 대한 언어가 동시에 있어야 한다는 것이다. 그러기 때문에 어느 것의 선후를 말하는 것은 어리석은 일이다. 기호학자들이 기표와 기의의 선후 문제를 논하는 데 대한 다산의 답이다. 역사는 자물쇠, 물상은 그것을 여는 열쇠의 관계이다. 역사와 상 가운데 어느 하나의 선후 관계로 보는 둘 사이에 일치와 불일치 문제가 발생할 수밖에 없다. 이는 근본적으로 괘를 효란 요소의 집합으로 보느냐, 부분의 집합으로 보느냐의 차이이다.

감을 귀, 리를 눈, 건은 말, 곤은 소 등이라 할 때, 그렇게 될 만한 필연적인 일치관계가 있는가? 한대의 상수학자들은 이러한 불일치와 일치의 문제를 해결하기 위하여 상에서 문제가 있다고 보아, 무자란 상을 보충하면 불일치의 문제가 해결된다고 본다. 반면에 왕필은 상 자체가 불일치를 만드는 장본인이기 때문에 상을 제거하려 했다. 상수학은 마치 러셀 같은 논리주의자들이, 기호를 도입하면 수에 나타난 역설을 제어할 수 있다고 한 것과 같다. 다른 한편, 힐베르트 같은 형식주의자들은 일상 언어를 도입하면 기호와 수를 다 제어할 수 있다고 한 것과 비슷한 논쟁이 역에서도 발생하였다. 그래서 수학사와 역학사에는 삼파전 내지 이파전이 있어 왔다.

다산이 이에 대해 답한다. 물상, 추이, 호체, 효변, 이 역4법이 답이라고 대답한다. 이들은 서로 열쇠와 자물쇠의 관계이다. 이것이 트로이카를 삼위일체가 되게 한다. 괴델이 그런 시도를 하였다. 괴델은 괴델수라는 수를 개발하여 기호와 수와 언어를 일치시키는 시도를 하였다. 그가 도달한 결론은 '불완전성'과 '비결정성', 바로 이것이다. 이제 다산이 시도한 방법론이 얼마나 괴델과 같고 다른지를 살펴보자.

위상역과 물상론

다산은 왕필을 비웃기나 하듯이, 〈설괘전〉에 있는 물상의 수보다 더 많은 물상을 첨가하였다. 즉, 〈설괘전〉에는 없지만 역사를 읽는 가운데 나타난 물상을 더 추가해 표를 만들었다. 한대의 순구가荀九家는 물상을 만드는 명수였다. 그러나 다산은 공간적으로 이들이 만든 것을 취사선택하여 그의 표를 만들었다. 만드는 기준은 어디까지나 〈설괘전〉에 있었다. 다산은 〈설괘전〉이 8괘와 그 시원을 같이 한다고 보았다. 이는 시간적으로 물상론을 역의 태생과 일치시키는 것이라 할 수 있다.

그러나 다산역의 한계도 분명하다. 〈설괘전〉 3장에 있는 다음 문장은 다산이 풀이한 그 이상의 현대적 의미가 담겨 있다. 본문을 인용하면 다음과 같다.

하늘과 땅이 제자리를 잡고, 산과 못이 기운을 통하며, 우레와 번개가 서로 부딪히고, 물과 불이 서로 헤치지 아니하니, 8괘가 서로 섞이게 된다.(天地定位 山澤通氣 雷風相搏 水火不相射 八卦相錯; 〈설괘전〉 3장)

위 구절은 8괘의 상을 가지고 와 우주자연의 변화 원리를 설하고 있다. 이는 〈설괘전〉의 대표적인 구절이라 할 수 있다. 상으로 '천지'는 건곤괘, 산택은 간태괘, 뇌풍은 진손괘, 수화는 감리괘이다. 8괘가 다 상으로 망라되어 있다. 이에 대해 소강절은 〈복희8괘도〉를 상기시키면서 그것에 대한 설명이라고 했다. 사실 〈복희8괘도〉로 보면 쌍을 이루는 괘는 서로 마주보는 괘이다. 마주하면서 치대칭을 하는 괘이다. 간과 태, 손과 진은 서로 치가 반대이나 위대칭을 하지 않는다. 소강절은 〈복희8괘도〉에 근거하여 8괘의 방위를 건남, 곤북, 리동, 감서라고까지 했다. 그리고 "8괘가 서로 섞인다"고 한 것은 소성괘가 서로 조합되어 대성괘가 되는 것을 이르는 말이라고 했다.

이러한 소강절의 주장을 다산은 비판하였다. 8괘와 방위, 그리고 자연현상 사이의 일치는 단순한 상징이 아니고, 상징들이 가지고 있는 속성에서 그럴 수밖에 없다고 한다. 중세기의 유명론과 실재론의 논쟁이란 관점에서 보았을 때, 소강절은 유명론에, 다산은 실재론에 가까운 주장이다. 예를 들어서 "산과 못이 서로 기운을 통한다"고 할 때, 백두산의 천지, 그리고 군산 같은 곳은 산 위에 못이 있고 못 안에 산이 있기도 하여 이 괘사가 옳다고 한다. 8괘 네 쌍들을 모두 이런 방식으로 다산은 상이 추상抽象이 아니고 구상具象이라고 한다. 이러한 은유들을 모두 구상으로 바꾸려 시도한 것이 《주역사전》이고 보면, 이는 상·수·사를 일치시키려는 불굴의 노력이라 아니 할 수 없다.

그러나 이러한 다산의 입장을 두고 쉽게 실재론자이거나 구상론자로 단정해서는 안 된다. 그가 이렇게 구상적으로 말한 것은 차라리 다음 "8괘가 서로 섞인다"를 말하기 위한 전제라고 할 수 있다. 다시 말해서, 만물이 서로 유기체적이라는 것을 말하기 위해서이다. 8물들이 8괘 상착을 하기 위해 있는 것이지, 8괘 상착에서 8괘를 추출하는 것은 아니라는 것이다.(김인철, 2003, 50) 다시 말해서, 유기체적 세계관이 먼저 있고 거기서 상이 나오지, 상이 먼저 있고 그러한 것은 아니라는 것이 다산의 입장이다. 다산의 《주역사전》은 8괘가 서로 섞이는 것은 마치 상과 물 사이의 유기적일 수밖에 없는 필연성이 그 가운데 있기 때문이라는 그의 주장을 대변하는 글이다.

이제 다산이 어떻게 물과 상을 일치시키기 위해서 불굴의 노력을 기울였는지 예를 들어볼 차례이다. 먼저 그는 괘를 '꼴 shape'과 '짓 style'으로 나누어 보아야 한다고 하였다. 기호학적인 표현을 빌리면, 전자는 '기표記標'고 후자는 '기의記義'이다. 역설은 기표와 기의의 자기언급에서 발생한다. 이런 전제와 함께 다산은 태괘 '초9'를 아래와 같이 읽는다. 다산에게서 괘의 상과 사, 그리고 수는 서로 필요충분조건 관계라 할 정도이다. 아래 몇 괘를 통하여 이들의 관계를 알아보기로 한다. 먼저 지천태괘와 지풍승괘의 관계를 알아보자.

1장 성이심의 '인역'에서 다루어 놓은 이론적 배경을 여기에 다시 가지고 와서, 11.태괘(䷊)의 초9효 효사에 대한 다산의 주석을 한 번 들어본다. 여기서는 다산과 푸코의 말을 서로 비교 이해하는 것이 도움이 될 것이다. 이제부터 일상 언어가 수와 괘상에 결부되기 시작한다. 바로 다산이 역설 해의를 시도한 것이다. 태괘 초9의 효사는 아래와 같다.

> 가. "11.지천태(䷊)는 46.지풍승(䷭)으로 갔다."
> (주석) 효변을 적용(짓)할 때 태의 초효가 수평이동을 하여 지풍승의 초효로 갔다.

즉, 사각형 전에서 후로 갔다. 즉, 초효에 대한 효사는 다음과 같다.

> "초구의 효사는 잔디를 뽑으면 온 뿌리가 엉킨다. 정벌하면 길하다."(初九 拔茅茹 以其彙征吉)

위 효사에 대한 다산의 주석은 이렇다.

> 태괘의 초효가 변하면 태괘가 승괘로 간다. 승은 림에서 왔다. 림은 대진의 물이다. (겸괘를 해서) 건에는 삼척이 있다. 그런데 그 상이 ■이다. 태가 승으로 변하면 대진의 초가 문득 1촌이 높아졌다. (전체 괘가 지금

높이 들렸다) ■의 발이다.

여기서 다산은 상과 물의 관계에 대한 자기의 견해를 주석해 놓았다. 상으로서 ‘파이프’와 물로서 ‘파이프’의 관계를 설명해 놓았다는 것이다. 다산의 주석에서 ■ 안에 들어가야 할 것은 반드시 잔디 ‘모茅’이다.(모는 잔디이고 그 뿌리가 서로 얽혀 있는 모양을 ‘여茹’라고 한다) 뿌리가 엉킨 채 뽑히는 모양이다. 다시 말해서 ■ 안에 들어갈 상은 반드시 모가 된다. 그래서 초9에 대한 풀이는 “여는 모근으로서, 모의 뿌리는 서로 이어져 있는데, 뽑히면 함께 일어난다”와 같다. 마그리트의 작품에서 파이프가 놓여 있는 상의 자리가 바로 ■라고 보면 된다.

다산은 내괘 초구에서 건의 물상으로서 모를 예로 들어 해석하고 있다. 여기서 다산의 주석이 옳은지 그른지는 모른다. 그러나 태괘의 초9를 반드시 그렇게 해석해야 할 일관성의 문제는 또 다른 것이다. 그런데 여기서 다산은 일상 언어 도입에서 그의 주관을 개입시키고 있다. ■ 속에는 모가 들어가야 하고, 그렇게 하는 것은 필연적이어야 한다고 강변한다. 추이, 호체, 효변에서 나타난 여러 역설을 다산은 이렇게 효사라는 일상 언어의 개입으로 해의하고 있다. 다산의 주관 개입을 어떻게 정당화하고 객관화 할 것인가? 여기에 방법이 있다. 그것은 태괘와 승괘를 이렇게 연관시키기 위해 도입되는 방법론이 있는데, 그것이 바로 역4법이다. 역사를 이렇게 해석하는 데에 대한 타당성은 태와 승, 그리고 다른 세 괘 사이의 유기적 관계에서 찾아야 한다. 이는 역설 해의에 맥락론을 도입한 사이먼의 입장과 유사하다.(《대각선 논법과 역》 7.5. 참고)

초9의 효사를 구사해 물과 상을 일치시키려고 할 때, 적어도 세 개의 괘(림, 승, 대진)를 동원해야 한다. 여기서부터 유기체론이 등장한다. 세 괘를 서로 연관시키자면 역3오가 필요불가결하다. 여기서 '구사'라고 하는 것은 다산의 3오인 호체(겸획), 추이, 효변법을 부린다는 의미이다. 이런 3법을 도입해서 세 괘를 연관시키면 위 초9에 대한 효사 풀이가 타당해진다. 그렇다면 다산의 역4법은 그가 물상론을 말하기 위한 논리적 정비작업에 불과하다는 결론에 이른다. 다시 말해서, 역설 해법의 일환으로 그가 내놓은 역3오는 역설 해의의 금자탑과 같다. 이제 다산이 역3오를 구사해 태와 승을 연관시키기 위해 동원한 다른 세 괘와 상호 관계를 알아보자.

　나. "46.지풍승(䷭)은 19.지택림(䷒)에서 왔다."
　(주석) 추이 작용을 하여 승의 초획이 림의 3획으로 이동했다. 하에 있던 효가 상으로 갔다. 승의 후좌상이 림에서는 전좌후가 되었다.

　다. "지택림은 대진(䷗)이다"
　(주석) 호체법을 적용한다. 겸호(도표 8-5 참고)를 하면 림이 대진이 된다. 겸호는 괘 전체를 호로 삼아서 6개의 획을 둘씩 묶어서 하나의 소성괘 모양을 만든다. 이때에 림은 진괘의 모양을 한다. 진과는 구별하여 이를 '대진'이라고 한다.[9] 그런데 다산이 만든 물상표에 의하면 대진은 곡식과 같은 풀이고 인체의 발로서 풀의 뿌리와 같다. 드디어 '모'라는 상이 생겨났다.

---

9) 진(☳)에 대하여 '대진은 진의 3효가 중복된 ䷗와 같다. 대리와 대감 등 8괘 소성괘가 이렇게 같은 효가 중복되어 대괘를 만든다.

(주해) 건괘는 세 개의 척추 꼴과 같은 등마루를 가지고 있다. 지천태가 지풍승(가)으로 간다는 것은 대진의 꼴인 풀뿌리가 한 치 들려 올라간다는 것을 의미한다. 이는 잔디[芽]를 뽑으니 뿌리가 들려 올려와 땅 밑에 있던 뿌리가 땅위로 나타남을 의미한다. 태괘와 건괘의 3획 가운데 2획이 땅위로 올라와 그 중 하나가 음획이 된 것이 승의 초획이다. 그래서 이에 해당하는 괘상은 잔디의 뿌리를 뽑아 땅위로 올림이다.

태괘의 초효가 음획으로 변하니 건(☰)이 손(☴)이 된다. 이것이 승의 하괘이다. 건의 3획이 추이법에 의해서 초획(1획)으로 가서 손이 되었다. 손의 꼴은 인체의 허벅다리이다. 발에서 올라와 허벅다리로 나타내 보인다. 풀에 비유할 때 진이 뿌리라면 손은 줄기와 같다. 뿌리를 뽑으니 줄기도 따라 올라옴이니 서로 이어져 있기 때문이다. 이를 두고 잔디 뿌리가 '무리져 뽑힘'[彙]이라고 한다.

라. "46.지풍승(☷)이 62.뇌산소과(☶)로부터 왔다"

(주석) 추이 작용을 하여 승의 4획이 소과의 2획으로 이동하여 소과가 승이 된다.

(주해) 소과의 하괘는 간(☶)이다. 간이 물상으로는 손이고 풀의 마디이다. 간괘는 손이기 때문에 손으로 풀을 잡아 뽑아 올릴 수 있다.

요약하면, 다산의 물상론은 위 ■ 안에 무엇을 대입시키느냐이다. 추이, 호체, 효변의 하는 짓이란 ■ 안에 그 짓에 알맞은 꼴을 집어넣기라 할 수 있다. 다산에 따르면, 태괘의 '초9'에는 반드시 유일의적으로 잔디[芽]라는 풀을 넣어야 한다는 것이다. 진의 물상이 풀이기 때문에 태괘로부터 효변, 추이, 호체를 모두 동원해서 대진을 도출해 낸다. 풀의 뿌리라는 꼴을 도출해 내고는, 소과괘와 태괘를 결부시켜 손이란 상을 도출해 낸다. 결국 초9는 "손으로 잔디의 뿌리를 뽑아낸다"는 의미라는 것이다. 완전히 뽑아내면 잔디 깊숙이 엉킨 뿌리를 발본색원한다. 적을 발본색원하는 것과 같으니, 이것은 싸움을 하여 정복할 수 있다는 점괘가 나온다는 의미와 같다.

괘가 하는 짓이란 다름 아닌 추이, 효변, 호체였다. 다산에 따르면 '이러한 짓에 따라서 이러한 꼴'이 생겨난다고 하는 것이 다산의 물상론이다. 이러한 효사 풀이는 사와 상과 일치한다는 것이 다산의 입장이고, 그의 《주역사전》은 모두 이런 방식으로 64괘를 해석해 놓았다. 이에 대하여 다산의 주관 개입이 너무 심하다고 할 수도 있다. 그러나 다산은 위에서 보는 바와 같이 역3오를 가지고 와 그의 물상론의 든든한 기반을 만들어 수미일관하는 맥락을 짠다. 주관의 개입이 문제가 아니라 일관성과 적용성, 그리고 합리성이란 삼자가 얼마나 조화를 이루느냐가 문제이다. 인간의 주관이란 항상 이런 삼자 안에서 가능해야 한다. 그런 의미에서 점술가란 이런 주관 개입의 명수들이라 말할 수 있다.

"이것은 파이프가 아니다"와 "이것은 파이프이다"와 같은 역설은 맥락에 따라서 둘 다 옳기도 하고 그르기도 한다. 이러한 결론을 도출하기 위해서 우번과 같은 한대 상수론자와는 달리, 다산은 그의 역4법이란 이론적 배경을 가지고 물상론을 말하였다. 기호학의 기표와 기의의 결부는 그의 맥락론에 이론적 근거를 두고 있다. 그러나 이런 짓과 꼴의 결부로 역설을 해의할 수 있는가는 또 다른 의문이다. 이를 확인하기 위해서 다산과 비슷한 노작을 한 괴델의 불완전성 정리와 위상역을 들여다볼 필요가 있다.

다산의 맥락론과 유기체론적 세계관으로 물상론을 접근하기 위해서는 위상역의 도입이 절실하다는 말이다. 다시 말하면, 원도에서 서로 마주하고 있는 8괘를 〈도표 6-2〉에 있는 사각형으로 돌아와 보라는 것이다. 건(천)과 곤(지), 태(못)와 간(산), 진(우뢰)과 손(바람), 리(불)와 감(물)은 사각형의 전후, 좌우, 상하의 세 차원에서 모두 대칭되는 위치에 있다. 그리고 이 괘끼리는 서로 삼차원 대각대칭을 한다. 그런데 만약에 이 사각형으로 위상범례에 따라서 위상공간을 변형시켜 보면 뫼비우스띠, 클라인병, 사영평면 등으로 변한다.(7.4. 참고) 그 다음에 오일러지수를 확인하고 베티수도 확인한다. 이럴 때 사영평면에 와서 가장 유기체적이 된다. 다시 말해서, 〈설괘전〉에서 말하는 8괘 사이에 막힌 칸막이가 모두 사라지고 서로 융통해진다.(더 자세한 논의는《대각선 논법과 역》5장 참고)

10.2. 지멜로-프랭클의 공리주의와 다산의 역설 해의(1)

서양에서는 20세기 초부터 수학자와 논리학자, 그리고 철학자가 앞다투어 역설 해법을 내놓기 시작한다. 역설 해법은 마치 이들 학자들의 등용문과도 같았다. 그래서 해법을 내놓은 학자 이름을 딴 '러셀 역설' '베리 역설' '그렐링 역설' 등이 만들어졌다. 그 가운데 지멜로와 프랭클이 내놓은 공리는 역설 해의에 약발은 받지 않았지만 현대 수학자들이 역설 앞에서 얼마나 진지했는가를 보여준다. 이 두 학자가 제시한 아홉 개의 공리를 'Z-F 공리 Zemello-Frankle Axiom'라고 한다. 이 공리를 다산역과 비교하면서 요약하는 것으로 다산역에 대한 성찰을 끝내려고 한다.

바디우는 아홉 개의 공리를 크게 세 부류로 나눈다. 첫째, 주어진 집합의 같음과 다름을 말하는 공리(외연 공리), 둘째, 어떤 조건 아래서의 작용하는 공리(멱집합, 합집합, 분리, 치환, 비순서쌍, 기초 공리), 셋째, 아무런 전제가 없는 공리(공집합 공리). 여기에 예외로 취급되는 선택 공리라는 것이 있다. 다산의 역4법으로 볼 때 첫째가 호체법, 둘째가 추이법과 효변법에 해당한다고 할 수 있다. 그리고 공집합 공리는 둘째와 셋째에 모두 해당되는 공리다. 이 공리를 통해 금세기 수학자들의 역설 해의 방법론과 다산의 역4법이 어떻게 같고 다른가를 알아보기로 한다.

효변에서 귀속과 포함의 문제

지금까지 역의 논리를 다루는 과정에서 공통적으로 제기되는 문제는, 궁극적으로 효와 괘가 서로 연속적이냐 비연속이냐였다. 대성괘 하나를 6획으로 보았을 때와 두 소성괘로 보았을 때는 하늘과 땅 만큼의 차이가 있다. 지금까지 역학사란 이 문제에 관한 주석이라 해도 과언이 아닐 정도이다. 효를 가일배법, 연쇄법, 단계법으로 나누어 배열하는 것은 이 문제에 관한 고민의 결과이다. 그러면 이제 남은 숙제는 효와 괘를 연결시키는 논리를 개발하는 것이다. 이는 곧 상황과 상황의 상태를 어떻게 연관시킬 것이냐이다. 사실 다산의 역4법이란 이에 대한 부단한 응답이라 할 수 있다. 그리고 이런 답을 제시하자는 것이 바디우 철학의 전부라 할 수 있다. 바디우의 현대 서양철학, 특히 분석 철학의 논리적 도구를 가지고 와 상황과 상황의 상태, 즉, 효과 괘의 유기적 관계를 설명하려 한다.

요소는 집합에 '귀속belonging'한다고도 하고, 부분은 집합에 '포함 including'[10]한다고도 한다. 괘를 하나의 '복합물'이라고 할 때, 귀속($\in$) 이란 효가 복합물 속에 나타나는 요소로서 출현presenting하는 것이기도 하고, 포함($\subset$)이란 소성괘가 복합물 속에 재출현representing하는 부분으 로 셈하는 관계이기도 하다. 이때 소성괘는 대성괘 안의 부분-복합물 sub-multiple로 포함이 된다고 한다.

'b$\subset$a'는 b가 a에 포함된다는 관계이다. 그런데 멱집합은 집합이 자 기 자신을 한 부분으로 자기 집합 속에 포함하는 'a$\subset$a'인 경우이다. 그리고 공집합도 부분으로 자기 자신 속에 포함할 때에는 다른 부분과 는 달리 표현해야 한다. 한자로는 자기 자신을 한 부분으로 포함할 경 우는 '포함包含'이라 하고, 자기 자신이 아닌 것을 부분으로 포함할 경 우는 '포함包涵'으로 구별한다. 두 포함 관계의 구별은 매우 중요하다. 다산의 역학 연구에서 지속적으로 문제되어 온 초과와 돌출, 그리고 추이와 효변의 문제가 모두 이 귀속과 포함의 관계와 논리적으로 연관 이 된다.

그러면 문제가 되는 귀속과 포함 그 자체는 논리적으로 어떤 관계인 가. 그 관계를 어떤 논리식으로 표현할 것인가? 다산은 귀속과 포함을 구별하는 순간, 전자가 후자에 쉽게 전환된다고 생각했다. 이 점이 다

---

10) '포함에는 두 가지가 있다. '包含'과 '包涵'이다.

산이 역4법에서 다른 역학자들과 각을 세우는 부분이다. 귀속과 포함의 구별 문제가 바디우 이전까지의 존재론에서는 심각한 문제로 거론되지 않았다. 비슷하게 다산 이전의 역학에서도 사정은 마찬가지였다. 우번과 주자가 건과 곤, 중부와 소과를 벽괘에 포함시키지 않은 이유도 여기에 있었다. 이 네 괘는 포함包含 관계이고, 다른 8괘는 포함包涵 관계라고 보면 된다. 전통 철학이 원소와 부분을 혼동한 이유는 '부분의 합이 전체'라는 유클리드 공리에 충실하려 했기 때문이다. 이때 원소와 부분을 같은 것으로 보았다. 이러한 유클리드의 공리가 칸토어의 집합론이 나타나면서 쓸모가 없어졌다. 그리고 현대과학의 유전자 이론이나 홀로그래피 이론 등은 유클리드의 공리를 무위로 돌렸다. 부분의 합이 전체가 아니라는 것이 현대과학의 혁명 가운데 하나다. 이를 카오스-프랙털 혁명이라 할 수 있을 것이다.

이런 전반적인 배경 설명과 함께 다산의 역4법을 이해하기 위한 논리적 전제로서 귀속과 포함의 문제를 더 분석할 필요가 있다. 바디우의 말을 빌리면, '대사상의 시원 the great orientation of thought'은 다름 아닌 귀속과 포함을 구별하는 데서 출발한다.(BE, 82) 다산역의 위대함은 바로 그의 논리적 발상의 우수성에 있다. 다시 말해서, 그는 귀속과 포함을 구별하였다. 그는 두 포함의 차이도 알고 있었다. 이제부터 귀속과 포함의 논리적 관계를 현대 논리기호로 표시해 보기로 한다.

b(소성괘)가 a(대성괘)에 포함된다는 것은, b에 귀속하는 원소들(효들) c가 a에도 귀속한다는 말과 같다. 학급(b)에 귀속하는 학생들(c)은 학교(a)에도 귀속한다는 말과 같다. 다시 말해서, 소성괘에 귀속하는 효는 두 소성괘로 구성된 대성괘에도 귀속한다. 이를 기호로 표시하면, 즉,

효와 소성괘와 대성괘의 관계를 논리식으로 나타내면 다음과 같다.

$(\forall a)(\exists b)[(b \subset a \equiv (\forall c)[(c \in b) \rightarrow (c \in a)]$ ...... [논리식 1]
("'약간의 b가 모든 a에 포함된다'는 말은 'c가 b에 귀속되면 c가 a에도 귀속된다'와 같다")

∈는 귀속을 ⊂는 포함을 표시한다. a에는 전칭기호∀를, b에는 특칭기호∃를 사용했다. b는 불특정 부분이고, a는 그 부분으로 된 전체이기 때문이다. 전칭기호란 '모두'를 특칭기호는 '약간'을 의미한다. 그런데 이 전칭기호를 사용할 때 역설이 나타난다.

역설의 진원지가 전칭과 자기귀속이다. 역설을 피하기 위해서 자기귀속을 금하고 있는 마당에, 포함을 귀속으로 바꾼다는 것은 역설의 진원지로 뛰어드는 것과 같다. 위 논리식에서 "b가 a에 귀속한다"고 말하는 것은 "c가 a에 포함된다"는 말과 같다. 그런데 여기서 대성괘로서 a는 부분집합 b를 포함하고, 원소인 c는 a에 귀속한다. 다시 말해서, 6효로 된 하나의 대성괘가 두 소성괘(a)를 포함하고, 효(c)는 거기에 귀속한다. 그래서 하나의 대성괘는 원소인 6효의 집합이라고도 할 수 있고, 부분인 두 소성괘의 집합이라고도 할 수 있다. 이 점이 다산의 효변론에서 거론되는 논리적 쟁점이다. 다시 말해서, 대성괘에 효가 귀속되느냐 아니면 소성괘가 포함되느냐 하는 문제다.

b가 a에 귀속한다면, 그것은 b가 a의 원소가 된다. 그리고 c가 a에 포함된다면 그것은 a의 부분집합이다. 그 이유는 c는 b에 이미 원소로 귀속된 것이기 때문이다. 3효가 한 개의 소성괘에 귀속한다면, 그 소성

괘는 한 대성괘에 포함된다. 이에 따라 효들도 한 대성괘에 포함된다고 하는 것이다. 여기서 '속성'의 문제가 제기된다. 위 논리식에서 c가 a에도 귀속하고 b에도 귀속한다고 할 때, 같은 속성으로 귀속한다고 보아서는 안 된다는 것이다. b와 c가 a에 귀속한다고 해서 같은 속성을 가지고 있다고 해서는 안 된다는 말이다.

b(소성괘)라는 부분과 c(효)라는 원소는 전자가 후자에 귀속됨에도 같은 속성을 갖는 것은 아니라는 말이다. 그래서 c가 a에 포함되어도 b도 함께 포함되는 것이 아니라는 말이다. 이런 구도 속에서는 a가 절대로 c와 b를 자기 속에 모아 거대한 일자 같은 것을 구성할 수 없다. 그러나 전통 철학에서는 구성할 수 있다고 생각해 온 것이다. 이것이 거대 일자를 만드는 오류라고 바디우는 주장한다. 그리스 철학의 이데아 같은 것이나 신 같은 것이 바로 거대 일자에 속한다. 간단한 논리적 실수가 수천 년을 지배해 온 것이다.

전통 철학에서 쓰던 '일자'란 말 대신에, 바디우가 '복합물'이란 말을 쓴 이유가 여기에 있다. b는 복합물, a는 '복합물의 복합물'이다. 그런데 다산 이전의 대부분 학자들이 이런 구별을 하지 못했다. 바디우도 자기 이전의 철학에서는 이를 구별하지 못했다고 한다. '복합물'이란 말은 거대 일자를 막으려고 쓴 용어이다. 그런 의미에서 대성괘는 복합물이지 일자가 아니다. 이미 〈계사전〉의 시생 원리에서 가일배법이란 태극, 음양, 4상, 8괘가 같은 것의 반복이었지(프랙털과 같이) 질이 다른 일자에서 파생된 것은 아니다.

즉, 하나의 대성괘는 어디까지나 복합물일 뿐이다. 복합물은 똑같은 '속성'을 지닐 수 없다. b나 c는 복합물 a와 속성의 관계가 아니고 위상적 지위, 차원상의 관계일 뿐이다. 위와 치대칭에서 치는 속성의 문제이고 위는 순서 위의 문제이다. 이 둘을 같다고 해서는 안 된다. 그래서 위 논리식은 같은 속성으로 만들어진 관계가 아니라는 뜻이다. 예를 들어, 고대 그리스 철학자들이 사물과 이데아의 관계를, 속성에서 동일이냐 아니냐 하는 논쟁에서 '제3의 인간과 같은 난제가 발생하였다.

귀속의 경우는 한 복합물(b)이 다른 복합물(a)에 '하나를 위한 셈하기 count for one' 밑에 계산 당하고, 포함의 경우는 처음 복합물에서 출현한 모든 요소들이 두 번째 복합물에서 또 다시 출현하고 있다. 마치 같은 음양이 4상과 8괘에도 반복되듯이 말이다. 전자는 '상황'이고, 후자는 '상황의 상태'라고 바디우는 구별한다. 그런데 문제는 이 두 귀속과 포함이 갖는 이렇게 다른 위상학적 관계가 절대적이 아니라는 점이다. 왜냐하면, 귀속과 포함이 서로 호환될 수 있기 때문이다. 이런 호환 관계를 다산의 효변론에서 본다.

귀속과 포함의 관계는 매우 상식적이고 평범해 보인다. 학생들이란 원소가 한 학급에 귀속되고, 학급은 학교에 포함되기 때문이다. 이것을 바디우가 '자연적natural'이라 한 이유는, 귀속하면서 포함되는 것은 자연스럽기 때문이다. 그러나 귀속과 포함의 관계가 멱집합에 연관이 되면서 이런 자연스러움이 부자연스러워진다. 그래서 둘의 관계를 구별하지 않으면 안 될 현상이 벌어진다.

멱집합 공리를 귀속과 포함에 연관시켜 보면, 바늘과 실의 관계와 같이 어느 한 집합이 출현하면 반드시 그것의 모든 부분집합이 따른다는 사실을 알게 된다. 바디우는 멱집합 공리는 가장 '성가신 공리the most animalic of axioms' 가운데 하나라고 한다.(BE, 82) 어느 한 집합(a)에 포함되는 모든 복합물(c)이 동시에 복합물 b에 귀속된다는 것은 매우 자연스럽기 때문이다.

우리의 사고를 성가시게 하는 효와 괘가 성립하는 논리적 근거인 멱집합을 역과 연관하여 소개하면 다음과 같다. 한 대성괘 속의 여섯 개의 획을 효로 보았을 때, 과연 한 대성괘가 6효라는 원소로 된 집합인지, 아니면 두 소성괘로 된 부분으로 된 집합인지가 문제의 관건이다. 원소의 합은 전체가 되지만, 부분의 합은 전체가 아니기 때문이다. 예를 들어 {a, b, c}라는 세 개의 원소를 갖는 어느 집합의 부분집합(멱집합)은 $2^3=8$이 된다. 원소는 세 개(a, b, c)이지만 부분집합은 여덟 개, {∅, abc, a, b, c, ab, bc, ca}라는 뜻이다. 부분집합은 포함된다고 해야지 귀속된다고 해서는 안 된다. 추이법에서 괘를 원소의 집합으로 보는가 아니면 부분의 집합으로 보는가에 대해, 다산의 답은 둘 다로 보아야 한다는 것이다. 서서히 귀속과 포함의 관계가 드러나기 시작한다.

우번과 주자가 건과 곤을 벽괘에 포함시키지 않는 가장 큰 이유는 {a, b, c} 세 원소가 만드는 부분집합 가운데서 'abc'라는 제집합을 제외시켰기 때문이다. 'abc'는 다른 부분집합과 달리 집합 자체인 자기 자신을 부분으로 하는 것이라 하여 '제집합'이라 한다. 제집합을 '모든' 집합이라 할 때, 집합 자신도 그 '모든'이란 말 속에 넣는 경우이다. 서양에서도 18세기 중기 다산과 같은 시대의 수학자이고 집합론의 창시자라 할 수 있는 조지 불마저도 멱집합에서 자기 자신이 들어가는 것과 공집합 ∅이 포함되는 것을 수용하지 않았다. 적어도 이들 두 부분이 들어가지 않아야 일관성을 유지할 수 있다고 판단했기 때문이다. 멱집합은 결국 일자를 해체하고 일관성을 훼손하고 있다.

전통 철학에서는 일자의 일관성을 유지하기 위해서 공집합과 제집합을 제외시켰다. 파르메니데스가 "있는 것은 오직 있음뿐이다"라고 한 말은 다름 아닌 공집합 같은 것은 없다는 발어이다. 그런데 바디우가 말하는 '복합물'이란 이 공집합과 제집합도 어느 집합의 부분집합으로 포함될 수 있음을 의미한다. 〈도표 7-6〉에서 다산이 건과 곤을 곤집합과 건집합 속에 포함시키는 것과 같은 논리이다. 칸토어와 다산은 거의 같은 시대의 인물이다. 다산이 이러한 멱집합 이론을 가질 수 있었던 이유는 성이심 등 한국 역의 전통 선상에서 이어 받는 것이라고 할 수 있다. 우리는 이미 성이심의 인역에서 공집합과 복합물의 가능성을 보았다.(1장) 그의 다면체 이론은 복합물로 가는 효시이기 때문이다.

이러한 멱집합에 관한 이해와 함께 막상 귀속과 포함을 연관시키는 작업을 하면 다음과 같다. 먼저 위 [논리식 1]을 다시 읽으면 다음과 같다. "하나의 일반 양화로 된 집합 a가 있다. 존재 양화로 된 집합 b가 여기 또 있다. 그러면 'a의 부분집합의 집합'은 멱집합 P(a)로 적는다"와 같다. 그러면 [논리식 1]은 아래 [논리식 2]로 전환된다.

$$[c \in P(a)] \leftrightarrow (c \subset a) \qquad \cdots\cdots \; [논리식\ 2]$$

이를 읽으면 "원소 c가 집합 a에 포함된다는 것은(c⊂a), c가 a의 멱집합(P(a)에 귀속한다는 것과 같다[c∈P(a)]"이다. 집합 a는 그것의 부분집합이나 멱집합 P(a)보다는 항상 작기 때문에, c가 P(a)에 귀속한다는 것은 c가 a에 포함된다는 의미이다. 즉, a는 P(a)에 부분으로 포함된다. 그러한 a에 c가 부분으로 포함이 된다면 c는 P(a)에 귀속이 된다는 말이다. [논리식 2]는 귀속과 포함의 관계, 그리고 집합과 멱집합의 관계를 일목요연하게 보여준다. 멱집합에서 집합과 그 집합의 부분집합 사이에 귀속과 포함이 연계되어 있는 위 [논리식 2]는 포함과 귀속의 관계가 얼마나 복잡한가를 보여준다. 그래서 이제부터 말하려는 다산의 효변론은 위 논리식을 전제하여야 쉽게 이해할 수 있다.

멱집합 공리는 다른 공리와는 사뭇 다름에도, 어떤 특별한 다른 작용 기능을 도입하지도 않는다. ∈와 같이 기초 기호 외에 특별히 다른 기호를 도입하지도 않는다. 그리고 위 논리식은 포함기호 ⊂가 귀속기호 ∈와 서로 환원될 수 있음도 보여준다. 다시 강조해 말하면, 귀속은 원소와 집합의 관계이고, 포함은 부분과 집합의 관계이다. 어느 집합에 포함된다는 것은 그 집합의 부분집합이 된다는 것이다. 만약에 귀속 관계로 포함을 바꾸어 표시하면 부분과 전체 관계도 사라지고 만다. 그러면 단지 '귀속'이란 관계 하나만 남을 뿐이다. 그러면 귀속의 귀속이란 연계, 즉, 무한 연계가 만들어질 것이고, 그러면 역설에 대한 추억은 다시 살아난다. 왜냐하면 역설은 자기 포함이 아닌 자기귀속에서 생긴 것이기 때문이다.

집합 a의 모든 부분집합의 집합인 P(a)는 a 그 자체와는 '본질적으로 구별되는 또 하나의 복합물'이다. 그런데 a(대성괘)는 b(소성괘)를 자기 속에 포함하고 c(효)를 귀속시키고 있다. 이 말은 P(a)가 설령 효와 괘를 모아 만들어진 괘들의 집합이지만, 괘(b)나 효(c)와 구별되는 하나의 별개 복합물이란 뜻이다. 그 속에는 a에 원소로 없었던 공집합과 제집합이 나타나기 때문이다. 이렇게 하여 세 개의 효가 여덟 개의 괘가 되었다. 여덟 개의 괘는 곧 멱집합에 해당하는 부분집합이다. 그런데 그 부분집합에는 반드시 공집합(☷)과 제집합(☰)이 포함된다. 우번과 주자가 거과 곤를 제외한 이유가 바로 이 때문이다. 일자를 만들 수 없는 괘의 집합은 복합물이다. 실로 8괘와 64괘는 상황과 상황의 상태 사이에서 벌어지는 역설의 도가니 그 자체와도 같다.

그렇다면 6획이 모여 두 괘가 된다고 할 때의 제집합과 공집합 때문에 속성의 일관성을 유지할 수 없게 된다. 그래서 효와 괘는 본질적으로 구별되는 다른 속성을 갖는다. 여기서 ‘본질적’으로 구별된다는 말에 특별히 유의하여야 한다. a와 P(a)는 본질적으로 다른 집합이라는 것이다. 물에서 얼음이 나왔지만 얼음과 물은 다른 것과 같다. 바디우는 우리 주변의 사회나 역사에서 이런 일들이 다반사로 생긴다는 사실에서 착안하였다. 그런데 매우 심각하게도, 둘은 다른 데도 불구하고 우리는 너무 자주 둘을 동일시하여 a의 원소들로 P(a)가 형성된다는 등(귀속), 부분의 합이 전체라는 등(포함) 쉽게 동일시하고 만다.

유클리드의 공리 “부분의 합이 전체”를 비판이나 검토 없이 수천 년 동안 하나의 엄연한 공리로 처리한 이유 때문이다. 이 공리가 2,500여 년 동안 서양의 사고방식을 지배해 왔다. 그러나 더 이상 유클리드의 공리가 통하지 않게 되었다. 유클리드 공리는 거대한 일자를 만드는 데 공헌하여 기독교 신학자들이 잘 이용해 왔다. 그러나 멱집합의 공리는 이런 일자를 한숨에 무너지게 할 만큼 위력이 강하다. a에 귀속하는 복합물의 집합은 바로 그 a 자신이라는 것이다. a 자체가 바로 그 집합에 원소로 귀속하면서 동시에 집합 자체라는 것이다. 〈도표 7-9〉

에서 이를 확인한다.

다산은 이런 존재론을 옷에 비유하여, 옷과 솜의 관계로 설명한다. 솜은 옷도 아닌 그 사이에 있는 것을 가리킨다. 바디우는 이를 '내함 in-ex-ist'이라고 하면서 이런 a 자체를 두고 '복합물들의 복합적-출현물 multiple-presentation of multiples'이라고 했다.(BE, 83) 이는 자기가 자신 속에 출현하는 자기언급 현상을 말한다. a 안에 포함된 a의 부분집합 P(a)는 하나의 완전히 새로운 복합물이다. P(a)는 옷 a의 솜과 같다. 이 새로운 복합물은 다른 공리로는 설명되지 않고 '멱집합 공리'로만 표현되는 공리이다. 일자를 원소의 귀속 관계로 셈하기count for one와, 부분집합의 포함 관계로 복합물을 셈하기란 큰 차이가 있다. 동서 철학사상사의 뇌관이 바로 이것임을 알게 되었다.

복합물 a에 관련하여 말할 때, 귀속과 포함은 복합물이란 존재를 생각하는 두 개의 사고하는 방식에 관한 차이가 아니고, 셈하기 작용에서 뚜렷이 구별되는 두 가지 사고구조의 차이이다. 요약하면 "a의 구조가 a 그 자체이다"와 같다. 'a 그 자체'란 말은 자기언급적이다. a(대성괘)는 모든 복합물에서 나온 것을 포함하여 한 개의 집합을 형성하지만, 그 복합물 자체는 a에 귀속한다는 것이다.

이는 제집합을 만든다는 뜻이다. 즉, 〈도표 7-6〉과 〈도표 7-9〉에서 볼 때, 곤기 집합 속에 있는 건괘는 6효 전체가 추이한 획변을 추동하는 괘이다. 이때 다른 것은 곤기에 포함되지만, 건괘만은 귀속한다고 해야 한다는 말이다. 전체를 추이하면서 추이되는 것에 귀속하는 것이 멱집합의 원리이다. 그런데 이러한 원리를 주자나 우번 등은 수용하지 않는다. 그러나 다산은 수용한다. 전자는 멱집합 원리를 부정하고, 후자는 긍정한다.

그래서 위 [논리식 2]는 6효 c가 대성괘 a에는 '포함'되지만, a의 멱집합 P(a)에는 귀속한다고 한 것이다. a의 모든 부분집합인 P(a)는 모든 복합물 가운데서 나온 것으로 한 개의 일자를 형성하지만, a 안에 포함包含된다. 포함되는 순간 일자는 복합물로 변해 버린다. 그래서 두 번째 셈하기는 비록 a에 관계는 되어 있지만, a 그 자체와는 완전히 구별된다.

a와 P(a)의 구별, 이것은 풀기 어려운, 성가신 존재론의 판도라 상자와 같다. 바로 이 성가신 문제가 진리와 주체truth and subject의 문제로 비화된다. 어떤 복합물 a도 그것이 부분집합의 집합과는 일치하지 않는다는 이 곤혹스런 문제를 어떻게 해결하고 넘어갈 것인가? 귀속과 포함은 하나에서 다른 큰 하나로 자연스럽게 넘어갈 성격의 것이 아니다. 수학적 존재론의 처음과 끝은 바로 이 두 관계에 대한 주석이라고 해도 과언이 아니기 때문이다.

기존의 존재론은 집합기호 ∈ 하나로 무한계열이 만들어질 줄 알았는데, 귀속이 포함과는 다르다는 사실이 알려지면서 귀속은 하면서 포함은 안 되는, 그리고 그 반대인, 그리고 둘 다 하는 등 세 가지가 생겨난다. 〈도표 7-9〉에서 건기 집합 속에 곤괘도 소과괘도 포함하고, 곤기 집합 속에 건괘와 중부괘도 포함하는 이유가 여기에 있다. 여기서 건괘와 곤괘는 제집합이고 중부와 소과는 공집합이다. 이만큼 선명하게 바디우의 수학적 존재론을 표현할 수도 없을 것이다.

그리고 존재론 역사상 이것만큼 심각한 것도 없다. 귀속과 포함의 이런 양상을 집합론이 나타나기 전까지는 거의 모든 사상가들이 무지

했고, 이런 무지 때문에 빚어진 역사가 철학의 역사라고 해도 과언이 아니다. 위에서 말한 플라톤의 '제3의 인간 역설'도 바로 귀속과 포함의 두 관계에 대한 무지에서 생긴 결과다. 칸트의 이율배반도 예외는 아니다.

다산 이전에 이해한 효는 6단계에 걸쳐 발생되어 나온다는 이른바 가일배법적 시생 원리에 입각한 것이었다. 거기에는 획마다 해당하는 위가 있다는 전제가 배경에 깔려 있었다. 그래서 어느 한 괘 안에서 한 효가 변하는 과정만 고려의 대상이었다. 이에 대하여 다산은 '1 대 1 대응' 개념을 괘에 적용시킨다. 다시 말해서, 다산 이전에는 어느 한 괘의 효와 다른 괘의 효 사이의 1 대 1 대응에서 효를 고려하지 않았다. 그러나 다산은 1 대 1 대응 방법을 사용한다.

이 방법론은 마치 칸토어의 집합론이 1 대 1 대응에서 나온 것과 유사하다. 자연수 안에서 기수와 우수의 1 대 1 대응, 실수와 자연수의 1 대 1 대응, 유리수와 자연수와 1 대 1 대응 같은 것들이 그것이다. 바로 이러한 1 대 1 대응에서 대각선 논법이 탄생한다. 이는 유치원생에게 수를 처음 가르칠 때 사용하는 기법이기도 하다. 의자와 사람 수의 1 대 1 대응 같은 것 말이다.

다산은 획劃과 효爻를 구분하여 말한다. 선유들은 가일배법으로 효를 모아 괘를 만든다지만, 그것은 획이지 효가 아니라고 한다. 즉, 획과 효를 구별하고 있다. 효가 효다운 것은 괘 속에 획이 있을 때라는 것이다. 획이 괘 안에 있으면 효이고, 밖에 있으면 획 그대로이다. 비유하면, 어느 이주자가 그 나라의 시민권을 가지는 것은 획이 효가 되는 것과 같다. 다산은 자기주장을 정당화하기 위해 〈계사전〉의 "8괘가 열을 이루니 상이 그 안에 있다. 이에 기인하여 대성괘가 만들어진다. 효가 그 대성괘 안에 있다"란 말을 원용한다. '효'란 대성괘(a)가 만들어진 다음에 거기서 이끌어 낸 것이라고 한다.

이는 정이천의 가일배법을 정면 부정하는 것이다. 필자는 《대각선 논법과 역》(1, 2장 참고)에서 가일배법이란 시생 원리가 가족관계와 일치와 불일치를 하는 데서 역설이 조장된다고 했다. 가일배법과 함께 연쇄법과 단계법이 근본적인 역의 문제이다. 이 가일배법은 8괘가 이루어진 다음에 효가 그 가운데 있다는 〈계사전〉의 말과 배치된다고 다산은 보았다. 효에서 괘가 만들어지는 것이 아니라(시생 원리), 괘가 있은 다음에 효가 연출된다는 말이다. 즉, 〈계사전〉은 6획이 모여 대성괘가 된 다음에 비로소 효가 그 속에 있게 된다고 했다. 이 말에는, 획과 효는 다르지 않고 대성괘 안에 있는 획이 효라는 의미가 담겨 있다.

이는 마치 바디우가 분간해 놓은 귀속과 포함에 관한 이론을 다시 풀이하는 것과 같다. 획은 괘에 귀속하지만, 획이 괘에 포함되면 그 획이 비로소 효가 된다. 그렇다면 획이 어떻게 괘에 포함 관계로 바뀔 수 있는가? 그러자면 a의 부분집합인 P(a)에 귀속하면 된다. 다시 말해서, a의 부분집합은 소성괘(b)인데, [논리식 2]에 근거하여 c가 a의 부분집합인 소성괘에 먼저 귀속하면 그것은 곧 c가 a에 포함되는 것과 같다. b가 a에 포함되기 때문이다. 이러한 이유로 〈계사전〉도 "효가 그 가운데 있다(즉, 귀속한다)"고 했지, 거기서 나온다고 하지는 않았다. 귀속 관계가 계열을 만든다. 계열을 만들면 일자(태극)를 만든다. 그러나 포함관계에서는 일자를 만들 수 없다. 일자 대신에 복합물이 있을 뿐이다. 공집합과 제집합이 부분집합 속에 들어 있기 때문에 일자를 셈하여 낼 수가 없다. 전체가 부분 속에 포함되기 때문이다.

이에 대해서는 더 자세한 논의가 필요하다. 양과 음을 '담김'과 '안담김'이라고 할 때, 세 개의 원소 {A, B, C}를 각각 상·중·초획이라고 할 때, 이들 세 개의 원소로 만들 수 있는 여덟 개의 부분집합들은 다음과 같다. 담김은 ( )로 표시한다.

(A) (B) (C)	건☰
A B C	곤☷
(A) B C	간☶
A (B) C	감☵
A B (C)	진☳
(A) (B) C	손☴
A (B) (C)	태☱
(A) B (C)	리☲

여기서 건은 제집합이고 곤은 공집합에 해당한다. 그래서 공집합도 하나 값이며, 그것도 표시해 주어야 한다. 건과 곤 이외에 여섯 개 부분집합은 건과 곤에 따라서 값이 결정된다. 그래서 건과 곤이 없으면 괘 자체가 성립하지 않는다. 성립시키는 것이 공집합인 감과 리이다.

그러면 여기서 생기는 갈등은 효가 있은 다음에 괘가 생기느냐, 아니면 괘가 있은 다음에 효가 생기느냐이다. 다산이 말하는 선유들(정이천과 주자 등)은 전자의 입장을 취하지만, 자신은 후자의 입장을 취한다고 한다. 이런 문제가 생기는 이유는, 괘는 8괘와 같은 소성괘 말고도 64괘라는 대성괘가 있기 때문이다. 그래서 이제부터가 문제이다. 다시 말해서, 64괘가 8의 자승이냐 아니면 2의 6승이냐이다. 즉, 6획으로 만들어지느냐, 아니면 8괘로 만들어지느냐이다. 이를 상황과 상황의 상태, 그리고 원소와 부분집합이라는 관계로 바꾸어 놓으면 복잡한 양상으로 발전한다. 다산의 역4법이 고민한 문제란 모두 이에서 다른 것이 아니다.

외연공리와 호체법

이상과 같은 원소와 부분의 관계, 그리고 귀속과 포함의 관계를 다음 공리주의자들이 내놓은 공리를 적용하여 다산역을 이해하기로 한다. 외연공리와 호체법의 관계부터 알아보자. 아홉 개의 공리 가운데 제1공리는 외연공리이다. 외연공리axiom of extension에 따라서 나머지 공리들이 추리되어 나오기 때문이다. '외연'이란 '내포'의 반대 개념이다. 칸토어가 어느 한 집합을 정의할 때 내포적으로 해서 역설이 생겼다고 보고, 내포의 반대인 외연적이게 하면 역설이 제거될 것이라 판단하여 만든 것이 외연공리이다.

내포적 정의는 속성의 문제를 거론하지 않을 수 없고, 속성은 '리샤르 속성'에서와 같이 자기언급의 문제에 직면한다. 그리고 자기언급에서 역설이 발생한다. 다시 요약하면, '자기언급의 비자기언급'이면 자기언급이란 역설이 리샤르 역설이다. 여기서 '비자기언급'을 두고 리샤르 속성이라고 한다. 내포적으로 정의한다는 것은 사물의 속성으로 정의를 내리는 것을 말하고, 속성으로 정의를 내릴 때에는 반드시 리샤르 역설에 직면하게 된다는 것이다.

내포적으로 정의한다는 것은 '제3의 인간 역설' 등에서 보는 바와 같이 어느 '큼'이라는 물건의 속성을 '큼 자체'라고 하자 바로 '가장 큼'이란 물건은 '큼 자체'란 속성을 가질 수 없다는 역설에 직면한다. 두 개의 '가장 큼'이 있을 수는 없기 때문이다. 즉, '큼 자체'를 속성으로 갖는 '가장 큼'이라고 할 때, 이런 것이 바로 자기언급이고 어느 보편 집합 속에 그 보편 집합 자체가 귀속되기 때문에 이는 자기언급적이다. 그리고 자기언급을 할 때 이런 역설이 발생한다. 칸토어의 보편 집합에서 생긴 역설을 '소박한 역설simple paradox'이라고 한다. 여기서 내포적 정의의 위험성이 있으며, 이에 대한 대안으로 나온 것이 외연공리이다. 자기언급을 피하기 위해서 집합을 내포적 속성으로 묶지 말라는 권고가 외연공리의 주된 내용이다.

외연공리는 분리공리axiom of separation와 연관된다. 내포적 정의를 할 때 범위에 제한을 주자는 공리가 제6공리인 분리공리이다. 외연공리를 가능하게 하는 것이 분리공리란 뜻이다. 이를 호체법과 연관하여 생각해 보자. 호체법에는 겸호, 도호, 위복, 반합, 양호작괘법 등이 있다. 이는 6효의 상과 초획을 제외한 2, 3, 4, 5의 획으로 2, 3, 4로 한 괘, 3, 4, 5로 한 괘를 만들어, 이를 하괘와 상괘로 한 새로운 두 괘로 분리해 내는 것이다. 상괘와 초괘를 제외시키는 이유는, 호체되기 이전의 본괘에서 상획과 초획은 '모든'이라는 속성을 가지고 있기 때문이다. 바로 이런 전칭 판단에 해당하는 명제를 제외시키면 역설이 사라진다는 것이 바로 외연공리이다.

'무한'이라든지 '모든'이란 속성 때문에 순서수의 역설과 칸토어의 역설 등이 발생하는 것을 본 지멜로는, 이런 보편명제만 사용하지 않으면 역설이 사라진다고 확신한다. 그래서 호체론에서는 상획과 초획을 제외한 네 개의 획(2, 3, 4, 5)을 분리해 낸 새로운 획으로 괘를 재구성해 본다. 그래서 외연공리와 분리공리는 같다고 할 수 있다. 분리해 내는 작용을 함으로 외연이 달라진다는 것이다. 사실 분리된 새로운 괘는 상과 초획이 달라졌기 때문에 사실상 외연이 달라진 것이다. 다시 말해서, 괘명과 괘상이 모두 달라진다. 무한이라는 과일상자에서, 즉 '모든' 과일이라는 상자에서, '사과' '배' '밤' '감'과 같은 과일을 분리해 내 새로운 집합을 만든다는 것이 외연공리이고 분리공리이다. 이는 호체법의 기법과 같다. 그렇다면 다산의 호체법은 역설 해의의 기법이라는 것이 분명해지고, 호체법 안의 다른 내용의 기법들은 이루 말할 수 없이 소중하다 아니할 수 없다. 그러면 '과일'이라는 속성을 전제하지 않고도 얼마든지 새로운 집합을 만들어 낼 수 있다. 다산의 창신론이란 거의가 이런 외연공리와 분리공리에 해당하는 역설 해의법이라고 할 수 있다.

이러한 시각에서 호체론을 다시 읽을 필요가 있으나, 이런 분리공리는 또다른 역설을 만난다. 왜냐하면 새로 만들어진 괘에도 상과 초획이 있기 때문이다. 아니 본괘(정체) 자체도 다른 괘에서 호체된 것이기 때문이다. 새로운 집합을 만들었다고 하지만, 이 분리공리는 미리 만들어진 집합(∀a)을 전제해야 하고(본괘를 전제해야 하고), 그것의 부분집합(∃b)으로밖에는 집합을 만들 수 없기 때문에, 분리공리 말고 추가공리가 필요해진다.

바다에서 조난자가 갈증을 이기기 위해 바닷물을 마시듯, 이는 역설 해소의 갈증을 해소하기 위해 바닷물을 퍼 마시는 격이라고 할 수 있다. 전제의 전제라는 무한퇴행을 막기 위해 미리 만들어진 전제된 집합 같은 것이 없는(본괘 없는) 집합이 여기서 필요하게 된다. '가장 큼' 같은 내포적으로 정의되지 않은 집합이 필요하다는 말이다. 그러면 본 괘 없는 본괘의 본괘에서 나온 지괘가 가능할까? 그렇다면 그 '본괘의 본괘' 같은 것은 어디서 오는가? 가장 시원적인 공리는 없는 것인가? 어디로부터도 시작되지 않는 공리는 없는 것인가?

여기서 필요한 공리가 공집합 공리이다. 공집합은 다른 공리와 달리 이미 만들어진, 또는 전제된 것이 없는 공리이다. 그리고 다른 공리들 은 모두 공집합에서 유래한다. 노자의 모든 것이 무에서 나온다고 할 때, 이는 무한퇴행의 오류를 심각하게 의식하고 나온 발언이라 할 수 있다. 위에서 1은 집합의 정의에 관한 공리이고, 2는 그런 정의 아래에 어느 집합이 어떤 조건으로 어떤 작용을 하는가를 보여주는 공리이다. 3의 공집합은 그 모든 작용 자체를 총괄하는 공리이다. 그래서 공집합 없이는 나머지 어떤 공리도 작용할 수 없다. 이제 공집합과 역4법을 말할 차례이다.

Z-F 공리적 집합론에서 다른 것의 전제 없이 원천적으로 존재하는 유일한 공리는 공집합의 공리Axiom of Void뿐이다. 다시 말해서, 다른 모 든 공리들이 공집합 공리에서 유추된 것이다. 보통 공집합 공리는 '비 순서쌍의 공리'와 똑같이 취급된다. 이것과 대등하게 대칭되는 공리가 없다는 말이다. 비순서쌍 공리는 역설이 생기는 이유가 전칭인 일반 양화(∀)에서 아무런 크기 제약 없이 사용되는 데서 생긴다는 데 착안 하여 이를 막기 위해 마련된 공리로서, 이를 논리식으로 나타내면 다 음과 같다.

$$\forall a \forall b \exists c \forall d[d \in c \equiv (d=a \cup d=b)] \qquad \cdots\cdots [\text{식 } 1]$$

이를 읽으면, "임의의 두 집합 a와 b가 일반(보편) 양화되어 있고, 이런 일반 양화되어 있는 것이 자기보다 아래인 집합 d와 동일하다. 그런데 바로 이 d가 a와 b의 하위집합인 c에 귀속한다"는 것이다. 말 그대로 비순서쌍이다. 그러면 이것은 a와 b가 c에 귀속한다는 말과 같다. 집합과 원소의 순서 관계가 뒤바뀌어 순서가 잡히지 않는다. 그래서 이를 '비순서쌍 공리'라고 한다. 일종의 주객이 전도된 하극상의 공리라고 할 수 있다. 소대장(d)이 연대장과 대대장(a와 b)과 같다고 하면서, 그 소대장이 중대장(c)에 귀속한다는 말과 같다. 초획(d)이 상획(a와 b)과 동급이라고 하면서 a와 b보다 하위급인 c(중효)에 초획이 귀속한다는 말과 같다.

이런 현상이 도호를 만들 때 가능해진다. 어느 한 괘의 6획을 뒤집어 버리면 상과 초획이 동급이 되지만, 초획이 여전히 중효(c)에는 귀속한다. 초획은 중획에 귀속하지만 도호를 해버리면 상획이 초획이 되고 만다. 그러면 상획=초획 논리에 따라 그 상획도 중획에 귀속한다. 대대장과 소대장이 위치를 바꾸면 중대장은 대대장에 귀속됨에도, 대대장이 중대장에 귀속되고 만다. 이것이 비순서수 쌍의 공리이다.

호체론 가운데 도호표(도표 8-6)를 보면, 상괘와 하괘가 서로 뒤집혔음을 볼 수 있다. 문제의 여덟 괘(건, 곤, 이, 대과, 감, 리, 중부, 소과)은 180도 뒤집혀 위대칭을 하여도 대성괘는 모양이 변하지 않지만, 두 개의 소성괘는 모양이 변해 버린다. 그래서 이 여덟 개의 문제되는 괘를 제외한 괘는 모양 자체가 변한다. 도호표는 괘의 하극상을 의미한다.

위의 순서가 반대로 되기 때문이다. 그래서 이들을 비순서수 쌍이라고
한다.

그런데 이 비순서쌍 공리에서 a와 b가 '모든' $\forall$ 이란 일반 양화이기
때문에 공집합 공리도 이에 해당되며, 나아가 무한집합 공리도 이와
연관이 된다. '모든'이란 말 속에 공집합도 넣어 보라는 것이다. 여기서
a와 b에 해당하는 집합을 공집합이라 하고, 기호 $\varnothing$ 를 [식 1]에 대입해
보자. 즉, a=$\varnothing$ 과 b=$\varnothing$ 라고 해 보자.

$$\exists c \forall d[d \in c \equiv (d=\varnothing \cup d=\varnothing)] \qquad \cdots\cdots \text{[식 2]}$$

오른쪽의 $(d=\varnothing \cup d=\varnothing)$를 다시 요약하면 다음과 같다.

$$\exists c \forall d(d \in c \equiv d=\varnothing) \qquad \cdots\cdots \text{[식 3]}$$

그런데 [식 3]은 $\varnothing$ 이 c에도 귀속한다는 의미이므로 $\varnothing$ 만을 원소로
하는 집합이 존재한다는 뜻이다. 즉, 이는 공집합만으로도 얼마든지
큰 집합을 만들 수 있다는 뜻이다. 이제 '$\varnothing$ 만을 원소로 하는 집합이
존재한다'는 것을 기호 $\{\varnothing\}$로 적어 본다.

비순서쌍 공리에 따라서 우리는 $\varnothing$ 와 $\{\varnothing\}$를 원소로 하는 새로운
집합 $\{\varnothing\{\varnothing\}\}$가 존재함을 확인한다. 여기서 $\varnothing$ 와 $\{\varnothing\}$는 전혀 다르
다. 특히 후자를 공집합과 구별하여 그 명칭을 '유일자 *singleton*'라고 한
다. 이는 공집합의 다른 이름이다. 공집합에서 원소는 단 하나뿐이라
하여 유일자라고 한다. 집합 $\{1\}$만 하더라도 그것의 부분집합은 $\{\varnothing,$

1}으로 개수가 2이다. 그래서 공집합 {∅}의 유일자가 다름 아닌 숫자 '1'이다. 1이 이렇게 탄생한다. 이와 같은 방법을 반복하면 집합의 무한 열이 다음과 같이 가능하게 된다.

∅, {∅}=1, {∅,{∅}}=2, {∅,{∅}, {∅,{∅}}}=3, {∅,{∅}, ∅, {∅}}}, {∅,{∅},∅,{∅}}}}…

〈도표 7-5〉 6괘 사시 본표와 〈도표 7-6〉의 12벽괘 진퇴소장표를 보면, 모든 괘는 건괘에서 추이되고 건괘는 곤기에서 추이된다. 곤기가 다름 아닌 공집합이다. 공집합에서 건기가 나오며, 이것이 1이다. 이렇게 추이된 괘의 상·하획을 뒤집으면 그것이 비순서수 쌍이 된다. 여기서는 이렇게 공리들 하나하나를 다산의 역4법과 일치시켜 보는 것으로 끝내려 한다. 다산의 역4법은 현대 공리주의 처지에서 볼 때 역설 해의 노력의 일환으로 볼 수밖에 없다.

멱집합 공리와 효체법

다산의 역4법은 하나의 괘를 원소로 보는 경우(추이와 효변)와 부분으로 보는 경우(호체)로 나누는 데서 출발한다. 이때 부분으로 보는 경우가 멱집합의 공리와 연관된다. 하나의 집합이 {a, b, c}로 된 원소들의 집합이라면, 그것의 부분집합인 멱집합은 {∅, a, b, c, ab, bc, ca, abc}와 같다. 여기서 새로 생긴 것은 '부분'이지 원소가 아니다.

여기서 'abc' 자신도 자신의 부분집합 속에 포함된다. 이를 자기귀속 또는 자기언급이라 한다. 방도의 정대각선에 있는 괘들이다. 이렇게 보편자 일자는 없고 복합물들뿐이라는 근거가 멱집합에서 가능해진다. 전체인 자신이 자신의 부분이 되기 때문에 대일자를 만들 수 없다. 전통 철학에서 일자란 이런 멱집합에 대한 무지의 소산이다. 이럴 때 괘들이 모두 복합물이지 이데아 같은 일자가 아니다.

부분과 전체의 관계를 표시하는 논리적 기호는 귀속($\in$)이 아닌 포함($\subset$)이다. 그래서 집합 b가 집합 a의 부분집합이라고 할 때, $b \subset a$로 표시한다. 이를 "b가 a 속에 포함되어 있다"로 읽는다. 원소와 집합의 관계가 아니고, 부분과 전체의 관계이다. 그러나 두 관계는 상호 호환적이다. 즉, "b가 a에 포함된다"를 귀속이라는 기호로 표시하면 $(\forall c)[(c \in b) \rightarrow (c \in a)]$이다. 모든 c가 b에 귀속한다면, 모든 c가 a에도 귀속하는 것이다. 앞 절에서 보았듯이, 이런 귀속은 포함으로 호환시킬 수 있다.

멱집합에서 귀속과 포함을 구별하는 것은 바디우 존재론의 중요한 부분 가운데 하나이다. 이러한 멱집합 공리를 논리식으로 나타내면 다음과 같다.

$$\forall x \exists y \forall z (z \in y \equiv \forall u (u \in z \subset u \in x))$$

이 논리식을 읽으면 다음과 같다. 임의로 주어진 x의 모든 부분집합 z로 이루어진 모임이(지나치게 큰 유가 아닌 집합) 되는 집합 y의 존재를 보장한다. 즉, $y = \{z \mid z \subset x\}$이다. 이때 y를 x의 멱집합이라고 하며 $y = P(x)$로 적는다. 다시 말해 $P(x) = \{z \mid z \subset x\}$이다. 이 논리식에서 $\forall u(u \in z \subset u \in x)$는 'z가 x의 부분집합임'을 나타내는 논리식이다. 즉, z에 귀속하는 모든 u는 x에도 귀속하는데, 이때 z가 x에 포함된다고 한다. 그래서 "z가 y에 귀속한다는 것은 z가 x에 포함된다는 말과 같다"로 읽을 수 있다.(임정대, 1995, 83) 이를 집합 {a, b, c}와 그것의 멱집합에 적용하면 다음과 같다.

$$x=\{a,\ b,\ c\}$$
$$y=P(x)=\{\varnothing,\ \overline{ab}c,\ \overline{a}b\overline{c},\ a\overline{bc},\ ab\overline{c},\ a\overline{b}c,\ \overline{a}bc,\ \overline{abc}\}$$
$$z=\varnothing,\ a,\ b,\ c,\ ab,\ bc,\ ca,\ abc$$

(y의 $\overline{abc}$는 abc가 들어가지 않음인 '안담김'을 뜻한다. 그래서 음효이다.)

z는 y에는 원소로 귀속하고 x에는 부분으로 포함된다. 이를 〈도표 7-29〉와 비교해 보자. 먼저 멱집합은 추이가 아닌 효변과 연관이 된다는 사실을 아래에서 증명할 것이다. 그 이유는 획이 단계적으로 변하기 때문이다.

건괘=\{a, b, c\} 건괘 집합의 부분 집합들

초9　구괘 = $\{a,\ b,\ c,\ a,\ b,\ \overline{c}\}$

92　　동인괘 = $\{a,\ b,\ c,\ a,\ \overline{b},\ c\}$

93　　복괘 = $\{a,\ b,\ c,\ \overline{a},\ b,\ c\}$

94　　소축괘 = $\{a,\ b,\ \overline{c},\ a,\ b,\ c\}$

95　　대유괘 = $\{a,\ \overline{b},\ c,\ a,\ b,\ c\}$

상9　쾌괘 = $\{\overline{a},\ b,\ c,\ a,\ b,\ c\}$

용9　곤괘 = $\{\overline{a},\ \overline{b},\ \overline{c},\ -a,\ -b,\ -c\}$

('-' 표시는 음을 의미함)

결국 다산의 효변표는 철저하게 멱집합 공리에 따른 것임을 발견한다. 용9 곤은 공집합이고, 건괘 자신은 제집합이다. 이들 두 괘와 함께 나머지 여섯 개의 괘로 여덟 개의 부분집합을 만든다. {a, b, c}란 세 개의 원소로 2^3=8이다. 즉, 여덟 개의 부분집합을 만든다. 그 가운데 제집합(a, b, c)과 공집합($\bar{a}$, $\bar{b}$, $\bar{c}$, ∅)이 반드시 들어가야 한다. 효변이 멱집합과 같다고 한다면 효변론은 막강한 힘을 갖게 된다.

여기서 새삼 멱집합의 역설을 다시 상기해 보자. y가 x에서 나왔지만 x보다 양이 초과하는 것, 그래서 x와 y는 서로 다른 집합이 된다. 얼음이 물에서 나왔지만 물보다 차다. 하나는 고체이고 다른 하나는 액체이다. x와 y는 서로 다른 집합이다. 이러한 y를 바디우는 '초과'라고 하며 '돌출'이라고도 한다. x가 상황이라면 y는 상황의 상태이다. 상황과 상황의 상태가 일치할 수 없음은 물이 얼음과 일치할 수 없음과 같다. 멱집합 때문에 전통 존재론의 일자와, 나아가 신은 해체되고 만다. 이는 존재론의 '방황errancy'을 초래한다. 그리고 바디우 존재론이 일자를 제거하는 논리도 바로 이러한 방황에서부터 시작한다. 귀속은 되지만 포함은 안 되는, 다시 말해, 얼음이 물에 귀속하지만 포함은 될 수 없는 현상이 생긴다. 이러한 쟁점이 멱집합과 함께 지속적으로 다루어지는 역의 존재론이다. 효와 괘 사이에는 이러한 관계가 있었던 것이다. 연쇄법과 단계법으로 나누어 효를 배열하는 이유 모두가 이런 존재론의 방황과 연관이 된다.

10.3. 공리주의와 다산의 역설 해의(2)

합집합 공리와 치환 공리, 그리고 추이법

합집합 공리axiom of union란 멱집합 공리와 쌍벽을 이루는 공리이다. 멱집합 공리는 위에서 본 바와 같이 부분집합의 수를 확장해 나가고 있지만, 합집합 공리는 그 반대 방향을 취한다. 하나의 것으로 셈하기에서 그 '하나'를 나누는 방법인 '일석一析'의 방법이 있는가 하면, 그 하나에서 쌓아 나가는 '일적一積'의 방법이다. 합집합 공리는 전자, 멱집합 공리는 후자인 경우다. 하나를 끝없이 나누어 분산disseminating시킨다고 해보자. 즉, 구성을 해체한다decomposing고 생각해 보자. 여기서 두 가지 질문이 던져진다.

    a. 하나를 쌓아 나갈 때 구성적 대일자를 만들 수 있듯이 그 반대인 분산적 대일자도 가능한가? 이 말은 '가장 큼'이란 일자가 있듯이 '가장 작음'이란 일자도 가능한가이다.

    b. 분산을 해 나갈 때 분산이 정지하는 점 같은 것이 있는지, 아니면 분산의 과정이 무한으로 이어지는 것은 아닌지?

두 번째 질문은 매우 의미심장하다. 어디엔가 있는 정지점에서 봉합foreclose이 될 수 있는 것은 아닐까? 마치 그리스 철학의 원자와 같이, 더 이상 나누어 분산시킬 수 없는 고정점에서의 봉합점 같은 것은 있는지? 이러한 존재론의 궁극적인 질문에 대한 두 가지 대답 가운데 하나가 '공집합 공리'이다. 이런 문제를 다루는 다른 한 공리가 '기초 공리'이다.

첫 번째 질문에서 제기된 문제의 답을 구하기 위해 마련된 것이 바로 '합집합 공리'이다. 합집합이 도달한 결론은, 분산의 모든 단계는 다 합하여 일자를 셈할 수 있다는 것이다. 하나의 복합물이 만드는 복합물이 일구어 내는 복합물은 결국 집합 그 자체를 이룬다는 말이 된다. 이 문제는 효를 연쇄적으로 연결시키는 추이론과 직결되는 쟁점이다. 즉, 획들을 연쇄적으로 추이시켜 '다음에'란 말로 이어 나갈 때 "집합의 원소의 원소의 집합the set of the elements of the elements of that sets"이 가능해진다.

이제 이러한 소유격 '의 of'로 연쇄적으로 연결된 합집합 공리의 논리식을 적으면 아래와 같다.

$$(\forall a)(\exists b)[(d \in b) \leftrightarrow (\exists c)[(c \in a) = (d \in c)]]$$

이 논리식을 문장으로 읽으면, "집합 c 등을 원소로 하는 임의의 집합 a가 주어졌을 때, 그들 원소들(즉 c 등)의 원소 d 전체로 이루어지는 모임이 집합이 되는 b가 존재한다"와 같다. 위 소유격 '의'에 의하여 만들어지는 연계고리를 알기 쉽게 숫자로 첨자화하면 '집합1의 원소1의 원소2의 집합2 the set2 of the elements2 of the elements1 of that sets1와 같다. 여기서 '집합1'은 a이고, '집합2'는 b이고, 원소1은 c이고, 원소2는 d이다. '집합1'과 그 '집합2' 사이에 '원소1의 원소2'가 끼여 있다. 여기서 '원소의 원소'란 말은 집합1이 분산되는 과정을 말한다. 그 분산과정을 또 다른 방법으로 고찰해 보기로 한다.

위 논리식을 다시 불러와 임의의 집합 a에 대하여 a의 원소(c)를 가, 나, 다, …라고 하자. 여기서 가, 나, 다, …의 원소(d)를 각각 나누어 '가'의 원소는 갑, 을, 병, …이라 하고, '나'의 원소는 1, 2, 3, …이라고 하고, '다'의 원소는 A, B, C, …라고 하자. 그러면 여기서 가, 나, 다의 합으로 이루어진 지나치게 크지 않은, 즉 유가 아닌 집합이 되는 b가 존재한다. 다산의 '유취론'을 여기서 일단 상기하자. 그러면 합집합을 다음과 같이 적을 수 있다.

$$b = \{갑, \ 을, \ 병, \ \cdots, \ 1, \ 2, \ 3, \ \cdots, \ A, \ B, \ C, \ \cdots\}$$

이를 기호로는 이렇게 표시한다.

$$b = \cup\, a$$

이를 'a의 합집합'이라 읽는다. 이 합집합은 '집합의 집합the set of that sets'이다. 그리고 이들 가운데 포함된 '원소들의 원소들elements of elements'이라는 구조에서 보는 바와 같이 중층적이다. 이는 마치 추이집합으로 원소의 원소의 연쇄고리를 만든 다음, 다시 이를 소성괘로 집합을 만들고, 다시 이 소성괘로 대성괘를 만드는 것과 같다. 그러나 추이법에는 이러한 괘들로 집합을 만들지 않는다. 이는 군부대에서 한 개 사단의 구성원이 중대, 대대, 연대라는 중층구조를 무시하고 소대원들로 구성되는 것과 같다고 할 수 있다. 어느 회사가 사장과 말단사원 사이에 있는 중간기구를 무시하는 것과 같다. 이런 방법이 회사에서는 구조조정이란 이름으로 사용되고 있다.

여기서 '합union'이란 말을 선택한 이유는, 한 복합물(괘)이 모든 것을 종합하는 성격을 반영하기 때문이다. 추이론의 연쇄고리가 자칫 일자 같은 것을 만드는 것으로 이해해서는 안 된다. 처음 시발하는 복합물 initial (a)에 대하여 두 번째 복합물(d)을 종합한다는 뜻이 합의 의미에 담겨 있다. 그리고 두 번째 복합물(d)에서 거꾸로 첫 번째 복합물(c)이 구성된다. 처음 원인이 결과물이 되고, 결과물이 원인이 된다. 첫 번째 복합물에서 시발하는 복합물이 결과물로 나온다. 이와 같이 합집합은 집합과 원소들 사이의 위계적 종속관계를 파괴하는 데 목적이 있다. 그러면 역설을 생기게 하는 '모두'나 전체 같은 위험물이 사라진다.[11] 이것이 합집합 공리가 의도하는 바이다.

〈도표 7-6〉의 '12벽괘 진퇴소장표'는 말 그대로 나아가고 물러서고 자라나고 사라지는 표이다. 여기서 거대한 일자가 들어설 자리는 없다. 생·장·성을 한다고는 하지만, 곤괘의 추이표 끝에는 '감위본'인

---

11) 처음 시발하는 복합물(a)을 분산시켜 하나의 것으로 셈하다가, 궁극에 가서는 시발 복합물 자체인 그보다 더 크지도 작지도 않는 복합물에 도달한다는 것이다. "하나에서 시작하여 그것이 나누어지다가 결국 다시 하나로 끝난다[一始無始 一 析三極 一終無終—]"와 같다. 이런 점에서 합집합 공리는 멱집합과 같이 크다와 작다의 개념을 적용할 수 없으며, 높다와 낮다도 불가능하다. 하나의 것이 나뉘고 [一析] 다시 쌓이는[一積] 과정 자체가 있을 뿐이다. 하나의 것으로 셈하기에 의한 복합물만 있을 뿐 일자도 다자도 원자도 없다.(BE, 2005, 64) 존재의 동질성 homogeneity을 말하는 것이다. 《반야심경》의 증가하는 것도 줄어드는 것도 없다는 교의를 연상시킨다. 그러나 불교의 경우는 존재의 동질성과 함께 이질성 heterogeneity도 동시에 말하여 화엄 불교의 육상 가운데는 같지도 않고 다르지도 않다는 것이 있다. '하나가 나누어지나 그 근본은 다함이 없다'는 바로 합집합 공리에서 a가 나누어지나, b가 그 한계선을 정하여 버리는 것과 같다고 할 수 있다. 만약에 분산이 한없이 계속되면 역설은 피할 수 없다. 그래서 "그 근본은 다함이 없다[無盡本]"고 한다.

소과괘가 등장하는데, 이는 초과분인 윤월괘이다. 이는 합집합 공리가 의미하는 그대로이다. 〈도표 7-6〉은 소장도라 하기도 하고, 유취도라 하기도 한다. '유취'란 말은 합집합 공리에 부합하는 말이다 먼저 추이에 따라서 '명패의 명패'인 건과 곤으로, 12벽괘로 유를 만든 다음, 이들 12벽괘들을 명패로 하여 거기에 물건괘 50연괘를 연출한다. 이를 유취에 대하여 군분이라 한다. 유취와 군집은 모두 대일자 괘를 만드는 것이 아니다. 우번과 주자는 건과 곤을 대일자인 냥 착각하여 이를 벽괘 속에 넣으려 하지 않았다. 이러한 주자와 우번의 사고방식을 허무는 것이 합집합 공리이다.

유취도에 따르면 건괘는 곤기에서 나오고, 곤괘는 건기에서 나온다. 공집합은 제집합을, 제집합은 공집합을 상호 전제해야 한다. 이런 전제 아래 분류되는 것이 합집합의 공리이다. '기基'란 기초를 의미한다. 건기의 기초는 곤기이고 곤기의 기초는 건기이기 때문에, 최대나 최소의 대일자 함정에 빠지지 않는다. '가장 큼'과 '가장 작음'은 서로 마주보고 순환한다. 건기와 곤기 같은 것이 기초를 만든다. 공집합과 제집합은 무용지물이 아니고 기초 그 자체를 만드는 역할을 한다. 두 근기 속의 부대각선을 세로로 반대각선화한 경우인 〈도표 7-13〉을 여기서 다시 상기해 둔다.

순서수의 역설과 선택 공리

지금까지는 집합에서 순서order의 문제는 거론하지 않았다. 그런데 공리들 가운데 '치환 공리'와 '선택 공리'는 순서수와 관련이 있다. 그런데 이 순서수를 거론하는 순간 무한의 문제에 직면하기 때문에 그

귀추가 주목된다. 러셀과 칸토어가 발견한 역설을 극복하기 위해 지멜로는 집합의 크기를 제한하는 데 주력하여 공리를 만들었다. '무한'이나 '모두'라는 말을 피하기 위해서이다. 지금까지 말한 공리들 가운데 특히 분리 공리에서 그러하였다. 그러나 이러한 지멜로의 노고는 너무 소심하다는 비판을 받지 않을 수 없다. 그의 이런 소심증은 역설 극복에 어느 정도 공헌한 것이 사실이다. 그러나 집합의 크기가 많이 제한되어 그 부작용도 크다.

이러한 약점을 보완하기 위하여 1922년 프랑클이 치환 공리를 새로 제안하였다. 지멜로의 분리 공리에 프랑클의 치환 공리를 더해서 '지멜로-프랑클 집합론Zemelo-Frankle Set theory'이라고 한다. 이를 일명 'Z-F 집합론'이라고 부른다. 치환 공리는 "a가 집합이고, a와 b 사이에 1 대 1 대응이 있으면 b도 집합이다"와 같다. 복합물의 복합물이 출현하면, 다른 복합물과 1 대 1 대응으로 대치되어 출현한다. 이 새 복합물은 처음 복합물에 의해 출현한 복합물로 대치된다. 만약 한 괘가 다른 어떤 괘들에 접합점을 유지하면서 작용한다면, 이 괘 역시 다른 괘와 1 대 1 대응을 하면서 치환된다. 이것이 치환 공리의 의미이다. 이 말은 한 복합물의 정합성은 그 어떤 특정 복합물의 속성이 무엇이냐에 따라 결정되는 것이 아니라는 의미이다. 그렇다면 호체론은 치환 공리 없이 성립 불가능하다 할 수 있다. 어느 두 괘가 연관이 되는 것은 속성이 같기 때문이 아니고 1 대 1 대응이 되기 때문이다. 우리는 이를 다산의 호체론 속에서 보았다. 특히 반합은 치환 공리에 접근한다. 즉, 호체론에서 말하는 창신론은 바로 이러한 치환 공리 때문에 그 존립 근거가 선다.(도표 8-3 참고) 그래서 치환 공리가 전제되지 않고는 호체론이 설 자리가 없다. 어느 한 괘를 다른 것으로 치환해 보라. 괘를 다른 괘로 대치하는 작용을 계속하는 과정에서 하나의 정합성이 남는다. 이 점을 가장 선명하게 보여준 것이 치환 공리이다. 크립케 같은 학자는 거짓말의 거짓말, 거짓말의 참말을 반복하는 과정에서 고정점이 생긴다고 보아 이를 '부동점 이론'이라 하였다.(《대각선 논법과 역》 7장 참고)

아홉 개의 공리 가운데 공리로 인정받기 어려우나 공리로 취급될 수밖에 없는 게 하나 있다. 바로 '선택 공리 axion of choice'이다. 선택 공리는 유클리드 공리 가운데 '제5공리'(또는 평행선 공리)와 같은 것으로서, "공리라고도 아니라고도 할 수 없는" 공리이다. 그리고 이 치환 공리와 선택 공리의 특징은 역설이 발생하는 3대 조건 가운데 하나인 '무한'이란 문제를 거론하고 있다는 점에서도 같다. 공리 가운데 순서와 정렬에 관련된 공리는 선택 공리뿐이다. 순서수의 역설이 나타날 조짐이 여기에 보인다.

하나의 괘 안에는 효들이 초에서 상까지 정렬이 된다. 그래서 일단 우리는 선택 공리를 역과 연관시킬 수 있다. 그런데 선택 공리는 무한 개의 수를 정렬할 수 있느냐를 고민한다. 순서나 정렬을 시키자면 반드시 유한개의 집합이어야 한다. 그런데 무한을 순서대로 정렬시킨다고 하면, 어떤 정렬이 될까 칸토어는 고민했다. 그러나 고민하는 중에 죽고 말았다. 1904년 9월 24일, 체르멜로는 모든 집합을 정렬할 수 있음을 증명해 발표했다.(악젤, 2002, 194) 바디우는 증명이라기보다는 '증명을 설명account of demonstration'한 것이라고 한다. 증명에 대한 설명을 하는 것으로 증명을 대신하였다.

여기에 어느 한 집합이 있고 이를 L_0라고 하자. 이 집합을 하나의 대성괘라 해도 좋다. 이때 선택 공리에 대한 정의는 다음과 같이 내릴 수 있다. "집합 L 안에 있는 부분집합에서 그 부분집합 안에 있는 모든 원소를 꺼내, 꺼낸 것으로 만드는 새로운 부분집합이 가능하다." 여기서 꺼낸 원소를 '대표점representative point'이라고 한다. 그러면 이제부터 집합 L_0 안에 있는 부분집합에서 단 하나의 점이 선택이 된다고 하자. 여기서 L은 대성괘이고, 부분집합은 소성괘이고, 점은 획이나 효라고 보면 된다. 여기서 단 한 개의 점(대표점)을 L에서 선택하여 꺼낸다고 하자.

이때 두 종류의 선택이 가능하다. 본래의 집합 L과 새로운 집합 사이의 1 대 1 대응을 선택하는 것이 그 첫 번째이다. 다른 하나는 양상이 복잡한 선택이다. 그것은 자기언급에 해당하는 선택이다. 즉, 선택된 원소가 자기가 선택된 집합 자체와 1 대 1 대응하는 선택이기 때문에 이를 자기언급적이라 한다. 그리고 이를 이중선택이라고도 한다. 어미 돼지가 새끼를 셈하는 것과 자기 자신을 셈하는 것 말이다. 선택 공리의 이러한 이중성을 다산은 추이법에서 알고 있었다. 선택 공리의 문제성은 다름 아닌 이중성의 문제라고 할 수 있다. 타자를 선택하는 것과 자신을 선택하는 것이 선택 공리가 안고 있는 문제성이다.

아래(도표 10-4) 선택 공리를 설명하기 위해 만들어진 집합 L 안에 박괘(☷)가 들어 있다고 하자. 박괘는 상효 하나가 양인 1양5음의 괘이다. 그리고 모든 괘가 그러하듯이 정렬되어 있다. 그러면 우리는 박괘(L) 안에서 하나하나의 획을 꺼내 새로운 집합을 만들 수 있다. 이때 L 안에 있는 효를 L_1, L_2, L_3, …라고 하자.

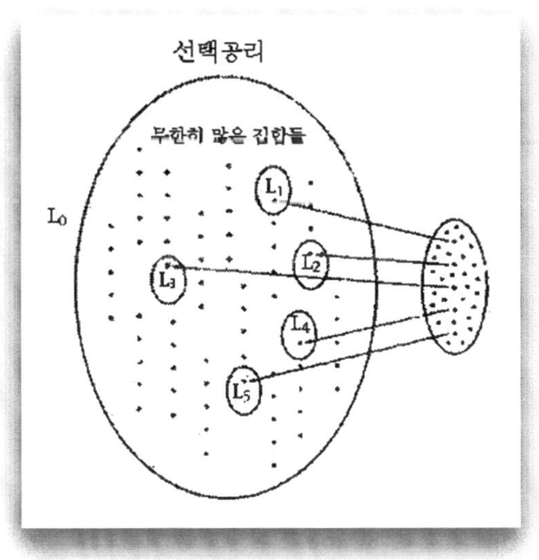

도표 10-4. 선택 공리와 박괘

〈도표 10-4〉에서 보면, L의 부분집합에 속하는 원소로부터 단 하나의 대표점을 꺼내 추이법에서와 같이 순서에 따라서 L_0, L_1, L_2, L_3, …, L_6(이것이 6획이다)이라고 하자. 그러면 L과 1 대 1 대응이 되는 한 새로운 정렬집합을 만들 수 있다. 다케우치가 "선택 공리야말로 칸토어적인 집합론을 완성시킨 마지막 마무리였다"(다케우치, 1999, 91)고 할 때, 그 이유는 이 선택 공리가 멱집합과 연관이 되기 때문이다.

이중성이 선택 공리에서 생기는 이유는 멱집합의 성격을 보면 분명해진다. {a, b, c}의 멱집합은 {∅, abc, a, b, c, ab, bc, ca}이다. 이때 이 멱집합 안에서 대표점을 선택해 다른 새로운 집합으로 옮긴다고 할 때 이중적이 될 수밖에 없다. 즉, 여덟 개 부분집합 가운데 ∅, abc 두 개는 이동시키는 데 문제가 있다. 왜냐하면 다른 여섯 개와는 달리 공집합 ∅와 제집합 abc는 집합 L 바탕이고, 그 자체인 제집합이기 때문이다. 바구니 속에 있는 과일을 다 이동시킬 수 있어도, 바구니 자체와 바구니 안의 과일 전체 '모두'는 어디로 이동시킬 것인가? 새로운 바구니 속에 이들이 들어갈 곳은 없다.

L의 공집합을 L_0이라 하고, 제집합을 L_L이라고 하자. 그러면 L_0과 L_L은 어떻게 선택을 하고 무엇과 1 대 1 대응을 시킬 것인가? 선택 공리에 따르면 이 둘이 1 대 1 대응을 통해서 그 다음의 정렬 L_1이 생겨난다고 한다. 이렇게 첫 번째 정렬이 생겨나면 순차적으로 선택함수를 통해 하나씩 꺼낼 수 있다. 즉, 제집합과 공집합이 1 대 1 대응이 되는 $[L_L-L_0]$에서 L_1이 선택된다. 여기에 선택함수가 있어야 한다. 선택함수에 의하여 그 다음 정렬 $[L-[L_L-L_0]]$이 생긴다. 이는 이미 위에서 말한 공집합 $\{∅\}$에서 1이 생겨나는 것과 같다고 할 수 있다. 공집합도 자기 자신과 공집합을 부분으로 만들 수 있다. 여기서 자기 자신과 공집합은 같아진다. 이것이 공집합의 1 대 1 대응이다. 이 대응에서 1이 생겨난다.

이렇게 L에서 하나하나 선택해 나가면 L은 차츰 축소될 수밖에 없다. 그러면 위의 오른쪽 그림은 점점 증가해 나가 공백이 되며, 바로 L_0이 된다. 그러면 왼쪽에는 L_0이고, 오른쪽은 L_L이 되어 서로 대응한다. 이것이 공집합과 제집합의 1 대 1 대응이다. 둘 사이에 일종의 순환이 만들어져 버렸다. 다시 말해서, L_0와 L_L의 1 대 1 대응을 통해 L_1, L_2, L_3, …, L_6 정렬이 만들어졌는데, 그 결과가 처음과 같아져 버렸다. 그러면 선택함수는 더 이상 선택할 것이 없어진다. 이것이 〈도표 7-13〉이 의도하는 바이다.

L은 이미 잘 정렬된 집합이라 전제했기 때문에 L의 모든 것은 앞서 있었던 정렬과 1 대 1 대응하여 이미 얻어진 것이다. 전자는 L 안의 부분과 원소의 1 대 1 대응이고, 후자는 정렬 자체와 다른 정렬의 1 대 1 대응이다 이렇게 이중 대응으로 $끄$집어내기를 반복하면 L 자체는 축소되어 간다는 것이다. 같은 방법을 계속해 나가면 오른쪽 그림과 같은 집합이 만들어지고, 그러면 왼쪽의 것과 마지막에 가서는 구 정렬과 신 정렬 사이에 1 대 1 대응이 될 것이다. 그런데 여기서 우리가 주목할 점은, 다름 아닌 L_0는 L_L 그 자체와 1 대 1 대응을 했다는 점이다. 이는 상호 순환적으로 이미 전제된 것이다. 그래서 L_1은 그것에 먼저 있었던 L_0에서 이미 얻어진 전체인 L_L 그 자체로부터 축소됨으로써 얻어진 것이다.

축소될 때 남는 것은 공백이며, 선택함수는 더 이상 선택할 것이 없어진다. c를 처음으로 아무것도 선택할 것이 없는 최후의 정렬이라고 하자. 즉, 거기서 선택이 멈추어 버린다고 하자. 그러면 부분과 원소의 대응에서 c가 대응할 것이 없게 된다. 그러나 정렬과 정렬 사이의 대응은 남아 있다. 다시 말해서, L의 모든 원소들이 소진되었기 때문에 c 원소의 부분과는 대응할 수 없다. 그러나 c 이전에 있었던 한 정렬과는 1 대 1 대응을 할 수 있다. 그것이 바로 'L 자체'인 L_L이다. 여기서 c와 본래의 복합물 L 사이의 1 대 1 대응이 가능해진다. 그래서 'c 이전의 모든 정렬'은 하나-복합물로서 c 그 자체일 뿐이다. 이는 마치 윷놀이에서 도, 개, 걸, 윷, 다음은 도 이전의 것을 선택하는 것과 같다. 그러면 도 이전은 바탕 자체가 되는데, 그것이 모다. 그리고 여기서 모에 해당하는 것이 바로 근기이다. 모에게 5점을 주는 이유는, 건은 근기인 동시에 건괘라는 이중성 때문이다. 근기라는 것이 바로 공집합이며, 공집합에도 건기와 곤기 두 개가 있다. 현대 물리학에서 진공과 가공이 있는 것과도 유사하다. 근기가 공집합이라면 제집합 건괘나 곤괘에 해당한다. 우리는 이미 12벽괘류취도에서 선택 공리의 성격을 확인하였다.

체르멜로는 L이 다할 때까지 이와 같이 선택함수에 의해 선택을 계속해 나가면 L의 모든 원소가 정렬된다고 생각했던 것 같다. 이 방법으로는 하나의 선택이 그에 앞선 선택에 의해 이미 제약되어 있기 때문에 본질적으로 무한히 이어질 수밖에 없다. 그런데 문제는 이것이 바로 칸토어가 부정하려던 가무한의 개념이 아닌가? 그렇다면 이것은 실무한을 추구해 온 칸토어의 입장과는 상반된다. "여기에 체르멜로의 중요성과 동시에 문제성이 있다."(다케우치, 1999, 91) 이러한 "같은 농도를 갖는다"의 무한퇴행을 막기 위해 정렬을 연쇄적으로 이어진다고 생각하지 말고, 정렬의 선택이 '동시적'이라고 해 보자. 체르멜로는 이는 시간성의 박탈로만 가능하다고 한다. 즉, 시간성의 박탈이란 '현재적 동시성'을 의미한다.

이러한 어려움 때문에 체르멜로의 선택공리가 발표되기 전부터 많은 수학자들은 선택공리가 공리로서 가능한가에 대한 문제성을 제기했다. 그 내용을 추이법과 연관하여 소개한 다음, 바디우의 대안을 알아보기로 한다. 집합 {a, b, c}와 같은 유한집합에서 부분집합을 만들고, 거기서 첫 번째 원소를 뽑아 새로운 정렬 집합을 만드는 것에는 어려움이 없었다. 그러나 무한집합의 경우는 "우리가 무한히 선택한다는 것을 어떻게 보장할 수 있는가"와 같은 근본적인 문제에 직면하게 된다. 여기서 체르멜로는 무한히 여러 번 선택하는 방법을 정확하게 말하지 못했다. 한 가지 나중에 안 사실은, 정렬 원리(연쇄 원리)가 선택 공리와 선후 관계가 아니라 동치, 같다는 것이었다. 이것은 연속체 가설의 문제와 연계하여 심각한 문제를 불러일으킨다. 다시 말해서, 연속체 가설은 정렬 집합을 전제하는 것인데, 이런 정렬 집합이 선택 공리와 동치가 되어 버리면 '정렬 집합을 결정할 수 없음'이라는 문제에 직면하게 한다.

그러면 정렬은 증명의 결과가 아니고 이미 전제가 되어 버린다. 정렬 집합과 선택 공리는 이와 같이 순환적 동치이고 둘은 매우 강한 관계를 가지고 있기 때문에, 둘 가운데 어느 하나를 부정하면 다른 모든 것까지 부정된다. 이를 두고 '비구성적'이라 한다. 이는 분명하게 구성적으로 만들어질 수 없는 수학적인 대상이 존재함을 보여준다. 직관주의자들이 선택 공리를 받아들일 수 없는 이유가 여기에 있다. 그렇다고 '직관적으로 선택 공리를 철저히 부정할 수도 없고, 그 타당성을 실질적으로 느낄 수도 없다.' 선택 공리가 다른 공리들과 위배되지는 않으나, 또한 다른 공리로부터 파생된 공리도 아니다. 그래서 선택 공리는 유클리드의 제5공리와 같은 성격을 갖는다. 다른 공리의 결과도 아니고, 그것들과 모순되지도 않으며, 논리적으로 근거가 있는지 아니면 그 근거를 위한 것인지 결정한다는 것이 불가능한, 한 마디로 말해서 '결정 불능'이다. 그래서 선택 공리는 경험 밖의 것이며, 관찰에 의해서 객관적으로 증명을 할 수도 없다. 긍정도 부정도 할 수 없다. 결국 이 공리를 받아들이느냐 마느냐는 수학자 주관이 개입하여 결정할 문제이며, 취향의 문제이다.(임정대, 2005, 161) 역의 점은 여기서부터 시작된다. 인간이 점을 치는 동기가 여기서부터 출발한다는 말이다.

이러한 선택 공리가 직면한 문제에 대한 대안으로 다산의 추이법이 등장한다. 다산의 대표작인 《주역사전》은 선택 공리의 적용으로 역설을 해의하는 정본이라고 할 정도이다. '사전'은 역4법을 말한다. 한쪽 괘의 획을 다른 쪽으로 이동하는 기법이 역4법 그 자체이기 때문이다. 여기서는 추이법의 일부에 국한하여 선택 공리가 어떻게 적용되는가를 보려 한다. 역4법은 이미 위에서 거론된 것이기 때문에, 여기서는 선택 공리에 연관되는 것에 한해서 살펴보려 한다.

먼저 〈도표 7-9〉의 유취도를 다시 살펴보자. 거기에는 두 개의 근기가 있다. 건기는 '유류취柔類聚', 곤기는 '강류취强類聚'라고 한다. 건기와 곤기 자체가 선택 공리의 선택함수가 된다. 이 두 함수가 서로 근기가 된다는 말이다. 이를 다음에 말하게 될 선택함수와 구별하여 '근기함수'라고 하자. 건기는 곤기에서 시작하고, 곤기는 건기에서 시작한다. 이 말은 건의 바탕은 곤이고, 곤의 바탕은 건이란 뜻이다. 건기는 복괘부터 시작하고, 곤기는 구괘부터 시작한다. 복과 박은 위대칭이고, 복과 구는 치대칭이고, 복과 쾌는 위·치 대칭이다. 이렇게 기본구조가 잡혀진 구도 속에서 건기와 곤기는 서로 추이작용을 하여, 건기에는 복, 림, 태, 대장, 쾌, 건괘가, 곤기에는 구, 둔, 비, 관, 박, 곤괘 등 12벽괘가 생겨난다. 여기서 추이작용을 한다는 것은 연쇄적으로 획으로 한 괘를 다른 괘로 이동시키는 것을 말하며, 이는 선택 공리의 기법을 말한다. 앞의 〈도표 10-4〉와 대조하면서 다음 〈도표 10-5〉를 살펴보기로 하자.

도표 10-5. 근기함수에 의한 12벽괘진퇴소장표

곤기 ↓		건기 ↓	
1양생	복	1음생	구
2양생	림	2음생	둔
3양장	태	3음장	비
4양장	대장	4음장	관
5양장	쾌	5음장	박
6양성	건	6음성	곤
감위본	소과	리위본	중부

선택 공리를 다산의 추이법에 적용할 때, 가장 중요한 것은 선택함수이다. 함수를 다른 말로 표현하면 명패가 된다. 추이법에는 크게 '근기함수'라는 명패의 명패가 있고, '벽괘함수'라는 명패가 있다. 근기함수는 벽괘를 만드는 것이고, 벽괘함수는 연괘를 만드는 것이다. 위의 〈도표 10-5〉는 근기함수에 의해서 열네 개 벽괘를 만든 것이다. 그런데 6획으로 열네 개의 벽괘가 생겨났다는 것이 문제이다. 그 이유는 함수 자체가 벽괘가 되었기 때문이다. 다시 말해서, 근기 자체에서 벽괘가 나왔는데, 그 근기 자체(함수)가 벽괘 속에 부분으로 포함包含이 되었기 때문이다.(도표 7-13) 곤기에서 건괘가, 건기에서 곤괘가 나왔기 때문이다. 제집합이 자기 자신 속에 포함되었다는 것이다. 여기에 멱집합의 원리에 의해 공집합이 포함이 된다. 그 공집합이 다름 아닌 중부와 소과이다. 그래서 모두 열네 개의 벽괘가 생장성에 의하여 생겨났다.

선택 공리에 의하여 획이 나고 자라고 성숙한다. 생·장·성이란 생물이 싹터 자라 성숙하듯 연쇄적인데, 어떻게 이렇게 비연속 현상이 나타나는가? 어째서 중부와 소과, 그리고 제집합이 들어가는가? 나무로 말하면 제집합은 바로 열매 자체인 '과果'라 할 수 있다. 생장성을 가능하게 하는 것 자체이다. 계절의 변화에서도 중부와 소과는 낮과 밤의 길이가 같은 춘분과 추분 같은 지점이다. 이렇게 생겨난 열네 개의 벽괘를 다시 함수화(명패화)하여 50연괘들을 만들어 낸다.

〈도표 10-5〉에서 좌우의 두 칸은 두 근기이며, 여기서 서로 획을 선택하여 교환한다. 그러나 교환하는 과정에서 공집합과 제집합도 교환해야 할 경우가 생긴다. 제집합이란 근기에서 나온 건과 곤괘이고, 공집합이란 중부와 소과이다. 주자와 우번은 이들을 제외해야 한다고 하였다. 그러나 다산은 넣어야 한다고 하였다. 선택 공리에 따르면 다산의 말이 옳았다. 그러나 부득불 특례의 경우로 넣는다고만 하였다. 다시 말해서, 다산 자신도 그것이 가진 논리적 구조를 설명하지는 못했다. 다만 '특례', 그리고 '부득불'이라고 강변할 뿐이다. 그러나 여기서는 현대 논리를 통해 다산의 사상을 더 정교하게 하고 있다. 이에 대한 자세한 설명은 아래에서 이어진다.

선택 공리와 50연괘의 연출

이제 〈도표 10-5〉에서 건기와 곤기에서 위대칭을 하는 괘끼리 하나의 획을 끄집어 내 차례로 선택하면서 이동한다. 선택 공리의 원리가 적용되기 시작하였다. 1위는 1위로, 2위는 2위로, … 이렇게 이동시킨다. 그러면 복괘의 위대칭은 박괘이다. 복괘와 박괘의 효가 한 개씩 선택되어 이동해 연출해 내는 관계는 다음과 같다.

이들의 선택함수, 즉, 벽괘함수는 '1양'이다. 이 함수로 생겨난 괘를 '1양지괘'라고 한다. 1양이 2, 3, 4, 5로 가 사, 겸, 예, 비 등 네 개의 연괘를 연출하였다. '1음'을 벽괘함수로 하면서 위대칭 하는 괘는 구와 쾌이다. 여기서 연출되는 괘는 동인, 이, 소축, 대유이다. 이런 방식으로 벽괘함수로 나머지 괘를 연출해 내는 것을 보면 다음과 같다. 여기서 '지'란 간다는 의미로서 '1지2─之二'란 '1이 2의 위로 간다'는 뜻이다. 그래서 복괘에서 '1지2' 한 것과 박괘에서 '상지2' 한 것 모두 '사'괘란 뜻이다.

도표 10-6. 1양지괘추이표

1지2	사	상지2
1지3	겸	상지3
1지4	예	상지4
1지5	비	상지5
복괘 →		← 박괘

도표 10-7. 1음지괘추이표

1지2	동인	상지2
1지3	이	상지3
1지4	소축	상지4
1지5	대유	상지5
구괘 →		← 쾌괘

도표 10-8. 2양지괘추이표

1지3	승	4지2
1지4	해	3지2
1지5	감	
1지상	몽	
2지3	명이	1지4
2지4	震	3지1
2지5	준	
2지5	履	
림괘 →		← 소과괘

도표 10-9. 2양표

상지4	쵀	3지5
상지3	건	4지5
상지1	감	
상지2	준	
5지4	진	3지상
5지3	간	4지상
5지2	몽	
5지1	이	
관괘 →		← 소과괘

도표 10-11. 2음표

상지4	대유	상지5
지3	규	4지5
상지2	리	
상지1	정	
5지4	수	3지5
5지3	태	4지상
5지2	혁	
5지1	대과	
대장괘　→		←　중부괘

도표 10-10. 2음지괘추이표

1지3	무망	3지5
1지4	가인	4지5
1지5	離	
1지상	혁	
2지3	송	3지상
2지4	손	4지상
2지5	鼎	
2지상	대과	
둔괘　→		←　중부괘

도표 10-12a. 3양지괘추이표

1지4	항	초왕4래
1지5	井	초왕5래
1지상	고	초왕상래
2지4	풍	2왕4래
2지5	기제	2왕5래
2지상	분	2왕상래
3지4	귀매	3왕4래
3지5	절	3왕5래
3지상	손	3왕상래
태괘		

도표 10-12b. 3음지괘추이표

1지4	익	초왕4래
1지5	서합	초왕5래
1지상	隨	초왕상래
2지4	환	2왕4래
2지5	미제	2왕5래
2지상	因	2왕상래
3지4	점	3왕4래
3지5	려	3왕5래
3지상	함	3왕상래
비괘		

앞의 〈도표 10-6〉부터 〈도표 10-12b〉까지에서 보듯이, 선택함수의 종류에 따라서 다양하게 이동하는 것을 발견할 수 있다. 그러나 한 가지 공통된 것은, 이동할 때 반드시 1획씩 한다는 점이다. 그러나 벽괘함수의 경우, 함수 자체는 이동하지 않는다. 유과 양을 막론하고 1지1, 2지2, 3지3은 어느 곳에도 없다. 그리고 벽괘함수의 치는 변해서는 안 된다. 다시 말해서, 항상 같은 형태를 유지해야 한다. 획이 이동할 뿐이지 개수가 달라지는 것은 아니기 때문에 언제나 동형이상이다. 즉, 벽괘함수를 통해 동형이상이 되는 것이 원칙이다. 그러나 근기함수는 그렇지 않다. 근기함수는 위와 치를 모두 반대로 한다. 예를 들어, 건기 안의 곤괘의 상효가 곤기 안의 건괘의 초효가 된다. 이는 부랄리-포르테의 순서수 역설을 그대로 반영한다. 다시 말해서, 어느 순서수 마지막 수는 그 순서수 집합 안에는 없다는 역설 말이다. 곤기라는 집합 안의 마지막은 건괘이지 곤괘가 아니고, 건기라는 집합의 마지막은 곤괘이지 건괘가 아니다. 붕어빵 안에 붕어가 없다. 대장간 집에 식칼이 없다.

다음으로 특이한 점은, 〈도표 7-9〉의 유취도에서 볼 수 있다. 관과 림, 둔과 대장이 위대칭을 하고 있지만, 2양과 2음지괘 추이표에서 보면 2양4음인 림과 관은 소과와, 4양2음인 둔과 대장은 중부와 동일한 함수이다. 다시 말해서 동형이다. 그리고 태와 비는 제 자신이 각각 '3양'과 '3음'으로 함수를 만들고 있다. 태와 비는 건과 곤이 명패가 되고 물건이 된다. 그렇다면 벽괘 함수로 보았을 때, 유취도 안에서는 크게 세 가지 형태로 분류된다. 1.복·박과 쾌·구형인 1양과 1음형, 2.관·림과 둔·대장형인 2양과 2음형, 3.태와 비형인 3양과 3음형이 그것이다.

이렇게 구별하는 중요한 단서는 함수와 변수의 관계에 있다. 1번의 경우가 정상형, 2번을 초과형, 3번을 자기언급형이라고 한다. 특히 2번을 초과형이라 하는 이유는, 소과와 중부라는 동형이상을 추가로 가져와 함수로 삼고 있기 때문이다. 그래서 2번과 3번은 모두 정상이 아니라고 할 수 있다. 특히 3번의 경우는 함수가 변수 자체가 되고, 변수가 함수가 되는 경우이다. 태괘는 제 자신 속에서 6효가 위치 이동을 한다. 즉, 태괘(䷹)가 '초왕4래'하면 항괘(䷟)가 된다. 1양지괘의 사(師)괘의 경우는 1양이 복괘에서 '1지2'하고, 박괘에서 '상지2'한 것인데, 태와 비에는 이러한 동형인 쌍이 없이 자신이 자기언급을 한다. 전자가 타자이동을 한다면, 후자는 자기 이동을 한다. 바로 이런 집합을 제집합이라고 한다. 그렇게 되는 이유는 건·곤과 소과·중부 때문이다.

말안장형 14벽괘 구조

벽괘의 구조 안에 나타나는 위 세 가지 특징은 역학 전체의 논리적인 문제점을 그대로 노출시킨다. 즉, 순서수 역설의 문제, 기수의 역설, 연속성과 비연속성의 문제, 일치와 불일치의 문제점 등, 칸토어의 대각선 논법에 나타난 여러 문제를 그대로 지니고 있다. 그리고 무엇보다도 존재론의 난제인 역설 해의의 문제도 들어 있어서 비상한 관심의 대상이 되지 않을 수 없다. 즉, 건기와 곤기는 수학의 기수의 역설 문제를, 추이는 순서수의 문제를 그대로 담고 있다. 그리고 현대수학의 출발점이 된 오일러 정리라는 관점에서 볼 때 각별한 의미를 갖는다. 아래에서는 오일러 정리라는 관점에서 출발하여 푸앙카레-호프와 브

라우어 정리가 어떻게 다산의 벽괘론과 연관되는지 알아보기로 한다.

다산은 역학사에서 예외적으로 14벽괘론을 주장한다. 위에서 본 바와 같이 14벽괘 안에는 서로 다른 세 종류 선택함수들이 들어 있어서, 그것이 하나의 체계라고는 볼 수 없을 정도였다. 그러나 이를 통일시킬 하나의 통일장을 만들 수 있다. '승강왕래', '승상접하'라는 괘가 작용하는 기본 원리를 하나의 사각형 방도 안에 응용하여 위상학적으로 접근하면 하나로 통일시킬 수가 있다.

사각형 안에 x와 y의 두 좌표계를 만들고, x는 치대칭, y는 위대칭이라고 하자. 그러면 x축 좌우를 치대칭의 음과 양이라 하고, y축을 위대칭의 상과 하라 한다. 이러한 기본 설정과 함께 위에서 말한 세 가지 특징을 사각형 안에 적용해 보기로 한다. 추이법의 기본 원리는 '동형이상'이다. 형태는 같으나 상이 다른 관계를 '동형이상'이라 한다. 이말은 음양의 개수가 같은 것을 동형이라 할 때, 유취란 동형인 괘들끼리 모은다는 뜻이다. 그래서 유취표는 동형이나 상이 다른 이상끼리의 비교표이다. 동형이지만 음과 양획이 연쇄적이어야 한다. 그러나 연괘인 군분표에서는 개수만 상관하기 때문에 연쇄적일 필요는 없다. 형태를 두고 기표라고 한다면, 상태는 기의라 할 수 있다. 결국 추이법은 현대 기호론과 맥락이 같다고 할 수 있다.

여기서 가장 중요한 것은 리샤르 속성이다. 건과 곤, 태와 비는 리샤르 속성을 갖지 않는다. 자기귀속을 하기 때문이다. 나머지 괘는 리샤르 속성을 갖는다. '비자기귀속적'이란 속성을 갖기 때문이다. 비자기귀속인 동형이상의 경우에도 소과와 중부와 추이를 하느냐 마느냐에 따라서 두 가지로 나누어진다. 림·관과 둔·대장은 각각 소과와 중부

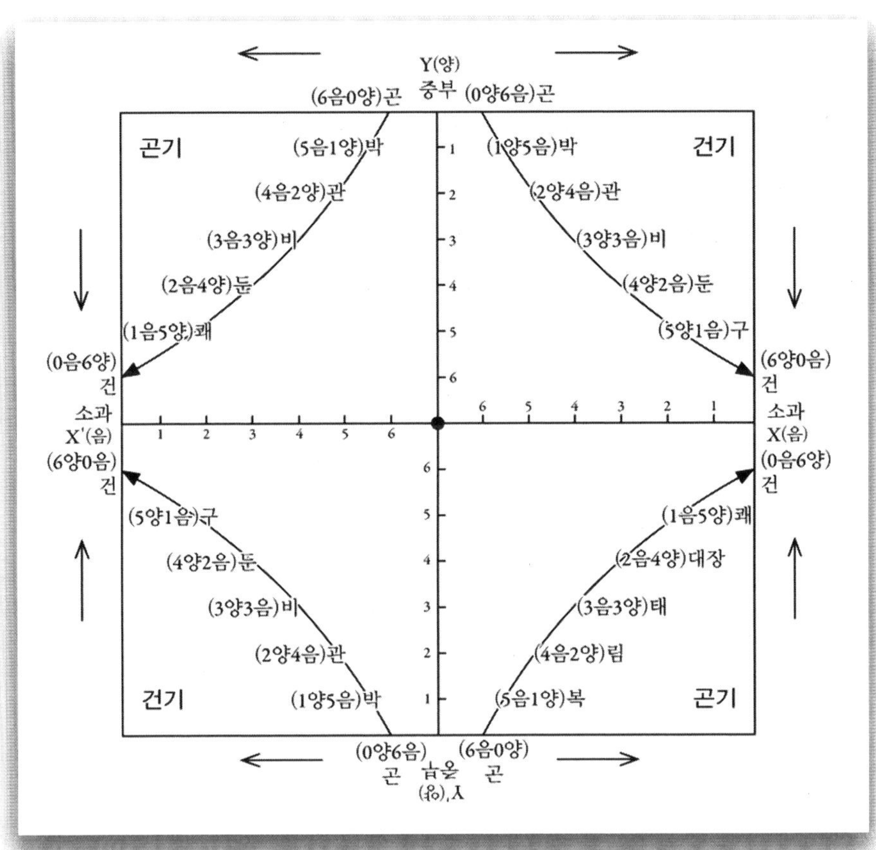

도표 10-13. xy 좌표계 안의 14벽괘

와 추이를 한다. 이러한 대전제와 함께 14벽괘를 사각형 안의 x와 y 좌표계 안에 넣어보면 다음과 같다. 이렇게 넣는 궁극적 이유는 오일러 지수와의 상관관계를 알아보기 위해서이다.

1. 사각형을 가, 나, 다, 라, 네 개의 상한으로 나눈다. 가와 다 상한은

건기이고, 나와 라 상한은 곤기이다. x축은 음, y축은 양이다. y축에서는 화살표가 하강하고, y'축에서는 상승하고 있다. x축에는 화살표가 우향하고, x'축에서는 좌향하고 있다. 각 벽괘가 각 상한 안에서 그리는 화살표는 말 안장형이 된다.

2. 각 상한 안에는 전환점, 변환점, 반환점이 있다. 네 상한에서 전환점은 건곤이고, 반환점은 관, 림, 대장, 둔이고, 변환점은 태와 비이다.

3. 태와 비는 변환점을 만든다. 태와 비가 있기 때문에 각 상한은 독자성을 가지며 다른 상한으로 넘어가지 못한다.

4. 건기 안에 곤괘가 있고, 곤기 안에 건괘가 있다. 그래서 건기와 곤기는 건과 곤괘와는 구별되나, 가위를 만들어 괘의 구실을 한다.(도표 7-13 참고) 건은 6양0음이고 곤은 6음0양이지만, 건기와 곤기는 모두 0음0양이다. 0음0양은 상한의 바탕 자체이다. 이것이 앞으로 오일러 지수를 말할 때 중요한 역할을 한다.

5. 중부와 소과는 네 개의 상한을 모두 매개한다. 중부와 소과 없이는 벽괘의 순환 자체가 불가능하다. 건과 건기, 그리고 곤과 곤기가 자기언급을 함과 동시에 박의 1양이 복의 1양으로, 건과 건기가 자기언급을 함과 동시에 쾌의 1음이 구의 1음으로 바뀐다. 중부와 소과는 촉매 역할을 담당한다.

6. 중앙의 흑점은 바로 태와 비가 만나는 점이고, 여기서 변환이 일어난다. 태와 비는 자기 자신이 3음과 3양으로 나누어져 추이를 한다.

7. 가와 라, 그리고 나와 다 상한에서 수는 같으나 음양이 반대이고 (반가치화), 가와 나, 그리고 다와 라 상한에서는 음양과 수가 모두 반대이다.

이상 일곱 가지 점검사항에서 볼 때 벽괘는 소용돌이 작용을 하는 것이 밝혀졌다. 각 상한에서 보면 전환점 입구에서 들어가 변환점에서 돌아 반환점에서 나와 다시 전환점으로 돌아간다. 이러한 순환과정을 화살표로 나타내면 사영평면의 그것과 같다. 문제는 세 군데 순환점인 변환점, 반환점, 전환점에서 그것을 어떻게 가능하게 만드느냐이다.

다산의 〈벽괘도〉(도표 7-6)를 보면 건과 소과, 곤과 중부가 이어 배열되어 있다. 소과와 중부는 건기와 곤기를 연결시키는 역할을 한다. 곤괘와 곤기, 건괘 건기를 연결시킨다는 것은 자기언급을 한다는 말이다. 자기언급을 통해 상반된 두 근기를 소통시킨다. 이는 멱집합에서 집합의 부분집합 속에는 자기 자신인 제집합을 부분으로 포함하는 것을 그대로 반영하는 것이다. 만약에 이런 자기언급이 없으면 네 개의 상한들은 서로 연결될 수 없다. 각 상한들을 서로 연관시키는 것은 소과와 중부인데, 소과는 림·관괘와 연관이 되고, 중부는 둔·대장과 연관이 된다. 이런 연관을 특히 '승상접하'라 한다. 복과 박, 구와 쾌가 서로 승강왕래를 할 때 소과와 중부는 예외적 관계를 유지하면서 승상접하를 한다.

한 붓 긋기와 벽괘

위 사각형은 그 자체가 하나의 스칼라 장이지만, 그 안에서 승강왕래와 승상접하를 할 때 하나의 벡터장이 형성된다. 이 말은 중부와 소과에 의하여 위에서 아래로 향하던 화살표가 좌우로 나누어지고, 아래에서 위로 향하던 화살표가 좌우로 나누어진다는 뜻이다. 이를 두고 탄젠트 곡선을 그린다고 한다. 그러면 사각형 안에는 하나의 '벡터장

vector field'이 형성된다. 이 스칼라장은 근기 자체로서 0양0음인 0점장이다. 그런데 0을 지수indices로 삼으면 모든 수가 1이 된다. 1이 바로 벡터장 방향이다. 벡터장 안에서 수많은 방향이 생겨나는데, 바로 14벽괘에서 새로 생겨나는 50연괘가 그것이다.

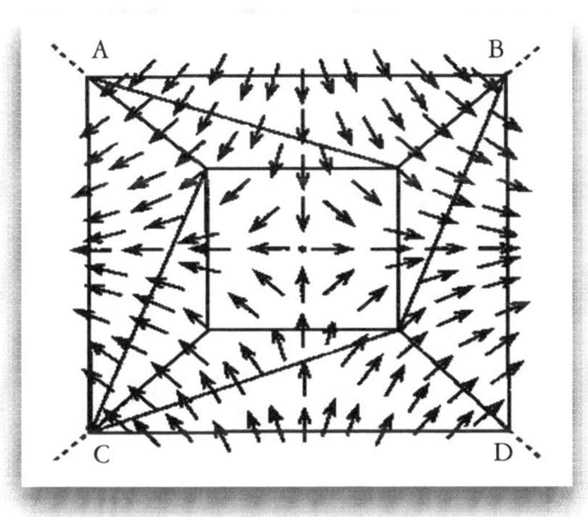

도표 10-14. 벡터장으로 본 64괘

사각형 안에는 태와 비에 의하여 화살표가 중앙 점에 모인다. 그러면서 하나의 작은 장을 만드는데, 이것이 〈도표 10-14〉의 내부 사각형이다. 〈도표 10-14〉는 〈도표 10-13〉을 벡터장으로 표현한 것이다. 태와 비는 3양과 3음으로 자기언급적이기 때문에 함수와 변수가 같아져 고정점을 만든다. 그것이 〈도표 10-13〉 중앙의 6흑점이고 그 6흑점이 만드는 장이 내부 사각형이다. 그러면 〈도표 10-14〉의 내·외부 사각형 안의 모든 점과 변과 면을 통과하는 한 붓 긋기를 할 수 있을까? 12벽괘는 서로 다른 선택함수를 가지고 있는데 그것이 가능할까? 그 안에 어떤 대통일장 같은 것이 있지 않을까?

'한 붓 긋기'는 64괘의 구조를 연구하는 데도 매우 중요하다는 사실을 알게 될 것이다. 어느 한 평면에서 펜을 떼지 않고 한 붓으로 모든 변(E)과 꼭짓점(V)과 면(F)에 다 그을 수 있게 한다는 것은 역의 유기체적 세계관과 무관하다 할 수 없다. 〈도표 10-13〉 사각형에서 각 상한을 하나로 통일시켜 주는 역할을 하는 것이 중부와 소과라는 사실을 알았다. 중부와 소과는 각각 대리와 대감이다. 그렇다면 여기서 감과 리괘의 중요성으로 눈길을 돌리지 않을 수 없고, 한 붓 긋기를 하는 데서도 감과 리의 역할에 관심을 쏟지 않을 수 없다.

다시 말해서, 한 붓 긋기에 결정적인 작용을 하는 괘는 대(소과)와 대리(중부)이다. 건곤은 스칼라장이고 감리는 벡터장이다. 건과 곤은 거기서 다른 괘들이 나오기는 했어도 다른 괘를 작용시키지는 못한다. 건과 곤은 기 자체이면서 동시에 벽괘 가운데 하나이다. 중부와 소과를 확장한 것이 27.이와 28.대과이다. 그래서 대과와 이도 대감과 대리이다. 그래서 대리는 27.이와 61.중부이고, 대감은 28.대과와 62.소과이다. 이들 괘는 열 개의 손가락으로 손깍지 끼는 형태이다. 손가락 사이로 다른 손의 손가락이 골고루 끼어든 것과 같다. 1.건-2.곤괘만 하더라도 이런 손가락 끼기holding fingers를 할 수 없다. 모태괘(중부와 소과)가 어머니 역할을 할 수 있는 이유는 이러한 한 붓 긋기를 해 64괘 모두를 하나의 통일장으로 만들어 낼 수 있기 때문이다.

오일러 정리란 한 붓 긋기가 가능하자면 $V-E+F=2$여야 한다는 정리이다. 꼭짓점수(vertex)에서 변의 수(edge)를 빼고 거기에 면의 수(face)

를 더한 것이 2가 되면 한붓 긋기가 가능하다는 정리이다. 예를 들어서, 육면체인 입방체의 경우는 8(V)−12(E)+6(F)=2로서 한붓 긋기가 가능하다. 이는 베티수와 함께 현대수학을 가능하게 한 주요 공식이다. 우체부가 어느 마을에 우편물을 배달할 때, 같은 길을 두 번 반복해 가지 않고 다 배달할 수 있는가를 알자면, 그 마을 지도를 그려 놓고 오일러 공식으로 풀면 답이 나온다. 중국의 어느 우체부가 실제로 이렇게 하였다고 하여 '중국 우체부Chinese postman'란 용어가 생겼다.

만약에 이러한 오일러 공식을 적용하면 우리는 감·리·대감·대리의 작용구조를 한눈에 파악할 수 있고, 나아가 역의 진면목을 보게 될 것이다. 다산이 말하는 특례의 괘인 27-28과 61-62의 작용구조를 파악하기 위해서는 특단의 조치가 필요한데, 특단의 조치란 오일러 공식을 역에 적용하는 것이다. 이제 오일러 공식의 적용을 통해 그것의 연장인 '푸앙카레-호프의 정리Poincare-Hope Theorem'(PHT)를 도출해 내는 것으로 역에 접근하기로 한다. PHT란 오일러 정리를 벡터장에 적용한 부차적인 정리라 할 수 있다.

64괘를 방도에서 소방도로 바꾼다는 것은 방도에서 스칼라장에 질서정연하게 배열되어 정지되어 있던 괘들 각각을 동서남북, 그리고 좌우(A-B와 C-D)와 상하(A-C와 B-D)로 움직이도록 만들어 버린 것과도 같다. 여기서 대각대칭(A-D와 B-C)은 벡터장에 해당한다. 벡터장에서 어느 한 점으로 모든 방향이 집중되어 버리는 것을 '벡터장 0점 zero point of vector field'(ZPVF)이라고 한다. 〈도표 10-13〉에서 0음0양, 또는 0양0음과 같다. 바로 66.중부와 62.소과, 그리고 27.이와 28.대과는 어머니의 태반과 같이 모든 다른 괘들이 향하는 방향을 한 곳에 안으로 모아

버리거나(소과), 사방으로 흩어지게(중부) 하는 역할을 한다.

전자를 '싱크형sink type'이라 하고 후자를 '소스형source type'이라고 한다. 이 둘을 결합시킨 것을 '말안장형saddle type'이라고 한다. 싱크 형이란 부엌의 싱크대에서 물이 한 곳에 모여 빠져나가는 모습을 의미한다. 소스형이란 샘물이 한 중심에서 나와 사방으로 퍼지는 모습을 의미한다. 말안장형이란 마치 말의 안장과 같이 동서남북 사방으로 퍼지는 모습을 의미한다. 이런 말안장형이 사영평면과 같은 화살표 방향을 만든다. 그래서 〈도표 10-13〉은 말안장형과 소스형이 동시적이라 할 수 있다.

이제 〈도표 10-13〉의 사각형을 가지고 벡터장 원리에 의하여 선을 추가로 그어 변형시킨다. 그러나 기본구조는 그대로 둔 채 변형을 시킨다. 추가로 그은 선들이 화살표가 되어 사방으로 작용을 한다.

사각형 안은 하나의 벡터장이 형성되었다. 거듭 말해서, 벡터장이 0이 되는 지점이 다름 아닌 수평과 수직이다. 건기와 곤기는 0양0음으로 벡터장 0점이다. 그러한 0점장의 경계가 사각형의 변들이다. 수직과 수평에 있는 화살표 이외의 화살표들은, 수직과 수평에 접근은 하나 서로 만나지는 않는다. 다시 말해서, 벽괘는 수직과 수평에 접근은 하나 피하여 각 상항에서 상하좌우로 흩어져 버린다. 그런데 14벽괘 가운데 중부와 소과는 y와 x축 자체이고, 사각형의 변은 건과 곤괘 자체이다. 나머지 괘는 벡터장 안에 있는 화살표이다.

화살표가 탄젠트 곡선을 그린다. 모든 벡터는 건과 곤, 그리고 중부와 소과의 경계선을 '들락날락'한다. 이제부터 이들 화살표들의 들락날락함에 따라 점수 1 또는 –1을 주는데, 이를 '지수indices'라고 한다. 외부 사각형과 내부 사각형의 여덟 개 꼭짓점들을 서로 연결한다. 그러면 여덟 개의 삼각형이 새로 생겨난다. 이들 삼각형의 변이란 두 사각형에 해당하는 변을 제외하고는 모두 외부 사각형 안의 대각선들이다. 그러면 〈도표 10-14〉 안에는 한 개 내부 사각형, 여덟 개 삼각형, 그리고 한 개 외부 사각형 등 세 개의 새로운 공간이 생겨난다.

이제부터 이들 공간에 지수 1과 −1을 주기로 한다. 먼저 들락날락하는 화살표의 방향을 보자. 사각형의 상과 하에서는 화살표가 사각형 안으로 들어오고, 반대로 좌우에 있는 화살표는 밖을 향해 나아간다. 상하와 좌우의 화살표 방향이 서로 다른 것의 의미가 크다. 상하는 중부이고 좌우는 소과인 것에 유의해야 한다. 결국 중부와 소과가 이 화살표의 방향을 좌지우지한다. 화살표의 방향은 추이법에서 승과 강, 그리고 왕과 래에 관계된다. 즉, 화살표가 사각형의 상에서는 아래로 하강하고, 하에서는 위로 상승하고 있다. 박괘는 하강하고 복괘는 상승한 것을 상기하자. 그리고 좌우에서는 화살표가 밖으로 향하고 있다. 〈도표 10-14〉 사각형은 승강왕래를 그대로 말해주고 있다. 내려가고 올라가고, 밖으로 나가고 안으로 들어오고 하는 것이 추이법의 그것을 연상시킨다. 이런 승강왕래에 따라 14벽괘가 50연괘를 생산해 낸다면, 〈도표 10-14〉는 바로 이런 과정을 나타낸다. 여기서는 지금 승강왕래하는 과정을 오일러 지수로 나타내려 한다.

사각형의 새로운 공간에는 면(F), 변(E), 꼭지점(V)이 있다. 이들 오일러 지수를 역과 연관시키기 위해서는 우선적으로 이들 V, E, F와 역의 상관성을 맺어 놓아야 한다. 한 개의 삼각형을 기준으로 볼 때 변은 1차원이고, 꼭지점은 0차원이고, 면은 2차원이다. 이를 역의 효와 연관시키면, 초효는 면에 해당하고, 2효는 변에 해당하고, 꼭짓점은 상효에 해당한다. 그 이유는 다음과 같다. 면은 세 개의 변과 세 개의 꼭짓점에 모두 접한다. 변은 두 개의 면과 두 개의 꼭짓점에 접한다. 즉, 한 개의 변은 두 개의 꼭짓점에 의하여 연결되고, 동시에 두 개의 면에 접한다. 한 개의 꼭짓점에는 몇 개의 변과 면이 모여 있다. 이는 차원의 수로 볼 때 면이 가장 높고, 변이 그 다음이고, 꼭짓점이 마지막이란 뜻이다. 그렇다면 하나의 소성괘 안에서 차원이 가장 높은 것은 초효이고, 그 다음이 2효이고, 마지막이 상효이다. 우리는 우선 이렇게 면, 변, 꼭짓점을 소성괘의 3효와 일치시킨다. 대성괘는 두 개의 소성괘가 접한 것이기 때문에 그 구조는 같다.

이제 외부와 내부 두 개의 사각형과 여덟 개 삼각형의 꼭짓점(V), 변(E), 면(F)에 지수 1과 −1을 매기는 작업을 한다. 이렇게 지수를 매기는 이유는 다음과 같다. 〈도표 10-14〉의 화살표를 볼 때 수직과 수평이 나누어지는 네 개의 상한에서 화살표는 탄젠트 곡선을 그리면서 말안장형을 만든다. 이는 싱크형과 소스형을 결합한 것이기 때문이다. 다음 여덟 개 삼각형과 화살표의 관계를 볼 때 네 개는 삼각형 안으로 향해 화살표가 들어가고(상과 하에서), 다른 네 개는 화살표가 삼각형 안에서 밖으로 나온다(좌와 우에서).

첫 번째 들어가는 경우(위)는 벡터장 화살표가 두 개의 변과 그 사이의 꼭짓점을 향하는 경우이고, 나오는 경우(아래)는 한 개의 변과 0개의 꼭짓점을 향하는 경우이다. 〈도표 10-14〉로 돌아가 모든 화살표와 삼각형의 관계를 볼 때, 화살표가 삼각형 안으로 들어가는 경우가 네 개이고, 밖으로 나오는 경우가 네 개임이 확인된다.(도표 10-15)

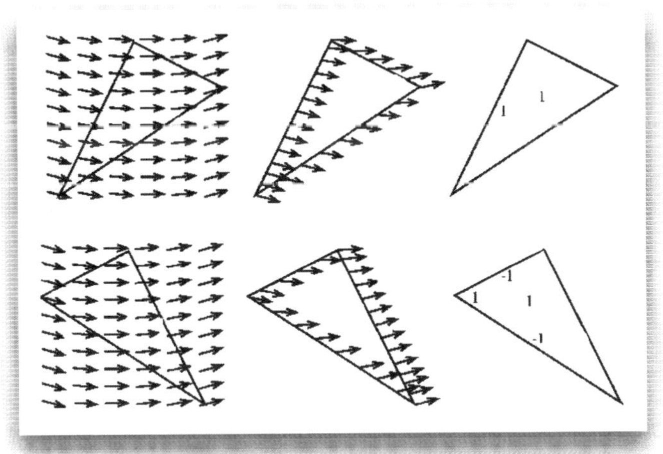

도표 10-15. 삼각형과 벡터장 화살표

이제부터는 지수DP 점수 주기를 해 보자. 지수DP 점수를 주는 기준
은 벡터장의 방향과 그것이 세 개의 공간 안에 들락날락하는 관계에
의하여 결정된다. 먼저 꼭짓점에는 모두 1을 준다고 기준을 설정한다.
각각의 변은 두 개의 면과 접해 있고, 벡터장은 바로 이들 두 면 가운
데 어느 한 면을 향해 들어간다. 바로 벡터장이 향해 들어가는 변에다
−1을 준다. 그것은 한 개 변은 두 개의 면과 접하는데, 한 면을 버리고
다른 한 면으로만 벡터장이 향해 들어가기 때문이다. 그래서 변의 지
수를 결정하는 데서 중요한 것은, '변이 두 개의 면에 접해 있다'는 말
이다. 벡터장은 이 변을 지나 삼각형 안으로 들어가기 때문에, 다른
한 면을 버려야 한다는 것이다. 그래서 −1의 지수를 준다.

다음은 면에 점수 주기이다. 먼저 꼭짓점을 보자. 꼭짓점에는 여러
개(2개, 3개, 4개)의 면이 모여 있다. 그런데 벡터장은 이들 가운데 한

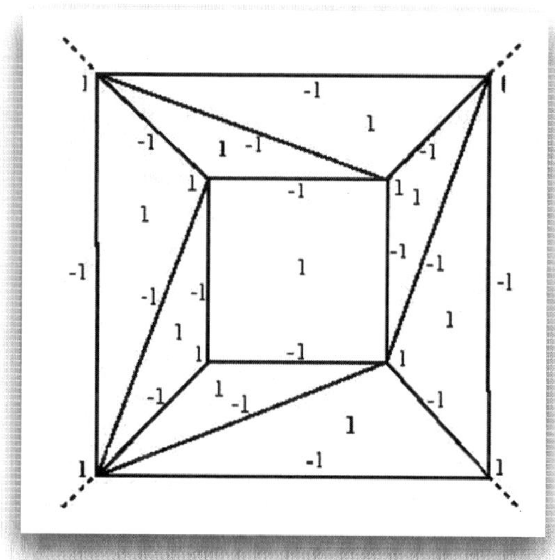

도표 10-16. 벡터장에 지수 결정하기

면으로만 향해 들어간다. 이 경우는 변과 달리 한 개의 면을 잃어버리는 것이 아니고, 여러 개 가운데 어느 하나를 얻어 들어가는 형국이다. 그래서 한 개라는 점수를 준다. 변과 면, 꼭짓점과 면의 관계에서 서로 관계 설정이 다르고, 서로 간의 관계 속에 있는 개수가 다르기 때문에 이런 점수 주기의 차이가 생긴다. 두 가지 경우, 이렇게 점수를 줄 때 그 어느 경우든 벡터장이 향해 들어가는 면수는 항상 한 개이다. 변의 경우는 두 개의 면에 접해 있으나 한 개의 면에만 들어가기 때문에 -1이 된다. 그러나 꼭짓점의 경우는 없던 면을 하나 얻기 때문에 1이 된다.

다시 말해서, 벡터장이 생기면 변은 가지고 있던 하나의 면을 상실하고, 꼭짓점은 모여 있던 여러 개의 면 가운데 하나를 선택해야 한다.

이런 차이로 −1과 1이 생긴다. 여기서 한 가지 남겨진 점수 주기 부분이 있다. 그것은 외부 사각형의 바깥 공간에 있는 변에 지수 점수 주기이다. 이 공간은 거기와 곤기의 공간에 해당한다. 사각형이 변으로 이들을 경계 지어 놓았을 뿐이다. 사실 이 공간은 공백(근기) 자체일 뿐, 단 한 개의 변으로 경계 지워졌다.

사각형의 상과 하 두 변은 화살표가 들어오고 있기 때문에 상과 하에 −1이란 점수를 줄 수 있다. 그런데 좌와 우는 밖으로 화살표가 나가고 있기 때문에 좌우변 밖에는 점수 −1, 꼭짓점에는 1을 준다. 그러나 이들 꼭짓점과 변은 밖으로 열려 있을 뿐, 그 앞면의 테두리를 만들어 줄 다른 두 변과 한 개의 꼭짓점이 없다. 그러면 이 면에 어떤 점수를 줄 것인가? 이 말은 근기와 곤기 자체에는 어떤 점수를 줄 것이냐의 문제이다. 사각형 네 변 밖 공간 면에 점수 주기는 다음과 같이 해결할 수 있다.

먼저 사각형의 상과 하 두 변의 경우, 꼭짓점에 각각 1이란 점수가 주어져 있다. 그렇다면 좌우 두 세로선의 꼭짓점이 피동적으로 결정되었기 때문에 변에 점수 −1을 줄 수 있다. 이 말은 일단 외부 사각형 안에서 변의 지수가 결정된 부분(상과 하)이 있기 때문에, 사각형의 네 변 가운데 그렇게 점수가 주어지지 않은 부분(좌와 우)에만 추가로 주면 된다.

이렇게 모든 공간에 지수 점수를 주고 나면, 다음 문제가 생긴다. 즉, 〈도표 10-16〉은 지금까지 준 지수 점수들만 나타낸 것이다. 이 도표상에 있는 모든 1과 −1을 총합하여 오일러 지수 V−E+F=2를 찾아보자. 과연 한 붓 긋기가 가능할 것인가? 이 말은 오일러 지수가 성립하는지의 여부를 통해 사각형 전체 안에 있는 두 개의 사각형과 여덟 개의 삼각형 사이에는 한 붓 긋기가 가능한가 알아보자는 말이다.

〈도표 10-14〉 안에 있는 1인 꼭짓점의 개수는 여덟 개, −1인 변의 개수는 열여섯 개, 면인 1의 개수는 아홉 개로서 8−16+9=1이 성립하여 오일러 지수 2가 아니다. 한 붓 긋기를 할 수 없는 공간이다. 14벽괘 안에 통일장은 없다는 결론인가? 아니다. 또 다른 시도가 있기 때문이다. 이는 우번과 주자의 벽괘 계산법으로는 통일장을 만들 수 없다는 말과 같다. 이제 다산이 왜 벽괘를 14로 했는가에 대한 진면목이 드러날 순간이다.

여덟 개 삼각형에 국한하여 생각을 집중해 본다. 두 가지 삼각형의 경우, 모두에서 삼각형 안쪽 점수의 합은 0이기 때문에 이것도 오일러 지수 2가 아니다. 즉, 두 삼각형 가운데 한 경우는 −1+1=0이고, 다른 한 경우는 −2+2=0으로서 오일러 지수 2가 아니다. 삼각형은 어느 경우든 0이다. 내부 사각형의 경우 역시 (−2)+1=−1로서 오일러 지수 2가 아니다. 지금까지는 사각형 내부에 있는 지수 점수들만 합계한 것이다. 사각형 안과 밖의 −1과 1의 총 개수는 −1이 열여섯 개로 −16이고, 1이 17로서 합하면 1이 된다. 이것도 오일러 지수가 아니다. 그러면 통일장은 포기해야 하는가?

그런데 여기서 오일러 지수를 셈하지 않은 곳이 있다. 그것은 외부 사각형에 있는 바탕이란 면 자체의 지수이다. 다시 말해서, 건기와 곤기가 합류된 그 자체인 공간, 0음0양인 공간 말이다. 즉, 그것은 건기와 곤기를 결합한 바탕 그 자체의 공간이다. 근기를 말한다. 그것은 사각형의 사면을 모두 감싸고 있는 공간으로서, 변으로 경계가 만들어지지 않은 공간이다. 그 공간은 바탕 자체로서 1이다. 그러면 전체 면은 −16이다. 그래서 17+1−16=2가 된다. 그렇다면 추이표 〈도표 7-6〉과 〈도표 10-13〉이 만든 사각형은 오일러 지수가 2가 되어 한붓 긋기가 가능한 공간이고, 그 안에는 대통일장이 이루어진 공간이다.

이것이 이른바 '푸앙카레-호프 정리Poincare-Hoff Theorem'라고 한다. 이 정리는 경계면을 가진 평면에 관한 정리이다. 이 정리에 대한 정의는 다음과 같다.

경계면이 있는 평면 S가 유한한 수인 0를 가진 벡터장이라 하자. 만약에 이 벡터장이 모든 경계면을 지나 그 평면 안으로 들어가(혹은 경계면을 지나 밖으로 나간다면) 모든 0들의 지수들을 합하면 그것이 그 표면의 오일러 수 2이다.

여기서 경계면을 지나 들락날락하는 것은 같은 형태의 괘에서 서로 효들이 승강왕래 한다는 것을 가리킨다. 그리고 여기서 벡터장의 제로 지수란 다름 아닌 곤기와 건기 같은 바탕 자체를 이르는 스칼라장이다. 여기서 벡터장들이 방향을 가지고 승강작용을 하는 것을 추이법이라 한다.

이를 선택 공리에서 볼 때 벡터의 방향은 한 공간에서 다른 공간으로 이동하는 것을 뜻한다. 화살표를 따라서 한 삼각형 공간에서 다른 삼각형 공간으로 이동할 때, 위에서 본 바에 따르면 세 가지 다른 방법이 있었다. −1/1형과 −2/2형과 −1/2/0형이 그것이다. 이것이 추이법에 있었던 세 가지 경우와 무관하지 않다. 정상형, 초과형, 자기언급형이 바로 그것이다. −1/1이 정상형이라면 −2/2는 초과형이다. 마지막으로 자기언급형이 −1/2/0이다. 자기언급형은 근기와 곤기인 바탕 자체를 하나의 면으로 보는 것이다. 그 바탕 자체는 어느 한 괘와 그것의 대칭이 되는 괘 사이에 함수와 변수 관계를 만들 수 없다.

변수가 함수이고 함수가 변수이기 때문이다. 사각형의 모든 변에 다 통하기 때문에 결국 1이란 점수를 준다. 그런데 바로 이 점수 1을 주었기 때문에 14벽괘 말안장형은 통일장을 만들 수 있다. 한붓 긋기가 불가능할 때 도형 바깥에 선을 하나 더 그어 그것을 점과 연결시키면 새로운 면이 만들어지고, 그러면 한 붓 긋기가 가능해지는 원리와 같다. 이러한 초과분을 만들어 내는 괘가 바로 중부와 소과이다.

그러면 우리는 선택 공리에서 함수와 변수 관계를 방정식으로 만들 때, 세 가지 가능한 추리를 할 수 있다. 하나는 변수가 함수로 이동하는 경우, 바로 정상인 경우이다. 복, 박, 구, 쾌가 해당한다. 이를 $x \rightarrow f(x)$로 표시한다. 다른 하나는 이런 이동이 불가능하고 자기 자신이 자기 자신에 대하여 변수도 되고 함수도 되는 경우로, 이는 $y \equiv f(y)$로 표시한다. 태와 비괘의 경우이다.

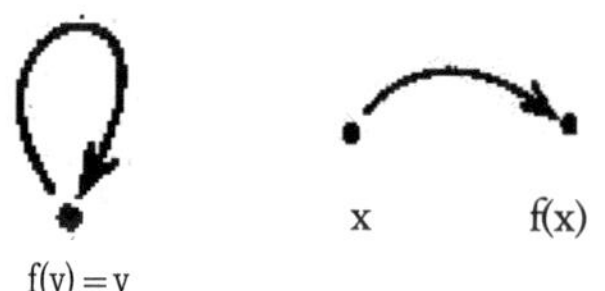

도표 10-17. 자기언급과 타자언급의 함수

나머지 하나는 관·림(2양4음)과 둔·대장(4양2음)의 경우이다. 관림

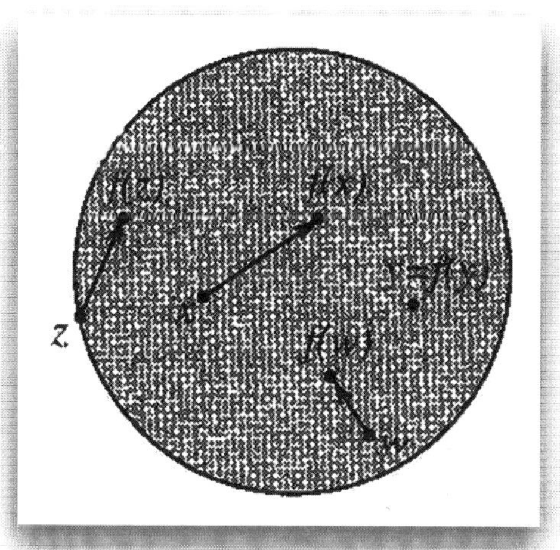

도표 10-18. 벡터장 안에서의 타자함수와 자기함수

은 소괘로 둔·대장괘는 중부괘로 이동을 한다. 전자의 선택함수는 2양4음이고, 후자의 선택함수는 4양2음이다. 이를 x의 경우와 구별하여 그 변수를 z라 하고 $z \rightarrow f(z)$로 표시한다. 그렇다면 64괘 안에는 14벽괘의 이러한 세 가지 형태의 선택 공리 때문에 다양한 괘가 만들어진다. 이를 도형으로 나타내면 〈도표 10-17〉과 같다.

〈도표 10-18〉을 통해 선택 공리와 벽괘의 관계를 재점검하자. 먼저 $x \rightarrow f(x)$인 정상의 경우를 생각해 보기로 한다. 박괘(☷)의 상효가 2효로 가 사괘(☷)가 되고, 상효가 3효로 가 겸괘(☷)가 되고, 상효가 4효로 가 예괘(☷)가 되고, 상효가 5효로 가 비比괘(☷)가 된다. 그리고 복괘의 초효가 2로 가 사괘, 초효가 3으로 가 겸괘, 초효가 4로 가 예괘, 초효가 5로 가 비괘가 된다고 할 때, 이를 논리식으로 나타내면 $x \rightarrow f(x)$와 같다. 변수와 함수가 다르다는 의미이다. 이렇게 다르게 하는 것이 승

강이고 왕래이다. 박괘의 상효는 강과 래를 하고, 복괘의 초효는 승과 왕을 한다. 다시 말해서, 승강 왕래가 선택 공리의 빌미를 푸는 열쇠이다. '선택'이란 말 대신에 추이법에서는 '연출'이라 하고, 선택을 하는 방법은 승강과 왕래이다. 이렇게 승강왕래를 하여 박과 복에서 효가 이동 선택되어 만들어진 괘를 '연괘衍卦'라고 한다.

복과 박의 1양에 대하여 1음5양의 괘들인 구와 쾌가 승강왕래를 할 때에는 동인, 이履, 소축, 대유괘들이 연출된다. 이렇게 1양, 2양, 3양, 1음, 2음, 3음, 5음, 5양으로 이어질 수 있다. 그런데 여기서 3음3양인 태비에 와서는 연속이 안 되고 만다. 정상적인 함수와 변수의 관계를 만들 수 없기 때문이다. 태와 비 안의 3음과 3양이 둘로 반으로 나누어져서 서로 스스로 함수가 되고 변수가 되기 때문이다. $0.5x \rightarrow f(x)$라 표시할 수밖에 없다. 복과 박과 같이 6획이 서로 대대를 하는 것이 아니고, 태와 비 안에 있는 3음과 3양이 둘로 나누어져(0.5와 0.5로) 대대를 하기 때문이다. 그리고 3음과 3양의 중앙은 고정점이 된다. 자기 안에서 자기언급을 하고 있으며, 이를 고정점이라고 한다.

다음으로 문제는 여기서 왜 6양과 6음이 빠져 있는가이다. 그 이유는 6음과 6양은 바로 건기와 곤기 자체의 가장자리에 있기 때문이다. 〈도표 10-13〉의 사각형에서 볼 때 바깥 공간 자체이다. 사각형의 사방을 감싸고 있는 공간이기 때문에 지수 점수 1을 주었다. 공집합을 L_0라 할 때 그 공집합에 해당하는 것이 두 개의 근기들 자체이다. 그런데 건기 안에 곤괘(6음)가 있고, 곤기 안에 건괘(6양)이 있다. 이것이 제집합인 L_1이다. 그러면 초효는 L_1이고, 2효는 L_2과 같이 이어진다. 제집합은 건기 안의 곤괘이고, 곤기 안의 건괘이다. 건기나 곤기 자체가 L이다. 곤기 안의 제집합인 건괘는 바로 곤기의 가장자리에 있다. 다시 말해서, 곤기 안의 건괘 상효가 바로 건기 안에 있는 박괘의 초효가 된다. 이는 위상하적인 변형으로 그렇게 된다. 사각형으로 뫼비우스띠를 만들었을 때 생기는 현상이다.

그러면 여기서 가장 문제되는 것은 건기도 하나의 정렬이고, 곤기도 하나의 정렬이라고 할 때, 어떻게 정렬과 정렬이 연결될 수 있느냐 이다. 어떻게 서로 다른 기가 연결되느냐이다.(도표 7-13 참고) 곤기와 건기 사이를 연결시켜 주는 것이 소과와 중부이다. 〈도표 7-9〉에서 다산이 중부와 소과를 둔 위치를 보면 이 말이 확인된다.

이미 위에서 본 바와 같이, 중부는 둔-대장, 소과는 림-관과 동일한 형태를 하면서 연괘를 만들어 내는 2번 형이었다. 이 말은 선택 공리에서 정렬과 정렬 사이의 이음이 없이는 공리 자체가 성립될 수 없듯이, 다산의 추이법에서는 건기와 곤기라는 두 다른 계열의 정렬을 이어주는 것이 중부과 소과이다. 서양 수학의 선택 공리에서 미처 드러나지 못했던 점들이 떠오른다. 다시 말해서, 정렬과 정렬 사이의 이음새 문제가 선택 공리에서 다루어야 할 주요 과제이다.

선택함수란 위에서 말한 '대표점'이다. 이를 '구별 요소distinguished element'라고도 한다. 자기언급을 하는 함수는 반드시 고정점을 가지고 있다는 것을 '브라우어의 고정점 정리Brouwer Fixed Point Theorem'라고 한다.(Richeson, 2008, 217) 특히 구별 원소가 생기는 점을 두고 '고정점fixed point'이라 하며, 이에 해당하는 것이 태와 비이다. 선택 공리는 어느 두 집합 A와 B가 모두 공집합이 아니라고 할 때, A의 원소 x, B의 원소 y가 꼭 하나씩은 있다고 하는 공리이다. 이때 A에 대해서 x를, B에 대해서 y를 각각 1 대 1로 대응시키는 함수를 f라고 할 때, x를 f(A)로, y를 f(B)로 적으면 f(A)∈A와 f(B)∈B이다. 이는 함수가 변수에 귀속된다는 공식이다. x를 효라 하고 A와 B는 효가 만드는 괘라고 할 때, 효도 자기귀속을 하고 괘도 자기귀속을 한다는 말이다. 괘가 자기귀속하는 것이 건과 건기, 곤과 곤기의 관계이다. 태와 비는 x 자체의 자기귀속이다. 다시 말해서, 양3획과 음3획 사이의 자기귀속이다. A를 건기, B를 곤기라고 할 때 (A)∈A와 f(B)∈B는 다름 아닌 건이 건기 안에, 곤이 곤기 안에 서로 귀속됨을 의미한다. 이들 귀속을 가능하게 하는 것이 중부과 소과이다.(도표 7-13 참고)

선택 공리에서 공집합은 제외된다. 아무것도 그 안에서 선택할 것이 없기 때문이다. 그러나 다산의 벽괘론에서는 그렇지 않다. 〈도표 10-13〉에서 볼 때 6음0양과 6양0음과 같다. 제집합과 공집합이 서로 1 대 1 대응을 하면서 1양생, 2양생, … 등을 한다. 이를 석합보공이라고 한다. 여기서 벽괘의 수가 10이냐, 12냐, 14냐 하는 논쟁이 생긴다. 공집합인 건과 곤을 제외시키자는 주자와 우번 등이 이에 해당한다. 서양 수학의 선택 공리도 이를 제외시키자고 한다. 그러나 다산은 제외시키지 않아야 한다고 한다. 그래서 근기함수와 벽괘함수 두 가지가 가능해졌다. 전자가 명패의 명패이고 후자가 명패이다. 명패에 소과와 중부가 추가된다. 그래서 14벽괘가 가능해진다. 이것이 다산의 14벽괘론이다.

끝으로 선택 공리와 다른 역4법과의 관계도 간단히 설명하고 넘어가기로 하자. 선택 공리는 임의의 집합으로부터 그것의 부분집합 전체의 집합을 구성할 수 있다는 공리이다. 그렇다면 선택 공리가 호체론과 무관하다 할 수 없다. 선택의 변수를 추이론에서는 획으로 했지만, 만약 소성괘로 한다면 선택 공리는 호체론에도 해당한다. 획을 내호와 외호라는 말로 비꾸어 놓으면 이해가 쉽다. 호체론에서는 상획과 초획을 제거하고 2, 3, 4, 5획을 두 개의 호로 나눈다. 내호는 2, 3, 4이고, 외호는 3, 4, 5이다. 이것은 선택에 의해 자의로 만들어진 새로 구성된 괘를 구성하는 방법이다. '겸호'라는 것은 6획을 두 개의 획으로 두 개씩 묶어 6효가 3효 소성괘의 형태를 취하도록 효를 선택하는 것이다. 위복, 양호, 반합 등이 모두 주관의 선택에 따라서 자의로 괘를 구성하는 방법으로서, 이를 선택 공리라고 한다.

선택 공리를 공리에서 제외하려는 이유도 이 공리에는 선택에 주관이 개입하기 때문이다. 그래서 왕필은 이런 호체법 같은 것을 일고의 가치도 없는 허구라고 한다. 그러나 바디우는 선택 공리야말로 가장 가치 있는 공리로 취급한다. 왜냐하면 거기에는 다른 공리와는 달리 강력한 주관의 개입이 시사되기 때문이다. 강력한 주관의 개입과 함께 역은 점을 치는 도구가 된다. 이런 점에서 바디우의 입장은 다산에 근접하고 있다. 주관의 개입 없이 되는 것이 없다.

64방도

下卦＼上卦	天	澤	火	雷	風	水	山	地
天	乾爲天	澤天夬	火天大有	雷天大壯	風天小畜	水天需	山天大畜	地天泰
澤	天澤履	兌爲澤	火澤睽	雷澤歸妹	風澤中孚	水澤節	山澤損	地澤臨
火	天火同人	澤火革	離爲火	雷火豐	風火家人	水火旣濟	山火賁	地火明夷
雷	天雷无妄	澤雷隨	火雷噬嗑	震爲雷	風雷益	水雷屯	山雷頤	地雷復
風	天風姤	澤風大過	火風鼎	雷風恒	巽爲風	水風井	山風蠱	地風升
水	天水訟	澤水困	火水未濟	雷水解	風水渙	坎爲水	山水蒙	地水師
山	天山遯	澤山咸	火山旅	雷山小過	風山漸	水山蹇	艮爲山	地山謙
地	天地否	澤地萃	火地晉	雷地豫	風地觀	水地比	山地剝	坤爲地

참고문헌

1. 1차 자료

《주역》
사서삼경
성이심, 《인역》
윤선거, 《노서유고》
이황, 《계몽전의》
정약용, 《주역사전》
———, 《역학서언》
한원진, 《역학문답》

2. 국내논저

강학위/심경호 옮김, 《주역철학사》, 예문출판사, 1994.
고회민/신하령 옮김, 《상수역학》, 신지선원, 1994.
고회민/정병석 옮김, 《주역철학의 이해》, 문예출판사, 1995.
곽신환, 《주역의 이해》, 서광사, 1990.

권영원, 《정역구해》, 상생출판사, 2011.

그레이엄, A. C./이창일 옮김, 《음양과 상관적 사유》, 청계, 2001.

금장태, 《조선유학의 주역사상》, 예문서원, 2007.

김상봉, 《수역》, 은행나무, 2007.

김상일, 《현대물리학과 한국철학》, 고려원, 1993.

———, 《초공간과 한국 문화》, 교학연구사, 1999.

———, 《원효의 판비량론》, 지식산업사, 2004.

———, 《원효의 판비량론 비교 연구》, 지식산업사, 2005.

———, 《역과 탈현대의 논리》, 지식산업사, 2006.

———, 《알랭바디우와 철학의 새로운 시작》, 새물결, 2008.

———, 《대각선 논법과 역》, 지식산업사, 2012.

김승호, 《주역원론》, 선영사, 2009.

김용운, 《위상기하학》, 동아출판사, 1992.

———, 《토폴로지 입문》, 우성문화사, 1995.

김용정, 《제3의 철학》, 사사연, 1986.

김익수, 《주역계사석의에 대한 계승발전을 위한 연구》, 서울사상문화연구원, 2006.

김인철, 《다산의 주역해석체계》, 경인문화사, 2003.

김재범, 《주역사회학》, 예문서원, 2001.

김진근, 《왕부지의 주역철학》, 예문서원, 1996.

김진희, 《주역의 근원적 이해》, 보고사, 2010.

남회근/신원봉 옮김, 《역경잡설》, 문예출판사, 1998.

———, 《주역강의》, 문예출판사, 1998.

네이글 외/강헌주 옮김, 《괴델의 증명》, 경문사, 2003

다가나 아쓰시/이기동 옮김, 《주역이란 무엇인가》, 여강출판사, 1993.

들뢰즈/이정우 옮김, 《의미의 논리》, 한길사, 2003.

들뢰즈/이찬웅 옮김, 《주름, 라이프니츠와 바로크》, 문학과지성사, 2004b.

레베카 골드스타인/고중숙 옮김, 《불완전성―괴델의 증명과 역설》, 승산, 2007.

로버트 카플란/심재관 옮김, 《존재하는 무 0의 세계》, 이끌리오, 2003.

로빈 로버트슨/이광자 옮김, 《융과 괴델》, 몸과마음, 2005.

로저 에임즈/장원석 옮김, 《동양 철학, 그 삶과 창조성》, 유교문화연구소, 2005.

마틴 데이비스/박정일·장영태 옮김, 《수학자, 컴퓨터를 만들다》, 지식의풍경, 2005.

모리스 클라인/김경화 옮김, 《지식 추구와 수학》, 이화여대출판부, 1997.

문용직, 《주역의 발견》, 부키, 2007.

미치오 가쿠/최성진 옮김, 《초공간》, 김영사, 1994.

박일봉, 《주역》, 육문사, 1999.

박재주, 《주역의 생성논리와 과정철학》, 청계, 1999.

박주병, 《주역반정》, 서문당, 2002.

배선복, 《탈현대 기초 논리학 입문》, 철학과현실사, 2004.

비트겐슈타인, L./박영식 옮김, 《논리철학 논고》, 정음사, 1985.

서정기, 《주역상수체계와 의리사상》, 한국학술정보(주), 2009.

소강절/윤상철 옮김, 《황극경세》, 대유학당, 2002.

송재국, 《역학담론》, 예문서원, 2010.

슈츠스키, I. K./오진탁 옮김, 《주역연구》, 한겨레, 1988.

스에끼 다께히로/최승호 옮김, 《동양의 합리사상》, 대구 : 이문출판사, 1987.

스티븐 F. 바커/이종권 옮김, 《수리철학》, 종로서적, 1985.

아리스토텔레스/조대호 옮김, 《형이상학》, 문예출판사, 2005.

액설, A. D./신현용 옮김, 《무한의 신비》, 승산, 2002.

야마오카 에쓰로/안소현 옮김, 《거짓말쟁이 역설》, 영림카디널, 2004.

에리히 얀치/홍동선 옮김, 《자기조직하는 우주》, 범양사, 1989.

양력/김충렬 옮김, 《주역과 중국의학》, 법인문화사, 2004.

요사마사 요시나가/임승원 옮김, 《괴델 불완전성 정리》, 전파과학사, 1993.

윤종빈, 《한국 역학의 논리》, 문경: 문경출판사, 2007.

위르겐 베를리츠/이기숙 옮김, 《패러독스와 딜레마》, 보누스, 2011.

이도흠, 《화쟁 기호학 이론과 실제》, 한양대출판부, 2001.

이동준, 《유교의 인도주의와 한국사상》, 한울, 1997.

──── , 《훈민정음과 역학사상》, 2002.

이명섭, 《태극기와 술어논리학》(*The ensign and predicate logic*), 미조사, 1993.

이상권, 《한원진》, 성균관대학교출판부, 2009.

이신/이주행 옮김, 《주역 ─ 주역의 강은 어디로 흘러갈 것인가》, 인간사랑,
        1995.

이운형, 《거짓말쟁이 역설》, 한국학술정보(주), 2006.

이정우, 《세계철학사》, 길, 2011.

이종우, 《유한에서 무한으로 여행》, 경문사, 2000.

이창일, 《소강절철학》, 심산, 2007.

장시앙핑/박정철 역, 《역과 인류사유》, 이학사, 2007.

정성희, 《조선시대 우주관과 역법의 이해》, 지식산업사, 2005.

정해광, 〈다산 정약용의 역학사상〉, 《주역과 한국역학》, 범양사출판부, 1996.

존 베로/고종숙 옮김, 《무영진공》, 해나무, 2003.

존 캐스티/박정일 옮김, 《괴델》, 몸과마음, 2002.

주백곤/김학권 옮김, 《주역 산책》, 예문서원, 1999.

주자/김상섭 옮김, 《역학계몽》, 예문서원, 1994.

주자/백은기 옮김, 《주역본의》, 여강, 1999.

카너먼, 대니얼/이진원 옮김, 《생각에 관한 생각》, 김영사, 2012.

프랜시스 코린스/이창신 옮김, 《신의 언어》, 김영사, 2006.

푸코/김현 옮김, 《이것은 파이프가 아닙니다》, 민음사, 1995.

하이데거/이기상 옮김, 《논리학》, 까치, 2000.

하이데거/신상희 옮김, 《동일성과 차이》, 민음사, 2001.

하이젠베르크/김용준 옮김, 《부분과 전체》, 지식산업사, 1982.

한국역경문화학회, 《주역철학과 문화》, 수덕문화사, 2004.

한국주역학회, 《주역의 현대적 조명》, 범양사, 1992.

───, 《주역의 근본 원리》, 철학과현실사, 2004.

한국화이트헤드학회, 《창조성의 형이상학》, 동과서, 1999.

한규성, 《역학원리강화》, 예문사, 2004.

호프스테터, D./박여성 옮김, 《괴델, 에셔, 바흐》, 까치, 1999.

화이트헤드, A. N./오영환 옮김, 《과정과 실제》, 민음사, 1991.

3. 외국논저

楊力, 《周易與中醫學》, 北京科學技術出版社, 1989.

江愼修, 《河洛精蘊》, 學苑出版社, 2007.

黃易, 《易經》, 南海出版社, 2009.

張立文, 《帛書周易註釋》, 中州出版社, 2007.

張其成, 《易圖 深秘》, 廣西科學技術出版社, 2008.

唐頤, 《京氏易傳》, 峽西師範出版社, 2009.

郭或, 《易圖倂座》, 華夏出版社, 2007.

嚴有穀, 《周易六十四卦精解》, 萬卷出版社, 2007.

曾子健, 《易學》, 當代世界出版社, 2009.

張年生, 《易理數理》, 團結出版社, 2009.

施維, 《周易八卦圖解》, 四川出版集團, 2008.

徐芹庭, 《易圖原流》, 臺灣中國書店, 2008.

周春才,《易經圖典》, 海豚出版社, 2006.

Aczel, A. D., *The Mystery of The Aleph*, New York: A Washington Square Press Publication, 2000.

Allen, R. E., *Plato's Parmenides*, New Haven: Yale University Press, 1997.

Andrews, Peter B., *An Introduction to Mathematical Logic and Type Theory: To Truth Through Proof*, London: Kluwer Academic Publishers, 2002.

Aristotle, *The Cambridge Companion to Aristotle*, ed. by Jonathan Barnes, New York: Cambridge University Press, 1995.

Badiou, Alain, *Being and Event*, New York: Continuum, 2005.

——— , *Number and Numbers*, Cambridge: Polity Press, 2008.

——— , *Logics of World*, New York: Continuum, 2009.

——— , *Number and Numbers*, Cambridge. Polity Press, 2008.

Barr, Stephen, *Experiments TOPOLOGY*, New York: Dover Publications Inc., 1964,

Barrow, John D., *The Infinite Book*, New York: Vintage Books, 2005.

Bartlett, Steven J., and Suber, Peter, *Self-Reference*, Boston: Martinus Nijhoff Publishers, 1987.

Bloch William Goldbloom, *The Unimaginable Mathematics of Borges' Library of Babel*, Oxford: Oxford University Press, 2008.

Byers, William, *How Mathematicians Think*, Oxford: Princeton University Press, 2007.

Chihara, C.. "The Semantic Paradox: A Diagnostic Investigation", *The Philosophical Review* (Oct.1979)

Clark, Michael, *Paradox from a to z*, London: Routledge, 2002.

Clegg, Brian, *Infinity*, New York: Carroll and Graf Publishers, 2004.

Cobb, John B. Jr., *Christian Natural Theology*, Philadelphia: The Westminster Press, 1976.

————, *Whitehead Word Book*, Claremont: Visit P&F Press, 2008.

Devlin, Keith, *Mathematics, The Science of Patterns*, New York: Henry Holt & Company, 1994.

Evans, Gareth, *The Varieties of Reference*, Oxford: Clarendon Press, 1982.

Falletta, N., *Paradoxicon*, Wallingborough: Turnstone, 1983.

Franz, Marie-Louise von, *Number and Time*, Evanston: Northwestern University Press, 1974.

Gardner, Martin, *The Colossal Book of Mathematics*, New York: W.W. Norton & Company, 2001.

Genz, Henning, *Nothingness*, New York: Basic Books, 1999.

Gupta, Annil, *The Revision Theory of Truth*, London: The MIT Press, 1993.

Hawking, Stephen and Pensore, Roger, *The Nature of Space and Time*, Princeton: Princeton University Press,

Heidegger, Martin, *The Metaphysical Foundation of Logic*, Indianapolis: Indiana University Press, 1982.

————, *Parmenides*, Indianapolis: Indiana University Press, 1992.

Henle, James M., *An Outline of Set Theory*, New York: Dover Publications Inc., 1986.

Hodges, Andrew, *One to Nine*, New York: W.W. Norton and Company, 2008.

Huang, Alfred, *The Numerology of the I Ching*, Vermont: Rochester, 2000.

I Ching, The First Complete Translation With Concordance, tr. by Rudolf Ritsema and Stephen Karcher, Rockport: ELEMENT, 1994.

I Ching, Trans. by Rudolf Ritsema, Dorset: ELEMENT, 1994.

Kaplan Robert and Kaplan Ellen, *The Art of Infinite*, New York: Penguin Books, 2003.

Kline, Morris, *Mathematics: The Loss of Certainty*, New York: Fall River Press, 2011.

Ko, Young Woon, *Paradox, Harmony and Change*, Denver: Oputkirst Press Inc., 2005.

Krauss, Lwrence M., *A Universe From Nothing*, New York: Freee Press, 2012.

Kripke, Saul, "Outline of a Theory of Truth", *Jr. of Philosophy* 72, 1975.

Lakoff, G. & Nunez R. E. , *Where Mathematics Comes From?*, New York: Basic Books, 2000.

Lindberg, David C., *The Beginnings of Western Science*, Chicago: Chicago University Press, 1992.

Lundy, Miranda, *Quadrivium*, Glastonbury: Wooden Books, 2010.

Ming-Dao, Deng, T*he Living I Ching*, San Francisco: Harper Collins Publishers, 2006.

Pagels, Heinz R., *Perfect Symmetry*, Sydney: Simon and Schuster Paperbacks, 1985.

Pickover, Clifford A., *Surfing Through Hyperspace*, New York: Harper Collins Publisher, 1999.

Pickover, Clifford, *The Moebius Strip*, New York: Thunder Mouth Press, 2006.

————— , *The Loom of God*, Cambridge: Perseus Books, 1997.

Plato, *Plato Complete Works*, trans. by John M. Cooper and D. S. Hutscison, Indianapolis: Hackett Publishing, 1997.

Priest, Graham, *Logic*, London: Sterling, 2000.

————— , *Beyond the Limits of Thought*, Oxford: Clarendon Press, 2002.

————— , *Toward Non-Being*, Oxford: Clarendon Press, 2005.

Ramsey, F. P., *Foundation of Mathemetics*, 1925.

Rosen, Steven M., *Topologies of the Flesh*, Athens: Ohio University Press, 2006.

————— , *Dimensions of Apeiron*, New York: Amsterdam, 2004.

Rucker, R., *Infinity and the Mind*, Princeton: Princeton University Press, 1995.

Russell, Bertrand, *Introduction to Mathematical Philosophy*, London: George Allen & Unwin LTD., 1960.

Salmon, Nathan, *Metaphysics, Mathamatics, and Meaning*, Oxford: Clarendon Press, 2005.

Sandifer, Jon & Yang, Wang, *The Authentic I Ching*, London: Wakins Publishing, 2003.

Shanker, S., *Wittgenstein and the Turning Point in the Philosophy of Mathematics*, New York:

Routledge, 1991.

Shchutskii, Lulian, *Research on the I Ching*, London: Routledge & Kegan Paul, 1979.

Simmons, K., *Universality and the Liar*, New York: Cambridge University Press, 1993.

Smolin, Lee, *Three Roads Quamtum Gravity*, New York: Basic Book, 2001.

Smullyan, Raymond, *Daigonalization and Self-Reference*, Oxford: Clarendon Press, 1994.

Song, Ha Suk, *The Nature and the Logic of Truth*, Claremont: Claremont Graduate School, 1994.

Stahl, Saul, *Geometry From Euclid to Knots*, New York: Dover Publications Inc., 2003.

Stewart, Ian, *Concepts of Modern Mathematics*, New York: Dover Publications, Inc., 1995.

Stewart, Ian, *The Mathematics of Life*, New York: Basic Books, 2011.

Stewart, Ian, *Vision of Infinity*, New York: Basic Books, 2013.

Sung, Z. D., *The Symbol of Yi King*, New York: Pagan Book, 1969.

Swetz, Frank J., *Legacy of the Luoshu*, Wellesley: A. K. Peters, Ltd., 2008.

Tian, Chenshan, *Chinese Dialectics*, Oxford: Lexington Books, 2005.

Tiles, Mary, *The Philosophy of Set Theory*, New York: Dover Publications Inc., 1989.

Vilenkin, Alex, *Many Worlds in One*, New York: Hill and Wang, 2006.

Vlastos, G., "The Third Man Argument in the Parmenides", *Philosophical Review*, vol. 63, Issue 3, July, 1954.

Wallace, David Foster, *Everything and More*, London: W. W. Norton & Company, 2003.

Weden, Michael V., *Aristotle's Theory of Substance*, Oxford: Oxford University Press, 2000.

Whitehead, A. N. and Russell B., *Principia Mathematica*, Cambridge: Cambridge University Press, 1962.

Whitehead, A. N. *Principia Mathematica*, New York: W. W. Norton & Company, 1927.

————, *Process and Reality*, New York: The Free Press, 1979.

Wilhelm R., *I Ching*, trans. by F. Baynes, New York: Pantheon Books, 1950.

Yablo, Stephen, "Truth Definite Truth, and Paradox", *Jr. of Philosophy* 86, 1989.

Yackel, Carolyn, ed., *Making Mathematics with Needle Work*, Wellesley: A K Peters, 2008.

Young, Arthur, *The Reflexive Universe*, Cambria: Anodos, 1999.

찾아보기

ㅇ

아리스토텔레스 380, 539
양윤 393
앙호 466
양호작괘 497, 499, 501
양호작괘론 497
역대각선 221
역대각선화 193, 196, 390
《역리사전》 356
역4법 311, 320, 519, 554, 556, 620
역3오 538, 552
역생도성 87, 103, 511
〈역수구은도〉 67, 167, 200
역수상수론 368
《역학계몽》 66, 69, 514
《역학문답》 168
《역학서언》 307, 511, 514
연괘 310
연속체 가설 135, 591
연쇄법 554
연쇄적 303, 310, 330, 348, 352, 353, 356,
    366, 385, 578
50연괘 369, 371, 380, 383, 386, 387, 434,
    435, 437, 442, 466, 469, 583, 594
오일러 정리 21, 286, 607
외연공리 463, 476, 478, 480, 569, 570
외인적 관계 358
외함 363
우번 314, 316, 327, 366, 370, 552, 583,
    620
〈원방도〉 22

월굴 356
위대칭 148~150, 152, 153, 217, 219,
    220, 223, 233, 236, 264, 274, 275,
    278, 292, 299, 396, 401, 454, 601
위복 466
위복론 484, 491
위상범례 111, 288, 291, 542
위상역 17, 221, 223, 271, 280, 281, 284,
    389, 390, 434, 519, 523, 543~545
위상학 108, 276, 298, 314, 413, 520, 559,
    601
유류취(柔類聚) 393, 592
유목 200
유일자 574
유취 293, 311, 448, 463
유클리드 26~28, 31, 230, 342, 469, 484,
    524, 525, 539
유형론 105, 319, 365, 463, 464
윤괘 220, 268
윤기지면 53
윤선거 18, 105, 106, 136, 209, 267
윤월 308
윤지우면 53
의리역 519, 523, 538, 540, 542
〈이기도〉 38
이기도설 59
〈이기설도〉 29~31, 36
이율배반 367, 460, 512, 566
이율배반론 461
인사성괘 84
《인역》 21, 22, 30, 52, 59, 561